EVROPA

Dan Bar-On
geboren 1938, ist Professor für Psychologie an der Ben-Gurion-Universität des Negev in Beer Sheva. Seine Eltern flohen 1933 aus Deutschland nach Palästina. Veröffentlichungen u. a.: »Leid der Nachgeborenen« (1992), »Die Last des Schweigens« (1989), Beiträge in »Opfer und Täter nach dem ›Dritten Reich‹. Biographische Verläufe über drei Generationen« (1992), »Spuren der Verfolgung. Seelische Auswirkungen des Holocaust auf die Opfer und ihre Kinder« (1992) sowie zahlreiche Artikel in Fachzeitschriften.

DAN BAR-ON

Furcht und Hoffnung

Von den Überlebenden zu den Enkeln – Drei Generationen des Holocaust

Aus dem Amerikanischen übersetzt
von Anne Vonderstein

Europäische Verlagsanstalt

Titel der Originalausgabe: »Fear and Hope. Three Generations of the Holocaust«
Erschienen bei Harvard University Press, Cambridge/Mass. u. London/England

Die Deutsche Bibliothek – CIP-Einheitsaufnahme

Bar-Ôn, Dāniyyêl:
Furcht und Hoffnung : von den Überlebenden zu den Enkeln ;
drei Generationen des Holocaust / Daniel Bar-On. [Aus dem Amerikan.
übers. von Anne Vonderstein]. - Europäische Verlagsanstalt, 1997
Einheitssacht.: Fear and Hope <dt.>

ISBN 3-434-50420-6

Umschlaggestaltung: Groothuis + Malsy, Bremen
Signet: Dorothee Wallner nach Caspar Neher »Europa« (1945)
Herstellung: Das Herstellungsbüro, Hamburg
Satz: Greiner & Reichel, Köln
Druck und Bindung: Druckerei Wagner, Nördlingen

Printed in Germany 1997

Meinen Großeltern und Eltern zugedacht, die mir Liebe und Fürsorge haben zuteil werden lassen.

»Im Obstgarten stehen Bäume mit wunderbaren Blättern und Früchten, aber plötzlich befällt den Wurzelstock eine Krankheit. Daraufhin pflanzen wir in sicherer Entfernung einen neuen jungen Baum und okulieren die Baumrinde. Wenn der frische Setzling Wurzeln schlägt, ersetzen sie die beschädigten Wurzeln, und der Baum ist gerettet: Er trägt wieder Früchte und Blätter, er hat wieder Wurzeln … Nach dem Holocaust war unsere Familie wie ein Baum, der seine Wurzeln verloren hat, und wenn wir, Großmutter und Großvater, meine Eltern und meine Familie heute um den Tisch herum sitzen, dann empfinde ich uns als die Pfropfstütze der Familie.«

INHALT

Anhang

Hinweis des Autors
Die Personen- und Ortsnamen im vorliegenden Buch wurden geändert. Nur unter diesen Bedingungen willigten die Gesprächspartner ein, an dem Projekt teilzunehmen, das Grundlage des vorliegenden Buches ist. Die German-Israeli-Foundation hat die Untersuchung mit einer finanziellen Unterstützung möglich gemacht.

Prolog

Ich wuchs in einer merkwürdigen Mischung aus Furcht und Hoffnung auf und teile diese Erfahrung mit vielen Angehörigen meiner Generation. Sie stellt das Vermächtnis unserer Eltern dar, die europäische Juden sind und als Überlebende des Holocaust nach Israel flüchteten oder auswanderten. Unseren Weg zum Erwachsenwerden hatten wir zwischen zwei Polen zu finden: Wir mußten versuchen, unsere Ängste zu überwinden und unseren Kindern Hoffnung zu geben. Das vorliegende Buch setzt sich mit dieser besonderen Gefühlslage auseinander. Heute scheint es mir, als hätten wir nie ganz genau gewußt, woran wir waren: Hatten wir Angst, weil Entsetzliches geschehen war oder weil es geschehen könnte? Bestand Aussicht auf Besserung? Furcht und Hoffnung waren und sind vielleicht für uns noch immer so eng miteinander verknüpft, daß wir sie kaum zu unterscheiden vermögen. Ich vermute, das hängt mit einem Gefühl der Entwurzelung zusammen, mit dem wir alle aufwuchsen. Wir gehörten nicht wirklich zu einem neuen »Stamm«, waren aber abrupt vom alten Stamm getrennt worden. Entwurzelung kann man bekämpfen oder so tun, »als ob« sie gar nicht existiere, man kann sie aber auch akzeptieren und versuchen, damit zu leben. Haben wir unser Gefühl der Entwurzelung auf unsere eigenen Kinder übertragen? Ist es uns gelungen, es durchzuarbeiten oder es überhaupt zu erkennen? Um diese Fragen vor allem geht es in diesem Buch.

Ich hatte das Glück, mit Großeltern und einem Onkel heranzuwachsen, dem Bruder meiner Mutter, der selbst eine Familie hatte. Erst viele Jahre später, als ich mich in Therapie befand und über meine Kindheit nachdachte, begriff ich, welches Privileg das war. Erst da fiel mir auf, daß die deutschsprachigen Altersgenossen meiner Großeltern aus unserer Nachbarschaft an nur zwei oder drei kleinen Tischen Platz fanden, wenn sie sich zum regelmäßigen Kartenspiel in einem Café am Karmelberg in Tel Aviv trafen. Die meisten Kinder aus unserer Umgebung wuchsen also ohne Großeltern auf. Im Alter von sechs oder sieben Jahren hatten sie keine Großeltern, Onkel, Tanten und Cousinen mehr. Ihre Verwandten kamen, sofern sie im nationalsozialistischen Deutschland geblieben waren, im später so bezeichneten »Holocaust« um. Die Generation meiner Eltern war in einer Welt ohne Holocaust aufgewachsen, die für uns nicht mehr existierte. Vielleicht bewahrte mich die bloße Existenz meiner Großeltern davor, Angst und Entwurzelung zu fühlen? Aber wie soll ich das mit Sicherheit sagen, da ich ja nicht wissen kann, wie ich mich gefühlt hätte, wäre ich ohne sie aufgewachsen.

Als ich etwa ein Jahr alt war, brach der Zweite Weltkrieg aus. Eine meiner frühesten Erinnerungen ist, daß ich mitten in der Nacht – ich muß damals etwa drei gewesen sein – aus dem Bett gerissen wurde und in den kleinen Schutzraum gehen sollte, den wir im Garten gegraben hatten. Ich weiß heute noch genau, wie die graue Lederhandtasche meiner Großmutter roch (in der sie übrigens, wie man mir später erzählte, ihren gesamten Schmuck aufbewahrte). Ihre Tasche muß sich immer ungefähr auf Kopfhöhe mit mir befunden haben, denn noch jahrelang rief die Farbe Grau bei mir diesen spezifischen Ledergeruch wach. Man erzählt mir, ich sei während der italienischen Luftangriffe auf die Ölraffinerien in Haifa stets sehr lustig gewesen, ich hätte die anderen bei Laune gehalten. Ich selbst aber erinnere mich nur daran, daß ich jedesmal, wenn eine Bombe in der Ferne explodierte, meine Großmutter fest bei der Hand nahm.

Da mein Vater als Arzt in der britischen Armee arbeitete und in Ägypten stationiert war, verbrachte ich viel Zeit mit meinem Großvater. Vor allem seine Augen, die eine große Warmherzigkeit und Wahrhaftigkeit ausstrahlten, sind mir in Erinnerung geblieben. Er hatte eine Glatze (wie ich heute), einen kleinen Schnäuzer und ging nie ohne seinen wunderbaren alten Spazierstock vor die Tür, der noch heute irgendwo auf meinem Speicher liegen muß. Wir machten lange Spaziergänge, auf denen er mir – natürlich auf deutsch – alle möglichen

Geschichten erzählte. Meine Großeltern sprachen kein hebräisch. Zwei Jahre vor meiner Geburt waren sie in Haifa eingetroffen, nachdem meine Mutter noch einmal nach Deutschland hatte zurückkehren müssen, um sie dort herauszuholen. Ohne ihre Tochter wären sie wahrscheinlich wie die meisten Angehörigen ihrer Generation in Deutschland geblieben und hätten deren Schicksal erlitten. Mein Großvater war ein deutscher Patriot, der am Ersten Weltkrieg teilgenommen hatte und nicht den geringsten Grund sah, seine Heimat zu verlassen. Ich wuchs daher inmitten der von ihm geliebten deutschen Kultur auf, mit deutscher Sprache, Musik, Kleidung, mit deutschem Essen und deutschen Möbeln, die meine Eltern 1933 noch hatten mitnehmen dürfen. Und starr vor Schrecken hörte ich Hitler im BBC die Sprache brüllen, die meine Familie so sehr liebte.

Damals war ich, glaube ich, noch zu jung, um das alles zu verstehen. War es gut oder schlecht, Deutscher zu sein? Verhieß es Hoffnung oder Schrecken? Immerhin muß ich bereits irgend etwas gewußt haben, denn wie man mir später erzählte, schrie ich in nicht eben seltenen Wutanfällen meine Eltern und meinen Bruder an: »Ihr seid ja alle Deutsche, ich bin der einzige richtige Jude in unserer Familie« – womit ich sagen wollte, daß ich der einzige in Israel Geborene war. In meiner Umgebung lebten jedenfalls fast ausschließlich deutsche Juden. Nach der Rückkehr meines Vaters aus dem Krieg sprachen wir beim Abendessen drei verschiedene Sprachen: Meine Eltern sprachen deutsch und, wenn wir sie nicht verstehen sollten, englisch miteinander; mein Bruder und ich unterhielten uns auf hebräisch.

Man erzählt mir auch, daß ich in unserer winzigen Wohnung stundenlang mit einer Puppenstube spielte, die noch aus Deutschland stammte. Dort räumte ich – wie meine Mutter das in unserer Wohnung abends manchmal tat – ein Zimmer für den Kammermusikabend um. Ich muß gespürt haben, wie sehr meine Mutter Musik liebte und wie wichtig das Musizieren ihr war, um in einer verrückt gewordenen Welt nicht den Verstand zu verlieren. Unter den Leuten, die abends zum Musizieren kamen, befanden sich auch einige Briten aus dem an unseren Garten grenzenden Militärlager. Meinem Bruder und mir war das Lager unheimlich, aber meiner Mutter vermittelte es offensichtlich ein

Gefühl von Sicherheit. Der Familienüberlieferung zufolge vermochte mein Vater 1933 meine Mutter nur deswegen von einer Auswanderung nach Palästina zu überzeugen, weil »es immerhin britisches Mandatsgebiet war«. Am Ende waren es dann allerdings ausgerechnet die Briten, die uns aus unserem Haus vertrieben, als sie vor ihrem Abzug aus Palästina vom 29. November 1947 bis zum 15. Mai 1948 eine Sicherheitszone gründeten, in der sie ihre Truppen zusammenzogen.

Die Briten siedelten uns in ein großes Haus mit Marmorböden in der deutschen (Templerorden-)Kolonie um. Damals lebten in diesem Stadtteil vor allem Araber, und wir waren in dieser nicht ganz ungefährlichen Nachbarschaft – es war kurz vor Ausbruch des Unabhängigkeitskrieges – die einzige jüdische Familie mit Telefon. Ich sehe noch genau vor mir, wie meine Mutter den britischen Soldaten, die auf der Straße vor unserem Haus mit einem Maschinengewehr für Ordnung sorgten, im Wohnzimmer Tee servierte, während in der Klinik meines Vaters konspirative Treffen der Hagana (eine jüdische militärische Organisation, die damals verboten war und aus der sich später die reguläre Armee Israels entwickelte) stattfanden, die von dort aus auch Telefongespräche führte.

In Erinnerung ist mir auch eine Diskussion zwischen meinen Eltern geblieben: Meine Mutter wollte mit den Briten Palästina verlassen, weil sie nach deren Abzug im Nahen Osten Angst hatte. Mein Vater, der in die entstehende israelische Gesellschaft etwas besser integriert war, wollte bleiben. Wir Kinder schlugen uns auf seine Seite. Die Erinnerung ist erschreckend und wirkt im nachhinein höchstens insofern positiv, als meine Eltern solche Diskussionen wenigstens nicht vor uns verbargen. Es wäre schlimmer gewesen, wenn sie versucht hätten, ihre Gefühle, Zweifel und Meinungsverschiedenheiten vor sich selbst und uns zu verheimlichen, wie das in vielen Familien geschah, die in dieser Zeit das Bild abgaben, »israelischer« zu sein. Aber als Kind verängstigte mich diese Diskussion nur noch mehr: Bleiben wir hier? Verlassen wir das Land? Wer sind wir im Vergleich zu den integrierteren Siedlern, die mit ganzem Herzen an das glauben, was hier vor sich geht? Kurz nach dieser Diskussion mußten mein Bruder und ich wieder evakuiert werden, weil arabische Heckenschützen unser Haus im Visier hatten.

Allerdings konnten wir diesmal innerhalb von wenigen Tagen wieder zurückkommen.

In der Passahwoche 1948 wurde Haifa befreit. Der Preis dieser Befreiung war klar spürbar. Wir hatten ein arabisches Kindermädchen, das Djamillah hieß und meiner Mutter im Haushalt half. Sie besorgte uns Zucker und Mehl, als wir vorübergehend keine Rationen mehr bekamen. Djamillah war eine sehr herzliche und von uns allen sehr geliebte Frau. Eines Tages, mein Bruder und ich waren nicht zu Hause, kam sie weinend zu meinen Eltern und sagte, ihre Familie ginge jetzt in den Libanon, weil »sie den Krieg verloren hätten«. Mein Vater versuchte sie zum Bleiben zu überreden, er würde sich um sie kümmern, und nichts würde ihr im neu entstandenen jüdischen Staat geschehen. Unabhängig von ihrem Ehemann konnte sie aber keine Entscheidung treffen, und der wollte nicht bleiben. Sie hatte damals sechs Kinder, die wahrscheinlich in einem Flüchtlingslager im Südlibanon landeten. Als ich einige Jahre später bei meinem Wehrdienst auf Nachtwache an der nördlichen Landesgrenze patrouillierte, malte ich mir aus, einige ihrer Kinder könnten als Saboteure wieder ins Land kommen …

Mein Bruder war mit sechzehn noch zu jung, um am Unabhängigkeitskrieg aktiv teilzunehmen. Aber er brachte schon israelische Geschichten und Lieder über den Krieg mit nach Hause, nahm an der Pfadfinderjugendbewegung teil und spielte mit dem Gedanken, seinen Wehrdienst in einem Kibbuz abzuleisten. In dieser Hinsicht ebnete er mir den Weg, denn bei meiner Mutter erweckten diese »militärischen Tendenzen« der israelischen Kultur eher Angst als Hoffnung. Sie beruhigte sich, als er dann schließlich nach England ging, um in Cambridge Mathematik zu studieren und später Nationalökonom zu werden. Ich hingegen nahm den israelischen Pionierkurs ernster. Im Alter von sechzehn Jahren verließ ich mein Elternhaus und hebräisierte meinen Nachnamen. Ich besuchte eine Landwirtschaftsschule, die Kadoori-Schule, die den Ruf hatte, eine »Brutstätte« der israelischen »Palmach«[1]-Führung gewesen zu sein. In dieser Phase wollte ich mich von der komplizierten europäischen Herkunft meiner Familie lösen, die ich in meinem israelischen Lebenszusammenhang nicht verstehen konnte. Ich wollte ganz einfach ein »Sabre«, ein in Israel geborener,

»richtiger« Israeli sein. Meine Eltern hatten mir zu verstehen gegeben, daß sie mir nicht erlauben würden, ohne Berufsausbildung einem Kibbuz beizutreten. Ich schlug sie mit ihren eigenen Waffen und beschloß, Landwirt zu werden.

Es folgten wunderbare Jahre. Ich genoß die Freiheit und das unabhängige Leben inmitten einer Jugendgruppe, die sich größtenteils aus Jungen zusammensetzte. Beinahe jedes Wochenende unternahmen wir große Wanderungen und lernten auf diese Weise die entlegensten Regionen Galiläas kennen. In der Schule gab es einen »Ehrenkodex«: Die Lehrer überließen uns bei den Prüfungen selbst die Aufsicht, und wenn wir jemanden beim Pfuschen ertappten, schlossen wir unsere Mitschüler vom Unterricht aus. Die Arbeit wurde nach einem komplizierten, jedoch sehr gerechten Prinzip aufgeteilt. Wir träumten von der Errichtung eines neuen Kibbuz in der Wüste mit einer nahegelegenen Landwirtschaftsschule, die fast ausschließlich von Mädchen besucht würde. Und wir landeten schließlich im Kibbuz Revivim, der tief in der Wüste lag und erst kürzlich an eine Wasserleitung angeschlossen worden war, die Wasser aus dem See Genezareth in die Negevwüste, den dürren Süden, beförderte. Der Kibbuz brauchte ausgebildete Farmer, um das Wasser für die Produktionssteigerung einzusetzen, und so traten zwölf von unserer Schule ihm bei.

Ich tat das gleich nach Abschluß meines Wehrdienstes. Wir pflanzten in der Wüste, wo noch nie etwas gewachsen war, Pfirsichbäume, Aprikosen, Weinstöcke und später sogar Avocados an. Wir versuchten, Methoden zum sparsamen Wassergebrauch zu entwickeln, und benutzten dazu ein Drainagesystem, das der Kibbuz nebenan erfunden und hergestellt hatte. Wir erfanden eine Arbeitskraft sparende Methode zum Trimmen der Pfirsiche. Wir schmuggelten aus Florida und Kalifornien neue Obstvarianten ein. Was ich tat, nahm mich ganz und gar ein, ich identifizierte mich völlig damit. Ich arbeitete schwer und hoffte auf eine bessere, schönere Zukunft. Die Vergangenheit meiner Familie, ihre ungelösten Dilemmata und Ängste hatte ich gänzlich verdrängt.

Oder vielleicht doch nicht ganz und gar. Zur Schule und in den Kibbuz hatte ich mein Cello mitgenommen, auf dem ich weiterhin musizierte, was mir damals Spott eintrug, weil es dem Pioniergeist der Zeit nichts galt. Das Musizieren war die einzige bewußte Verbindung zum kulturellen Vermächtnis meiner Eltern. Ansonsten hatte ich mich sowohl von meinen Eltern als auch von meinem Bruder physisch und mental weit entfernt. Und ich hatte keine Angst mehr. Jedenfalls spürte ich sie nicht und benahm mich so, als sei sie verschwunden.

Ich heiratete und wurde Vater von zwei Kindern, einer Tochter und einem Sohn. Dann brach der Sechstagekrieg aus. Ich wurde der Pfadfindereinheit einer Panzerdivision zugeordnet, die sich einen Weg durch den Suezkanal erkämpfte. Ich verlor einen guten Freund, der in einer Untereinheit derselben Division kämpfte und mit dem ich in den beiden letzten Jahren unsere Obstplantage aufgebaut hatte. Allgemein endete der Krieg in euphorischer Siegesstimmung, ich aber kehrte voller Angst zurück. Ich hatte noch nie zuvor wirklich kämpfen und Menschen neben mir sterben sehen müssen. Leben und Tod waren in diesen Momenten nur eine Frage des Zufalls. Mein eigener Schutzpanzer begann brüchig zu werden, wenn auch um mich herum der Krieg für richtig gehalten wurde. Ich wollte studieren und entschied mich, zwischen Biologie und Psychologie hin und hergerissen, schließlich für die Psychologie, ohne recht zu wissen, warum – daß wir immer etwas über das, was wir tun, sagen können, heißt ja nicht, daß wir wissen, *warum* wir es tun.

Es vergingen allerdings noch einige Jahre, bis ich in eine ausgewachsene persönliche Krise geriet. Als der Jom-Kippur-Krieg ausbrach, wurde ich wieder einer Pfadfindereinheit zugeteilt, diesmal an der syrischen Front. Unsere Aufgabe bestand darin, die von den Syrern wenige Tage zuvor besetzten israelischen Posten wieder einzunehmen. Ich erinnere mich, daß ich einige junge, gutaussehende Soldaten tot in den Gräben liegen sah und andere unter Schock aus den Bunkern holte. Der Krieg war unerbittlich, und als ich nach sechs Monaten heimkehrte, war ich nicht mehr derselbe Mensch wie vorher. An den geregelten Alltag im Kibbuz konnte ich mich nicht mehr gewöhnen und mit niemanden über meine Kriegserfahrungen reden. Ich war zum Direktor des Kibbuz gewählt worden und hätte anderen helfen sollen, statt dessen hielt mich selbst nur der Gedanke an meine Kinder und an meine Magisterarbeit in Psychologie aufrecht, die ich zu Ende schreiben wollte. In diesen schweren Jahren beherrschte mich die Angst.

Unser Familienleben zerbrach allmählich. Ich diente ein Jahr lang als Feldpsychologe in der Armee und begann selbst mit einer Psychotherapie. Gegen Ende des Jahres erkrankten meine Eltern, und mein Bruder und ich kümmerten uns um sie. Zum ersten Mal erfuhr ich in meinem eigenen Leben, was es bedeutet, wenn die eigenen Eltern sich nicht mehr um uns kümmern können, und wir statt dessen Sorge um sie tragen müssen. Seit 1957 erhielten meine Eltern die sogenannten »Wiedergutmachungszahlungen« aus Deutschland und verbrachten die Sommer in Zermatt in der Schweiz. Durch Deutschland wollten sie nicht reisen, aber die Schweizer Alpen waren ein erfrischender und erholsamer Kontrast zum heißen Sommer in Israel. Vielleicht lebten sie damit ihre Phantasievorstellung aus, sie könnten zu ihren »Wurzeln« zurückkehren. In diesen Sommer beschlossen meine Tochter und ich, sie zu begleiten, weil wir befürchteten, die Reise wäre für sie alleine zu anstrengend.

Wir reisten auf einem Luxusdampfer nach Europa. Auf der gesamten Überfahrt war meine Mutter tief deprimiert, aber am Abend vor unserer Ankunft in Genf, als mein Vater und meine Tochter bereits schlafen gegangen waren, bat sie mich, mit ihr am See spazierenzugehen. Wie eine Blüte, die sich vor meinen Augen öffnete, erwachte meine Mutter bei diesem Spaziergang wieder zum Leben: die eleganten Schweizer Geschäfte, die erleuchteten Häuser am See, der Klang der europäischen Sprachen – erst jetzt verstand ich ganz, wie es für sie gewesen sein mußte, all die Jahre in Israel zu leben und ungeduldig auf ihre nächste Reise nach Europa zu warten, den Kontinent ihrer Heimat.

Wir verbrachten zwei Wochen miteinander, die für mich nicht leicht waren. Plötzlich erkannte ich, daß ein Teil meiner selbst das fühlte, was meine Mutter fühlte. Besonders auf unseren Waldspaziergängen wurde mir das klar; ich hatte das merkwürdige Gefühl, daß ich diese Wälder kannte, ihren Geruch, ihre Beschaffenheit. Obwohl ich sie zum ersten Mal sah, waren sie mir nicht fremd.

Ich war immer noch in therapeutischer Behandlung und konnte ganz allmählich wieder Hoffnung schöpfen, wenn die Angst mich auch immer noch beherrschte. Ich heiratete zum zweiten Mal, und kurz, nachdem mein Vater bei seinem zweiten Herzinfarkt während seines

Sommerurlaubs in der Schweiz starb, wurde mein Sohn geboren. In den vergangenen Jahren hatten mein Vater und ich in einigen guten Gesprächen das Schweigen durchbrochen, das ihn oft wie eine Mauer umgeben hatte. Ich begriff, daß ich die – bei meinem Vater unausgesprochene, bei meiner Mutter explizite – Sehnsucht nach der Kultur geerbt hatte, aus der meine Eltern stammten und die ihnen abrupt entrissen worden war. Durch wiederholte Versuche lernte ich, daß Trennung ein Prozeß des oftmals wiederholten Lösens und Rückkehrens ist. Ich knüpfte berufliche Kontakte in Europa und fing an, relativ regelmäßig dorthin zu reisen. 1985 begann ich mit einem Forschungsprojekt in Deutschland, in dessen Rahmen ich die Kinder von Nazi-Tätern interviewte (Bar-On, 1989).

Auf einer meiner Forschungsreisen erklärte sich meine Mutter bereit, mich in Hamburg zu treffen und mir ihre »Heimatstadt« zu zeigen. Zwei Tage lang spazierten wir durch den Stadtteil am Kanal, in dem einstmals mehr als hundert Angehörige unserer Familie gelebt hatten. Meine Mutter erzählte mir mit dem ihr eigenen trockenen Humor unzählige Geschichten über sie. Der Besuch hatte auch schmerzhafte Seiten, denn sie konnte an keine einzige Tür klopfen und sagen: »Hallo, hier bin ich wieder.« Nichts als Geschichten aus einer längst vergangenen Zeit, die niemals wiederkommen würde, waren ihr geblieben. 1992 starb meine Mutter im Alter von 85 Jahren in Haifa. In der letzten Woche ihres Lebens saß ich im Krankenhaus bei ihr. Sie sprach verschiedene Sprachen durcheinander: Englisch, wenn sie wütend war, sonst Hebräisch oder Deutsch. Wenn ich sie trösten wollte, sprach ich sie auf deutsch an. Nach ihrem Tod löste ich ihre Wohnung auf und warf noch unter Tränen einen letzten Blick auf die leeren Zimmer, bevor ich meine Kinder in Tel Aviv besuchen fuhr. Ich wußte, daß ich die Tür hinter einer Epoche schloß, die für immer vorüber war.

Mitte der siebziger Jahre begann ich, in den Kibbuzkrankenhäusern unserer Gegend als Therapeut zu arbeiten, und einer meiner ersten Patienten war ein dreizehnjähriger Junge mit sehr schönen braunen Augen, der auf seinem Stuhl saß und schwieg. Ich wußte nicht, wie ich an ihn herankommen sollte, und schlug ihm eines Tages einen Spaziergang vor. Auch mit meinem eigenen kleinen Sohn ging ich immer spazieren und unterhielt mich dabei mit ihm genauso, wie ich das Jahre zuvor mit meinem Großvater getan hatte. Den Jungen, Nitai, bedrückte die vor kurzem vollzogene Scheidung seiner Eltern sehr. Nach einigen schönen Spaziergängen, auf denen wir uns gut unterhielten, »verbesserte« sich sein Befinden, und seine Lehrer wie ich selbst hatten den Eindruck, er bräuchte keine Therapie mehr.

Ein paar Jahre später kam sein jüngerer Bruder, Alon, zu mir in Behandlung. Er benahm sich in der Schule und zu Hause aggressiv und schwierig, und seine Mutter machte sich über seine »Situation« große Sorgen. Nach ein paar Sitzungen hatte ich den Eindruck, er sei ein ganz normaler Jugendlicher. Weil jedoch seine Mutter, Dvora, sich immer noch große Sorgen machte, bot ich ihr an, eine Therapie anzufangen (was ich wahrscheinlich schon hätte tun sollen, als ihr älterer Sohn bei mir in Behandlung war). Erst da erfuhr ich, daß sie als Kind den Holocaust überlebt hatte. Als fünfjähriges Mädchen war sie mit ihrer Mutter und ihrem Bruder im besetzten Südfrankreich untergetaucht, während ihr Vater noch in Paris kurz nach der deutschen Besatzung »verschwunden« war.

In unseren Sitzungen versuchte Dvora zum ersten Mal herauszufinden, wann genau man ihren Vater nach Auschwitz deportiert und vergast hatte. Ihre Eltern hatten sich kurz nach Kriegsausbruch scheiden lassen, so daß Dvora ihren Vater als Kind zweimal verloren hatte: zuerst durch die Scheidung, dann durch den Holocaust. In den ersten Jahren in Israel lebte sie mit einer Gruppe französischer Kinder, die dem Holocaust entkommen waren, in einem Kibbuz und hatte dort mehrere Selbstmordversuche unternommen. Nach ihrem zweiten Versuch steckte man sie ins Krankenhaus, aber in den dort stattfindenden psychotherapeutischen Sitzungen war der Holocaust kaum angesprochen worden. Ihre Mutter und ihr Bruder lebten noch in Paris. Dvora besuchte sie in größeren Abständen, verstand sich aber mit beiden nicht besonders gut, vor allem das Verhältnis zu ihrer Mutter war kompliziert.

Ich fragte mich, wie es Dvora gelungen war, über lange Jahre ihre traumatischen Erfahrungen zu »normalisieren« und ihren Weg in einer Gesellschaft zu gehen, die – vor allem im Kibbuz – hohe Ansprüche stellt: als Jugendliche, als (zumindest einige Jahre lang) Ehefrau, als Mutter, als kompetente Chemikerin in der Industrie, als Tochter und Schwester – ohne jemals über diese Vergangenheit nachzudenken und sich zu fragen, welche Bedeutung sie für ihre gegenwärtigen Gefühle und Handlungen haben könnte. Ich bat sie, mir zu erzählen, welche Erinnerungen sie an ihre Zeit des Untertauchens und an ihre frühen Jahre im Kibbuz hatte. Zweieinhalb Jahre lang trafen wir uns wöchentlich zu einem ungewöhnlichen Dialog, der für mich Neuland war. Sie suchte nach einer Sprache, mit der sie bestimmte Themen erfassen konnte, und ich versuchte das, was sie mir erzählte, in meinem eigenen Bezugssystem zu verstehen. Ich mußte auf ihre Versuche des Verstehens und auf ihre Reaktionen vertrauen, um sie dazu zu bringen, das Erlebte explizit auszudrücken.

In einer unserer ersten Sitzungen erzählte mir Dvora einen Traum von sich: Sie war ein vierjähriges Kind, trug ein weißes Spitzenkleid und hörte ihrem Vater beim Klavierspielen zu (er konnte wirklich Klavier spielen). Plötzlich stürmten deutsche Soldaten in das Zimmer, verhafteten ihren Vater, und sie blieb alleine zurück. Dvora brachte diesen Traum mit ihrer Traurigkeit in Verbindung. Sie vermißte ihren Vater, den sie als Kind sehr geliebt hatte, und hoffte noch immer, er würde eines Tages zurückkommen. Sie war ängstlich und wurde noch immer von schrecklichen Schuldgefühlen ihrem Bruder und ihrer Mutter gegenüber geplagt, die ihr in der Zeit des Untertauchens vorgeworfen hatten, sie sei frech und gedankenlos und würde sie alle mit ihrem unüberlegten Benehmen den Deutschen ausliefern.

Ein Jahr später hatte Dvora diesen Traum noch einmal. Diesmal sah sie allerdings die Ereignisse aus der Perspektive ihres Vaters, der es genoß, neben seiner kleinen Tochter Klavier zu spielen. Ich bemerkte einen Zusammenhang zwischen dieser zweiten Version des Traumes und Dvoras augenblicklicher Situation, die sich anhaltend verbesserte. Sie machte sich weniger Sorgen um ihre beiden Söhne, die heranwuchsen und ihre eigenen Wege gingen. Einige Zeit später beschlossen wir, die Therapie zu beenden.

Einige Monate später kam Dvora jedoch wieder; sie hatte den Traum zum dritten Mal geträumt. Diesmal war sie einer der deutschen Soldaten gewesen, die ihren Vater verhafteten. Sie interpretierte das so, daß sie zum ersten Mal in der Lage war, ihrem Vater, der sie ja »verlassen« hatte, als er sich von der Mutter scheiden ließ, bewußt böse zu sein. Sie sagte, sie habe »ihn in ihrem Traum töten wollen«.

Davon abgesehen fühlte sie sich wohl und hatte beschlossen, den Kibbuz zu verlassen, um eine berufliche Karriere anzustreben. Einige Tage später rief sie mich an und teilte mir mit, daß sie sich gerade an das letzte Zusammentreffen mit ihrem Vater erinnert habe: Er war in das Haus ihrer Mutter gekommen, aber weil zwischen den beiden eine schlechte Stimmung herrschte, schnell wieder gegangen, ohne sich richtig von ihr zu verabschieden. Noch einige Monate später kam Dvora wieder vorbei, sie zitterte und weinte: Ihr Bruder, den sie immer als rationalen und stabilen Menschen erlebt hatte, hatte ohne jede Vorwarnung Selbstmord begangen. Auch seine Frau und seine Kinder waren zutiefst schockiert und ratlos. Dvora machte wegen seines Todes eine schwere Zeit durch, konnte aber, wie sie sagte, wegen der in der Therapie gewonnenen Einsichten damit zurechtkommen.

Gelegentlich sehe ich Dvora, denn wir leben heute in derselben Stadt. Ihr Traum ist nicht noch einmal aufgetaucht. Als ich ihr vor der Veröffentlichung ihrer drei Träume *Legacy of Silence* (1989) (*Die Last des Schweigens*) die schriftliche Fassung zeigte, schaute sie mich mit einem breiten Lächeln an und sagte in ihrem immer noch mit leichtem französischen Akzent gesprochenen Hebräisch: »Aber Dan, das war doch ganz anders.«

Meine Erfahrungen bei Dvoras Therapie halfen mir, allmählich zu verstehen, wie schwierig es ist, eine Vermittlung zwischen der Vergangenheit und der Gegenwart, zwischen Angst und Hoffnung zu finden, vor allem, wenn die Vergangenheit schmerzhafte Erlebnisse und Tatsachen beinhaltet, die man zwar niemals ganz wird verifizieren können, die aber trotzdem die eigenen Ansichten über die Gutartigkeit der Welt und den eigenen Wert in ihr auf immer grundlegend prägen (Janoff-Bulman, 1992). Wie kann man auf sich alleine gestellt Kinder erziehen, wenn einen immer noch Tag und Nacht diese traumatischen Erfahrungen umtreiben? Dvora hatte ganz bestimmt ihr Bestes gegeben, aber überforderte sich mit dem Anspruch, es ganz alleine und ohne Hilfe zu schaffen. Sobald ihre Kinder eigene Probleme entwickelten, brauchte sie Hilfe, um zwischen ihren eigenen Problemen und denen ihrer Kinder zu unterscheiden. Sie brauchte die Vergewisserung, daß sie in der Lage war, für sich und ihre Kinder ein normales Leben zu schaffen, auch wenn ihr Leben durch besonders schwierige und gewissermaßen »unnormale« Lebensumstände entstellt worden war (Felman und Laub, 1992). Ich fragte mich: »Wie sind andere Menschen mit einer ähnlichen Lebensgeschichte, für die es kein Verifikationssystem gab, mit ihrem Leben (und ihrer erzählten Lebensgeschichte) umgegangen?«

Dvoras wiederholt auftauchender Traum ließ mich die Frage »Was ist die Wahrheit?« näher untersuchen, wenn ich andere ihre Lebensgeschichte erzählen hörte. Gewiß, es gibt eine »historische« Wahrheit (Was ist geschehen), aber daneben gibt es verschiedene »narrative« Wahrheiten (Wie erzählt jemand das, was geschehen ist) (Spence, 1980). Die verschiedenen narrativen Wahrheiten, die mit Dvoras Traum verbunden sind, haben wahrscheinlich etwas mit ihrem Leben jeweils zu der Zeit zu tun, in der der Traum auftauchte. Tauchte der Traum irgendwann nicht mehr auf, weil die »richtige Lösung« – eine bestimmte Erinnerung – zutage getreten war? Friedländer (1980) zitiert Gustav Meyrink: »… wenn das Wissen kommt, kommt auch die Erinnerung.« Können wir »wissen«, ob es eine »Lösung« gab? Und man sollte nicht vergessen, daß Dvora einige Jahre später lächelnd sagte: »Aber das war doch ganz anders.« Was sollte das heißen? Warum lächelte sie?

Diese Fragen zu beantworten wird noch schwieriger, wenn wir die Erzählungen der Holocaustüberlebenden hören. Einerseits spüren wir, daß uns etwas fehlt: Wir haben nicht dieselben Erfahrungen gemacht wie sie. Andererseits fühlen auch sie, daß ihnen etwas fehlt: Es ist so schwierig, in der alltäglichen Sprache zu beschreiben, was ihnen widerfahren ist. Die Struktur der Sprache und unserer Gedanken ist sehr fragil und zerbricht leicht, wenn wir versuchen, eine Brücke zwischen der Erinnerung, dem Gefühl und der gegenwärtigen Realität (zu der auch die Anwesenheit eines Zuhörers gehört) zu schlagen, die sich wechselseitig widersprechen können. Wie können die Überlebenden ihre grauenhaften Erfahrungen in die normale Sprache »übersetzen«? Können die anderen, die ihre Erfahrungen nicht teilen, ihren Diskurs überhaupt verstehen? Welchen Teil dieses Diskurses vermitteln die Überlebenden – vorausgesetzt, sie vermitteln ihn überhaupt – den nachkommenden Generationen? Was können sie aufgrund neuer Lebenserfahrungen durcharbeiten?

Zu Beginn meines Kurses »Die psychosozialen Nachwirkungen des Holocaust auf die nachfolgenden Generationen« an der Ben-Gurion Universität bitte ich meine Studenten, einen Überlebenden des Holocaust zu interviewen. Die Transkription ihrer Interviews bringen die Studenten dann mit in den Unterricht. In einem Trimester brachte Ela die Geschichte ihres Großvaters mit, der kurz vor dem Zweiten Weltkrieg in Polen als Arzt praktizierte. Als die Deutschen in die Stadt einmarschierten, in der er lebte, und alle Juden zusammentrieben, gaben er und seine Frau ihre neugeborene Tochter bei einer ehemaligen Patientin in Verwahrung und gingen mit den Partisanen in den Untergrund. Bis Kriegsende arbeitete er bei ihnen als Arzt. Als sie wieder in die Stadt zurückkehrten, weigerte die nichtjüdische Frau sich, ihnen ihre Tochter wiederzugeben. Sie mußten vor Gericht gehen, um sie zurückzubekommen. Dieses Kind war Elas Mutter.

Zu Beginn des zweiten Trimesters des Kurses lasse ich die Studenten dann Kinder von Holocaustüberlebenden interviewen. Ela befragte daraufhin ihre Mutter, und gegen Ende des Kurses, als die Studenten ein selbständiges Forschungsprojekt durchführen sollten, interviewte sie zusammen mit einer Kommilitonin ihre gesamte Familie: die drei Geschwister ihrer Mutter, ihren sechzehnjährigen Bruder und das jeweils älteste Kind ihrer Tanten und Onkel. Sowohl die Interviews als auch deren Analyse waren beträchtliche Leistungen. Ela und ihre Freundin zeigten auf, wie die Nachfahren ihres Großvaters die Familiengeschichte erzählen, daß einige die heroischen Aspekte der Vergangenheit betonen, andere wieder die schmerzlichen Erfahrungen in den Vordergrund stellen, jeder aber aus seiner eigenen Gegenwart heraus die Vergangenheit deutet.

Elas Interviews waren der Anstoß für ein umfassenderes Projekt: Wir wollten die Familien von Holocaustüberlebenden interviewen und mit drei verschiedenen Generationen in jeder Familie sprechen. Vor einigen Jahren begannen einige meiner Studenten mit diesem Vorhaben und benutzten dafür das analytische Gerüst, das ihnen Dr. Gabriele Rosenthal in einem Seminar über Biographie- und Textanalyse vermittelt hatte. Ich hatte Gabriele Rosenthal bei meinen Forschungen in Deutschland über die Kinder von Nazitätern kennengelernt. Sie war eine der ganz wenigen Nichtjüdinnen, die damals sofort verstanden, was ich herauszufinden versuchte. Sie hatte eine Interpretationsmethode für die erzählten Lebensgeschichten der von ihr Interviewten entwickelt, die mir neu war und mir unmittelbar passend für die komplizierten Themen erschien, die meine Studenten zu verstehen versuchten. Auf diese Weise begann eine Zusammenarbeit, die Frau Rosenthal nach Israel führte, um an unserer Universität in der Fakultät für »Behavioral Sciences« Biographieforschung und Textanalyse zu unterrichten und in den Jahren 1989 bis 1991 sowie 1993 Interviews mit deutschsprachigen Holocaustüberlebenden zu führen.

Das vorliegende Buch ist das Ergebnis der Teamarbeit, die sich aus diesem Seminar ergab. Noga Gil'ad, Julie Chaitin, Bosmat Dvir-Malka und Einat Weiss nahmen am gesamten Projekt teil. An den Interviews und den Vorarbeiten waren auch Amaliya Gaon, Dina Vardi, Tova Milo und Yardena Levi beteiligt. Für die zweite Analyse kamen Gadi Ben-Ezer und Max Lachman zu uns. Allen danke ich für ihre Mitarbeit, ihre Wißbegierde, ihre Einsichten und hilfreichen Kommentare. Ich möchte auch Gabriele Rosenthal meinen Dank aussprechen, die uns zum Weitermachen ermutigte und uns auf unserer schwierigen Reise begleitete.

Andere Leser teilten uns freigiebig ihre Kommentare und Einfälle mit: Ich möchte besonders Frau Professor Amiya Lieblich von der Hebräischen Universität in Jerusalem und Herrn Zvi Dror vom Ghetto Fighters Museum in Lochamei Hagetaot danken. In der Phase des Lektorierens trug Dr. Nitza Yanai aus dem Seminar für »Behavioral Sciences« der Ben-Gurion Universität unschätzbare Kommentare und Vorschläge bei. Später stellten Dr. Joseph Albeck vom McLean Krankenhaus, Professor Bennett Simon von der Harvard University und Professor John Forster von der Cornell University aufschlußreiche und wichtige Hinweise zu einer frühen Fassung des Manuskripts zur Verfügung, die mir bei der Überarbeitung sehr hilfreich waren. Ich möchte außerdem der German-Israeli Foundation und vor allem deren Vorsitzenden Dr. Ammon Barak für die finanzielle Unterstützung des Forschungsprojekts danken, die es uns ermöglichte, die Interviews durchzuführen und zu bearbeiten. Julie Chaitin vom Kibbuz Urim danke ich für ihre sensible und kluge Übersetzung ins Englische. Und schließlich möchte ich meinem jüngsten Sohn, Haran, und meiner Frau Tammy für ihre Geduld danken, die sie mir immer dann entgegenbrachten, wenn ich keine Zeit für ihre Geschichten hatte, weil ich intensiv mit der Geschichte anderer Familien beschäftigt war.

Die folgende Diskussion kann man nicht beginnen lassen, ohne zu erwähnen, daß das Buch in der Zeit des Golfkrieges entstand. Ein Abend ist mir in besonderer Erinnerung, an dem ich mich auf die Analyse eines Interviews zu konzentrieren versucht hatte, mir aber die erschrockenen Augen meines neunjährigen Sohnes nicht aus dem Sinn gingen, der am Abend zuvor hinter seiner Gasmaske von seiner Mutter auf mich geschaut hatte, als wir zusammen in unserem abgedichteten Zimmer saßen. In Momenten wie diesem konnte ich der Frage nicht ausweichen, wie viele Generationen ängstlich blickender junger Menschen wohl noch leben müssen, bevor wir sichere Ufer erreichen?

Omer, Israel, Mai 1991 – Cambridge, Massachusetts, Juni 1992

Einleitung

Im akademischen Jahr 1989–90 führten meine Studenten und ich Interviews mit jeweils drei Generationen in zwölf Familien von Überlebenden des Holocaust durch: mit den Überlebenden selbst, ihren erwachsenene Kindern und ihren Enkeln. Der Plan zu diesem Projekt entstand durch die Erfahrung meiner Studentin, Ela, die ein ähnliches Interviewprojekt mit drei Generationen für eines meiner Seminare an der Ben-Gurion Universität erarbeitet hatte. Verschiedene Faktoren lagen unserem Entschluß zugrunde: die Ergebnisse eines Fragebogens, den wir 1988 und 1989 an die Enkel verteilt hatten; der Zeitpunkt für das Projekt erschien uns, aus der Perspektive der Überlebenden gesehen, genau richtig, nicht zu früh und auch nicht zu spät; wir konnten die Ergebnisse früherer Untersuchungen über die Auswirkungen des Holocaust auf die Kinder von Überlebenden berücksichtigen, und es gab eine Methode, die sich darauf konzentrierte, wie die Erzählenden ihre Geschichte strukturierten. Im folgenden soll jeder einzelne Faktor kurz erläutert werden.

Die Ergebnisse der Fragebögen

Wir arbeiteten gerade an einer Studie darüber, wie israelische und deutsche Jugendliche, hauptsächlich Angehörige der dritten Generation nach dem Holocaust, dieses Kapitel ihrer Vergangenheit mit ihrer Beurteilung der Gegenwart in Beziehung setzen. In Israel interessierten wir uns für die jüdisch-israelische Identität, für die Einstellung zu den Arabern, für demokratisches Denken und politische Ausrichtung (Bar-On und Selah, 1991). In Deutschland wählten wir ähnliche, an die Ge-

gebenheiten angeglichene soziale und politische Themen. Wir gingen von der These aus, daß Jugendliche die Vergangenheit meist in stark vereinfachender Form mit der Gegenwart in Bezug setzen: Die israelischen Jugendlichen neigten zu einer Überbewertung der Bedeutung der Vergangenheit für die Gegenwart (»Die Vergangenheit ist für unsere heutige Realität extrem wichtig«); die deutschen Jugendlichen unterbewerteten diese in der Regel (»Der Holocaust hat für die heutige Perspektive keinerlei Bedeutung mehr«).

Die Ergebnisse unseres Fragebogens aus dem Jahr 1988–1989 (Bar-On u. a., 1993) bestätigten unsere Hypothese. Wir schauten uns dann aus beiden Gruppen die Antworten an, die einen tieferen und differenzierteren Ansatz erreicht hatten. Sie behaupteten nicht einfach, die Vergangenheit sei immer oder niemals mit der Gegenwart verbunden, sondern vertraten die Ansicht, sie könnte eine Bedeutung haben, das hinge aber von verschiedenen Umständen ab. Man müsse berücksichtigen, »wann, wie und in welcher Hinsicht« sie von Bedeutung für die Gegenwart sei. Für diese Jugendlichen war *die Art und Weise* der Bedeutung wichtig.

Wir gingen weiterhin von der Hypothese aus, daß diejenigen, die die Vergangenheit für »partiell relevant« hielten, den Holocaust psychologisch »durchgearbeitet« hatten, daß sie ihm emotional näher gekommen waren als diejenigen, die sich für eine simplifizierendere Einstellung entschieden hatten (»alles ist relevant« oder »nichts ist relevant«). Die zweite Gruppe fand es emotional schwierig, sich mit dem, was während des Holocaust geschehen war, und dem, was als Folge des Holocaust eingetreten war, näher zu beschäftigen. Ihre simplifizierende Einstellung half ihnen unter anderem dabei, sich von dieser von Menschen gemachten Katastrophe zu distanzieren.

Wir wußten, daß Jugendliche in der Regel komplexe Sachverhalte »schwarzweiß« sehen, weil sie sie in dieser Phase ihres Lebens nur mit Schwierigkeiten emotional verarbeiten können (Erikson, 1968). In bezug auf den Holocaust gingen wir jedoch davon aus, daß es für diese »Schwarzweißseherei« darüber hinaus noch andere Gründe gab, nämlich daß die zwei vorhergehenden Generationen ihre eigene emotionale und moralische Beziehung zum Holocaust nur sehr schwer durcharbeiten konnten. Weder in der Großeltern- noch der Elterngeneration hielt jemand den Holocaust für »partiell relevant«.

Was ist gemeint, wenn wir erwarten, der Holocaust solle psychisch »durchgearbeitet« werden? Freud (1914) entwickelte das Konzept des »Durcharbeitens«, um den Prozeß zwischen Patient und Therapeut in der Gesprächstherapie zu beschreiben. Er erklärte damit den mühsamen psychischen Prozeß, durch den das Individuum den Widerstand gegen verdrängte Kindheitserlebnisse überwindet und der mehr ist als eine »Einsicht«. Wenn dieser Prozeß ausbleibt, kann die Fähigkeit eines Erwachsenen, Gefühle, Einstellungen und Verhalten auf die Gegenwart zu beziehen, beeinträchtigt sein (Novey, 1962). Freuds Konzept wurde im Laufe der Jahre erweitert und auf gesellschaftliche Traumata und posttraumatische Funktionsstörungen (PTSD) (Rothstein, 1986) ausgedehnt. Das ursprüngliche Ziel des Prozesses, das »Überwinden« des verdrängten Bewußtseinsinhalts, ist dem bescheideneren Ziel gewichen, »mit« dem Schmerz des traumatischen Erlebnisses zu »leben« (Lehman u. a., 1987).

Die klinischen Psychiater haben Freuds Konzept des »Durcharbeitens« übernommen, um zu beschreiben, wie Überlebende des Holocaust mit den traumatischen Erfahrungen der Vergangenheit umgehen. Das Konzept kann helfen, scheinbar extreme Verhaltensweisen als »normale« Spätreaktionen auf abnorme Umstände und grausame Verluste (Danieli, 1980) zu verstehen. Das Konzept ist auch für alle hilfreich, die Konzepte darüber entwickeln wollen, wie es möglich ist, in der Gegenwart »mit« den Gefühlen von Verlust und Hilflosigkeit zu leben. Es hat zu verstehen geholfen, warum und wie viele Überlebende in der Lage waren, jahrelang ohne die geringsten Symptome weiterzuleben, bis plötzlich, aus welchen Gründen auch immer, die verdrängten Inhalte wieder ins Bewußtsein traten (Davidson, 1980).

Das Konzept des Durcharbeitens wurde auch auf Kinder der Überlebenden des Holocaust ausgeweitet. Die klinischen Psychologen gingen davon aus, daß diese – heute erwachsenen – Kinder die traumatischen Erfahrungen durcharbeiten mußten, über die ihre Eltern nicht offen sprechen konnten. Obwohl diese Kinder selbst also das Grauen nicht unmittelbar erfahren haben, beeinflußte es sie besonders dann, wenn die Eltern, um ihre Kinder »zu schützen«, über diese Themen nie sprachen. Paradoxerweise übertrugen sich Inhalte besonders dann auf die Kinder, wenn die Überlebenden ein undurchdringliches Schweigen umgab (Krystal, 1968). Dasselbe trifft – wie ich in einem anderen Buch versucht habe darzustellen – auch auf die Kinder von Nazitätern zu, wenn sie versuchen, mit der Last ihres Wissens um die furchtbaren Taten ihrer Eltern zurechtzukommen (Bar-On, 1990).

Wenn es um die Beziehung der Enkel zu den Überlebenden geht, müssen wir das Konzept des Durcharbeitens neu überdenken und uns fragen, *was* eigentlich sie durcharbeiten. Hält die Notwendigkeit an, verdrängte Inhalte, die von einer Generation auf die andere übertragen wurden, zu konfrontieren? Selbst wenn das der Fall sein sollte, könnte es für die dritte Generation extrem schwierig sein, vor allem, wenn sie auch durch ihre Eltern zum Schweigen gebracht wird und wurde. Andererseits eröffnet jede neue Generation auch neue Möglichkeiten zum Gespräch über die Themen, die die Überlebenden jahrelang für sich behalten haben.

Wir gingen davon aus, daß der Durcharbeitensprozeß für die Angehörigen der dritten Generation sich in fünf verschiedenen Phasen vollzieht (McGuire, 1973):

1. Wissen: ein Wissen um die Ereignisse während des Holocaust, und was der eigenen Familie zustieß, falls sie daran beteiligt war.
2. Verständnis: die Fähigkeit, das Faktenwissen in einen sinnvollen menschlichen, historischen, gesellschaftlichen oder moralischen Bezugsrahmen einzuordnen.
3. Die emotionale Reaktion auf dieses Wissen und das Verstehen: in Israel gewöhnlich Wut (meistens auf »die Welt, die zuschaute, ohne einzugreifen«), Angst (davor, »es könnte wieder passieren«), Scham (die aus der »Erniedrigung« herrührt, »daß Menschen einem so etwas antun konnten«) und Stolz (darauf, daß man »menschlich geblieben ist«, »sich gewehrt hat«) (Wax und Belah, 1989).
4. Einstellung: die Einstellung zu dem Geschehenen, die sich aus dem Wissen, dem Verstehen und der emotionalen Reaktion ergibt und Bedeutung für Gegenwart und Zukunft hat.

5. Verhalten: die Auswirkungen von Wissen, Verstehen, emotionaler Reaktion und Einstellung auf spezifische Verhaltensmuster gegenüber der Vergangenheit, Gegenwart und Zukunft.

Unsere Studie kam zu dem Ergebnis, daß spontane Durcharbeitensprozesse immer wieder von einem »Teufelskreis« durchbrochen wurden (Bar-On und Selah, 1991), demzufolge Wissen, Verstehen und emotionale Reaktion oftmals weder mit der Einstellung einer Person noch deren Verhalten übereinstimmten. Eine Entsprechung herrschte indes zwischen der Einstellung zur Vergangenheit und zur Gegenwart. Dabei spielte es keine Rolle, ob es sich um politisch eher »links« oder eher »rechts« gerichtete Orientierungen handelte. Wir schlossen daraus, daß die Einstellungen zur Vergangenheit und zur Gegenwart einander verstärken und sich zu einem »Teufelskreis«, einer sich selbst bestärkenden Denkweise zusammenschließen, auf den die primären Aspekte des Durcharbeitensprozesses – das Wissen, Verstehen und die emotionale Reaktion auf den Holocaust – so gut wie keinen Einfluß mehr nehmen. Dieser »Teufelskreis« ist möglicherweise für die bei der dritten Generation häufig auftretende Simplifizierung verantwortlich – »totale Relevanz« – und erschwert die Ansicht, der Holocaust sei »partiell relevant« für die Gegenwart.

Unserer Interpretation nach zeigten die Ergebnisse, daß der Holocaust Ende der achtziger Jahre in Israel von einer komplexen gesellschaftlichen und politischen Situation funktionalisiert wurde (Segev, 1991). Die politische Rechte hatte aus der historischen Erfahrung des Holocaust die Schlußfolgerung gezogen, »wir müssen stark sein, denn in der Stunde der Not wird uns niemand helfen«; die politische Linke hingegen hatte daraus gelernt, »daß wir Rücksicht auf gesellschaftliche Minderheiten nehmen müssen«. Wir entdeckten, daß es unter israelischen Jugendlichen asiatischer, afrikanischer, europäischer oder amerikanischer Herkunft üblich war, sich auf den Holocaust zu berufen, um ihren Platz in der heutigen Realität Israels zu bestimmen. Zu unserer Überraschung spielte die Familiengeschichte bei diesem »Teufelskreis« kaum eine Rolle.

Wir wandten uns dann einer qualitativen Analyse unserer Untersuchung zu. Durch Interviews wollten wir herausfinden, welche Faktoren dazu beigetragen hatten, daß manche Jugendliche im Vergleich zu ihren im »Teufelskreis« gefangenen Altersgenossen eine differenziertere Einstellung zum Holocaust und zu ihrem augenblicklichen Leben gewonnen hatten. Wir konzentrierten uns dabei auf die Frage, welchen Einfluß die Familie auf die Einstellung hatte, die junge Erwachsene zur Vergangenheit und Gegenwart einnehmen. Die große Bedeutung, die eine polarisierte politische und gesellschaftliche Realität für das Denken der Jugendlichen hatte, war ja bereits zuvor deutlich geworden. Wir vermuteten jedoch, daß es innerhalb der herrschenden Polarisierung möglich sein müßte, innerhalb der Familien verschiedene Muster des Bewußtwerdens und Durcharbeitens zu unterscheiden und so Vergangenheit und Gegenwart genauer in Verbindung miteinander zu bringen. Je weiter die ältere Generation mit dem Prozeß des Durcharbeitens fortgeschritten war, so lautete unsere Ausgangsthese, je weniger würde das Denken ihrer Kinder sich in einem »Teufelskreis« bewegen.

Der Zeitpunkt des Projekts

Die »Verschwörung des Schweigens«, die den Holocaust umgibt und die israelische Gesellschaft über vier Jahrzehnte hinweg bestimmt hat, war bereits häufiger Gegenstand wissenschaftlicher Untersuchungen (Porath, 1986; Segev, 1991). Die Überlebenden sahen sich jedoch keineswegs bloß einer »Verschwörung des Schweigens« ausgesetzt, sondern harschen moralischen Urteilen und Vorwürfen, etwa dem, sie seien wie »Lämmer zur Schlachtbank« gegangen. So lautet der unglückselige Titel, den das israelische Erziehungsministerium in den fünfziger Jahren für eine seiner Broschüren wählte. Während des israelischen Unabhängigkeitskrieges herrschte eine Atmosphäre, in der nur die Überlebenden Anerkennung fanden, die an den Ghettoaufständen beteiligt gewesen waren oder sich den Partisanen angeschlossen hatten. Sie allein entsprachen dem gültigen Ideal, man habe »um sein Leben zu kämpfen«.

Es klingt paradox, aber diese moralischen Urteile und Vorwürfe müssen einem bestimmten »Bedürfnis« vieler Überlebender entsprochen haben, denn anders läßt sich wohl kaum erklären, warum sie sich zum

Schweigen verurteilen ließen. Sie hatten ihre eigenen Gründe dafür, das Erlebte zu verdrängen: Schuldgefühle gegenüber ihren ums Leben gekommenen Angehörigen, Probleme mit den immer gegenwärtigen Bildern des Grauens und Schreckens, Trennungsschmerz und ein Gefühl der Hilflosigkeit, das Vergangene mit der neuen, sehr andersartigen israelischen Realität in Verbindung zu bringen. Übermäßiges Reden über das Grauen half auch nicht, denn es wurde kaum darauf geachtet, daß der Zuhörer bereit sein mußte, sich wirklich zu öffnen. Wo das nicht geschah, hatten diese Gespräche denselben Effekt wie Schweigen. Die Überlebenden wünschten, sie und die anderen könnten vergessen, und versuchten, ihren Kindern diese problematischen und belastenden Erinnerungen zu ersparen (Kestenberg, 1972).

Aus anderen Zusammenhängen wissen wir, daß es Eltern nicht möglich ist, ihre Kinder von den eigenen bedrückenden Erinnerungen zu schützen. »Verschwiegene Erzählungen« gehen häufig stärker von einer Generation auf die andere über als Geschichten, die erzählt werden und über die man sprechen kann (Grossmann, 1986; Bar-On, 1986). Kinder spüren sehr genau, wenn ihre Eltern über etwas nicht sprechen möchten. Zwischen den beiden Generationen entsteht eine Art »doppelter Mauer«: Die Eltern erzählen nichts, und die Kinder fragen nicht nach. Und selbst wenn eine Seite versucht, ein Fenster in der Mauer zu öffnen, blickt sie oft nur auf die Mauer des anderen. Daß es zu spontanen, gleichzeitigen Öffnungen von Eltern und Kindern kommt, wodurch sie ihre Gefühle miteinander teilen und akzeptieren können, ist höchst unwahrscheinlich und selten (Bar-On und Charny, 1992).

Allerdings hat sich die israelische Gesellschaft im Verlauf der letzten zehn bis fünfzehn Jahre doch im beträchtlichen Maße verändert, und heute begegnet man den Überlebenden des Holocaust nicht mehr mit solchen Vorurteilen. Die Interviews, die wir etwa mit Schülern der Highschool vor ihrer Klassenfahrt nach Auschwitz führten, brachten zum Vorschein, daß sie die Überlebenden bewunderten und die ums Leben Gekommenen ganz und gar nicht als »Lämmer« betrachteten, die sich »zur Schlachtbank« hatten führen lassen (Assa und Degani, 1989). Viele Überlebende des Holocaust haben heute – wenn auch aus anderen Gründen – ein Bedürfnis danach, ihre Geschichte zu erzählen.

Dazu hat die Bereitschaft der Gesellschaft, sich mit Urteilen zurückzuhalten und erst einmal zuzuhören, sicherlich beigetragen, und mit der Zeit wurde das Bedürfnis zu reden und Zeugnis abzulegen größer, als das Bedürfnis zu schweigen (Felman und Laub, 1992). Die Überlebenden sehen jetzt außerdem die Generation ihrer Enkel heranwachsen, und ihre Angst ließ nach, sie könnten nach allem, was sie erlitten hatten, ihren Kindern kein normales Leben ermöglichen. Nun stand außer Zweifel, daß sie, ihre Kinder und deren Kinder »normal« waren. Dieser Erfolg ermöglichte es vielen von ihnen, ihr Herz zu öffnen und zu sprechen (Berzlaki, 1991).

In meinem Seminar an der Ben-Gurion Universität verbringen wir das erste Trimester damit, die Interviews zu analysieren, die dann den Verlauf des gesamten akademischen Jahres bestimmen. Und mit jedem Jahr wird es schwieriger, den Interviews zuzuhören, denn die Gesprächspartner werden immer offener. Vor zehn oder fünfzehn Jahren hätten sie noch nicht so bis in alle Einzelheiten hinein und so reichhaltig Zeugnis abgelegt. Es ist regelrecht spürbar, daß die Situation im Wandel begriffen ist, und zwar nicht nur bei den jungen Studenten, die die Interviews durchführen, sondern auch bei den älteren Menschen, die interviewt werden. Als das zweite Jahr unserer Untersuchungen begann, machte sich das Forschungsteam, das sich vor allem aus Studenten meines Seminars zusammensetzte – von denen viele selbst Enkel von Holocaustüberlebenden sind –, aufgeregt daran, Familienangehörige dreier verschiedener Generationen zu interviewen. Wir hielten diesen Zeitpunkt für den – vielleicht einzig – geeigneten, um diese Interviews durchzuführen. Jahre zuvor noch wäre der Versuch zu früh gekommen, und die meisten Überlebenden hätten sich wahrscheinlich geweigert zu sprechen. In wenigen Jahren hingegen wären die meisten der Überlebenden wahrscheinlich bereits verstorben.

Unsere deutschen Kollegen sahen sich nicht in der Lage, deutsche Familien über das sensible Thema »Holocaust« zu befragen. Sie fürchteten, die Familienmitglieder der ersten Generation, die zur Zeit des Dritten Reichs gelebt hatten, würden sich weigern, sich von ihnen interviewen zu lassen. Wir wissen natürlich nicht, ob ihre Ängste realistisch waren und sich bestätigt hätten, oder ob sie Angst vor dem hatten, was sie herausfinden würden.[2] Was auch immer die Gründe gewesen sein mögen, wir schlugen jedenfalls zwei Wege ein: Das deutsche Team interviewte ausschließlich Angehörige der dritten Generation, und wir begannen damit, alle drei Generationen verschiedener Familien zu interviewen.

An dieser Stelle bietet es sich an, die wichtige Frage zu behandeln, wen wir eigentlich zur Kategorie der »Holocaustüberlebenden« zählen. Die *Enzyklopädie des Holocaust* definiert diesen Begriff nicht (Gutman, 1990). Aus juristisch-historischer Sicht könnte jeder als Überlebender des Holocaust gelten, der während des Zweiten Weltkriegs unter der Naziherrschaft lebte und von der Endlösung bedroht war, aber überleben konnte. Diese Definition wirft allerdings einige Probleme auf. Unproblematisch ist sie in bezug auf Flüchtlinge aus den Ghettos und den Konzentrationslagern, aber trifft sie auch noch zu, wenn jemand nach Rußland floh und seine Angehörigen und Freunde zurückließ? Umfaßt die Definition Kinder ebenso wie Erwachsene? Mehr noch: Zieht diese angeblich so objektive Definition auch die subjektiven Gefühle der betreffenden Personen in Erwägung? Viele Menschen um fünfzig fühlen sich durch die Bezeichnung »Überlebender« stigmatisiert. Sie versuchen, die Verbindung zu diesem Teil der Vergangenheit herunterzuspielen oder sogar ganz und gar zu vermeiden. Wenn wir das in Betracht ziehen, wer entscheidet dann eigentlich, wer als Holocaustüberlebender zu gelten hat?

Vor zwei Jahren interviewten zwei meiner Studenten einige Männer und Frauen, die zwischen 1935 und 1939 aus Europa nach Israel emigriert waren und deren Familien entweder vollständig oder doch zu großen Teilen im Holocaust ums Leben kamen. Vom Standpunkt der langfristigen psychologischen Auswirkungen aus betrachtet, unterschieden sie sich in nichts von vielen anderen Überlebenden des Holocaust. Wie diese litten sie unter Schuldgefühlen (*»survivors' guilt«*) (Kestenberg, 1972), wie diese schwiegen sie. Ihre Bereitschaft, über ihre Gefühle und darüber, was ihren Familien zugestoßen war, zu sprechen, hing hauptsächlich davon ab, in welchem Maße sie den zurückgebliebenen Familienangehörigen hatten helfen können, bevor es zu spät war. Viele der interviewten Überlebenden hielten ihre Schuldgefühle und Hilflosigkeit in gewisser Weise für ungerechtfertigt, weil sie nicht so »gelitten« hatten wie die »richtigen Überlebenden« (Dvir-Malka und Gilad, 1989). Ihr Empfinden, diese Gefühle seien unberechtigt, waren unter anderem das Resultat der offiziellen, »objektiven« Definition.

Zwei andere Studenten, die Überlebende des sogenannten »Kasztner-Zuges« interviewten, kamen zu ähnlichen Ergebnissen. Einige Gesprächspartner hatten äußerst schwierige Zeiten in Arbeitslagern überlebt und waren ihrer Vernichtung sehr nahe gewesen, bevor sie den rettenden Zug besteigen konnten. Sie hatten Monate in Bergen-Belsen verbracht und waren dort krank und halb verhungert gewesen. Dennoch hatten beinahe alle von ihnen Schwierigkeiten, das, was sie erlitten hatten, mit den Erfahrungen »wirklicher« Überlebender des Holocaust in Verbindung zu setzen. In diesem Fall war das Gefühl des Unberechtigtseins rein subjektiv: Sie hatten durch »unlautere« Methoden überlebt. Sie fühlten sich wegen der Methoden schuldig, mit denen Kasztner – er hatte mit der SS verhandelt – sie gerettet hatte, aber auch dafür, daß sie einen Platz im Zug erhalten hatten und andere nicht (Mandela und Frankel, 1990). [A.d.Ü.: Rudolf oder Israel Kasztner, 1906–1957, Journalist, Jurist und zionistischer Politiker und ab 1943 führender Kopf der zionistischen Bewegung in Ungarn, sah in Verhandlungen mit den Deutschen den einzigen Weg zur Rettung der Juden in Ungarn und bot Geldsummen und Material gegen die Freilassung von Juden an. Ein Zug mit 1684 Juden, die von einem Ausschuß unter Komoly und Kasztner ausgesucht worden waren, ging Ende Juni 1944 aus Ungarn angeblich in die Schweiz, tatsächlich aber nach Bergen-Belsen ab, von wo aus zuerst 318 Juden, später dann die restlichen, nach weiteren Verhandlungen in die Schweiz freikamen.]

Unsere Ergebnisse weisen darauf hin, daß die Überlebenden ihre Erfahrungen insgeheim entsprechend einer Rangordnung des Leidens einordnen. Wie unter einer Lupe wird eine grausame Rangordnung vorgenommen, in der jeder Überlebende in Zusammenhang damit gesetzt wird, was allen anderen Überlebenden geschah bzw. was alle anderen taten. So wird eine Hierarchie festgesetzt, die Außenstehende nicht recht verstehen können und an der durchaus auch internalisierte Definitionen des Aggressors mitwirken mögen. So definieren sich etwa gemischte Familien, die wegen des Teils der Familie, der christlich ist, überlebt haben, als halb-jüdisch und übernehmen damit unwillentlich die Naziterminologie. Als »richtige« Überlebende werden diejenigen betrachtet, die eine tätowierte Nummer auf dem Arm tragen. Auch unter den Menschen, die in den Ghettos, nicht aber im Lager waren, versuchen einige, ihre Erfahrung herunterzuspielen, vor allem die sogenannten »Asiaten«, die ins asiatische Rußland flohen, und diejenigen, die vor Ausbruch des Zweiten Weltkriegs nach Israel emigrierten. Sie verstehen sich selbst nicht als Überlebende des Holocaust. Es ist offensichtlich sehr schwierig, extremen Schmerz und extreme Leiden zu ertragen, ohne sie untereinander zu vergleichen und zu bewerten, wer mehr oder weniger gelitten hat, besser oder schlimmer dran war.

All dies ist bereits kompliziert genug, ohne auch noch die subjektive »Wahrheit« von Mitgliedern der jüdischen Kampforganisationen und der jüdischen Polizei bzw. des Judenrats (Zuckerman, 1990) zu diskutieren, der »Untergegangenen und Geretteten« (Levi, 1990) oder der Überlebenden aus den Lagern und den Kapos, die in den Lagern für die Deutschen arbeiteten. Diese Themen sind ausgesprochen schmerzlich und sehr schwierig zu behandeln und unweigerlich mit einem Gefühl der Hilflosigkeit und der Belastung verbunden (Segev, 1991). Es gibt aber auch Menschen, die nicht versuchen, nach einer privaten Kriterienliste einen Maßstab des Leidens aufzustellen, sondern mit einem gewissen Grad an Erleichterung sagen: »Es blieb einem nur die Flucht. Wem die Flucht nicht gelungen ist, der mag Schwierigkeiten mit einer Definition haben, ich aber nicht.« Es scheint also Uneinigkeit zwischen denen zu geben, die sich auf die Wahrheit ihrer eigenen subjektiven Gefühle beziehen, und denjenigen, die versuchen, einen objektiven Maßstab zu benutzen, um ihr eigenes Leiden zu messen.

Wir erkannten, daß sich die subjektiven und objektiven Definitionen der Beziehung einer Familie zum Holocaust nirgends komplett deckten. Wie die einzelnen diese Erfahrung definieren, hängt genauso stark davon ab, ob sie selbst ihre Handlungen und Erfahrungen für legitim hielten, wie davon, welche Legitimität die Gesellschaft, von der sie umgeben waren, ihren Taten zusprach. Familien hatten oft mit diesem Thema zu kämpfen – »Wer war da, wer nicht, wo und wann«. Unsere

Absicht ist nicht, in diese Thematik verwickelt zu werden, denn wir maßen uns nicht an, über andere zu richten. Fast alle Beteiligten haben auf die eine oder andere Weise einen schrecklichen Preis zu zahlen gehabt. Wir tendieren zu einer eher subjektiven Definition dessen, wer als Holocaustüberlebender zu gelten hat; derzufolge jemand, der nach Rußland emigrierte, genauso als Überlebender zu gelten hat wie jemand, der noch vor Ausbruch des Krieges nach Israel emigrierte, dessen Familie aber zurückblieb und umkam. Diese Epoche belastete selbst die Menschen, die nicht direkt mit ihren Grauen und Schrecken in Berührung kamen, mit fürchterlichen Erfahrungen der Trennung und des Verlustes.

In den Ergebnissen der den Enkeln ausgehändigten Fragebögen fanden wir einen Widerhall der Verwirrung, die diese Schwierigkeiten in den Herzen der Menschen hinterlassen haben. Einige Jugendliche ordneten sich selbst so ein, daß sie »keine Familienverbindungen mit dem Holocaust« hatten, obwohl ihre Großeltern zweifelsohne Überlebende waren und nach dem Krieg nach Israel auswanderten. Es ist sogar höchstwahrscheinlich, daß einige Familienmitglieder direkt dem Holocaust entgangen waren, aber versucht hatten, dem Etikett »Überlebender« zu entgehen. Andere Jugendliche asiatischer oder afrikanischer Herkunft ordneten sich aufgrund lediglich eines oder einer sehr fernen Verwandten der Gruppe zu, die Familienverbindung zum Holocaust hatten. Ihnen hatte diese Tatsache als eine Art »Visitenkarte« den Eintritt in die israelische Gesellschaft ermöglicht. Man kann vermuten, daß sich diese Differenzen in Zukunft nur noch vergrößern werden, wenn die Überlebenden gestorben sind und die verschiedenen »kollektiven Erinnerungen« ihre Beziehung zum Holocaust neu interpretieren werden (Segev, 1991).

Interessanterweise bestanden bei den deutschen Jugendlichen auch nicht eben geringfügige Verzerrungen. Die Hälfte der 1100 Deutschen, die wir befragten, hatte nicht die geringste Ahnung, was ihre Eltern im Dritten Reich getan hatten. Von denen, die etwas wußten, teilte uns etwa ein Drittel mit, ihre Großeltern wären »gegen das Naziregime gewesen«, und nur ein Viertel antwortete, ihre Großeltern hätten »aktiv am Naziregime teilgenommen«. Wie diese Verzerrungen sich in der nächsten Generation auswirken werden, darüber lassen sich vorerst höchstens Vermutungen anstellen.

Die Spätfolgen des Holocaust

Wir halten es für notwendig, einige Grundannahmen der psychologischen Literatur über die Folgen des Holocaust auf die folgenden Generationen kritisch zu hinterfragen:

1. Wie lassen sich die Spätfolgen des Holocaust von anderen gleichzeitig stattfindenden Prozessen (Emigration, veränderten Familienstrukturen und individuellen Entwicklungsprozessen) trennen?
2. Verändert sich durch die Einbeziehung der dritten Generation im Vergleich zu bisherigen Darstellungen in der psychologischen Literatur die Rolle der zweiten Generation?
3. Kann ein verändertes methodisches Vorgehen (das Biographie- und Textanalysen verwendet) den Fokus von »harten« normativen psychodynamischen Aussagen über die Identität hin zu den »weicheren« theoretischen Konstrukten der biographischen Fallrekonstruktion lenken? Welche neuen Informationen und Ideen ergeben sich aus einer neuen Methode?

Die meisten psychologischen Untersuchungen beschäftigten sich bisher mit den langfristigen Folgen des Holocaust für die zweite Generation, also für die Kinder der Überlebenden. Sie konnten nachweisen, daß viele Jahre zurückliegende Erfahrungen der Eltern einen Einfluß auf die zweite Generation haben und sie in ihrem Handeln bestimmen. Dieses Ergebnis war bahnbrechend, denn in früheren Studien und Therapien war die Möglichkeit solcher langfristigen Auswirkungen nie berücksichtigt worden (Danieli, 1980). Allerdings waren die Ergebnisse lange nicht so klar, wie man das erwartet hätte. Die Argumentation entwickelte sich hauptsächlich entlang zweier Achsen, die sich nur teilweise überschneiden: einerseits in der klinischen Forschung, andererseits, indem man »negative« und »positive« Effekte abwägte.

Die um die erste Achse konzentrierte Diskussion beschäftigte sich mit klinischen Forschungsergebnissen, die Spätfolgen für die zweite Generation belegten. So hatten etwa die Kinder von Holocaustüberlebenden Probleme mit der Individuation (der emotionalen Loslösung von ihren Eltern), drückten nur selten Wut aus und waren leistungsbezogener als andere Kinder (Kestenberg, 1972; Krystal, 1968). Aber diese primär aus Krankenblättern gewonnenen Daten bestätigten sich nicht bei zufälligen Stichproben mit Kontrollgruppen (Reick und Eitinger, 1983). Dabei bleibt aber offen, ob das Instrumentarium im Falle der Kontrollstudien überhaupt geeignet war, die Wirkungen zu erkennen, die sich in Therapien herausgestellt hatten, und ob andererseits die Ergebnisse der von den Psychologen selbst ausgewählten klinischen Fällen für die Gesamtbevölkerung repräsentativ waren.

Die um die zweite Achse herum angeordnete Diskussion konzentrierte sich auf zwei verschiedene Thesen der klinischen Psychologen. Eine Gruppe behauptet, daß die zweite Generation *unter der Last des Holocaust litt*, die ihre Eltern zu tragen hatten und schweigend an sie weitergaben. Andere Forscher wiesen auf die *positive leistungsorientierte* Reaktion hin, eine Art von Überreaktion, die genau darauf zurückzuführen sei, daß sie Kinder von Holocaustüberlebenden waren und dazu führe, daß sie besser als andere verstehen, sich in der Gegenwart mit Problemen auseinanderzusetzen.

Die erste These bestätigt eine Untersuchung, in der nachgewiesen wird, daß Kinder von Holocaustüberlebenden, die im Libanonkrieg 1982 ein Kriegstrauma erlitten hatten, sich nach zwei bis drei Jahren nicht so gut an das Alltagsleben angepaßt hatten wie die Mitglieder der Kontrollgruppe (Solomon, 1989). Die zweite These belegen Studien, die zeigen, daß die Angehörigen der zweiten Generation eine bessere Bildung und größeren wirtschaftlichen Erfolg haben als diejenigen ihrer Altersgenossen, deren Eltern nicht Holocaustüberlebende waren (Reick und Eitinger, 1983). Damit gibt es teilweise Überschneidungen zwischen diesem Argument und den Ergebnissen über die langfristigen Auswirkungen des Holocaust. In der Regel präsentieren die klinischen Psychologen Daten, die die negativen Spätfolgen und Auswirkungen des Holocaust belegen, während die Forscher, die die Kontrollstudien durchführen, gewöhnlich entweder zu dem Ergebnis kommen, daß es keine Spätfolgen gibt oder sich sogar relative Vorteile aus dieser Situation ergeben.

Eine dritte Forschungsrichtung mit komplexeren Grundannahmen versucht die Gegensätze zwischen den klinischen Psychologen und anderen Wissenschaftlern zu überwinden, indem sie auf *interpersonelle Differenzen* verweist. Danieli (1983) kategorisiert etwa die Reaktionen der zweiten Generation entsprechend den objektiven Erfahrungen ihrer Eltern während des Holocaust (etwa Überlebende der Konzentrationslager oder ehemalige Partisanen) und ihren subjektiven Verarbeitungsmethoden (Kämpfen versus Resignieren). In einer anderen Studie stellt Vardi (1990) die These auf, daß die Familien der Holocaustüberlebenden in der Regel einem Kind die Rolle einer »Gedenkkerze« zuschreiben und dieses Kind dann die emotionale Belastung zu tragen hat, die die Eltern selbst nicht durchgearbeitet haben. Nach Vardi ist es in der Regel das »Gedenkkerzen«-Kind, das eine Therapie beginnt, weil es sich stärker als die anderen Kinder in der Familie belastet fühlt.

Diese Einteilungen und Diagnosen sind für klinische Psychologen bei der Arbeit mit Familien von Holocaustüberlebenden sowohl für die Diagnose als auch für die Auswahl einer passenden Therapieform und die Einschätzung der Heilungschancen durchaus nützlich. Das Phänomen der *intergenerationellen Übertragung* im Schatten des Holocaust allerdings helfen sie nicht aufzuklären, denn die meisten Überlebenden des Holocaust und deren Familien gelangten erst gar nicht in Therapien. Wie sind sie also mit ganz ähnlichen emotionalen Belastungen umgegangen? Gehen wir davon aus, daß sie ihre emotionale Last zu normalisieren verstanden (Rosenthal, 1987), dann ergibt sich daraus wohl die Frage: Wann ist Normalisierung ein Beweis für ein kompetentes Funktionieren und wann für eine von Generation zu Generation tradierte Funktionsstörung? Entstehen Durcharbeitensprozesse auch spontan und ohne Therapie, und wenn ja, inwiefern unterscheiden sie sich bzw. unterscheiden sich nicht von den Mustern des Durcharbeitens, zu denen ein Therapeut den Anstoß gab?

Wahrscheinlich hatten fast alle Überlebende als erstes den Wunsch, nach dem Holocaust so schnell wie möglich wieder ein normales Leben zu führen. Dieser Wunsch war sowohl funktional als auch disfunktional: Einerseits half er den Überlebenden, zu einem »normalen« Leben zurückzukehren und der Belastung und den schrecklichen Erinnerungen der Vergangenheit durch das Ausüben regelmäßiger und ganz gewöhnlicher Aufgaben in der Gegenwart zu entgehen. Andererseits konnte sich diese Normalisierung aber zu einem anderen Zeitpunkt auch disfunktional auswirken, weil die Überlebenden die notwendige Trauerarbeit nicht leisteten und so der Vergangenheit verhaftet blieben (Davidson, 1980). Dieser Forschungsansatz akzeptiert zwar, daß Normalisierung eine »normale« Reaktion auf abnorme und extreme Lebenssituationen ist, geht aber auch davon aus, daß die Überlebenden und ihre Kinder darüber hinausgehen und eine offene Strategie entwickeln sollten, die Vergangenheit durchzuarbeiten (Vardi, 1990).

Damit vertritt dieser Forschungsansatz, wenn auch in sehr subtiler Form, einen normativen Anspruch. Ich möchte erstens fragen, wie wir überhaupt wissen können, in welcher Hinsicht die Überlebenden andere (oder ausgeprägtere) Normalisierungsstrategien entwickelten als andere Emigranten? Benutzten etwa die aus Asien oder Afrika stammenden und nach Israel eingewanderten Juden nicht auch Normalisierungsstrategien, um ihre emotional belastende Entwurzelung zu verarbeiten? Mußten nicht auch die Menschen, die in Israel geboren waren, während des Unabhängigkeitskrieges 1948 Normalisierungsstrategien entwickeln? Durch welche spezifischen Eigenschaften zeichnen sich, anders gesagt, die Normalisierungsprozesse der Holocaustüberlebenden und ihrer Familien aus?

Wie können wir zweitens wissen, ob die Normalisierung Hoffnung auf eine besser Zukunft bedeutete oder hauptsächlich eine Methode war, die Ängste und Erinnerungen an die Vergangenheit in den Griff zu bekommen? Diese Fragen lassen sich möglicherweise mit »weicheren« Konzeptualisierungen[3] besser beantworten, und zwar indem wir die von den Überlebenden selbst erzählten Lebensgeschichten analysieren. Es ließe sich etwa fragen, ob sich in den Erzählungen der Interviewpartner Spuren von Angst und Hoffnung finden? Oder ob die Kinder die Normalisierungsstrategien ihrer Eltern internalisiert haben? Ich denke, wenn wir Antworten auf einige dieser Fragen finden können, lassen sich die Verbindung zwischen den Normalisierungsstrategien und dem Durcharbeiten traumatischer Erlebnisse und deren intergenerationelle Nachwirkungen besser verstehen.

Wir halten »weichere« Konzepte vor allem deswegen für nützlicher, weil es unmöglich ist, Prozesse zu isolieren und sie einzeln zu untersuchen. Bei der Erforschung intergenerationeller Tradierung hat man es mit vier gleichzeitig auf den Interviewten einwirkenden Prozessen zu tun: mit der Entwurzelung durch Emigration, der Immigration in die neue Kultur des Einwanderungslandes, mit spezifischen Familienstrukturen und -prozessen und individuellen Entwicklungsprozessen. Diese Prozesse sind alle untrennbar mit der Last, an der die Überlebenden tragen, verbunden und kaum voneinander zu unterscheiden. Das will ich kurz erläutern.

Die meisten Holocaustüberlebenden erlitten auch das Schicksal, zu Emigranten zu werden, und hatten den dafür üblichen psychischen Preis zu entrichten: die plötzliche Trennung von Familie, Tradition, Kultur, Sprache und Kindheit. Wer emigrieren muß, kann nicht allmählich Abschied nehmen und sich geistig zwischen dem Alten und dem Neuen hin- und herbewegen, bis eine Entscheidung herangereift ist, wie es der Dynamik psychischer Prozesse am besten entspräche. Aroian (1990) zeigt etwa, daß in die Vereinigte Staaten emigrierte Polen, die mit ihrer Entwurzelung zu kämpfen hatten, sich erst dann besser integrierten, wenn sie ihre Heimat noch einmal besucht hatten. In Israel gilt diese Lösung als »Luxus«, der nur Emigranten aus reichen Ländern zugänglich und allen anderen verschlossen ist.

Die meisten Emigrationsprozesse sind im Unterschied dazu durch eine endgültige und einmalige Trennung gekennzeichnet, nach der objektiv nicht mehr die Möglichkeit besteht, zurückzukehren und in einem »Vor- und Rückwärtsprozeß« die Dinge noch einmal in ihrem ursprünglichen Kontext wiederzusehen. Psychologen stellen in solchen Fällen häufig Schwierigkeiten im Durcharbeitensprozeß fest. Schnelle Trennungen sind schwerer zu verkraften als allmähliche. Die Emigranten gewöhnen sich zwar in eine neue Realität ein, bleiben in ihrer verdrängten oder unbewußten Gedankenwelt jedoch der alten Realität verhaftet, die durch das repräsentiert wird, was sie verlassen haben oder glauben, verlassen zu haben (Bar-On, 1986). Wir können verschiedene

Formen der Trennung unterscheiden, etwa bei Emigranten aus asiatischen und afrikanischen Ländern die *erzwungene Trennung* und die *Trennung aus freiem Entschluß* bei den Pionieren, die gläubige Zionisten waren. Der Bedeutungsgehalt von Alija (»Aufstieg«, ursprünglich zur Toravorlesung, ein Begriff für die Emigration nach Israel) gibt die Atmosphäre sehr gut wieder, die mit einer Trennung *aus freiem Entschluß* verbunden war.

Für die Überlebenden des Holocaust stand die Emigration jedoch nicht am Anfang, sondern am Ende des Prozesses der erzwungenen Trennung. Die meisten sahen sich noch in ihrer Heimat gezwungen, die Bindungen an ihren Herkunftsort gewaltsam und urplötzlich zu lösen. Diese Trennung ging meistens mit Lebensgefahr einher, traf sie unvorbereitet und war daher extrem traumatisch. Keilson (1992) nennt bei Waisenkindern des Holocaust drei Stadien der Traumatisierung: das Stadium der Trennung von der Familie (Eltern, Kinder, Ehepartner, das weitere Familienumfeld); der Überlebensprozeß während des Krieges und das Stadium der Rückkehr nach dem Krieg, um zu suchen, »was gar nicht mehr existierte«. Die letzte Phase, so behauptet er, war die traumatischste, denn erst da begriffen die meisten Überlebenden, daß das Geschehene endgültig war und sie alles, was ihnen lieb gewesen war, für immer verloren hatten.

Die Emigration nach Israel war für die meisten europäischen Überlebenden nicht eigentlich ein Akt der Trennung (die ohnehin stattgefunden hatte) oder des Abschieds (die meisten hatten keine Person oder keinen Ort mehr, von dem sie hätten Abschied nehmen können), sondern eher eine *Korrektur*. Sie ermöglichte ihnen einen Neuanfang und bot ihnen die Chance, das Geschehene auszulöschen oder zu vergessen. Zu dieser Zeit war das ein Zeichen ihrer Stärke. Die Überlebenden kümmerten sich nicht darum, wie und wann sie den Abschiedsprozeß verarbeiten würden, sondern mußten sich und anderen beweisen, daß sie leben konnten, und zwar nicht nur in dem Sinne, daß sie physisch existierten und im Alltag funktionierten. Olga Anisewitsch ist ein Beispiel für den inneren Auftrag, »das Leben wieder aufzubauen«.

Die Einwanderung war in der israelischen Gesellschaft, die die Überlebenden aufnahm, harten moralischen Urteilen ausgesetzt (Yablonka,

1990), wodurch sich die Neuankömmlinge bedroht und als inkompetent abgeurteilt empfanden. Sie fühlten sich plötzlich, als trügen sie nun einen »blau-weißen« Stern, kurz nachdem sie vom gelben Stern, mit dem die Nazis sie gebrandmarkt hatten, befreit worden waren (Segev, 1991). Das scharfe Urteil ihrer neuen Umwelt traf alle Einwanderer gleichermaßen: Es verhieß zwar eine neue Freiheit – die spezifisch israelische Freiheit –, die anders war als alles, was sie bisher gekannt hatten, und ihnen vermittelte, es sei möglich, sich zu assimilieren und eine neue Identität zu schaffen. Aber weil die Beurteilung von außen internalisiert wurde, betrachteten einige Überlebende sich als schwach, was sie emotional nur noch zusätzlich belastete und es ihnen noch schwieriger machte, ihre Gefühle durchzuarbeiten.

In den frühen Tagen des neu gegründeten Staates hielten sich alle Teile der israelischen Bevölkerung an das ungeschriebene Gesetz, nicht über psychische Belastungen zu klagen. In der israelischen Gesellschaft galt in den vierziger und fünfziger Jahren das Modell der »Sabre« [A. d. Ü.: Sabre werden die in Israel Geborenen genannt, die wie die stachelige Kakteenfrucht, nach der sie benannt sind, nach außen wehrhaft, innen empfindsam, »weich« sind] als Ideal – Kampf und Taten standen im Vordergrund, man hatte auf Kosten individueller emotionaler Bedürfnisse zum Wohlergehen der Gesellschaft beizutragen. Erst in den siebziger und achtziger Jahren setzte sich allmählich die Einsicht durch, daß auch komplexe gefühlsmäßige Prozesse, ein Bedürfnis nach Selbstverwirklichung und Differenzen zwischen Individuen und Generationen existieren und berücksichtigt werden müssen. Erst da war die Gesellschaft so weit gereift, daß sie erkennen konnte, um welch hohen Preis die vorhergegangenen kulturellen Prägungen und Verhaltensmuster sich durchgesetzt hatten. Es stellte sich heraus, daß auch andere Gruppen von Immigranten einige Schwierigkeiten der Holocaustüberlebenden teilten.

Zu den Prozessen der Emigration und des Wertewandels in der israelischen Gesellschaft treten noch interfamiliäre Prozesse. Jede Familie entwickelt eigene Bewältigungsstrategien für externe und interne Familienbelastungen (Cohler und Grunnebaum, 1981). Diese Unterschiede treten meist dann zutage, wenn Familien über die Emigration und den gesellschaftlichen Wertewandel sprechen. Nach Bar-Semech (1990) kann man diese Unterschiede um zwei Achsen herum gruppieren: Kontinuität der ursprünglichen Familiengewohnheiten oder Innovation, die auf die veränderten Normen der Umwelt reagiert; Nähe und Intimität versus Selbständigkeit und/oder Einsamkeit; Bemühung um individuelle Weiterentwicklung oder Bemühung um Gruppenzusammenhalt und Symmetrie (oder Konkurrenz) unter Ehepartnern gegenüber Beziehungen, in denen die Partner einander ergänzen.

Jede Familie hat außerdem ihre eigene »Uhr«, ihren eigenen Zeitplan für Geburten, Hochzeiten, Altern und Sterben, also für all jene entscheidenden Ereignisse im Leben, die Familien zusammenschweißen. Man hat die Familie als das einzigartige System definiert, dem man nur durch Geburt und Ehe beitreten und das man nur durch Tod oder Scheidung verlassen kann (Carter und McGoldrick, 1988). Der Holocaust »überraschte« jede Familie zu einem anderen Zeitpunkt im »Familienzeitplan«, beschleunigte die Abläufe bei den einen, unterbrach sie bei anderen, und das in der Regel unwiderruflich. Er machte jede Möglichkeit eines *vollen Lebenszyklus* mehrerer Generationen in einer Familie zunichte, wo Töchter von ihren eigenen Müttern lernen können, selbst Mütter zu sein, wo Großeltern ihren Enkeln Geschichten erzählen und ihnen einen Sinn für Kontinuität vermitteln (Cohler und Grunnebaum, 1981). Das alles geschah noch zusätzlich zu einer Störung des Familienzeitplans durch die Emigration, die an sich ja schon schmerzlich genug war.

Gewöhnlich erzählen Menschen ihre Lebensgeschichte in Zusammenhang mit der Familiengeschichte, es sei denn, dieser Kontext wurde durch externe Ereignisse wie den Holocaust zerstört. Dvora beschrieb etwa, wie ihr Vater kurz nach der Besatzung Frankreichs durch die deutschen Truppen »verschwand«. Dvora war das »Vaterkind« ihrer Familie und konnte sein Verschwinden kaum verkraften. Ihr Vater war allerdings bereits vorher schon »verschwunden«, denn seit der Scheidung ihrer Eltern lebte Dvora bei ihrer Mutter, und der Vater kam nur noch gelegentlich zu Besuch … Dvora wurde also zunächst durch die Scheidung ihrer Eltern traumatisiert und die Tatsache, daß sie alleine bei ihrer Mutter aufwuchs, die ihre Wut über ihren Ehemann auf die

Tochter projizierte, die ihren Vater jedoch liebte. Man könnte also sagen, daß das Verschwinden des Vaters im Holocaust sozusagen der Scheidung der Eltern ein Element der Endgültigkeit und Unwiderruflichkeit hinzufügte. Dabei läßt sich allerdings kaum entscheiden, wie jedes dieser Traumata für sich genommen auf Dvora gewirkt hätte, denn in ihrer Erinnerung und für ihre Lebensgeschichte sind beide untrennbar miteinander verbunden. Ihr wiederkehrender Traum zeigte, wie sie die Beziehung zu ihrem Vater unter veränderten Lebensbedingungen neu gestaltete.

Zu all diesen Faktoren treten noch individuelle Entwicklungsprozesse hinzu. Jeder Mensch reagiert in Notsituationen anders. Einige begreifen sie als Herausforderung und entdecken bisher ungeahnten Mut und Scharfblick an sich. Andere sehen in ihnen nur Gefahr und reagieren mit Verzweiflung und Hilflosigkeit darauf. Außerdem kann niemand alle Belastungen gleich gut verkraften oder zu jedem Zeitpunkt in seinem Leben auf eine Belastung gleich gut reagieren. Dvoras Bruder etwa reagierte ganz anders auf das Verschwinden des Vaters als sie. Er war das »Mutterkind« der Familie, introvertierter und scheinbar »normaler« als seine »launische und temperamentvolle« Schwester. Dann aber beging er ohne jede Vorwarnung eines Tages einfach Selbstmord. Können wir diesen Selbstmord mit dem Holocaust in Verbindung bringen oder mit den mit ihm verknüpften gesellschaftlichen und familiären Prozessen? Vielleicht war sein eher introvertiertes Naturell zunächst für die Normalisierung der traumatischen Vergangenheit förderlich, wirkte sich dann aber selbstzerstörerisch aus, als die ungelösten Konflikte später unerträglich wurden? Das ist natürlich nur eine Vermutung.

Neben den Familienstrukturen, der Emigration und den gesellschaftlichen Werturteilen muß man auch noch bedenken, daß die Menschen sich sehr stark voneinander unterscheiden, aber auch ein und derselbe Mensch sich im Laufe seines Lebens sehr stark verändern kann. Auch diese Ebene ist eng mit allen zuvor genannten verknüpft und läßt es extrem kompliziert erscheinen, die Spätfolgen des Holocaust isoliert zu untersuchen. Nicht nur bei Holocaustüberlebenden, sondern auch etwa bei aus Marokko, Äthiopien oder Argentinien nach Israel eingewanderten Familien finden sich menschliche Tragödien: Traumata wie das Auseinanderreißen der Familie, der Verlust von Heimat, Muttersprache und Kultur, die nicht verarbeitet und daher von einer Generation auf die andere weitergegeben wurden. Es ist fast unmöglich, die Auswirkungen des Holocaust auf mehrere Generationen *isoliert* von anderen Komponenten zu untersuchen.

Man kann von der Hypothese ausgehen, daß der Holocaust die Hauptursache für die strukturellen Ähnlichkeiten zwischen Emigrantenfamilien aus unterschiedlichen Ländern ist, oder aber auch davon ausgehen, daß der Holocaust sich qualitativ ganz anders auswirkte als jede andere oben erwähnte Kombination von Prozessen. Er zerstörte die Kontinuität des Familienzusammenhangs tiefgreifend. Geht man von einer »weicheren« Konzeptualisierung aus, so könnte man vermuten, daß *historische Ereignisse* auf die *persönliche erzählte Lebensgeschichte* stärker einwirkten, die sonst üblicherweise dem Familienkontext verhaftet bleibt (Rosenthal, 1987). Die erzählte Lebensgeschichte der Familie Guetta aus Libyen dient uns später als Anhaltspunkt für die Überprüfung dieser Hypothese. Angesichts der zahlreichen und aufs engste miteinander verbundenen Variablen scheint es nicht einfach zu sein, klare Antworten auf unsere Fragen zu finden. Die meisten Untersuchungen über die Langzeitfolgen des Holocaust versuchen, ihn als unvergleichliches und einzigartiges Phänomen herauszustellen, wozu nicht zuletzt das politische Anliegen beitragen mag, der Welt zu zeigen, *was man uns angetan hat.* Mir erscheint jedoch der Hinweis nicht unwichtig, daß, was auch immer man für die Spätfolgen des Holocaust halten mag, niemals isoliert auftritt, sondern immer mit anderen Faktoren aufs engste verknüpft ist.

Die dritte Generation

Angesichts der Vielfalt von eng ineinander verwobenen Prozessen, hielten wir es für angebracht, ihre Auswirkungen auf drei Generationen einer Familie zu untersuchen (Carter und McGoldrick, 1988; Chang, 1991). Die dritte Generation ist die erste, die vergleichsweise frei vom

Akt der Emigration in der ersten Generation und der Reaktion darauf in der zweiten Generation ist. Im Falle der Familien von Überlebenden des Holocaust könnte sich herausstellen, daß das Bedürfnis nach Normalisierung an die dritte Generation weitergegeben wurde oder umgekehrt, daß sie davon befreit ist, weil die Großeltern und Eltern einen Durcharbeitensprozeß geleistet haben. Die Enkel mögen der Familie Hoffnung zurückgegeben haben, weil sie einen vollständigen, natürlichen Lebenszyklus herstellen (Carter und McGoldrick, 1988) und mit den Großeltern ins Gespräch gekommen sind.

In den von meinen Studenten durchgeführten Interviews erfuhren wir etwa, daß manche Enkel in der Schule eine Projektarbeit über die »Wurzeln« ihrer Familie durchgeführt und in diesem Kontext zum ersten Mal die Geschichte ihrer Großeltern über den Holocaust gehört hatten. Ihre Eltern, also die Kinder der Überlebenden des Holocaust, wiederum erfuhren diese Geschichte nur und erst, als sie die Aufsätze ihrer Kinder lasen. Wie bereits weiter oben erwähnt, läßt sich das auf verschiedene Faktoren zurückführen: auf den Wertewandel in der israelischen Gesellschaft, das fortgeschrittene Stadium der biologischen »Uhr« der Überlebenden, auf die Kommunikationsstrukturen in einer spezifischen Familie und auf die Anwesenheit wißbegieriger, offener Jugendlicher.[4]

Die Einbeziehung der dritten Generation fördert neue Einsichten über die zweite Generation zutage: Ihre Angehörigen reagieren nicht nur aktiv oder passiv auf das Schicksal ihrer Eltern und deren Normalisierungsstrategien, sondern sind reife, selbständige Persönlichkeiten und selbst Eltern. Sie haben überdies die schwierige Aufgabe zu lösen, zwischen ihren Eltern und ihren Kindern zu vermitteln: Ihre Kinder sollten einerseits mit dem Privileg aufwachsen, Großeltern zu haben, was ihnen selbst verwehrt gewesen war (Vardi, 1990), andererseits aber nicht denselben Bürden ausgesetzt sein, die sie selbst in ihrer Kindheit durch die Eltern zu ertragen hatten. Wie schwierig diese Aufgabe ist, werden wir noch genauer an Tzipe Belinsky sehen, die sich als einzige unserer Interviewpartner ausdrücklich damit auseinandersetzt.

Wir sollten allerdings nicht vergessen, daß der Vergleich der Lebensgeschichten von drei verschiedenen Generationen es mit drei grundsätzlich verschiedenen Lebensperspektiven zu tun hat: die retroaktive Sicht der Überlebenden, die sich rückblickend an die wichtigsten Ereignisse ihres Lebens erinnern, die Perspektive der mittleren Generation, die mitten im aktiven Leben steht und noch dabei ist, ihre eigene Lebensgeschichte zu schaffen, sich aber bereits in einer kritischen Phase (Midlife-Crisis?) des Lebens befindet, weil ihre Kinder allmählich erwachsen werden und das Haus verlassen, und die Perspektive der dritten Generation, die erst am Beginn ihrer eigenen Lebensgeschichte steht. Die Jugendlichen befinden sich auf einer Schwelle, stellen sich grundlegende Fragen (Wer bin ich?), sind hoffnungsvoll (Die ganze Welt steht mir offen) oder ängstlich (Was machen die Menschen schon aus ihrem Leben? Werde ich es besser machen?). Es scheint zunächst so, als könne man diese Perspektiven gar nicht miteinander vergleichen. Wir wollten das aber dennoch tun, weil wir durch die Einbeziehung der dritten Generation eine neue Perspektive auf die Darstellung der Nachfahren der Holocaustüberlebenden in der Literatur gewinnen wollten.

Identität und Biographie

Ich habe weiter oben bei der Diskussion der psychologischen Literatur über die Spätfolgen des Holocaust die meiner Ansicht nach größten Probleme der Forschung auf einem Gebiet dargestellt, auf dem sehr viele Faktoren miteinander verknüpft sind. Hinzufügen möchte ich an dieser Stelle noch, daß die wissenschaftliche Literatur den Holocaustüberlebenden und ihren Nachfahren eine Identität zugesprochen hat, die viele als stigmatisierend empfanden und abzulegen versuchten (Fischer-Rosenthal, 1992). Das soll keineswegs heißen, diese Literatur hätte nicht wichtige Themen benannt und behandelt – das Gegenteil ist der Fall. Aber *partielle Wahrheiten* werden in ihr häufig als *totale Wahrheiten* präsentiert (Langer, 1991). Mehr noch: Einige Interviewpartner empfanden, daß die Darstellung ihrer Identität durch Fachleute die Bewältigung ihrer Leiden sogar noch erschwerte.

Wir entschieden uns für eine Methode, die sich auf »weichere« Annahmen gründet und davon ausgeht, wie der Erzählende selbst seine

Biographie rekonstruiert (Felman und Laub, 1992).[5] Diese Methode ist nicht mit einem hermeneutischen Vorgehen zu verwechseln, in dem der Forscher die Rekonstruktion der vom Biographen gelieferten Geschichte lenkt (Rosenthal, 1993). Der vorliegende Ansatz basiert auf der Grundannahme, daß die Erzählenden ihre erlebte Lebensgeschichte aus ihrem subjektiven Blickwinkel rekonstruieren und dabei zugleich zeitlich vor- und zurückschalten (Abelson, 1976). Das heißt nicht, daß wir uns deswegen nur für rein subjektive, aus dem historischen Kontext gelöste Erfahrungen interessieren, sondern nur, daß wir mehr über das Verhältnis von der *erzählten* Lebensgeschichte (bzw. der Rekonstruktion der Biographie) und der *erlebten* Lebensgeschichte (bzw. den Ereignissen im Leben) erfahren wollten, in die diese erzählte Geschichte eingebettet ist und durch die sie rekonstruiert wird (Rosenthal und Bar-On, 1992).

Wir werden etwa sehen, daß die erzählte Lebensgeschichte von Laura Guetta, die im von den Nationalsozialisten besetzten Libyen aufwuchs (wo eine weniger effektive Vernichtungspolitik gegen die Juden betrieben wurde als anderswo), sich auf *interne* Familienereignisse konzentriert, auch wenn sie auf schmerzliche Weise einige Familienangehörige verlor, während die anderen vier Überlebenden der Vernichtungspolitik der Nationalsozialisten Lebensgeschichten erzählen, in denen *externe* Ereignisse in das individuelle Leben eindringen und die interne Familiengeschichte zerstören. *Eine* Auswirkung des Holocausttraumas, so lautete unsere These, ist die Unterbrechung des natürlichen Prozesses der biographischen Rekonstruktion.

Diese Frage rückte noch mehr in den Mittelpunkt unseres Interesses, als wir versuchten, die intergenerationellen Spätfolgen des Holocaust einzuschätzen. Es ist für Wissenschaftler, auch wenn sie versuchen, »objektiv« zu sein, fast unmöglich, sich in die Lage ihrer Gesprächspartner hineinzuversetzen. Zugleich ist es für die interviewten Überlebenden sehr schwierig, ihre Erfahrungen zu verbalisieren, besonders aber den Gefühlen Ausdruck zu geben, die diese Erfahrungen begleiteten. Wissenschaftler laufen Gefahr, mit ihren festgefügten Begriffssystemen die fragilen Sprachstrukturen zu überhören, die die Überlebenden zur Beschreibung der Geschehnisse und ihrer Reaktionen darauf entwickelt haben, und benutzen wohl auch gelegentlich unbewußt ihre festen Begriffssysteme wie einen Schutzschild gegen die leidvollen Erfahrungen ihrer Interviewpartner. Vor allem dürfte das wohl auf Wissenschaftler und Therapeuten zutreffen, die Schwierigkeiten haben, sich emotional ihren Themen oder Patienten auszuliefern (Danieli, 1980; Langer, 1991).

Als ich Kinder von Nazitätern in Deutschland interviewte, eröffnete mir eine Gesprächspartnerin, sie habe schon mehrmals in ihrer Therapie versucht, die Vergangenheit ihres Vaters und ihr Bedürfnis nach Klärung und Auseinandersetzung mit seiner Mittäterschaft zum Thema zu machen, ihre Therapeutin habe daraufhin aber immer wieder gesagt: »Das hat nichts mit uns zu tun; Sie flüchten nur vor Ihren *wahren* Problemen.« Es gibt Situationen, in denen das zutreffen könnte, aber hier war die Therapeutin wohl diejenige, die diese Thematik zu vermeiden suchte und das auf die Patientin projizierte (Schmidt und Heimannsberg, 1994). Danieli (1994) konnte ähnliche Gegenübertragungen bei Therapeuten feststellen, die mit Überlebenden des Holocaust arbeiteten.

Rosenthal (1987) führte eine Studie mit deutschen Kriegsteilnehmern an beiden Weltkriegen durch, die sie interviewte und dann die Art und Weise analysierte, in der sie ihre Lebensgeschichte erzählten. Sie stellte gegenüber, wie sie über jeden der beiden Kriege sprachen, wo sie ausführlich wurden, wo sie sich kurz faßten, und versuchte dann, eine Hypothese zu entwickeln, warum sie die Geschichte genau in dieser Form erzählten. Um die Hypothese zu erhärten, untersuchte sie noch einmal, so unvoreingenommen wie möglich, aufmerksam das transkribierte Interview, in dem die Interviewpartner ihre Autobiographien selbst rekonstruiert hatten. Sie fand in deren Geschichten einen endlosen, sich stets vor und zurück bewegenden Entscheidungsprozeß. Diese Struktur reflektierte die Spannung zwischen der *Bewahrung* der Vergangenheit und der *Veränderung* in der Gegenwart und Zukunft.

Rosenthal vermutete, daß ihre Interviewpartner ihre Autobiographien nicht zufällig in der jeweiligen Form rekonstruierten, sondern daß sich darin ihre *Normalisierungsstrategien* widerspiegelten, also ihre jeweiligen Methoden, einer bedrohlichen Vergangenheit und einer ungewissen Zukunft zu begegnen. Mit diesen Strategien ist es möglich, bestimmte »Ecken und Kanten« in den Geschichten zu glätten, mit denen sie sich bisher in der Gegenwart nicht leicht konfrontieren konnten (Rosenthal, 1987, 1989; Rosenthal und Bar-On, 1992). Andere methodische Vorgehensweisen wiederum suchen nach der »historischen Wahrheit« hinter den »verzerrenden« Berichten der Interviewpartner, ähnlich wie Archäologen aus Bruchstücken wieder versuchen, einen Krug zusammenzusetzen (Spence, 1980). Unser Vorgehen allerdings geht davon aus, daß jeder Strategie eine Art von »narrativer Wahrheit« entnommen werden kann. Wir fragen nicht danach, welche historische Wahrheit in der Geschichte enthalten ist, sondern inwiefern die der Erzählung zugrundeliegende Strategie den Zielen des Erzählers aus seiner gegenwärtigen Perspektive heraus dient.

Unser Analyseverfahren verlangt auch eine besondere Interviewmethode, bei der den Interviewpartnern möglichst wenig direkte Fragen gestellt werden, da sonst die Gefahr besteht, daß sich die Struktur des Fragenden statt der des Biographen durchsetzen könnte. Das heißt, die Interviewer selbst greifen möglichst selten in das Gespräch ein und bitten die Interviewten, ihre Lebensgeschichte so zu erzählen, wie sie sie erlebt haben. Nur bei Unklarheiten, Widersprüchen oder Auslassungen von Lebensabschnitten fragen wir nach. Meistens stellt sich indes heraus, daß der/die Erzählende nicht rein zufällig Dinge ausläßt oder sich widerspricht, weswegen der Fragesteller äußerst vorsichtig vorgehen muß, denn der oder die Befragte könnte eine Frage schon als moralisches Urteil auffassen. Die Fragen sollten nur den Zweck haben zu klären, ob der Widerspruch bzw. die Auslassung intentional waren oder ob der Interviewende etwas falsch verstanden hat.

Diese Methode hat natürlich Grenzen, insofern sie hermeneutisch ist und sich sehr spezifisch auf die Unterschiede zwischen verschiedenen Menschen einläßt, also subjektive Erfahrungen in den Mittelpunkt rückt. Jedes Interview muß äußerst sorgfältig analysiert werden. Weil kein systematisches Zufallsstichprobenverfahren angewandt werden kann, lassen sich aus den Interviews nur schwer allgemeine Aussagen ableiten, denn es läßt sich nicht nachweisen, daß die vorliegenden

Stichproben für die Bevölkerung im allgemeinen repräsentativ sind. Außerdem kann man sich nicht auf jeden Forscher gleich gut verlassen, d.h. die Wissenschaftler gehen wahrscheinlich unterschiedlich vor, wenn sie ihre Hypothesen formulieren und sie im Text zu bestätigen suchen. Eine weitere Gefahr besteht wohl darin, daß der Fragende vom Text abkommen kann und post facto eine Bestätigung eigener Ideen im Text »findet« (Langer, 1991).

Wir waren uns der Schwierigkeiten unserer Methode wohl bewußt, und es wäre vergleichsweise einfach gewesen, Interviews mit im vorhinein bestimmten Kategorien zu analysieren. Trotz aller Bedenken entschieden wir uns jedoch für dieses Vorgehen, weil wir uns darauf konzentrieren wollten, wie die von uns Interviewten die Erzählung ihrer Lebensgeschichten strukturierten. Unser Ansatz entsprach ihrer eigenen Perspektive, ihrem Bedürfnis nach »Normalität«, und kam uns selbst auch entgegen, weil wir dem typischen Problem der Voreingenommenheit damit besser entgehen konnten. Nur allzu oft hat der Leser bei der Analyse von erzählten Lebensgeschichten den Eindruck, der Fragende habe »den Text gestaltet«, um ihn seiner Auffassung vom Interview anzugleichen.

Wenn man bedenkt, wieviel a priori oder ex post facto in die Texte hineingetragen werden kann, so ist der Rahmen der Möglichkeiten, die der Forscher hat, recht beschränkt. Wir behaupten auch nicht, daß wir keine eigenen Ansichten und Standpunkte und sogar vorgefaßte Theorien über das, was wir herausfinden würden, gehabt hätten. Mit anderen Worten: Wir hatten von Anfang an eine Art »Landkarte«, die uns durch ein Meer von Details und unentzifferten Kolonien führte. Wir gingen beispielsweise davon aus, daß alle Interviewpartner bestimmte Hauptstrategien entwickelt hatten, um die herum sie ihre Interviews strukturierten, daß sich ihre erzählte Lebensgeschichte und ihre erlebte Lebensgeschichte auf verschiedenste Weise entsprächen. Es war uns allerdings nicht von Anfang an klar, welche Strategien genau jeder Interviewpartner haben würde, wir waren uns also unserer »Landkarte« und ihren »Koordinaten« nicht ganz sicher. Wir suchten noch nach zusätzlichen »Achsen« und Dimensionen zu denen, die wir bereits gefunden zu haben glaubten.

Sobald wir uns also auf das Gebiet der biographischen Fallrekonstruktion begeben hatten, fragten wir uns, wie es sich auf unsere Fragen über die intergenerationellen Spätfolgen des Holocaust auswirken würde. Wir mußten also zunächst einmal herausfinden, wie unsere Interviewpartner ihre Biographie rekonstruierten. Dann konnten wir fragen, wie die Rekonstruktionen von Eltern und Kindern und von Großeltern und Enkelkindern aufeinander bezogen waren. In welchem Maße griffen sie alle auf dieselben Normalisierungsstrategien zurück? Welche Ereignisse in den Lebensgeschichten der Überlebenden bestimmten ihre erzählte Lebensgeschichte (Spence, 1980), und wie hat sich das wiederum auf die erzählte Lebensgeschichte ihrer Nachkommen ausgewirkt? Erst dann können wir weitergehen und überlegen, was eine Generation an die andere tradiert, was durchgearbeitet wurde und wie sich das an den Texten der zweiten und dritten Generation feststellen läßt. In vielen Fällen werden wir keine fertigen Theorien liefern, sondern höchstens der Forschung neue Richtungshinweise geben können.

Die Problematik der Textanalyse

Einer Textanalyse stehen noch größere Probleme im Wege als hier kurz angerissen wurde. Nehmen wir z. B. das Thema »Angst« oder »Furcht«, auf das ich weiter oben im Zusammenhang mit meiner eigenen Lebensgeschichte eingegangen war. Wie können wir, wenn wir Texte analysieren, wissen, ob sich eine Person fürchtet oder nicht? Wittgenstein (1993) beschäftigt sich in den *Philosophischen Untersuchungen* mit diesem Problem:

> Was ist Furcht? Was heißt »sich fürchten«? [...]
> Man kann sich sehr Verschiedenes vorstellen, z. B.: »Nicht, nicht! Ich fürchte mich!«
> »Ich fürchte mich. Ich muß es leider gestehen.«
> »Ich fürchte mich noch immer ein wenig, aber nicht mehr so wie früher.«

> »Ich fürchte mich im Grunde noch immer, obwohl ich mir's nicht gestehen will.«
> »Ich quäle mich selbst mit allerlei Furchtgedanken.«
> »Ich fürchte mich, – jetzt, wo ich furchtlos sein sollte!«
> Zu jedem dieser Sätze gehört ein besonderer Tonfall, zu jedem ein anderer Zusammenhang.
> Man könnte sich auch Menschen denken, die gleichsam viel bestimmter dächten als wir, und, wo wir ein Wort verwenden, verschiedene verwendeten. (S. 510)

Ich kann mir noch andere Beispiele denken, wie etwa verschwiegene Angst, z.B. »Ich fürchte mich nicht, überhaupt nicht, nie.« Monk (1990) fügt der Stelle bei Wittgenstein einige Überlegungen an: »Eine allgemeine Theorie der Furcht würde uns (ebenso wie eine Theorie der Sprache) kaum weiterhelfen. Gefragt ist vielmehr eine wache, einfühlsame Beobachtung der Mimik, des Tonfalls und der Situation. Dieses Einfühlungsvermögen gewinnt man nur durch Erfahrung – indem man die Menschen um sich herum aufmerksam beobachtet und ihnen genau zuhört. [...] Doch auf einer tieferen Ebene können uns manche Menschen und sogar ganze Kulturen zutiefst rätselhaft sein.« (deutsche Ausgabe, S. 579f.) Monk stellt zwei Spannungsverhältnisse fest, einmal »zwischen einer Theorie der Furcht und einer Theorie der Sprache« und »der Erfahrung und dem Einfühlungsvermögen«, dann zwischen letzterem und einer »tieferen Ebene, auf der uns Menschen und Kulturen rätselhaft bleiben«. Wie können wir uns da zurechtfinden? Auch hier macht Wittgenstein einen Vorschlag:

> #244: Wie beziehen sich Wörter auf Empfindungen? [...] denn reden wir nicht täglich von Empfindungen und benennen sie? Aber wie wird die Verbindung des Namens mit dem Benannten hergestellt? [...] z.B. des Wortes »Schmerz«. [...] Ein Kind hat sich verletzt, es schreit; und nun sprechen ihm die Erwachsenen zu und bringen ihm Ausrufe und später Sätze bei ... der Wortausdruck des Schmerzes ersetzt das Schreien *und beschreibt es nicht.* (S. 357, Hervorhebung des Autors)

Hier beschreibt Wittgenstein in beinahe Freudscher Manier, daß das Reden oder Benennen von Schmerzen das Ergebnis eines Sozialisierungsprozesses ist, eine Art »Sublimierung« des Schmerzensschreies eines Kindes und nicht eine Beschreibung des Schmerzes. Im Unterschied zu Freud setzt sich Wittgenstein skeptisch mit der Frage auseinander, was ein Mensch versteht, wenn ein anderer sagt »Ich habe Schmerzen« oder »Ich fürchte mich«. Er klärt allerdings nicht, wie wir Empfindungen verstehen würden, für die es keine Kriterien (Tonfall, Kontext, Geschichte) gibt. Kripke (1982) schreibt dazu:

> ... daß jede Auffassung, die davon ausgeht, einem inneren Vorgang komme [...] stets ein »äußeres Kriterium« zu, nach meinem Eindruck wahrscheinlich *empirisch* falsch ist. Mir scheint, daß wir Empfindungen haben, die wir – obwohl ihnen keine »natürlichen« äußeren Anzeichen entsprechen – durchaus als solche erkennen können. Ein Beobachter kann unmöglich angeben, ob jemand derartige Empfindungen hat, sofern der Betreffende sie nicht äußert. [...] Aber wenn jemand die Kriterien, die für die Beherrschung der Empfindungssprache im allgemeinen gelten, erfüllt und eine neue Art von Empfindung erkannt zu haben behauptet, respektieren wir seine Behauptung auch dann, wenn der Empfindung keine öffentlich wahrnehmbaren Merkmale entsprechen – das ist ein elementarer Bestandteil unseres *Sprachspiels der Empfindungen.* (S. 129, Anm. 83)

Obwohl Kripke sich mit unserer augenblicklichen Thematik klarer als Wittgenstein auseinandersetzt, bringen seine Überlegungen mehrere neue Probleme mit sich:

1. Können wir immer »durchaus« Empfindungen erkennen, die keine natürlichen äußeren Anzeichen haben? Soll mit »erkennen« in diesem Fall gemeint sein, daß die Empfindungen die Worte bestimmen? Oder müssen die Empfindungen nur durch die korrekte Benennung »eingefangen« (erkannt) werden?
2. Können wir als Zuschauende nur dann die Empfindungen einer anderen Person empfinden bzw. erkennen, daß sie Empfindungen

hat, wenn die betreffende Person sie auch »äußert«, wie Kripke behauptet? Haben wir nicht vielmehr alle angeborene, nonverbale Methoden, uns unsere Empfindungen mitzuteilen, die wir bereits lange vor dem Spracherwerb (oder dem »Äußern«) beherrschen?

3. Warum ist unser ausdrückliches Mitteilen der Empfindungen »ein elementarer Bestandteil unseres Sprachspiels der Empfindungen«? Warum können wir nur dann einem einzelnen Glauben schenken, daß er einen neuen Typus von Empfindung verspürt, »wenn er Kriterien … erfüllt«? Indem Kripke diese Bedingung aufstellt, legt er die Vermutung nahe, daß nicht einmal er selbst ganz den nicht von außen erkennbaren Empfindungen oder unserer Fähigkeit (bzw. Unfähigkeit) vertraut, sie mitzuteilen.

Im vorliegenden Buch beschäftige ich mich hauptsächlich mit Empfindungen, für die es nicht von vornherein entweder auf Übereinkunft beruhende oder äußerlich sichtbare Überprüfungskriterien gibt. Die Furcht und Hoffnung, die die Überlebenden nach traumatischen Erlebnissen im Holocaust durchlebten, ist eine Empfindung, die *nicht erkennbar* ist und die *verschiedensten Äußerungsformen* angenommen hat. So taucht beispielsweise bei Ze'ev Furcht in seiner erzählten Lebensgeschichte nur auf, wenn er darüber spricht, daß sein Enkel Yoav bald den Militärdienst antreten wird. Hatte Ze'ev vorher nie Angst? Wir könnten noch ein halbes Dutzend andere Empfindungen als Beispiel auswählen und die gleiche Frage stellen. Das bürdet den Interviewern und den Interpreten der Interviews eine enorme Verantwortung auf, und sie setzen sich leicht der kritischen Frage aus: »Woher wissen Sie das eigentlich? Denken Sie sich das nicht einfach aus?«

Wir hielten es für notwendig, eine Art Übereinstimmung zwischen den verbalen Aussagen der Interviewten, den Ohren, Augen und dem Herzen des Interviewers und dem Verstand (und Herzen) des Interpreten herzustellen. Gewiß ist manches, was ich hier diskutieren werde, auch für Empfindungen von Bedeutung, von denen wir annehmen, daß wir für sie allgemein anerkannte oder äußere Kriterien haben. Jedenfalls bringt das Fehlen solcher offensichtlich externen Korrelate oder anerkannten Kriterien besondere Probleme mit sich, wenn wir »wissen« wollen, was wir fühlen, und diese »Tatsachen/Gefühle« anderen mitteilen wollen.[6]

Die Interviews in den Familien

Ich will im folgenden unser Vorgehen kurz beschreiben. Wir versuchten erstens, Familien zu finden, die verschiedene Kriterien erfüllten: Die erste Generation sollte den Holocaust unter der Naziherrschaft erlebt haben, nach Israel emigriert sein und bis heute dort gelebt haben. (Dabei versuchten wir, Vertreter der unterschiedlichen »Segmente« des Holocaust zu finden: Überlebende der Konzentrationslager und Ghettos, Untergetauchte, Partisanen, Rußland-Emigranten und Menschen, die unter den italienischen Faschisten in Nordafrika überlebt hatten.) Des weiteren sollten drei Generationen der Familie in der Phase der Interviews in Israel leben und mit den Interviews einverstanden sein (die Angehörigen der dritten Generation sollten mindestens sechzehn Jahre alt sein); aus jeder Generation sollte mindestens ein Vertreter interviewt werden (Ela interviewte wesentlich mehr Familienmitglieder, aber wir konnten diesem Beispiel nicht folgen, weil wir befürchteten, wir würden damit die Familienangehörigen und uns selbst überfordern). In einer Familie befragten wir allerdings beide Angehörige der ersten Generation, weil sie vollkommen verschiedene Erfahrungen gemacht hatten. In einer anderen Familie interviewten wir zwei Geschwister aus der zweiten Generation. Der Bruder war vor dem Krieg nach Israel ausgewandert, seine Schwester blieb mit ihren Eltern zurück und überlebte den Krieg in einem Versteck. Unserem Vorhaben stellten sich einige Schwierigkeiten in den Weg: Zwei Familien änderten im Verlauf der Interviews ihre Ansicht und zogen ihre ursprüngliche Zusage zurück, bei einer anderen Interviewreihe konnte ein Tonband wegen zu schlechter Tonqualität nicht transkribiert und bearbeitet werden.

Normalerweise fanden die Gespräche bei den Interviewpartnern zu Hause statt. Wir begannen bei der ersten Generation und sprachen dann mit den übrigen Familienmitgliedern; jede Familie wurde von denselben Interviewern befragt, die manchmal auch zu zweit arbeiteten. Die Gespräche mit den Überlebenden dauerten immer lange (durchschnittlich zwei bis drei Stunden), die mit der dritten Generation relativ kurz (durchschnittlich eine Stunde). Im Endeffekt sprachen wir mit mehr Frauen als Männern, halten das aber für rein zufällig – oder lag es daran, daß die meisten Mitglieder der Forschungsgruppe Frauen waren?

Wir baten unsere Gesprächspartner, uns ihre Lebensgeschichte zu erzählen, und versuchten, sie während des ersten Teils des Interviews möglichst wenig zu unterbrechen und höchstens nachzufragen, wenn wir etwas nicht verstanden hatten. (Allerdings zeigen die Interviewtexte, daß das nicht immer gelang.) Danach stellten wir einige Fragen, besonders wenn die Interviewpartner von sich aus auf diese Themen nicht eingegangen war. Sie betrafen hauptsächlich Feiertage und Familienzusammenkünfte; wer zur Familie gehört; Gegenstände und Überlieferungen, die von einer Generation an die andere weitergereicht worden waren, und die Frage nach der Namensgebung der Familienmitglieder – wer hatte ihre Namen ausgesucht und nach wem waren sie benannt worden? Den Familienmitgliedern aus der dritten Generation überreichten wir den Fragebogen, den wir im ersten Jahr unseres Forschungsprojekts ausgearbeitet hatten. Obwohl wir uns sehr um ein stimmiges Interviewformat bemühten, ließen sich Unterschiede zwischen den Interviews nicht vermeiden. Das mag teilweise daran liegen, daß die Interviewenden nicht alle gleich talentiert waren, das Gespräch durchzuführen.

Die Interviews wurden auf Kassettenrekorder aufgenommen und dann transkribiert. Dabei wurden auch die nonverbalen Äußerungen mitnotiert, sofern der Fragende sich an sie erinnern konnte. Die Interviewenden fügten auch noch eine Beschreibung ihrer Gesprächspartner, des Interviewverlaufs und ihrer eigenen Gefühle während des Interviews hinzu. Danach begannen wir alle gemeinsam, das Interview zu analysieren. Der Rollenwechsel vom Interviewenden zum Interpreten war nicht nur ein rein formaler Wechsel und fiel uns allen sehr schwer. Wir waren so sehr in die Interviews verwickelt, daß es uns nicht leicht fiel, die emotionale Distanz beizubehalten, die die Analyse erfordert. Weil die erste Analyse durch das befristete Forschungsstipendium unter starkem Zeitdruck durchgeführt wurde, beschlossen wir, uns im Verlauf des nächsten Jahres zusammenzusetzen und die Analyse expliziter auszuarbeiten.

Die methodische Vorgehensweise ist für dieses Projekt zentral, denn das Gebiet der Holocauststudien ist bereits übervoll mit Worthülsen und trivialisierten Gefühlen. Es ist so viel über den Holocaust geschrieben worden, daß wir alle emotional bereits nicht mehr unvorbelastet sind. Als Wissenschaftler hatten wir eine Wahl zu treffen. Mit der von uns hier benutzten Methode wollten wir neue Impulse geben und neue Möglichkeiten eröffnen, inzwischen eingebürgerte Wahrheiten neu zu überprüfen.

Worum es in diesem Buch geht, und wie man es lesen sollte

Es ist eines, ein Interview und eine Interpretation des Interviews erfolgreich durchzuführen, ein anderes, ein Buch über diesen Prozeß zu schreiben. Den Leser durchgängig mit dem langwierigen Prozeß der Hypothesenentwicklung und -überprüfung zu belästigen, hätte nur von unseren Intentionen abgelenkt. Wir haben deswegen im Buch vom Ende her angefangen und die Themen bedacht, die in unserer Analyse immer wieder auftauchten. Diese Hauptthemen haben wir dann wenigstens über Teile der Interviews in ihrer Originalfassung verfolgt. Zugleich wollten wir aber die ursprüngliche Struktur der persönlichen Berichte beibehalten, damit sie sich dem Leser in ähnlicher Weise darstellten wie uns selbst. Diese beiden Ziele stehen sichtlich in einem gewissen Spannungsverhältnis zueinander: Unser Text stellt einen Kompromiß dar zwischen dem, was sich im Verlaufe der Bearbeitung als Hauptthemen herauskristallisierte, und dem ursprünglichen Gesprächsverlauf.

Das Buch ist in fünf Kapitel eingeteilt, von denen sich jeweils eines mit einer Familie beschäftigt. Jedes Kapitel wurde von den zwei Mitgliedern des Forschungsteams geschrieben, die auch die Interviews mit der Familie durchgeführt hatten und den Interviewtext analysiert hatten. Zu Anfang jedes Kapitels steht eine kurze Familienchronologie, in der die Biographie der Mitglieder kurz aufgeführt wird, und eine Einleitung, die unsere ersten, vorsichtigen Fragen über die Familie enthält, die auf der Kurzbiographie beruhen. Dann drucken wir die Interviewtexte in manchen Fällen vollständig, in manchen auszugsweise ab[7], wobei wir mit der ersten Generation beginnen und die Reihenfolge beibehalten, in der wir die Familienmitglieder auch sprachen. Am Ende jedes Interviews steht eine kurze Erläuterung zu den interviewten Personen, am Ende jedes Kapitels eine ausführlichere Reflexion über die Familie, in der die spezifischen Themen ihrer jeweiligen persönlichen Berichte noch einmal hervorgehoben werden.

Unsere Interessenschwerpunkte waren:

1. *Der Prozeß der biographischen Rekonstruktion*: In welcher Beziehung stehen die erzählten Lebensgeschichten und die erlebten Lebensgeschichten der Überlebenden zu denen ihrer Nachkommen? Um welche Hauptereignisse herum wird die Biographie rekonstruiert? Inwieweit gelingt es dem Interviewpartner, trotz der traumatischen äußeren Ereignisse den Familienkontext seiner erzählten Lebensgeschichte aufrechtzuerhalten, auch wenn traumatische äußere Ereignisse ihn zu zerstören drohten? Inwiefern unterscheiden sich diese Rekonstruktionen von *Identitätskonzepten* von denen in der psychologischen Literatur beschriebenen bzw. inwiefern sind sie ihnen ähnlich?
2. *Die Tradierung von Gefühlen und Denk- und Verhaltensmustern.* Wir fanden heraus, daß die »verschwiegene Geschichte« sich am stärksten übertrug. Die »verschwiegene« Geschichte taucht im Text der »erzählten Geschichte« nicht auf oder wird in ihm verzerrt dargestellt. Der Begriff ist problematisch, denn wenn wir behaupten, bestimmte Elemente tauchten im Text auf, andere fehlten, heißt das zugleich, daß wir ihm eine *imaginierte Struktur* überstülpen.
3. *Furcht und Hoffnung in eher symbolischer Bedeutung*, wobei mit Furcht die negativen Gefühle und zerbrochene Grundannahmen (Janoff-Bulman, 1992) gemeint sind, die wir für die Spätfolgen des Holocaust halten. (Man könnte ebensogut Wut, Haß, Hilflosigkeit, Scham und Schuldgefühle nennen, weil sie alle in den Texten auftauchen oder ihnen zugrunde liegen.) Unserer Ansicht nach repräsentiert andauernde Angst die negativen Spätfolgen des Holocaust im weitesten Sinne, und Hoffnung repräsentierte den Glauben an eine bessere Zukunft trotz allem Geschehenen. Auch dieses Konzept ist

problematisch, weil wir von Hoffnung sprechen können, ohne tatsächlich hoffnungsvoll zu sein, und pessimistisch scheinen können, obwohl wir tatsächlich gewisse Hoffnungen hegen, wie Wittgensteins Bemerkungen zeigen (Monk, 1990). Wenn Hoffnung allerdings tatsächlich empfunden und ausgedrückt wird, dann, so finden wir, ist das im Schatten des Holocaust eine erstaunliche Leistung. Wir werden an den Erzählungen der Interviewpartner und an ihrem augenblicklichen Leben erkennen können, wie schwierig es ist, ein wirkliches Bedürfnis nach Hoffnung aufrechtzuerhalten. Auch wenn wir versucht haben, Monks These und Warnung zu folgen (wir haben keine Theorie über Angst und Hoffnung, auch keine über Sprache), könnte man sich fragen, ob wir diesen Texten nicht a priori ein Thema übergestülpt haben.

Allerdings bedeutet die Erinnerung an die schreckliche Vergangenheit nicht immer Angst, der »Aufbau eines neuen Lebens« nicht immer Hoffnung. Wie wir sehen werden, stehen diese beiden Konstruktionen in einem wesentlich komplizierteren Spannungsverhältnis zueinander. Mit diesen beiden symbolischen Gefühlen, Furcht und Hoffnung, können wir eine Spannung zwischen Erinnern und Vergessen verbinden, zwischen dem Bewahren der Vergangenheit und dem Blick in die Zukunft, um ein »neues Leben aufzubauen«. Das sind die beiden einander widersprechenden Ermahnungen der Überlebenden des Holocaust, mit denen ihre Kinder und Kindeskinder zurechtkommen müssen.

4. *Das Durcharbeiten der Last der Vergangenheit, vor allem in der zweiten und dritten Generation.* Als wir die These zunächst formulierten, gingen wir davon aus, daß dieser Prozeß verschiedene Formen annehmen kann. Einige dieser Formen wollen wir herausarbeiten, indem wir die Neufassung der vorhergegangenen Lebensgeschichten untersuchen, etwa wenn Kinder oder Enkel neue Fragen stellen oder versuchen, neue Antworten auf alte Formulierungen zu geben, insbesondere wenn sich das auf zentrale Ereignisse bezieht, die für die erste Generation von ungeheurer Auswirkung waren. Wenn Ganit oder Orit Ansichten vertreten oder neue Fragen über ihre Großmütter formulieren – die von denen ihrer Eltern abweichen –, dann ist das

ein Zeichen dafür, daß etwas neu erfaßt und möglicherweise »durchgearbeitet« wurde. Es unterscheidet sich jedenfalls von der Tradierung von Verhaltens- und Denkmustern, die wir klarer im Falle von Dafna und Idit erkennen können.

5. *Die zweite Generation als Vermittler zwischen der ersten und der dritten Generation.* In welchem Maße entwickelten die Interviewpartner der zweiten Generation ein eigenes Bezugssystem, das unabhängig (und das heißt weder abhängig von noch in Ablehnung zu) von dem ihrer Eltern existiert? Wie haben sie ihren eigenen Kindern geholfen, selbständig zu werden und enge Beziehungen zu den Großeltern aufrechtzuerhalten? Das ist in jeder Familie ein Problem, besonders aber in Familien, die im Schatten des Holocaust stehen.

Nach den Interviews wollen wir die Mitglieder der ersten Generation der beiden Familien Belinsky und Lerman vergleichen: Genia, die Auschwitz überlebt, und Ze'ev, der bei den Partisanen gekämpft hat. Wir wollen für uns selbst herausfinden, welche Teile ihrer Biographie ihre erzählte Lebensgeschichte färben und wie ihre Kinder und Enkel darüber sprechen. Nach den Kapiteln, in denen die Familien Anisewitsch und Segal zu Wort kommen, diskutieren wir, warum Dinah und Tamar, die Töchter von Olga und Anya, weniger erfolgreich zwischen ihren Eltern und Kindern vermitteln konnten als Tzipke und Hannah, die Töchter von Genia und Ze'ev. Die Familie Guetta aus Libyen veranschaulicht, wie die indirekte Erfahrung des Holocaust dazu führt, daß äußere Ereignisse sehr viel schwächer in die persönliche erzählte Lebensgeschichte »eindringen«. In dieser Familie sind *intrafamiliäre* Ereignisse entscheidend.

Wir schließen mit einer Diskussion, in der wir auszuwerten versuchen, in welchem Maße es uns gelungen ist, einen neuen Rahmen für das Verständnis der intergenerationellen Auswirkungen von Traumata zu entwickeln. Außerdem fügen wir noch einen Anhang hinzu, in dem die methodischen Probleme diskutiert werden, die sich während unserer Analyse ergeben haben.

Dieses Buch muß jeden enttäuschen, der nach vorgefertigten Formeln für die morgige Therapiesitzung oder nach sauber formulierten Deduktionen nach dem Muster »gesucht – gefunden« fragt. Aber wer aufrichtig daran interessiert ist, was die Überlebenden des Holocaust, deren Kinder und Enkel uns erzählen, womit sie Schwierigkeiten haben, für den ist dieses Buch eine Orientierungskarte, die noch genügend freie Fläche für die Mitarbeit der Leser bietet, aber doch detailliert genug ist, um auf die Pfade zu verweisen, auf denen es sich weiterzugehen lohnt.

Anmerkungen

Prolog

1 Die Palmach war eine Sondereinheit der bewaffneten Kräfte in den Kibbuzim. Ihre legendären Vorbilder waren Ord Wingate und Itzhak Sadeh, die die Arbeit in der Landwirtschaft mit militärischem Training verbanden. 1948 waren sie das Rückgrat der israelischen Armee, wurden kurz nach Kriegsende jedoch in einer umstrittenen Aktion von Ben Gurion aufgelöst.

Einleitung

2 Inzwischen weist einiges darauf hin, daß diese Ängste mehr mit dem deutschen Forschungsteam zu tun hatten. Gabriele Rosenthal hat im Rahmen einer vergleichenden Studie zwischen West- und Ostdeutschland jeweils drei Generationen einer Familie interviewt und einen kontrastiven Vergleich mit Drei-Generationen-Familien in Israel durchgeführt.

3 Die Begriffe »harte« und »weiche« Konzeptualisierung beziehen sich auf die der Forschungsmethode zugrundeliegenden Annahmen (Schon, 1983). Geht man von starken Annahmen aus, kann man mit Antworten rechnen, die »definitive« Wahrheiten hervorbringen. Unter weicheren Annahmen verläßt man sich weitgehend auf die Bedeutung, die die Menschen selbst herstellen, da nicht eine einzige und »definitive« Wahrheit gefunden werden kann (Bar-On, *Facthood of facts*, in Vorbereitung).

4 Akira Kurosawas Film *Rhapsodie im August* ist ein anschauliches Beispiel einer Familie von Überlebenden des Atombombenangriffs auf Nagasaki. Die Enkel sind die ersten, die neugierig werden und erfahren wollen, was ihre Großeltern

in diesen fürchterlichen Stunden erlebt haben. Ihre Eltern werden von existentiellen Aufgaben vollständig in Beschlag genommen und nehmen nur den weiterhin andauernden Kummer und die Trauer ihrer Eltern wahr. Das Interesse ihrer eigenen Kinder bringt sie zum ersten Mal dazu, über die Vergangenheit nachzudenken.

5 Ich differenziere zwischen Identität und der Rekonstruktion der Biographie. Identität ist ein von außen entwickeltes Konstrukt (etwa: Holocaustüberlebender), das deswegen eine Art objektiver Bedeutung beansprucht, obwohl natürlich die Individuen an ihrer Identitätsbildung beteiligt sind (Erikson, 1968); die Rekonstruktion der Biographie ist hingegen ein Prozeß, der von innen heraus funktioniert, auch wenn er natürlich durch äußere Ereignisse und normativen Druck beeinflußt ist. Der biographischen Fallrekonstruktion liegt kein objektiver Wahrheitsanspruch zugrunde.

6 Die Feinanalyse birgt noch weitere Schwierigkeiten: Wie können wir etwa unterscheiden, ob der Sprecher ehrlich ist oder nur eine Rolle spielt? Wie kann man Tatsachen, über die sich nicht sprechen läßt, aus dem Diskurs heraushalten? Diese Fragen können wir hier nicht behandeln. Wer sich dafür interessiert, kann das in meinem in Kürze erscheinenden Buch nachlesen.

7 Das Kriterium für Aufnehmen oder Auslassen war im allgemeinen, wie viele Wiederholungen und Banalitäten wir unseren Lesern zumuten zu können glaubten. Man kann uns selbstverständlich vorwerfen, wir hätten versucht, alles auszulassen, was nicht in unsere Theorie paßt – wer das überprüfen möchte, dem stehen die Originalaufnahmen der Kassetten jederzeit gerne zur Verfügung.

Die Familie Belinsky

Den Lagern entkommen

Mit Tova Milo

Genia hat im Holocaust ihre gesamte Familie verloren. Sie selbst war in Majdanek und Auschwitz. Später wanderte sie nach Israel aus und bekam drei Kinder. Heute ist sie Großmutter von sechs Enkelkindern. Das könnte uns vermuten lassen, Genia habe den Tod hinter sich gelassen und sich einem neuen Leben zugewendet. Es ist schwerer zu verstehen, wie sie sowohl das Leben als auch den Tod innerlich beherrschen kann. Wie brachte sie ihren Kindern Erinnern und Vergessen bei? Wie nahm ihre Familie das Leiden auf, und wie bahnten sich die einzelnen Familienmitglieder ihren Weg zwischen Leben und Tod hindurch? Wie denken sie heute darüber, zwei Generationen nach dem schrecklichen Ereignis? Wir werden auf all diese Fragen in den Interviews mit Genia, Tzipke und Ganit Antworten suchen. Die drei Frauen repräsentieren drei unterschiedliche Perspektiven: die Großmutter, eine Überlebende, steht am Ende ihres Lebens; ihre Tochter hat inzwischen selbst Kinder und steht mit 42 Jahren in der Mitte des Lebens, und Genias älteste Enkelin, eine junge Frau, die ihren Militärdienst bald beendet und am Anfang eines selbständigen Erwachsenenlebens steht. Sie alle sind unabhängige Personen, aber gehören sie möglicherweise einem gemeinsamen Prozeß an?

Chronik der Familie Belinsky

1922	Genia wird in Warschau als drittes von fünf Kindern geboren.
1939	Kriegsbeginn: Eine Bombe trifft das Haus am Abend von Rosch Ha-Schana. Die Familie zieht in die Synagoge, von wo sie in das Ghetto transportiert wird.
1940	An Pessach erkrankt Genias Mutter. Sie hat Magenkrebs und stirbt nach kurzer Krankheit.
1942	Genias Bruder kommt in einem Konzentrationslager um. Sie leistet in einer deutschen Fabrik, die Uniformen herstellt, Zwangsarbeit. Ihr Schwager wird in ein Konzentrationslager deportiert. Sie hört von Treblinka.
1943	19. April: Ghettoaufstand. Genia kann ihren Vater, ihre zwei Schwestern, ihren Neffen und sich selbst in einem Bunker unterbringen.
	2. Mai: Das Ghetto brennt. Genia wird gefangengenommen und nach Majdanek deportiert. Sechs Wochen später wird sie nach Auschwitz verlegt, wo sie 26 Monate lang lebt.
1945	Genia kommt mit einer Freundin in ein Lager nach Lindenberg. Dort lernt sie Laibel kennen und heiratet ihn.
1947	Tzipke, die erste Tochter, wird in Lindenberg geboren.
1949	Die Familie emigriert nach Israel. Sie lassen sich in Ramat Gan nieder.
1952	Yudke, ein Sohn, kommt zur Welt.
1956	Tova, die zweite Tochter, wird geboren.
1966	Tzipke heiratet Josef.
1967	Ganit, die Tochter von Tzipke und Josef, kommt zur Welt.
1970	Ziv, der Sohn von Tzipke und Josef, wird geboren.
1978	Nira, die zweite Tochter von Tzipke und Josef, kommt zur Welt.
1981	Josefs Vater stirbt.
1986	Ganit beendet die Schule und tritt ihren Militärdienst in der israelischen Armee an.
1989	Tova Milo interviewt Genia, Tzipke und Ganit. Ziv weigert sich, an einem Interview teilzunehmen.

Genia
»Unser Herz ist im Lager verbrannt.«

Genia sieht erst durch einen Spion in der Wohnungstür, bevor sie mir öffnet. Sie sieht streng aus. In der Wohnung ist bereits für zwei Personen gedeckt. Sie möchte mit ihrer Geschichte schon beginnen, als wir noch stehen, aber ich schaue mir noch die Bilder an, die an der Wand hängen. »Überall die gleichen Bilder, die gleichen Möbel«, denke ich, als ich den kleinen Kassettenrecorder auf dem Tisch neben uns aufstelle. Jetzt kann ich mir ihr Gesicht näher betrachten und mich besser auf ihre Geschichte konzentrieren. Nach allem, was ich bereits weiß, wird das nicht leicht sein.

Um Ihnen zu sagen, daß ich keine Gelegenheit hatte zu wissen, was das Wort *Mutter* bedeutet? 39, als der Krieg begann, war ich siebzehn Jahre alt. Das Schwierigste in meinem Leben war der Abend vor Pessach. Mutter sagte, sie fühle sich nicht gut, sie war fünfundvierzig und ein halbes Jahr alt, also fast sechsundvierzig. Wir wußten zu Hause eigentlich gar nicht, wie alt Vater und Mutter waren. *(Genia denkt nach und versucht sich zu erinnern.)* Meine Mutter sagte, sie fühle sich nicht gut und sagte: »Ich habe Schmerzen.« Ich hatte eine jüngere Schwester, die vierzehn oder fünfzehn war, ich weiß nicht mehr genau. Ich hatte einen Bruder, der anderthalb Jahre älter war als ich, und eine Schwester. Das heißt, wir waren vier Schwestern und ein Bruder. Das Ghetto gab es damals noch nicht, und mein Vater hatte ein florierendes Geschäft. Jeden Tag brachte er, brachte er Säcke voll Geld *(aufgeregt)*, als wenn Gott ihm das geschickt hätte, als Medizin für meine Mutter.

Nach dem Seder gingen meine beiden älteren Schwester und ich zu einem Professor. Er untersuchte meine Mutter und sagte: »Eure Mutter hat Magenkrebs, das sehe ich ohne Untersuchungen und Tests« *(erregt)*. Warum? Sie hatte an Gewicht verloren, das war das Zeichen – der Gewichtsverlust –, es kam alles raus mit Blut, also fragte ich auf polnisch: »Was ist Krebs?« Auf polnisch heißt Krebs *rak*. Und ich frage also *(hustet):* »Was ist *rak*?« Wir erzählten ihm, daß die erste Bombe am Abend von Rosch Ha-Schana in Warschau auf unser Haus gefallen war. Wir waren fünf Kinder und meine Schwester mit ihrem Ehemann und deren einjähriges Baby, und die erste Bombe traf unser Haus. Wir hatten also kein Haus mehr und schliefen in der Synagoge. Dann lebten wir in der Synagoge, wir alle: Mutter und Vater auch. Später, zu Pessach, sahen wir, daß Mutter nicht mehr die alte war, sie war einfach nicht mehr sie selbst *(hustet stark)*. Wir waren nur Vater und fünf Schwestern und das Baby und mein Schwager. Am Freitag sagte man uns, wir sollten die Synagoge verlassen, und wir schliefen draußen in der Kälte. Das war Ende 39. Dann zogen wir ins Ghetto.

Im Ghetto lebten wir alle in einem Zimmer, ohne meine Mutter. Wir waren drei Familien, fünf Kinder und Vater in einem Zimmer, und es gab noch eine zweite Familie, die in einem anderen Zimmer zusammenlebte, ich weiß nicht mehr, wie viele Leute da waren, aber egal. Ich weiß noch, daß es eine Küche, drei Familien und drei Zimmer gab. Später gab es eine Zeit, wo wir nichts zu tun hatten, wo wir nichts taten, und Vater brachte uns Brotstücke. Er war unser ein und alles. Mutter lebte nicht mehr. Mutter war gestorben ... und so kamen wir zurecht, unser Vater kümmerte sich darum, daß wir Brot bekamen, und wir taten nichts.

»Wir taten nichts.« Das klingt bei Genia so, als wolle sie sagen: »Wenn wir doch bloß etwas getan hätten, solange es noch möglich war.«

Mein Schwager war der erste, den sie mitnahmen. Wir blieben. Das war 42. In der Zwischenzeit hatte es alle möglichen »Aktionen« gegeben, wenn die Deutschen kamen, darüber brauche ich Ihnen nichts zu sagen. Ich ging arbeiten, die Deutschen hatten eine Fabrik aufgemacht. Ich arbeitete in einer Fabrik und nähte Knöpfe für die Deutschen an. Ich mußte ungefähr zwanzig Uniformen jeden Tag fertig nähen. Ich mußte dies und das tun, und ich bin im Leben immer zurechtgekommen, und wenn ich das nicht geschafft hätte, dann hätte ich nicht gearbeitet, und es hätte kein Majdanek und Auschwitz gegeben. Zum Beispiel: Wir mußten täglich zwanzig Uniformen machen, und über uns war ein Lagerraum. Es war ein Haus, ein ganzes Haus, es gab Nähmaschinen und Leute, die mit der Hand nähten, und ich machte die Knopflöcher. Also, jeden Morgen, wenn ich kam, ging ich nach oben in das Lager und nahm die genähten deutschen Hemden und tat nichts. Und wenn wir nach Hause gingen, hatte ich zwanzig Stück fertig, wie ich das mußte. So habe ich nie für sie gearbeitet.

Eines Tages, 1942, waren wir auf der Straße. Es gab Lautsprecheransagen, daß wir um zehn Uhr da sein sollten, wo die Züge sind. Man würde uns etwas zu essen geben und wir können arbeiten und tun, was sie von uns verlangen. Schon da hab ich gesagt: »Ich gehe nicht.« Mein Vater sagte, er glaube den Deutschen. Warum? Weil er früher mit ihnen Geschäftsverbindungen hatte. Er kannte die Deutschen sehr gut, er ging nach Kattowitz. Er hatte Verbindungen mit Deutschen, Geschäftsbeziehungen, und er sagte: »Das ist nicht möglich.« Aber wir wußten, daß es Krematorien gab. Wir wußten nicht, wie sie hießen, aber wir wußten, daß sie die Juden verschleppten und verbrannten.

Wir wußten, daß es keine Arbeit gab, wir wußten, daß sie sie einfach wegbringen und verbrennen. Eines Tages nahmen sie den Bruder meiner Freundin, sie nahmen ihren Bruder, sie brachten ihn weg und verbrannten ihn. Das haben wir uns damals im Ghetto erzählt. Eines Tages, wir waren im Ghetto, sahen wir ihn, und alle im Ghetto kamen zu ihm und fragten ihn: »Wie kommt es, daß du hier bist?« Dann erzählte er uns, daß er im Transport nach Treblinka gewesen war. Da waren Züge, und sie sagten den Juden, sie sollten ihre Kleider ausziehen und nackt gehen und sie würden andere Kleider bekommen. Und sie taten alle ihre Kleider auf den Zug, und sie waren wie Vieh, und er traf einen Goi [Nichtjuden], der ihn rettete und ihn zwischen die Kleider steckte. Er steckte ihn zwischen diese Kleider, und so kam er zurück nach Warschau, und er erzählte uns, was da wirklich passierte. Und später gab es wieder eine »Aktion«, wo jeder zu diesem Platz gehen sollte, und da wußte mein Vater schon, wohin er ging, er wußte es, aber konnte es nicht glauben. Die Deutschen – »so eine Kulturnation und so eine Intelligenz, die Deutschen würden so etwas niemals tun«. Er glaubte keinem. Und so ist er gestorben, der arme Mann *(erregt)*.

Ich ging dann herum und suchte nach einem Bunker, ich fand einen und sagte, ich würde mit meiner ganzen Familie kommen. Das heißt mit meinen Schwestern – mein Bruder war ja auch nicht mehr am Leben. Zehn gesunde Männer haben meinen Bruder von der Straße weggenommen und irgendwohin gebracht in Warschau, ich weiß nicht wohin. Er war siebzehn. Man hat uns später erzählt, daß sie ein Massengrab gemacht haben *(seufzt)*. Ich weiß nicht, ich war nicht mehr in Polen, und ich möchte auch nicht dahin. Ich interessiere mich nicht dafür, und ich möchte die Massengräber nicht sehen. Ich kam zurück, und ich möchte Ihnen nicht sagen, was ich gesehen habe. Ich habe nach ihnen gesucht. Ich habe jemanden gesehen, der einen Kopf, aber kein Gesicht mehr hatte. Eine gewisse Zeitlang gab es ununterbrochen »Aktionen«, und ich blieb bei der Arbeit im deutschen Ghetto. Manchmal bekam ich Brot, manchmal Suppe. Wir sind zurechtgekommen, wir sind nicht an Hunger gestorben, wir haben zwar nicht im Luxus gelebt, aber wir hatten immerhin ein Stück Brot, bis zum 19. April 1943. Ich war in der Karmilitzka-Straße 15, das war ein offenes Haus, sie haben die Tore aufgemacht. Sie nannten es »Laden«, so nannte man die Fabrik, wo wir für die Deutschen arbeiteten. Es gab einen kleinen Laden, es gab dort alle möglichen Sachen, nicht nur Kleider, alles mögliche. Dann haben sie den Laden zugemacht, und wir sind reingegangen. Sie sagten uns: »Kommt schon, wir schicken euch zur Arbeit, ihr werdet es gut haben.« Das war der Jecke (Spitzname für deutsche Juden), der Schultz. Da habe ich mich versteckt. Wir waren ein paar Familien, aber ich war allein – ich hatte niemanden mehr. Ich hatte einen Freund, aber das war nichts Ernstes. Wer hat damals schon nachgedacht. Wir hatten andere Sorgen. Sie haben uns in die Wohnung gesteckt, wir waren acht oder neun Leute, eine Familie mit einem kleinen Kind. Ich war mit meinen Freundinnen an einem Fenster. Ich habe nicht im Warschauer Ghetto gelebt, das war ungefähr in der Entfernung von hier bis zum Theater, da gegenüber auf der Straße. Das war auch ein Ghetto, Leshnow; Zamenof und ich lebten in einer Gegend, wo es ein paar Straßen gab, die eine Art Niemandsland waren. Das war am 19. April, früh morgens. Es war still. Wir gingen nach draußen, und der jüdische Ordnungsdienst kam und sagte uns, es gäbe einen Aufstand im Ghetto. Und es hat keine ein, zwei Stunden gedauert. Wir gingen zum Haus und standen auf der Straße und hörten Tausende von Panzern und Polizei und Militär und Flugzeuge. Man hätte glauben können, es wären eine Million oder eine halbe Million Juden im Ghetto gewesen.

Einige Tage später ging ich zusammen mit einem anderen Mädchen ins Ghetto. Wir sind auf verbranntem und zerbrochenem Glas gegangen. Wir waren sehr dumm und haben gefährliche Dinge getan, aber wir haben überhaupt nicht nachgedacht, wohin wir gehen, nach wem wir suchen würden. Wir kamen da an, wir sahen niemanden, und das war ein paar Tage nach dem Aufstand. Man sah nur Häuser, die dem Erdboden gleich gemacht worden waren. Dann sind wir wieder nach Hause gegangen. Am ersten Mai am Morgen sahen wir von der Veranda aus, daß die Deutschen einen Stab mit einem Lappen hochhielten und nach oben kletterten. Am Nachmittag roch es nach Feuer. Wir rückten den Schrank, kletterten darauf und sahen, daß alles brannte. Sie hatten den Lappen mit Benzin getränkt, ihn in den Speicher gesteckt, und von da bahnte sich das Feuer einen Weg nach unten. Das war im vierten Stock, und wir waren im ersten.

Ich nahm das Mädchen mit mir nach oben, und mit ein paar Jungen kletterten wir aufs Dach. Auf der anderen Straße war ein einstöckiges Haus. Wir sprangen vom Dach des dritten Stockes auf das einstöckige Haus und kletterten von dort aufs Dach. Hunderte von Deutschen schrien, wir sollten unsere Waffen niederwerfen, und wir sagten, daß wir keine Waffen hätten. In der Zwischenzeit waren auch andere Leute gekommen, die aus ihren brennenden Häusern hatten fliehen können. Die Deutschen brachten uns alle in dieselbe Straße. Da stand ein Haus mit einer langen Mauer, und [man sagte uns], wir sollten uns ausziehen, unsere Hände auf den Rücken legen, und neben jedem von uns stand ein Deutscher mit einem Gewehr. Sie warteten ab und beredeten sich, sollten sie die umbringen oder leben lassen? *(ringt nach Luft)* Die älteren, die Jungen, sie sagten »Shema Yisrael«. Und dann sprachen sie das Wort *anziehen* aus, und so kamen wir an den *Umschlagplatz* [den Deportationsplatz].

Da waren wir einen Tag lang, und am zweiten Mai steckten sie uns in Züge, und von da fuhren wir nach Majdanek. Aber was da in Majdanek war, war nicht einfach. Nur ein paar von uns kamen da an. Von Warschau bis Majdanek standen wir mit erhobenen Händen. Es war so voll da drin, und am nächsten Tag war es auf einmal leerer, wir konnten unsere Arme runternehmen, und zwei Drittel von den Leuten [im Waggon] waren tot. Und wir standen auf den Toten im Zug, und wir taten, was Menschen tun müssen, ohne Essen und ohne alles. Irgendwo hielten wir, ich weiß nicht, wo das war, Leute starben, und wir fragten nach etwas Wasser, wir hatten fünf heiße Tage lang nichts getrunken. Und die Polen sagten, fünfhundert Zloty. Wir hatten nicht einmal fünfhundert Cents. So ging es uns acht Tage lang. Aber ich kann Ihnen sagen, im Vergleich zu dem, was wir in Majdanek durchmachten, war das alles noch gar nichts.

Ich war sechs Wochen lang in Majdanek. Ich weiß nur eines: Mein Vater hatte einen Freund. Sein Sohn, als ich ankam, der erkannte mich. Dann sagt er: »Genushka, mit dem ersten Transport, der kommt, mach dich weg von hier.« Ich sagte: »Was machst du hier?« Und er sagte mir: »Ich [arbeite] für die Deutschen.« Er gab mir einen großen Brotlaib und ein paar Eier, und alle Mädchen haben mich beneidet. Ich hab's niemandem gesagt und hab das Essen zwischen meine Kleider gesteckt. Ich hatte meine Kleider. Ich steckte das Brot da rein, damit ich es essen konnte, ich hab niemandem was abgegeben *(macht mit ihrer Hand eine Bewegung, als würde sie ihre Brust verbergen).*

Und dann kamen wir zur Selektion. Sie nahmen fünfhundert von uns jungen Frauen. Wir kamen nach Auschwitz. Ich kann mich an das Datum nicht erinnern, gab es überhaupt ein Datum? Wer kannte schon Daten? Pessach, Sukkot [Laubhüttenfest], wir wußten das nicht. Wir wußten nur eines: Wie man ein Stück Kartoffel oder eine Kartoffelpelle finden konnte. Einmal hab ich versucht, ein paar Kartoffelpellen zu besorgen, und bin so geschlagen worden, daß ich ohnmächtig wurde. Wir waren in so Häusern, in so, haben Sie die gesehen? In Baracken, für Soldaten. Es war so überfüllt, wenn man sich nach rechts drehte, mußten sich alle anderen mit umdrehen; wenn man sich nach links drehte, drehten sich alle nach links. Es ging nicht, daß einer sich nach rechts und der andere sich nach links drehte, dafür war es zu eng. Im Winter war das nicht so schlimm. Wir waren da einen ganzen Monat lang und durften uns nicht weg bewegen. Sie bewachten uns, als wären wir Diamanten. Ich traf jemanden, der in »Kanada« arbeitete, der brachte mir Kleidung, ein paar Stücke Brot, ein bißchen was zu essen.

Dann kam eine Deutsche und holte fünfzehn Mädchen zur Arbeit, um für die Deutschen Kartoffeln zu ernten. Alle wollten gehen. Ich hatte Glück, daß es eine alte Deutsche war, die eine grüne Nummer hatte. Das bedeutete, daß sie entweder eine Prostituierte oder eine Kriminelle war. Und sie sah mich zweimal und sah, daß ich nicht in der ersten Reihe stand und daß die anderen mich nicht nach vorne ließen. Sie nannte mich »die Zigeunerin«. Das war ein wunderbarer Ort; es gab viele Kartoffeln. Ich habe gearbeitet und Kartoffeln gehabt und welche ins Lager mitgenommen. Ich ging ins Krankenhaus und brachte ihnen Kartoffeln, und dafür gaben sie mir was anderes. Ich hatte genügend Brot. Ich trug immer mein Kopftuch wie die Zigeunerinnen, und darin mein Brot.

Gott fügte es, daß sie mich eines Tages zur Arbeit holten. Der Winter war angebrochen, und wir mußten sehr weit gehen, und ich wußte, daß ich es nicht schaffen würde. Ein Goi kam, er war entweder Klempner oder Zimmermann, wer weiß, und er sagte zu mir auf polnisch: »Vielleicht kennst du jemanden, der Diamanten oder Gold verkauft? Ich bringe dir Zigaretten. Ich habe genügend Brot.« Und ich ging zu der deutschen Frau [die uns bewachte]. Ich sagte zu ihr: »Haben Sie Gold und Diamanten?« Dann sagt sie mir, sie hätte Gold. Und ich sage, es wär da ein Goi, der was zu geben hätte, wieviel sollte er bringen? Ich sagte: »Er wird das morgen bringen«, und am nächsten Tag kam ich und sagte ihm, daß ich zwanzig Goldstücke hätte, was er mir dafür geben würde? »Ich gebe dir achthundert Zigaretten und jeden Tag Brot.« Und ich ging wieder zu der Deutschen und sage ihr: »Er gibt Ihnen vierhundert Zigaretten«, und sie darauf: »Wunderbar.« Am nächsten Tag gab sie mir ihr Gold und er mir achthundert Zigaretten, aber wo soll ich meinen Anteil aufbewahren? Jeden Tag fanden die Selektionen im Block statt. Die im Block blieben, wurden ins Krematorium geschickt. Wo sollte ich meinen Anteil aufbewahren? Ich kannte eine Frau, die die Baracke bewachte, sie hat meinen Anteil gerettet. Diese Frau aus dem Block wußte, daß ich Zigaretten hatte, also rief sie mich dreimal täglich und sagte: »Genushka, ich möchte eine Zigarette haben.«

Und Gott gab. Später bekam ich Typhus, und es war Winter. Ich gab ihr eine Zigarette, und sie schickte ihre Sekretärin weg und ließ mich allein in ihrem Zimmer. Ich ging nicht zum Appell, ich ging nicht raus in die Kälte. Und das war meine beste Zeit in Auschwitz. Und da, wo ich arbeitete, da war ein Mädchen, die hieß Yanka, eine Informantin der Deutschen, ein kleines Mädchen, dreizehn Jahre, sie brachte alle Bekanntmachungen in den Block. Sie sagte: »Morgen gibt es eine Selektion, morgen ins Krematorium.« Ich sagte: »Ich habe Zigaretten.« Sie wollte nur fünfzig. Ich gab ihr fünfzig. Wir standen beim Appell, und plötzlich wird meine Nummer aufgerufen, und am nächsten Tag brachten sie uns nach »Kanada«. Es war ein sehr kalter Winter, ich kann mich nicht erinnern, daß ich einen BH oder Unterwäsche gehabt hätte. Später, als ich nach »Kanada« ging, hatte ich schon Schuhe, Kleider. Woher? Von den Leuten, die ins Krematorium gegangen waren.

»Und das war meine beste Zeit in Auschwitz.« Nur, wer im Vernichtungslager gewesen war, konnte so etwas sagen. Genia schaut mich an wie von weither.

Wir waren keine Menschen mehr, wir waren Tiere. Vierundzwanzig Monate lang sahen wir, wie Menschen verbrannt wurden. Sie nahmen einen Karren mit zwei Rädern und legten die Juden darauf, das sahen wir vierundzwanzig Monate lang. Und das ging so vierundzwanzig Stunden am Tag, und du sahst den Rauch. Auf jedem Transport waren Mütter und Kinder, und die Leute wußten nicht, wohin sie gingen. Sie sagten ihnen: »Ihr trefft eure Kinder an dem Platz, wo wir Auschwitz verlassen haben.« Ich habe mit meinen eigenen Augen gesehen, wie sie die Kinder anschrien und schlugen. Vierundzwanzig Monate und einen Tag lang. Die Schreie der Kinder: »Mama, Papa« *(weint)*. Noch heute erinnere ich mich an die Schreie. Bis heute kann ich nicht ohne Tabletten einschlafen. Und die arme zweite Generation, unsere schwachen Nerven, sie haben unsere schwachen Nerven abbekommen *(ringt nach Atem)*.

Und da war ein alter SS-Mann, der mal sah, daß wir nicht arbeiteten; wir haben monatelang täglich darauf gewartet, daß man uns auch holen würde. Und er sagte uns, er »würde sich darum kümmern, daß wir nicht zuviel Gas kriegen würden« [*spricht deutsch*], und das war unsere Hoffnung, daß sie kommen und uns holen würden, und wir würden zu wenig Gas abbekommen, und wir glaubten ihm das. Unweit vom Krematorium war ein Haus, in dem niemand wohnte. Eines Tages kam ich zur Arbeit, und es lag sehr viel Blut in der Nähe des kleinen Krematoriums. Also fragten wir den SS-Mann, was passiert wäre. Er sagte, er hätte Männer hierher gebracht, die ins Feuer sollten, und die hätten das gewußt, es kam zu einem Aufstand, und sie hätten die Männer erschossen. Die wußten, wohin sie geführt werden sollten. Es gab Mütter, die ihre eigenen Kinder töteten, weil die weinten. Unser Sohn weinte nicht. Er wußte, daß es nichts zu essen gab, und daß es verboten war, danach zu fragen *(schluchzt)*.

Ich habe keine Tränen mehr, meine Augen sind trocken. Ich hatte eine Freundin, Peleh. Jedes Stück Brot, das wir hatten, maßen wir mit einem Faden. Man bekam Ärger, wenn man einen Millimeter zu viel nahm. Wir hatten keine Haare mehr, aber Nägel. Damals war alles im Gesicht. Das kann man nicht glauben, was ich erzähle, es kommt aus einem Film, das kann man nicht glauben. Tage ohne etwas zu Essen, voller Angst, Kälte. Tage ohne Nahrung. Am 18. Januar 45 verließen wir Auschwitz. Sie brachten uns in alle möglichen Lager, und da waren Ukrainer, und das war schrecklich, schrecklich. Wir gingen weg. Auf dem Weg trafen wir Russen, die im Vormarsch waren und uns anschrien. Wir gingen in ein deutsches Haus. Die Russen stiegen durch die Fenster und machten uns Ärger. Wir waren junge Frauen.

Schließlich gingen wir zum Konsulat und sagten, wir wollten nach Amerika. Dann brachten sie uns in ein anderes Lager, ein Gefangenenlager. Das war nach Kriegsende. Ich war da mit Peleh, und auch eine Mutter aus Kanada [dem richtigen Kanada]. Sie hatte eine Tochter in unserem Alter, sie kamen nach Israel, und ich war zweimal in ihrem Haus in Toronto, und sie brachten uns viel Geld mit *(sie hält inne und schaut mich an)*.

Ich habe einen Sohn, in Washington. Er hat 57 seinen Doktor gemacht. Er hat die technische Hochschule in drei statt in vier Jahren beendet. Er hatte ein Stipendium. Danach hat er geheiratet und ist nach Atlanta gegangen. Er hat nicht nur nichts für sein Studium bezahlt, sondern sogar Geld dafür bekommen. Seine Frau arbeitete im israelischen Konsulat und er an seiner Doktorarbeit. Dann haben sie ihn in die Air Force aufgenommen. Er war da sieben Jahre lang und zog nach Washington, und da hat ihm die Air Force die Green Card gegeben. In Washington hat er bei der NASA gearbeitet. Jetzt ist er Wissenschaftler und verdient viel. Nächsten Monat kommt er mit seinen Kindern nach Israel. Ich hab sie zwei Jahre nicht mehr gesehen.

Und die Kinder wissen, was ich durchgemacht habe. Meine Tochter Tova war sieben Jahre lang in Los Angeles. Sie heiratete, aber die Ehe war nicht sehr gut. Als ihre Tochter sechs war, ließ sie sich scheiden. Ich habe sehr gelitten. »Mutter«, sagte sie zu mir, »ich hab mich scheiden lassen.« Sie ist eine verschlossene Person. Ich frage sie nicht. Meine Enkelin, wenn ich etwas von Tova will, dann geht meine Enkelin zu ihrer Mutter und sagt: »Großmutter fragt.«

Mir fällt auf, daß Genia nach dem Ende ihrer Beschreibung von Auschwitz keine Zeitfolge mehr einhält: Es gibt beinahe kein »vorher« und gewiß kein »danach«. Sie liest meine Gedanken.

Wir sind vor den Russen geflohen. Es gab Probleme. Wir gingen zu den Briten, das war ein Kriegsgefangenenlager, ein freies Lager. Da waren die Briten. Die wollten uns nach Bergen-Belsen schicken, aber ein englischer Hauptmann machte sich Sorgen um uns, und ihm haben wir es zu verdanken, daß sie uns nach Lindenberg schickten. Man hat uns in einem Altersheim für Juden untergebracht. Das war so eine Art Treffpunkt. Wir waren etwa sechzig oder siebzig Juden, wir aßen da, es gab Einzelzimmer, ein Bad eine Küche. Peleh und ich hatten zusammen ein Zimmer, und neben uns wohnten zwei Männer. Es waren Brüder, Zvi und Laibel. Sie besuchten uns. Sie saßen in unserem Zimmer, und Peleh konnte sich nicht beruhigen: Das ist der Richtige für dich. Und sie redete mir das ein und drängte mich, und so heiratete ich Laibel *(jetzt weint Genia)*. Aber ich hatte niemanden mehr. Sie haben siebenundsiebzig Mitglieder meiner Familie verbrannt. Peleh liebte Zvi. Also heirateten wir: Laibel und ich, Peleh und Zvi. Mein ganzes Leben lang hat er kein böses Wort zu mir gesagt. Er war sehr nervös, er kam aus Lodz. Sie waren in ein paar Lagern gewesen, aber Arbeitslagern. Sie verdienten Geld, und mit dem Geld kauften wir uns einen Zimmermannsladen und einige raffinierte Maschinen. Damals war der Staat

[Israel] schon gegründet; ich wohnte schon bei meiner Cousine in Tel Aviv. Ich kaufte eine Wohnung, und wir machten eine Fabrik auf. Ich hätte nie gedacht, daß ich jemals achtundsechzig werden würde, und mein Mann sogar zehn Jahre älter ist als ich. Das hätten die Deutschen auch nicht für möglich gehalten. Es ist unmöglich, daß wir noch leben, nach all dem, was wir durchgemacht haben.

Die zweite Generation ist am unglücklichsten *(Genia hat Tränen in den Augen).* Mit dem zerbrochenen Leben im Herzen. Sie waren die Opfer. Ich hatte niemanden *(weint),* ich war alleine, ein Hund. Mein Mann ging morgens zur Arbeit, die Kinder störten ihn. Ich war diejenige, die die Kinder verprügeln mußte, damit es ihnen leid tat. Meine Kinder haben ihr Leben lang kein freundliches Wort von mir gehört. Deswegen ist Tova auch in der Lage, in der sie jetzt ist. Ich liebe sie, und Laibel liebt sie. Das Jahr, als sie sich scheiden ließ, war sehr schwer. Meine Tochter wollte nie Kinder haben. Sie war verheiratet, und der Arzt bestätigte ihr, daß sie schwanger war. Sie wollte [es] nicht, aber wir freuten uns sehr. Für mich war es der glücklichste Augenblick, und für sie der schlimmste. Als wir erfuhren, daß sie schwanger war, küßten mein Mann und ich uns, als wären wir achtzehn. Ich wußte nicht, daß sie unglücklich war, sie waren beide verrückt und kamen nicht miteinander zurecht.

Ich kaufte ihr eine Dreieinhalb-Zimmer-Wohnung. Ihre Tochter sagt, daß sie zwei »Zuhause« hat. Meiner Meinung nach hat meine Tochter bis auf den heutigen Tag fürchterlich gelitten. Meine Enkelin war drei Jahre alt, und sie sagte, »Oma, Mutter hat Vater dieses getan, Vater hat Mutter jenes getan«. Tova verdiente dreitausend Shekel im Monat, und sie gab das ganze Geld für Kleider aus. Er wollte, daß sie das Geld nach Hause bringt, und sie gab alles für Kleider aus. Immer wenn sie Geld hatte, stritten sie sich. Das ist kein Leben. Manchmal ist es besser, allein zu sein!

Tova ist auch eine Geschichte für mich. Als ich schwanger wurde [mit ihr], wollte ich abtreiben. Freitags bezahlten wir den Arzt, und nach der Fabrik sagte Laibel, er würde mich zum Arzt fahren. Ich habe allen meinen Freundinnen erzählt, daß ich abtreiben würde. Freitag nachts aber erschien mir meine Mutter im Traum. Sie kam zu mir und sagte mir, ich sollte das nicht machen, und dann entschied ich, daß ich doch keine Abtreibung machen lassen würde. Laibel fing an zu weinen, ich bat ihn darum, daß ich schwanger bleiben könnte und das Kind nach meiner älteren Schwester Gita [auf hebräisch Tova] nennen dürfte. Mein Mann wollte das nicht. Er sagte: »Ich bin alt und habe keine Geduld.« Schließlich blieb ich schwanger, und er liebt Tova am meisten, aber mir tut sie leid.

Unser Herz ist im Lager verbrannt. Es war mir egal. Wir waren Tiere – es ging mehr darum, daß wir am Leben waren – für ein Stück Brot, und wir waren nicht verantwortlich. Die Mädchen, die mit mir zusammen waren, Mengele kam und führte eine Selektion durch, und wir kamen alle in Block 25. Am nächsten Tag kam ein Müllwagen, und sie wußten, wohin er uns bringen würde, und wir sahen, wie sie sie wie Tote daraufschmissen. Es hat uns nicht geschmerzt. Leute haben Dinge gesehen, »Oy ve'avoy«. Das Herz war verbrannt. Ich habe oft zu mir selbst gesagt: »Genia, wie kannst du noch mit diesen Augen sehen?« Aber die Wahrheit ist, ich hab es gesehen. Ich bin zum Tier geworden. Für ein Stück Brot waren wir bereit, uns zu schlagen.

Genia bietet mir Kuchen und Plätzchen an. Ich nehme noch einmal, obwohl ich keinen Appetit mehr habe. Ich wische mir die letzten Tränen aus dem Gesicht, die ich über weite Strecken des Interviews habe die Wangen herunterlaufen spüren. »Es geht nicht nur darum, was sie durchgemacht hat, sondern auch darum, wie sie darüber spricht«, sage ich zu mir selbst. Es ist eines, den Zustand zu erreichen, in Auschwitz »wie ein Tier zu werden«, etwas anderes, sich heute dessen bewußt zu sein, zu wissen, daß es sich noch immer auf ihre Kinder auswirkt, und, was noch mehr ist, einer Fremden über diese Gefühle zu berichten. Wir schweigen eine Weile, und ich versuche, die Fassung wiederzugewinnen. »Sind Ihnen noch irgendwelche Gegenstände oder Sachen von Zuhause übriggeblieben?«

Ich habe nichts, nichts ist von dem geblieben, was ich durchgemacht habe: Ich habe nur meine Erinnerungen. Zwei Tage nach meiner Befreiung aus dem Lager konnte ich mich nicht erinnern, ich kann mich nicht an die Menschen erinnern. Der Bruder einer Freundin brachte mir ein Foto von meinem Haus, und bis heute weiß ich nicht, wo es ist. Ich habe überall danach gesucht, und ich habe es nicht gefunden; es ist so, als wäre jemand gekommen und hätte es weggenommen. Ein Bild meiner Mutter, wonach ich mich so gesehnt hatte! Ich habe ein Foto meiner älteren Schwester, es ist ein Bild, auf dem ein paar Frauen zu sehen sind, einige Cousinen und zwei meiner jüngeren Schwestern. Ich habe einen Traum, der wie das Foto von meiner Mutter ist.

»Wie begehen Sie die Feiertage?«

Ich halte einen koscheren Haushalt, Pessach ist Pessach, oben, da oben, bewahre ich meine Töpfe, Gabeln, Töpfe auf. Milch- und Fleischprodukte trenne ich täglich. Als ich aus Deutschland kam, wußte ich nicht, was eine koschere Küche ist. Ich aß Schweinefleisch. Aber ich hatte eine alte Cousine und einen Onkel, und er besuchte uns. Er wollte bei mir nichts essen, er war ein alter Mann. Ein alter Mann hatte einen Laden an der Ecke. Ich schmiß alles weg, meine Teller, und kaufte neue Teller von ihm. Ich sagte ihr [meiner Cousine]: »Racheli, komm morgen mal vorbei, und sieh dir an, was ich neu gekauft habe. Ich habe alles neu gekauft.« Und ich fing an, koscher zu kochen. Wenn die Kinder eine Orange schälen wollten, fragten sie mich, welches Messer sie benutzen sollten.

»Haben Ihre Eltern zu Hause koscher gelebt?«

Ja, natürlich. Vater trug zu Hause eine Kipa. Mein Vater war nicht so religiös wie die Juden vor dem Krieg, aber vor dem Krieg wußten wir nicht, was es heißt, den Sabbat zu befolgen. Ich zünde Kerzen an, mein Mann geht jedes Jahr in die Synagoge. Er mag das. Wir sind traditionell lebende Juden, nicht religiöse Juden.

»Sprechen Ihre Kinder Jiddisch?«

Nur Tzipke. Tova und Yudke verstehen es. Bis heute spreche ich mit Tzipke jiddisch. Manchmal ärgert es mich, daß sie mit mir nur jiddisch spricht, aber ich will ihr das nicht sagen. Als wir nach Israel kamen, sagte Ben Gurion, daß wir mit den Kindern nicht sprechen dürfen, so war das. Sie sagten uns absolut, wir sollten darüber nicht sprechen, und das ganze Jahr über sprachen wir nie über den Holocaust. Meine Kinder waren die einzigen in der Klasse, die das Wort Holocaust kannten. Ich habe eine siebenjährige Enkelin, Talia. Als sie vor einer Woche in der Schule gefragt wurde, »Wer hat eine Großmutter, die in einem

Lager war?«, zeigte sie sofort auf und sagte: »Ich.« Auch ein anderes Mädchen hob die Hand. Dann sagte ihre Lehrerin: »Vielleicht könnt ihr eure Großmütter fragen, ob sie uns etwas über das Lager erzählen«, und Talia sagte: »Ich weiß nicht, ob das geht, weil meine Großmutter Schmerzen im Bein hat. Ich muß sie anrufen.« Talia fragte mich: »Großmutter, würdest du zu uns kommen und uns etwas über die Lager erzählen?« Ich sagte ihr, daß ich mit meinem Bein schlecht laufen kann, aber wenn ich nächstes Jahr gesund bin, dann komme ich bestimmt. Talia weiß es, ich habe ihr erzählt, daß ihre Oma in den Lagern war. Alle Enkel von mir wissen das.

»Sie wissen das von Ihnen, haben Sie ihnen das erzählt?«

Als sie klein waren, habe ich es ihnen natürlich gesagt. Denn sie haben sofort die [eintätowierte] Nummer gesehen und mich gefragt, warum hast du das da? Wie haben sie das gemacht, Großmutter? Ich habe ihnen erzählt, daß die das mit Nadeln gemacht haben und daß es weh tat. Warum? Ich erzählte ihnen, sie hätten es gemacht, weil ich Jüdin bin und damit ich nicht aus dem Lager fliehen konnte. So habe ich das erklärt. Wissen Sie, letztes Jahr war ich in Deutschland. Es war das erste Mal seit 49, daß ich da war. Ich wollte nicht dahin, ich konnte sie nicht sehen. Als ich in Frankfurt ankam und den Flughafen verließ, bin ich fast zusammengebrochen. Warum bin ich bloß gegangen? Bei jedem Deutschen, der an mir vorbeikam, habe ich gedacht: »*Er* hat wahrscheinlich meinen Vater verbrannt, er hat meinen Vater in sein Grab verbrannt.« Ich fühlte mich wie in der Hölle. Vielleicht übertreibe ich, aber ich werde nie wieder nach Deutschland fahren.

»Warum sind Sie nach Deutschland gereist?«

Sie sagten uns, wenn Sie das erste Mal dahingehen und einen Arzt aufsuchen, dann schreibt er, daß Sie eine Kur brauchen, und wenn Sie das gemacht haben, dann schreibt er einen Brief. Ich ging ins Ma'aleh Hachmisha [Ärztezentrum], ungefähr vierzehnmal. Und plötzlich sagten die mir, ich wäre gesund, ich hätte keinen Anspruch auf eine Kur, und da habe ich mich zu der Reise entschlossen. Es stimmt, ich habe sechs Bäder bekommen, und es hat mir sehr geholfen, das ist wie in einem Whirlpool. Warum muß man dahingehen? Aber ich dachte, wenn ich einen Brief vom Arzt schicken kann, daß das mir helfen würde. Aber hier habe ich mein Geld einfach weggeschmissen. Ich habe es nach Deutschland geschickt, nachdem man mir hier gesagt hatte, daß ich das nicht brauche und daß ich gesund bin.

»Kommt das Thema an Feiertagen oder am Sabbat manchmal auf?«

Nein. Am Gedenktag für die Opfer des Holocaust, ja. Mein Mann und ich sprechen darüber, ich spreche viel darüber mit Tzipke. Sie hat ein [gutes] Gedächtnis. Gestern hat sie mich an etwas erinnert, und ich habe zu ihr gesagt: »Wie kannst du dich daran erinnern?« Aber es gibt auch etwas, an das ich mich erinnere: Mein Haus. Ich kann mich kaum an mein Leben erinnern. Aber mit meinen Kindern, außer am Holocaust-Gedenktag, spreche ich kaum über das Thema. Als wir jung waren, haben wir gespielt, wir hatten Spaß, und wir sagten: »Erinnerst du dich daran, wie es war?« [auf jiddisch], und wir erinnerten uns an Auschwitz. Wir tun das jetzt nicht mehr, es ist viel Zeit vergangen. Es ist jetzt fünfzig Jahre her, daß wir im Lager waren.

Vor nicht allzu langer Zeit habe ich mir einen Rock bestellt. Ich habe mich im Spiegel angeschaut, und die Frau hat die Länge gemessen, da kam eine Frau zu mir und sagte: »Genia, kannst du dich noch an mich erinnern, du hattest eine Schwester, Gita und Surele, kannst du dich nicht an mich erinnern?« »Du hast mich über vierzig Jahre nicht gesehen, wie kannst du dich erinnern?« Sie sagte: »Dein Profil, deine Figur.« Mein Mann steht neben mir und schaut mir ins Gesicht, erstaunt.

»Haben Sie nach der Befreiung versucht, Ihre Familie zu finden?«

Ja, ich wußte, daß meine Mutter einen Bruder in Argentinien hatte. Ich schrieb ihm durch das Joint [Joint Distribution Center] einen Brief, daß der Nachname meiner Mutter Zuckerman war. Ich wußte noch, daß meine Mutter immer davon gesprochen hat, daß sie einen Bruder in Argentinien hatte, der Josef hieß, aber er antwortete mir und sagte, er wäre das nicht. Ich dachte, er wäre mein Onkel, aber er war es nicht.

»Woher wissen Sie, daß der Rest Ihrer Familie umgekommen ist?«

1942 haben sie 30 000 Juden nach Bejinksi deportiert, und ich weiß, daß meine Familie dabei war. Niemand von meiner Familie hat überlebt. Ich hatte eine Cousine hier, aber ich wußte nicht wo. Nach dem Krieg wohnten Soldaten bei mir, und einer der Soldaten war Engländer, und er hat mir gesagt, sie würden nach Palästina gehen. Ich sagte:

»Weißt du, ich habe eine Cousine, die mir 39 einen Brief geschrieben hat, daß sie heiratet, aber ich weiß nicht, wo sie lebt und wen sie geheiratet hat.« Und ich sagte ihm, daß sie Rachel heißt und in dem Jahr dem Holocaust entkommen konnte und nach Palästina gegangen war. Er gab eine Anzeige auf, und eine Nachbarin, die unter ihr wohnte, rief sie – sie lebte in einer kleinen Baracke – und sagte ihr, was in der Zeitung stand, und sie fiel in Ohnmacht. Sie gaben ihr Wasser, und sie schrieb mir sofort einen Brief, daß sie in Tel Aviv lebt, daß sie geheiratet hatte und daß sie ein Haus hat. Sie sagte mir nicht, daß sie in einer Holzbaracke wohnte und keine Kinder hatte. Eines Tages bekam meine Nachbarin einen Brief, sie nahm ihn heraus und sagte: »Genia, bring mir deinen Brief«, und ich sage: »Gib mir deinen.« Wir schauen und sehen dieselbe Adresse, die gleiche Handschrift auf dem Brief. Folgendes war passiert: Ihre Mutter und Tante waren Schwestern, und meine Cousine heiratete ihn in zweiter Ehe. Also waren wir eine Familie, und noch heute treffen wir uns. Die Cousine aus Amerika und die Cousine hier haben nach den »Wurzeln« der Familie geforscht. Ich kann mich an nichts erinnern, an niemanden erinnern, ich erinnere mich nicht mal an eine bestimmte Cousine. Ich war ein Kind, 22 oder 23, und ich erinnere mich an niemanden. Ich weinte die Kissen naß.

Ich schalte den Kassettenrecorder aus. Genia kommt noch einmal auf »Kanada« zu sprechen, auf die Diamanten und die Transporte. Sie sagt immer wieder: »Wir waren wie Tiere. Die Kinder waren die Opfer. Ich habe kein Herz.« Plötzlich kann ich es nicht mehr ertragen. Als ich mich von ihr verabschiede, schaut sie mich mit demselben strengen Gesichtsausdruck an, mit dem sie mich begrüßt hat. »Was für eine starke Frau!« denke ich, als ich auf die Straße trete.

Genia spricht abgehackt, als fielen die Wörter beinahe unter der Bürde des Leidens und Sterbens auseinander. Unter extremen Bedingungen kämpfte sie gegen die Macht des Todes an. Sie kämpfte in jeder Situation, die sie beschrieb, um ihr Leben: Sie war in der Fabrik »zurechtgekommen«, in der Uniformen genäht wurden; sie hatte für ihre Familie und sich einen Bunker gefunden. In Auschwitz hatte sie Gold (für die deutsche Aufseherin) gegen Zigaretten getauscht. Diese Zigaretten retteten ihr das Leben, als sie an Typhus erkrankte, und sie verschafften ihr einen Arbeitsplatz in »Kanada« (was damals als Privileg gelten mußte). Für Genia bedeutete Hoffnung in Auschwitz, daß jemand ihr versprach, »daß wir nicht zuviel Gas kriegen würden«, und »wir glaubten ihm« (es ist unklar, ob der SS-Mann damit hatte sagen wollen, er werde sie quälen oder sie hätten eine Aussicht auf Rettung).

Sie und ihr Mann gründeten eine Familie und begannen ein neues Leben in Israel, aber ihre Erzählung unterminiert all ihre mutigen Taten, sogar ihr neues Leben. Nichts kann die Verluste wiedergutmachen, die sie erlitten und miterlebt hat und die sie immer noch gefangenhalten. Für Genia begann das Sterben am Pessach 1940 mit der Erkrankung ihrer Mutter. Sie beginnt das Interview mit einer überraschenden Wendung: »Um Ihnen zu sagen, daß ich nicht die Gelegenheit hatte zu wissen, was das Wort *Mutter* bedeutet.« Sie war schon siebzehn und wußte zu dieser Zeit bereits zweifellos, was das Wort *Mutter* bedeutet. Wir wissen nicht, ob sie mit dem Satz sagen will, daß sie sich hilflos und verlassen fühlte wegen der Verluste, die mit dem Tod ihrer Mutter begannen, oder ob die Krankheit ihrer Mutter und deren Tod für sie den Verlust ihres eigenen Lebensgefühls und von Familiengeborgenheit symbolisieren, die sie ja erfahren hatte, bevor die Nazis kamen. Was Genia vielleicht hatte sagen wollen, war, daß sich der Tod ihrer Mutter im Rahmen des Familienlebens und der Familiengeschichte ereignet hatte und sich insofern von allem, was danach kam, unterschied.

Alle Familienangehörigen Genias wurden ermordet. Sie verschwanden einer nach dem anderen. Genia erwähnt das Verschwinden ihres Schwagers, ihres Bruders und ihres Vaters. Ihre Stimme bricht zweimal, wenn sie von ihrem Vater spricht, der an die Deutschen und ihre Kultur glaubte, auch dann noch, als die Familie bereits erfahren hatte, was in Treblinka geschah (»Da wußte mein Vater schon, wohin er ging, er wußte es, aber wollte es nicht glauben.«). Die anderen Familienmitglieder wachsen in ihrer Erzählung zu einer amorphen Masse zusammen, auch ihr Neffe, der während des Warschauer Ghettoaufstands noch lebte (»Sie verbrannten siebenundsiebzig Mitglieder meiner Familie«).

Die dämonische Macht des Todes, die durch die vielen Monate, die

Genia in den Lagern verbrachte, noch beschleunigt wird, schafft in ihrem Leben noch heute ein extremes Gefühl von Einsamkeit. »Ich habe nichts, nichts ist von dem geblieben, was ich durchgemacht habe.« Sie sagt auch: »Nichts ist geblieben, um mich zu erinnern … Der Bruder einer Freundin brachte mir ein Foto von meinem Haus, und bis heute weiß ich nicht, wo es ist.« Die Toten haben die Macht, das Leben zu beherrschen: Als ihre Mutter in einem ihrer Träume auftaucht, ändert Genia ihre Ansicht über die Abtreibung (spiegelt sich darin ihr eigener Wunsch oder Konflikt wider? Darüber können wir nur spekulieren). Einen Moment lang wirkt es so, als hätte das Leben über den Tod gesiegt, denn sogar ihr Ehemann, der zuerst sagt: »Ich bin alt und habe keine Geduld«, »liebt Tova« schließlich am meisten. Dennoch schließt Genia mit einem dazu nicht recht passenden »aber mir tut sie leid« (was sich auf Tova bezieht). Genia und Tova sind durch ein Band des Leidens verbunden, das Genia weder zu kontrollieren noch zu verändern vermag.

In diesem fortwährenden Zyklus des Leidens fühlt Genia sich für das Unglück ihrer jüngeren Tochter und die Distanzierung ihres Sohnes verantwortlich. Diese Tatsachen scheinen ihren Erwartungen zu entsprechen: Sie beziehen sich auf ihre Annahme, »daß nichts Gutes aus mir kommen wird, nach all dem, was ich durchgemacht habe« (oder was ich getan habe?). Vielleicht spricht hier das Schuldgefühl der Überlebenden (»survivor's guilt«) aus Genia, das ihr selbst und denen, für die sie sich verantwortlich fühlt, Glücksgefühle verbietet, weil sie ständig daran denkt, was allen anderen zugestoßen ist. Dafür spricht etwa die Situation, als Tova ihren Eltern mitteilt, daß sie schwanger ist: Genia und ihr Ehemann freuen sich, ohne überhaupt zu bemerken, daß ihre Tochter sehr unglücklich ist. (»Für mich war es der glücklichste Augenblick, und für sie der schlimmste.«) Das heißt, wenn ich endlich glücklich bin, dann ignoriere ich das Unglück meiner Tochter, und wenn sie unglücklich ist, dann bin ich es auch.

»Mutter sein« hat in Genias Sprachgebrauch eine besondere Bedeutung, es spiegelt ihren Kampf mit dem Leben und dem Tod wider. Man kann ihren ersten Satz auch so verstehen, als wenn die üblicherweise mit dem Wort *Mutter* verbundene positive Bedeutung jetzt unmöglich geworden ist. Die Erinnerungen an Auschwitz, von denen sie glaubt, daß sie ihre Kinder geschädigt haben, konzentrieren sich auf Mütter und Kinder, die sich auf dem Weg in die Öfen befinden. »Es gab Mütter, die ihre eigenen Kinder getötet haben, weil sie weinten. Unser Kind [Wen meint sie? Das wird nicht klar] weinte nicht.« Und dann: »Die Schreie der Kinder: ›Mama, Papa‹ *(weint)*. Ich kann mich noch heute an diese Schreie erinnern … Bis heute kann ich nicht ohne Tabletten einschlafen. Und die arme zweite Generation, unsere schwachen Nerven, *sie haben unsere schwachen Nerven abbekommen*.« Und sie fährt fort: »Mit dem zerbrochenen Leben im Herzen. Sie waren die Opfer … meine Kinder haben ihr Leben lang kein gutes Wort von mir gehört.« Das klingt so, als wolle sie sagen: »Wie kann man weiterleben, ohne zu leiden, wenn man diese Dinge gesehen hat und diese Erinnerungen immer wieder durchleben muß?«

Man könnte behaupten, Genia übertreibe die Auswirkung, die diese Erfahrungen auf ihre Kinder hatten. Aber wir denken, daß es für eine solche Behauptung keinen objektiven Maßstab geben kann. Sie jedenfalls empfindet so und rekonstruiert ihre Biographie auf diese Weise. Das Meer des Sterbens zu durchqueren und den steilen Felsen zurück zum Leben zu erklimmen war ihr nur möglich, weil sie einen extremen Lebenswillen mobilisieren konnte. Aber die Schrecken durchdrangen immer noch ihre erzählte Lebensgeschichte und zerstörten alle positiven Gefühle, die sie zu sich selbst in bezug auf ihre Familie und zu ihrer Familie in bezug auf sich selbst hat. Der holländische Psychiater Jan Bastiaans (1988) formuliert das folgendermaßen: »Sie sind den Öfen entkommen, aber die Öfen brennen weiter in ihnen.« Mehr als einmal sagt Genia: »Unser Herz ist verbrannt«, sie ist nicht in der Lage, sich aus dem Feuer zu befreien. »Ich habe mir oft gesagt: ›Genia, wie kannst du immer noch mit diesen Augen sehen?‹ Aber die Wahrheit ist, daß ich es gesehen habe … Ich bin zu einem Tier geworden … wir waren bereit, uns für ein Stück Brot zu schlagen.« Ihre Adleraugen sehen durch die manchmal heilenden Schranken des Vergessens und der Verdrängung. Genia ist nicht stolz darauf, überlebt zu haben, aber sie schämt sich auch nicht dafür. Sie nimmt es als eine Art Schicksal hin. Wenn nur der Ofen aufhören würde, in ihr weiterzubrennen, wenn sie nur aufhören könnte, »es« immerzu zu sehen, wenn sie sich selbst nur davon befreien könnte, daß das Erlebte Auswirkungen auf ihre Kinder hat: Denn darin besteht ihre Einsamkeit, ihr durch nichts zu durchbrechender »Teufelskreis des Leidens«.

Wie haben sich Genias schmerzhafte Erinnerungen und ihr Diskurs auf die Rekonstruktion der Lebensgeschichte ihrer Tochter und ihrer Enkelin ausgewirkt? Ist es ihnen gelungen, dieses Erbe durchzuarbeiten? Hat die Tatsache, daß Genia außergewöhnlich bewußt mit ihren Erinnerungen umgeht, ihnen ermöglicht, das Leben vor dem Tod zu wählen – der ja nicht zu ihrer eigenen Lebenserfahrung gehört? Vielleicht haben sich Genias Leiden und Einsamkeit unwillkürlich übertragen. Die älteste Tochter Tzipke wurde nur wenige Jahre nach den höllischen Erfahrungen ihrer Mutter in den Lagern geboren. Es ist auch interessant, daß Genia Tzipke erst erwähnt, als ich sie frage, ob sie mit ihren Kindern jiddisch spricht, und sie mir antwortet, daß sie das nur mit Tzipke tut. Bedeutet das, daß diese Tochter außerhalb von Genias »Teufelskreis des Leidens« steht? Wie hat Tzipke ihre eigene Rolle als Mutter empfunden, nachdem sie von Genias unerträglichen Qualen gehört und sie gesehen hat? Was kann sie uns über ihre eigene Kindheit mitteilen? Tzipke ist das einzige Kind, das in der Nähe der Mutter lebt. Sie gründete eine Familie und hat erwachsene Kinder. Wie schafft Tzipke es, die Erfahrungen ihrer Mutter, ihre eigene Kindheitserinnerungen und die Zukunft ihrer eigenen Kinder miteinander in Einklang zu bringen?

Tzipke
»Der Mensch braucht enorme Energien zum Überleben.«

Ich treffe Tzipke früh morgens bei sich zu Hause. Sie begrüßt mich lächelnd. Sie trägt ein locker fallendes Kleid in bunten Farben, unter dem sie vielleicht ihre Körperfülle zu verbergen sucht. Sie bewegt sich frei im Zimmer und versucht aufzuräumen. Als sie fertig ist und zum Gespräch mit mir bereit, bitte ich sie, mir ihre Lebensgeschichte zu erzählen. Sie fragt mich: »Was denn genau?« und schaut mich kurz an. »Alles, was Ihnen wichtig vorkommt.«

Gut, also ich wurde in Deutschland geboren, nach dem Krieg. Als ich etwas älter als ein Jahr war, kamen wir nach Israel. Wir wohnten in Ramat Gan und ich ging dort zur Grundschule und zur High School. Ich war nie eine besonders gute Schülerin *(lacht)*. Ich war bei den Pfadfindern, ging zur Armee, und mit sechzehn lernte ich meinen Ehemann kennen. Mit einundzwanzig Jahren heiratete ich. Ich habe drei Kinder. Einige Jahre lang habe ich nicht gearbeitet und mich um die Kinder gekümmert. Als meine jüngste Tochter in den Kindergarten kam, ging ich wieder arbeiten. Ich arbeite jetzt als Sekretärin bei Kupat Holim [der staatlichen Krankenversicherung] und bemühe mich, daß sich das nicht schlecht auf das Leben zu Hause auswirkt. Es gibt immerzu Spannungen, und nur mit viel Lauferei läßt sich hier zu Hause alles bewerkstelligen. Das ist es schon im Groben.

Ich warte einen Augenblick und schaue sie erwartungsvoll an. Das kann noch nicht ihre ganze Geschichte sein.

Also, ich habe einen Bruder und eine Schwester. Mein Bruder ist in den Staaten, meine Schwester lebt jetzt nach vielen Jahren im Ausland wieder in Israel. Meine Eltern beschütze ich mehr als alles andere, und ich bin die einzige, die sich um sie kümmert. Meine Schwester hilft mir überhaupt nicht; ich trage die ganze Verantwortung, ganz allein *(weint)*, und das ist eine schwere Belastung *(weint weiter)*. Es ist sehr schwer, weil niemand mithilft, ich tue das ganz allein. Sie sind jetzt sehr auf mich angewiesen. Und jetzt, wo ich angefangen habe, bei Kupat Holim zu arbeiten, gibt es nicht einen einzigen Tag, wo ich nicht zu einem Arzt rennen muß oder mich darum kümmern muß, für sie eine bevorzugte Behandlung zu organisieren. Ich tue es aus Liebe, aber es ist trotzdem eine Belastung. Ich glaube nicht, daß meine Kinder jemals so abhängig von mir waren, wie es meine Eltern sind. Sie machen keinen Schritt ohne mich. Was soll ich sagen, es ist wirklich erdrückend. Als mein Vater im Krankenhaus war, konnte ich mir das mit niemandem teilen. Mein Bruder lebt im Ausland, mit meiner Schwester kann man nicht reden, also bin ich rumgerannt. Ich kümmere mich um die Ärzte und suche nach besonderen Verbindungen, für die Chirurgie und so weiter.

Tzipke wischt sich die Tränen aus dem Gesicht. Der schnelle Gemütswechsel hat mich etwas nervös gemacht.

Ich durchlebe also im Moment die Qual, meine Eltern aufzuziehen. Wenn ich irgendwohin gehe, muß ich sie anrufen. Ich rufe sie mindestens einmal am Tag an, damit sie wissen, daß alles in Ordnung ist und ich nicht verlorengegangen bin. Ich glaube, daß sie von mir Dinge verlangen, die sie von meiner Schwester niemals verlangen würden. Wenn meine Schwester verreist, gibt sie sich niemals Mühe, anzurufen. Ich kriege aber schon Schwierigkeiten, wenn ich nicht zwei-, dreimal am Tag anrufe. Das ist keine Bestrafung, soviel steht fest, es muß ganz einfach so sein. Wenn ich irgendwohin gehe, passiert es mir, daß ich ich so rumgehe, bis mir dann ganz plötzlich einfällt, oy! Ich hab ihnen nichts davon gesagt, sie werden nach mir suchen und nicht wissen, wo ich bin. Also? Ich sag Ihnen, es ist Abhängigkeit, genauso, wie ich mir um meine Kinder Sorgen mache, nur vielleicht noch mehr. Meine Kinder können das bestätigen *(lächelt).* Ich weiß nicht, ob das was mit ihrer Vergangenheit zu tun hat. Mein Mann hat nicht so eine enge Beziehung zu seinen Eltern.

»Wo waren seine Eltern während des Krieges?«

Hier. Sie sind 32 eingewandert. Sie sind mit der Beitar-Bewegung aus Polen nach Israel eingewandert.[2] Sie kamen als Jugendliche. Seine Eltern emigrierten, aber ihre Familien blieben in Europa und kamen im

Holocaust um. Seine Mutter war sechzehn, als sie ihre Eltern und ihre Heimat verließ. Was für ein Mut *(macht eine Geste, die Bewunderung ausdrückt)*, in so ein gottverlassenes Land zu kommen. Manchmal frage ich meinen Mann: »Hast du gestern mit deiner Mutter gesprochen? Nein. Was? Du hast schon eine Woche nicht mehr mit ihr gesprochen!« Irgend etwas stimmt nicht ganz. Seine Mutter, sein Vater ist gestorben, und seine Mutter lebt jetzt mit einem anderen Mann zusammen, und es ist zum Bruch zwischen ihnen gekommen. Ich verstehe das nicht. Ich habe ihm schon oft gesagt: »Was, du hast sie nicht angerufen? Lebt sie? Oder ist sie gestorben? Kommt sie zu Besuch?« Er sagt: »Wenn was passiert, würden sie mich schon informieren.« So was kommt bei mir nicht vor. Gestern zum Beispiel, als ich bei der Arbeit war, schaute ich irgendwann auf die Uhr und sah, daß es schon ein Uhr war und ich meine Eltern noch nicht angerufen hatte! Sofort rief ich sie an. Wie geht es euch? Alles ist in Ordnung, gut, dann kann ich nach Hause gehen. Gestern abend war ich hier, unten in einem Geschäft, ich sah ein schönes Kostüm und dachte an meine Mutter. Wenn ich für mich Kleider kaufen gehe, dann denke ich automatisch daran, ihr auch etwas zu kaufen. Ich sagte ihr also, daß ich etwas für sie gesehen habe, aber als sie heute vorbeikam, um es zu kaufen, war es schon verkauft. *(Tzipke sagt auf jiddisch: »Sie haben uns das Schnäppchen vor der Nase weggeschnappt.«)*

Ich denke immer mal wieder daran, aus Israel wegzuziehen oder wenigstens in eine andere Stadt umzuziehen. Mit dem Geld für diese Wohnung könnt ich mir eine wesentlich größere in Herzliya, Ra'ananna kaufen, wo meine Kinder jeder ein eigenes Zimmer hätten. Aber ich kann nicht einmal daran denken, meine Eltern zu verlassen. Ich sagte zu meinem Mann: »Bist du verrückt? Soll ich etwa zwischen Ra'ananna und Ramat Gan hin- und herlaufen? Wie soll ich das denn machen?« Ich muß da sein, wo sie sind. Nicht mit ihnen leben, aber nicht sehr weit entfernt von ihnen, damit ich keine weiten Entfernungen zurücklegen muß, um zu sehen, was mit ihnen los ist. Und es ist ganz und gar unmöglich, aus Israel wegzuziehen. So was könnte ich ihnen nie antun. Wegziehen und sie ohne Beschützer und Retter [zurückzulassen], das ist unmöglich.

»Und wie denkt ihr Mann darüber?«

Er akzeptiert das. Er liebt sie sehr, mehr als seine eigenen Eltern, glaube ich, weil sie sich um ihn genauso kümmern wie um mich. Wenn er jemanden um Rat fragen muß, dann spricht er mit meinem Vater. Er hält ihn für einen schlauen und verständnisvollen Mann. Das hat uns also nie irgendwelche Probleme gemacht in unserem Zusammenleben. Eher im Gegenteil. Er repariert meinen Eltern die Wasserhähne, er tut alles, was sie brauchen, ölt ihre Möbel ein. In dieser Hinsicht gibt es keine Probleme. Er liebt sie, weil sie ihn lieben, sie schenken ihm auch ihre Liebe.

»Aber trotzdem belastet es Sie?«

Ja. Sie mischen sich in alles ein, in die Klassenarbeiten der Kinder, die Noten, in alles. Ich sag ihnen niemals alles, damit ich ihnen Leid erspare. Mein Sohn ist drei Tage lang mit einer Freundin nach Tiberia gereist, und ich habe ihnen das erst gesagt, als er wieder zurück war. Wenn ich das nicht getan hätte, hätte ich gelitten. Ich glaube, sie machen sich um mich mehr Sorgen als ich um meine eigenen Kinder. Wenn die Kinder mir Kummer bereiten, dann macht es ihnen mehr aus als mir. Ich laß es einfach vorbeiziehen, sie fragen aber immer nach und reden ständig darüber, und was haben sie getan, und wie haben sie das getan. Sie machen sich Sorgen um mich, damit ich mir um meine Kinder keine Sorgen machen muß, daß sie von ganz alleine erwachsen werden, erfolgreich in der Schule und im Studium sind, daß alles gut ist.

»Wie war Ihre Beziehung zu Ihren Eltern, als sie noch ein kleines Kind waren?«

Ich glaube, heute ist unsere Beziehung besser als damals. Wir hatten damals oft Streit, weil ich nicht lernen wollte. Es gab fürchterliche Streitereien und Geschrei. »Du gehst nicht aus, was hast du denn da an, wie kannst du …« Ich bin mit meinen eigenen Kindern heute nicht so streng. Hier herrscht zwar keine Anarchie, aber ich bin nicht so auf ihre Schulleistungen fixiert. Wenn ich darüber nachdenke, dann versuche ich, nicht dieselben Fehler wie meine Eltern mit mir zu begehen. Wenn meine Tochter um vier Uhr morgens zurückkommt, dann bin ich froh, daß sie zurück ist. Ich wecke aber nicht die ganze Straße auf, wie meine Mutter, die immer schon an der Haustür stand. Meine Mutter machte immer solche Szenen, daß mein Mann und ich uns eine Woche lang vor Scham fast nicht mehr vor die Haustür wagten. Wenn ich so leben würde, wie meine Mutter mich erzogen hat, dann wäre ich heute im Kloster. Sie ist sehr konservativ. Ich glaube, das ist einfach ihr Charakter, so ist sie eben. Wenn sie Fernsehen guckt, und in einem Film kommt eine Sexszene vor, [sagt sie] »schrecklich, ekelhaft, sie sollten sich schämen« *(lacht)*. Wenn ich nach ihren Grundsätzen leben würde, würde ich im Kloster landen.

Tzipke nimmt mich bei der Hand, um sich meiner ganzen Aufmerksamkeit zu versichern.

Wissen Sie, als ich noch bei meinen Eltern wohnte, wachte ich oft nachts von den Schreien auf, wenn sie träumten. Vor allem mein Vater schrie. Das verfolgt mich bis heute. Ich werde es nie vergessen. Er wachte nachts von seinen Schreien auf und kam dann runter, um zu schauen, ob wir auch noch in unseren Betten waren. Was kann ich Ihnen sagen, unser Haus war kein glücklicher Ort. Wissen Sie, manchmal vergleiche ich mich mit meinen Nachbarn, die alle in Israel geboren wurden und Eltern haben, die nicht im Holocaust waren. Ich sehe die Unterschiede. Aber ich kann nicht sagen, ob das daran liegt, daß sie einen anderen Charakter haben oder weil sie in einer anderen Atmosphäre aufgewachsen sind. Ich weiß nicht, es kommt mir einfach anders vor. Die sehen sich manchmal vier Jahre lang nicht, sie kommen oder sie kommen nicht, rufen an oder rufen nicht an. Klar, mein Bruder lebt geographisch gesehen auch sehr weit weg, aber er hat das Bedürfnis, anzurufen und zu sehen, ob alles in Ordnung ist. Ich glaube, unsere Eltern haben uns beigebracht, daß es sehr wichtig ist, in Kontakt miteinander zu bleiben. Meine Kinder heute, der eine geht rechts, der andere links, und die sagen sich kaum hallo. Wie sehr ich mich auch anstrenge, es bleibt immer eine gewisse Distanz zwischen ihnen. Das finde ich sehr komisch. Als mein Bruder in der Armee war, habe ich mir immer Sorgen um ihn gemacht. Bei meinen Kindern ist das anders. Meine jüngste Tochter war, bevor Sie kamen, wütend über Ganit, weil sie das Zimmer nicht aufgeräumt hatte, und sie schrie: »Warum dienst du [in der Armee] hier in der Nähe in einer nichtkämpfenden Einheit? Warum haben sie dich nicht nach Um el Fachum geschickt [eine arabische Stadt, die weit weg ist], dann wärst du die Woche über nicht zu Hause und könntest mein Zimmer nicht in einen Saustall verwandeln.« *(kichert)* Ich sagte zu ihr: »Mein Gott, du bist vielleicht komisch, sie ist immerhin deine Schwester!« Und sie gibt zur Antwort: »Na und? Dann ist sie eben meine Schwester.« In meinem Elternhaus haben wir uns umeinander gekümmert und uns Sorgen gemacht, wir waren immer zusammen, die Bagage sollte zusammenbleiben. Das Schicksal wollte es dann so, daß mein Bruder ins Ausland ging – und was Tova betrifft, das wissen Sie ja schon alles. Als sie in Amerika war, rief meine Mutter sie dreimal täglich an. Sie fehlte ihr schrecklich. Meine Schwester und ich sprachen einmal in der Woche miteinander. Das kommt mir auch komisch vor. Ich sage meinen Kindern, daß ich es nicht verstehen kann. Die zum Beispiel *(zeigt auf die Tür der Nachbarn),* keiner von denen kümmert sich um den anderen. Dann denke ich mir manchmal, das kommt nur daher, daß ihre Eltern nicht da [im Holocaust] waren, daß sie nicht solche Sachen durchleben mußten. Die Beziehung unter den Kindern ist nicht stark. Ich weiß nicht – das ist mir nicht ganz klar.

Tzipke schweigt. Sie hat für sich selbst das Paradox, daß man sich zu viel und zu wenig umeinander kümmern kann, beinahe geklärt, aber aus ihrer Wortwahl geht hervor, daß sie noch darüber nachdenkt.

Wie sie *(sie zeigt in Richtung Kinderzimmer)* mit Märchen über Rotkäppchen, Schneewittchen und anderen aufwuchsen, so bin ich mit Geschichten über den Holocaust aufgewachsen. Ehrlich. Irgendwann habe ich gesagt, ich wollte nichts mehr darüber hören. Als ich meinen Mann kennenlernte, brachte er meine Eltern dazu, darüber zu reden. Er hatte noch nie solche Geschichten gehört. Er kam plötzlich in mein Elternhaus und hörte da so interessante Geschichten. Am Abend des Holocaust-Gedenktages ging er zu meinen Eltern und brachte sie zum Sprechen. Dieses Jahr waren wir hier, Freunde von uns waren zu Besuch, und er wollte mit unseren Freunden meine Eltern besuchen gehen. Wir gingen gemeinsam dorthin, um einige Geschichten über Auschwitz und Majdanek zu hören *(sarkastisch).* Er stellt ihnen viele Fragen, er quetscht sie aus: »Erzählt uns, was damals passiert ist.« Jeden Holocaust-Gedenktag erzählen sie Geschichten. Ich war in meinen Klassen immer die Interessante, ich wußte immer die interessantesten

Geschichten zu erzählen. Meine Mutter erzählte sie mir, und sie war eine glaubwürdige Quelle. Sie sprachen viel darüber. Sie glaubten nicht, daß es besser wäre, die Botschaft nicht weiterzugeben und die Kinder nicht an diesen Geschichten teilnehmen zu lassen. Ganz im Gegenteil – laßt die Kinder das erfahren und bloß nicht vergessen. Diese Geschichten müssen weitergegeben werden. Meine Mutter erzählt ihre Geschichte auch meiner Tochter. Sie haben auch viel in der Schule gelernt. Am Holocaust Tag haben sie Geschichten ihrer Großmutter mit in die Schule genommen. Authentische Geschichten, sie haben ihre Geschichten erzählt, auch vor uns. Das wurde nicht geheimgehalten. Das waren Dinge, mit denen ich gelebt habe.

Meine Mutter kennt so viele Geschichten, die hat sie Ihnen wahrscheinlich auch erzählt … Man kann nur schwer begreifen, wie Menschen es geschafft haben, am Leben zu bleiben, zu überleben. Das macht mir viel Kopfzerbrechen. Manchmal sagten sie: »Großmutter ist nervös.« Dann habe ich ihnen gesagt, was verlangt ihr von ihr, nach all dem, was sie durchgemacht hat? Diese Woche war ich mit ihr beim Arzt, wegen ihrem Bein. Ich brachte sie zu meinem Chef, einem Kardiologen, der ihre Probleme kennt. Er untersuchte sie, und sie ließ ihn nicht ihr Bein berühren, es tat ihr zu weh. Er sagte: »Ihre Mutter ist verwöhnt.« Ich lachte nur: »Was meine Mutter durchgemacht hat – meine Mutter hat Hitler überlebt.« *(stolz)* Wie kann sie denn da verwöhnt sein? Am Sonntag habe ich ihr einen Termin bei einem guten Chirurgen besorgt.

Ich glaube, daß Menschen, die so etwas durchgemacht und überlebt haben, besonders gestrickt sind, so etwas gibt es heute gar nicht mehr. Manchmal mache ich eine Diät, und wenn ich Hunger habe, sage ich zu meinen Freundinnen: »Könnt ihr euch vorstellen, wie die Leute das überlebt haben?« Wenn ich zwei Stunden nichts gegessen habe, drehe ich schon durch, wie haben die Leute bloß die Konzentrationslager überlebt, wo sie nichts zu essen hatten und so viel erleiden mußten? Ich kann mir nicht vorstellen, daß wir so etwas überstehen könnten, dazu sind wir viel zu verzärtelt. Die Bilder, die Sie hier sehen *(zeigt an die Wand),* sind von meiner Freundin, die Krebs hat. Sie kämpft schon seit sieben Jahren gegen die Krankheit. Manchmal sage ich mir: »Mein

Gott, woher nimmt sie die Kraft?« Es reicht, gib auf, es ist vorbei. Aber nein, noch eine Therapie und noch eine, und seit sieben Jahren versucht sie alles. Das kommt mir wertvoll vor, um sein Leben zu kämpfen. Der Mensch braucht eine enorme Antriebskraft zum Überleben. Ich vergleiche das nicht miteinander, aber es läuft vielleicht wirklich auf dasselbe hinaus. Ich denke mir, wenn man dem Tod gegenübersteht, entwickelt man übermenschliche Kräfte. Wahrscheinlich.

Meine Mutter, wenn ich heute so darüber nachdenke, hat nie den Schock verkraftet, daß meine Schwester sich scheiden ließ. Davon hat sie sich noch nicht erholt. Wie sie Hitler überlebt hat, glauben Sie mir, das versteh ich bis auf den heutigen Tag nicht. Vielleicht war das schon genug. Wieviel Kraft kann ein Mensch haben?

Tzipke schweigt und hängt ihren letzten Sätzen nach.

»War Essen in Ihrer Familie ein Thema?«

(Lacht) Na, sehen Sie sich an, wie ich heute aussehe. Sie haben das Essen nur so in uns reingeschaufelt! Wenn ich mir mein Fotoalbum anschaue, habe ich immer was in der Hand, eine Banane, einen Apfel, immer! Kein einziges Foto, wo ich nicht esse. Man sagt, daß Holocaustüberlebende immer sehr viel essen. Aber wir alle waren Gott sei Dank zu dick, wir fingen früh mit unserem Essen an. Vielleicht war ich so schon als Baby, sonst wäre ich wohl nicht so dick wie ich bin. Als Ganit klein war, aß sie nicht und erbrach sogar ihr Essen. Meine Mutter drängte mich sofort, zum Arzt zu gehen, und sagte mir: »Schau dir deine Tochter doch mal an, sie ißt ja gar nichts.« Ich sagte: »Laß sie in Ruhe, laß sie, zwing sie nicht. Wenn sie bricht, dann bricht sie eben.« Wenn ich mich übergeben mußte, dann haben sie mir das Erbrochene wieder gefüttert. Aber heute muß Ganit Gott sei Dank auch schon Diäten machen. Meine Mutter fragt jeden Tag nach: »Hast du auch zu Mittag gegessen?« Wenn ich irgendwohin muß, dann ist immer zuerst das Mittagessen wichtig: Iß etwas zu Mittag. Meine Kinder machen mir keine Sorgen. Aber um meinen Mann sorge ich mich. Er hat eine Mittagspause und kommt dann nach Hause, es ist für ihn sehr wichtig, dann ein warme Mahlzeit zu bekommen. Ein Mann, der morgens um fünf das Haus verläßt und am Abend erst wieder nach Hause kommt, nur unterbrochen von seinen zwei Stunden Mittagspause – ich bin

manchmal mittags nicht zu Hause, meine Arbeit fängt um 12 an –, dann sage ich einem der Kinder, sie sollen ihm das Essen warm machen. Er kann das nicht alleine. Ich lache dann immer und denke an den Henkelmann, mit dem mein Vater nachmittags zur Arbeit, in die Teppichfabrik, ging. Aber mein Mann ißt nicht außerhalb des Hauses, er hat ein Problem. Er hatte eine Operation an der Gallenblase und kann überhaupt kein Fett vertragen. Ich verlasse also niemals das Haus, ohne für Josef Essen da zu haben, es kommt nicht so sehr darauf an, was es ist, aber warm muß es sein.

Ich frage mich, ob Essen nur eine Reaktion auf die Ereignisse in den Lagern ist oder ob es nicht vielmehr der Ersatz für etwas anderes ist, das heute und hier nur unter größeren Schwierigkeiten gegeben werden kann? »Wie haben Sie zu Hause Ihre Gefühle gezeigt?«

(Pause, nachdenkliches Schweigen) Meine Mutter ist nicht der Typ Frau, der einen küßt und in den Arm nimmt. Sie hält zu einem und kümmert sich um einen, aber sie ist nicht sehr gefühlsbetont. Wenn mein Vater abends von der Arbeit nach Hause kam, dann haben sie sich nicht in den Arm genommen, wie ich das bei meinen Kindern tue. Manchmal fragen mich meine Freundinnen: »Küßt du deinen Sohn immer noch? Nimmst du ihn immer noch in den Arm?« Ich sage ihnen dann: »Das werde ich tun, bis er es nicht mehr will.« Damals wurden Gefühle nicht offen ausgedrückt!

Wir haben auch nie unsere Geburtstage gefeiert. Im Kindergarten wurde Geburtstag gefeiert, und das war es dann. Geburtstage gingen ohne Feiern ab. Ich glaube, ich war 14 Jahre alt, als ich einen Skandal verursachte. Ich sagte ihnen, ich wollte, daß sie mir alle eine Geburtstagsparty bereiten sollten, eine große Feier. Seitdem haben sie sich mehr um Geburtstage gekümmert. Ich erinnere sie immer an meinen Geburtstag, damit sie ihn bloß nicht vergessen. Meine Schwester und mein Bruder haben davon schon profitiert. Meine Bat-Mizwä wurde in Beit Haezrach [dem Stadthaus] gefeiert. Sie stellten mich auf einen Stuhl, als wär ich ein Idiot, ich mußte den Gästen danken und stand da in meinem Kleid und murmelte vor mich hin. Sie haben das Kleid aus Kanada geholt. Bar-Mizwas waren Ereignisse, die man in Hallen feierte *(wütend)*. Mit meinen Kindern habe ich anders gefeiert. Als meine

Tochter ihre Bat-Mizwä hatte, sagte ich, daß sie nicht diese traumatische Erfahrung wie ich durchmachen sollte. Als Ziv seine Bar-Mizwa erreichte, gab es Probleme und Streit. Ich sagte, ich würde nicht im Türrahmen stehen und Hände schütteln und Schecks annehmen. Ich fand das widerlich. Ich mag das nicht. Dann haben wir richtig gefeiert! Nach dem Gottesdienst in der Synagoge bereitete ich ein Mittagessen. Es war eine wunderschöne Bar-Mizwa, aber nicht so, wie sie sie wollten – mit der Halle und der ganzen Zeremonie. Als es um die Bar-Mizwas meiner Kinder ging, half ihnen das nichts. Für Ganit haben wir einen Bus mit einem Reiseführer bestellt und die ganze Klasse auf einen Ausflug zu den Höhlen in Beit Guvrin genommen. Bis heute haben die Kinder dieses Erlebnis nicht vergessen!

Tzipke klingt jetzt entschiedener und selbstsicherer. Sie setzt sich nicht mehr herab, indem sie sich mit ihrer Mutter vergleicht. Sie schaut mich zögernd an, bevor sie fortfährt.

Meine Mutter war sehr nervös und schlug uns wegen allem Möglichen, egal was. Ich hab mindestens dreimal nachgedacht, bevor ich meine Hand erhob. Manchmal hätte ich am liebsten den Stuhl kaputtgeschlagen *(aufgeregt)*. Aber sie hat geschlagen und gekratzt. Ich kann mich an viel Schläge und Wutanfälle erinnern. In dieser Hinsicht war sie sehr gefühlsbetont, sehr.

Ich finde diese neue Verwendung von »gefühlsbetont« sehr verwunderlich.

Ich habe das mit dem Bösen in Zusammenhang gebracht. Das Böse war es, das schlug *(mit Nachdruck)*. Mein Vater hat nie seine Hand gegen uns erhoben. Ein einziges Mal hat mir mein Vater auf die Wange gehauen, und das werde ich nie vergessen. Es war am Abend von Rosch Ha-Schana, er war vom Gottesdienst zurückgekommen, und ich stand mit ein paar Freunden herum. Ich trug etwas Schwarzes, ganz schwarz, und stand da mit meiner ganzen Klasse, wir waren vielleicht in der achten Klasse. Er sah mich, kam zu mir rüber und gab mir eine Backpfeife: »Trägt man an Rosch Ha-Schana schwarz?« Das werde ich nie vergessen. Das war die einzige Ohrfeige, die ich je von ihm bekommen habe. Und daran kann ich mich bis heute erinnern. Aber meine Mutter hat sich immer sehr aktiv beteiligt. Ich weiß nicht mehr, wie das bei meinem Bruder und meiner Schwester war, aber bei mir war sie immer aktiv. Ich habe auch eine Menge getan, um sie zu ärgern. Ich habe sie belogen. Wenn sie etwas wichtig fanden, habe ich immer das genaue Gegenteil getan.

Heute bereue ich, daß ich nicht besser auf sie gehört habe. Früher gab es viel Streit über das Lernen. Das war *das* Thema zu Hause. Ich habe Nachhilfestunden bekommen, und sie hat mich überrascht und draußen auf mich gewartet, damit wir keine Zeit verlören, damit ich eine Seite mehr in dem Buch lesen könnte. Jeden Tag hat sie gesagt, Hitler habe den Leuten Gold gestohlen und alles andere. Aber er konnte den Gebildeten nichts von dem nehmen, was sie gelernt hatten. Heute höre ich mich dieselben Sätze bei mir zu Hause sagen, aber ich setze meine Kinder nicht unter Druck, nicht ein Viertel so stark, wie meine Eltern mich unter Druck gesetzt haben. Ich bekomme ihre Noten zu sehen, meinen Eltern hätte ich nie im Leben meine Noten gezeigt.

Ich bringe es auch damit in Zusammenhang, daß sie »Polin« ist. Alle Kinder lernen. Wie kommt es, daß nur sie einen Teufel zu Hause sitzen hat, der nicht lernt? Alle anderen Kinder lernen. Die Kinder meiner Tante, meine Cousine, nur in ihrem Haus gab es dieses Problem. Ein Kind, das nicht lernen will, muß man schlagen, damit es lernt. Ihre Tochter vertrödelt ihre Zeit mit Jungs, statt zu lernen – wie entsetzlich! Es war wirklich entsetzlich. Sie hat mir das Leben wirklich schwer gemacht mit dem Lernen. Sie hat mich sogar eingeschlossen, damit ich vor einer Klassenarbeit nicht ausgehen konnte. Das ganze Thema mit dem Lernen war fürchterlich.

Sie hatten auch bestimmte Zwangsvorstellungen über Kleider. Wenn ich von meinen Verabredungen abends zurückkam, mußte ich meine Kleider aufhängen. Sie weckten mich mitten in der Nacht auf: »Häng deine Kleider auf.« Wenn ich heute zur Arbeit gehe, sage ich mir: »Wenn ein Einbrecher hier reinkommt, denkt der bestimmt, es wär schon einer vor ihm hier gewesen. Was für ein Chaos!« Ich nerve meine Kinder nicht, nicht wegen Kleidern. Sie können sie herumliegen lassen und in der Gegend rumschmeißen, das macht mir überhaupt nichts aus. Das finde ich nicht wichtig. Wenn man sich zwischen den Haufen nicht mehr bewegen kann, dann fange ich an zu schreien. Aber meine Jüngste hat es von ihnen übernommen. Sie läuft den ganzen Tag herum, sammelt Sachen auf und streicht sie glatt *(lacht)*. Gestern hat sie mich mit großem Krach aufgeweckt. Ich fragte sie, was los wäre. Mußt du so früh in die Schule? Nein, sie mußte die Küche aufräumen, und ich hab das nicht zugelassen *(Pause)*.

Wissen Sie, alles sollte in Ordnung sein. Man muß seine Kleider sorgfältig behandeln – schließlich kauft man ja nicht jeden Tag neue. Wenn meine Mutter hierher kommt, wird ihr schlecht. So viele Kleider, wer braucht so viele Kleider? Wenn ich etwas Neues kaufe, sage ich ihr nichts davon, denn sie würde mich nur fragen: »Wie viel brauchst du denn? Wie viele Kleider braucht ein Mensch?« Wenn sie mich in etwas Neuem sieht, sage ich ihr einfach, daß es schon alt ist. Alles, was ich habe, ist von letztem Jahr. Kleidung, das regt sie auf. Meinen Vater nicht, aber meine Mutter wird wütend. Es kommt ihr wie ein Verbrechen vor. Ich verschwende mein Geld für Klamotten, und deswegen habe ich es auch zu nichts gebracht und werde nichts haben. Zu Hause hat sie immer gemeint, zwei Kleider wären genug für mich, eins in der Wäsche und eins, das man anhat. Wie viele Kleider braucht ein Mensch?

(Seufzt) Ich habe den Eindruck, ich hole jetzt die verlorenen Jahre nach. Sie haben uns nicht eben wenig gegeben, aber nie mit Freude. Meine Habgier, und das trifft glaube ich auch auf meine Schwester zu, ist eine Art Wiedergutmachung für die Jahre, in denen wir nicht so viele Kleider und so viel Geld bekommen haben, wie wir glaubten, haben zu müssen. Vielleicht hat das auch nur mit ihrem Charakter zu tun. Auch heute gibt es ja Leute, die glauben, es sei rausgeschmissenes Geld, sich Kleider zu kaufen. Sie haben die Schuhe hier *(sie zeigt mit den Fingerspitzen auf die Stelle)* abgeschnitten und sie von einem Kind ans andere weitergegeben. Das war damals aber auch der Zeitgeist. Sie haben auch für sich selbst nicht viel gekauft. Ich möchte zum Beispiel, daß sie einen Monat in die Schweiz fahren, sich an einen See setzen und auf frische Gedanken kommen. Als veränderte Menschen zurückkommen. Sie antworten mir auf jiddisch: »Wir sollen einen Monat lang an einem See sitzen und dauernd in Restaurants essen? Das willst du?« *(lacht)* Manchmal erstaunen sie mich.

Mein Vater hat mir gesagt, daß er mir nicht zur Last fallen will, wenn er alt wird. Danach haben sie schon ihr Leben lang gehandelt. Sie haben für ihr Alter Geld gespart. Alles in allem waren sie wunderbare Eltern, aber sie haben sich zu viele Sorgen gemacht. Unsere Beziehung wurde besser, als ich nicht mehr zu Hause wohnte. Erst als ich von zu Hause befreit war, verbesserte sich unsere Beziehung zueinander. Vielleicht liegt der Fehler ja auch bei mir? Ich weiß auch nicht warum, aber erst, als ich nicht mehr zu Hause wohnte, veränderte sich unser Verhältnis zueinander. Das ist alles. Mehr habe ich nicht zu sagen.

Tzipke steht entschieden auf und geht in die Küche, um Kaffee zu kochen. Sie kommt mit zwei Tassen und einem Teller Plätzchen zurück. Ich frage sie nach ihrer Beziehung zu Gegenständen.

Ich hänge sehr an Sachen. Ich habe diese Kette *(zeigt auf eine Kette)* von meiner Mutter bekommen, und ich trage sie immer. Ich habe [auch] etwas Goldenes, was meiner Mutter gehörte. Es ist ein Medaillon mit einem Bild. Ich trage es nie, aber ich lasse meine Kinder nicht daran, damit sie es nicht verlieren können. Auf allen Fotos, die es von ihr gibt, trägt sie dieses Medaillon. Irgendwann ist es kaputtgegangen und mußte repariert werden. Ich sagte ihr: »Laß es nicht reparieren. Gib es mir, dann habe ich etwas von dir.« Sie hat es lange gehabt. Ich glaube, mein Vater hat es ihr nach dem Krieg gekauft. Es ist nicht mehr aus ihrer Kindheit *(seufzt).* Ich hab mich überhaupt nicht besonders für Schmuck interessiert. Soweit ich mich erinnern kann, hat meine Mutter, als sie jung war, Schmuck sehr geliebt. Mein Vater hat ihr auch Schmuck gekauft. Immer, wenn wir eine Bar-Mizwa hatten, hat mein Vater meiner Mutter ein Schmuckstück gekauft. Also habe ich einmal gesagt, ich will auch etwas haben. Und er kaufte mir etwas *(sie zeigt das Armband, das sie trägt).* Ich sagte zu meiner Mutter: »Siehst du, ich hab was von dir gelernt.« *(lacht ironisch)*

»Wer gehört zu Ihrer Familie?«

Wie definiere ich meine Familie? Also, die weitere Familie, zu der gehören meine Tante und meine Cousins und Cousinen, meine Tante Peleh [die Freundin meiner Mutter seit der Zeit im Lager], sie sind bei jedem Familienfest dabei. Mehr Familie habe ich nicht. Als Kind habe ich Leute sehr beneidet, die Großeltern hatten. Ein Mädchen aus meiner Klasse wohnte über uns. Ihre Eltern wurden in Israel geboren. Sie verbrachte ihre Ferien immer bei ihren Großeltern. Ich bastelte mir eine

Scheingroßmutter zusammen. Ich ging drei Tage auf Besuch zu meiner Tante Peleh und erzählte jedem, ich würde meine Großmutter besuchen.

Ab und zu sage ich zu meinen Kindern: »Ihr wißt nicht, wie das ist, seid froh, daß ihr einen Großvater und eine Großmutter habt.« Und sie nehmen das auch wirklich ernst, sie gehen sie besuchen, sie gucken vorbei. Ich muß sie dazu nicht drängen. Ganit geht sie mindestens einmal in der Woche besuchen, und Ziv geht ab und zu vorbei. Nira würden jeden Tag gehen, wenn ich sie ließe; sie würde dort sehr viel Zeit verbringen. Für sie ist das sehr wichtig. Ich habe es ihnen eingetrichtert, daß es ein Privileg ist, Großeltern zu haben. Nicht jeder hat Großeltern. Als Kind hat mir das schrecklich gefehlt. Meine Familie bestand aus Tante Peleh und meiner anderen Tante, Tamara. Heute habe ich überhaupt keine Verbindung mehr zu ihr und zu ihren Kindern. Mit meiner anderen Cousine väterlicherseits habe ich sehr viel Kontakt. Wir treffen uns an Feiertagen und zu Festen. Wir rufen uns gegenseitig in größeren Abständen an, wir halten Kontakt zueinander. Im Verlauf der Jahre hat sich viel verändert. Alle haben geheiratet, Kinder bekommen, es gibt immer wieder Zuwachs, und sie laden uns ein. Zu Geburtstagen, auch wenn ich ohne die Kinder hingehe, weil sie schon groß sind.

»Wie begehen Sie die Feiertage?«

Wir versuchen, über die Feiertage zusammen zu sein. Ich fahre nie weg. Zu jedem Fest, zu Rosch Ha-Schana, Pessach, Sukkot [Laubhüttenfest], Schawuot, machen wir einen Ausflug. Letztes Jahr sagte meine Schwester, sie wolle an einem Feiertag verreisen. Ich fahre nicht weg, ich lasse doch nicht meine unglücklichen Eltern alleine an die Decke starren. So etwas kann ich ihnen doch nicht antun. Meine Kinder machen das schon mit mir. Mir macht das nichts, und das wissen sie auch. Sie sollten rausgehen und sich amüsieren. Aber meine Mutter über einen Feiertag alleine lassen? Das kann ich mir nicht mal vorstellen, da gibt's keine Diskussion. Vor ein paar Jahren sind sie über Rosch Ha-Schana nach Ma'aleh Hachmisha gefahren. Sie sagten, es wäre das erste und das letzte Mal gewesen, daß sie mich alleine lassen. Ich war nicht alleine. Ich sagte meiner Mutter, sie solle mir Fisch backen, bevor sie wegfährt. Dann lud ich Freunde ein und feierte mit ihnen den Feiertag.

Wir feiern nach der jüdischen Tradition. Ich kann sie zu Pessach nicht hierhin einladen. Mein Haus ist nicht koscher, also feiern wir immer bei meinen Eltern. Ich habe kein Schweinefleisch zu Hause. Milch und Fleisch trenne ich – manchmal. Ich habe einen Kühlschrank für Milch und einen für Fleischprodukte. Meine Eltern essen hier oft. Im Winter mache ich jeden Sabbat Scholet. Immer wenn ich Scholet mache, kommen sie. Ich fülle sechzehn Liter Scholet in ein Gefäß! Ein Sabbat mit Scholet ist eine Feier mit vielen Freunden und guten Gerüchen. Wenn die Leute hier reinkommen, sagen sie: »Was für ein jüdischer Haushalt!« Meine Schwester hat mir beigebracht, wie man Scholet macht. Mein Bruder kommt Ende des Monats. Er hat sich schon jetzt Scholet gewünscht, er liebt Scholet. Mein Mann sagt, ich sollte einen Stand mit Scholet aufmachen, wo die Leute freitags mit ihren Krügen vorbeikommen und sich etwas kaufen können. Ich kümmere mich immer darum, daß jeder an den Mahlzeiten am Sabbat zu Hause ist. Nicht zum Abendessen freitags. Das kann ich den Kindern nicht zumuten. Sie müssen ja nicht bestraft werden, oder? Bei uns zu Hause mußte ich vom Strand zurücksein und mußte bis zum Schluß mitmachen. Ich mußte mittags zu Hause sein. Deswegen ist es mir bei meinen Kindern egal, wenn sie da sind, sind sie da, wenn nicht, dann nicht. Wie lange kann man sie halten? Ganit hat einen Freund, Ziv eine Freundin. Ich lasse ihnen etwas zu essen übrig, das können sie sich nehmen, wenn sie nach Hause kommen.

Meine Eltern haben uns nichts anderes erzählt als Geschichten vom Holocaust. Heutzutage erzählen sie schon mal etwas darüber, wie es war, »als ich ein Kind war«. Als Nira das Schlittschuhlaufen gelernt hat, hat meine Mutter ihr eineinhalb Stunden lang erzählt, wie sie als Kind Schlittschuh gelaufen ist. Mir hat sie das nie erzählt. Heute erzählt meine Mutter uns wegen der Kinder, daß sie aus einer sehr gebildeten und kultivierten Familie stammt. Ihre Mutter besuchte die Oper, sie war eine sehr schöne Person und immer gut angezogen *(seufzt)*. Aber sie kann sich nicht an sehr viel aus ihrer Kindheit erinnern, nur an bestimmte Dinge. Heutzutage erzählt nur meine Mutter Geschichten. Von meinem Vater habe ich letztes Jahr zum ersten Mal gehört, was er während des Krieges durchgemacht hat. Vielleicht habe ich mich nie dafür interessiert. Aber letztes Jahr haben wir zwei Stunden lang zusammengesessen, mein Vater und ich, natürlich auch mit meinem Mann, und ich fragte ihn: »Was genau ist passiert? Wann?« Er war sehr offen.

Ich denke darüber nach, daß erst die Enkel der Großmutter Genia die Möglichkeit eröffnet haben, sich ihren eigenen Kindheitserinnerungen anzunähern.

Ich machte ihnen einmal den Vorschlag, mit ihnen nach Polen zu reisen. Das wiesen sie sofort zurück, sogar noch bevor … meine Mutter sagte, daß sie nie wieder einen Fuß auf polnischen Boden setzen würde. Also sagte ich: »Ohne dich habe ich kein Interesse, dorthin zu fahren.« Ich wollte sehen, wo sie gelebt hat. Eine meiner Großmütter, die Mutter meines Vaters, liegt in Lodz begraben. Er sagt, er wird das Grab nie finden, daß ein Dschungel darüber wuchert. Sie wollen nicht einmal in Erwägung ziehen, dorthin zu reisen. Ich interessiere mich dafür, aber nicht ohne sie. Warum sollte ich alleine gehen – um mir anzuschauen, daß sie in Auschwitz Bäume gepflanzt haben? Das interessiert mich überhaupt nicht *(wütend).*

Ich möchte Ihnen erzählen, daß ich in Deutschland war. Wir haben eine Europareise gemacht, und ich sagte zu meinem Mann, daß ich nicht nach Deutschland wolle, das interessiere mich nicht. Aber wir reisten von der Schweiz nach Frankreich, und wir hatten unser Auto dabei, und wir kamen nach Fribourg an der Grenze, und mein Mann wollte in ein Spielkasino gehen und … wir änderten unseren Plan. Deutschland war nicht geplant. Er wollte nach Baden-Baden ins Kasino gehen, und ich sagte, okay. Aber nur eine Nacht, ich will da nicht bleiben. Wir gingen ins Kasino, und ich zeigte meinen Paß, in dem steht, daß ich in Deutschland geboren wurde. Sie fingen an, mit mir deutsch zu sprechen. In diesem Augenblick fühlte ich mich, als hätte man mich gebissen. Ich war wie versteinert, jeder da schien entweder ein Nazi oder der Sohn eines Nazis zu sein.

Und da ist noch etwas passiert, wir fuhren nach Baden-Baden hinein. Wir fuhren langsam, weil wir ein Hotel suchten. Plötzlich hielt ein Auto neben uns, und ein etwa achtzehnjähriges Mädchen stieg aus. Sie fragte uns auf englisch, ob sie uns helfen könnte, und ich sagte, ja. Wir würden ein gutes Hotel suchen. Sie sagte: »Fahren Sie uns nach.« Sie war mit ihren Eltern zusammen. Sie brachten uns zu einem Hotel, und als wir da waren, kam das Mädchen zu uns herüber und fragte uns, ob wir Israelis seien. Ich sagte, ja. Dann fragte sie nach unserer Adresse und begann, uns Briefe zu schreiben. Sie gehört zu irgendeiner Sekte [Aktion Sühnezeichen], die Frieden in die Welt bringen will. Ich sagte zu meinem Mann: »Ihr Vater war wahrscheinlich ein Nazi, und sie versucht, seine Sünden zu büßen.« Ich konnte die ganze Nacht kein Auge zumachen, und um sechs Uhr morgens weckte ich Josef auf: »Laß uns wegfahren, ich halte es hier nicht aus.« Wir fuhren über die Grenze, und da standen Soldaten in Uniform. Ich … fühlte mich, als ob ich in der Kriegszeit wäre.

Stellen Sie sich vor, wie es meinen Eltern erst gehen muß. Mein Vater fuhr früher oft nach Deutschland, wegen der Wiedergutmachungsgelder, und ich sagte zu meiner Mutter: »Warum fährst du nicht mit?« Sie will uns nicht alleine lassen, sie will sie nicht sehen, sie will sie nicht hören. Vor ein paar Jahren war meine Mutter in Deutschland, sie fuhren einmal über die Grenze und wieder weg. Sie will deutschen Boden nicht betreten, und schon gar nicht polnischen Boden, weil die Polen noch schlimmer waren als die Nazis, sagt sie. Ich würde mir vielleicht anschauen gehen, wo ich geboren wurde, in Lindenberg, wenn mein Vater und meine Mutter mitkommen und mir das Krankenhaus zeigen würden, wo wir gewohnt haben.

Meine Tante Peleh will mit ihrer Tochter dorthin fahren, und sie hat mich eingeladen mitzukommen. Aber ich möchte gerne, daß mir meine Mutter zeigt, wo sie gespielt hat und wo sie zur Schule gegangen ist. Es geht mir nicht um die Reise an sich, nur um mal da gewesen zu sein. Diese Leute, die alle dorthin fahren, machen mich verrückt. Glauben Sie mir, das macht mich wahnsinnig. Sie gehen für einen Dollar essen, »Wir haben da gegessen« *(sarkastisch)*. Ich habe ihnen gesagt: »Seid ihr noch normal? Ihr gebt den Polen Dollars? Das sind Antisemiten, und ihr helft auch noch ihrer Wirtschaft!« Das verstehe ich nicht.

Ich frage mich, wie Tzipke sich jetzt gegen Ende des Interviews fühlt. »Wie war dieses Interview für Sie?«

Am Anfang fand ich es sehr schwer, mich zu öffnen. Obwohl ich ein offener Mensch bin, ich habe keine psychologischen Barrieren. Wenn ich etwas empfinde, dann lasse ich es auch heraus. Am Anfang war es schwierig, aber dann wurde es immer leichter. Wir beschäftigen uns hier ja mit sehr privaten Dingen. Wenn Sie sich mit meiner Schwester darüber unterhalten würden, würden Sie einen ganz anderen Eindruck bekommen. Sie ist jünger als ich. Als ich heiratete, war sie erst zwölf Jahre alt. Mit vier Jahren war ich schon reifer als meine Tochter mit neunzehn Jahren. Emotional reifer. Die Fehler, die sie mit mir machten, als ich heranwuchs, haben mich vielleicht davor bewahrt, dieselben Fehler mit ihr zu machen. *(Sie denkt einen Augenblick nach und nimmt dann das Gesagte zurück.)* Meine Mutter hat einen schrecklichen Fehler mit meiner Schwester begangen. Sie hat ihr gesagt, daß sie sie nie hat haben wollen und daß sie beinahe eine Abtreibung gehabt hätte. Als ich das hörte, hätte ich sie umbringen können.

Genia geht mit mir nicht so um. Ich bin groß und klug und gehe mit allem richtig um. Tova nicht. Sie macht Dummheiten und muß beschützt werden. Sie geht ihnen auf die Nerven. Ich versuche, nicht dieselben Fehler mit meinen Kindern zu begehen. Aber meine Mutter ist zu ihnen wie zu mir. Sie kommt hierher und sagt immer wieder: »Ich seh euch ohne Buch im Bett liegen!« Ich sage ihr dann *(lacht)*: »Du bist zur falschen Zeit gekommen, sie haben schon aufgehört zu lesen!« Ich habe ihnen auch schon gesagt: »Lest irgend etwas, und wenn es das Telefonbuch ist, lest!« Heute ist es zu spät.

(Schweigen) Sie denkt einen Moment lang nach, als müsse sie erst entscheiden, ob sie noch etwas anderes erzählen soll.

Wissen Sie, ich habe einen Videorekorder, vor allem wegen Ziv. Als Kind wollte er nicht lernen, das hat mir viel Kummer gemacht. Heute besucht er die zwölfte Klasse und macht bald seinen Abschluß. Es kommt mir vor, als hätte ich eine erstaunliche Lebensaufgabe vollbracht. Ich betrachtete es als meine Aufgabe, ihn in die Ort School zu bringen. Für mich war das wie ein Experiment. Mein Bruder hat mir sogar einen Brief geschrieben und mich angerufen: »Warum schickst du ihn denn zur Ort School? Du tickst nicht ganz richtig. Die Statistik beweist, daß kein Schüler, der zur technischen Schule gegangen ist, an die Universität kommt.« Ich sagte: »Dann wird er eben nicht studieren, das Wichtigste ist, daß er in einem geregelten Rahmen lernt und nicht auf der Straße rumlungert.« Ich … es hat mich meine Gesundheit gekostet. Heute macht er seinen Abschluß in Computerelektronik *(stolz)*, und er hat seine Aufnahmeprüfung an der Universität bestanden. Ich kann es nicht fassen. Mein Vater feiert besonders, aber es hat mich viel Kraft gekostet, es hat mir viel abverlangt.

Er kam mit einem Geburtsmal zur Welt. Es war schrecklich. Heute ist davon nichts mehr zu sehen. Er war ein wundervolles Baby. Ganit hat immer ihre Hand über das Mal gehalten. Ich habe ihr gesagt, sie solle die Hand wegnehmen, sonst bekäme er noch einen Komplex deswegen. Als er fünf war, ist er mal zum Bäcker gegangen, und eine Frau hat ihn gefragt: »Was hast du denn in deinem Gesicht?« Er antwortete: »Schauen Sie sich doch selbst im Spiegel an!« Ein fünfjähriger Junge, er ist ohne Komplexe aufgewachsen. Heute ist das Geburtsmal vollständig verschwunden.

Als er sieben war, gab es einen Tag vor Pessach etwas, das werde ich nie vergessen. Ziv spielte mit einem Freund, und ganz plötzlich hörte ich Schreie. Ich rannte nach draußen, und Ziv lag in einer Blutlache. Das Blut lief ihm herunter. Er war auf einen Zaun gefallen und hatte sich hier *(zeigt auf die Wange)* geschnitten. Man konnte das Innere sehen. Ich raste zum Krankenhaus, direkt zur Notaufnahme. Ich mußte warten, und es hörte nicht auf zu bluten. Ich drehte durch und schrie, sofort solle ein plastischer Chirurg kommen und den Jungen operieren. Sie haben ihn genäht, und heute sieht man nichts mehr. Ich habe von meiner Mutter gelernt, daß man immer nur zum besten Arzt geht, wenn man einen braucht.

Jeden Tag haben sie mich von der Schule angerufen, weil er Ärger gemacht hat. Als er zu Ort ging, habe ich wirklich auf ihn aufgepaßt. Ich ließ mir alle seine Freunde vorführen. Ich mußte viele Freunde loswerden, bevor er begriff, daß man sich nicht einfach mit allen und jedem anfreunden kann. Heute will er auch noch nach seinem Schulabschluß weiterstudieren. Das ist die Überraschung meines Lebens. Und er hat sich freiwillig dazu entschieden. Als die Einschreibefristen vorbei waren, rief er mich an, um mir zu sagen, daß er sich angemeldet und alles organisiert hatte. Weil jemand anders seine Anmeldung zurückgezogen hatte, brauchte er jetzt nur noch meine Unterschrift und

Bestätigung. Er hatte sich um alles gekümmert, und das war der Anfang, die Überraschung meines Lebens. Ich glaube, daß seine Freundin einen guten Einfluß auf ihn hat, sie ist ein sehr nettes Mädchen. Ihr Vater ist Elektroingenieur, das muß der Einfluß aus ihrem Elternhaus sein.

Tzipke schaut mich an und ist offensichtlich stolz darauf, was ihr Sohn – und sie selbst – vollbracht haben.

Als mein Bruder fünf Jahre alt war, wußten wir, daß er Luftfahrtingenieur werden wollte. Ich fand das ganz toll. Immerhin sprachen wir zu Hause Jiddisch, was wußten sie schon von Luftfahrttechnik? Aber sie haben es ihm schon im Alter von fünf in den Kopf gesetzt! Ich weiß nicht, ob Zivs Entscheidung klug ist, aber ich sage nichts dazu. Wissen Sie, dieser Soldat, der letzte Woche in dem Armeestützpunkt Selbstmord begangen hat. Ich habe gesagt, es ist ein Selbstmord aus Bosheit. Was sollte das, was war so schlimm? *(wütend)* Die waren ja nicht in der Intifada, niemand hat Steine auf sie geschmissen. Nein! Er wollte bei seiner Mutter sein, was soll das? Wenn mein Sohn bei diesem Stützpunkt gewesen wäre, hätte ich jeden Tag die Mesusa geküßt und Gott gedankt. Der Junge hat sich umgebracht, weil er nicht in der Nähe von zu Hause war *(sarkastisch).*

Meine Nachbarin hat einen Sohn, ein richtiger Gorilla, und den haben sie in eine Kampfeinheit gesteckt. Er kam damit nicht zurecht, und was machte er? Er rannte einfach weg und verschwand. Er saß dann im Gefängnis. Dann haben sie ihn freigelassen und wieder in dieselbe Einheit gesteckt. Es war schrecklich, er wollte Koch werden, und deswegen haben sie ihn gequält. Wenn man nicht bei der kämpfenden Truppe dienen will, dann gilt man als Versager. Sie haben ihn nicht wieder seine Arbeit tun lassen, und deswegen ist er wieder weggerannt. Manchmal macht die Armee auch Fehler. Warum mußten sie sich mit ihm so benehmen? Das nächste Mal greift er dann vielleicht zum Gewehr? Er ist ein Junge aus gutem Hause, er ist ein guter Junge. Woher nimmt er den Mut? Und seine Eltern sind so unglücklich, sie haben viel gelitten. Ich habe zu meinem Mann gesagt, daß mich dieses Beispiel beunruhigt. Vielleicht wird es meinen Sohn auch beeinflussen? Ich glaube, daß uns dabei auch Schuld trifft. Wir verwöhnen sie und packen sie mit Samthandschuhen an. Wann hat man schon mal so etwas gehört? Jeden Tag begeht ein Soldat Selbstmord, wer hat so was schon mal gehört? Diese Selbstmorde sind wirklich schrecklich.

Ich versuche zu verstehen, worüber Tzipke spricht: Spricht sie über ihren Sohn und daß er seinen eigenen Weg gefunden hat? Oder über sich und ihren eigenen Weg? Vielleicht drücken die Geschichten vom Geburtsmal, der Blutlache und ihre Wut über den Selbstmord des Soldaten ihre eigenen Ängste aus: wie schwierig es ist, den zerbrechlichen Lebensfaden gegen die Gefahren aus dem Haus und der Außenwelt zu verteidigen.

Wir verabschieden uns mit einem freundlichen Händedruck. Bald umfängt mich schon der Straßenlärm. Einige Minuten lang versuche ich vergeblich, das Haus, aus dem ich gerade gekommen bin, wiederzufinden, aber alle Häuser sehen gleich aus. Ich möchte wissen, was wohl die Nachbarn über Tzipkes Leben, über das Leben ihrer Mutter wissen? Vielleicht verbirgt sich hinter jeder Tür eine Geschichte? Vielleicht hat niemand mehr die Zeit, sich diese alten Geschichten anzuhören. Auf dem Heimweg stelle ich mir vor, wie es wohl sein muß, die Tochter von Genia zu sein, die jetzt sehr abhängig geworden ist, oder Zivs, Ganits und Niras Mutter. Das erscheint mir eine extrem schwierige Rollenkombination zu sein. Man hat sehr viele Sorgen.

Tzipkes Erzählung ist nicht so abrupt wie die ihrer Mutter, aber sie benutzt gewichtige Ausdrücke. Nach einem sehr kurzen, beinahe neutralen Anfang spricht Tzipke unter Tränen von der schweren Bürde, die sie zu tragen hat, von der Sorge um ihre Eltern und ihrer Pflege. »Meine Eltern beschütze ich mehr als alles andere, und ich bin die einzige, die sich um sie kümmert.« Sie muß diese Arbeit alleine erledigen, denn ihr Bruder lebt in den Vereinigten Staaten, und ihre Schwester Tova »hat ihre eigenen Probleme«. Das Verhältnis ihres Ehemannes zu ihren Eltern bereitet ihr keine Sorgen: »Er liebt sie, weil sie ihn lieben.« Sie macht sich um ihre Eltern sogar mehr Sorgen als um ihre eigenen Kinder. Wir erfahren vieles über die Rolle, die sie im Leben ihrer Eltern heute spielt, was wiederum in Kontrast zu der Aufmüpfigkeit in ihrer Jugend steht. Kann Tzipke keinen wirklich unabhängigen Platz für sich neben ihren Eltern finden, d.h. weder abhängig von ihnen noch in Opposition zu ihnen ihre eigene Stellung definieren?

Es ist interessant, wie sich in den aufeinanderfolgenden Interviews neue Aspekte herauskristallisieren, die für den jeweiligen Berichtenden im Mittelpunkt stehen und die sich nicht unbedingt überschneiden. Tzipkes Erzählung steht in einem gewissen Kontrast zu der Erzählung Genias, die die besondere Rolle ihrer Tochter in ihrem augenblicklichen Leben kaum erwähnt. Kann man deswegen darauf schließen, daß Tzipke sich unnötige Sorgen macht, oder handelt es sich um tatsächliche Bedürfnisse und Forderungen ihrer Eltern, die Genia aber herunterspielt? Vielleicht kann sie sich wegen ihrer harten Lebensgeschichte nur auf die offensichtlichen Ereignisse im Leben ihrer Kinder beziehen, die sich ganz deutlich äußerlich dokumentieren (wie die geographische Distanzierung ihres Sohnes und Tovas Scheidung), aber Tzipkes weniger offensichtliches, weniger nachweisbares Gefühl der Belastung und Einsamkeit nicht verstehen. Genia denkt, Tzipke gehe es gut, sie brauche keine besondere Fürsorge oder Beachtung. Andererseits vermittelt Tzipke manchmal den Eindruck, als suche sie regelrecht nach der Abhängigkeit ihrer Eltern. »So was könnte ich ihnen nie antun. Wegziehen und sie ohne Beschützer und Retter [zurückzulassen], das ist unmöglich.« Aber Tzipke bemüht sich, nicht völlig in ihren Sorgen unterzugehen. Sie bemüht sich im Moment um berufliche Unabhängigkeit, die ihr aber schon deswegen nicht leichtfällt, weil sie ihre Kinder auch noch vor den Beruf stellt: »Es gibt immerzu Spannungen, und nur mit viel Lauferei läßt sich hier zu Hause alles bewerkstelligen.«

Sind Tzipkes Sorgen und Ängste, die sie sich als das einzige Kind, das sich um die Eltern kümmert, macht, ein Muster, das sich von ihrer Mutter auf sie übertragen hat? Sind sie eine Fortsetzung von Genias »Teufelskreis des Leidens« und der Einsamkeit? Sind Tzipke oder Tova Genias »Gedenkkerzen« (Vardi, 1990)? Tzipkes Kampf um Unabhängigkeit von ihrer Mutter ist schwierig, weil sie ihre Mutter bewundert, wie sie »Hitler überlebt hat«. (Wie? »Das verstehe ich bis heute nicht.«) Tzipke hat in ihrer Kindheit alles erfahren, was ihre Mutter durchgemacht hat, kann sich aber nicht recht vorstellen, wie es wirklich war. Sie versucht sich Genias Schwierigkeiten deutlich zu machen, indem sie sie mit ihren eigenen Diätversuchen oder dem Kampf ihrer Freundin gegen ihr Krebsleiden vergleicht. Selbst wenn sie die emotionale Kälte ihrer Mutter beschreibt (»Meine Mutter ist nicht der Typ Frau, der einen küßt und in den Arm nimmt«), wird Tzipke nicht wütend und ist nicht fähig auszudrücken, daß ihr etwas gefehlt hat. Sie beschreibt jedoch, daß sie selbst im Unterschied zu ihren Eltern ihre Kinder immer in den Arm genommen hat. Sie vergleicht also nicht ihre Eltern mit »meinem Mann und mir«, sondern »mit mir und meinen Kindern«. Ist das möglicherweise eine Kompensation für das, was ihr in ihrer eigenen Kindheit gefehlt hat?

Erst später in ihrem Interview erzählt Tzipke, wie sie unter der strengen Erziehung Genias gelitten hat. Das sind die konkreten Ereignisse, auf die Genia sich bezog, als sie davon sprach, sie habe »es alles an den Kindern ausgelassen«. Tzipke erwähnt, daß sie sehr oft von ihrer Mutter verprügelt wurde (sie »war immer sehr aktiv daran beteiligt«), die sie mitten in der Nacht aufweckte, damit sie ihre Kleider aufhing. Tzipke sagt an dieser Stelle fast sarkastisch: »In dieser Hinsicht war sie sehr gefühlsbetont, sehr.« Sie bringt diese Schläge mit dem Bösen in Verbindung. »Das Böse war es, das schlug.« Mit dieser Unterscheidung versucht Tzipke vielleicht, zwischen ihrer »Mutter« und dem »Bösen« zu unterscheiden, das das Leben ihrer Mutter im Holocaust durchdrungen hat. Tzipke rebellierte gegen dieses Böse. In diesem Stadium verlieh die Rebellion ihrem Leben einen Sinn: »Wenn sie etwas wichtig fanden, habe ich immer das genaue Gegenteil getan.« Noch rückblikkend bezeichnet Tzipke das jedoch als das, »was ich ihnen angetan habe« und sieht es nicht als Reaktion darauf an, was ihre Eltern ihr angetan haben. Sie kommt aber dennoch ganz offen zu dem Ergebnis, daß sie kein glückliches Zuhause hatte, und deutet damit auch auf das Leiden hin, das in ihr Leben eindrang. Die einzige Ohrfeige, an die sie sich erinnert, ist die ihres Vaters, weil sie an Rosch Ha-Schana Schwarz trug. Das ist sehr symbolisch, wenn man an den Kampf zwischen Schwarz und Weiß, den Kampf zwischen dem Bösen und dem Guten denkt.

Wenn sie versucht, sich mit den Nachbarn zu vergleichen, kommt ihr Bemühen deutlich zum Ausdruck, sich über die komplexe Beziehung zu ihren Eltern klarzuwerden. Tzipke beginnt mit der Beschreibung der Ängste und Alpträume ihrer Eltern. Sie wachte nachts von den

Schreien ihres Vaters auf, was sie »bis heute verfolgt«. Sie fährt fort: »Unser Haus war kein glücklicher Ort.« Bei den in Israel geborenen Nachbarn kann sie »Unterschiede« sehen, aber verbietet es sich, sie als »Glück« zu beschreiben, weil das so klingen würden, als wolle sie ihre Eltern kritisieren. Sie sagt dann am Ende: »Es kommt mir anders vor … [es ist in Ordnung] wenn sie sich vier Jahre lang nicht sehen.« Mit anderen Worten: Bei uns zu Hause gab es Alpträume, und wir waren nicht glücklich, aber immerhin haben wir uns umeinander gekümmert. Tzipke gibt zu, daß man sich bei ihnen vielleicht sogar zu stark umeinander gekümmert habe. Sie erwähnt die Möglichkeit, daß die übertriebene Fürsorge ihrer Eltern ihre Geschwister in die Staaten getrieben haben könnte. Aber sie kann sich nicht klar entscheiden zwischen der positiven Bedeutung des Sich-Sorgens – »Als mein Bruder in der Armee war, habe ich mir solche Sorgen um ihn gemacht« – und der ebenfalls positiven Bedeutung des sich nicht im selben Maße umeinander Sorgens: »Bei meinen Kindern ist das anders.« Ihr Lächeln bringt zum Ausdruck, daß sie das Verhalten ihrer Kinder *natürlicher* findet, auch wenn sie sich manchmal über ihren scheinbaren Mangel an Liebe zueinander beschwert. Sie haben ein ganz natürliches Recht darauf, sich nicht umeinander zu kümmern, anders als das bei ihr als Kind der Fall war. Aber Tzipkes Wortwahl zeigt dennoch, daß sie es noch immer nicht leicht findet zu entscheiden, was ein Zuviel und ein Zuwenig an Fürsorge ist.

Wie beurteilt Tzipke sich als Mutter, wenn sie an ihre Kindheit denkt? Sie versuchte, »aus den Fehlern meiner Eltern zu lernen«, und räumte ihren Kindern einen größeren Freiraum ein; sie zwingt sie nicht zum Lernen, zum Lesen, zum Essen und zur Ordnung ihrer Kleider, sie überläßt es ihnen, wie die Bar-Mizwas gefeiert werden sollen und ob sie freitags abends zu Hause sein wollen. Aber dieses Verhalten entsteht nicht nur aus Opposition zu den Eltern, sondern Tzipke hat sich nach einem längeren Prozeß des Ausprobierens, in dem sie ihre eigenen Erfahrungen verarbeitet hat, bewußt dafür entschieden. So macht sie beispielsweise am Sabbat Scholet und möchte, daß alle zusammenkommen. Ihre Gäste sagen: »Was für ein jüdischer Haushalt!« Aber Tzipke weiß auch, daß ihre Kinder ihr eigenes Leben führen wollen, weswegen sie nach einer ausgewogenen Lösung sucht. So können sie freitags ausgehen und samstags nachmittags mit der Familie gemeinsam verbringen. Diese Lösung ist Tzipkes eigene Idee und weder von den Eltern übernommen noch als Überreaktion gegen sie entstanden. Vielleicht hat ihr Mann ihr dabei geholfen, diesen Weg zu gehen.

In dieser Hinsicht hat Tzipke die längste Reise mit ihrem zweiten Kind, Ziv, zurücklegen müssen. Zu Anfang »verwöhnte« sie ihn mit ihrer Angst und ihren Reaktionen, dann bestand die Gefahr, daß er die Schule nicht beenden konnte, sie erkannte ihre Überreaktion und betrachtete es gegen den Ratschlag ihres Bruders als ihre »Aufgabe«, ihn in die Ort Schule zu bringen. Sie wollte ihn von dem schlechten Umgang »befreien« und ihm zu einem Schulabschluß verhelfen. Tzipke mußte eine Methode finden, wegen ihrer eigenen Kindheitserfahrung nicht übertrieben zu reagieren und die Disziplinarmaßnahmen ihrer Eltern zu wiederholen. Sie erhielt ihre »Belohnung«, als Ziv sich entschloß, nach dem Schulabschluß weiterzustudieren. In ihren Augen hatte sich damit ihre »Lebensaufgabe« erfüllt.

Vor dem Hintergrund dieser Hoffnung drückt Tzipkes Wut über den Selbstmord des Soldaten (»ein Selbstmord aus Bosheit«) ihre Angst aus, wahrscheinlich aber auch ihre Erkenntnis: »Ich glaube, daß uns dabei auch Schuld trifft. Wir verwöhnen sie und packen sie mit Samthandschuhen an.« Sie ist also nicht nur in der Lage, auf die »Fehler« ihrer Eltern zu reagieren, sondern kann ihrem Sohn auch Grenzen setzen. Tzipke sagt selbst, daß sie gelernt hat, entschieden aufzutreten, ohne aggressiv zu sein. Das ist ihre Leistung. Sie vermag das Erbe ihrer Mutter durchzuarbeiten und versucht, ihre eigene Erfahrung mit ihren Eltern einerseits zu verarbeiten sowie andererseits neue Wege zu finden, ihrem Sohn zu helfen.

Ganit

»Es ist passiert, und man kann es nie wiedergutmachen.«

Ich möchte nicht noch einmal zu Tzipke und Josef gehen, um ihre Tochter Ganit bei ihnen zu interviewen, also lade ich sie zu mir ein. Sie sagt sofort zu, und ich bin gespannt: Wem ist Ganit wohl ähnlich? Ihrer Mutter oder ihrer Großmutter? Ich meine nicht ihr Aussehen, das hat Tzipke mir bereits beschrieben, als sie sagte, Ganit müsse eine Diät machen. Ich denke an die verschiedenen Möglichkeiten, die ihr offenstehen: Geht sie ganz in der Realität auf, die in Israel Ende der achtziger Jahre herrscht, ohne an die Bürde der Vergangenheit zu denken? Rebelliert sie, wie ihre Mutter einst, gegen ihre Eltern? Vielleicht präsentiert sie uns aber auch eine ganz neue Reaktionsweise?

Ich heiße Ganit und bin neunzehneinhalb Jahre alt. Ich bin Soldatin und leiste meinen Dienst in der Adjutantenstelle in Ramat Gan. Ich arbeite dort als Sekretärin. Die Arbeit ist sehr langweilig. Ich habe nicht sehr viele Hobbys, ich lese ein wenig. Ich lerne gerade Englisch, damit ich die Aufnahmeprüfung bestehen kann. Ich bin die älteste von drei Kindern in meiner Familie. Das ist schon alles.

Die interessantesten Themen in meinem Leben waren der Tod meines Großvaters väterlicherseits und der Schulwechsel auf die High School, in die neunte Klasse. Da habe ich eine große Krise durchgemacht. Ich bin mit einigen Kindern aus meiner ersten Schule auf die High School gewechselt, kam aber in eine andere Klasse als sie. Die Eingewöhnung ist mir sehr schwergefallen, Leute kennenzulernen, die erste Zeit war sehr schwierig. Ich hatte den »Brutkasten« der Grundschule verlassen und war jetzt in der High School. In der Grundschule kannte man jeden einzelnen persönlich. Auf der High School war ich eine Nummer ohne Namen. Das war eine Art Krise. Vor allem, weil ich alleine war, ich war total alleine.

Die Zulassungsprüfung für die Universität und die Grundausbildung bei der Armee waren auch sehr stressige Zeiten für mich, vor allem, als sie mich unter Druck setzten, die Offizierslaufbahn einzuschlagen. Sie dachten, ich hätte Führungsqualitäten. Und als ich dann am Wochenende nach Hause kam, erfuhr ich, daß mein Vater sich operieren lassen mußte, und zu der Zeit habe ich mich auch noch von meinem Freund getrennt. Abgesehen davon war es eine gute Zeit *(lächelt)*. Das war die beste Zeit meines Armeedienstes, jetzt macht er mir überhaupt keinen Spaß. Zuerst habe ich in einer interessanteren Sekretärinnenstelle gearbeitet. Aber ich hatte einen Offizier als Vorgesetzten, den ich nicht ausstehen konnte. Er war widerlich, egoistisch, ein richtiges Schwein. Jeden Tag ließ er sich etwas einfallen, das völlig absurd war. Ich konnte seine idiotischen Einfälle einfach nicht mehr aushalten. Ich habe selbst genug Probleme, ich muß mir seine Probleme nicht auch noch antun. Ich habe dann ein paar Beziehungen spielen lassen und einen anderen Job bekommen. Das ist ja überall so. Die Arbeit jetzt ist nicht schwer, gute Arbeitszeiten. Ich muß abends nicht arbeiten, habe keine Schichtarbeit und habe keinen Küchendienst. Ich arbeite nie spät. Das ist sehr gut für mich, so kann ich lernen. Wenn ich die Aufnahmeprüfung fürs College bestanden habe, möchte ich gerne Psychologie studieren. Vielleicht arbeite ich dann nebenher auch ein wenig *(wartet auf eine Reaktion von mir)*.

Eigentlich habe ich mir meinen Armeedienst ganz anders vorgestellt. Ich wollte Offizier für Sozialarbeit werden. Bei den Vorbereitungskursen für die Armee hat man dann aber gesagt, ich wäre für technische Arbeit geeignet, das hat mich allerdings überhaupt nicht interessiert. Man hat mich in das Programm nicht aufgenommen, und ich sagte, ich würde deswegen kein Theater machen und nehmen, was sie mir geben. Als ich dann zur Grundausbildung kam, interviewte mich ein weiblicher Offizier, die für Frauen zuständig war und die Soldatinnen den verschiedenen Abteilungen zuordnete. Ich unterhielt mich mit ihr, und sie sagte, sie würden in geringer Anzahl Frauen aufnehmen, und so kam ich – wieder mit ein bißchen Beziehungen – in die Marine. Das ist nicht ganz das, was ich wollte, aber … so schlimm ist es auch nicht. Ich möchte gerne anderen Menschen helfen. Und deswegen war es auch schlimm, daß sie mich nicht in den Sozialdienst gelassen haben. Vielleicht werde ich einmal Psychologin *(kichert).*

An meine Kindheit habe ich fast gar keine Erinnerungen. Nur Bilder, ich erinnere mich vor allem in Bildern. Ich erinnere mich daran, daß ich geweint habe und nicht wollte, daß meine Mutter weggeht, das ist das einzige, an das ich mich erinnern kann. Alles in allem hatte ich keine Probleme. Ich war wie alle Kinder: kleine Kämpfe, Blödsinn, nichts Schlimmes *(Schweigen).*

Ich habe eine Schwester, Nira. Sie ist ein wundervolles Kind. Ich habe viele Freunde und finde es traurig, daß sie gar keine Freundinnen hat. Ich glaube, das liegt an der Umgebung, in der sie ist. In ihrer Schule sind keine besonders netten Leute. Ich gehe immer auf Parties, ins Kino. Ich habe viele Kurse nebenher belegt, Folktanz, Theatergruppe, Keramikkurs, Emaillierkurs, Basketball. Ich war immer sehr aktiv und hatte meine ganze Schulzeit über Freunde. Für sie ist es sehr schwierig, Freunde zu finden, und das macht mich sehr traurig. Sie ist ein sehr süßes Kind. Sie hilft anderen. Eines morgens ist sie um sechs aufgestanden, sie war deprimiert, weil sie die Küche aufräumen mußte *(lacht).* Sie ist eine gute Seele. Sie gibt aus vollem Herzen.

Aber das macht mir Sorgen, es macht mich wirklich traurig. Vielleicht wird ja auf der High School alles anders. Niemand in ihrer Klasse macht bei der Jugendbewegung mit. Ich war bei den Pfadfindern, aber ich habe das Trainingsprogramm für psychologische Beratung abgebrochen, weil ich zu viel für die Schule lernen mußte. Ich bin nur vier Jahre älter als meine Schwester, aber gerade jetzt ist der Unterschied zwischen uns enorm. Ich kann mich nicht daran erinnern, wie sie aufgewachsen ist. Ich kann mich an die Schulzeit erinnern. Wahrscheinlich habe ich ein selektives Gedächtnis. Ich erinnere mich wahrscheinlich an das, was angenehm ist.

Ich habe ein ganz gutes Verhältnis zu meinem Bruder, aber kein besonders tiefes. Die anderen haben erwartet, daß wir ein sehr enges Verhältnis haben würden, aber irgend etwas trennt uns. Wir sind zusammen aufgewachsen und zusammen in die Sommerlager gefahren. Ich war von ihm abhängig *(lächelt).* Heute ist das nicht mehr so. Er führt sein eigenes Leben mit seiner Freundin, ich habe mein Leben mit meinem Freund. Jeder lebt in seiner eigenen Welt. Manchmal sitzen wir zusammen und tauschen unsere Erfahrungen aus. Wo bist du gewesen? Und du? Ich helfe ihm manchmal ein bißchen bei seinen Hausarbeiten. Aber wir haben keine besonders intime Beziehung und schütten uns nicht gegenseitig das Herz aus. Das mache ich mit meiner Freundin. Ich habe immer sehr viele Freundinnen gehabt. Seit ich in der Armee bin, sind es nicht mehr so viele. Mein Freund bei der Armee ist zwei Jahre älter als ich. Ich bin mit ihm seit der zwölften Klasse zusammen. Wir kennen uns seit der neunten Klasse. In der Zeit bin ich mit anderen Jungen zusammengewesen. Ich wußte nicht, ob das meine Zukunft war. Wir sind jetzt wieder zusammen, nachdem wir uns getrennt hatten. Ich habe mir nicht vorgestellt, daß ich wieder mit ihm zusammensein würde. Man hat mich ein bißchen gedrängt, aber ich weiß nicht. Als ich mich von ihm getrennt habe, wurde ich sehr aufbrausend und gleichgültig gegen alles um mich herum. Ich habe aber mit ihm wenig Geduld und sehe für uns beide keine richtige Zukunft. Aber so ist es eben im Moment *(Schweigen).* Haben Sie irgendwelche Fragen?

»Wie definieren Sie Ihre Familie?«

Zu meiner engeren Familie gehören meine Mutter, mein Vater, mein Bruder, meine Schwester, meine Großeltern mütterlicherseits und mein Großvater väterlicherseits, der schon tot ist. Und meine Tante mütterlicherseits, aber zu ihr habe ich nicht wirklich eine enge Beziehung. Auch die Beziehung zu der Schwester meines Vaters ist nicht besonders eng. Die enge Familie sind Mutter, Vater, meine Geschwister und meine Großeltern mütterlicherseits. Das wär's. Wir kommen meistens zu bestimmten Familienfesten alle zusammen – zu Feiertagen, Hochzeiten, Beschneidungsriten. Wir treffen uns auch samstags und zu Geburtstagen, aber vor allem an den Feiertagen, Pessach und Rosch Ha-Schana. Zu größeren Ereignissen also. Die Feiertage begehen wir in einem sehr kleinen Kreis. Seit mein Großvater tot ist, treffen wir uns wesentlich seltener. Großmutter ist ein bißchen verrückt seitdem, und wir besuchen sie jetzt häufiger. Sie lädt zum Beispiel zu Pessach immer seltener Leute ein. Früher hat sie das zu jeder Gelegenheit getan, jeden Sabbat, wenigstens einmal in der Woche. Heute macht sie das nicht mehr so oft.

Samstags fahren wir Auto, und am Jom Kippur essen wir. Jeder tut, was er will. Ich muß fasten, weil ich eine Diät mache *(kichert).* Für eine Lüge hier, eine Lüge da *(es ist ihr peinlich),* um zu sühnen, um dafür zu büßen. Ich faste jedes Jahr, seitdem ich zwölf bin. Wir sind Juden, und wir müssen die Tradition aufrechterhalten, auch an Pessach.

Wenn ich einmal Mutter bin und eine Familie habe, vielleicht werde ich dann diese Feiertage auch begehen. Ich werde aber nicht unbedingt den Gottesdienst besuchen. Bis vor ein paar Jahren bin ich am Jom Kippur und an Pessach in die Synagoge gegangen. Ich bin zusammen mit meinem Vater gegangen. Ich fühlte mich als Jüdin. Ich esse kein Schweinefleisch. Ich habe das zu Hause gelernt, vor allem von meiner Familie mütterlicherseits, von meiner Großmutter. Mein Großvater ist traditionell, und er geht fast jeden Sabbat zum Gottesdienst, obwohl sie auch samstags Auto fahren. Sie essen koscher, sie haben getrennte Teller für Milch und Fleisch, und manchmal essen sie besondere Gerichte. Zu Hause ist das nicht ganz so, wir essen Milch und Fleischprodukte nicht auf separatem Geschirr. Ich habe zu Hause nie gelernt, wie man koscher lebt *(Schweigen).*

»Haben Sie schon einmal einen Stammbaum angefertigt?«

Nein, Nira hat das mal gemacht, ich habe das nie gemacht. Sie hat auch die Großeltern interviewt. Es hat mir viel ausgemacht, daß wir das nie als Projektarbeit in der Schule gemacht haben. Aber das alles hat nichts damit zu tun, wie ich erzogen wurde und wer ich bin. Ich habe meine Familie, meine Eltern, meine Gruppen, meine Umgebung. Die Vergangenheit beeinflußt mich nicht besonders stark.

»Wann ist zum ersten Mal in Ihrem Leben vom Holocaust die Rede gewesen?«

Entweder bei Großmutter oder bei Mutter. Sie haben davon gesprochen, als ich klein war. Ich kann nicht sagen, ob mich das sehr berührt hat, bis ich dann in der Schule davon erfahren habe und in Jad Vashem [der israelischen Holocaust-Gedenkstätte] war. Bis dahin habe ich das nie richtig verstanden. Als ich älter wurde, habe ich mehr begriffen *(Schweigen).* Meine Mutter spricht manchmal darüber. Der Holocausttag ist zwar für sie auch nicht mehr dasselbe wie für Großmutter, aber man spürt es. Es ist uns noch nah, obwohl es fern ist. Der Tag selbst ist sehr schockierend, die Atmosphäre an diesem Tag. Es tut mir weh zu sehen, wie Großmutter an diesem Tag aussieht und wie sie über die spricht, die sie verloren hat. Ich glaube, es hat einen großen Einfluß auf den Zusammenhalt in unserer Familie.

Die Geschichten meiner Großmutter vom Holocaust, Berichte, nicht Geschichten. Wie sie war, wie ihre Familie war, die Erzählungen von Großvater. Alles was mit den Konzentrationslagern war. Sie spricht nie darüber, was vor dem Krieg war. Sie hat mir mal erzählt, daß sie eine schöne junge Frau war. Das hat mich sehr beeindruckt. Das ist das Thema, die schockierendste Erfahrung, das Trauma, über das sie immer spricht. Großvater spricht viel seltener darüber. Er ist ein ziemlich verschlossener Mensch, er spricht nicht viel. Manchmal mag ich es nicht mehr hören *(seufzt)*. Es ist passiert, und man kann es nie wiedergutmachen. Es ist sehr weit von uns entfernt. Weit von mir entfernt. Ich kann das nicht wiedergutmachen, was Großmutter verloren hat. Auch wenn sie darüber spricht, ich bin mir sicher, daß sie eigentlich will, daß andere mit ihr darüber sprechen. Es gibt aber keinen Grund, immer in der Vergangenheit zu wühlen, die ganze Zeit darüber zu sprechen. Man muß uns daran erinnern, damit wir es nicht vergessen, aber darüber hinaus wird nichts helfen *(seufzt)*.

Der Holocausttag ist immer schwer. Er hat meinem Großvater und meiner Großmutter geholfen, damit zurechtzukommen. Ich gehöre in dieses System, zum Holocausttag. Er berührt mich. Ich muß daran denken, daß ich eine viel größere Familie hätte haben können. Können Sie sich vorstellen, wie Menschen so etwas tun können? Das ist wirklich schockierend. Ich gehöre zu diesen Ereignissen, wir halten deswegen eng zusammen. Sonst wäre jeder für sich. Das ganze Thema berührt mich vor allem deswegen, weil meine eigene Familie das durchgemacht hat. Das ist so ähnlich wie der Unabhängigkeitstag, der Memorial Day, für die Soldaten. Jeder Soldat und die ganzen schrecklichen Verluste.

Für die meisten meiner Freundinnen, für die meisten Jugendlichen, die ganze Gesellschaft, hat das beinahe seine Bedeutung verloren. Ich wollte zum Beispiel dieses Jahr am Holocausttag ein paar Sendungen im Fernsehen sehen, weil mir das nah ist. Meine Freundinnen haben den Tag verbracht wie einen ganz normalen Tag. Wenn abends irgend etwas offen hätte, würden sie sogar ausgehen. Ich respektiere diesen Tag, ich respektiere die Toten. Ich würde nicht ausgehen. Als ich noch zur Schule ging und wir darüber sprachen, kam immer jemand, der einen Vortrag hielt oder eine Geschichte erzählte. Ich fühlte es, ich war dem ganzen damals noch näher. In der Armee fühle ich mich etwas distanzierter davon. Es ist ein Datum und vergeht wie andere Tage auch.

Ich bin mir ganz sicher, daß ich darüber sprechen werde, wenn ich selbst einmal Kinder habe. Ich werde meinen Kindern erklären, was es bedeutet. Ich werde versuchen, die Erinnerung daran wachzuhalten und es weiterzugeben. Ich höre zu, ich bin aufmerksam. Die meisten Menschen in meiner Umgebung beachten den Tag nicht mehr besonders, sogar Leute, die älter sind als ich. Wir haben viele Menschen in Kriegen verloren, und die Leute kümmern sich auch darum nicht mehr besonders. Diejenigen, die dem sehr nahe stehen, halten Gedenkgottesdienste ab, sie erinnern sich an die Kriege und an die Leere, die sie befallen hat. Es berührt nur noch diejenigen, die dem wirklich nahe stehen.

Ich spreche mehr darüber mit meiner Großmutter. Sie fängt damit an. Das ganze Jahr über sprechen wir nicht darüber, nur am Holocausttag und der Zeit um den Tag herum. Wir sind eine sehr herzliche Familie, wir stehen meinen Großeltern sehr nahe, vor allem den Eltern meiner Mutter. Das ist sehr wichtig. Sie hat ihre ganze Familie verloren, und ich glaube, die Familie ist der Teil in unserem Leben, den wir uns nicht aussuchen können, aber ein sehr wichtiger Teil. Solange sie existiert, muß man zusammenhalten. Unsere Familie ist sehr klein; ich leide darunter, daß sie so klein ist. Ich hoffe, daß ich eine größere Familie haben werde. Wenn wir älter werden, und auch jetzt. Ich denke daran, wie wir unsere Feiertage feiern, wir sitzen in einer kleinen Gruppe zusammen. Der Bruder meiner Mutter lebt in Amerika, die Schwester meiner Mutter ist geschieden und hat nur eine Tochter, und dann gibt es noch uns und Großmutter und Großvater. Ich habe keine Tanten und Onkel und Cousins oder Cousinen in meinem Alter. Die Feiertage gehen so vorbei. Am Pessach lesen wir die Haggada und essen, das ist alles. Wir haben keine glücklichen Feiertage, wir singen nicht, erzählen keine Geschichten. Das wäre sehr schön, wenn wir singen würden. Wenn es Anlässe zu feiern und Ausgelassenheit gibt, dann ist es auch schön, mit mehr Leuten zu feiern *(sie fühlt sich unwohl)*.

Ich hoffe, daß ich eine größere Familie haben werde. Obwohl ich sonst immer sage, daß ich nicht mehr Kinder haben will als meine Wohnung Zimmer hat *(lacht)*. Ich leide darunter. Ich muß mir ein Zimmer mit Nira teilen. Ich leide nicht wirklich, aber ich habe keine Privatsphäre. Ich glaube nicht, daß das in der Zukunft Spuren hinterlassen wird, aber es wäre besser mit einem eigenen Zimmer. Jeder braucht seine Privatsphäre.

Ganit geht anders mit Worten um als ihre Mutter und Großmutter. Von ihrer knappen Erzählweise heben sich Tzipkes Lebhaftigkeit und Genias bitterer Gesichtsausdruck um so stärker ab. Ganit ist Minimalistin und spricht mit einer gewissen Distanz über sich selbst, was mir den Eindruck vermittelt, als gäbe es eine dahinter liegende Bürde, obwohl Ganit darauf nur sehr indirekt anspielt. Sie beschreibt ihr augenblickliches Leben in Grautönen. Ihr Leben sei ja überhaupt nichts Besonderes: »wie alle Kinder: kleine Kämpfe, Blödsinn, nichts Schlimmes«. Ganit spricht über sich selbst, über ihre Schwester und ihren Bruder, ihre Großmutter und ihren Großvater, aber kaum über ihre Mutter und ihren Vater. Tzipke taucht nur in einer blassen Erinnerung an die frühe Kindheit auf: »Ich erinnere mich daran, daß ich geweint habe und nicht wollte, daß meine Mutter weggeht.« Tzipke taucht aber nirgends in Ganits Schilderung ihrer Gegenwart auf, wie sie ja auch in Genias Erzählung kaum vorkam. Warum erwähnen sowohl die Tochter als auch die Mutter Tzipke kaum in ihrer Lebensgeschichte?

Ganits minimalistische Sprechweise und die Schilderung ihrer gegenwärtigen Realität in Grautönen könnten eine Reaktion auf die überladenen Schilderungen ihrer Mutter und die Horrorgeschichten ihrer Großmutter sein. In der Armee »macht sie kein Theater« wegen der Arbeit, die man ihr überträgt, als man sie nicht in das von ihr gewünschte Programm übernimmt. Auch »Beziehungen« konnten ihr letztlich nicht helfen, weil es »überall das gleiche war«. Sie hatte sich zwar von ihrem Freund getrennt, kam aber wieder mit ihm zusammen, weil sie nach der Trennung »sehr aufbrausend und gleichgültig gegen alles« geworden war. Aber sie glaubt nicht, daß die Beziehung »eine Zukunft« hat. Ganit spricht nicht viel über die Vergangenheit: »An meine Kindheit habe ich fast gar keine Erinnerungen.« Wenn sie sich überhaupt an etwas erinnert, dann an negative Dinge: den Tod ihres Großvaters (väterlicherseits) und die Krise bei ihrem Schulwechsel in der neunten Klasse. »Ich wurde zu einer Nummer ohne Namen.« (Ist das vielleicht eine schreckliche Assoziation zu Genias »Nummer«?)

Ganit spricht offen und ähnlich wie Genia darüber, daß sie keine Kontrolle über die Vergangenheit und die Gegenwart hat, ohne jedoch die besondere Geschichte ihrer Großmutter zu erwähnen. Ganit spricht manchmal ironisch, Genias Erzählung liefert uns mehr Inhalte. Zum Beispiel spricht Ganit über den Jom Kippur und sagt: »Ich muß fasten, weil ich eine Diät mache *(kichert)*. Für eine Lüge hier, eine Lüge da … um zu sühnen, um dafür zu büßen.« Unglücklich zeigt sie sich vor allem, wenn sie von den Feiertagen berichtet: »Wir sitzen in einer kleinen Gruppe zusammen … und bringen den Tag hinter uns. Die Feiertage gehen so vorbei. Am Pessach lesen wir die Haggada und essen, das ist alles. Wir haben keine glücklichen Feiertage, wir singen nicht, erzählen keine Geschichten. Es wäre sehr schön, wenn wir singen würden. Wenn es Anlässe zu feiern und Ausgelassenheit gibt, dann ist es auch schön, mit mehr Leuten zu feiern.« Das ist ein Echo der Verluste innerhalb der Familie, die aus der fernen Vergangenheit noch heute Unglück verursachen, vor allem an Feiertagen.

Ganit spricht gefühlvoller und netter über Genia, und wir erfahren durch sie einige neue Details. »Sie war eine sehr schöne junge Frau. Das hat mich tief beeindruckt.« Und über die Tage um den Holocausttag herum sagt sie: »Es tut mir weh zu sehen, wie Großmutter an diesem Tag aussieht und wie sie über die spricht, die sie verloren hat.« Ganit hat eine Methode gefunden, Mitgefühl mit ihrer Großmutter zu haben, ohne sich von den Gefühlen überwältigen zu lassen, was ihrer Mutter nicht gelingt, zumindest in bezug auf Genias Vergangenheit. Ganit sieht auch weitere Konsequenzen: Es verletzt sie, daß Menschen sich kaum an die »Kriege und an die Leere, die sie befallen hat, erinnern. Es berührt nur noch diejenigen, die dem wirklich nahe stehen.« Sie fühlt sich diesem Leiden nahe, auch wenn sie ebenfalls »manchmal nichts mehr davon hören will«. Wütend sagt sie am Ende: »Können Sie sich vorstellen, wie Menschen so etwas tun konnten?«

Man könnte annehmen, daß Ganits realistische und etwas apathische Lebenseinstellung auch ihren Ausblick auf die Zukunft prägt, aber ihre Bemerkungen über die Zukunft sind im Gegenteil optimistisch und hoffnungsvoll. Sie möchte Psychologie studieren, weil sie »anderen Menschen gerne hilft«. Wenn sie eine eigene Familie hat, will sie die jüdischen Feiertage begehen, weil sie sich mit der jüdischen Tradition identifiziert, auch wenn sie den Gottesdienst nicht besucht. Sie hofft, daß »ich eine größere Familie haben werde. Obwohl ich sonst immer sage, daß ich nicht mehr Kinder haben will als meine Wohnung Zimmer hat *(lacht)*«, womit sie das für sie im Moment aktuelle Problem anspricht, in einer großen Familie auch noch seine Privatsphäre zu behalten.

Zu den Erinnerungen an den Holocaust bemerkt Ganit: »Ich bin mir ganz sicher, daß ich darüber sprechen werde, wenn ich selbst einmal Kinder habe. Ich werde meinen Kindern erklären, was es bedeutet.« Sie scheint es für möglich zu halten, Hoffnung und Erinnerung miteinander zu verknüpfen und so ihren eigenen Weg in die Zukunft zu gehen, ohne die schwierige Erblast der Vergangenheit abzustreifen. Obwohl sie noch am Anfang ihres Lebens steht, ist sie möglicherweise ihrer Mutter schon in der Durcharbeitung der Vergangenheit einen Schritt voraus, denn sie schaut bereits voller Hoffnung in eine Zukunft, die anders als die Vergangenheit sein wird.

Die Spätfolgen des Holocaust

Genia, Tzipke und Ganit sind drei Frauen, die jeweils eine Generation trennt, und sie versuchen, mit ihren Erinnerungen an den Holocaust zurechtzukommen. Man kann sie mit psychiatrischen Begriffen belegen und sie etwa als »depressive Persönlichkeiten« bezeichnen, als Menschen, die »Schwierigkeiten mit der Individuation« haben, als »Gedenkkerzen«. Tzipke könnte als »typisches« Beispiel für die zweite

Generation dienen (wie Genia auch die »typische« Überlebende ist), denn sie lebt in der Nähe der Eltern, pflegt und beschützt sie und hat immer noch keine Grenzen zwischen Abhängigkeit und Unabhängigkeit gefunden. Genia hält ihre schrecklichen Erinnerungen wach und schafft somit für sich selbst und ihre Kinder einen Teufelskreis des Leidens. Man könnte sogar behaupten, daß sie ein Borderline-Fall ist, sie bewegt sich nicht wirklich im Rahmen des normalen Verhaltens und Erzählens. Allerdings erfassen solche Kategorien nur bestimmte Merkmale ihres Diskurses.

Im Rahmen von »harten« Konzeptualisierungen könnte man Tova als Genias »Gedenkkerze« betrachten. Aber auch Yudke oder sogar Tzipke könnten diese Funktion übernehmen. Jeder von ihnen ist auf seine Weise eine »Gedenkkerze«. Der in seinem Beruf erfolgreiche Yudke lebt sowohl räumlich als auch emotional von seinen Eltern entfernt. Aus Genias Perspektive betrachtet, gehört Tova mit in ihren »Leidenskreis«. Mögen diese Zuschreibungen auch alle teilweise zutreffen, so erfassen sie doch etwas nicht oder lassen etwas aus. Was genau?

Keine der Beschreibungen beachtet Genias ersten Satz: »Um Ihnen zu sagen, daß ich keine Gelegenheit hatte zu wissen, was das Wort *Mutter* bedeutet.« Diese Bemerkung, die beinahe ein Ausruf zu nennen ist, entspricht nicht der historischen Wahrheit. Sie ist sehr stark subjektiv und persönlich gefärbt: Genias erzählte Lebensgeschichte beginnt mit dem Tod und führt uns durch die nicht enden wollende Begegnung mit ihm. Vor dem Hintergrund ihrer Lagererfahrungen gibt es keine verbindlichen Denk- und Verhaltensmuster mehr. Mit starken, auf normativen Erwartungen gründenden Begriffssystemen der Psychoanalyse oder anderen Wissenschaften kann man Genias subjektive, narrative Wahrheit nicht erfassen (Spence, 1980). In einer erlebten Lebensgeschichte wie der ihren scheint die Anormalität Normalität zu werden, und das Normale wird anormal. Genia hat sich, trotz der schrecklichen Leiden, tiefes Mitgefühl und Liebesfähigkeit bewahrt.

Genia kümmerte sich, solange es noch möglich war, um ihre Familie; als das nicht mehr ging, kämpfte sie um ihr eigenes Leben. Genia erinnert sich, auch wenn sie das Gegenteil behauptet, an relativ viel, sie hat auch »unheroische Erinnerungen« (Langer, 1991). So weiß sie etwa noch, daß sie ihre Freundin gekratzt hat, weil sie eine Scheibe Brot nicht gerecht aufteilte. Sie fürchtet, daß ihre eigenen Kinder ihr zum Opfer gefallen sind, und betrachtet deren Schwierigkeiten (wie etwa Tovas Scheidung) als Beleg für »ihr [eigenes] verbranntes Herz«. Ihr Herz, heißt das, konnte das Erfahrene nicht ertragen, nicht um die Schwestern, den Bruder, die Mutter und den Vater trauern, und nicht um die Kinder, deren Schreie sie noch heute hört. Genia berichtet uns von den enormen Schwierigkeiten, angesichts einer solchen Lebensgeschichte noch Hoffnungen zu hegen.

Es gibt kein wirklich objektives Maß für Genias Normalität. Allerdings könnte man argumentieren, für die zweite und dritte Generation gebe es einen solchen objektiven Maßstab, denn immerhin haben sie ja das Grauen nicht selbst durchleben müssen. Können wir also vielleicht in bezug auf sie definieren, was »normales« und »richtiges« Verhalten ist? Wir könnten etwa sagen, daß Tzipkes jugendliches Aufbegehren als Reaktion auf ihren passiven Vater und ihre sie manchmal prügelnde Mutter damals für ihre Entwicklung zur Selbständigkeit funktional war, ihr allerdings nicht zu einer »gesunden« Lösung von ihren Eltern verhalf. Zwischen ihr und ihren Eltern besteht noch immer eine symbiotische Beziehung. Tzipke hat ihre eigenen Kinder in Reaktion auf ihre eigenen harten Kindheitserinnerungen erzogen, die Schläge ihrer Mutter, die Alpträume der Eltern. Diese Reaktion unterscheidet sich von der »erwarteten« Loslösung und Individuation, die sich zwischen den Generationen zu einem früheren Zeitpunkt vollziehen sollte.

Die psychologische Literatur, die sich mit der zweiten Generation des Holocaust beschäftigt, führt sehr häufig solche »harten« Behauptungen auf, die alle von der Annahme ausgehen, daß wir beurteilen könnten, wie ein »richtiges« Aufwachsen in einer derartigen Familie auszusehen habe. Unser Forschungsteam hegt gegen diese Ausgangsbasis und die auf ihr aufbauende Literatur gewisse Vorbehalte. Unserer Ansicht nach ist Bescheidenheit angebracht und das »sanfte« Eingeständnis, daß wir schließlich nicht wissen, wie wir selbst solchen Druck ausgehalten hätten. Wie Genia? Oder eher wie Tzipke und Ganit? Wir wollen von ihnen erfahren, wie wir mit der unvergänglichen Realität des Todes umzugehen haben, mit den Erinnerungen an fast tierische Verhaltensweisen und damit, daß einem diese Erinnerungen stets bewußt bleiben, während sie weitergegeben bzw. durchgearbeitet werden. Wir erfahren von Tzipke, daß sie versucht, sich in ihrem Beruf sowie in ihrer Mutterrolle von ihrer eigenen Mutter abzuheben (für die der bloße Name »Mutter« im Krieg zerstört wurde). Das ist sehr schwierig, denn Tzipke kritisiert ihre Mutter und lehnt sie ab, bewundert sie aber zugleich. Als Tochter leidet sie unter den »Mißhandlungen« ihrer Mutter, aber sie versteht genug, um zu wissen, daß ihre Mutter das internalisierte »Böse« damit auslebt. Man könnte meinen, daß Tzipke allmählich und durch »Versuch und Irrtum« eine Strategie gelernt hat, wie sie mit ihren Eltern und ihren Kindern umgehen kann. Sie hat einen Weg gefunden, ihren Kindern eine Kindheit zu vermitteln, die sie selbst gerne gehabt hätte und zu der auch Großeltern gehören.

Wie ist ihr das gelungen? Sie läßt ihren Kindern ein bestimmtes Maß an Freiheit, das sie selbst nicht hatte, weil ihre Eltern ängstlich, streng und mit sich selbst zu beschäftigt waren. Sie weiß, daß ihre Kinder aus freien Stücken lesen sollten und nicht, weil ihre Großmutter das von ihnen verlangt. Sie versucht, die Bar-Mizwa-Feiern so zu begehen, daß sie den Interessen ihrer Kinder entsprechen. Sie versucht ein »Zusammengehörigkeits«-Gefühl und ein »jüdisches Zuhause« zu schaffen, etwa indem sie samstags Scholet bereitet. Wenn ihr Sohn ihr mit seinen Schulproblemen »das Leben schwer macht« (wie sie ihren Eltern das Leben damals auch schwer machte), dann betrachtet sie es als ihre »Lebensaufgabe«, ihn dazu zu bringen, an der technischen Schule weiterzulernen, und als ihren Triumph, daß er nach dem Schulabschluß noch weiterstudieren möchte. In diesem Stadium ist Tzipke bereit, über die Vergangenheit nachzudenken. Sie versucht, ihre Eltern von einer gemeinsamen Reise nach Polen zu überzeugen, wo sie aufwuchsen. Sie lehnen das ab, aber sie hat die Hoffnung noch nicht aufgegeben, daß sie ihre Meinung eines Tages ändern werden.

Tzipke hat einige Niederlagen erlitten. Sie macht manchmal widersprüchliche Aussagen. Sie bewegt sich vorwärts (erzieht ihre Kinder zur Unabhängigkeit) und zurück (ihre Eltern sind abhängig von ihr). Vielleicht ist das ein Zeugnis für ihre Schwierigkeit, zwischen den Generationen zu vermitteln. Diese Mission muß sie ganz alleine erfüllen. Sie betrachtet sich selbst nicht als sehr starke Persönlichkeit (zum Beispiel, was ihre Diät betrifft), und die Menschen in ihrer Umgebung unterstützen sie nicht besonders in ihren Bemühungen. Aus ihren Bemerkungen im Interview geht hervor, daß ihr Mann – der ihre Eltern und deren Geschichten mit Respekt und Ehrfurcht behandelt und von seinen eigenen Eltern solche Geschichten nie zu hören bekam – ihre Bedürfnisse nicht wirklich erkennt. Ihre Schwester ist mit ihren eigenen Problemen beschäftigt, und ihr Bruder lebt sehr weit entfernt. Ihr fehlt anscheinend ein *Gegenüber, das sie wirklich schätzt*, jemand, der sie unterstützen könnte. Bestätigung findet sie nur durch ihre eigene Erfahrung und das positive Feedback ihrer heranwachsenden Kinder.

Ganit ist noch nicht so weit, ihrer Mutter diese Unterstützung zu geben und sich in ihre Lage zu versetzen. Sie ist vollauf damit beschäftigt, ihre eigene Identität zu formen, denn ihre Lebensgeschichte hat noch keine endgültigen Formen angenommen. Ihr scheint ihre eigene Lebensgeschichte im Vergleich zu der ihrer Großmutter sehr blaß. Bei ihr gibt es kein »Drama«. Die Grautöne ihres augenblicklichen Lebens in der Armee bezeugen diese Bürde. Wenn Ganit über die Vergangenheit spricht, redet sie sehr liebevoll über ihre Großmutter und fühlt deren Schmerzen, aber sie kann auch sagen, daß sie sich davon distanzieren und Genia das Verlorene nicht ersetzen kann. Sie ist noch nicht zwanzig und kann bereits erstaunlich gut damit umgehen. Sie kann eine dünne Linie zwischen sich und ihrer Großmutter ziehen, um zwischen ihnen beiden zu unterscheiden, auch wenn ihr das mit ihrer Mutter vielleicht noch nicht ganz gelingt. Diese Grenzziehung findet bereits in ihren Gedanken und Hoffnungen für die Zukunft Ausdruck, wenn auch noch nicht in ihrem augenblicklichen Leben.

Ganit könnte auch als Opfer eines Vermächtnisses definiert werden: Sie ist »depressiv«, »hat wenig Selbstvertrauen«, »mag sich selbst nicht sehr« und hat einen »unterentwickelten Sinn ihrer weiblichen Identität«. In gewisser Hinsicht treffen diese Kennzeichnungen auf sie zu. Wir würden jedoch auch hier wieder fragen: Welchen objektiven Maßstab gibt es für Ganits Bewältigungsstrategien? Sollten wir sie etwa daran messen, »welche Reaktionen bei einer Frau ihres Alters zu erwarten« wären? Oder sollten wir Ganits Sicht auf ihre eigene Welt heranziehen, die sich aus einem fünfzigjährigen Abstand zum »tierischen« Verhalten und Sterben in Auschwitz herausgebildet und sich aus dem täglichen Umgang mit ihrer Großmutter, Mutter und Tante ergeben hat. Ganit hat noch keine Kinder, weswegen die für die Mutterschaft in ihrer Familie so charakteristischen Probleme für sie noch zu weit entfernt sind. Sie bereitet sich jedoch bereits in ihrer Vorstellung und in ihren Hoffnungen auf diese Rolle vor.

In der Familie Belinsky herrscht mehr Angst (Wut, Schmerz und Hilflosigkeit) als Hoffnung (Selbstbewußtsein, Stärke), und die Gegenwart enthält mehr Vergangenheit als Zukunft, mehr Übertragung als Durcharbeiten. So lautet ein möglicher Schlußstrich unter unsere Analyse, aber wir wollen uns lieber derart allgemeiner Urteile enthalten. In den folgenden Kapiteln werden wir andere Muster und Bewältigungsstrategien kennenlernen. Wir gehen davon aus, daß jedes dieser Muster und jede Strategie einer ähnlichen Funktion dient, nämlich mit dem Erbe der Vergangenheit zurechtzukommen. Die drei Belinskys bezeugen, daß das keine leichte Aufgabe ist und daß sie in nur ein, zwei Generationen noch nicht abgeschlossen sein kann.

Der individuelle Weg, den jede dieser drei Frauen beschritten hat, verdient unseren Respekt. Wir wollen ihre spezifische Sprache verstehen, die wir noch nicht beherrschen, und in ihren zerbrechlichen Worten das Licht und den Schatten des menschlichen Spiegelbilds erfassen.

Die Familie Lerman
Unter Partisanen

Mit Bosmat Dvir-Malka

Ze'ev wurde 1922 in einem Dorf in Weißrußland geboren, also im selben Jahr wie Genia in Warschau. Er hatte wie sie eine große, traditionelle Familie, die beinahe vollständig im Holocaust vernichtet wurde. Beide verloren beinahe alle ihnen nahestehende Menschen und alles, was ihnen vor dem Krieg lieb gewesen war. Beide wußten sich immer irgendwie zu helfen und überlebten deswegen. Ze'evs Geschichte unterscheidet sich jedoch wenigstens für die Kriegsjahre von Genias, denn ihm gelang die Flucht, und er kämpfte bis zur Befreiung durch die russische Armee auf seiten der Partisanen. Wenn Genia die Überlebenden aus den KZs repräsentiert, dann steht Ze'ev für die Widerstandskämpfer. Wie wir gesehen haben, muß Genia sich mit Erinnerungen an Hunger, Krankheit und Hilflosigkeit in Majdanek und Auschwitz auseinandersetzen. Hat Ze'ev vielleicht positivere Erinnerungen, weil er im Vergleich dazu einen gewissen Handlungsspielraum genoß? Welcher Teil seiner erlebten Lebensgeschichte hat Einfluß auf die Konstruktion seiner erzählten Lebensgeschichte, Verlust oder Kriegserfahrung? Welche dieser Ähnlichkeiten bzw. Unterschiede ist an die folgenden Generationen weitergegeben worden? Vielleicht weist seine erzählte Lebensgeschichte aber auch Aspekte auf, die sich nicht unter den Kategorien »Gleiches« bzw. »Anderes« erfassen lassen? Wir wollen uns nun also den Interviews mit Ze'ev, Hannah und Yoav zuwenden und nach Antworten auf diese Fragen suchen.

Chronik der Familie Lerman

1922 Ze'ev kommt in einem kleinen Dorf zwischen Minsk und Wilna als fünftes von sechs Kindern zur Welt. Er hat drei Schwestern und drei Brüder. Die Familie ist gläubig, aber nicht orthodox.

1939 Die Russen nehmen das Dorf nach dem deutsch-sowjetischen Nichtangriffspakt ein. Die Familie bleibt unter harten Bedingungen zusammen.

1941 Die Deutschen nehmen die Stadt ein. »Aktionen« beginnen, Ze'evs Mutter und seine Schwestern werden getötet. Sein Vater und sein älterer Bruder kommen in Arbeitslager. Ze'ev entkommt nach Wilna und von dort in die Wälder, wo er sich den nichtjüdischen Partisanen anschließt.

1942 Im Wald trifft er auf eine jüdische Familie, der er hilft.

1945 Er kehrt in sein Dorf zurück und rächt sich an den Nichtjuden. Er heiratet Rachel, eine Tochter der Familie, die er im Wald getroffen hat.

1947 Ihre Tochter Hannah wird geboren.

1949 Ze'ev emigriert mit Frau und Tochter nach Israel. Ihr erster Halt ist das »Einwanderungstor« in Haifa, von dort ziehen sie nach Kiryat Eliezer in Haifa.

1950 Ihre zweite Tochter Dina wird geboren.

1956 Die Familie zieht nach Rommema im Karmelgebirge in Haifa.

1969 Hannah heiratet Moshe, einen Sabra. Sie ziehen nach Obernazareth.

1971 Hannah und Moshe bekommen einen Sohn, Yoav. Dina heiratet.

1973 Hannah und Moshe bekommen eine Tochter, Shani.

1983 Raziya, die zweite Tochter von Hannah und Moshe, kommt zur Welt. Die Familie zieht nach Tivon, einem Vorort von Haifa.

1989 Yoav bereitet sich auf seinen Militärdienst vor. Bosmat Dvir-Malka interviewt Ze'ev, Hannah und Yoav.

Ze'ev
»Es ist gut, am Leben zu sein.«

Ich treffe Ze'ev in seiner Wohnung in Rommema am Karmelberg. Die Wohnung ist beinahe spartanisch, jedenfalls sehr einfach eingerichtet. Von der Veranda aus hat man einen wunderschönen Blick auf die Bucht von Haifa. Ze'ev zeigt stolz auf den Hafen und sagt mit deutlich russischem Akzent: »Hier bin ich vor genau vierzig Jahren angekommen. Ich erinnere mich daran, als wäre es erst gestern gewesen.« Wir setzen uns ins Wohnzimmer. Ich stelle den Kassettenrecorder auf und schaue ihn aufmerksam an.

Woran erinnere ich mich in meiner Kindheit? Ich wurde 1922 geboren. Nehmen Sie das schon auf? *(lacht)* Ich wurde in einem kleinen Ort in Weißrußland geboren. Der lag in der Nähe von Minsk, etwa auf halber Strecke nach Rußland. Dort bin ich in einer Familie mit sechs Kindern aufgewachsen, mit Vater, Mutter, Großvater und Großmutter, mit Cousins und Cousinen, mit einer großen Familie in einem großen Haus. In der Mitte war – wie soll ich das erklären? –, da war so etwas wie ein Flur. Aber es war größer als ein Flur, größer als vielleicht das ganze Haus hier *(Ze'ev fuchtelt mit den Händen)*. Wir lebten auf einer Seite – Vater, Mutter und die Kinder –, und auf der anderen Seite wohnten meine Großmutter, die Mutter meines Vaters, und deren Schwester, auch mit einer großen Familie.

Das war ein kleiner Ort, in dem vielleicht 150 bis 200 jüdische Familien lebten. Ich meine, wenn man die Nichtjuden nicht mitzählt. Ich habe dort die Grundschule bis zum Ende besucht. Ich ging zu einem Rabbi, einem gebildeten Mann, in eine Art Cheder [A. d. Ü. wörtl.: »Zimmer«, religiöse Schule]. Wie haben die Chumasch gelernt, die Bibel, ein bißchen Hebräisch und ein bißchen Jiddisch. Zu Hause lebten wir nicht orthodox, eher fast traditionell. Sabbat war Sabbat, freitags ging man in die Synagoge. Es gab dort eine Synagoge. Manchmal ging man auch in der Woche zu einem Gottesdienst, aber nicht regelmäßig. Wir hatten koscheres Essen zu Hause, also halt getrennte Speisen, nicht? Wie soll ich das sagen? Wir waren nicht sehr reich, aber arm waren wir auch nicht. Es gab Brot, Kartoffeln, es gab halt was zu essen, das Wichtigste, was ich Ihnen halt sage. Sonst – es gab keine Luxusgüter. Und wir wuchsen dort auf. Das Haus war klein: dieses Kind *(zeigt auf sich selbst)* wuchs auf und schlief auf einem Sofa mit breiten Brettern und ohne Schaumstoffmatratze und allem Drumherum. Wir sind alle herangewachsen, jeder von uns, nett, ordentlich und gesund.

Und dann kam der Krieg. Der Krieg kam, und das kleine Haus wurde zerstört, das Haus, das ich sehr geliebt habe, das nicht luxuriös war, aber das sehr geliebt wurde. Das war alles, was mir lieb war. Alles war Handarbeit, war mit Liebe gemacht. Meine Mutter buk Brot selbst. Jeden Sonntag morgen haben wir Brot gebacken. Und ich kann mich daran erinnern, daß jeder Brotlaib so groß war wie der halbe Tisch. Sechs Brote für sechs Tage, und sonntags backten wir dann wieder das Brot für die kommende Woche. Und so war es immer, bis … die Russen kamen. Die Russen kamen am Abend vor Rosch Ha-Schana, 1939. Kann das sein? Wann hat der Krieg angefangen? Die Russen kamen und … damit hörte auch mein Unterricht auf. Es gab ein paar, die versucht haben, weiterzulernen, aber das war sehr schwierig. Es gab keinen organisierten Unterricht mehr wie in einem normalen Leben.

»Alles war Handarbeit, war mit Liebe gemacht«: Ze'ev hat zärtliche Erinnerungen an das Haus seiner Kindheit und erzählt seine Geschichte bereitwillig. Er baut sie langsam und allmählich auf. Trotzdem fühle ich mich nicht entspannt. Sein Tonfall erinnert mich an die Sprache meiner Familienangehörigen, die seiner Generation angehören.

Wir begannen, zu Hause zu arbeiten. Ich verrichtete alle möglichen Arbeiten, was so anfiel. Dieses Kind arbeitete und wurde nicht müde. Die Hauptsache war, daß das Haus bekam, was es brauchte.

Von Kindheit an hatte ich, wie soll ich sagen, wie heißt das in einfachem Hebräisch? Ich hatte es mir schon in den Kopf gesetzt – ich muß etwas machen, ich muß alles zusammenhalten, ich muß Sachen reparieren. Ich tat alles. Ich ging in eine Fabrik, es gab eine Fabrik im Dorf, wo Holz geschnitten wurde. Und die mußten Kisten für Äpfel zurechtzimmern. Im Winter holten sie Holz aus einem nahegelegenen Wald, um es fürs Kochen im Sommer vorzubereiten. Was es nicht gab, machten wir. Das Wichtigste war, genug zum Leben zu haben. Und die Russen waren da von 39 bis 41. Und 41 sind die Deutschen gekommen. Die Deutschen, aahh ... *(er schreit und seufzt zugleich)*, sie kamen und fingen an, die Juden umzubringen, jedes Mal ein paar mehr. Und später dann ganze Familien, bis sie alle ... sie haben die ganze Stadt umgebracht. Kein einziger Jude war übrig. Wer wegrennen konnte, rannte weg. Wer nicht floh, kam um. In einem Massengrab, das Massengrab gibt es noch heute, dort in dem Dorf. Wenn Sie mich heute dahinbrächten, könnte ich noch die genaue Stelle finden. Das ist etwas, das man nicht vergessen kann, bis man stirbt *(er hat einen starren Ausdruck in den Augen)*. Ich rannte von da weg und bin rummarschiert, von einem Ort zum anderen, ich hatte Hunger, ich hatte Angst, ich hatte keine Schuhe. Wissen Sie, wenn man von zu Hause getrennt ist, Mutter und drei Schwestern umgebracht, der Vater und seine drei Söhne lebten noch. Nach Kriegsende sind mein Vater und mein ältester Bruder gestorben. Mein jüngerer Bruder und ich haben überlebt. Ich lebe in Israel, und mein jüngerer Bruder lebt in Kanada, in Montreal. Das ist der Familienhintergrund. Das ist Kapitel eins.

»Das ist Kapitel eins.« Ich schaudere. Wie kann man das, was einer ganzen Familie zugestoßen ist, in drei Wörtern zusammenfassen?

Das zweite Kapitel: Ich bin herumgewandert, bis ich ins Ghetto von Wilna kam. Dort habe ich an allen möglichen Plätzen gearbeitet. Gott allein weiß, wie ich da lebend wieder rausgekommen bin. Es gibt da einen Ort, der Ponar heißt, der ist sehr bekannt: Überall haben sie Gräben gegraben. Jeder Graben war ungefähr fünfzehn Quadratmeter groß, für die toten Juden. Da haben sie die Juden hingebracht. Da habe ich gearbeitet. Ich habe im Winter an den Eisenbahnschienen gearbeitet. Kurz gesagt, ich habe dort ein paar Monate lang gearbeitet, und eines Tages habe ich das Ghetto in Wilna verlassen und bin nie wieder zurückgegangen. Ich bin in den Wald gegangen, und die Partisanen haben mich aufgenommen. Den ersten Tag habe ich mit den Nichtjuden, den Partisanen, verbracht, und bis [ans Ende] des Krieges war ich Partisan.

»Da habe ich gearbeitet«: Die Nazis haben es möglich gemacht, es »Arbeit« zu nennen, wenn man die Schienen repariert, auf denen das eigene Volk in seinen Tod gefahren wird.

Der Krieg war zu Ende, da kam es zu Ereignissen, damit könnte man ein Buch füllen. Sie müßten Tag und Nacht bei mir sitzen. Das ist keine kurze Geschichte, ich erzähl ihnen das alles nur ganz kurz. Der Krieg war zu Ende, und ich habe ein Mädchen getroffen, deren Familie ich aus dem Wald kannte. Wie ich die Familie im Wald getroffen habe? Einmal erledigte ich mit einem Goi zusammen einen Auftrag. In einiger Entfernung sah ich ein Feuer brennen. Ich gehe hin, und was sehe ich? Wie soll ich sagen, vielleicht acht oder zehn Leute, Frauen, kleine Kinder, sitzen um das Feuer herum. Eines der Mädchen wohnt heute in Rishon le Ziyyon. Was soll ich Ihnen sagen? Ich sehe, daß sie gerade Suppe kochen. Und die Suppe war so schwarz wie das Öl in einem Auto, das schon gefahren ist. Warum? Der Eimer hatte ein Loch und da hatten sie ein Tuch reingestopft, und wenn er auf dem Feuer stand, verbrannte das Tuch, das Wasser lief raus, und sie mußten immer wieder Wasser nachgießen. Ich ging zu ihnen und sah sie, dieses Bild, es war erschreckend. Ich konnte ihnen im Wald nicht helfen, aber ich versprach ihnen: »Ich erledige gerade einen Auftrag. Ich bin wahrscheinlich zwei, drei Wochen unterwegs, aber ich verspreche euch, daß ich dann zurückkomme und euch einen Eimer mitbringe.« Damals einen Eimer mitzubringen, das war wie heute ein Haus zu verschenken. Wissen Sie, einen Eimer brauchte man zum Waschen, zum Kochen, zum … und es war eine ganze Familie.

Ja, das habe ich versprochen, und ich habe es auch getan, und die Gojim haben mich ausgelacht: »Du Jude, warum schleppst du einen Eimer?« Geh und sage ihnen, daß ich ihnen versprochen habe, einen Eimer zu bringen. Meinem Kommandeur habe ich gesagt, wir müßten auf demselben Weg zurückgehen wie wir gekommen waren. Und ich habe ihnen den Eimer gegeben. Eine von ihnen, die auch in Israel gestorben ist, sagte zu mir: »Wir haben sehr schöne Cousinen. Wenn wir am Leben bleiben, komm zu uns, und wir werden dir ein Mädchen vorstellen, unsere Cousine.« Und das Schicksal, also das Schicksal wollte es so, daß ich nach Kriegsende nach Minsk kam, wo ich hörte, daß man über Polen nach Israel gehen konnte. Auf dem Weg sagte ich mir, ich würde in die Stadt gehen, aus der sie kamen. Vielleicht würde ich sie ja treffen.

Ich ging dahin und fand alle die, die zurück in ihre Stadt gegangen waren. Sie sagte: »Komm, ich mache dich mit meiner Cousine bekannt.« Und ich kam in das Haus und fand ein Mädchen mit ihren drei Schwestern. Die jüngste war zehn, und meine Frau war die vierte, die älteste. Ich sah sie, und ich heiratete sie. Ich hatte also eine Frau, und ihre drei Schwestern waren sofort bereit, auch mitzukommen *(lacht)*. Ja, und kurz danach sind wir nach Deutschland, und von Deutschland nach Israel gegangen. Und die drei Schwestern leben hier, sie sind alle verheiratet, sie leben nicht sehr weit von uns, im Norden des Landes.

Ich bin ganz in die Erzählung versunken. »… einen Eimer brauchte man zum Waschen, zum Kochen, zum … und es war eine ganze Familie.« Wenn Ze'ev spricht, kommt es mir vor, als läse ich eine neue Bibel, in der nur die schönen Geschichten ausführlich erzählt werden, während der Rest sehr kurz gehalten ist.

Ich gründete eine Familie. Ich habe zwei Töchter, zwei erfolgreiche Töchter, an denen mir nichts mißfällt. Und ich habe einen Enkel und vier Enkelinnen. Eine Tochter hat einen Sohn und zwei Töchter, und die andere hat zwei Töchter. Mein Enkel trat vor zwei Wochen seinen Militärdienst an. Er kam in eine Elitetruppe *(stolz)*. Er ist sehr begabt, und gestern war sein erster Tag in Uniform. Als er mich besuchen kam, war ich sehr glücklich. Wir haben ein großes Essen bereitet, und heute ist er zurückgegangen.

Ich kam nach Israel. Ich kam mit Geld und habe alles hier verloren, bis auf den letzten Penny. Es hat nicht geklappt, nicht, daß ich nicht gewollt hätte, ich war nicht faul. Ich beschloß, nach Amerika zu gehen, meine Frau hat viele Familienangehörige in Texas, eine sehr reiche Familie. Sie haben uns die Papiere geschickt, um dorthin zu gehen. Aber am Ende habe ich es mir anders überlegt, ich sagte: »Ich bin hierher gekommen, hier will ich bleiben.« Und genau, als alles den Bach runterging, wendete sich das Blatt. Ich habe alle möglichen Jobs gemacht, was so anfiel. Ich bin mit einer großen Schweißerei aus

Deutschland gekommen. Wir waren vier Geschäftspartner. Ich habe im Stahlbau gearbeitet. Das habe ich alles gemacht, und dann habe ich es weggeschmissen und eine Wäscherei gekauft. Da haben vierzig Mädchen gearbeitet, in der Bucht, in der Nähe von Kfar Ata. Das ist gut gelaufen, und so lebe ich. Jetzt wohnen wir hier in Rommema. Das ist unsere dritte Wohnung.

Wie soll ich sagen – das ist kein Luxus, aber es ist gut zu sagen: »Es ist gut, am Leben zu sein.« Wie sagt man? »Zufrieden mit dem, was man hat.« Wenn man sagt: »Das Hemd, das man trägt, ist das beste«, dann hat man es gut. Ich habe eine gute Frau, gute Töchter. Beide haben einen Universitätsabschluß. Ich habe ihnen gerne etwas beigebracht. Eine große Familie, so leben wir. Das heißt, ich bin mit allen sehr zufrieden. Und wie soll ich sagen … als ich in Israel ankam, gefiel es mir überhaupt nicht. Als ich hier ankam, konnte ich Israel nicht ausstehen. Ich konnte mich nicht daran gewöhnen, alles war so, alles war ganz anders. Jetzt ist alles genau umgekehrt. Sagen wir, wenn ich eine Straße entlangfahre und sehe, wie jemand einen Baum beschädigt, dann halte ich an und sage ihm: »Warum tun Sie das? Warum beschädigen Sie den Baum?« Das heißt, im Laufe der Jahre hat sich alles für mich total verändert. So ist es. Ich bin nicht politisch, und es ist mir egal, wer an der Regierung ist. Es gibt Probleme, und es tut weh, wenn sie etwas falsch machen. Es gibt Erpressungen, Diebe, so etwas gibt es. Aber ich habe gesehen, daß das alles ist und daß man nichts dagegen tun kann. Wer stark ist, herrscht. So ist es, daran kann man nichts ändern. Was wollen Sie sonst noch wissen?

»Wer stark ist, herrscht.« Ze'evs Lebenseinstellung prägte sich in den Kriegsjahren. Sie scheint sich nicht mit der Sorge um einen beschädigten Baum zu vertragen. Ich versuche ihn noch einmal auf seine Kindheit zu sprechen zu bringen.

Was zu Hause passiert ist? Also, wir hatten ein Stück Land, und wir lebten außerhalb davon, [weit entfernt] von einem größeren Ort. Wir lebten hundert Kilometer von Wilna entfernt. Das war anders als heute, wo man in sein Auto steigt und schnell in Tel Aviv ist. Eine Stunde hin, eine zurück. Damals war das noch ganz anders. Man hatte ein Pferd und einen Wagen, und nach Wilna zu fahren und dort einkaufen zu gehen, das dauerte eine Woche. Wir hatten dort Herbst und Winter, sehr schwere Winter, vierzig Grad unter Null, und das Badezimmer war draußen vor dem Haus. Und alles mögliche war zu tun, wie soll ich sagen? Es war ein schweres Leben. Ganz anders als heute.

Egal, es gab eine Menge junge Leute aus jüdischen Familien, die nach Israel kamen. Sie sind heute hier, sie sind jetzt schon alt. Als sie nach Israel kamen, war ich sechs Jahre alt. Also sind sie heute schon achtzig. Sie müssen wissen, die leben in Nahalal, in Haifa, überall. Aber sie kennen mich alle, und ich kenne sie alle. In unserem Ort, ich wußte, daß ich sehr frech war. Ich habe nie Ruhe gegeben. Wenn ein Junge, ein Nichtjude, mich geschlagen hat, dann hab ich das nicht unerwidert gelassen. Ich mußte es ihm heimzahlen, damit er wußte, daß ich mir das nicht gefallen ließ. Und so bin ich zu den Partisanen gekommen. Ich bin zurück zu meinem Ort gegangen, wo ich geboren wurde, und ich habe das Dorf niedergebrannt *(angespannt)*. Und ich habe die Rechnung mit den Gojim, die die Juden umgebracht haben, beglichen. Wir sind quitt. Das heißt, ich hab Erfahrungen, es tut mir, es tut mir nicht leid, was ich ihnen angetan habe, ich habe ihnen Gerechtigkeit widerfahren lassen!

Ze'ev bekommt einen harten Gesichtsausdruck, als er sich an seine Rache erinnert. Der Schmerz zeigt sich an seinem Mund, aber er faßt sich kurz.

Und das war's. Jetzt möchte mein Cousin in unseren Geburtsort zurückkehren. Er kommt aus Bat-Jam und war hier zu Besuch. Er hat einen Film gedreht. Mit einer Videokamera einen Film gemacht, so daß man jetzt den Fernseher anstellen und seinen Film sehen kann. Ich verspreche Ihnen, daß Sie den Film bekommen, wenn er fertig ist, Sie können ihn sehen. Er war in dem Dorf, in dem wir geboren wurden. Er erzählte uns, das einzige, was übrig war, war der Brunnen in der Mitte des Dorfes. Der Brunnen, aus dem wir unser Wasser holten. Aus diesem Brunnen … *(würgt)*. Ich habe noch einen Cousin, sein Bruder. Ich habe sie im Wald getroffen, als sie kleine Kinder waren. Und genau damals kamen die Deutschen. Nicht ein Deutscher, sie holten Tausende von Soldaten von der Front, und sie durchsuchten den Wald nach Juden. Die Jungs mußten hin- und herziehen, und da hab ich sie getroffen. Ich war schon bei den Partisanen, und ich sah das Kind. Sie konnten nicht einen Kilometer mehr gehen. Ich bin mit ihnen einen ganzen Tag zusammen gegangen, etwa wie von hier nach Tivon. Sie gingen hundert Meter und setzten sich dann. Sie hatten keine Kraft mehr *(sehr aufgeregt)*.

Ich habe diesen Jungen in meinen Rucksack gesteckt. Und habe zu ihm gesagt: »Hör auf zu weinen! Wenn du weinst, stell ich dich wieder hin. Und laß dich hier stehen.« Da hörte er auf zu weinen. Er war vier oder fünf. Und war schlau genug, mit dem Weinen aufzuhören. Ich brachte ihn woanders hin. Nein, nein, ich hab ihn nicht verlassen. Meine Tante und mein Onkel waren schon tot, aber ihre Kinder waren noch am Leben. Der, den ich auf meinem Rücken getragen habe, der lebt jetzt in Israel. Die anderen sind in Amerika. Das heißt, die Familie ist eine Familie geblieben. Was soll ich Ihnen sagen? Bis zum heutigen Tag muß ich ihn nicht anrufen, wenn ich ihn besuchen will. Ich gehe einfach zu ihm. Es gibt zwischen uns keine Schranken. Das soll heißen, daß die Familie sehr eng zusammenhält, so sind wir immer noch, was soll ich Ihnen sagen?

»Es gibt keine Schranken zwischen uns.« Diese Familie kennt keine Schranken – ist das eine Kompensation für das Geschehene? Weil Ze'ev so lebendig erzählt, fällt es schwer zu erkennen, worüber er nicht reden möchte. So fällt es ihm beispielsweise schwer, seine Gefühle auszudrücken, als er vom Dorfbrunnen und von dem Jungen berichtete, den er auf dem Rükken trug.

Mein Bruder in Kanada steht mir sehr nah. Er kann zum Telefon greifen und mit mir eine ganze Stunde sprechen. Im Wald war er derjenige, der Brot besorgen ging. Er hat im Wald überlebt. Nachts ist er zu den Gojim gegangen und hat sie um Brot für die Familie gebeten, für seine Tante, die ihm das Leben gerettet hat. Er war ein kleines Kind im Krieg. Er ist neun Jahre jünger als ich. Er ging nach Kanada, er heiratete, und es geht ihm gut. Es geht ihm besser als mir, aber ich beneide ihn nicht *(lacht)*. Er war im Sommer hier. Ohne Vorankündigung, er war einfach plötzlich mit seiner Frau da. Er war eine Woche lang hier, und dann fuhr er wieder zurück. Er kam, um mit der Familie zu sprechen *(schaut mich lächelnd an)*.

»Welche Erinnerungen haben Sie noch an den Kriegsbeginn?«

Als die Russen kamen, veränderte sich der Ort nicht. Am schlimmsten war es, als die Deutschen kamen. Die Deutschen kamen, dann waren die Nichtjuden, unsere Nachbarn, noch schlimmer als die Deutschen. Sie haben die Juden immer schon gehaßt, aber hatten das nicht an die große Glocke gehängt. Sie verhielten sich ruhig, solange die Russen da waren, aber als das Regime es ihnen erlaubte, da opferten sie die Juden.

»Welche Erinnerungen haben Sie an die Ankunft der Deutschen? Was wußten Sie?«

Wir wußten nicht, was sie vorhatten. Aber ich möchte keine Einzelheiten erzählen. Wir haben ein Buch geschrieben, ich habe auch einen Teil davon geschrieben. Ich möchte nicht viel darüber sprechen, aber sobald ich ein Gewehr hatte, habe ich getan, was ich tun konnte. Ich tat [was ich konnte], und meine Kinder wissen das, seitdem mein Cousin hier war und einen Film gedreht hat, also fragten sie, ob ich noch am Leben bin … sie erinnern sich gut an mich. Ich habe alle ihre Häuser niedergebrannt. Nein, nicht die Häuser der Juden … die Juden lebten ja nicht mehr. Ich wollte nicht, daß die Gojim in unseren Häusern wohnen. Einige von uns überlebten, und wir haben genug getan. Genug, genug.

Wir befinden uns wieder in den Halbsätzen, mit denen Ze'ev seinen Racheakt beschreibt. Es fällt ihm schwer, über die Geschichte mit seinem Cousin im Wald und die Taten der Deutschen zu sprechen. Vielleicht fühlt er sich immer noch ausgeliefert und möchte über die Verbrechen, die sie begingen, nicht sprechen. Er scheint sich bewußt vorsichtig zu verhalten (Hat er Angst vor dem Gesetz? Oder vor dem Urteil seiner Kinder?), was sich von der unbewußten Unterdrückung seiner Gefühle zur Zeit vor den Partisanen unterscheidet. »Wie sind die jüdischen Partisanen mit den nichtjüdischen Partisanen ausgekommen?«

Wir hatten keine Probleme miteinander. Wissen Sie, die zwei Jahre, die ich mit den Partisanen im Wald verbrachte, da war ich immer in Aktion. Ich war immer außerhalb unseres Camps unterwegs. Manchmal zu acht, manchmal zu zehnt. Man mußte tagsüber schlafen, und nachts war man unterwegs. Ich war in der Abteilung, die Bomben legte.

Später wurde ich zum Konvoi versetzt. Wir kamen bis an meinen Geburtsort, und ich kannte mich gut aus. Ich war eine Weile lang beim Konvoi, aber immer in Aktion. Mit anderen Worten, ich hatte keine Zeit, mir Gedanken zu machen. Die Zeit ist schnell vergangen. Und es war eine Zeit … nichts hatte damals Wert. Wir lebten … niemand wußte, was der nächste Tag bringen würde.

Und ich kann Ihnen sagen, ich habe mit diesen Partisanen im Wald gelebt. Ich habe es durch Trinken überlebt, ich war immer halb betrunken. Nicht betrunken genug, um meinen Kopf zu verlieren. Das heißt, sagen wir, wenn ich Bomben auf die Eisenbahnschienen legen mußte, dann war das nicht, weil ich ein Jude war, sondern wir waren sechs, und wir haben uns abgewechselt. Jedesmal war ein anderer dran. Einer trug die Bomben, und ein anderer trug den Sprengstoff. Der Sprengstoff explodierte nur mit den Bomben. Damals konnte ich nicht gehen, ohne etwas getrunken zu haben. Ich trug eine Flasche aus Zinn hier an meiner Seite und zwei Granaten. So habe ich sie gehalten. Ich trank ein bißchen, und alles ging gut. Wenn man alleine und ohne Familie ist … ich wußte damals noch nicht, daß mein Vater und mein älterer Bruder noch lebten. Ich bin alleine ins Ghetto von Wilna geflohen. Wir haben uns nicht getroffen. Wir haben uns erst nach dem Krieg wiedergefunden.

»Wann haben Sie erfahren, wie es ihnen ergangen war?«

Als sie kamen, als die Juden 45 wiederkamen. Sie brachten meinen kleineren Bruder zu mir, als sie nach Polen gingen. Dann schickte ich meinen jüngeren Bruder nach Kanada. Meine Mutter hatte einmal zu Hause gesagt, sie hätte Schwestern in Kanada, und wenn er älter wäre, sollten wir ihn nach Kanada schicken. Daran habe ich mich erinnert. Da war das Joint [Distribution Committee]. Wir schrieben, bekamen Antwort, also fuhr er hin. Er war elf, und sie haben ihn in ihre Familie aufgenommen, als wäre er ihr eigenes Kind. Und er wuchs heran, studierte und heiratete später. Sie haben eine Fabrik für Kinderkleider aufgemacht, und sie sind sehr erfolgreich.

Aus Ze'evs Erzählung kann man kaum entnehmen, wie er sich bei dem Wiedertreffen mit seinem jüngeren Bruder gefühlt hat: War er nur glücklich? Ich spüre mehr, denn die beiden sind die einzigen Überlebenden der ganzen

Familie. Ist das der Grund dafür, daß Ze'ev seinen Bruder nach Kanada schickte? Was passierte eigentlich mit seinem Vater und seinem älteren Bruder? Wie starben sie? Ze'ev äußert sich über diese Elemente der Geschichte nur sehr ungenau.

»Wie haben Sie etwas über Ihre Mutter erfahren?«

Ich wußte das sofort, schon als ich floh. Ich wußte, daß sie meine Mutter und meine Schwestern umgebracht hatten, als der Tumult begann. Mir ist die Flucht gelungen. Aber sie haben sie gefangen und sie sofort an eine Stelle gebracht, so etwas ähnliches wie ein Kino, und sie lebend verbrannt. Man hat sie dahingebracht und die anderen ermordet. Meinen Vater und meinen älteren Bruder haben sie zur Arbeit woanders hingebracht, und dieses Kind, meinen jüngeren Bruder, hat meine Tante aus dem Kino gerettet, die eine gute Näherin war, dieselbe Tante, deren Sohn ich durch den Wald getragen habe. Die Deutschen haben sie damals rausgeholt, weil sie wußten, daß sie ihnen nützlich sein könnte und die ganze Familie. Sie wußten, daß sie sechs Kinder hatte. Aber eines der Kinder fehlte, es war weggerannt und hatte sich irgendwo versteckt. Also hat sie meinen Bruder bei der Hand genommen und hat ihn da rausgeholt, und so kam es, daß er am Leben blieb.

Ze'ev schwitzt sehr stark und rutscht auf seinem Stuhl hin und her. Ich stelle mir vor, wie er wegrennt, während das alles passiert. Noch immer kommen Gefühle der Angst und Wut in ihm auf.

Diese Sachen habe ich immer noch nicht aufgeschrieben, man kann sie nicht glauben. Man kann sie nicht beurteilen. Was soll ich Ihnen sagen? Zu einer gewissen Zeit haben die Leute Wiedergutmachungsgelder von den Deutschen angenommen. Ich nicht. Ich habe gesagt, daß ich nicht unterschreibe. Was ich durchgemacht habe – ich habe ihnen gezahlt, was ihnen gebührt. Ich will ihr Geld nicht haben. Ich will nicht das Gute und nicht das Schlechte. Ich komme zurecht. Solange ich jung bin, komme ich zurecht. Es ist gut zu arbeiten und ein Land zu haben, in dem man lebt, und alles wird gut sein.

Ze'ev sieht müde aus, und ich schlage vor, daß wir eine kurze Pause einlegen. Er stimmt bereitwillig zu.

Ich schlafe nicht sehr gut im Moment. Der Junge, Yoav, mein Enkel, ist jetzt zur Armee gegangen. Was soll man machen, es ist nicht ruhig, und ich schlafe nicht. Gestern war er hier, es ging ihm nicht besonders gut. Ich sagte ihm, er solle sich einen Tag freinehmen und zu Hause bleiben. Er hatte wirklich Fieber. Er sagte nein, nicht bei uns [bei sich], wir halten zusammen. »Wenn ich nicht zurückgehe, dann leiden die anderen darunter.« Heute morgen ist er also gefahren.

»Haben Sie ihm Ihre Geschichten erzählt?«

Er weiß das, er weiß das. Die Kinder wissen davon, meine Tochter weiß es, die Tochter erzählt es ihren Kindern weiter. Beide Töchter sprechen Jiddisch. Sie haben es zu Hause gelernt. Und sie geben es ihren Kindern weiter. Die Kinder, also die Enkel, können kein Jiddisch mehr, aber ein paar Ausdrücke, wie zum Beispiel: »Wolfi, kum tzim tish.« Wissen Sie, was das bedeutet? »Opa, komm zu Tisch.« Sie haben es damals gelernt, sie haben etwas gelernt. Und sie wissen, wo ich geboren wurde. Ich bin mit beiden Töchtern dorthin gefahren, auf Besuch. Das hat Spaß gemacht mit den Mädchen. Die Reise hat zwei Wochen gedauert. Wir haben uns nur darüber unterhalten, die Familie zusammenzuhalten. Sie wissen alles.

»Das hat Spaß gemacht mit den Mädchen.« Wir machen auf der Veranda eine Pause, und ich schaue auf die wunderschöne Landschaft um Haifa. Eine ländliche und friedliche Atmosphäre, die in starkem Kontrast zu dem steht, was Ze'ev mir erzählt. Als wir wieder in die Wohnung gehen, frage ich ihn: »Wann haben Sie angefangen, über den Krieg zu reden? Haben ihre Töchter erst gefragt, oder haben Sie von sich aus angefangen?«

Sie sind sehr wißbegierig, sie wollen alles erfahren. Aber ich habe ihnen nicht alles erzählt, was ich über den Holocaust denke, das wollte ich nicht. Sie sagten, daß die Deutschen kamen und die Juden ermordet haben. Aber die Wurzeln davon, die Leiden, die sie durchgemacht haben, und was man mit den kleinen Kindern gemacht hat, das müssen sie nicht wissen, sie müssen das nicht im Detail wissen. Ich wollte ihnen nicht alles sagen. Und sie sind so pedantisch, sie schreiben alles genau auf. Und meine Töchter sind schon ganz alleine zurechtgekommen. [In meiner Kindheit] damals herrschte ein anderes Regime für Kinder. Kinder liefen nicht alleine draußen rum und nahmen sich nichts, ohne zu fragen. Ich glaube, meine Kinder sind sehr begabt.

Sie sind alle auf dem rechten Weg, die ganze Familie *(schaut mich stolz an)*.

Als ich die Einwanderung nach Israel vorbereitete und hierherkam, war es schon 49. Wir kamen mit der Negba in Haifa an. Wir wohnten zuerst im Einwanderergebiet Shaar Ha'aliya [das Einwanderungstor]. Dort blieben wir anderthalb Monate. Der Bürgermeister gab uns ein Stück Land, und wir kauften Baracken aus Deutschland. Wir waren vier Partner. Wir transportierten die Baracken nach Israel und bauten sie in der Stadt auf. Das lief nicht so gut für mich, das habe ich Ihnen schon erzählt. Und zum Glück habe ich nie aufgegeben, ich habe mir etwas anderes gesucht. Dann habe ich das Richtige gefunden und die Wäscherei aufgemacht. Die Wäscherei hatte Aufträge für ein Krankenhaus, und von da an lief alles gut. Ich kam zurecht. Meine Frau hat sich um unsere beiden Töchter gekümmert. Warum? Das will ich Ihnen sagen. Wenn ich morgens aus dem Haus ging, dann schliefen sie noch. Und zwar nicht einmal, sondern immer, ein paar Jahre lang. Ich habe nie gesagt, »Genug, es reicht«, das habe ich nie gesagt. Ich habe immer weitergemacht *(seufzt etwas traurig)*.

Ze'ev spricht jetzt über einige seiner Schwierigkeiten: Er möchte und kann seinen Kindern nichts über die »Wurzeln« dessen erzählen, was im Krieg passierte. In Israel war er vollauf damit beschäftigt, eine Existenz zu gründen, und hatte keine Zeit, sich um seine Töchter zu kümmern. Meint er mit den »Wurzeln« seinen Schmerz über das Verlorene, worüber er nicht sprechen kann und das er durch unentwegtes Arbeiten zu vergessen sucht? Als er sagt: »Und meine Töchter sind schon ganz alleine zurechtgekommen«, spüre ich mehr als nur einen Hauch von frischem Schmerz dabei: Ich bin allein, sind sie auch allein?

Wir stehen uns alle sehr nah, die Familie, ich kann nicht klagen. Wenn ich meine Töchter anrufe und ihnen sage, »Könnt ihr rüberkommen? Ich würde euch gerne sehen«, dann würden sie keine Fragen stellen, und beide wären in einer Viertelstunde hier. Am Passah und an den Feiertagen verlassen wir das Haus nicht. Es gibt etwas zu essen, es gibt Feiern, alle sitzen zusammen, das ist alles. Wenn man dazugehört und mitmacht, dann ist es feierlich *(hustet)*. Rachels Cousin wird aus Rußland kommen. Wir warten auf ihn, er soll bald kommen, im November.

Sie ist schon sehr aufgeregt. Wir suchen nach einem Haus. Er kommt mit seiner Familie. Wir haben ihnen geschrieben. Sie kommen aus Minsk. Zuerst müssen sie Hebräisch lernen, nicht?

Meine beiden Töchter sind mit einem Silberlöffel im Mund aufgewachsen. Ich hatte kein Auto. Das war mein großer Traum, aber für meine Töchter habe ich fünf israelische Pfund pro Stunde bezahlt, damit sie Englisch lernen konnten. Sie sprechen Englisch, Amerika ist nichts für sie. Ich habe ihnen alles gegeben. Es gibt Familien, wissen Sie, wo die Kinder das Elternhaus verlassen. Unsere Töchter nicht. Sie haben geheiratet und Kinder bekommen.

»Unsere Töchter nicht. Sie haben geheiratet und Kinder bekommen.« Auf seine Art sagt er damit, daß seine Töchter noch »zu Hause« leben und daß er sie nicht gehen lassen will oder kann.

Ich habe einen Freund seit Kindertagen, der in Kanada lebt. Sein Enkel kam, er lebt jetzt in Israel und spricht hebräisch. Mit ihm bin ich zu dem Ort gegangen, wo mein Enkel jetzt seine Grundausbildung für die Armee macht. Die haben in der Nähe von Jerusalem, irgendwo weit draußen, ein Zeltlager aufgebaut. Yoav sagte: »Laßt uns jetzt nach Hause fahren, es ist sehr heiß.« Ich sagte zu ihm: »Du findest es jetzt heiß. Aber du mußt bald drei Jahre lang in dieser Hitze leben.« Ich habe ihn ein bißchen erzogen *(lacht)*.

»Ich habe ihn ein bißchen erzogen.« Ze'ev spricht über Yoav wie über einen jüngsten Sohn. Ich denke mir: Er war bei den Partisanen und hatte keinen Sohn, dessen Militärdienst seine eigenen Erfahrungen hätte »korrigieren« können.

Ich habe ihnen ein kleines Bild unserer Familie gemalt, wie soll ich das erklären, es gibt keine Forderungen – so wie es ist, so ist es gut für uns. Das heißt, man kann nur das tun, was man tun kann. Mehr kann man nicht tun. Das hier ist ein hartes Land, das Wetter ist nicht gut, die Menschen hier kommen aus aller Welt und sind reizbar. Und daß die Jugend wegrennt von hier, das finde ich schlimm. Die besten rennen von hier weg. Uns fehlt es hier an Grundlagen. Er macht seinen Armeedienst zu Ende, und dann kann er nicht mehr bei seinen Eltern wohnen. Sie wollen alle woanders hin, weil es sehr schwierig ist, hier ein Haus zu kaufen. Es ist sehr teuer, und das ganze [politische] Regime ist nicht gut. Diese Kinder sind unser Kapital. Wir müssen sie hier halten. Fehlt es uns an Land? Der Jewish National Fund besitzt so viel Land, wie man braucht. Aber sie wollen Geld dafür. Wofür? Gehört das Land etwa ihnen? Sollen sie es doch diesen Kindern geben. Gebt es ihnen! Sie haben Militärdienst abgeleistet. Wenn sie hier zur Schule gehen, werden sie nicht wegrennen. In Europa würden wir sagen: »Besser den Spatz in der Hand als die Taube auf dem Dach.«

Ze'ev klingt jetzt ängstlicher als zu Beginn des Interviews. Hat er Angst, daß Yoav Israel verlassen wird, wenn er den Militärdienst beendet? Hat er Angst davor, wieder allein gelassen zu werden? Er kann nicht mehr kontrollieren, was die jungen Leute mit ihrem Leben machen wollen. Ze'ev bringt mich zur Tür, als falle es ihm schwer, sich von mir zu trennen. Ich habe es nicht eilig, und so bleiben wir noch etwas stehen und unterhalten uns. Ich beschließe, zu Fuß den Karmelberg hinunterzusteigen. Das habe ich das letzte Mal vor Jahren getan. Auf dem Rückweg gehen mir bestimmte Momente unseres Gesprächs durch den Kopf: sein Elternhaus mit dem großen Flur; das Brot, das bei ihnen zu Hause gebacken wurde und so groß war wie ein halber Tisch; die Geschichte mit dem Eimer im Wald, der ihn zu seiner späteren Frau Rachel führte.

Erst jetzt fällt mir auf, daß Ze'ev seine Frau in Zusammenhang mit späteren Ereignissen kaum erwähnt hat (er sagte nur: »Ich habe eine gute Frau« und »Meine Frau hat unsere beiden Töchter großgezogen«). Die Diskrepanz zwischen Beschreibung und Erzählung liegt in Ze'evs Fall offen zutage. Seine Beschreibungen sind kurz und knapp und stehen für Gefühle, die er nur mit Schwierigkeiten ertragen und/oder nicht ausdrücken kann. Er erzählt, wenn es um die grauenhafte historische Wahrheit geht, mit der er seinen Frieden schließen mußte. Mit dieser Wahrheit bleiben aber ungelöste Fragen verbunden: Ist die Moral seines »Heldentums« die »Einsamkeit«? Bedeutet, mit anderen »zusammen« zu sein, Stärke (wie in seiner idyllischen Kindheit) oder Schwäche (wenn er wegrennen muß)? Das sind die harten Tatsachen seines Lebens, die dem Übergang von einer extremen Gefahrensituation zur alltäglichen Routine in einem fremden Land zugrunde liegen, in dem

Heldentum zwar geschätzt wurde, das für ihn aber keinen Platz hatte, da er damit beschäftigt war, eine Existenz zu gründen, seine Töchter zu erziehen und mit seinen Erinnerungen zurechtzukommen.

Einen Moment lang entsteht für mich das Bild, wie Ze'ev seine gesamte Familie in den Arm nimmt und keinen gehen lassen möchte. Und dann denke ich an die Angst in seinen Augen, als er über Yoav und die jungen Menschen spricht, die Israel verlassen, und daran, wie schwer ihm der Abschied von mir gefallen ist, als er mich zur Tür begleitete. Entgegen meinen Gewohnheiten rufe ich ihn am Abend an und sage ihm, daß es mich sehr gefreut hat, ihn kennenzulernen. Er freut sich und sagt noch einmal, ähnlich wie in unserem Interview: »Das war nur eine kurze Version. Ich habe Ihnen alles sehr kurz erzählt.« »Aber Sie haben in wenigen Worten sehr viel gesagt«, erwidere ich freundlich.

Ich versuche, mir mein Gespräch mit seiner Tochter Hannah vorzustellen, mit der ich am nächsten Tag in ihrem Haus in Tivon verabredet bin. Kann sie wohl so gut erzählen wie ihr Vater? Oder wird sie den Eindruck haben, seinen Heldengeschichten nichts entgegenstellen zu können? Wird sie auf die von ihm »nicht erzählten« oder verschwiegenen Geschichten reagieren? Ob sie wohl die kritischen Ansichten ihres Vaters über die Ereignisse in Israel teilt (»Das hier ist ein hartes Land, das Wetter ist nicht gut, die Menschen hier kommen aus aller Welt und sind reizbar«)? Oder hat sie sich eine Identität als »Israeli« geschaffen? Hält sie wie ihr Vater die Familie für einen Schutzwall gegen die Ängste der Vergangenheit? Oder hält sie sie für eine Belastung und denkt, »jeder solle auf sich selbst gestellt sein«? Am nächsten Tag gehe ich mit diesen Fragen im Sinn nach Tivon.

Hannah

»Ich weiß wirklich nicht, wo und wie ich anfangen soll … Vielleicht ist das meine Lebensgeschichte?«

Hannah, eine Frau um Vierzig, hat tiefblaue Augen. Das Interview findet in ihrem Garten statt, in den sie mich geführt hat und aus dem sie ohne jede Erklärung über eine halbe Stunde lang verschwindet. Während des gesamten Interviews – abgesehen von ganz wenigen Ausnahmen – hat sie Tränen in den Augen und spricht mit zitternder Stimme. Ich habe den Eindruck, daß sie Angst hat, kann allerdings nicht ganz erkennen, ob vor mir oder vor sich selbst. Sie bringt mir gegenüber großes Mißtrauen zum Ausdruck. Ich bitte sie, mir ihre Lebensgeschichte zu erzählen, und sie blickt mich überrascht an.

Nein, auf keinen Fall, ich weiß wirklich nicht, wo und wie ich anfangen soll. Wissen Sie, als ich mit Vater sprach, dachte ich, daß Sie sich für [sie meint wahrscheinlich die Verbindung ihrer Familie zum Holocaust] interessierten, nicht für mich.

»Mir ist ihre Lebensgeschichte wichtig und wie Sie sie mir erzählen. Ich suche nach nichts Bestimmtem.«

Aus welcher Fakultät kommen Sie?

»Sozialwissenschaften, Ben-Gurion Universität …«

Und welches Fach? Gehört dieses Projekt zur Soziologie oder Psychologie?

»Das Projekt gehört in den Bereich Psychologie«, sage ich ruhig und frage mich, ob sie mir wohl Vertrauen schenken wird?

Ach ja? *(Fünf Sekunden lang herrscht Schweigen)* Das fällt mir sehr schwer. Nehmen Sie das schon auf? Wissen Sie, letztes Jahr hatte ich ein Forschungsfreisemester und ganz andere Kurse gewählt, die mit meinem Fach gar nichts zu tun hatten. Ich habe mich nicht auf eine einzige Sache konzentriert, sondern jeden Tag etwas anderes gemacht, die Sachen hatten überhaupt nichts miteinander zu tun. Einen Tag lang habe ich zum Beispiel Fotografieren gelernt, am nächsten Handel; jeden

Tag habe ich mich mit einem anderen Thema beschäftigt. Ich habe keine Verbindung zwischen den einzelnen Fächern gesehen. Als ich später darüber nachdachte, fiel mir ein, daß … vielleicht komme ich auf einem einzigen Gebiet nicht weiter, ich kann nicht eine Sache zu Ende machen, ich mache alles mögliche oberflächlich. Warum sage ich Ihnen das? Vielleicht ist das meine Lebensgeschichte? *(lacht)* So trödele ich vor mich hin, statt eine Sache wirklich bis zu Ende zu machen, gehe ich in alle möglichen Richtungen. Ich weiß auch nicht, was interessiert Sie denn, wenn Sie von Lebensgeschichte sprechen? *(Sie schaut mich zum ersten Mal direkt an.)*

»Warum erzähle ich Ihnen das? Vielleicht ist das meine Lebensgeschichte?« Die Forderung (von wem?), sich auf etwas zu konzentrieren und einen Schwerpunkt zu setzen (den sie nicht hat), ist spürbar, auch ihre Unzufriedenheit über die augenblickliche Situation. Vielleicht hat Hannah noch nie ihre Lebensgeschichte an einem Stück erzählt?

»Für mich ist alles interessant. Vielleicht suchen Sie sich einfach einen Ausgangspunkt und erzählen von da aus weiter.«

Ich weiß nicht, worauf ich den Schwerpunkt setzen soll *(zehn Sekunden langes Schweigen).* Ich hab nichts Dramatisches zu erzählen, auch keine außergewöhnlichen Ereignisse. Können Sie mir keine Fragen stellen, um mir eine Richtung zu weisen?

»Ich habe nichts Dramatisches zu erzählen.« Hannah schaut mich an, und ich begreife, daß mein Gespräch mit Ze'ev wie ein Hindernis zwischen uns steht. Hannah kann nicht mit Geschichten über Eimer im Wald, über Züge, die sie in die Luft sprengt, und über brennende Häuser aufwarten. Und bedeutet das vielleicht, daß alles, was sie – ihrer Ansicht nach weder mit genügender Konzentration noch zusammenhängend – getan hat, in ihren Augen wertlos ist? Ich habe bereits Interesse an Hannah, möchte sie aber noch nicht von ihrem Unbehagen »befreien«. Ich mache ihr aber ein kleines Hilfsangebot: »Ich will nichts Spezifisches hören. Die meisten Leute in Ihrem Alter haben nichts Dramatisches zu erzählen, alles, was sie mir sagen können, ist wichtig und interessant für mich.« Hannah schaut mich etwas enttäuscht an und sucht nach einem Ausweg.

Ich weiß nicht. Das Interview wird sehr langweilig werden, ich kann mich auf nichts Bestimmtes konzentrieren *(lacht, Schweigen).*

»Es wird ganz bestimmt interessant. Ich habe schon einige Interviews gemacht, und Sie können mir glauben, daß ich sie immer interessant finde, obwohl kein Gesprächspartner die Welt verändert hat« (wir lachen beide). Einige Sekunden später klingelt das Telefon, und Hannah geht ins Haus, um zu antworten. Sie kehrt mit einem entschlosseneren Gesichtsausdruck wieder zurück.

Dann wollen wir mal mit dem, was ich heute tue, beginnen. Ich bin berufstätig. Dieses Jahr war mein Forschungssemester. Jetzt arbeite ich an der Ulpan [eine Schule, in der Einwanderer Hebräisch lernen], und außerhalb meiner Arbeit interessiere ich mich für alles, was mit Literatur zu tun hat. Ich verfolge das, ich lese und nehme an Literaturkursen teil und bin in Literaturgruppen, wo wir zusammen lesen [und ich bin sogar] die Leiterin einer Gruppe. Die Leute in den Gruppen kommen aus den verschiedensten Kreisen und haben ganz unterschiedliche Interessen. Auch ihr Wissensstand ist unterschiedlich, es gibt die verschiedensten Niveaus *(zögert)*. Vielleicht ist es für mich wichtig, Freunde zu haben, aber oft ist es auch überhaupt nicht wichtig. Ich habe oft den Eindruck, daß ich mir nicht genug Mühe gebe. Manchmal wird es mir lästig, und ich möchte allein sein *(weint)*. Aber wenn ich alleine bin, dann habe ich wieder den Eindruck, daß mir doch irgend etwas fehlt. Das heißt, meine Lebensgeschichte ist ganz anders *(murmelt etwas, was ich nicht verstehen kann)*. Meine Familie ist mir sehr wichtig. Ich habe Glück, einen sehr guten Ehemann, mit meiner Familie habe ich Glück gehabt. Die Kinder, die Beziehung zwischen uns, ich glaube, die ist gut *(schaut mich an)*, eine langweilige Geschichte, was soll ich Ihnen erzählen? *(lacht)*

Hannah hat also doch eine Lebensgeschichte, aber sie ist sehr streng mit sich selbst, etwa wenn sie sagt: »Ich gebe mir nicht genug Mühe.« Alles in allem klingt sie jedoch recht positiv. Im Unterschied zu ihrem Vater eröffnet sie das Gespräch mit der Gegenwart. Sie ist berufstätig, interessiert sich für Literatur, sie hat ein gutes Familienleben. Ihre Freunde haben die unterschiedlichsten Interessengebiete, und sie fragt sich, wieviel Zeit sie mit ihnen verbringen und wieviel Zeit sie sich für sich selber nehmen sollte. Dennoch sagt sie abschließend: »eine langweilige Geschichte, was soll ich Ihnen erzählen?« Hannah lacht, als sie meine Reaktion spürt. Dann schweigt sie wieder, aber beginnt diesmal ohne ein Stichwort von mir wieder zu sprechen. Am Anfang begreife ich nicht recht, wovon sie überhaupt spricht.

Es muß mir sehr wichtig sein, und ich habe mir schon viel Gedanken darüber gemacht. An etwas teilzunehmen, zuzuhören und nahe zu sein, aufmerksam zu sein. Ich habe auch Glück gehabt, aber es ist nicht nur Glück, das weiß ich. Ich habe auch sehr viel Gedanken und Aufmerksamkeit darauf verwendet. Meine Arbeit in der Ulpan zum Beispiel ist sehr interessant für mich, weil ich dort mit Menschen arbeite. Vielleicht weil da so viele Menschen von überall her, alle möglichen Altersgruppen und mit den unterschiedlichsten Interessen, zusammenkommen und ich ihnen die ganze Zeit zuhören muß. Andererseits wird es mir auch zu viel, und manchmal fühle ich mich überarbeitet und erledige alles wie ein Roboter. Manchmal fühle ich mich mit einer Gruppe sehr eng verbunden, ich frage und gebe und höre zu und merke dann ganz plötzlich, daß ich keine Leute mehr sehen kann *(lacht ein bißchen)*. So ist es – immer in allem auch das Gegenteil *(Schweigen)*.

Hannah ist mir sehr sympathisch. Sie spricht über sich selbst auf sehr charmante Weise und erkundet ihre Gefühle ernsthaft. Immer wieder tauchen die Worte »anders«, »verschieden« auf, ich weiß noch nicht warum. Hannah versucht sich selbst und mir zu erklären, warum sie es anziehend findet, mit Menschen zu arbeiten, und dann ihrer überdrüssig wird. Warum investiert sie so viel in andere Menschen? Ich überlege mir, wie ich wohl von ihr ihre chronologische Lebensgeschichte erfahren kann. Sie scheint ihr nicht wichtig zu sein.

»Wurden Sie in Israel geboren?«

Nein, nein, ich kam in Deutschland zur Welt *(Schweigen)*. Israel, ich liebe dieses Land wirklich, ich gehöre dazu … ich gehöre wirklich hierhin wie … Blumen und Pflanzen. Das ist mein Land, und ich merke, daß ich mich wirklich darum kümmere und daß mir Dinge etwas ausmachen, aber ich mache nicht sehr viel [dafür]. Das kommt vielleicht noch, vielleicht werde ich mal spüren, daß ich mehr tun sollte als … bei der Arbeit komme ich mit vielen Menschen aus anderen Ländern zusammen, und sie unterhalten sich über alles mögliche. Selbst wenn sie recht haben, stört es mich, wenn sie Israel kritisieren. Ich antworte nicht darauf, aber es macht mir trotzdem etwas aus *(Schweigen)*. Welche anderen Familien haben Sie interviewt?

Inzwischen wird bereits ein Muster deutlich: Wenn es Hannah schwerfällt, weiter über sich zu sprechen, fragt sie mich etwas. Interessanterweise sprechen Hannah und Ze'ev sehr ähnlich über ihre Beziehung zu Israel. Sie empfinden Sorge und Liebe in sich, und das ärgert sie. Ich frage mich, ob Hannah sich über die Kritik der Einwanderer an Israel ärgert, weil sie sich mit ihnen identifiziert? Ich antworte ihr, daß ich alle möglichen Leute getroffen habe.

Ich weiß, daß meine Eltern, als sie in Israel ankamen, erst mal nach Shaar Ha'alija gingen und von dort nach Kiryat Eliezer zogen, später dann nach Rommema auf den Karmelberg. Ein paar Jahre, nachdem wir nach Rommema zogen, habe ich geheiratet und bin nach Obernazareth gezogen, wo wir ein paar Jahre lang gewohnt haben. Später sind wir zurückgekommen, wieder näher an Haifa, und sind nach Tivon gezogen. Meine frühe Kindheit habe ich in Kiryat Eliezer verbracht. Ich bin damals viel rumgelaufen *(langes Schweigen)*. Meine ersten Erinnerungen sind an Kiryat Eliezer. Meine Eltern kamen von Deutschland dorthin und haben dort eine Art Hütte gebaut, mitgebracht, sie haben aus Deutschland eine Art Holzhäuschen mitgebracht. Und sie haben eine Fabrik gekauft, und ich bin viel rumgerannt. Ich erinnere mich, ich war das einzige Kind, glaube ich. Die anderen hatten noch keine … dort wohnten nur junge Paare. Und ich war das erste Kind und … *(Tränen)*. Sie haben jiddisch gesprochen, und ich bin von Haus zu Haus gegangen, und sie haben mir etwas zu essen gegeben. Und ich weiß, wir sind damals barfuß gelaufen, und ich glaub, damals ist man davon ausgegangen, daß die neuen Einwanderer eben so lebten. Damals habe ich Neueinwanderer nicht als etwas Besonderes betrachtet. Erst heute, wenn ich mit Neueingewanderten aus Rußland spreche und sie mit ihren Kindern jiddisch sprechen höre, dann erinnere ich mich plötzlich. Ganz plötzlich kommt mir dann die Erinnerung, die Erinnerung an meine Kindheit.

Meine Mutter hatte noch Familienangehörige hier, die schon lange in Israel lebten. Ich glaube, die waren mit der zweiten Einwanderungswelle nach Israel gekommen, in den zwanziger Jahren, und sie haben uns adoptiert. Sie haben uns hier in Empfang genommen und uns nach Petach Tikva eingeladen, und ich kann mich daran erinnern, daß ich als Kind dort sehr gerne hingefahren bin. Heute glaube ich, daß das auch damit zu tun hatte, daß sie viel besser wohnten, besser eingerichtet waren. Sie hatten mehr Platz, Schaukeln im Garten, eine Bibliothek und alles mögliche. Ich erinnere mich, daß sie mir immer Bücher und Briefmarken und so etwas gegeben haben und daß die Frau sehr schön war. Sie war älter, hatte silbernes Haar, und ich habe mich mit ihr über Großmutter und Großvater unterhalten. Sie sagte mir, sie sei bereit, meine Großmutter zu sein, wenn ich das wollte *(lächelt unter Tränen)*. Ich war sehr glücklich über diese Adoption, und wenn ich heute Einwanderer aus Rußland in den Ulpan-Kursen treffe, muß ich daran denken. Es kommt mir vor, als sei da eine Art Treffen. Ich werde sehr sentimental.

Hannah spricht jetzt sehr gefühlsgeladen, und ich muß plötzlich an eine Szene aus dem Film »Avia's Summer« *denken.* [A.d.Ü.: Nach einer Erzählung der Autorin Gila Almagor, in der Avia, eingesperrt in die Ängste und Zwangsvorstellungen ihrer Mutter, einer ehemaligen Partisanin, die meist in einer psychiatrischen Anstalt lebt, den Part der Erwachsenen spielt. Der Name des Mädchen (»Avia« heißt »ihr Vater« und bezieht sich auf ihren Vater, der vor ihrer Geburt als Partisan getötet wurde) ist ein tragisches Lebensprogramm.] *Jetzt wird deutlich, daß auch Hannahs Geschichte eine Vergangenheit hat, und zwar eine schmerzliche, auch wenn sie sagt: »Ich war sehr glücklich über diese Adoption.«*

Ich habe einen siebzehnjährigen Schüler, der darüber sprach, wie er plante, nach Israel auszuwandern. Er erzählte von allen möglichen jiddischen Liedern, die er in Rußland kannte. Da habe ich mich daran erinnert, daß ich diese Lieder auch zu Hause gehört habe *(weint)*. Meine Eltern waren wirklich ziemlich jung, wenn ich mir das heute überlege, nach allem, was sie durchgemacht haben. Sie haben darüber gesprochen. Nicht wie, wissen Sie, es gibt Familien, die nie darüber sprechen. Sie haben wirklich darüber gesprochen, und wenn sie Freunde trafen, dann haben sie alle möglichen Geschichten erzählt. Vielleicht lag das daran, daß mein Vater bei den Partisanen war. Sie haben sich alle möglichen Dinge erzählt, richtige Heldengeschichten. Für mich war das ein Ereignis, daran erinnere ich mich. Als Kind saß ich da und hab zugehört, und sie haben sich über einzelne Fälle unterhalten, wie sie das im einzelnen gemacht haben. Auch meine Mutter hat viel über ihre Geschichte gesprochen. Das ist interessant. Wenn ich heute versuche, mit ihr darüber zu sprechen, dann weigert sie sich. Damals war das in der Familie. Sie haben gesprochen. Geschichten erzählt, oft.

»Merkwürdig, daß Ihre Mutter damals darüber gesprochen hat und sich heute weigert.«

Ich weiß nicht, ob sie wirklich nicht darüber sprechen will. Sie sagt, daß sie nicht will, aber wenn es ums Geschichtenerzählen geht, dann spricht sie doch darüber. Wenn wir sie ganz direkt darauf ansprechen, dann sagt sie, daß sie nicht daran interessiert ist. Aber Sie sollten wissen, daß sie zu Hause viel darüber gesprochen hat, und ich dachte, so wäre es in allen Familien. Ich dachte, in allen Familien würden sich die Leute darüber unterhalten.

Jiddische Lieder und Heldengeschichten, die Geschichten ihrer Mutter und das Schweigen: Die Lieder gehören zwar zu ihrer Kindheit, aber Hannah erinnert sich erst daran, als sie einem Siebzehnjährigen begegnet, der neu eingewandert ist, und sie erzählt mir unter Tränen davon. Die Geschichten von heroischen Taten gehören ihren Eltern, als Kind hat sie sie gehört, aber sie beschreibt nicht, was sie dabei fühlte. Vielleicht ist das Schweigen ihrer Mutter, das eine neuere Entwicklung ist, ein Ausdruck der Verzweiflung, weil sie sich nicht verstanden fühlt, und vielleicht empfindet Hannah etwas Ähnliches? Aber bevor ich die nächste Frage stellen kann, spricht Hannah weiter.

Meine Kindheit in Kiryat Eliezer, ich hatte dort Freundinnen. Ich wurde akzeptiert und gehörte dazu. Und als wir dann nach Rommema zogen, ging es mir in dieser Hinsicht etwas schlechter, es fiel mir schwer, in eine neue soziale Schicht einzutreten. Ich glaube, die Familien dort gehörten einer höheren Einkommensschicht an. In dieser Gegend wohnten nicht mehr nur Neueingewanderte wie in Kiryat Eliezer, und für mich war dieser Unterschied sehr schwierig. Ich weiß nicht, ob ich plötzlich introvertierter und schüchterner wurde *(Schweigen)*. Ich habe diese Woche einen Artikel von Amos Oz gelesen, in dem ein Satz über dieses Thema stand. Er sagte, daß man damals alle möglichen Fehler begangen hätte. Er sagte, als die Einwanderer kamen, hätten wir von ihnen erwartet, daß sie einen Beitrag zum neuen Staat leisten müßten. Ich hatte plötzlich das Gefühl, er redet über mich, ich fand das verletzend *(Schweigen)*.

Ob man das eine Krise nennen kann? Ich weiß nicht, ob es eine Krise war, aber eine bestimmte kurze Epoche in meinem Leben. Ich glaube, das Ganze dauerte zwei Jahre. Später habe ich mich dann an die Gruppe angepaßt, ich war wieder integriert und hatte Freunde. Ich war bei den Pfadfindern und allem, was dazugehört. Aber manchmal, wenn ich Freundinnen aus der »alten Zeit« traf, dachte ich … daß meine Eltern nicht gut Hebräisch konnten und so weiter *(schaut mich verlegen an)*. Und sonst? Heute führe ich ein ziemliches Routineleben. Ich war in der Armee, dann habe ich geheiratet und angefangen zu studieren.

Hannah fällt es schwer zu sagen, daß sie sich noch heute darüber ärgert, als minderwertig angesehen worden zu sein, weil sie das Kind von Überlebenden des Holocaust war, die nicht gut Hebräisch sprachen, denen es wirtschaftlich nicht besonders gut ging und die ein bißchen am Rande standen. Vielleicht war das eine Krise für sie, weil sie zu Hause unter anderem Geschichten über die Heldentaten ihres Vaters gehört und den Eindruck hatte, daß ihnen eher mehr als weniger zustände. Vielleicht erklärt das auch ihr Empfinden, nicht zu wissen, wie sie Außen- und Innenwelt miteinander in Einklang bringen soll.

»Sie haben vorhin von einem Gefühl der Entfremdung gesprochen. Ist das etwas, was sie über sich selbst empfanden, oder bezog sich das auf Ihre ganze Familie?«

Ich glaube, es war alles zusammen *(Schweigen, Tränen)*. Es war vielleicht eher mein Gefühl, ein inneres Gefühl, ich habe nicht darüber gesprochen. Das heißt, ich war nie wirklich ganz allein. Ich hatte immer mindestens eine Freundin. Mein Vater ist gerne in Gesellschaft und mag Lärm und Aktivität. Er bezieht sich mehr auf Leute, er stellt ihnen Fragen und spricht. So ist er eigentlich, aber er hat sehr viel gearbeitet und war fast nie zu Hause. Meine Mutter war nicht berufstätig, sie hat zwar auch sehr viel gearbeitet, aber sie war zu Hause.

Die Geschichte meiner Mutter ist so, daß sie in ihrem Dorf blieb, als die Deutschen kamen. Dann, nach einer Weile war sie mit ihren Schwestern zusammen, mit drei Schwestern, und sie war diejenige, die sich eigentlich um sie kümmerte, und sie blieb den ganzen Krieg über mit ihnen zusammen. Als mein Vater sie heiratete, sagt er, hatte er sofort drei Töchter und später vier Frauen, er hat sie mit geheiratet. Am Anfang kamen sie alle und haben uns besucht, aber mit der Zeit ... das heißt, bis heute habe ich den Eindruck, daß es meiner Mutter sehr wichtig ist, die Sache mit der Familie, alles sollte in Ordnung sein, der Tisch ordentlich gedeckt, schöne Teller und so weiter *(weint).*

Aber ich erinnere mich daran, wie schwierig es war. Weil sie so viel gearbeitet hat und nie die geringste Hilfe hatte, und sie fühlte sich immer als Opfer, bis irgendwann nichts mehr Spaß gemacht hat. Ich glaube, in den letzten paar Jahren ist es etwas leichter geworden. Sie läßt es jetzt sogar manchmal zu, daß andere ihr helfen ... sie ist schon ein besonderer Charakter. Ich halte sie für die klassische »jiddische Mame« in dem Sinne, daß sie immer mehr und mehr macht, bis sie zusammenbricht und ... *(Schweigen, Tränen).*

Hannah versucht, über ihre eigenen Erinnerungen nachzudenken (»es war sehr schwierig«) und auch die Erinnerungen ihrer Mutter zu reflektieren, die sie nur zum Teil kennt. Ihr Vater ist ein geselliger Mensch, war aber nie zu Hause. Ihre Mutter hatte ein schweres Leben, im Krieg kümmerte sie sich um ihre Schwestern. Hannah sagt über ihre Mutter, daß sie »sich immer als Opfer fühlte, bis irgendwann nichts mehr Spaß gemacht hat«.

»Hat sich die Beziehung zu Ihren Eltern von Kindheit an bis jetzt verändert? Hat sich die Atmosphäre zu Hause verändert?« Hannah denkt eine Weile über die Frage nach.

Nein, ich glaube nicht. Ich glaube nicht, daß sich etwas verändert hat. Das liegt vielleicht an ihrem Hintergrund, Sachen, die sie erlebt haben, und daran, daß ich ein Mädchen und kein Junge bin. Zu einem Mädchen sagen sie, »sei brav, hübsch und halt den Mund« *(kichert).* Ungefähr so. Es gab bestimmt mal Zeiten, wo wir uns darüber gestritten haben, aber ... jetzt hat sich das Verhältnis beruhigt, glaube ich. Vielleicht weil sie älter werden. Mein Vater hatte einen Herzinfarkt und hat aufgehört zu arbeiten. Vielleicht liegt es aber auch daran, daß ich erwachsen geworden bin und mehr hinnehme. Das heißt, sie sind so, wie sie sind, und wenn sie ihre Macken haben, dann ist das in Ordnung, so sind sie eben.

Früher haben sie alles, was ich tat, kommentiert, haben zu allem was gesagt, was sie nicht befürworteten oder nicht leiden konnten. Das machte mich wütend, ich habe versucht, es ihnen zu erklären, wir haben uns gestritten. Jetzt streite ich mich nicht mehr mit ihnen ..., aber unsere Auseinandersetzungen waren auch nicht besonders dramatisch *(lacht und schweigt wieder)*. Es ging immer darum, welche Einstellung man hat, wie etwas sein sollte und was sein sollte, sogar um die Beziehung zu meinen Kindern. Ich höre dann einfach zu und sage: »Okay«, oder ich lächele und sage: »So ist es, so ist es eben.« Mit anderen Worten, ich streite mich nicht mehr mit ihnen.

»Sei brav, hübsch und halt den Mund.« Hannah denkt, daß sie in den Augen ihres Vaters weniger wert war, als ein Sohn es gewesen wäre. Allmählich wird klar, wessen Kritik sie internalisiert hat und wer sich darüber beklagt hat, daß sie nicht genügend »konzentriert« und »interessiert« an Menschen und Sachen sei. Vielleicht beginnt ihre Geschichte deshalb in der Gegenwart, denn erst seit kurzem hat sie begonnen, seine Kritik durchzuarbeiten, berufstätig zu sein und literarische Gruppen zu organisieren. Sie hat auch akzeptiert, daß ihre Eltern »so sind, wie sie sind, und wenn sie ihre Macken haben, dann ist das in Ordnung, so sind sie eben«.

»Was passierte, als Sie Ihr Elternhaus verlassen haben? Können Sie sich daran erinnern?«

Nein. Manchmal, wenn ich so zurückschaue, wundere ich mich, daß ich nie ... nie allein war und nie eigene Entscheidungen treffen mußte und immer beschützt wurde *(lacht)*. Ich weiß nicht, ob das ein Vorteil war oder nicht. Wirklich, manchmal denke ich, daß es mir vielleicht fehlt und ein Fehler oder so etwas ist. Ich war nie, ich habe nie schwierige Situationen alleine durchgestanden, wo ich ein Problem lösen mußte. Ich kann sogar sagen, daß das Leben mich verwöhnt hat ... vielleicht habe ich etwas verpaßt, ich meine, wenn ich mit irgend etwas ganz alleine zurechtkommen müßte, dann würde ich daraus vielleicht lernen.

Ich denke an Ze'evs Bemerkung, daß seine Kinder seiner Ansicht nach »nie von zu Hause weggegangen sind, sie haben geheiratet und Kinder bekommen«. Hannah selbst sagt: »Das Leben hat mich verwöhnt.« Im Vergleich zu dem, was ihr Vater und ihre Mutter durchgemacht haben, wurde sie gewiß

»immer beschützt«. Sie spricht von sich selbst noch immer in der Art und Weise, wie ihre Eltern sie charakterisiert haben. Warum haben sie sie aber so definiert? Vielleicht verstecken sie dahinter etwas, dem sie nicht ins Auge blicken können und das Hannah jetzt symbolisiert?

»Ihr Name und der Name ihrer Schwester, haben die irgendeine besondere Bedeutung?«

Ja, ich bin nach der Mutter meiner Mutter benannt und meine Schwester nach der Mutter meines Vaters, die verschwand … *(Schweigen).*

»Gefällt Ihnen Ihr Name?«

Möglicherweise hätte ich einen israelischeren Namen lieber gehabt, einen, der weniger nach Ghetto klingt. Aber das ist nicht wirklich ein Problem.

»Und die Namen Ihrer Kinder?«

Dasselbe. Aus Respekt vor meinen Eltern. Yoav ist nach dem Vater meines Vaters benannt, der Yovush hieß. Als Yoav auf die Welt kam, hat das vielleicht wirklich zu ihm gepaßt, das gehört dazu, wenn man zu einer Familie gehört. Es war an einem Sabbat, an einem Sabbat im Februar. Ein wunderschöner Tag, die Sonne schien, und im Krankenhaus waren, glaube ich, fünfzehn Familienangehörige, die darauf warteten, daß er geboren würde. Meine Eltern, die Schwester meiner Mutter, die Eltern meines Vaters und der Bruder meines Onkels. Wer war nicht da? Das war schon etwas, ein Riesenereignis. Ich kann mich nicht mal daran erinnern, gesagt zu haben, daß ich ins Krankenhaus ginge. Alle sind gekommen und haben gewartet. Es war die erste Geburt in der Familie seit vielen Jahren … und es war ein Junge *(lacht und weint abwechselnd).* Ich mache mir jetzt große Sorgen um ihn, ich habe Angst. Er geht in die Armee, und es ist eine sehr schwierige Einheit *(Schweigen).*

»Und die Namen Ihrer Töchter?«

Meine älteste Tochter heißt Shani [Scarlet]. Als sie geboren wurde, haben wir nach einem Namen gesucht, und mein Vater kam ins Krankenhaus und sagte, er wollte, daß ich sie Yifat [so heißt Scarlet auf Jiddisch] nenne. Ich habe sofort begriffen, daß er eine Schwester hatte, die Shayna hieß. Wissen Sie, Shayna heißt »Schöne« auf Jiddisch. Dann sagte er Yifat oder Yafit oder so etwas Ähnliches. Ich hab ihm gesagt: »Also wirklich, Daddy, und was ist, wenn sie keine Schönheit wird?« Dann sagte er: »Was redest du da? Ich habe sie gesehen, und sie sieht sehr schön aus!« Und dann hatte ich plötzlich eine sehr gute Idee – Shayna klingt fast wie Shani. Ja, und da war er sehr glücklich, und ich fühle mich auch gut, weil er den Namen wirklich mochte und sehr stolz darauf ist. Ich finde sie auch schön. Sie erzählt das sogar ihren Freundinnen, und sie nennen sie Shayna oder Shayndele. Mit anderen Worten, ich sehe, daß es ihr nichts ausmacht, eher im Gegenteil. Sie erzählt die Geschichte. Und Raziya [die jüngere Tochter], die haben wir so genannt, weil wir den Namen mochten. Die Namen aller Großmütter waren inzwischen schon vergeben, weil es so viele Neugeborene in der Familie gegeben hatte.

»Die Geschichten, die Ihnen Ihre Eltern über den Krieg und den Holocaust erzählt haben, haben Sie sich die angehört, weil Sie wollten, oder war das eine Belastung?«

Nein, das war keine Belastung. Die waren ja nicht direkt an uns gerichtet. Sie haben halt zusammengesessen und gesprochen, ganz normal, wenn sie mit Freunden zusammen waren, mit Leuten, oder wenn die Familie zusammenkam. Sie haben viele Verwandte in Amerika. Wenn die auf Besuch kamen, gab es immer ein Essen, und nach dem Essen saßen sie zusammen, und mein Vater erzählte Geschichten. Mein Vater galt in meiner Familie als Held *(Schweigen)*.

»Hatten Sie wegen dieser Geschichten Alpträume?«

Nein, fast nie. Ich bin ein optimistischer Mensch, ich versuche immer, die positiven Seiten zu sehen, ob zu Hause oder außerhalb, ich sehe immer das Gute. Manchmal bin ich wütend über mich selbst, weil ich vielleicht nicht sensibel genug für die Leiden anderer Menschen bin, für das, was ihnen zustößt, und die Probleme, die sie haben. Wenn ich von den Problemen anderer Menschen höre, dann höre ich vielleicht nicht sehr konzentriert zu, ich bin zu distanziert, ich bin nicht … *(Schweigen)*.

Wir verabschieden uns mit einem herzlichen Händedruck. Während der Stunden, die wir zusammen im Garten verbracht haben, ist etwas zwischen uns geschehen. Hannah hat mich berührt, und vielleicht hat etwas in mir auch sie berührt. Obschon wir sehr verschieden sind, haben wir doch viel gemeinsam. Auf meinem Weg zum Bus fällt mir auf, daß der letzte Satz des Interviews derselbe wie der erste war: »Ich bin nicht …« Mit dem Unterschied, daß Hannah am Ende die Erklärung hinzufügt: »Manchmal bin ich wütend über mich selbst, weil ich vielleicht nicht sensibel genug für die Leiden anderer Menschen bin« und »Ich bin ein optimistischer Mensch, ich versuche immer, die positiven Seiten zu sehen, ob zu Hause oder außerhalb, ich sehe immer das Gute.« Sie scheint sich zwischen diesen beiden Extremen zu bewegen, was möglicherweise eine Erklärung für ihren häufigen Gebrauch des Wortes »anders« liefert. Auf der einen Seite steht ihr »geselliger« Vater, der das Leben liebt, auf der anderen ihre eher introvertierte Mutter, die sich selbst als »Opfer« betrachtet. Und vielleicht bewegt sich Hannah zwischen ihnen, zwischen dem »Mit-anderen-zusammen«-Sein und dem »Alleinesein«. Das Vermächtnis ihrer Eltern besteht möglicherweise in dem Gefühl, sie habe keine eigene Lebensgeschichte, sie sei durch ihre Eltern definiert. Zugleich aber versucht sie, ihr Leben in positivem Lichte zu errichten, sie versucht, anderen Menschen näher zu kommen (Freunden, Neueinwanderern), an literarischen Gruppen teilzunehmen und Teil ihrer Familie zu sein.

Hannah hatte keine vorgefertigte Geschichte zu erzählen, aber ich habe den Eindruck, daß sie sehr viel gesagt hat, sowohl mit ihren Worten als auch durch ihr Schweigen. Erst nachdem ich sie verlassen habe, fällt mir auf, daß Hannah über ihre eigene Rolle als Mutter gar nicht gesprochen hat. Sie erwähnt zwar kurz, daß sie sich Sorgen um ihren Sohn macht, der in die Armee geht, hat ganz kurz seine Geburt beschrieben und ein paar Worte über die Namen ihrer Kinder gesagt, aber nur als Antwort auf meine Fragen. Ich frage mich, warum ihre Mutterrolle nicht zu ihrer erzählten Lebensgeschichte gehört. Hat das vielleicht damit zu tun, daß diese Geschichte gerade erst Formen annimmt? Werden später dazu die Erfahrungen als Mutter gehören? Hannah steht in auffälligem Kontrast zu Tzipke, die mir in aller Ausführlichkeit berichtet hatte, daß sie mit ihren Kindern grundsätzlich anders umgeht als ihre Mutter mit ihr. Hannah erwähnt das überhaupt nicht, obwohl sie die Schwierigkeiten ihrer Kindheit gut beschreibt und Tränen darüber vergießt. Vielleicht hat das mit ihrer Beurteilung ihrer selbst zu tun, daß sie »nicht sensibel genug für die Leiden anderer Menschen« ist, »was ihnen zustößt und für ihre Probleme«. Zählt sie auch ihre Kinder zu diesen »anderen« Menschen?

Ich bereite mich in Gedanken auf das Interview mit Hannahs Sohn Yoav vor: Wird er sich in Kontinuität mit den Erzählungen von Heldentum und Stärke setzen, die mit seinem Großvater in Verbindung stehen? Oder hat er eine harsche Selbstkritik entwickelt wie seine Mutter, so daß er gar nicht erst ein Empfinden für eine eigene Lebensgeschichte entwickelt hat? Ist er ein einsamer Wolf oder ein geselliges Wesen? Wird mir seine Geschichte einigen Aufschluß darüber liefern, warum Hannah ihre Mutterrolle nicht als Teil ihrer Lebensgeschichte empfindet? Am Wochenende rufe ich Yoav an und verabrede mich mit ihm.

Yoav

»Aber meiner Ansicht nach bedeutet Leben nicht nur, daß man am Leben ist, sondern was man daraus macht.«

Ein paar Wochen später fahre ich wieder nach Tivon, um den achtzehnjährigen Yoav zu treffen. Er kommt gerade aus der Dusche und will bald zu einem Freund auf eine Fete gehen. Sein Zimmer ist, wie es sich für einen Jungen seines Alters gehört, sehr unordentlich, riesige Poster hängen an den Wänden, und ein Modellflugzeug des Typs F-16 sieht so aus, als werde es jeden Augenblick auf unseren Köpfen landen. Er ist groß, hat volles Haar, warme Augen und einen spitzbübischen Gesichtsausdruck. »Möchten Sie etwas trinken?« Sein Tonfall erinnert an den seiner Mutter, allerdings versucht er, für den Anfang des Interviews eine entspannte Atmosphäre herzustellen. Schließlich fühlt man sich meistens bei ersten Begegnungen ein bißchen gehemmt. Er erscheint mir jedoch weniger gehemmt als seine Mutter.

»Ich interessiere mich für deine Lebensgeschichte. Wenn du mir etwas über dich selbst, über dein Leben erzählen könntest …« Yoav wird plötzlich sehr ernsthaft und richtet seinen Blick unvermittelt auf einen Punkt im Raum.

Ich versuche herauszufinden, ob es wirklich Dinge gibt, die einen großen Einfluß auf mein Leben hatten, besondere Ereignisse, die mir geholfen haben, dahin zu kommen, wo ich heute bin. Fangen wir am Anfang an? Ich wurde, glaube ich, in eine Familie hineingeboren, die ziemlich normal ist. Das Verhältnis untereinander würde ich nicht als ideal bezeichnen, soweit ich weiß und soweit sie mir das gezeigt haben, und ich glaube nicht, daß sie viel vor mir zu verbergen haben. Das heißt, eine Familie, in der alle Teile eng miteinander verbunden sind. Wir sagen einander nette Dinge. Ich glaube, daß das in meiner Kindheit oft zum Ausdruck kam. Das heißt, ich wurde ziemlich verwöhnt, ich habe mehr oder weniger bekommen, was ich wollte, manchmal ein bißchen weniger und manchmal ein bißchen mehr, aber man hat mir nie etwas ganz ausgeschlagen. Am Anfang haben wir in Rommema gewohnt, später dann in Obernazareth. Ich glaube nicht, daß sich irgend etwas Hervorstechendes ereignete. Ich hatte eine total normale Kindheit, und als Kind habe ich mich mit Vorliebe auf bestimmte Hobbys konzentriert, wo ich mich dann genau auskannte. Mit anderen Worten, ich wollte auf bestimmten Gebieten ein Experte sein, wenn man das so sagen kann. Ich hatte schon sehr früh ein Aquarium, und ich kannte mich bei allen möglichen Fischen aus, auch bei Fischen, die ich gar nicht hatte. Ich habe schon relativ früh gelesen, und zwar nicht Schulbücher, die ich lesen mußte, sondern Fachliteratur über Fische, Bezeichnungen für Fische. Ich habe sie meistens an den Bildern erkannt und so weiter. Und bevor ich mich für Fische interessierte, waren es Autos. Ich glaube, das waren meine Leidenschaften: Das ist nicht gerade eine Lebensgeschichte … das heißt, ich rede jetzt über die Dinge, für die ich mich interessiert habe.

Ich nicke, um anzudeuten, daß das in Ordnung ist, und muß an Hannahs Unfähigkeit denken, sich auf eine Sache zu »konzentrieren«.

Ich konnte Autos an ihren Reifen erkennen. Ich habe mich als Kind immer mit irgend etwas beschäftigt. Vielleicht war ich in gewisser Hinsicht sogar hyperaktiv? Innerhalb der Grenzen des erlaubten Verhaltens in unserer Familie habe ich mich mit allem möglichen beschäftigt. Manchmal war ich sogar ganz und gar von etwas hingerissen, wie das bei Kindern in dem Alter halt passiert. Vielleicht habe ich das getan, um meine Hyperaktivität in eine positivere Richtung zu lenken *(lächelt in sich hinein)*. Ich hab nämlich im Kindergarten auch andere Kinder verprügelt *(lacht)*. Später, in der ersten und zweiten Klasse, habe ich dann mit Sport angefangen, da meine ganze Energie reingesteckt. Da bin ich dann hier in der Gegend rumgezogen und hab Fußball, Basketball, alles mögliche gespielt, was mir so in die Hände fiel, damit hab ich die meiste Zeit verbracht. Heute habe ich nicht mehr so viel Zeit dafür. Andere Sachen stehen für mich logisch betrachtet höher auf der Liste: Ich finde sie wichtiger als Sport. Aber wenn ich einmal anfange zu spielen, kann ich nicht mehr aufhören. Das ist auch heute noch so. Ich bin damals mit meinen Freunden auch ausgegangen, mit denselben Freunden, denn damals haben alle Fußball gespielt. Fast so, als hätte ich mit meiner Begeisterung alle anderen angesteckt. Ich glaube, ich hab immer nur mit Leuten zu tun gehabt, die auch Sport getrieben haben. Ich war obsessiv, was das betraf, ich habe den ganzen Tag lang nur Sport getrieben.

»Hyperaktiv«, »obsessiv«, ich wundere mich über Yoavs psychoanalytische Terminologie. Ich folge dann weiter seiner Erzählung.

Später, so etwa in der sechsten Klasse, begann ich mich für Computer zu interessieren. Ich habe mich da reingehängt, ich fand es ganz toll. Das heißt, ich habe nicht angefangen, Kurse zu belegen, sondern habe Computerprogramme – also ich hab sie auseinandergenommen und alleine versucht, sie zu verstehen. Das hat mir viel Befriedigung verschafft, sie ganz alleine verstehen zu können. Ich glaube, ich hab sie auch besser verstanden. Ich habe auch gerne ein bißchen gespielt, aber am liebsten habe ich selbst Programme geschrieben. Auch hier, wenn ich hier gesessen habe, konnte ich damit nicht aufhören, Tag und Nacht hab ich das gemacht. Schule war für mich Zeitverschwendung. Ich hab nur darauf gewartet, nach Hause zu kommen und mit meinem Programm weiterzumachen.

Außerdem hab ich noch weiter Sport gemacht, ich war dann in dem Alter, wo ich bei einer Mannschaft mitspielen konnte. Ich habe mit Tennis angefangen, eigentlich schon in der dritten Klasse. Damit war es mir ziemlich ernst. Ich spielte fünfmal die Woche in einer Mannschaft, drei Stunden täglich, und ich habe ein Niveau erreicht, wo ich in Wettkämpfen spielte. Ich habe ein paar kleine Medaillen gewonnen, was mich bestärkt hat, weiterzumachen. Und als wir nach Tivon umgezogen sind, habe ich mich mehr für Handball interessiert, weil ich dachte, ich wäre darin besser. Ich habe für Tennis sehr viel trainiert, aber ich war nicht gut genug darin. Ein Jahr nachdem ich angefangen hatte, Handball zu spielen, war ich schon bei den Hapoel All Stars. Ich hatte da bessere Chancen, dachte ich. Es hat mir auch mehr Spaß gemacht. Rückblickend betrachtet glaube ich, daß ich in dem Moment, wo das Training schwieriger wurde und ich sah, daß ich nicht so gut war, mit Tennis aufgehört habe und angefangen habe, mich für Handball zu interessieren. Ich habe damals mit zwei verschiedenen Mannschaften trainiert, weil es mir nicht gereicht hat, nur in meiner eigenen Altersklasse zu spielen. Ich habe jeden Tag Handball gespielt und … meine

Freundin kaum gesehen. Wenn ich eine Freundin oder so hatte, dann hat die sich immer beschwert, daß ich keine Zeit für sie hätte. Wenn mich was interessierte, dann konnte ich nicht aufhören, ich konnte mir nicht sagen, ich muß zu meiner Freundin, also bleibe ich nicht noch nach dem Training und schmeiße den Ball gegen die Wand, oder ich gehe nicht zum Fußball. Und … ja, das ist es.

Yoav lächelt mich sehr charmant an und schaut mich an, als suche er nach Bestätigung, besonders von mir, da ich ja ein Mädchen bin. Ich lächele zurück, als wäre ich einen Moment lang seine Freundin, und denke mir, daß Yoav sich selbst eine ernsthafte Einstellung zu allem, was er macht, abverlangt.

Vom sozialen Gesichtspunkt her habe ich eine Krise durchgemacht. Du hast ja meinen Großvater schon interviewt; er hat auch verschiedene Krisen durchgemacht. Meine Krise war, daß ich von Obernazareth nach Tivon ziehen mußte. In Nazareth, das ist wie in einem Brutkasten, was die Leute betrifft, jeder kennt jeden. Vor allem in der siebten Klasse, das ist eine Klasse, die aus allen Kindern deines Alters in der Stadt besteht. Es war so eine zusammengehörige Klasse, wo jeder jeden von einem sehr frühen Alter an kennt. Wir waren alle sehr eng miteinander verbunden. Was die Zeit und die Nähe betrifft, waren die anderen wie meine Brüder, weil ich nur drei Stunden von ihnen entfernt wohnte. Da ist nicht allzu viel los – wir waren immer in einer Gruppe zusammen. Es fiel mir sehr schwer, sie zu verlassen. Und was es noch schwieriger machte, war, daß alles in so vieler Hinsicht anders war. Heute kommt es mir ganz unwichtig vor, wenn ich zurückblicke von wo ich jetzt bin.

»Zum Beispiel?«

Zum Beispiel, was man da anhatte, war anders … ich hab zum Beispiel nie Jeans getragen, bis ich nach Tivon kam. Heute kommt es mir merkwürdig und verrückt vor, keine Jeans zu tragen. Bis heute bin ich vielleicht ein bißchen anders. Ich achte nicht darauf, was elegant oder modern ist. Ich richte mich nur danach, was mir gut gefällt und was natürlich aussieht, aber ich kann einfach keine getragenen Sweat-Shirts tragen. Als ich nach Tivon kam, hat sich alles verändert, was mir vorher natürlich vorgekommen war. Vielleicht bin ich nur anders, weil ich meine Sozialisation in einer kleinen Gruppe durchlaufen habe. Aber als ich in der siebten Klasse ankam, all diese Kleinigkeiten, was die Kleidung betrifft, und sogar wie wir uns amüsiert haben und die Beziehung zwischen den Geschlechtern [waren wichtig]. Ich hatte in Nazareth Freundinnen, die ... es ging nicht darum, ob man miteinander ging oder um Beziehungen. Ich hatte jede Menge Freunde, die Mädchen waren, ich besuchte sie nachmittags. Nur so, ich ging sie halt zu Hause besuchen, das war schön. In Tivon war es gleich eine Bindung, es war was Besonderes. Vielleicht ist das jetzt nicht mehr so, aber in der siebten und achten Klasse fühlte man sich sehr verpflichtet. Es wurde gleich ernst genommen. In Nazareth war alles viel freier in diesem Alter. Wenn ich jetzt davon spreche, wirkt es ganz unwichtig, aber damals war es eine Krise für mich. Die beiden Sachen zusammen, vor allem der Unterschied, aber auch die Trennung von meinen Freunden in Nazareth. Damals war es sehr schwer für mich.

Ich glaube, mit der Zeit, ganz langsam, schon in der achten Klasse, habe ich mich dann eingewöhnt und habe besser hineingepaßt. Ich hatte nicht wirkliche Probleme damit, neue Freunde zu finden, es war eher ein Problem, sich von den alten in Nazareth zu trennen. Am Anfang bin ich jeden Freitag nach Nazareth gefahren, und bei jeder Gelegenheit, die sich bot, habe ich mit ihnen telefoniert. Ich weiß nicht mehr ganz genau, wie lange das gedauert hat, aber schließlich habe ich mich hier einigermaßen gut eingelebt. Ich habe mich nicht krampfhaft an die Gruppe angepaßt oder so was, ich habe einfach allmählich Freundschaften geschlossen, und ich glaube, daß mich das vielleicht charakterisiert, daß ich überall, wo ich bin, Freunde finde. Es stimmt, wenn ich jemandem gegenüber schlechte Gefühle habe, bin ich in der Lage, ihm das direkt zu sagen. Das kann einem auch Schwierigkeiten machen. Wenn du dir anschaust, was sie über mich in der Schule geschrieben haben, dann gehöre ich zu den eher auffälligen Schülern, weil ich den Mund nicht halten konnte. Ich konnte meinen Mund nicht halten, wenn ich etwas nicht richtig fand. Man hielt mich für frech und vorlaut, ja schon, aber ich war nie unverschämt zu den Lehrern, ich hab nie mit einem Stuhl geschmissen, obwohl mir manchmal danach zumute war. In der Armee werde ich mich in dieser Hinsicht ziemlich beherrschen müssen, aber in der Schule habe ich gedacht, daß ich meinen Mund aufmachen kann. Deswegen glaube ich, fiel es mir nie schwer mit den Leuten, mit denen ich mich nicht verstanden habe – ich hatte nie Schwierigkeiten damit, eine Beziehung einigermaßen würdevoll zu beenden. Ich freue mich sehr über die Freunde, die ich hier gefunden habe, und ich habe immer noch Kontakt zu einigen guten Freunden in Nazareth, und so habe ich von beiden Welten das Beste. Ich finde also, daß der Umzug alles in allem gut war.

Ich höre Yoav sehr konzentriert zu und frage mich, wie viele Achtzehnjährige wohl so artikuliert und offen über sich selbst sprechen. Wie Yoav die durch den Umzug in der siebten Klasse verursachte Krise beschreibt, wie er sie damals und heute sieht, und wie ich sie sehe.

Hier hat man mehr Möglichkeiten, in einer bestimmten Phase, in der achten oder neunten Klasse, fühlen sich die Leute in Nazareth eingeschränkt. In der zehnten Klasse bin ich zur High School gegangen. Was das Lernen betrifft – ich habe weiterhin sehr intensiv Handball gespielt –, was das Lernen betrifft, waren es einfach drei verschwendete Jahre. Ich habe für die Schule nichts getan. Ab und zu habe ich mich mal vor einer Prüfung angestrengt, wegen meiner Eltern, aber im allgemeinen habe ich auch für die Prüfungen nicht gelernt. Ich hab die Kurse, die ich nicht für wichtig hielt, gar nicht erst besucht, wie zum Beispiel Arabisch, wo ich mitten im Jahr ausgetreten bin. Ich bin statt dessen Handball spielen gegangen.

»Hat man dich zu Hause zum Lernen gedrängt?«

Nein, das heißt, meine Zeugnisse waren gar nicht so schlecht, weil viele Kinder wie ich waren, und das Tempo sehr langsam war, also konnte man ganz leicht aufholen, was man verpaßt hatte. Also, ich hatte kein schlechtes Zeugnis, und meine Eltern dachten nicht, daß ich schlechten Umgang hatte oder so was. Sie haben mir überhaupt keinen Ärger gemacht. Ganz selten haben sie mal was von sich gegeben, und ich habe mich dann danach gerichtet. Sie haben mich mehr oder weniger gelenkt und nicht zugelassen, daß ich wirklich schlecht in der Schule wurde. Ich war eigentlich ein ganz guter Schüler, ich hätte vielleicht bessere Noten bekommen können, aber es war nicht so wichtig. Außerdem war ich im Handball mal in den All Stars. Das war einer meiner Höhepunkte. Heute kommt mir das nicht mehr so wichtig vor, aber damals habe ich mich sehr dafür interessiert, daß ich in den Hapoel All Stars war. Dann hat man mich rausgenommen, es sollte am Ende des Jahres eine Auslandsreise geben, und der Trainer wollte mich nicht gehen lassen. Er hatte ganz andere Theorien als mein Trainer hier. Und ich bewundere meinen Trainer hier, und den anderen habe ich weniger bewundert.

Es scheint, als suche Yoav zum ersten Mal nach Worten.

Ich habe es sehr gemocht. Ich dachte, es sei eine Ehre, und ich wollte dabeisein, aber ich glaube, ich war nicht gut genug, und ich habe mir alle möglichen Ausreden einfallen lassen. Das hat mich mehr zum Training motiviert, zum Spielen. Handball ist insgesamt wirklich das Wichtigste geworden, weil wir auf Landesebene gespielt haben und dann … das war auch ein Höhepunkt, glaube ich, wenn man das mit dem vergleicht, was Sie sonst in meiner Familie finden. Kurz, mit so etwas habe ich mich in meiner Kindheit beschäftigt, alles, was mit Sport zu tun hatte.

»… ein Höhepunkt, glaube ich, wenn man das mit dem vergleicht, was Sie sonst in meiner Familie finden.« Mit wem steht Yoav wohl in Konkurrenz? Mit seinem Großvater oder seinem Vater vielleicht? Yoav rutscht verlegen auf seinem Stuhl herum. Er versucht, aus dieser peinlichen Situation herauszukommen und das Thema zu wechseln.

Mädchen, also ich hatte immer Freundinnen, aber nie was Ernstes. Ich hatte immer mal wieder Freundinnen, und ab und zu ergab sich was für kürzere Zeit, aber es wurde nie ernst. Vielleicht lag das daran, daß ich mich nicht gerne verpflichtet fühle. Ich war mal in ein Mädchen verliebt, das auch in mich verliebt war. Das war auch einer meiner Höhepunkte, weil ich sehr lange in sie verliebt war. Dann fragte sie mich irgendwann, ob ich mit ihr ausgehen würde. Ich war sehr aufgeregt und habe mich dann ziemlich tölpelhaft aufgeführt. Noch heute kann sie eine Menge witzige Geschichten über diese Verabredung erzählen. Dann hat sie mir nach zwei oder drei Treffen klar gesagt, daß das keine Zukunft hätte *(schaut mich verlegen an).*

In meine jetzige Freundin bin ich seit anderthalb Jahren sehr verliebt, und ich glaube, daß sie mir ziemlich viel Ruhe vermittelt. Sie hat einen großen Einfluß auf mein Leben. Seit ich mit ihr zusammen bin, bin ich nicht mehr so hyperaktiv. Wenn ich nervös werde oder so was, gehe ich jetzt nicht mehr zum Handballspielen, sondern setze mich ruhig zu ihr und spreche mit ihr. Du weißt, wenn du dich über sie ärgerst, wird sie sich über dich ärgern, und das führt zu nichts. Ich habe irgendwie gelernt, mich zu beherrschen. Vielleicht ist das auch eine Frage der Reife, vielleicht ist es beides. Und … das ist es.

Yoav sagt wieder das, was ihm durch den Kopf geht, und er schaut wieder vertrauensvoll und warmherzig.

Die Schule, ich habe nach der zehnten Klasse die wichtige Entscheidung getroffen, mich auf die Naturwissenschaften zu konzentrieren. Ich weiß nicht mehr genau, warum ich mich dafür entschieden habe, aber ich glaube, ich dachte, es würde mir leichtfallen. Sie haben mit uns psychologische Einschätzungstests gemacht und mich aufgrund der Ergebnisse für dieses Programm, also das naturwissenschaftliche Programm, empfohlen. Ich glaube aber nicht, daß das repräsentativ ist. Hätte ich vorher daran gedacht, wären meine Noten viel besser gewesen, wenn ich Literatur gewählt hätte. Ich hätte es auch mit Biologie leichter gehabt. Ich dachte, ich hätte vielleicht ein mathematisches Talent. Bis heute bin ich mir da aber nicht so sicher. Ich war mit den anderen zusammen im naturwissenschaftlichen Programm, und ich kann mich nur schlecht mit ihnen vergleichen, weil ich nicht so fleißig war wie sie. Aber am Ende waren meine Noten doch ganz gut. Ich bin mit großer Begeisterung in das naturwissenschaftliche Programm eingetreten, und langsam hat die Begeisterung dann nachgelassen und ist schließlich verlorengegangen.

»Meine Begeisterung hat nachgelassen und ist schließlich verlorengegangen.« Jetzt fange ich an, mich zu fragen, wie oft dieser Refrain in Yoavs Geschichte sich wiederholt.

Als die Aufnahmeprüfungen anstanden, und es war ja klar, daß sie kommen würden, da war schon viel Schaden angerichtet, und es war schwer, das wiedergutzumachen. Jedenfalls war es in der zwölften Klasse schwierig, das wieder zu korrigieren. Ich habe mich sehr angestrengt, das heißt, ich habe viel mehr gelernt, ich hätte nie gedacht, daß ich das könnte, und ich habe versucht, alle Lücken zu schließen, die sich seit der elften Klasse aufgetan hatten *(seufzt)*. Wenn ich meine zwölf Schuljahre Revue passieren lasse, dann glaube ich, daß die Schule in Nazareth mir vom Pädagogischen her sehr viel gegeben hat. Dort waren Lehrer, die sehr wichtig für mich waren, die mich charakterlich sehr beeinflußt haben, die Atmosphäre, die sie hergestellt haben, und die Werte, die sie mir vermittelt haben. Später, von der achten bis zur zehnten Klasse, sogar auch noch in der elften Klasse, habe ich nichts getan. Das waren vier vergeudete Jahre. Der Staat Israel hat Geld für mich ausgegeben, und das war einfach verschwendet. Ich glaube, die zwölfte Klasse war dann ein Jahr des Reiferwerdens. Zuerst mußte ich sehen, wie ich den Druck aushalten konnte. Wie ich mit dem Lehrplan und allen möglichen anderen Dingen dieser Art zurechtkam. Ich glaube, ich wurde besser. Ich bin mir sicher, wenn ich heute meine Aufnahmeprüfung machen müßte, daß ich dann bessere Noten bekäme, wegen der Lektionen, die ich gelernt habe.

Außerdem hat in der Mitte der zwölften Klasse die Armee begonnen, mich vorzuladen. Ich glaube, das ist eine wichtige Sache in meinem Leben. Soll ich dir erzählen, wie die Sache lief? Ich wurde in eine bestimmte Einheit aufgenommen, und ich wußte wirklich nicht, was ich tun wollte. Zu einer bestimmten Zeit ergab sich dann die Idee, daß ich in ein akademisches Programm vor der Armeezeit eintreten wollte. Aber ich habe diese Idee aufgegeben, weil ich wußte, daß ich mich noch nicht für ein Studienfach entscheiden konnte. Vielleicht gab es auch einen unbewußten Grund, daß ich nicht für gute Noten arbeiten wollte. Als ich die Entscheidung treffen mußte, war ich noch in der elften Klasse, mitten in den schlechten Noten. Ich dachte, was muß ich jetzt verändern? Vielleicht habe ich mich aus Faulheit entschieden, nicht an dem Programm teilzunehmen, weil ich nicht an mich selbst glaubte.

Ich habe heute auch noch keine Vorstellung davon, was ich werden möchte. Ich bekam alle möglichen Einladungen und habe viele abgelehnt. Die Luftwaffe und die Radiostation haben mich nicht aufgenommen. Später bin ich dann zur militärischen Aufklärungsabteilung eingeladen worden, zu einem sogenannten Orientierungskurs. Während dieser Orientierungszeit filtern sie Leute vor allem danach aus, ob sie körperlich belastbar sind. Sie versuchen ein bißchen, dich in Stücke zu reißen, und schauen, wie du das aushältst. Wenn du in wirklich guter körperlichen Verfassung bist und Schmerzen einigermaßen ertragen kannst, dann bestehst du. Also hab ich den Orientierungskurs bestanden. Im nachhinein, als ich den Orientierungskurs bestanden hatte, kam er mir ganz leicht vor. Es gab ein paar ziemlich harte Aufgaben, aber ich hab nie auch nur eine Sekunde daran gedacht aufzugeben. Ich wußte, daß ich das zu Ende mache. Das ist wie ein Handballspiel, wo man ein bißchen rennen muß und man ganz einfach weiß, daß man nicht plötzlich aufhören wird zu rennen.

Später wird man dann verschiedenen Aufklärungseinheiten zugeteilt. Die erste gilt als die beste, die beiden anderen setzen sich aus Leuten zusammen, die zwar bestanden haben, die aber aus irgendeinem Grund nicht in die erste Gruppe passen. Das heißt, manche werden sofort aufgenommen, manche wurden ausgewählt, die den ersten Tag gar nicht überstanden haben. Mit anderen Worten, etwa die Hälfte hat den Tag nicht ganz zu Ende gemacht, und viele haben eine Einladung zu einer der beiden anderen Gruppen erhalten. Die anderen kamen zu einem Psychologen. Der Psychologe sollte die aussondern, denen schlecht war und die nicht paßten. Ich hatte etwas gegen die »erste« Gruppe. Die kamen mir wie Fanatiker vor. Das ist Quatsch, ich hab mir nicht mal die Mühe gegeben, was zu erfahren, und habe dem Psychologen einfach gesagt, ich hätte was dagegen. Sie ließen mich einen Fragebogen ausfüllen und sagten mir, ich sollte eine Liste meiner Stärken und Schwächen aufstellen. Ich schrieb, ich sei ziemlich unorganisiert. Ich weiß nicht, ob man das so einfach beurteilen kann, aber ich mache mir nicht immer Gedanken, und ich komm nicht immer gut mit der Zeit zurecht. Und auch das Organisieren, das heißt, wenn man Sachen organisieren soll … ich weiß nicht, wie ich dir das erklären soll. Zum Beispiel sogar, wenn ich ein Bild malen soll. Du siehst, in meinem Kopf herrscht einfach keine Ordnung.

Ich schreib das alles hin, und er verstand das. Wenn ich [in die beste Gruppe] hätte gehen wollen, hätte ich andere Merkmale hingeschrieben, die mir geholfen hätten, da hinein zu kommen. Er fragte mich: »Was heißt das, daß Sie unorganisiert sind?« Ich sagte, daß ich nicht gut mit der Zeit umgehen könnte. Immerhin wollte ich ja nicht alles verlieren, ich wollte nur in die dritte Gruppe. Ich hatte über diese Gruppe schon viel gehört. Ich wollte auch nicht gerne Verantwortung übernehmen. Ich dachte, ich hätte eine gute Kondition, und es wär für mich da nicht schwer. Also erzählte ich ihm, ich würde diese Schwächen mit Willenskraft überwinden, wenn er mich in diese Gruppe stecken würde, in die ich wollte. Er nahm mich also aus der ersten raus, aber er schmiß mich nicht ganz raus, er ließ mir noch die Wahl zwischen den anderen beiden. Ich war mir sicher, daß ich kriegen würde, was ich wollte, in jedem dritten Wort erwähnte ich diese Gruppe. Nach einer Weile bekam ich eine Einladung zur Orientierung für die zweite Einheit. Ich war zwei Tage lang deprimiert, und dann beschloß ich, daß ich das versuche und schaue, wie es ist, und ich ging zu dieser Orientierung.

Mir gefällt die Mischung aus Naivität (wie er dem Psychologen seine Schwächen darstellt), seinem Wunsch, genau das zu kriegen, was er will, und daß er die Entscheidung akzeptiert, als er es nicht bekommt. Yoav lächelt mir zu, als könnte er meine Gedanken lesen.

Im Orientierungskurs fühlte ich mich zuerst sehr wohl. Ich gebe bei Herausforderungen nicht gerne klein bei, das heißt, wenn ich etwas angefangen habe, mache ich es auch zu Ende. Sogar ein Spiel. Ich kann zum Beispiel mit jemandem Tennis spielen, auch wenn er mich fix und fertig macht. Und sagen wir, selbst wenn ich weiß, daß derjenige später überall rumerzählen wird, daß er mich fertig gemacht hat und so weiter. Ich kann einfach nicht aufhören und sagen, mir wäre schlecht. Ich muß das Spiel zu Ende machen. Also sagte ich mir, ich mache den Orientierungskurs und schaue dann, wie es mir gefällt. Am Anfang fühlte ich mich wirklich gut, alles gefiel mir. Ab einem bestimmten Punkt versuchten sie uns fertigzumachen, das heißt, uns an die Grenzen unserer physischen Belastbarkeit zu bringen, und zu sehen, wie wir damit zurechtkämen. Am ersten Tag sind die, die keine gute Kondition hatten, zusammengebrochen, und ich habe mich gut deswegen gefühlt. Später wurde es auch für mich hart. Das Schwierigste kam, als ich dehydriert war. Es war ein bißchen enttäuschend, weil ich dachte, das wäre schon fast das Ende des Kurses. Nach den ersten beiden Tagen habe ich immer, wenn ich es schwer fand, zurückgeblickt auf das, was ich schon getan hatte, und mir gesagt, daß ich eine gute Kondition habe und die

Orientierung zu Ende bringen werde. Ich dachte, wenn ich mehr als die Hälfte überstehe, was zwei Drittel nicht schaffen, daß ich dann bestehen würde.

Dann war ich dehydriert. Ich hatte ein paar Tränen in den Augen und sagte, es wäre eine Schande, nach all der Anstrengung. Sie haben mir eine Infusion gegeben, und ich versuchte, weiterzumachen. Es war für mich sehr schwer, weiterzumachen, und ich glaube, daß sie die Tränen bemerkt haben. Die Führer da waren wirklich etwas ganz Besonderes! Ich bin dieser Einheit aus allen möglichen Gründen beigetreten, aber ein Grund ist, daß sie einfach die Verkörperung des Vollkommenen waren. Auch bei den Pfadfindern, man konnte nicht mehr als einen Meter geradeaus sehen, und sie sind gerannt. Du hinter ihnen her. Aber was mich am meisten erstaunt hat, das ist einfach, daß sie sich so um uns gekümmert haben. Einerseits haben sie uns an die Grenze dessen gebracht, was wir leisten konnten, andererseits fühlte man sich versorgt und gemocht, man spürte, daß sie auf einen aufpaßten. An einem bestimmten Punkt hatte ich nicht gemerkt, daß ich dehydriert war, weil ich das vorher noch nie erlebt hatte. Man fühlt sich einfach beschissen, entschuldige den Ausdruck. Du weißt nicht, ob du dich einfach wie ein verwöhntes Kind aufführst oder ob du wirklich krank bist – ob irgend etwas nicht stimmt.

Sie haben auch nach Führungsqualitäten geschaut, der Führer übergab mir ein paar Aufgaben. Er verleiht einem für bestimmte Aktivitäten die Leitung, und am Anfang war ich ganz gut darin. Später übertrug er mir eine Aufgabe, und ich verstand nicht richtig, was er sagte, und ich sah ihn nicht richtig, als er zu mir sprach. Er sah, daß ich nicht … daß ich verwirrt war. Also nahm er mich beiseite. Ich weiß nicht, was in diesem Moment mit mir geschah. Ich kann mich nicht richtig erinnern, ich weiß nicht mehr sehr viel. Er setzte mich etwa 20 Minuten lang in den Schatten. Mein Puls war auf 110, sie fingen an, sich Sorgen zu machen, und brachten mich direkt in die Klinik. Ich bekam da die Infusion, und das war's.

Danach wollte ich wieder zurück. Ich hab nie daran gezweifelt, den Kurs zu Ende zu machen. Ich sagte, daß ich versuchen müßte, weiterzumachen. Ich fühlte mich immer noch nicht gut, aber wieder wußte ich nicht, was ich ihnen sagen sollte, weil ich nicht wußte, ob man sich nach Flüssigkeitsverlust vielleicht immer so fühlt. Sie fragten mich, ob ich weitermachen wollte, und ich schrie »Ja«, aber tatsächlich wollte ich »Nein« rufen. An einem bestimmten Punkt verlangte ich nach einem Arzt, weil ich dachte, wenn ich noch drei Schritte mache, falle ich tot um. Ich sage das nicht, um Eindruck zu schinden, so hatte ich mich wirklich noch nie gefühlt.

Ich war auch schon mal beim Handballspielen hingefallen und hatte mich verletzt. Aber das hier war was anderes … keine Kraft mehr, auch keine mentale Kraft. Ich konnte einfach nicht mehr denken, ich fühlte nichts mehr. Ich wußte nur, daß irgend etwas nicht stimmte, weil es nicht unwichtig war. Ich glaube, ich hatte hohes Fieber, sie brachten mich weg, und schließlich fanden sie es gut, denn sie haben mich aufgenommen.

Ich habe vielleicht die Orientierung etwas zu ausführlich beschrieben, weil es schrecklich war, es war einfach fürchterlich. Es gäbe noch viel mehr zu erzählen, ich habe nur einige Details ausgesucht. Sie haben uns auch gesagt, wir sollten nicht darüber sprechen. Ich konnte jedenfalls jetzt einfach nicht aufhören.

»Ich konnte einfach nicht aufhören.« Yoav entschuldigt sich für sein langes Erzählen. Dann blickt er mich stolz an.

Jetzt habe ich meine Ansichten total geändert. Als ich vom Orientierungskurs wiederkam, war das ein Wendepunkt. Ich fühlte mich wirklich gut. Man kann es nicht beschreiben, es ist einfach eine Art Hochstimmung. Nicht, daß ich anderen gegenüber arrogant gewesen wäre, ich hielt mich nicht für besser als sie. Aber es war, als wären mir alle anderen ganz egal, was geht es mich an, was sie sagen? Vieles schien so unwichtig zu sein. Vielleicht übertreibe ich, vielleicht war die Orientierung gar nicht so schwer. Aber für mich war es eine große Leistung, und es zeigte mir, wieviel ich leisten konnte. Du kannst meine Eltern fragen, wie ich zu der Zeit war. Ich bin zum Beispiel morgens aufgestanden und konnte nicht mehr schlafen. Ich wusch das Auto, arbeitete im Garten und machte solche Sachen.

»Du kannst meine Eltern fragen.« Yoav tut wie ein braves kleines Kind, obwohl er schon kurz vor seinem Eintritt in die Armee steht.

Einerseits möchte ich schon jetzt Soldat werden, und zwar nicht, weil ich es so gerne mag. Es wäre nur praktisch, weil ich ohnehin nichts anderes genießen kann. Ich habe einen wundervollen Urlaub am Mittelmeer in Achziv Beach gemacht. Es war ein Gefühl vollkommener Erholung, Unabhängigkeit. Aber es war nicht ganz richtig. Es ist so, als läge ein Schatten auf all meinen Freuden und meinen Enttäuschungen. Weil ich weiß, daß im Vergleich zu dem, was ich durchmachen werde, alles andere nichts ist, sowohl wenn man bedenkt, wie schwierig es werden wird, als auch im Hinblick darauf, wie sehr ich von der Erfahrung beim Militär profitieren werde.

Der Kurs ist sehr schwierig, aber ich werde gehen, weil ich weiß, daß ich auch was bekommen werde, daß sie dort viel in jeden Soldaten investieren. Und ich werde an meinem Charakter mehr arbeiten, als die meisten Menschen jemals die Gelegenheit haben. Und werde alle möglichen Charaktereigenschaften erwerben, vielleicht auch Fähigkeiten, die ein bißchen militärisch sind. Das sind Sachen, die andere nicht können und die ich selbst niemals tun könnte, wenn ich Jurist oder so etwas würde. Also Fallschirmspringen und so was.

Wofür lebt man denn alles in allem? Ich betrachte das Leben anders als andere, nicht nur, was die Armee betrifft. Im allgemeinen denke ich, daß ich nicht Gott weiß was aus meinem Leben mache. Sagen wir so, ich will zwar nicht sterben oder so was, ich liebe das Leben sehr. Aber meiner Ansicht nach bedeutet Leben nicht nur, daß man am Leben ist, sondern was man daraus macht. Weil man auch dreißig Jahre leben und ein Niemand sein kann. Ich will das nicht runtermachen, aber jeder Mensch hat seine eigenen emotionalen Erfahrungen, seine Hochs und Tiefs. Selbst wenn man ein angesehener Rechtsanwalt ist, mit diesem und jenem Fall. Das hängt von der Perspektive ab.

»Leben bedeutet nicht nur, daß man am Leben ist, sondern was man daraus macht.« Ich bin sehr erstaunt über diese plötzlich sehr reife Bemerkung. Ich höre Yoav zu und muß an seinen Großvater Ze'ev denken. War dessen Lebenseinstellung nicht ähnlich? Aber Yoav gestattet sich selbst auch, über weniger erfolgreiche Erlebnisse zu sprechen, über seine Schwächen und seine Gefühle zu diesen Ereignissen.

Ich werde aufhören, ich wollte nur sagen: Es macht mich nervös, ich habe Angst, ich fürchte mich vor den Schwierigkeiten. Ich bin nicht mehr so kraftvoll, das heißt, ich war früher überdurchschnittlich gut im Sport, einfach von meiner natürlichen Anlage her. Wenn wir ein Spiel oder eine Trainingsstunde absolviert haben, gab es zum Beispiel immer Leute, die vor mir aufgaben und wegen denen wir abbrechen mußten. Ich fand es auch anstrengend, aber nie so, daß ich an meine Grenzen gekommen wäre. Das ist auch der Grund, warum im allgemeinen keine Leichtathleten in solche Einheiten kommen, weil sie nicht daran gewöhnt sind, sich so anstrengen zu müssen. Eher sogar die, die nicht so gute Sportler waren, weil die sich mehr angestrengt haben, und die sind emotional mehr daran gewöhnt, sich sehr anzustrengen. Ich habe wirklich Angst vor der Anforderung, nicht vor den anderen Dingen. Ich habe einen Freund, der am selben Tag wie ich in die Armee eintreten wird. Er kommt wahrscheinlich zu den Fallschirmjägern. Er war auch in dem Orientierungskurs. Er ist auch sehr gut, aber an einem Punkt ist er zusammengebrochen. Das bereut er jetzt noch. Er sagt, er wäre an einem bestimmten Punkt aufgestanden und hätte gesagt, er könnte nicht mehr. Ich hatte auch solche Momente. Die Grenze zwischen Weitermachen und Aufhören war manchmal sehr schmal. Ich hab sie fast zufällig überwunden, er nicht. Er ist wieder nach Hause gegangen, aber er denkt viel an die Armee.

Einmal haben wir eine ganze Nacht durch über die Armee gesprochen, weil ich jemanden in ihm gefunden hatte, der mich verstand. Er war, einfach gesagt, genauso nervös wie ich. Denn, wie nah mir die Leute auch stehen, es stellt sich heraus, daß sie mich nicht verstehen. Ich sage ihnen zum Beispiel, daß ich Angst vor der Einheit habe … also, daß ich nervös deswegen bin. »Aber du brauchst doch keine Angst zu haben, das wirst du doch schaffen, man wird dich akzeptieren, du wirst den Kurs zu Ende machen.« So was halt. Sie verstehen nicht, daß es darum gar nicht geht.

(Yoav wendet sich an mich) Verstehst du, worüber ich rede? Ich habe Angst davor, daß ich noch mal an einen Punkt gerate, wo ich mich überfordert fühle. Das ist ein fürchterliches Gefühl. Du fühlst dich so, als könntest du nicht einen einzigen Schritt mehr machen, und machst es trotzdem. Ich weiß nicht, wie ich das erklären soll. Ich hab dieses

Gefühl eben das erste Mal in dem Orientierungskurs gehabt. Vielleicht können Leute, die schon mehr mitgemacht haben, das besser verstehen. Ich denke immer daran … ich stehe morgens auf, gehe mir die Zähne putzen, schneller! Es ist wie ein Test, und ich habe keine Kraft, ich will langsamer gehen, dann schneller. Ich stelle mir selbst Aufgaben zur Prüfung der Willenskraft. So geht das ununterbrochen, es hört nie auf, es hindert mich daran, meine Freiheit wirklich zu genießen. Ich kann es nicht mehr Freiheit nennen, eher eine kurze Unterbrechung. Ich spreche zu viel, weil es mir schwer fällt, diese Gefühle in Worte oder in Zahlen zu fassen. Ich war ein ganz schön kesses Kind, und ich war neugierig und machte alles mögliche, alle möglichen kleinen Geschichten, aber bis jetzt ist mir noch nichts Großartiges passiert.

»Aber bis jetzt ist mir noch nichts Großartiges passiert« – ich frage mich, was Yoav wohl von sich erwartet? Vergleicht er sich selbst mit seinem Großvater und dem, was er bei den Partisanen erlebt hat? Bis jetzt hat er noch nicht offen darüber gesprochen. Ich versuche, ihn nach seiner Beziehung zu seinen Großeltern zu fragen.

Welche Großeltern meinst du? Ich versuche nie, das zu analysieren, aber ich kann sie nicht einzeln sehen, der Holocaust spielt auf jeden Fall eine Rolle. Weil meine Großmutter und mein Großvater mütterlicherseits, das ist so, als müßten die uns helfen. So, als seien sie uns verpflichtet, sie müssen kommen und sich um uns kümmern, Großmutter muß kommen, um zu putzen und um zu kochen, sie muß uns Essen schikken. Die andere Großmutter muß das nicht tun. Wir besuchen sie [die Eltern seines Vaters] dann und wann und in den Ferien. Gelegentlich essen wir bei ihnen am Sabbat. Ich esse sehr gerne, was Großmutter kocht. Sie kocht sehr feines Essen, sehr, sehr gut. Ich mag die beiden sehr, sie sind nette, sanfte Leute. Aber sie sind nicht so herzlich wie die Eltern meiner Mutter. Sie tun eine Menge für uns. Nach einem Test ist es diese Großmutter, die ich anrufe. Also, ich muß sie anrufen. Ich tu es auch gerne, ich weiß, daß sie sich besser fühlen, wenn ich sie anrufe. Ich ruf sie auch an, wenn ich auf Reisen bin, damit sie sich keine Sorgen macht. Als ich nach Deutschland fuhr, habe ich Opa und Oma natürlich angerufen, das beruhigte sie.

»Hatten sie etwas dagegen, daß du dahin fuhrst?«

Ich glaube nicht. Sie haben sich an die Idee gewöhnt. Sie trennen es einfach. Nicht, daß sie vergessen hätten. Sie denken immer mal wieder daran und sprechen dann auch darüber. Sie sprechen darüber sehr aufgeregt, und sie durchleben es. Aber sie trennen das davon, heute nach Deutschland zu reisen und dort einzukaufen und so weiter. Sie versuchen nicht, sich zu rächen und …

Yoav spricht »darüber«, aber er bringt das Wort Holocaust kaum über die Lippen. Ich frage ihn, ob er »damit« ein Problem hat, und Yoav wird ganz plötzlich sehr ernsthaft.

Ich hatte schon immer ein Problem damit. Ich bin mit einer Handballmannschaft in ein Trainingslager nach Deutschland gefahren. Wir waren in Norddeutschland und wohnten dort bei Gastfamilien. Meine Gastfamilie war sehr nett, und der Großvater, der bei ihnen lebte, war auch sehr nett. Aber man denkt immer, nett, aber was hat er vor vierzig Jahren getan? Also, man muß jedem Menschen eine Chance geben. Als ich diese Leute, die Familie, kennenlernte, fand ich sie sehr sympathisch. Und ich habe ihre Gastfreundschaft sehr bewundert. Sie waren sehr gute Gastgeber. Aber sogar bei ihnen konnte ich das Gefühl nicht loswerden, daß sie für irgend etwas sühnen. Das klingt jetzt so großartig, aber sie haben sich wirklich vor Gastfreundschaft überschlagen. Wie sie uns aufnahmen, das wirkte so, als ob sie übermäßig nett wären.

Natürlich haben wir nicht über den Holocaust gesprochen. Vielleicht kam das manchmal auf, aber ich erinnere mich wirklich nicht an Details. Ich war damals in der achten Klasse und schreckte vor den Deutschen zurück. Sagen wir, ich mag sie nicht. Vielleicht ist das unbewußt. Wenn ich Deutsche sehe, sage ich mir nicht »Nazis«, »widerliche Leute« oder »Mörder«, aber ich habe Angst vor ihnen. Es ist irgendwie mit meinen unbewußten [Gedanken] darüber verknüpft, was damals geschehen ist. Ich denke so nicht über alle Europäer, verstehst du? Es muß etwas Unbewußtes sein, das jemanden dazu bringt zu fühlen, daß du ihn nicht magst, daß du etwas gegen ihn hast. Ich hab was gegen die Deutschen. Ich würde sie nicht boykottieren, ich kaufe ihre Produkte vielleicht. Aber ich schrecke vor ihnen zurück. Ich bin einfach nicht wild auf sie.

Ich frage mich, ob ich ihm wohl sagen darf, daß ich auch nicht wild auf sie bin, aber ich halte mich zurück. Ich schlage vor, wir sollten noch einmal auf seine Großeltern eingehen.

Ich kann mich schon in die Psychologie anderer Leute hineinversetzen. Oma muß immer für die ganze Familie etwas machen. Das ist wichtiger als alles andere. Verstehst du? Ich halte die Familie auch für wichtig, aber sie übertreibt es manchmal. Zum Beispiel meine Cousine und ich; ich habe sehr viel für meine Aufnahmeprüfung getan und hatte keinen Kontakt zu ihr. Ich hab sie nicht mehr angerufen. Wenn ich sie sehe, bin ich offen, und ich finde, daß wir uns gut verstehen. Und Oma, für sie ist das sehr wichtig … »Hast du heute mit Na'ama gesprochen?« Meine Cousine heißt Na'ama. »Bitte, ruf Na'ama an, sie mag dich so gerne, und für mich ist es so wichtig, daß ihr beide miteinander sprecht.« Das ist eines ihrer Prinzipien. Großmutter ist eine sehr ruhige Person, aber das kann sie wahnsinnig machen. Und wenn man daran denkt, daß die großen Sachen sie nicht zum Wahnsinn getrieben haben, und so eine Kleinigkeit … ich bin nicht frech geworden, aber ich habe ihr gesagt: »Okay, Oma, ich muß eine Prüfung machen. Wir können das später regeln.« Ich hab ihr nichts wirklich versprochen, und das hat sie wütend gemacht. Sie ist nicht obsessiv, sondern indirekt obsessiv.

Ich lache laut auf, und Yoav lacht auch. Er hat gerade ungewollt ein neues psychologisches Konzept für Überlebende des Holocaust entwickelt: »indirekt obsessiv«.

Sie sagt mir nicht: »Tu dies, tu das«, aber sie bringt einen dazu, etwas zu tun, weil man sie liebt und sie nicht wütend machen will. Das gibt mir ein unangenehmes Gefühl, weil ich ja nicht den Kontakt zu meiner Cousine halte, um meine Pflichten der Großmutter gegenüber zu erfüllen. Sie denkt, das ist schrecklich, die Familie stehe über allem, es ist für sie sehr wichtig, und sie kann sich darüber sehr aufregen.

Also … da hab ich mich wieder fortreißen lassen *(lacht)*. Ich hatte noch nie die Gelegenheit, so über meine Familie zu sprechen, sie zu analysieren.

Seit ein paar Jahren hat die Schwester meiner Mutter angefangen, zum Seder zu kommen: Ein Jahr verbringen sie ihn bei uns, im nächsten Jahr bei der anderen Seite der Familie. Sie sind sehr glücklich, und es ist schön, mit ihnen den Seder zu verbringen. Es erweitert den Seder auch irgendwie. Es ist schön, wenn mehr Leute da sind, gutes Essen, eine schöne Atmosphäre, ja. Ich freue mich nicht direkt darauf, aber es ist schön, zum Seder zu gehen. Manchmal kommt auch der Bruder meines Vaters. Normalerweise gehen sie zu dem anderen Zweig der Familie. Ich mag den Bruder meines Vaters sehr. Ich finde es sehr schön, wenn sie den Seder mit uns feiern. Die Atmosphäre ist besser, es wird viel mehr gelacht, und Opa versucht dann immer, ernsthaft zu lesen, was sehr lustig ist, weil er das witzig macht. Er liest plötzlich wie in Trance und ganz ernsthaft. Und er läßt Wörter aus und ... wir lachen ihn nicht aus, aber er ist der Typ Mensch, der manchmal ernsthaft und manchmal nicht ernsthaft ist.

Yoav strahlt, und ich versuche mir vorzustellen, wie Ze'ev »ernsthaft« vorliest.

Mutter versucht uns immer zum Singen zu überreden. Sie mag das sehr. Jeder versucht, die anderen zu dem zu überreden, was er will. Vater mit seinen Witzen, und meine Schwester und ich sitzen da und genießen es einfach. Ich finde, daß wir uns sehr gut verstehen. Ich will nicht, daß es anders wird. Ich liebe meine Schwestern. Ich liebe auch meine Eltern, aber das ist nur eine Beziehung. Meine Schwestern und ich haben so viele Sachen gemeinsam durchgemacht, kleine Erfahrungen, die Geschichten und Spiele von Kindern. Zwischen meiner jüngeren Schwester Raziya und mir ist ein großer Altersunterschied, aber trotzdem bin ich gerne mit ihr zusammen. Wenn ich mit ihr zusammen bin, fühle ich mich erwachsen. Und Shani, meine mittlere Schwester, ist meine Freundin. Sie erzählt mir viel, wir lachen über dieselben Dinge. Bei einen dieser gemeinsamen Essensveranstaltungen genügt ein Blick zwischen uns beiden, und wir verstehen, was gemeint ist, und lachen. Ich weiß auch, daß Geheimnisse bei ihr gut aufbewahrt sind. Nicht, daß ich viel vor der Familie zu verheimlichen hätte, aber wenn ich ihre Unterstützung brauche, dann weiß ich, sie würde alles für mich tun. Sie hat keine Schwierigkeiten, für mich zu lügen. Ich nehme das nicht oft in Anspruch, aber ich weiß, daß ich mich immer auf sie verlassen kann. Freunde kommen und gehen, aber die Familie bleibt einem. Obwohl ich auch einige Freunde habe, die für mich wie Familienangehörige sind. Meine Beziehung zu meiner Schwester ist ein bißchen mehr.

Diesmal bin ich diejenige, der der Abschied schwerfällt. Ich bleibe noch etwas länger, und Yoav zeigt mir seine Medaillen vom Handball und Tennis. Beim Abschied schüttelt er mir herzlich die Hand und bedankt sich für die interessante Unterhaltung. »Ich bin es, die sich bedanken muß«, antworte ich ihm lächelnd. Ich trete aus dem Haus hinaus in die warme Sommerluft. Der Himmel ist voller Sterne. Ich kann ihn noch immer deutlich sagen hören: »Freunde kommen und gehen, aber die Familie bleibt einem.«

Yoav hat mich sehr überrascht. Er kann seine Lebensgeschichte flüssig erzählen, ganz anders als seine Mutter. Er wirkt so frei, offen, optimistisch und naiv, wie ich es nach meinen Interviews mit Ze'ev und Hannah nie erwartet hätte. Selbst wenn jemand sein Bedürfnis, sich selbst »in richtigen Tests« unter Beweis zu stellen, mit der Vergangenheit seines Großvaters als Partisan verbinden wollte, so könnte man dem entgegensetzen, daß jedes in Israel geborene Kind dieses Bedürfnis hat und es nicht notwendigerweise mit dem Holocaust in Verbindung steht. Andererseits liebt Yoav das Leben. Das macht ihn so sympathisch, und deswegen scheint er auch Ze'evs Lektion zu verkörpern.

Ich komme noch einmal auf die Frage zurück, wie Hannah sich als Mutter fühlt. Ich würde gerne zu ihr gehen und ihr sagen: »Es ist unmöglich, daß ein Sohn wie Yoav aus einer Familie kommt, in der es keine ›Mutterfigur‹ gegeben hat. Immerhin sind Sie diejenige, die die Bedingungen geschaffen hat, daß er so frei und sensibel werden konnte. Warum sind Sie nicht stolz auf das, was sie geleistet haben?« Ich stelle mir die beiden gemeinsam im Garten oder in seinem Zimmer sitzend vor und merke, daß Yoav nur sehr wenig von seinen Eltern gesprochen hat. Er hat nur gesagt, sie seien »eine normale Familie«. Ich schließe daraus, daß eventuell einige Dinge so klar sind, daß man sie nicht erwähnen muß, wenn man seine Lebensgeschichte erzählt.

Erzählte versus erlebte Lebensgeschichte

Wir hatten anfangs die Frage gestellt, was die erzählte Lebensgeschichte eines Menschen beeinflußt. Gibt es eine klare Verbindung zwischen der erlebten und der erzählten Lebensgeschichte, oder sind beide unabhängig voneinander? Ist die Biographie, die man konstruiert, eingebettet in die Erlebnisse, die man hatte, oder gibt es für sie eine andere Motivation? In Ze'evs und Genias Fall haben wir bereits festgestellt, daß sie gleichaltrig sind und einen ähnlichen jüdischen Familienhintergrund haben, auch wenn sie in verschiedenen osteuropäischen Ländern aufwuchsen. Beide verloren fast ihre gesamte Familie im Holocaust und überlebten dank ihres Einfallsreichtums. In beiden Fällen bricht das traumatische Ereignis in ihre Lebensgeschichte ein und durchdringt sie. Genia verbrachte, anders als Ze'ev, die meiste Zeit des Krieges in Majdanek und Auschwitz, unter anderem in der grausamen, »Kanada« genannten Abteilung dort, Ze'ev gelang die Flucht aus Wilna in den Wald, wo er mit den Partisanen kämpfte. Beide heiraten unmittelbar nach dem Krieg und emigrierten Ende der vierziger Jahre nach Israel; beide haben eine in Deutschland geborene Tochter. Beide zogen ihre Kinder in Israel auf. Beider Familien sind sozial und ökonomisch stabil. Genia und Ze'ev können mit Stolz auf das von ihnen Erreichte zurückblicken, was sie in zwei Generationen wiederaufgebaut haben.

Bis zu diesem Punkt verlaufen die erlebten Lebensgeschichten von Genia und Ze'ev ähnlich. Wie haben diese erlebten Lebensgeschichten ihre erzählten Lebensgeschichten und die ihrer Kinder gefärbt?

Es wird an dieser Stelle klar, daß Genia und Ze'ev zwei sehr verschiedene Lebensgeschichten erzählen. Wenn Genia auch in schwierigen Situationen immer einen Ausweg wußte, hat sie die Brutalität des Erlebten nie verlassen; sie redet beinahe ausschließlich über die Grausamkeit in den Lagern und die Schreie der in die Gaskammern geschickten Kinder. Dieses Wissen quält sie, und sie fühlt sich schuldig und verantwortlich, weil ihre Kinder den Preis zahlen mußten. Ze'ev hingegen konzentriert sich in seiner Erzählung vor allem auf verschiedene Dinge, die er getan hat, auf die Kämpfe bei den Partisanen und die Rache, die er für die Bewohner seines Geburtsortes nach Kriegsende übte, und auf seine Existenzgründungsprobleme in Israel. Er ist stolz auf die Chancen, die er seinen Töchtern und Enkeln eröffnet hat. Durch sie fühlt er das Zugehörigkeitsgefühl, das er sich selbst in Israel erarbeitet und geschaffen hat. Genias Vorkriegserinnerungen sind bereits von Bildern des Todes geprägt. Sie beginnt ihre Lebensgeschichte damit, daß ihre Mutter an Krebs starb, als sie selbst siebzehn Jahre alt war. Ze'ev hingegen hat angenehme, fast idyllische Erinnerungen an das Leben mit seiner Familie und den entfernteren Verwandten vor dem Krieg.

Man könnte die These aufstellen, daß Ze'evs Kriegserinnerungen als aktiver Kämpfer der Biographie, die er konstruiert, einen optimistischen und unverwüstlichen Klang verleihen. Genias Geschichte hingegen ist vom Leben in den Lagern, von ihrer Hilflosigkeit und dem Leiden gefärbt, das für die dort verbrachte Zeit charakteristisch war. Diese Zeit hat sie veranlaßt, alles von einem grundsätzlich negativen Standpunkt aus zu betrachten. Bei beiden bestimmt und prägt ein bestimmter Lebensabschnitt – in diesem Fall, was ihnen während der Zeit des Holocaust zustieß – ihre erzählte Lebensgeschichte. Doch das ist noch nicht alles: In Ze'evs abschließenden Worten spüren wir einen ängstlichen Unterton, wenn es um Yoavs Militärdienst geht, was ein Hinweis darauf sein könnte, daß er mit seiner aktivistischen Lebenseinstellung möglicherweise andere, wichtigere Themen unterdrückt, die erst jetzt zutage treten.

Selbst wenn diese These richtig wäre, ließe sich fragen, ob sie sich auch in den erzählten Lebensgeschichten der jüngeren Generation bestätigt. Erzählen etwa Tzipke und ihre Tochter Ganit ihre Geschichte in einer an Genia erinnernden negativen Einstellung? Und haben Hannah und ihr Sohn die entgegengesetzte Tendenz, weil Ze'ev die Welt positiver als Genia betrachtet? Es ist selbstverständlich nicht möglich, eine vollkommen konsistente Kontinuität zu erwarten. Die erzählten Lebensgeschichten jeder Generation sind ja unter anderem auch von anderen Familienmitgliedern beeinflußt (also Genias Ehemann, Ze'evs Frau, den Männern von Hannah und Tzipke), die jeweils einen unabhängigen Einfluß auf die Lebensgeschichten der jüngeren Generation haben. Wollten wir jedoch diese Faktoren auch noch alle berücksichtigen, so würde alles noch komplizierter.

Wenn wir Tzipkes und Hannahs erzählte Lebensgeschichten miteinander vergleichen, entdecken wir viele Gemeinsamkeiten, angefangen bei den Schwierigkeiten, sich als Kinder von Flüchtlingen an die israelischen Lebensverhältnisse der fünfziger Jahre anzupassen und sich dort einzuleben. Beide heiraten in jungen Jahren und konzentrieren sich zunächst auf die Kindererziehung. Einen Beruf ergreifen sie erst, als ihre Kinder bereits erwachsen sind. Abgesehen von diesen Ähnlichkeiten stellte sich heraus, daß Hannah größere Schwierigkeiten hatte, ihre eigene Biographie zu erzählen (und wahrscheinlich auch zu rekonstruieren). Neben der heroischen Vergangenheit ihres Vaters erscheint ihre eigene Lebensgeschichte fahl. Außerdem wächst sie als Tochter eines Vaters auf, der lieber einen Sohn gehabt hätte und von ihr erwartete, sie solle »hübsch« sein und »den Mund halten«. Tzipkes Konfrontation mit ihrer schimpfenden Mutter, die sie nachts aufweckte, um ihr zu befehlen, ihre Kleider aufzuhängen, und sie wegen ihrer Eß- und Lerngewohnheiten drangsalierte, führten dazu, daß sie sich auflehnte und in Streit mit ihren Eltern geriet, weswegen sie früher als Hannah eine eigene Lebensgeschichte bilden konnte.

Man könnte daraus schließen, daß sich der Entwicklungsgang in der zweiten Generation ins Gegenteil kehrte: Tzipke gelang es, sich von den fürchterlichen Erinnerungen ihrer Mutter zu befreien, während Hannah es nicht vermochte, der Dominanz der heroischen Taten ihres Vaters aus dem Krieg zu entfliehen. Aber eine derart simple »dialektische« Erklärung greift nicht. Vielleicht hat Tzipke in den letzten paar Jahren ihre eigenen Kämpfe mit den Eltern durcharbeiten können, weil ihr Sohn im Teenageralter an der Rebellion gegen die Eltern scheiterte. Tzipke reagierte auf ihre negativen Kindheitserinnerungen zuerst in der Art und Weise, wie sie ihre eigenen Kindern erzog. Sie versuchte außerdem, in der Schulausbildung ihres Sohnes und bei den Bar-Mizwa-Feiern ihrer Kinder eigene Wege zu beschreiten, und denkt sich einen Kompromiß zwischen dem Recht ihrer Kinder auf ihre Privatsphäre und den Familienfeiern am Sabbat aus. Nur zu ihren älter werdenden Eltern ist sie noch überfürsorglich: Hier hat sich das alte Pendeln zwischen Abhängigkeit und Gegenabhängigkeit erhalten, weswegen auch andere ehemalige Muster neu zum Ausdruck kommen.

In Hannahs erzählter Lebensgeschichte taucht die Tatsache, daß sie Mutter ist, nicht auf, was angesichts der lebendigen Geschichte ihres Sohnes Yoav überraschend ist. Anscheinend hat Hannah erst seit kurzem eine positive Lebensgeschichte zu rekonstruieren begonnen, weil sie neuerdings in Literaturgruppen arbeitet und Einwanderer unterrichtet. Durch diese Arbeit hat sie unabhängig von der Geschichte ihres Vaters zu leben und denken begonnen. Allerdings ist dieser Prozeß fragil, sie zweifelt noch daran, daß ihr die Loslösung gelingen wird. Ihr Interview beginnt und endet mit den Worten »Ich bin nicht ...« Wenn sie sich an schmerzhafte Aspekte der Vergangenheit erinnert, muß sie immer noch weinen. Sie ist möglicherweise auch weniger verbal veranlagt als Tzipke. Nach dem Interview mit Yoav wird klar, daß sie recht erfolgreich zwischen ihrem Vater und ihrem Sohn vermittelt hat, daß sie das aber selbst nicht als Erfolg verzeichnet.

Aber abgesehen von den Ähnlichkeiten ihrer erlebten Lebensgeschichten, Aktionen und Reaktionen und darüber hinaus ist der zweiten Generation noch etwas anderes gemeinsam: eine, nennen wir es, zyklische Gegenreaktion auf die erlebten und erzählten Lebensgeschichten ihrer Eltern, also der ersten Generation. Diese Reaktion ist mit ihren Versuchen verknüpft, eigene Wege zu finden und sich aus ihren frühen Reaktionen und einer beginnenden Introspektion eine eigene Lebensgeschichte zu konstruieren. Sowohl Tzipke als auch Hannah haben diese Selbständigkeit erst vergleichsweise spät entwickelt.

Was geschieht in der dritten Generation? In der Regel haben die Enkel noch keine eigene geordnete Lebensgeschichte entwickelt, sie stehen erst ganz am Anfang. Die Schwierigkeiten, Gemeinsamkeiten herauszufinden, liegen im vorliegenden Fall, ähnlich wie bei Genia und Ze'ev, teilweise daran, daß wir einen Mann und eine Frau miteinander vergleichen. Bekanntlich werden an Frauen ganz andere gesellschaftliche Erwartungen gerichtet als an Männer, was insbesondere auf die Phase des Wehrdienstes in Israel zutrifft. Genau diese Phase aber bietet den Hintergrund für Yoavs Lebensgeschichte, die viele Ereignisse und Erfahrungen wiedergibt. In seiner Geschichte verbinden sich eine optimistische und jugendliche Naivität mit einer subtilen und komplexen Analyse, die für einen Jungen seines Alters außergewöhnlich ist.

Ganit und Yoav versuchen, sich in der heutigen israelischen Gesellschaft ihren Weg zu bahnen und die Entwurzelung ihrer Großeltern zu überwinden, ohne sich deswegen von deren Vermächtnis zu lösen. Ganit erzählt ihre Geschichte nicht chronologisch, die Vergangenheit scheint für sie kaum zu existieren. Sie untersucht statt dessen ihre Gegenwart offen und doch distanziert und hofft auf eine bessere Zukunft. Sie erzählt sehr bewegend aus der Lebensgeschichte ihrer Großmutter Genia, unter anderem kleine Impressionen aus deren Jugendzeit (ihr gutes Aussehen, wie gerne deren Mutter in die Oper ging), die ihre Mutter und Großmutter selbst kaum erwähnten. Yoav hat ähnliche Charaktereigenschaften wie sein Großvater, etwa seine Lebensfreude, seine Suche nach dem Sinn des Lebens und daß er gerne mit anderen Menschen zusammen ist. Mit seinem Tatendrang, seiner Suche nach »Höhepunkten« und der selbstauferlegten Erprobung seiner Kräfte und Fähigkeiten setzt er sich, so ließe sich sagen, in Kontinuität – oder sogar Konkurrenz – mit Ze'ev. Vielleicht handelt es sich aber auch um die Antithese zu den Selbstzweifeln und dem vorgegebenen Optimismus seiner Mutter – oder um beides zugleich? Auffällig ist, daß weder Ganit noch Yoav ihre Eltern häufig erwähnen. Wie wir bemerkt haben, können sie in der Lebensphase, in der sie sich im Augenblick befinden, den Standpunkt ihrer Eltern noch nicht umfassend aufnehmen und in ihre Geschichte eingliedern. Ganit identifiziert sich emotional mit bestimmten Teilen in der Geschichte ihrer Großmutter. Mit Genia teilt sie auch ein scharfes, manchmal schmerzliches Problembewußtsein.

Die Verbindung zwischen den Lebensgeschichten der ersten und dritten Generation stellt sich nicht zyklisch, sondern eher spiralförmig dar. Ganit reagiert auf Genias Erinnerungen der Hilflosigkeit, wenn sie sagt, die Vergangenheit »läßt sich nicht wiedergutmachen«. Yoav versucht nicht, die Racheaktionen seines Großvaters zu wiederholen. Beide leben in der Realität des heutigen Israel, wo die jüngere Generation Kontinuität schafft, indem sie nach dem Sinn ihres eigenen Lebens sucht, sich aber zugleich auf die Ereignisse bezieht, die zwei Generationen vor ihnen stattgefunden haben. In diesem Zusammenhang bedeutet Durcharbeiten die Fortführung der Rekonstruktion der eigenen Biographie in der Gegenwart, indem man die Erfahrungen und Reaktionen der vorangegangenen Generationen eher untersucht statt sie verleugnet.

Ganit und Yoavs offene Suche nach Sinn und Bedeutung kommt nicht von ungefähr: Tzipke und Hannah müssen ihnen dabei behilflich gewesen sein, ihren Weg zu finden, wahrscheinlich mit Hilfe ihrer Ehemänner. Tzipkes hat eine sehr aktive und durchdachte Strategie entwikkelt, zwischen Genia und Ganit zu vermitteln, also zwischen zwei Generationen, in denen sich erzählte und erlebte Lebensgeschichte sehr unterschiedlich miteinander verbinden. Hannah, so scheint es, bewegt sich eher intuitiv zwischen Ze'ev und Yoav, aber sie kann das im Rahmen ihrer eigenen erzählten Lebensgeschichte nicht reflektieren und räumt sich kein Verdienst dafür ein. Hätte aber eine der Frauen diese Vermittlung unintelligent oder unsensibel bewerkstelligt, hätte das zu einer Entfremdung der jüngeren Generation von ihren »unwichtigen« Großeltern führen können. Tzipke und Hannah handelten aus dem bewußten oder unbewußten Wunsch heraus, ihren Kindern liebende Großeltern zu geben. Mit dem Holocaust als Familienhintergrund haben sie versucht, ein Schicksal, das an Mythen der Eskimos erinnert, zu vermeiden, in dem die Älteren »in den Schnee gehen und dort alleine sterben«.

Die psychologische Literatur über Kinder von Überlebenden des Holocaust beschreibt immer wieder, daß die Kinder die Schmerzen und das Leiden übernehmen, das in ihren Eltern fortlebt. Tzipke und Hannah zeigen, daß das nur teilweise zutrifft. Aus ihren selbststrukturierten Geschichten erfahren wir, daß sie nicht nur auf die emotionale Belastung der ersten Generation reagierten, sondern es auch schafften, aktiv eine Vermittlungsstrategie zwischen den Generationen herzustellen. Beide Frauen versuchten das auf unterschiedliche Weise, aber beiden war es wichtig, daß ihre Kinder ihren Großeltern nahe sein können, ohne die emotionale Belastung zu ertragen, die sie selbst in ihrer Kindheit auszuhalten hatten. Ganits und Yoavs Geschichten erzählen unter anderem, daß ihren Müttern das in nicht ganz unwesentlichem Maße gelang.

Wie wir gesehen haben, ist die Beziehung zwischen erlebter und erzählter Lebensgeschichte keine einfache. Die erlebte Lebensgeschichte bildet den Rahmen für die Erfahrungen, die in der erzählten Lebensgeschichte erzählt werden, aber die Beziehung zwischen erlebter und erzählter Lebensgeschichte kann von einer Generation auf die andere sehr verschiedene Wege nehmen. Sie kann nach dem Muster der Aktion und Reaktion verlaufen, kann aber auch neue Wege bei Problemen beschreiten, die erkannt und durchgearbeitet wurden. Die Liebe zu Kindern und alternden Eltern mag zwar alles einerseits noch erschweren, erzeugt und ermöglicht aber andererseits, wie wir gesehen haben, Widerstandskraft und Einfallsreichtum. Mag das auch die erzählte von der erlebten Lebensgeschichte trennen, so führt es sie doch mit der Zeit auf neuen Wegen wieder zusammen.

Die Familie Anisewitsch
Dem Warschauer Ghetto entkommen

Mit Noga Gil'ad

Olga ist von den Gesprächspartnern aus der ersten Generation die jüngste. Sie kommt aus einer »Mischehe« und hat ihrer Mutter das Leben zu verdanken, die sie, als sie im Warschauer Ghetto jede Hoffnung aufgegeben hatte, als kleines Kind zu ihrem nichtjüdischen Vater in den arischen Teil Warschaus schickte. Olga blieb ihrer jüdischen Identität treu und trat nach Ende des Krieges einem polnischen Kibbuz bei, um schließlich nach Israel auszuwandern. Sie und ihr Ehemann, der ein Arbeitslager überlebt hatte, ließen sich als Pioniere in einer Moschaw (kooperativen Farm) im Süden des Landes nieder, wo Olga heute noch lebt. Ihr Mann starb vor acht Jahren an Krebs.

Chronik der Familie Anisewitsch

1930	Olga wird in Warschau geboren.
1933	Yadek, ihr Bruder, wird geboren.
1934	Scheidung ihrer Eltern. Ihr nichtjüdischer Vater bekommt Yadek zugesprochen, die Geschwister wachsen getrennt auf.
1935	Zweite Ehe ihrer Mutter.
1936	Reise der Großmutter nach Israel.
1939	Geburt der Tochter aus zweiter Ehe.
1940	Olgas Stiefvater, der Offizier in der polnischen Armee ist, flieht nach Rußland.
1942	Selbstmord der Großmutter im Ghetto.
1943	Olga wird aus dem Ghetto in den arischen Sektor der Stadt zu ihrem leiblichen Vater herausgeschmuggelt.

1945	Olga rennt von ihrer Stieffamilie weg und lebt bis zur Befreiung durch die russischen Truppen in einem kleinen Dorf.
1945–48	Olga geht in einen Kibbuz und emigriert nach Israel.
1949	Olga tritt einer Polizeieinheit in Haifa bei, wo sie Baruch kennenlernt. Sie heiraten.
1950	Olga und Baruch ziehen in eine Moschaw (eine kooperative Farm) im Süden des Landes.
1951	Ihre Tochter Dina wird geboren.
1954	Geburt der zweiten Tochter Deborah.
1957	Benny, ein Sohn, wird geboren.
1960	Baruch erkrankt an Tuberkulose und gibt seine Arbeit als Farmer auf.
1968	Dina beginnt ein Lehramtsstudium.
1970	Dina heiratet Yehoshua, sie ziehen nach Jerucham.
1974	Orit, die Tochter von Dina und Yehoshua, wird geboren.
1977	Ihr zweites Kind, Gideon, kommt zur Welt.
1982	Yadek, Olgas Bruder, emigriert nach Israel. Baruch stirbt an Lungenkrebs. Amnon, der zweite Sohn von Dina und Yehoshua, wird geboren.
1986	Dina, Yehoshua und die Familie ziehen nach Lehavim, einem Vorort von Beer Sheva.
1988	Olga reist mit ihrem Freund Simon und ihrer Enkeltochter Orit nach Warschau.
1989	Frühling: Noga Gil'ad und Dan Bar-On interviewen Olga, Benny, Dina und Orit.

Olga
»Das Leben wieder aufbauen«

Wir treffen Olga am Hauseingang in einer Moschaw in der Nähe eines großen Militärstützpunkts in Südisrael. Sie ist klein, und ihr Gesicht und ihre Hände sind voller Falten. Sie bittet uns ins Haus, das bescheiden, aber sehr gepflegt ist. Es ist in einem Stil eingerichtet, der für die aus Mitteleuropa stammenden Israelis typisch ist, das heißt die Zimmer stehen voller Möbel, die einem schon beim Eintreten entgegenzuhalten scheinen, daß materielle Werte nicht das Wichtigste sind. Am Telefon hatte Olga auf unsere Frage positiv reagiert: »Ja, meine Tochter Dina hat mir schon Bescheid gesagt, Sie sind die Universitätsleute, die Forschung betreiben.« Jetzt aber äußert sie ihre Bedenken: »Ich weiß, daß ich nach einem solchen Gespräch nachts nicht gut schlafen kann.« Sie serviert uns Kaffee und wendet sich uns dann mit einem klugen und warmen Blick zu, der zu sagen scheint: »Wir haben so viel überstanden, dann werden wir das wohl auch noch schaffen.« Dieser Blick gibt Noga und mir den Mut, mit dem Interview zu beginnen [Dan Bar-On ist in diesem Interview der Fragesteller].

Also, ich wurde 1930 in Warschau geboren, in Polen. Ich komme aus einer gemischten Familie und hatte eine sehr glückliche Kindheit.

»Was meinen Sie mit ›gemischt‹?«

Ach, meine Mutter kam aus einer gläubigen jüdischen Familie, richtig gläubig, nicht nur traditionell religiös, und mein Vater war Nichtjude, Pole. Wenn ich mich erinnere, der – meine Eltern waren schon geschieden. Sie ließen sich scheiden, als ich drei war. Ich erinnere mich eigentlich nur an zu Hause mit meinem zweiten Vater, den meine Mutter heiratete, als ich fünf war. Er war Jude – beide waren assimiliert. Zu Hause kam ich nicht in Kontakt mit der jüdischen Tradition, Sprache, mit Sabbat. Und ich muß noch einmal sagen, daß meine Kindheit sehr glücklich war. Meine Mutter war Lehrerin an einem Gymnasium und mein Stiefvater Trainer, ein Sportlehrer. Genau erinnere ich mich nicht mehr. Er leitete auch zwei Leihbüchereien, das heißt, er war auch Geschäftsmann. Meinen Eltern ging es finanziell sehr gut, wir verbrachten unsere Sommerferien auf dem Land. Es war also wirklich eine wunderbare Kindheit, bis der Krieg begann und alles, alles anders wurde.

Zuerst haben sie uns ins Ghetto gesteckt, dann zog meine Großmutter zu uns. Mein [Stief]Vater floh nach Rußland, weil er Offizier in der polnischen Armee war *(atmet schwer)*. Allmählich wurde es immer schlimmer, Hunger, Armut, und meine Mutter sah irgendwann, daß die Lage sehr schwierig wurde. Sie beschloß, zu retten, wen sie retten konnte, und so, ich erinnere mich nicht genau wann, aber ich glaube, 43, kurz vor dem Aufstand im Ghetto. Als das losging, war ich schon draußen. Sie nahm einfach Kontakt zu meinem Vater auf und schickte mich zu ihm. Es hat sie viel Geld gekostet, mich von einem Mann zu meinem Vater herausschmuggeln zu lassen.

Bei meinem Vater wurde ich nicht wirklich akzeptiert. Er hatte wieder geheiratet und hatte zwei Töchter, und mein Bruder lebte seit der Scheidung bei ihm. Ich wurde zu Familienangehörigen meines Vaters gegeben, weil seine Frau nicht so gerne wollte, daß ich bei ihnen lebte. Ich war schon vierzehn und hatte ein Benehmen, das sie nicht akzeptieren konnten. Sie fand es schlimm, daß ich meinen Vater duzte, sie waren gewöhnt, sich in der dritten Person anzusprechen, sehr formell. Ich hatte ein viel freieres Benehmen und war nicht so höflich. Sie steckten mich zu irgendeiner Cousine, und um meine dunkle Haut zu verstecken, steckten sie mich in eine Karmelitenklosterschule. Das war eine sehr schöne Erfahrung für mich, und irgendwie blieb ich eine Weile lang bei dieser Familie. Ich bin immer wieder woanders hingeschickt worden, was auch für mein Lernen sehr schlecht war. Allmählich wurde ich zu einem Dienstmädchen für diese Familien. Später erlebten wir den Warschauer Aufstand, den Promokowski leitete. Wir wurden von der Stadt in eine Art Durchgangslager geschickt. Meinem Vater gelang es, von da zu fliehen. Dann rannte ich aus dem Haus meines Vaters weg, weil seine polnische Frau mich tyrannisierte und das unerträglich wurde. Ich rannte weg und kam in ein Dorf. Dort sagte ich den Leuten, ich würde jede Arbeit machen, wenn sie mir eine Unterkunft und Essen geben könnten. Und das habe ich dann auch getan. Das war mein erster Beruf – ich habe die Schweine gehütet *(lacht)* –, und dann haben uns die Russen befreit.

Ich ging zurück nach Warschau und fand niemanden mehr. Ich fand das Haus nicht mehr, nur die Mauern und der Keller standen noch … irgendwie habe ich eine Nachbarin von früher getroffen, und sie sagte mir, ich solle in einen Kibbuz gehen. Sie führte mich in ein jüdisches Haus, wo man mir sagte, ich solle in ein Waisenhaus gehen, weil ich da in meinem Alter [fünfzehn] hingehörte. Aber ich war inzwischen so erwachsen geworden, daß ich da nicht lange blieb. Sie schickten mich in den Kibbuz und … durch den Kibbuz bin ich in illegaler Emigration nach und nach nach Israel gekommen. In Israel wollten wir gerne in eine kooperative Siedlung, davon hatten wir geträumt. Wir gingen also aus der Stadt und kamen in dieses Dorf und gründeten hier eine Familie. Dina, meine älteste Tochter, kennen Sie ja. Das wär's im Groben. Wenn Sie möchten, daß ich über irgend etwas mehr sage, dann sagen Sie mir das bitte.

Olga versucht, ihre Geschichte in einem Atemzug zu erzählen. Wir geben ihr einen Moment Zeit, um sich zu sammeln. »Sie haben uns alles so erzählt, wie es passiert ist, bis zu dem Moment, als sie auf die Mauern und den Keller zu sprechen kamen, da haben Sie sich sehr kurz gefaßt. Vielleicht möchten Sie uns etwas mehr über diese Zeit erzählen?«

Sehen Sie, vor allem Warschau lag in Schutt und Asche. Was die Deutschen übrigließen, nachdem sie das Ghetto dem Erdboden gleichgemacht haben beim polnischen Aufstand. Allein über die Zeit zu sprechen, als ich nach Warschau zurückkehrte und wie ich da überlebte, würde schon fast drei Stunden dauern. Ich weiß nicht, ob das wichtig ist. Es kommt darauf an, wofür Sie sich interessieren.

»Vielleicht könnten Sie uns ein bißchen mehr darüber erzählen, wie Sie es geschafft haben, am Leben zu bleiben.« Olga beginnt, sehr detailliert zu berichten, daß den Russen der Vormarsch bis ans Ufer der Vistula gelungen war, sie aber weder in den polnischen Aufstand gegen die Deutschen eingriffen noch die Deutschen daran hinderten, Warschau dem Erdboden gleichzumachen. Ich habe den Eindruck, daß sie das nicht nur schildert, um den

geschichtlichen Hintergrund zu verdeutlichen, sondern Themen, die ihr schwerfallen, damit noch etwas hinauszögern will.

Ich erinnere mich, daß ich nach draußen ging und trockenes Brot von zu Hause holte und daß dann jeder im Keller sagte: »Schnell, renn schnell«, weil die ganze Zeit Bomben fielen. Später, als die Deutschen die Stadt erobert hatten, deportierten sie alle in Durchgangslager. Wer es irgendwie schaffte, verließ das Lager. Wer es nicht schaffte, kam nach Deutschland zur Arbeit. Als die Russen kamen, war Warschau leer, da lebten keine Menschen mehr. Warschau wurde im Januar 1945 befreit. Es war bitterkalt und schneite. Es war interessant zu sehen, wie die Leute vom Land zurück in die Stadt wanderten und wie sie danach suchten, was von ihren Häusern und ihren Familien übriggeblieben war. Die Polen haben damals auch gelitten. Plötzlich hatten auch sie Verluste und fanden niemanden mehr. Die Deutschen gingen nicht gerade sanft mit ihnen um. Aber natürlich waren sie zu ihnen nicht so grausam wie zu den Juden.

Als ich befreit wurde, war ich im Dorf. Ich erledigte gerade eine sehr wichtige Arbeit. Ich saß in einem Bombenkrater und hielt zwei Schweine. Die Frau des Bauern hatte Angst, daß die Russen ihre Schweine klauen könnten, vielleicht hatte sie aber auch Angst vor den fliehenden Deutschen. Also saß ihr Sohn mit zwei Schweinen in einem Krater und ich mit zwei Schweinen im anderen Krater *(lacht)*. Und als die Russen kamen, befahlen sie uns rauszukommen. Wir sind irgendwie mit den Schweinen nach Hause gekommen. Und da sagte man uns, daß Warschau schon befreit sei. Ich machte mich zu Fuß auf den Weg. Es waren vierzig Kilometer, und die Straßen nach Warschau waren überfüllt mit Menschen. Ein Menschengedränge, und jeder trug, was er gerade tragen konnte, und alle waren auf dem Weg nach Warschau.

Warschau war leer, kein Strom, kein Wasser, keine Häuser, nichts. Und man mußte ja irgendwie leben. Eine Woche lang saß ich im Keller unseres ehemaligen Hauses, mit den Mäusen, sonst war niemand da. Hier und da habe ich etwas Trockenes zu essen gefunden. Ich kann mich an ein paar sehr dreckige Zuckerwürfel erinnern.

»War das das Haus Ihrer Mutter?«

Ja, natürlich. Ich hatte ja keine weitere Verbindung zu meinem Vater, nichts. Er fürchtete sich auch immer sehr, mit mir auf die Straße zu gehen, er sagte mir: »Wenn sie uns erwischen, dann untersteh dich zu sagen, daß ich dein Vater bin.« Ich hatte eine dunkle Haut, und sah sehr jüdisch aus. [Er sagte], ich bewegte mich »jüdisch«. Wahrscheinlich hatte er sogar Angst, daß ich jiddisch sprechen würde. Und ich war ja erst ein kleines Kind, nicht? Er hatte damals richtig Angst. Ich hatte mehr Mut als er. Ich bewegte mich frei in Warschau. Ich kaufte mir ein Kreuz als Kettenanhänger und kam alles in allem ganz gut zurecht. Abgesehen davon, daß ich meine Mutter und meine kleine Schwester sehr vermißte, die beide im Ghetto waren, hatte ich nicht sehr viele Probleme.

Olgas Stimme zittert. Welch schreckliche Situation: Einerseits hatte sie Angst vor ihrem Vater, von dem sie entfremdet war, andererseits sehnte sie sich nach ihrer Mutter und Schwester.

Also, wie war es nach dem Krieg, als ich zurückkehrte? Nachdem ich ungefähr eine Woche im Keller gehockt hatte und tagsüber herumgelaufen war – ich lief tagsüber durch die Stadt und schlief nachts im Keller. Ich hatte nichts zu essen, und ich mußte, mußte einfach etwas zu essen bekommen. Etwas Warmes, aber – es gab ja nirgends etwas. Überall Ruinen. So ging ich also rum und kam an einer Frau vorbei, die in einem ehemaligen Geschäft saß; nur die Wände und die Decke waren davon übrig. Sie saß da mit ein paar Kissen und machte ein Lagerfeuer. Ich ging also rein und fragte sie, ob ich mich etwas aufwärmen dürfte. Sie blickte auf, sah, daß ich fast erfroren war und sehr unglücklich aussah, und gab mir daraufhin sogar etwas warmes Wasser zu trinken. Sie machte Tee aus geschmolzenem Schnee. Sie fragte mich, was ich täte, und ich erzählte ihr, ich würde versuchen, etwas zu essen zu besorgen, ich wäre entsetzlich hungrig, wüßte aber nicht, wie ich das anstellen sollte. Da sagte sie: »Ich habe etwas Mehl, ich werde sofort ein paar Nudeln machen.« Sie nahm etwas Schnee, vermischte ihn mit dem Mehl, und machte etwas sehr Leckeres, ich weiß nicht, wie. Dann machte sie mir ein »Arbeits«-Angebot: »Du gehst jeden Tag raus und suchst nach allem möglichen und bringst es mir. Wenn du Kohle findest, bringst du Kohle. Wenn du ein Kissen findest, bringst du ein Kissen. Und ich kümmere mich um einen Schlafplatz für dich und versorge dich mit Essen.« Diese Situation war nicht mehr ungewöhnlich für mich, und ich war mit diesem Stand der Dinge ganz zufrieden. Einen Monat lang besorgte ich ihr alles mögliche. Im Polnischen gibt es dafür sogar ein Wort. Wir hatten eine ganze Reihe Kissen und Decken, die ich aufgetrieben hatte – und ich konnte schlafen, es war warm, so eingewickelt, und so haben wir gelebt.

Olga beendet die Beschreibung sehr schlicht: »… und so haben wir gelebt.« Als sie über ihren Vater sprach, sagte sie: »… und kam alles in allem ganz gut zurecht.« Aber als sie mit der Frau spricht, sagt sie vielleicht zum einzigen Mal während des gesamten Interviews: »Ich wußte nicht, was ich tun sollte.« Ich sehe sie dabei nach einer »Mutter« suchen, der sie wirklich sagen kann, was sie fühlt.

Während meines Herumwanderns traf ich eine ehemalige Bekannte, und sie sagte: »Du mußt machen, daß du aus Warschau rauskommst, weil es hier nichts zu tun gibt.« Die Züge fuhren kostenlos, weil die Russen ihre Soldaten und Waffen aus Deutschland zurückschickten. Die Leute gingen einfach zum Bahnhof und setzten sich auf die Lastzüge. Das einzige, worum man sich kümmern mußte, war, daß die auch in die richtige Richtung fuhren. Die Züge hielten, die Leute stiegen ein oder um *(lacht)*. Und ich erinnere mich, daß die Frau mir gesagt hatte, »du mußt nach Krakau fahren«, und mir eine Adresse gegeben hatte. Also fuhr ich nach Krakau. Das dauerte ein paar Tage. Ich hatte keinen Zugfahrplan oder so was. Wir fragten einfach den Zugführer und das Personal, so sind damals Hunderte von Leuten gereist. Es war sogar schön. Wir sind mit allen möglichen Transportgütern zusammen gereist, und wir sangen, jeder war so froh, daß der Krieg vorbei war. Das war ganz schön – so seh ich es wenigstens.

Ich kam nach Krakau, wo man mir vorschlug, ich sollte in ein Waisenhaus, aber da dort keine Kinder in meinem Alter waren, beschloß man, mich in einen Kibbuz nach Kalisch zu schicken. Da, da gab es einen Kibbuz mit siebzehn sehr jungen Mädchen. Ich kam nach Kalisch, wo es mir sehr gefiel. Da waren viele Mädchen und zwei Betreuerinnen, und mir gefiel es sehr gut. Die Bedingungen waren nicht besonders gut, weil, was war das noch? Wir hatten eine Wohnung auf der Palmatsche Straße, ich erinnere mich nicht, und wir schliefen in

Etagenbetten. Wir hatten nicht sehr viel, unsere Kleider kamen von der UNRRA [United Nations Relief and Rehabilitation Administration]. Auch amerikanische Uniformen, aber wir hatten immerhin etwas zum Anziehen. Das war schon viel besser als zuvor. Man brachte uns auch etwas Hebräisch bei. Später mußte ich an meinem Ohr behandelt werden. Sie schickten mich zu einem Ohrenspezialisten nach Kattowitz. Als ich dort war, brach in Kalisch ein Pogrom aus. Meine beste Freundin, mit der ich ein Etagenbett teilte – sie schlief unten, ich oben –, wurde in dem Pogrom getötet. Das traf mich sehr tief, und ich wollte nicht nach Kalisch zurück. Also blieb ich im Kibbuz in Kattowitz, der mich während meiner Ohrbehandlung aufnahm.

Olga schweigt einen Moment lang.

Das ist es. Ich kam mit diesem Kibbuz nach Israel, durch illegale Einwanderung. Dann sind wir irgendwann der Armee beigetreten. In der illegalen Einwanderung war es so, daß man ein bißchen reiste, dann ein Lager aufschlug, weiterreiste, dann in einer Ausbildungsfarm blieb. Für den Weg von Polen nach Israel brauchten wir insgesamt drei Jahre. Zuerst gingen wir von Polen nach Prag. Von da aus fuhren wir in ein Lager nach Deutschland. Von da aus ging es ins Ausbildungslager in der Nähe von Dachau. Von da aus nach Italien über die Alpen, die im Winter sehr schön waren. In Italien lebten wir in einem Flüchtlingslager, und dort sagte man uns, da hab ich es erst gehört, daß der Staat Israel gegründet worden ist. Durch die Lautsprecher forderten sie die Jugend auf, sich freiwillig zum Aufbau zu melden, weil die Situation in Israel sehr schwierig sei.

Die meisten Leute meldeten sich freiwillig, vor allem die, die nicht verheiratet waren. Sie schickten uns in eine alte Burg, wo es ein Gewehr aus Napoleons Zeit gab *(lacht)*. Also lernten wir wenigstens, wie man das Gewehr öffnet, schließt und lädt. Wir hatten auch ein paar Jiu-Jitsu-Stunden, kletterten an Seilen und exerzierten. Drei Wochen, dann mußten wir den Eid ablegen, den Eid fürs IDF [Israeli Defense Force, israelische Verteidigungskräfte]. Dann landeten wir mit dem Flugzeug auf einem kleinen Flughafen bei Haifa. Meine Gruppe wurde sofort mobilisiert, aber weil ich wieder Schwierigkeiten mit dem Ohr hatte, nahm man mich nicht. Das war mein Glück. Mein Ohr hat mir immer irgendwann weh getan, aber es hat mir auch das Leben gerettet. Weil die meisten Freunde von mir in der Schlacht von Latrun fielen *(tiefes Schweigen).*

Das ist eine sehr harte Verquickung von Umständen: das Pogrom in Kalisch, der Unabhängigkeitskrieg in Latrun, und das alles nach dem, was Olga in Warschau durchgemacht hatte.

Zwei Monate lang haben sie mein Ohr behandelt, ich war die ganze Zeit über in Haifa, auf dem alten Campus der Technischen Hochschule, wo es eine Einwanderungssammelstelle gab. Später gab man uns dann allmählich die von den Arabern verlassenen Wohnungen. Ich bekam ein Zimmer im Tal, Wadi Nissnas. Drei Familien teilten sich die Wohnung. Jede hatte ein Zimmer, und das Bad und die Küche waren Gemeinschaftsräume, und das ist alles.

Olga bietet uns etwas zu trinken an. Sie braucht eine Pause, wir auch. Ich kann mich an Wadi Nissnas noch von meiner Kindheit in Haifa her erinnern, ich kam auf meinem Schulweg daran vorbei. Ich hatte zuerst Angst davor, daß die Araber Gewalt anwenden könnten, und später dann war ich von den Flüchtlingen aus Europa sehr befremdet. Als wir mit dem Interview wieder beginnen, frage ich Olga, ob sie jemals herausgefunden habe, was ihren Familienangehörigen, die im Ghetto geblieben waren, passiert ist.

Natürlich habe ich mich ununterbrochen nach ihnen erkundigt. Sogar als ich noch im Ghetto lebte, kam ich die ganze Zeit raus, weil ich gut polnisch sprach, und weil ich wahrscheinlich einfach ein Kind war, das sich zu helfen wußte. Meine Mutter schickte mich nach draußen, um alle möglichen Dinge zu besorgen. Ich war sehr dünn und konnte sehr gut unter der Mauer hindurchschlüpfen, die zum Bürgersteig führte. Die Deutschen ließen immer so eine Stelle offen. Ich konnte also recht einfach durchschlüpfen und auf dem Markt alle möglichen Dinge kaufen. Unter anderem ging ich auch in die, ah, Apotheke und kaufte dort Schlaftabletten. Meine Mutter sammelte die Tabletten und sagte, wenn … sich die Situation noch weiter verschlimmern würde, dann würde sie sich mit diesen Tabletten umbringen *(Schweigen).*

Ach, die Situation im Ghetto war sehr schlimm. Meine Großmutter brachte sich im Ghetto um. Sie konnte nicht arbeiten, deswegen hat sie das gemacht. Im Ghetto hatte nur derjenige ein Recht zu leben, der auch arbeitete, und auch das nur beschränkt. Meine Mutter war eine gebildete Frau, sie sprach Russisch und Deutsch und arbeitete als Dolmetscherin in der Fabrik Schulz. Ich weiß, daß in dieser Fabrik Uniformen für die Deutschen genäht wurden. *(Ich muß an Genia denken, die in dieser Fabrik gearbeitet hat.)* Meine Schwester und ich – ich hatte eine jüngere Schwester aus der zweiten Ehe meiner Mutter – hatten einen Ausweis, der uns erlaubte, im Ghetto zu bleiben. Aber meine Großmutter hatte keinen. Zu dieser Zeit führten die Deutschen ihre sogenannten »Aktionen« durch, und das sah so aus: Sie tauchten plötzlich vor Häusern auf und verkündeten durch Lautsprecher, alle hätten rauszukommen. Dann luden sie die Leute, die keinen Ausweis hatten, auf Lastwagen und transportierten sie ab.

Für meine Großmutter suchten wir immer ein Versteck. Mal hier, mal in der Dusche, mal hinter dem Boiler, immer irgendwo. Und – eines Tages hatte Großmutter genug. Sie sagte: »Genug!« Sie war Hebamme gewesen, schon pensioniert. Sie war Diabetikerin und hatte Herzprobleme, und sie mußte sich Spritzen setzen. Dann spritzte sie sich Morphium und sagte uns, sie wolle schlafen, und wir sollten sie nicht aufwecken. Sie erklärte mir, daß sie im Schlaf sterben würde *(Pause)*. Meine Großmutter stand mir sehr nahe, weil meine Mutter immer arbeitete. Nach ihrer Scheidung mußte sie ja den Lebensunterhalt verdienen. Meine Großmutter war schon in Rente, als ich fünfeinhalb war, und wir verbrachten sehr viel Zeit miteinander *(Pause)*. Dann schlief sie tatsächlich drei Tage lang, und abends diskutierte meine Mutter mit allen möglichen Leuten, auch mit unserem Hausarzt, ob sie sie aufwecken sollte oder nicht *(Schweigen)*.

Ich kann mich daran so deutlich erinnern, als sei es gestern geschehen. Ich erinnere mich, wie der Doktor sagte: »Wir könnten ihr Atropin spritzen.« *(Olga ist entsetzt.)*

Wie kann ich mich an den Namen des Medikaments erinnern! Nein, das weiß ich nicht genau, ich war damals zwölf Jahre alt, vielleicht ein halbes Jahr älter. Schließlich beschlossen sie, sie schlafen zu lassen. Ich habe mich für diesen Prozeß sehr interessiert. Ich ging immer wieder zu ihr hin und schaute sie mir an, ich berührte sie, fühlte ihren Puls, sah, wie sie gelb wurde und immer gelber und gelber, bis meine Mutter sagte, sie sei tot. Sie kamen und holten sie. Meine Mutter wollte mit ihnen auf den Friedhof gehen. Das haben sie nicht zugelassen. Wie sie meine Großmutter geholt haben, das war wirklich schockierend *(Schweigen)*. Sie holten sie aus der Wohnung, und auf der Straße stand so ein Karren mit zwei Rädern, den ein Mann vorne zog, und auf diesem Karren lagen schon ein paar Leichen. Sie zogen ihr dann ihre Kleider aus und warfen sie auf den Bürgersteig. Sie schmissen Großmutter einfach auf den Karren – an Händen und Füßen, so erniedrigend, und meiner Mutter brüllten sie sehr brutal zu, sie solle zurück ins Haus gehen. Sie durfte nicht einmal ein kleines Stück mit ihnen gehen. So sah unser Abschied von Großmutter aus.

Olgas Stimme wird brüchig, und Tränen treten ihr in die Augen. Wir drei sind sehr erschüttert.

Ich wußte also, daß meine Mutter die Tabletten schlucken würde, wenn es sehr schlimm würde, und ich dachte, vielleicht auch meine kleinere Schwester, die drei war, als ich das Ghetto verließ. Viele Jahre lang war ich mir ziemlich sicher, daß sie die Tabletten geschluckt hatten. Sie hatten ein ganzes Glas voll Pillen … später habe ich versucht, etwas herauszufinden. Es gibt zwei Alternativen – Treblinka oder Majdanek. Lange habe ich gedacht, ich würde sie wiedertreffen *(lange Pause)*, viele Jahre lang *(fünf Sekunden Pause)*. Sogar als ich schon in Israel war, habe ich geträumt *(fünf Sekunden Pause)*, aber das ist es *(Schweigen)*.

»Und haben Sie etwas über Ihren Vater herausgefunden?«

Mein Vater, also ich spreche jetzt über meinen Stiefvater, der sich ja zu mir wie ein Vater benommen hat, nicht über meinen richtigen Vater, den ich nicht liebte und der auch für mich nicht mein Vater war. Er floh 39 nach Rußland, als die Deutschen Polen einnahmen. Und 42 tauchte er plötzlich wieder auf *(Olgas Augen leuchten auf)*. Schon wie er wiederkam, war sehr originell, er hatte immer einen Sinn für Humor. Es klingelte. Und da hat man nicht wie hier die Tür geöffnet, sondern man hatte vor der Tür eine Kette, und man öffnete sie nur einen Spalt breit. Also es klingelte, und ich rannte an die Tür, um aufzumachen, ich öffnete die Tür mit der vorgelegten Kette, und hereinspaziert kam ein Huhn! *(lacht)*. Damals war es bereits schwierig, Essen aufzutreiben. Ich löste also die Kette, trat vor die Tür und da stand er auf der Treppe. Alle waren sehr glücklich.

Er kam, um meine Mutter zu überzeugen, daß wir alle nach Rußland ziehen sollten. Er war mit einem Bauern gekommen, der einen Wagen hatte, den er vollud, und mein Vater hatte für uns Plätze reserviert. Meine Mutter hatte nur eine Nacht Zeit, um das Wichtigste zusammenzupacken, man konnte ja nicht viel mitnehmen, und um die Familie fertigzukriegen, und dann sollte es losgehen. Wenn ich sage, die Familie fertigmachen, dann meine ich die ganze Familie, alle. Dann sagte aber meine Großmutter, sie würde nicht gehen, weil sie dazu keine Kraft hätte. Sie sagte, sie sei nicht gesund, und sie würde im Ghetto bleiben. Sie hatte zwei Brüder und zwei Schwestern in Warschau. Meine Mutter hielt es aber anscheinend für ihre Pflicht, bei ihrer Mutter zu bleiben, und so weigerte sie sich zu gehen *(lange Pause)*. Sie überredete ihn, er solle gehen, weil sie damals schon Männer zusammentrieben zur Zwangsarbeit. Und dann, nachdem sie eine ganze Nacht gesprochen haben, ist er gegangen *(Schweigen, atmet heftig)*.

Ich habe ihn nie wieder gesehen. Er war in Israel – das weiß ich von meinem Onkel. Er verließ Rußland mit Andreas' Armee. Sie zogen durch Israel und kämpften in Italien, und er stand nicht auf der Liste der Gefallenen. Das habe ich über das Rote Kreuz herausgefunden, da habe ich nach ihm geforscht. Ich nehme an, er hat sich ein neues Leben aufgebaut und interessiert sich nicht dafür, mit mir noch einmal in Kontakt zu treten. Ich hörte auch, er sei in London gesehen worden. Eine entferntere Verwandte von mir sagte, ich solle aufhören, Nachforschungen anzustellen, weil er sich ein neues Leben aufgebaut habe. Da habe ich aufgehört nachzufragen *(fünfzehn Sekunden Schweigen)*.

Ich erinnere mich, gehört zu haben, daß viele Juden aus Andreas' Armee desertierten, als sie sich in Palästina aufhielt. Ich frage Olga: »Und er hat nie nach Ihnen oder Ihrer Familie gesucht?«

Ich glaube nicht. Die Person, die mir von ihm erzählt hat, gehört zu dem Teil der Familie, der in Israel lebte. Sie kamen 1933 aus Polen. Einige meiner Cousins sind damals hierhergekommen, auch ein mir sehr nahestehender Onkel, der Bruder meiner Mutter. Meine Großmutter hatte ihn sogar 1936 hier besucht, sie blieb etwa ein halbes Jahr.

Sie war jemand, der Familienbeziehungen aufrechterhielt. Also, diese Person sagte mir, ich solle nicht mehr nachforschen, weil er kein Interesse daran hätte. Sie hatte ihn wahrscheinlich in London getroffen und ihm erzählt, daß einige das Ghetto überlebt hätten, denn das war ziemlich selten. Mein Onkel erfuhr erst, daß ich noch am Leben war, nachdem ich aus Italien an das Bureau for Missing Relatives geschrieben hatte. Er konnte aber erst mit mir Kontakt aufnehmen, als ich schon fast in Israel war, weil die Briefe, die er mir schrieb – ich war immer schon umgezogen. Ich erhielt den ersten Brief, den mein Onkel mir nach Italien geschrieben hatte, mit sechs Monaten Verspätung.

Olga möchte offenkundig nicht weiter über ihren Vater oder Stiefvater sprechen. Ich schlage ihr vor, etwas über ihre Familie in Israel zu sagen.

In Israel heiratete ich einen Überlebenden des Holocaust. Ich traf ihn auf der Polizeistation in Haifa. Wir arbeiteten beide dort, ich heiratete ihn, und wir gründeten eine Familie. Wir bekamen zwei Mädchen und einen Jungen. Er war auch alleine, kann man sagen, alleine – alleine. Die nächsten Anverwandten hier waren einige Cousins und Cousinen. Und sie waren einmal eine sehr große Familie gewesen. Meine Mutter hatte nur einen Bruder gehabt, aber sein Vater und seine Mutter hatten sehr viele Geschwister. Ich kann mich nicht mal an alle Namen erinnern. Er hatte also wirklich viele Cousins und Cousinen. Er kam aus Schlesien, da haben mehr Leute überlebt. Er war die gesamte Kriegszeit über in Lagern, also von 41 bis 45, in Konzentrationslagern. Sie haben ihn eingesperrt, als er fünfzehn war, sie haben ihn einfach von der Straße weg eingesperrt. Als er befreit wurde, war er fast zwanzig. Bei der Befreiung wog er noch fünfunddreißig Kilo. Man brachte ihn in ein amerikanisches Militärkrankenhaus.

Er konnte sich nicht daran erinnern, wie viele Monate er da war. Aus dieser Zeit hatte er nur die Erinnerung an den Kampf mit den Ärzten, die ihn nicht essen ließen, wenn er essen wollte. Als er entlassen wurde, sagte man ihm, er wäre nicht ganz gesund. Er war wirklich krank, er hatte im Lager eine Lungenentzündung gehabt und Wasser in den Lungen. Und mit all diesen Problemen hatte er weitergearbeitet, ohne Kleider und ohne Nahrung. Als er später von einem Lager zum anderen zog, war die Ruhr im Umlauf gewesen, und davon war er auch mitgenommen. Deswegen hatte er sehr viel Gewicht verloren. Aber er war ein sehr tapferer Mensch und sehr, sehr gutherzig. Man kann sagen, er war ein Charakter, eine ganz besondere Persönlichkeit. Er dachte immer an andere, war immer zufrieden. Ich konnte Dinge sagen wie »Ach, wie wir hier in diesem Dorf leben. Wir haben kein ordentliches Bett, kein Wasser, keinen Strom!« Er sagte dann: »Was beschwerst du dich? Immerhin haben wir ein Bett und eine Matratze! Weißt du, wie viele Jahre ich auf einem Holzbrett geschlafen hab?« So hat er aus allem einen Witz gemacht *(lacht)*.

Wir hatten schon nach unserer Heirat in Haifa beschlossen, daß wir in eine Landwirtschaftskooperative gehen wollten. Wir hatten in Haifa übrigens ein kleines schönes Haus. Ein kleines Zimmer unterm Dach – wir wohnten mit Tauben zusammen –, da gab es einen großen Taubenschlag. Wir hatten ein winziges Zimmer, keine Toilette und so, aber es war ganz in der Nähe der Polizeistation, wo ich arbeitete, und wir konnten da das Badezimmer benutzen, auch die Dusche *(lacht)*. Wir wollten etwas finden, wo wir uns niederlassen konnten, eine Landwirtschaftskooperative, und so kamen wir hierhin. Damals herrschte der Gedanke, Landsleute sollten zusammensein. Hier diese Siedlung bestand aus Polen, die in den fünfziger Jahren gekommen waren, und man schickte uns zu ihnen. Sie überprüften nicht, ob wir dem Alter, der Kultur und Mentalität nach geeignet waren – gar nicht! Es ging nur darum, Polen zu Polen zu stecken. Das war total falsch, und am Anfang war es sehr schwierig, denn die Leute, die schon vor uns hier waren, waren sehr viel älter als wir und hatten ganz andere Vorstellungen, wir fühlten uns fehl am Platz. Und für die Jugendlichen, die auch hier waren, für die waren wir zu alt. Mein Ehemann ist leider vor acht Jahren an Lungenkrebs gestorben, und ich habe mir ein neues Leben aufgebaut.

Olga bietet uns noch einen Kaffee an. Shimon tritt in diesem Moment ins Zimmer, und sie stellt ihn uns vor: »Das ist mein neuer Freund.« Jetzt wissen wir, was sie mit ihrer letzten Bemerkung gemeint hat. Ich bestaune ihren Lebenswillen, denn wie oft hat sie wohl schon zu sich selbst gesagt: »Ich werde mir ein neues Leben aufbauen!« Als sich Olga wieder hinsetzt, frage ich sie, wieviel sie ihren Kindern davon erzählt hat.

Meine Kinder wußten alles. Was sie wissen wollten, habe ich ihnen erzählt. Wonach sie nicht gefragt haben, habe ich ihnen nicht erzählt *(lacht)*. Ja, das kann man wohl sagen, gefragt haben sie.

»Wann? In welcher Phase?«

Daran kann ich mich nicht genau erinnern. Aber sie haben gefragt. Zuerst: »Warum hast du keine Eltern? Warum haben wir keine Großeltern?« Damit hat es angefangen. »Alle haben Großväter und Großmütter, nur wir nicht.« Also mußten wir ihnen erklären, warum sie keine Großeltern hatten. Ich glaube, das fing schon ganz früh an.

In diesem Moment kommt Olgas Sohn Benny mit seinem kleinen Sohn ins Zimmer. Sie stellt ihn uns vor und erklärt, daß er gegenüber wohnt. Er setzt sich, und sie wendet sich ihm direkt zu, als sei er die ganze Zeit dabei gewesen.

Wie alt warst du, als ihr angefangen habt, Fragen zu stellen?

Benny: Das weiß ich nicht genau, ich glaube, als ich zu denken angefangen hab, habe ich damit angefangen. Als Yadek kam, hat sich der Kreis geschlossen.

Olga ist das peinlich, und sie beeilt sich, diese Lücke in ihrer Erzählung auszufüllen.

Ach ja. Irgendwann kam mein Bruder nach Israel, 82 war das, er versuchte sich an das Leben hier zu gewöhnen, aber es gelang ihm nicht. Er hatte sein ganzes Leben in Polen verbracht. Er wuchs in einer polnischen Familie auf und war mit einer polnischen Frau verheiratet. Er war gebildet und kam hier nicht zurecht. Er wollte sehr gerne in unserer Nähe sein, aber er hat keine Arbeit gefunden.

Ich bin ziemlich überrascht, daß Olga uns erst etwas von ihrem Bruder erzählt, als ihr Sohn davon spricht, »der Kreis« (welcher Kreis?) habe sich geschlossen, und frage sie: »Wie war es für Sie, ihm nach so vielen Jahren wiederzubegegnen?«

Das war ein riesiges Ereignis. Ich träumte, ich hatte immer davon geträumt, daß ich ihm eines Tages begegnen würde. Aber ich hatte nicht davon geträumt, daß er hierherkommen sollte, denn meiner Meinung nach war das zum Scheitern verurteilt. Ich war zu einer Einwanderung bereit, nach allem, was ich im Krieg durchgemacht hatte. Und außerdem identifizierte ich mich mit dem Judentum, und er tut das anscheinend nicht. Oder vielleicht hatte er das erst später angefangen zu tun. Er ist drei Jahre jünger als ich, aber als er nach Israel kam, war er schon einundfünfzig Jahre alt. Er war Elektroingenieur mit einem Magisterabschluß. Mit seinem Fachwissen hätte er in einer Elektrofirma arbeiten können oder für das Verteidigungsministerium, für nichts anderes. Das Verteidigungsministerium wollte niemanden aus dem Ostblock anstellen, und die Elektrofirma wollte keinen Mann mit einundfünfzig, der nicht hebräisch sprach und daher auch keine Projekte übernehmen konnte.

Klingt Olga etwas traurig oder versucht sie, sich zu entschuldigen? Ich frage sie: »Waren Sie die ganzen Jahre über in Kontakt mit ihm gewesen?«

Nein, nein. Wir traten manchmal miteinander in Verbindung, indem wir uns postlagernd Briefe schrieben. Mein Bruder lebte bei meinem Vater, der nicht wollte, daß er in Briefkontakt mit mir war. Als ich nach Israel ging, hatte ich mich von ihm verabschiedet. Er bat mich: »Nimm mich mit!«, aber ich weigerte mich, ihn mitzunehmen. Die Gruppe, zu der ich gehörte, paßte nicht zu ihm, und er hatte Probleme mit seinen Lungen, er war krank … er hatte einen Flecken auf einem Lungenflügel. Ich wußte, daß sie sich um ihn kümmern würden, solange er bei ihnen war. Wenn ich ihn allen Belastungen aussetzen würde, die illegalen Einwanderern bevorstanden, dann wäre das schlecht für seine Gesundheit. Er war sehr verletzt über meine Weigerung: »Was soll das, meine einzige Schwester will mich nicht mitnehmen?« Und in den Vorstellungen eines Zwölfjährigen hat er sich wahrscheinlich ausgemalt, in Gott weiß was für ein Paradies ich gehen würde *(seufzt)*.

Dann folgte eine Zeit, ah, als es nicht so gut war, in Polen in Kontakt zu Juden zu stehen. Ich versuchte, Kontakt mit ihm aufzunehmen. Ich schrieb postlagernd an die Stadt und fragte nach seinem Wohnort und seiner Adresse. Da lud man mich in die polnische Botschaft nach Tel Aviv ein, wo ich verhört wurde: Warum erkundigte ich mich plötzlich nach einer Adresse in dieser Stadt? Sie erklärten, ich könnte das nur in der Botschaft erfahren und könnte nicht direkt dorthin schreiben. Und da verstand ich, daß ich ihm schaden würde. Es war ein richtiges Verhör, was für ein Kontakt und welche … als hätten sie eine Spionin gefangen *(lacht)*. Von hier ging er schließlich nach Deutschland, und da kam er sehr gut zurecht.

Benny: Das war wirklich sehr komisch! Wenn man hereinkommt und plötzlich einen Mann sieht, der wie die eigene Mutter aussieht. Ich konnte ihm nicht nahekommen, also ich fühlte die Blutsverwandtschaft nicht. Und außerdem, plötzlich hat man einen Großvater!

Olga lacht und sagt: »Ach ja, genau.«

Benny: Es war wirklich sehr merkwürdig! Man wächst in einer Familie auf mit Vater und Mutter und sonst niemandem. Es gibt zwar noch einige entferntere Verwandte, Cousins, Cousinen, aber die sind nicht wirklich … ich fand die Erfahrung wirklich sehr interessant. Aber die Verständigung? Wir hatten ja nicht einmal eine gemeinsame Sprache, seine Mentalität war auch verschieden … es war anders, ganz merkwürdig, Bruder und Schwester zu sehen, man konnte die Ähnlichkeiten sofort erkennen, aber das war auch schon alles. Uns trennte sehr viel, und weiter ging es auch nicht. Aber es war eine sehr bewegende Erfahrung für mich zu sehen, daß meine Mutter Verwandte hatte. Ich will damit sagen, daß ich mich für meine Mutter gefreut habe, nicht für mich selbst. Mir hat es nicht sehr viel bedeutet. Was mich betrifft, ich hatte mich schon daran gewöhnt – das ist alles.

Olga, unterbricht: Die Mädchen haben sich aber sehr gefreut. Vor allem Dinah, weil er in der Nähe von Beer Sheva wohnte. Sie hat ihm viel geholfen. Sie hatten sehr viel Kontakt zueinander. Sie versteht auch besser polnisch, weil mein Mann und ich am Anfang polnisch miteinander gesprochen haben. Erst als die anderen Kinder auf die Welt kamen, beschlossen wir, hebräisch miteinander zu sprechen.

Ich wende mich dem Sohn zu: »Sie sagten, Ihr Großvater sei auch noch gekommen?«

Benny: Nein, das hatte nur mit Yadeks Kommen zu tun, also, er sprach über ihn, er hatte Fotos dabei.

Olga, unterbricht wieder: Mein Vater lebte noch, als mein Bruder einwanderte. Als er Polen verließ, sagte mein Bruder meinem Vater, er würde zur Hochzeit seines Enkels nach Israel reisen. Mein Vater hat nur einen Enkel. Abgesehen von ihm *(zeigt auf Benny)* hat er nur Enkelinnen. Mein Vater war weder dagegen noch dafür, es interessierte ihn nicht. Er hatte sich ja nie wirklich für mich interessiert. Ich war immer schon das schwarze Schaf der Familie gewesen. Und als Yadek kam, schrieb eine Schwester, der Vater sei sehr krank. Sie schrieb meinem Bruder, nicht mir! Und später starb er. Und so fanden die Kinder plötzlich heraus, daß sie irgendwo einen Großvater hatten. Einen Großvater, der – was hätte ich den Kindern vorher von ihm erzählen sollen? *(wütend)*. Daß sie einen Großvater hatten, der mich nicht wollte. Wozu? Wenn er zu mir nicht wie ein Vater war, wie konnte er den Kindern denn dann ein Großvater sein? Der Mann, der wie ein Vater zu mir war, der war verschwunden.

»Als die Kinder fragten, was haben Sie Ihnen denn dann erzählt? Wenn sie fragten: ›Warum haben wir keine Großeltern?‹«

Ich erzählte ihnen, daß ihre Großeltern im Krieg umgebracht wurden. Ich konnte kleinen Kindern ja auch nicht erzählen, daß sie aus einer gemischten Familie stammten. Ich weiß nicht, welchen Einfluß das auf sie gehabt hätte. In diesem Dorf gab es ein paar Familien, wo der Mann Jude und die Frau Polin oder Russin war, und ich hörte die Wörter »Nichtjude«, »Gojim« oder »Schickse«, also jiddische Schimpfwörter. Dort hatten die Polen mich eine »stinkende Jüdin« genannt, also konnte ich hier auf so etwas verzichten. Wozu? Ich hatte zu einem bestimmten Zeitpunkt meine Entscheidung getroffen, zu welcher Gruppe ich gehörte. Und das war's. Was ich zurückgelassen hatte, existierte für mich nicht mehr.

Benny: Deswegen war es auch für uns – nicht vorhanden.

Olga, spricht weiter: Ja, einfach nichts. Für mich auch – ich erinnere mich, als plötzlich mein Bruder und die Schwestern Kontakt zueinander hatten, also meine Stiefschwestern, die – als ich bei meinem Vater wohnte – wie sie behandelt wurden und wie man mich behandelt hatte. Nicht, daß ich gegen diese kleinen Mädchen etwas gehabt hätte, sie waren viel jünger als ich, aber ich habe sie überhaupt nicht als meine Schwestern empfunden. Sie waren die kleinen »Ladies«, und ich war die »Dienstmagd« *(wütend)*. Wir wurden sehr ungleich behandelt! Und plötzlich kam ein Brief von einer Schwester, und der *(zeigt auf Benny)* sagt: »Was, ich habe auch eine Tante?«

Olga lacht, aber Benny bleibt ernsthaft. Zwischen ihnen entwickelt sich ein offenes Gespräch.

Benny: Immer, wenn jemand stirbt, wird auch jemand geboren. Es ist schrecklich, ohne jeden Zusammenhang, völlig unverhofft ... Die Wahrheit ist, daß ich mich nicht einmal erinnere, daß das für mich ein Problem war. Vielleicht habe ich es verdrängt? Wir wußten immer mehr über Vaters Familie als über deine. Wenn jemand mit mir über die Familie gesprochen hat, dann ging es meistens um Vaters Familie, und so hat sich für mich der Kreis geschlossen. Über deinen Vater hast du viel Wut und Zorn vermittelt. Wir können uns noch aus der Kindheit daran erinnern. Du hast nicht viel darüber geredet, aber es hat schon gereicht, deinen Gesichtsausdruck zu sehen, da hat man schon begriffen, das dort nichts Gutes geschehen war *(Olga lacht bitter)*. Es gab also Fragen, und manchmal haben wir auch Antworten bekommen. Aber wir hatten den Eindruck, daß dir das unangenehm war und daß es besser wäre, nicht weiter nachzufragen. So hat es sich wenigstens angefühlt. Also, ich hab nicht darauf bestanden, ich habe nicht gedrängt. Ich hatte den Eindruck, es war eine offene Wunde.

Ich wende mich Benny zu: »Aber wenn Sie Ihre Mutter fragten, hat Sie Ihnen dann eine Antwort gegeben?«

Benny: Auskünfte auf unsere Fragen über diese Zeit haben wir bekommen, manchmal sehr ausweichende, aber Antworten waren es schon. Ich kann mich nicht an alle erinnern. Obwohl ich weiß, daß einige Antworten sehr stark, andere ziemlich schwach waren – ich kann mich nur nicht an alle erinnern. Ich habe festgestellt, daß ich selbst Probleme damit habe. Wissen Sie, ich glaube, ich leide unter allen möglichen Ängsten, von denen einige etwas mit dem Krieg zu tun haben. Die beziehen sich nicht auf die schrecklichen Geschichten, sondern auf die Symptome, die meine Eltern hatten. Ich habe Ängste, Fragen. Also, als mein Vater starb, da kam das hoch. Ich glaube, ich habe Angst, verlassen zu werden, daß Leute wegrennen, ich fürchte mich vor Krankheiten und vor dem Tod. Es ist sehr kompliziert, aber steht in Zusammenhang damit; hier und da kann man die Verbindung sehen. Wenn man gründlich darüber nachdenkt, sieht man den Zusammenhang.

Olga, fällt ihm wieder ins Wort: Mein Mann war krank. Als ich ihn kennenlernte, hustete er ständig. Zuerst hieß es Bronchitis, später war es dann schon Asthma. In den sechziger Jahren erkrankte er an Lungentuberkulose und hatte ein großes Loch in der Lunge, mit dem er ein

Jahr lang im Krankenhaus liegen mußte. Er starb an Lungenkrebs im anderen, dem gesunden Lungenflügel. Diese Situation hatte natürlich Einfluß auf unser Familienleben, auch wenn wir nicht allzuviel Aufsehen davon gemacht haben, aber ich glaube, die Kinder haben besonders darunter gelitten, daß er krank war. Er war nicht verwöhnt, er verlangte keine besondere Rücksichtnahme, er versuchte einfach, damit zurechtzukommen und weiterzuarbeiten. Wir bauten eine gute Farm auf, wir hatten viele Kühe – bis er Tuberkulose bekam, da mußten wir die Scheune verkaufen. Wir hatten auch einen große Hühnerstall, von dem man heute noch die Überbleibsel sehen kann. Später hat er sich dann Arbeit gesucht. Es war nicht leicht für ihn, passende Arbeit zu finden. Aber als er dann einen Ziviljob bei der Armee fand, konnte er genausogut wie jeder andere arbeiten. Er stand morgens auf, ging zur Arbeit und erledigte dann zu Hause seine Pflichten. Wenn ich ihm eine Zensur geben sollte, würde ich sagen, als Vater war er glatt eins. Deswegen glaube ich auch nicht, daß die Situation so schlimm war. Aber das Problem war immer vorhanden. Auch wir, immer – ich persönlich lernte, weiterzumachen und nicht so lange über alles nachzudenken. Er hatte einen wunderbaren Sinn für Humor – es war sehr leicht, mit ihm zu leben, und er liebte das Leben wirklich. Er sang und tanzte gerne, er liebte das Reisen und schaute sich Sachen an, und dann und wann trank er gerne etwas. Er liebte das Leben. So jedenfalls sehe ich Vater *(Sie dreht sich zu Benny).* Wie siehst du ihn und seine Krankheit?

Benny: Das ist ja das Problem. Es kam alles erst nach seinem Tod raus. Weil er sich selbst – seine letzte Krankheit, ja, eigentlich alle Krankheiten, die er hatte – so gut im Griff hatte, er ertrug alles so tapfer. Ich konnte nicht verstehen, wie gut er mit seinen Problemen umging. Ich war mir sicher, daß er seine Krankheit absichtlich ignorierte, daß sie bei ihm überhaupt keinen Eindruck hinterließ! Ein Glas Brandy, und alles war wieder in Ordnung. Das stimmte natürlich nicht so ganz, ich beschreibe das hier nur ganz grob. Es war nicht genauso, wie ich das jetzt schildere. Aber in mir war ein Konflikt, weil ich als Kind im Bett lag und ihn husten, wirklich schlimm husten hören konnte. Und als Kind schloß ich mit mir eine Wette ab: Wird er ersticken oder nicht? Krankenhäuser, Inhalationen, Medikamente, was nicht alles.

Olga fügt noch hinzu: Ja, er hatte Asthmaattacken.

Olga seufzt, und ich sinne über die beinahe mystische Verknüpfung zwischen dem Flecken auf der Lunge ihres Bruders und dem Loch in der Lunge ihres Mannes nach.

Benny: Sehr schlimme Anfälle! Wer etwas von Asthma versteht, weiß, wovon ich spreche! Und damit bin ich aufgewachsen. Du wächst auf mit – du hat eine sehr starke Mutter, die viele schwierige Dinge tut, die dein Vater nicht erledigen darf. Oft, wenn wir zusammen gearbeitet haben, Vater und ich, war es auch sehr schwere Arbeit, und er arbeitete schwer, er schob und zog und hob, und wenn es erledigt war, spuckte er in alle Richtungen. Wir saßen zusammen auf dem Traktor und arbeiteten – die Abgase machten ihm wirklich zu schaffen. Er wurde wütend, hustete und schrie mich an. Man lebt mit diesem Schatten, er taucht immer an einer anderen Stelle auf. Irgendwann hatte ich mich daran gewöhnt. Wie die Geschichte mit dem Wolf, beim dritten Mal regt man sich nicht mehr auf – er hustete und erstickte fast, aber er lebte weiter. Es war nicht ernst, er konnte es nicht leiden, wenn man sich darüber aufregte. Aber dann, als er starb, unterlag der Held am Ende tatsächlich. Das war ein Schock. Fünfundzwanzig Jahre lang und dann, plötzlich – das kann doch nicht sein. Das ist es. Ein großer innerer Konflikt. Heute bin ich mir über nichts mehr sicher. Ich meine, wir sind gar nicht wirklich so stark und groß, wie wir aussehen. Der erste Schock trat auf, und das hat mir wirklich eine Angst eingejagt!

Olga fällt es schwer, ihrem Sohn zuzuhören. Sie versucht, das Thema zu wechseln.

Noch etwas haben wir versucht, unseren Kindern beizubringen. Wir haben immer gesagt – das einzige, was wir euch geben können, ist ein Beruf. Ihr müßt einen Beruf lernen, was ihr wollt, damit ihr selbständig seid und für euren Lebensunterhalt aufkommen könnt, und verlaßt euch bloß nicht auf die Landwirtschaft *(lacht)*.

Benny: Das habt ihr aber sehr sanft gemacht. Ich muß sagen, daß ihr uns das sehr, überhaupt, wenn ihr etwas gesagt habt, daß ihr das immer sehr sanft getan habt. Aber heute merke ich, daß ich so denke wie du, so rede wie du. Ich erwische mich selbst – warte! Das bin doch nicht ich! Und ich fang noch einmal von vorne an *(Olga lacht, unangenehm berührt).* Irgend etwas treibt mich immerzu voran. Ich merke nicht einmal, daß es passiert, ich fühle mich nicht getrieben, aber ich merke dann, daß ich einen Essenszwang habe, einen Denkzwang, andauernd arbeite, Geld spare, ja – und wenn ich dann merke, was ich tue, geht es mir schlecht. Wirklich.

Abgesehen davon, daß ich Angst habe, verlassen zu werden, fürchte ich mich auch vor dem Tod, vor Krankheiten, vor Hunger. Das ist keine rationale Angst – sie ist grundlos *(er nimmt seinen Sohn, der neben ihm steht und zuhört, in den Arm).* Dann merke ich auch plötzlich, daß ich Angst um meine Kinder habe. Ich meine, wenn ich das und das nicht tue, wer soll es denn dann tun? Ängste – ich habe viele Ängste! *(atmet einen Moment lang sehr heftig, erregt)* – ich glaube, zu Hause sollte ich immer mehr tun, man stellte immer höhere Erwartungen an mich. Sabbat zum Beispiel, am Sabbat fühle ich mich nicht wohl. Ich fühle mich gezwungen, angespannt. In meinem Herzen höre ich »Tu was«. Eine Zeit nach Vaters Tod hörte ich seine Stimme, wenn ich herumlief: »Das muß repariert werden, dies müßte getan werden, das müßte getan werden.« Immer gibt es irgend etwas zu tun, das Auto macht Probleme, der Rasenmäher ist kaputt.

Ich habe den Eindruck, wir sind zufällig in ein sehr wichtiges Gespräch zwischen Mutter und Sohn geraten.

Olga, spricht weiter: Ich erinnere mich auch daran, daß wir eine polnische Schallplatte kauften, als du ein Kind warst. Ich habe sie in Tel Aviv gekauft, eine schöne Platte. Darauf war ein Lied: »An meinen kleinen Sohn, denke daran, auch wenn du groß wirst, daß meine Hände …« Und ich hörte dieses Lied oft und sagte: »Ich werde dich beschützen.« *(lacht, es ist ihr peinlich)* Ich hatte auch Ängste, daß ich dich vielleicht nicht beschützen könnte. Nicht nur finanziell, ich hatte auch Angst, weil ich nicht gebildet war. Meine Eltern waren gebildete Leute und ich nicht! Und ich hatte Angst, daß ich keine Autorität über meine Kinder haben würde. Nichts würde das verbergen, nicht? Also, ich hatte Ängste. Natürlich habe ich versucht, mein Bestes zu geben. Eltern versuchen immer, das Beste zu tun; Fehler lassen sich eben einfach nicht vermeiden.

Benny (leise): Hör mal, ich fühle mich sehr oft angespannt, unruhig, und ich lasse das an meinen Kindern aus … Du sagtest, du hättest Fehler gemacht, ich habe auch gehört, daß meine Schwester sagt, du hättest bei ihr viel falsch gemacht – aber ich glaube, das stimmt nicht. Ich glaube nicht, daß du mit uns viele Fehler gemacht hast. Ich finde, du hast dein Bestes gegeben. Das habe ich immer gefunden, deine Ehrlichkeit, deine Direktheit. In der Armee zum Beispiel. Da hast du mir einen sehr rührenden Brief geschrieben. Das war, als ich in der Grundausbildung war. Ich hatte dir vorher geschrieben, das es sehr schwer für mich wäre. Ich weiß nicht mehr genau, was, aber ich hatte gejammert, mich bei meiner Mutter beklagt. Und du hast mir einen ganz normalen Brief geschrieben, aber ein Satz war dabei, der ging so: »Weißt du, mein Sohn, wir konnten dir nicht sagen, daß die Welt, wie sagt man, ›grausam‹, ›hart‹, ›beschissen‹ ist.« Ich weiß nicht mehr genau, was du geschrieben hast: »Wir wollten dir das nicht vorher sagen, aber wir wußten, daß du das schon beizeiten herausfinden würdest, deswegen haben wir es noch von dir ferngehalten. Und jetzt siehst du eben, wie die Welt wirklich ist, so ist die Wirklichkeit.« Das war sehr nett, oder? Das war sehr gut von dir. Damit hat die schwere Zeit einen Sinn bekommen. Irgendwie hast du mit diesem Brief deine Fehler wiedergutgemacht. Ich finde, es war falsch, das nicht eher zu machen, aber da hast du mich, so habe ich das gesehen, sehr getröstet. Du kannst dir nicht vorstellen, was dieser Brief mir bedeutet hat. Danach war ich normaler!

Olga, sagt mit ihrer typischen Ehrlichkeit: An den Brief kann ich mich gar nicht erinnern …

Benny (wendet sich mir zu, als bemerke er mich erst jetzt): Ich war in einer Spezialeinheit bei der Armee. Die haben einen auseinandergenommen, das war das System dahinter, dich in Stücke zu reißen und dich dann wieder zusammenzusetzen. Das war sehr schlimm für mich – ich hab immer noch ein Problem, wenn ich zur Armee gehe. Wenn ich heute meinen Reservedienst leisten muß und der Intifada gegenüberstehe, dann hab ich Fragen im Kopf: Auf welcher Seite stehe ich? Auf der Seite der Juden oder auf seiten der Kreuzträger? Ich handele, oft bin ich gezwungen, unmenschlich zu handeln. Ich sah mich oft arabischen »maskierten Aktivisten« gegenüberstehen, und wir hatten das Recht zu schießen. Und von meiner Seite höre ich: »Schieß, mach schon und schieß, mach, gib Feuer!« Ich bin froh, daß ich der Vernunft folge, aber ich habe schon Situationen erlebt, wo ich sozusagen zwei Filme gleichzeitig hab ablaufen sehen, die aufblitzen und wieder verschwinden.

Olga, die nur halb zuhört, fährt fort: Ich habe mir geschworen, als ich sehr hungrig war, in Warschau, daß niemand jemals hungrig mein Haus verlassen würde, wenn ich ein eigenes Zuhause haben sollte. Ich habe dieses Versprechen immer gehalten. Ich ging mit Essen und Kaffee in den Hof. Einige Jahre lang kam ein Beduinenjunge zu uns und war wie einer von uns. Die Kinder sahen, daß das auch Menschen wie wir waren. Möglicherweise muß die Armee meinem Sohn beibringen, daß die anderen nicht genauso sind wie er, damit er lernt, sich selbst zu schützen.

Benny: Ich stimme da nicht ganz zu. Ich fühle mich wirklich wie ein Eroberer, und zwar ein richtiger Eroberer. Es ist einfach widerlich, sich so aufzuführen. Ich renne mit einem Gewehr rum und sage: »Bewegen Sie sich – nach rechts, mehr nach links«, ich kann entscheiden, ob jemand stirbt oder am Leben bleibt. Wer bin ich denn, Gott? Aber im Zweiten Weltkrieg waren Leute wie ich tatsächlich Gott. Da gibt es irgendeine Verbindung, und ich habe den Eindruck, zwei Bilder mit mir zu tragen, eines aus dem Zweiten Weltkrieg und eines aus den Kriegen hier. Diese Bilder kollidieren ständig, sie kommen und gehen. Das ist sehr schwierig für mich.

Olga, protestiert: Ich sehe das überhaupt nicht so.

Wir sind alle erschöpft. Vor unserem Abschied sprechen wir noch kurz über das Thema, wie die Feiertage in der Familie begangen werden.

Benny: Ich erinnere mich an die religiösen Feiertage. Vater war da immer in seinem Element. Absolut – er kam aus einer religiösen Familie, wie Sie wissen. Jedenfalls, er stand am Jom Kippur mit Gott auf gutem Fuße. Ich glaube, das waren die einzigen religiösen Festtage, bis auf Sukkot und – Pessach, wie konnte ich das vergessen? Aber wenn Sie mich nach Purim fragen, das war ein schöner Feiertag, das muß ich sagen, ich verkleidete mich gern, hatte viel Spaß. Kurzum, abgesehen vom religiösen Aspekt, gab es ein Problem mit den Feiern, als jüngstes Kind hatte ich den Eindruck, daß etwas fehlt, vor allem am Sabbat.

Olga: Ich war Atheistin. Als Jugendliche begegnete ich dem Christentum und lehnte es ab. Aber mit dem traditionellen Judentum fühlte ich mich auch nicht verbunden. Der Krach aus der Synagoge störte mich. Im Haus uns gegenüber war eine Zeitlang die Synagoge der Moschaw untergebracht. Das störte mich, der Lärm beim Beten. Ich habe nie recht verstanden, warum man einen Gott preisen soll, den man nicht sehen kann. Er hat nie irgend etwas Gutes getan! Und deswegen gab es ein großes Problem in unserer Familie über die religiöse Tradition.

Das Interview ist beendet, wenn auch noch sehr viel gesagt werden könnte. Wir verabschieden uns herzlich. Vielleicht reden Olga und ihr Sohn ja auch noch ohne uns weiter. Ich bin erschöpft und versuche mich auf die Heimfahrt im Dunkeln zu konzentrieren. Noga und ich schweigen die meiste Zeit über. Ich bin noch immer davon beeindruckt, wie offen Olga und ihr Sohn mit mir und miteinander gesprochen haben.

Ich versuche mir noch einmal zu vergegenwärtigen, wie oft Olga von vorne hat anfangen müssen und wie oft das Schicksal ihr Leben bestimmt hat. Zunächst ist da die Scheidung ihrer Eltern, dann der Krieg, das Ghetto, der Umzug in das Haus ihres Vaters außerhalb des Ghettos, das Karmeliterkloster, der polnische Aufstand, die Farm, die Rückkehr nach Warschau und die Begegnung mit der Frau in einem ehemaligen Geschäft. Sie beginnt ein neues Leben, geht in einen Kibbuz und verliert nach Kriegsende eine Freundin in einem Pogrom. Sie tritt einer anderen Gruppe bei, mit der sie nach Israel kommt. Ihre Freunde sterben alle in der Schlacht von Latrun. Sie tritt in den Polizeidienst ein und beginnt, in einer Moschaw zu leben, mit der Familie eine Farm zu bearbeiten, und hat Schwierigkeiten, dort neue Freundschaften zu schließen. Ihr Mann wird krank und kann nur unter großen Schwierigkeiten seine Familie versorgen. Dann stirbt er, und sie hat einen neuen Freund, Shimon.

Noga macht darauf aufmerksam, daß Olga ihre Geschichte in sehr beherrschter Stimme erzählt. Dieser Tonfall fällt bei vielen Überlebenden des Holocaust auf, wenn sie scheinbar distanziert versuchen, das ihnen Zugestoßene in normale Sprache zu fassen. Ein- oder zweimal spricht Olga mit brüchiger Stimme, vor allem, als sie den Selbstmord ihrer Großmutter und die grausame Entfernung der Toten beschreibt. Wahrscheinlich durchdringt an dieser Stelle ihr Schmerz die rationale Oberfläche, die sie im Laufe der Jahre kultiviert hat.

Als wir später das Interview transkribieren, bemerken wir einige »Lücken« in Olgas Geschichte: Der Verlust ihrer Mutter und Schwester; das Verschwinden ihres von ihr sehr geliebten Stiefvaters; der Schmerz, den sie darüber empfinden muß, daß er keinen Kontakt zu ihr aufnehmen möchte (und ihr Verzicht auf Kontaktaufnahme mit ihm); der Schmerz über die Zurückweisung ihres Vaters und daß er sie als »schwarzes Schaf« behandelte. Auch wenn dies alles auf die »Umstände der Zeit«, auf den »Zeitgeist« rückführbar ist, hält Olga sich für mutiger als ihren Vater. Sie ist noch immer so wütend auf ihn, daß sie ihn ihren Kindern gegenüber nicht einmal erwähnt, bis viele Jahre später ihr Bruder auftaucht. »Was hätte ich den Kindern vorher von ihm erzählen sollen?« Sie hat durch ihren Stiefvater erfahren, was ein wirklicher Vater ist, und akzeptiert, daß er ihre Existenz ignoriert.

Lücken herrschen auch in bezug auf die schrecklichen Erlebnisse, die mit Olgas Mutter und Großmutter zusammenhängen: Von allen Menschen, die Olga verlor, ruft die Großmutter bei ihr die heftigste Reaktion und Identifikation hervor. Sie zeigt keine Wut über ihre Großmutter, auch nicht bei der Geschichte über die verpaßte Chance zur Flucht, das einzige Ereignis, das sie sehr deutlich beschreibt, während sie alles andere eher grob skizziert. Wir erkennen allmählich und durch kleine Hinweise im Text ihre gemischten Gefühle zu diesem Vorfall, müssen sie uns aber selbst erklären.

Olga versucht, aus den verschiedenen möglichen Identitäten, die zur Verfügung stehen (»Jüdin«, »Nichtjüdin« und »Israeli«), und aus einigen fast völlig unzusammenhängenden Stationen in ihrem Leben eine kohärente Biographie zu konstruieren. Ihre Mutter war Jüdin, ihr Vater Nichtjude, was in der nationalsozialistischen Epoche als verhängnisvolle Kombination galt, und jeweils mit einem Elternteil erlebte sie einige prägende Lebenserfahrungen. Vielleicht berichtet Olga deswegen aus allen Phasen, im Unterschied zu vielen anderen Überlebenden des Holocaust, die sich auf ein oder zwei Phasen ihrer erlebten Lebensgeschichte konzentrieren (vor, während oder nach dem Holocaust). Sie berichtet aus ihrem Leben vor dem Krieg, vom Leben im jüdischen Ghetto und im arischen Stadtteil von Warschau während des Krieges, von der langen und schwierigen Nachkriegszeit in Europa und später von Israel. Sie kämpft immer wieder mit Schmerzen, Tod und Verzweiflung. Wie hat sie diese Gefühle besiegen und Hoffnung auf eine neue Zukunft bewahren können? Wie konnte sie die potentiell schmerzlichen Widersprüche verschiedener »Identitäten« und Lebensphasen verbinden?

Olga gibt Hinweise auf einige dieser Fragen, sagt aber nichts über die schmerzhafteren Aspekte ihrer erlebten Lebensgeschichte. Bereits gleich zu Anfang des Interviews fällt uns der Kontrast zwischen dem »Erzählten« und dem »Nicht-Erzählten« auf, zwischen dem, was Olga bereit ist mitzuteilen, und dem, was sie verschweigt. Sie spricht kurz über die schmerzhaften und unkontrollierbaren Ereignisse, aber als das Grauen ihre Familie und sie selbst zu zerstören droht, liefert die Kontinuität des Familienrahmens eine versteckte Kohärenz.

Olga beginnt: »Ich komme aus einer gemischten Familie und hatte eine sehr glückliche Kindheit.« In den folgenden Sätzen stellt sich heraus, daß die Tatsache, eine glückliche Kindheit verlebt zu haben, nichts mit Olgas Herkunft aus einer gemischten Familie zu tun hat, denn sie berichtet von der glücklichen Zeit, mit ihrer Mutter nach der Scheidung mit deren zweitem jüdischen Ehemann zusammengelebt zu haben. Es stellt sich zudem heraus, daß sie zwar im Interview ihre Herkunft aus einer »gemischten« Familie sofort erwähnt, das ihrer eigenen Familie gegenüber jedoch jahrelang verschwiegen hatte. Olga erzählte ihrer Familie erst von ihrem nichtjüdischen Vater, als ihr Bruder vor acht Jahren nach Israel kam – und uns erzählte sie wiederum davon erst, als ihr Sohn zu uns kommt. Vielleicht hat sie sagen wollen, daß ihre glückliche Kindheit im Haus ihrer Mutter begann und endete, »als der Krieg begann und alles, alles anders wurde«. Im Unterschied zu Genia schildert Olga ihre glückliche Kindheit anschaulich.

Über das Haus ihres Vaters hingegen, wo sie Zuflucht fand, als der Tod im Ghetto drohte, spricht sie mit Wut und Schmerz, was sich sowohl auf die Ereignisse bezieht, über die sie spricht, wie auch auf die,

die sie verschweigt: Sie wurde gerettet, ihre Mutter und Schwester hingegen nicht. Die polnische Abstammung ihres Vaters (und damit auch ihre eigene) bedeutete Rettung, als die jüdische Identität Tod bedeutete. Noch heute ist sie allerdings wütend darüber, wie ihr Vater sie behandelte. Man hatte dafür gesorgt, daß sie bei der Familie ihres Vaters untergebracht wurde – was nicht auf ihren eigenen Wunsch und schon gar nicht auf ihre eigene Initiative hin zustande gekommen war –, aber sie konnte sich dort nicht anpassen. Ihre Beschreibung dieser Zeit wird mit jedem Satz negativer und eindringlicher. Zunächst waren es nur ihre »Angewohnheiten«, die ihr Vater und dessen Frau »unakzeptabel« fanden. Dann steckte man sie in ein Karmeliterkloster, um ihre »dunkle Haut« zu verstecken. Dann schickte man sie von einer Familie zur nächsten, worunter ihre Schulausbildung so litt, daß sie allmählich zu einem »Dienstmädchen« für die Familien wurde, bei denen sie untergebracht war. Als Olga die »Tyrannei« der polnischen Ehefrau ihres Vaters nicht mehr ertragen konnte, lief sie davon und schlug sich bis Kriegsende alleine durch.

Olgas fortwährendes Problem, ein Kind aus einer gemischten Familie zu sein, spielt einige Male im Interview eine Rolle. Die Nichtjuden (die Polen) nannten sie eine »stinkende Jüdin« (es wird nicht deutlich, wann sie so beschimpft wurde), während die Juden in der Moschaw Leute wie sie als »Schickse« beschimpften. Polnisch ist einerseits ihre Muttersprache, andererseits waren die Polen aber an der Vernichtung der Juden beteiligt, wie im Pogrom von Kalisch. Olga erklärt, ihr Sohn spräche kein polnisch, weil ihr Mann und sie nach der Geburt der ersten Tochter beschlossen hätten, hebräisch zu sprechen. Später erwähnt sie aber eine polnische Platte mit einem Schlaflied, die sie in Tel Aviv kaufte, und daß sie sich bei diesem Lied geschworen habe, ihren Sohn immer zu beschützen. Die Platte beschwichtigt ihre Angst. Im Interview ist Olga erst dann in der Lage, über ihre Ängste und Gefühle zu sprechen, als ihr Sohn über seine Ängste im israelischen Lebenszusammenhang gesprochen hat.

Als Olga die Wiederbegegnung mit ihrem Bruder beschreibt, betont sie, daß sie sich bereits zu einem frühen Zeitpunkt für ihre jüdische Identität entschieden habe: »Was ich zurückgelassen hatte, existierte für mich nicht mehr«, was sie von ihrem Bruder unterscheidet, dessen Entscheidung für das Judentum »zu spät« eintrat, nämlich erst Anfang der achtziger Jahre, als er bereits über fünfzig war. Doch Olgas Identität ist kompliziert und problematisch, denn man kann davon ausgehen, daß sie sich zu einem Zeitpunkt für diese Identität entschied, als sie noch viel zu jung war, selbständige Entscheidungen zu treffen. Bei der Scheidung ihrer Eltern wurde »entschieden«, daß sie bei ihrer Mutter bleiben würde, während ihr Bruder, der noch ein Baby war, zum Vater kam, eine für eine jüdische Familie sehr ungewöhnliche Entscheidung. Damit war ihr Schicksal als Jüdin in einer Zeit besiegelt, in der die Geschichte das Urteil gefällt hatte, die Juden zu vernichten. Diese Entscheidungen führten zu zusätzlichen Schwierigkeiten, obwohl sie immer wieder zufällig vertrauenswürdigen Leuten begegnet, die ihr auf ihrer einsamen und ungewöhnlichen Reise helfen.

Als Olga sich als Atheistin bezeichnet, spricht sie auch davon, daß sie das Christentum »kennengelernt« und »abgelehnt« habe. Sie erwähnt nicht, ob sie jemals eine andere Möglichkeit in Erwägung gezogen hat. Man kann nur raten, woher das Unbehagen an der jüdischen Religion stammt; sie spricht vom »Gebetslärm« aus der Synagoge gegenüber ihrem Haus in der Moschaw. Vielleicht versucht Olga, durch diese Mitteilung von Banalitäten ein Gleichgewicht herzustellen, als wolle sie sagen: »Ich mag überhaupt keine Religion.« Und sie fügt hinzu: »Ich habe nie recht verstanden, warum man einen Gott preisen sollte, der … nie etwas Gutes getan hat.« (Das klingt wie: »Ich lehne das Christentum und das Judentum ab, weil der Allmächtige meine Mutter und meine Schwester nicht gerettet hat.«)

Olgas Lebensgeschichte ist um ihre jüdische und israelische Identität herum aufgebaut. Die nichtjüdische Abstammung ihres Vaters rettete ihr zwar das Leben, hat aber sonst keine positive Bedeutung. Hätte Olga ohne die Hilfe ihres Vaters überleben können? Wahrscheinlich nicht, auch wenn sie betont, sie sei »ganz gut zurechtgekommen«. Die Wut und Demütigung von damals halten bis heute an und sind ein integraler Bestandteil der Rekonstruktion ihrer erlebten Lebensgeschichte. Sie versucht, ihren Schmerz durch Ironie zu überspielen (»eine nette Erfahrung«, »mein erster Beruf, ich habe Schweine gehütet«).

Zugleich deutet sie die realen und anhaltenden Belastungen nur an, wie die tiefe Sehnsucht (Sorge und möglicherweise auch Schuld) nach ihrer Mutter und Schwester; die Schwierigkeiten einer sehr komplexen Identität und den Mangel an Bildung.

Olga erzählt uns, sie sei nach Warschau zurückgekehrt, weil sie »keine weitere Verbindung« zu ihrem Vater hatte. Später erwähnt sie, ihr Bruder, der die ganze Zeit über bei ihrem Vater gelebt hatte, sei sehr enttäuscht über ihre Weigerung gewesen, ihn mit nach Israel zu nehmen. Das ist ein Beweis dafür, daß sich ihr Bruder mit ihr identifizierte und bei ihr bleiben wollte, auch wenn Olga sich im Haus ihres Vaters abgelehnt fühlte. Es ist auch ein Hinweis darauf, daß sie in irgendeiner Hinsicht nach dem Krieg mit ihrem Vater in Verbindung geblieben war. Und doch erwähnt Olga ihren Bruder überhaupt nicht, als sie die Jahre im Haus ihres Vaters beschreibt; sie sagt nur, daß es »keine Verbindung« nach dem Krieg gegeben habe.

In gewisser Weise wird ihr jüdischer Stiefvater zu einem Symbol dieser Kombination von Hoffnung und Enttäuschung. Olga beschreibt seine Rückkehr ins Ghetto mit der Freude eines kleinen Mädchens, das einen rettenden Engel in Empfang nimmt. Ihre Mutter beschließt jedoch unglücklicherweise, nicht wegzugehen. Olga sagt dazu nichts weiter und äußert weder Reue noch Wut, obwohl diese Entscheidung fürchterliche Konsequenzen haben wird. Obschon ihr Stiefvater den Krieg überlebte und in London lebt, versuchte sie nicht, in Kontakt zu ihm zu treten, und erwähnt lediglich, sie habe von einer Verwandten gehört, er sei an einem Wiedertreffen »nicht interessiert«. Wir wissen nichts Genaueres darüber, denn die anderen Familienmitglieder erwähnen den Stiefvater nicht. Wir können lediglich vermuten, daß Olga unter einem Treffen mit ihm zu sehr leiden würde.

Nach der Befreiung Warschaus kehrt Olga zu den Ruinen des Hauses ihrer Mutter zurück, von dem nur noch »die Mauern und der Keller« stehen. Der emotionale Preis des Verlustes der Mutter wird deutlich, als Olga die Begegnung mit der Frau schildert, die ihr Tee anbietet. Dieser Fremden gegenüber gesteht sie ein, daß sie nicht mehr weiß, was sie tun soll. Nur dieses eine Mal während des gesamten Interviews bringt Olga Hoffnungslosigkeit zum Ausdruck. Schon im darauffolgenden Satz jedoch spielt sie diese harte Konfrontation mit der Realität der Nachkriegszeit herunter, indem sie sagt: »So haben wir gelebt.«

Auch nach dem Krieg halten die ineinander verwobenen Erfahrungen von Vertrauen, Hoffnung und Enttäuschung an: ihre jüdische Bekannte, der Kibbuz und das Pogrom in Kalisch, der Tod ihrer Freunde im israelischen Unabhängigkeitskrieg, Krankheit und Tod ihres Mannes. Olga jedoch lebt weiter, als könne keine Erfahrung ihren Lebenswillen brechen. Zunächst wird sie zum Judentum »zurückgeführt«. Eine frühere Bekannte, selbst Jüdin, die Olga im zerstörten Warschau trifft, rät ihr, nach Krakau in ein jüdisches Kinderheim zu gehen. Von diesem Zeitpunkt an nimmt Olga ihr Schicksal selbst in die Hand: Sie tritt dem Kibbuz bei, immigriert nach Israel, wird Israeli, Pionierin, Farmerin. Nicht zufällig kann Olga ihre Geschichte in einem wesentlich flüssigeren Hebräisch erzählen als Genia und Ze'ev. Auch ihre Wortwahl ist nicht zufällig, mit den von ihr gewählten Verben entsteht eine neue Realität. Man spürt Olgas Verwirrung über die vergangenen Identitäten, wenn sie sich während des Interviews direkt an uns wendet und sagt: »Wenn Sie möchten, daß ich über irgend etwas mehr sage, dann sagen Sie mir das bitte ... Ich weiß nicht, ob das wichtig ist. Es kommt darauf an, wofür Sie sich interessieren.« Für wen wichtig? Die an uns gerichtete Frage ist auch für sie bedeutsam, denn wie können Aspekte der Vergangenheit für die Gegenwart in Israel und für die Pionierzeit etwa nicht wichtig sein?

Jedenfalls hat Olga versucht, zwischen dem, was »dort«, und dem, was »hier« geschah, eine klare Trennung zu ziehen, die sie ihren Kindern nur schwer erklären kann. Als sie erwähnt, was sie ihren Kindern erzählt hat (»Was sie wissen wollten, habe ich ihnen erzählt. Wonach sie nicht gefragt haben, habe ich ihnen nicht erzählt«), sagt sie das wohl wissend, daß man sie nicht nach etwas fragen kann, das sie verschweigt. Ihr Sohn bezieht sich mit seiner Bemerkung darauf: »Aber wir hatten den Eindruck, daß dir das unangenehm war und daß es besser wäre, nicht weiter nachzufragen.«

Olgas Sohn hilft ihr auch, über das für sie schmerzliche Thema ihrer mangelnden Bildung zu sprechen. Sie kommt aus einer gebildeten Familie, konnte aber selbst wegen des Krieges keine rechte Ausbildung erwerben. Wieder macht sie, wenn auch indirekt, ihren Vater dafür verantwortlich. Wegen ihm mußte sie von einer Familie zur anderen ziehen und die Schule vernachlässigen, weswegen sie für diese Familien »eine Dienstmagd« wurde. Später zweifelte Olga wegen dieser mangelnden Bildung an ihrer Autorität als Mutter, sie drängt ihre Kinder zu einer guten Ausbildung, die sie für eine Sicherung ihrer Zukunft hält. »Ihr müßt einen Beruf lernen, was ihr wollt, damit ihr selbständig seid und für euren Lebensunterhalt aufkommen könnt.« Möglicherweise zeigen sich hier weitere Zweifel Olgas an ihrer Identität: Einerseits war Bildung das einzige Verbindungsglied der Familie vor dem Holocaust und blieb es auch danach, ist also ein Anzeichen der Kontinuität. Andererseits wurde kein einziger Jude durch seine Bildung gerettet, so wenig wie den Gläubigen die jüdische Religion geholfen hat.

Gerade Olgas Versuch, die außerordentlichen Ereignisse ihres Lebens für sich selbst – und uns – als Normalität zu beschreiben, verleiht ihrer »verschwiegenen« Geschichte so viel Macht. Diese Geschichte hat damit zu tun, daß ihre Herkunft aus einer »gemischten« Familie unter den Bedingungen des Holocaust einen relativen Vorteil bedeutete, und zwar sowohl im Vergleich zu Genia und Ze'ev als auch zu ihrer eigenen Mutter und Schwester, die nicht gerettet werden konnten. Interessanterweise nennt Olga die Nazis im gesamten Interview nie beim Namen, nur einmal erwähnt sie die Taten der Deutschen, und auch das nur in Verbindung mit den Polen: » Die Polen haben damals auch gelitten. Plötzlich hatten auch sie Verluste und fanden niemanden mehr. Die Deutschen gingen nicht gerade sanft mit ihnen um. Aber natürlich waren sie zu ihnen nicht so grausam wie zu den Juden.«

Olga fällt es schwer, ihren Kindern die »verschwiegene« Geschichte zu erzählen, aber wird dazu gezwungen, als ihr Bruder in den achtziger Jahren nach Israel kommt. Aber selbst dann eröffnet sie ihnen nur ihre Herkunft aus einer »gemischten« Familie und sagt nichts über ihren eigenen Identitätskonflikt, vielleicht auch weil sie ihn für sich selbst kaum definieren kann. Daß sie einen solchen Konflikt austrägt, wird in ihrer apologetischen Darstellung deutlich, warum ihr Bruder sich in Israel nicht niederlassen konnte. Sie bedauert, daß er sich nicht eingewöhnen konnte, und sagt dennoch: »Sein Versuch war zum Scheitern verurteilt«, was erneut beweist, daß sie der Überzeugung ist, ihr eigener Weg sei die einzige Methode gewesen, als Jude die Vergangenheit zu bewältigen.

Man kann auch davon ausgehen, daß der Tod ihres Vaters zu der Zeit, als ihr Bruder in Israel war, ihre Beziehung zum Vater nicht besänftigte, sondern die Entfremdung zu ihm sogar noch verstärkte. Sollte jemals Hoffnung darauf bestanden haben, die Wut zwischen den beiden zu klären, so wurde sie mit seinem Tod hinfällig. Ihr Sohn ist sensibel für die Auswirkung, die die »verschwiegene Geschichte« einer Generation auf die nächste haben kann. Als Benny über seine Schwierigkeiten mit der Intifada spricht, vermag er kaum zu entscheiden, »auf wessen Seite« er steht, auf der der Israelis oder der der »Kreuzträger«. Er meint damit die Palästinenser, die sich für ein unterdrücktes Volk halten, aber im Kontext des Interviews hat das Kreuz eine andere Bedeutung.

Es überrascht daher auch kaum, daß Olga direkt darauf reagiert, und zwar mit einer zunächst widersprüchlich erscheinenden Äußerung: Sie hat ihren Kindern einerseits beigebracht, daß auch Araber Menschen sind, andererseits muß »die Armee meinem Sohn beibringen, daß die anderen nicht genau wie er sind, damit er sich selbst zu schützen lernt«. Das klingt so, als wolle sie ihrem Sohn sagen: »Lerne endlich, wer du bist, ich mußte mich auch entscheiden.«

In der sich spontan zwischen Mutter und Sohn ergebenden Unterhaltung erkennen wir deutlich, daß Benny tiefe Gefühle für seine Mutter hegt. Als Olga zugibt, sie habe bei seiner Erziehung Fehler gemacht, reagiert er sehr sanft und erinnert sie dankbar an einen Brief, den sie ihm bei der militärischen Grundausbildung geschrieben hat.

Olga fällt es offensichtlich sehr schwer, ihre Gefühle auszudrücken. Als ihr Sohn über seine Ängste über den gesundheitlichen Zustand seines Vaters spricht oder das zwanghafte Verhalten, das er glaubt, von seinen Eltern übernommen zu haben, kann Olga mit seinen Ausbrüchen nicht umgehen. Sie versucht immer wieder mit leichtherzigen Kommentaren, die Gefühle abzuschwächen. Sie gibt nur einmal ihren eigenen Gefühlen nach, als sie über das polnische Schlaflied spricht, und selbst dann mischen sie sich mit den Gefühlen ihres Sohnes. Ihr Sohn hat als einziges Kind seinen Wohnsitz in der Nähe der Mutter, die beiden Töchter wohnen weiter entfernt. Ist er die »Gedenkkerze« seiner Mutter und repräsentiert die beiden Väter, die sie verlassen haben, und den verstorbenen Ehemann?

Dina
Zwischen Wiedergeburt und Überleben

Dina, eine Frau um die Vierzig, empfängt uns bei sich zu Hause in Lehavim, einer Neubausiedlung in der Nähe von Beer Sheva, in der nur wenig Grün zu sehen ist und wo man sich leicht verirrt, weil die Straßennamen so schlecht auseinanderzuhalten sind – sie stammen allesamt von Pflanzen und Blumen, die in der Wüste nicht wachsen: Narzisse, Anemone, Alpenveilchen. Wir irren ein bißchen herum, bis wir vor dem richtigen Haus stehen. Dina öffnet die Tür, und ihre Augen erinnern mich sofort an die Bemerkung ihrer Mutter über ihr eigenes »jüdisches Aussehen«. Das Haus ist groß, aber im Unterschied zum kleinen und mit Möbeln vollgestellten Haus ihrer Mutter nur sehr spärlich möbliert. Noga setzt sich zu Dina, während ich deren Tochter Orit in einem anderen Zimmer interviewe. Als Noga Dina darum bittet, ihre Lebensgeschichte zu erzählen, beginnt Dina sofort.

Ich kam in der Moschaw zur Welt, die Sie besucht haben, als Sie meine Mutter trafen. Heute ist sie grün und schön, aber früher lag sie am Rand der Wüste! Sie liegt in der nördlichen Negevwüste und war als »Dürregrenzgebiet« [A. d. Hg.: jenseits dieser Grenze kann nichts ohne künstliche Bewässerung angepflanzt werden und gedeihen] bekannt, falls Ihnen das etwas sagt. Meine Eltern gehörten zu den ersten Siedlern auf diesem Gebiet, sie waren Pioniere – in den fünfziger Jahren –, also, die Pioniere damals waren mit denen aus den Achtzigern gar nicht zu vergleichen.

Ich wurde also da geboren. In der Moschaw lebten viele Rumänen und Polen. Wie das war? In der ersten Klasse saßen fünf Schüler. Der Lehrer konnte nur hebräisch, ein Junge sprach nur polnisch, ein anderer nur rumänisch, wieder ein anderer nur jiddisch – ich war die einzige, die hebräisch konnte! Eine Zeitlang habe ich also für die Kinder und den Lehrer übersetzt. Die Moschaw war ziemlich altmodisch, die

Leute saßen alle auf gepackten Koffern, aber mit den Jahren kam auch der Fortschritt. Später besuchte ich dann eine regionale Schule mit Kindern aus anderen Kooperativen, das war eine große Schule. Und später, auf der High School, das war auch eine große Schule. Dann kam ich nach Beer Sheva, was mir damals wie eine große Stadt vorkam ... das Mädel vom Lande kam in die Großstadt.

Ich besuchte eine Lehrerausbildungsstätte, machte meinen Abschluß und begann, in Jerucham zu unterrichten. Also, wir heirateten, und dann arbeitete ich neun Jahre lang als Grundschullehrerin. Dann nahm ich mir ein Jahr frei und studierte an der Universität, ich hatte das Gefühl, mir öffnete sich eine ganz neue Welt ... und als das Jahr vorbei war, war es sehr, sehr schwierig, wieder in die Grundschule zurückzukehren. Plötzlich kam mir das so klein und beschränkt vor. Dann wurde mir eine Lehrerstelle an einer Junior High School angeboten, die mir sehr viel Spaß machte. Ich unterrichtete hauptsächlich Mathematik. Wir zogen nach Omer und wohnten dort, und dann kamen wir hierher. Heute bin ich Konrektorin und habe sehr viel zu tun.

Wie ihre Mutter versucht auch Dina ihre Geschichte in einem Zug zu erzählen. Sie schweigt einen Moment und fährt dann fort.

Ich habe drei Kinder, Orit, sechzehn; Gideon, dreizehn und Ammon, acht. Als wir nach Yerucham zogen, sollte das nur vorübergehend sein, wir dachten uns: »Hier zieht man keine Kinder auf. Doch dann fühlten wir uns dort sehr wohl. Aber die Idee blieb so stark im Hinterkopf, daß wir nicht zögerten, als die sich die Möglichkeit auftat, hierhin zu ziehen. Orit bekam von dem Gefühl, am Aufbau einer neuen Siedlung beteiligt zu sein, nicht soviel mit, weil sie noch eine Weile lang in ihre alte Schule ging, als wir bereits hierhin gezogen waren. Das war eine sehr außergewöhnliche Zeit. Wunderbar, wirklich wahr. Wir sahen, wie Häuser gebaut wurden, wir erkundeten die Blumen, die in der Wüste wachsen. Lehavim liegt zwischen den Bergen und dem Rand der flachen Wüste, hier wachsen ganz seltene Pflanzen. Es war so schön, das alles durch die Augen der Kinder zu sehen – man sieht einen Vogel, eine Blume, das Blatt einer Pflanze, man schaut unter Steine. Es war wunderbar. Wie die Moschaw, in der ich aufgewachsen war. Da gab es auch sehr viele Blumen, alle möglichen Blumen in allen möglichen Farben und Sträucher. Hier fand ich dasselbe noch einmal in klein. Ich weiß nicht, wie das für die Kinder war, aber für mich war es phantastisch.

Ich weiß noch, wie ein Inspektor kam und sich den Verschlag [wo die Schule vorübergehend untergebracht war] anschaute, und überall drumherum war Sand, und er murmelte vor sich hin: »Diese Leute spinnen, die sind nicht normal.« Als er dann in den Verschlag kam, war er sehr erstaunt, denn wir hatten alles: einen Boden, eine Akustikdecke, alles war neu und schön – wie in jeder anderen Schule! Das war etwas Neues, Anderes, etwas wirklich Außergewöhnliches!

Dina kommt durch ihre Begeisterung etwas vom Thema ab. Noga versucht, sie wieder auf ihre Kindheit zu sprechen zu bringen.

Ich wurde 51 geboren, zur Zeit der Übergriffe aus dem Gazastreifen. Es gab auch andere Siedlungen, aber es war nicht so eng besiedelt wie heute. Damals war es eine sehr abgelegene Gegend. Heute ist es ganz anders, aber damals hatte man das Gefühl, isoliert zu sein, habe ich gehört, so daß die Saboteure eindringen und tun konnten, was sie wollten. Also, das war nicht nur so ein Gefühl. Das war tatsächlich so, daß war eine Tatsache. Ich kann mich sogar daran erinnern, daß die Saboteure einmal kamen und einen Maulesel mitnahmen, was ganz schlimm war, denn Sie müssen wissen, es gab damals keinen Traktor oder andere Landwirtschaftsmaschinen wie heute. Man mußte einen Maulesel und einen Karren haben, das war absolut wichtig, auch wenn man die Frauen zum Beispiel zum Krankenhaus zur Entbindung bringen mußte. Meine Mutter ist zur Geburt meiner Schwester zum Beispiel so zum Krankenhaus gefahren worden. Ich weiß auch noch, daß sie Kühe stahlen. Damals bekam jeder von der Jewish Agency eine Kuh, und das war alles, was sie hatten!

Sie lebten damals in solcher Armut, daß wir uns das heute kaum noch vorstellen können. Wenn wir heute sagen: »Es gibt nichts zu essen«, dann meinen wir damit, daß wir nicht eingekauft haben, und daß in einer halben Stunde alles erledigt werden kann und wir eine Mahlzeit fertig haben können. Aber ich erinnere mich, beziehungsweise ich erinnere mich nicht wirklich, aber ich weiß das aus den Geschichten, die mir meine Mutter erzählt hat, daß wir Rote Bete und Brot gegessen haben. Und wenn sie Frikadellen gemacht haben, taten sie immer sehr viel Brot rein, um mehr machen zu können. Und heute? Heute tu ich nicht mal mehr Brösel rein, fast überhaupt keine mehr *(aufgeregt)*. Es herrschte dort außerdem wirklich, also viel Angst. Es gab diese Eindringlinge, Morde, die Zeitungen berichteten von Paaren, die umgebracht worden waren, sie legten Bomben und jagten Häuser in die Luft. Es war eine sehr schwierige Zeit.

»Und woran erinnern Sie sich aus dieser Zeit?«

Ich erinnere mich an viele schöne Dinge! Wirklich! Als Kind war ich so ängstlich, ich habe wahrscheinlich die Ängste um mich herum gespürt, ich hatte Angst vor der Dunkelheit, und ich bin bestimmt nicht die mutigste Person auf der Welt, auch heute nicht. Aber ich erinnere mich auch an sehr schöne Dinge.

Dina erzählt vier Kindheitserinnerungen, die sich zwischen der Angst und den »schönen Erinnerungen« bewegen und mit Fahrten auf dem Wagen zu tun haben. Die erste handelt von dem Sammeln von Heuballen in den Feldern, und Dina sagt: Aber das ist schon eine spätere Erinnerung, weil wir damals schon einen Traktor hatten. Mein Vater fuhr einen Hügel hinauf, und da ist dieser riesige Heuballen mit allen Kindern, die auf ihm saßen, hingefallen, das ganze Heu, und das war vielleicht eine Party!

Die zweite Erinnerung handelt auch von einer Traktorfahrt, die diesmal an den Strand ging: Es war ein wunderschöner Tag, und auf dem Rückweg, als wir in der Moschaw ankamen, stellten wir fest, daß ein kleiner Junge fehlte. Ein Junge fehlte! Es war schrecklich. Er war der Sohn von einer Freundin meiner Eltern, er war ihr ein und alles. Sie hatte keinen Mann, nur diesen Jungen. Natürlich sind wir sofort umgekehrt, nein, nicht wir, mein Vater mit ein oder zwei anderen Männern, sie sind schnell umgekehrt und an den Strand gefahren, wo sie ihn schlafend fanden. Er konnte sich nicht mal daran erinnern, daß er eingeschlafen war, er war vom Wagen in den weichen, warmen Sand gefallen, der sich sehr schön anfühlte. Alles war in Ordnung, sie hoben ihn auf, er wußte nicht – bis heute weiß er nicht, daß seine Mutter fast einen Schlaganfall erlitt, als ihr Sohn plötzlich verschwunden war.

In der dritten Geschichte beschreibt Dina, wie ihr Vater Milchmann für die Moschaw wurde, weil er wegen seiner Krankheit keine schwere Arbeit mehr erledigen konnte. Eines Tages kam meine Mutter nach Hause –

aber wo war mein Vater? Das Pferd stand da, der Wagen, aber kein Fahrer! Er war einfach auf dem Wagen eingeschlafen, aber das Pferd kannte den Weg und war alleine nach Hause getrabt. Als es zu Hause ankam, wachte er auf – kein Problem.

Sie erzählt uns auch noch eine vierte Geschichte: Abgesehen davon gab es einen Hügel, der was Besonderes war. Heute steht da ein Obstgarten, aber damals war es ein Hügel, wo früher ein Lager der britischen Armee war. Für uns Kinder war das etwas ganz Besonderes, geheimnisvoll und voller Überraschungen. Zuerst war da schon einmal ein großes Loch im Boden, ich weiß nicht, wozu das gebraucht wurde, aber es war ein sehr tiefes Loch. Mit einem Riesendurchmesser. Irgendwann haben sie es aufgefüllt, aber wir Kinder – Sie kennen das Spiel wahrscheinlich –, man versucht den anderen Angst einzujagen und sie zu fangen und so zu tun, als wollte man sie ins Loch schmeißen ... ach, der Hügel war so spannend, alle möglichen Sachen, die die Armee zurückgelassen hatte.

Vergessen Sie nicht – ich hab Ihnen gesagt, daß wir ziemlich arm waren, eigentlich sogar richtig arm. Wir fanden alle möglichen Kleinigkeiten, eine Gabel, ein Taschenmesser, das war phantastisch. Noch viel wunderbarer waren die Blumen auf diesem Hügel. Alle nur denkbaren Blumen! Rot, rosa und grün – ach, diese Farben! Gladiolen gab es da, Anemonen, ich erinnere mich an Alpenveilchen, nein, keine Alpenveilchen – Tulpen! Viele Astern waren da, in vielen, vielen Farben, wirklich wundervoll! Ich weiß, daß wir es einfach toll fanden, da herumzugehen. Ich weiß noch, wie ich mich da fühlte, und daran hab ich mich erinnert, als wir hierherkamen.

Die Mischung aus wunderbaren und furchterregenden Erfahrungen klingt in Dinas Worten heute noch durch.

Wir klauten auch ein paar Wassermelonen. Ich weiß noch, einmal kam mein Cousin aus Tel Aviv zu Besuch. Er hatte immer neue Kleider an. Wir lebten auf dem Land. Wir sahen nichts und wußten nichts. Er kam mit einer langen Hose – wie hießen die noch, diese Hosen, die auf der Taille saßen? Er kam eines Tages mit einem Freund – das war auch so typisch für meine Eltern: unser kleines Haus (nur etwa 60 Quadratmeter groß), und jeder, der zu Besuch kam, Freunde, Cousins, alle wußten, daß ihnen das Haus offenstand. Das war für meine Mutter und meinen Vater sehr typisch, sehr typisch! Sie sagten nie »Nein!« – das habe ich erst gemerkt, als ich von zu Hause wegging. Reaktionen wie »Das geht nicht, weil wir nicht genügend zu essen haben« oder »Ich kann nicht allen dasselbe zu essen geben«. Am Anfang verstand ich das einfach nicht, ich war beleidigt, bis ich begriff, daß es Leute gibt, die sich einfach nicht so verhalten wie meine Eltern. Also, sie kamen also in den Ferien zu Besuch, und es machte ihnen viel Spaß, mit aufs Feld zu gehen, um Tomaten zu pflücken. Ich fühle das heute noch an meinen Händen, dieser Puder zum Insektenschutz und dieses grüne Zeug, das von den Tomaten kommt, das hat einen besonderen Geruch, den ich aus Entfernung mag.

Dina ist schwer zu verstehen, sie erzählt offensichtlich eine Geschichte innerhalb einer Geschichte.

Also, wir gingen zusammen auf den Hügel, abends, wir machten ein Lagerfeuer und stahlen Wassermelonen. Und dann, wenn wir sie gegessen haben – wir hatten keine Teller, wir aßen sie auf der Hand – ich fand die Glatze meines Cousins so toll, daß ich ihm einfach eine halbe Melone auf die Glatze setzte. Das war sehr lustig. Er setzte mir auch eine halbe Melone auf den Kopf, und das fand ich überhaupt nicht lustig, weil er eine Glatze hatte, ich aber Haare, und damals gab es kein Wasser. Um neun Uhr abends gab es kein Wasser mehr. Und das bedeutete, daß ich bis zum nächsten Morgen klebrige Haare hatte.

Dina sagt unvermittelt, als erwache sie aus ihren Träumen: Ich weiß gar nicht, ob Sie das überhaupt interessiert! Meine Eltern hatten Freunde in Tel Aviv, also Freunde, die auch aus Polen kamen aus derselben – Gegend, und die kamen uns in der Moschaw besuchen. Und da geht für mich jetzt einiges durcheinander. Meine Mutter sagte mir einerseits, daß sie bürgerlich wären und sehr gut gekleidet und daß sie immer schwer arbeiten müßten. Sie hatten Musik und Bücher und wir nicht. »Es gibt in diesem Haus nicht genug Bücher, und meine Kinder gehen nie in Konzerte!« Es ist sehr interessant, wenn man sieht, was sie heute darüber denkt, aber bis vor ein paar Jahren dachte sie, wenn wir uns darüber unterhielten, daß ihre Kinder verglichen mit den Kindern ihrer Freunde in Tel Aviv nicht genug hätten. Und mit den Jahren hatten wir alle keineswegs weniger. Keiner von uns hat weniger als irgendeines dieser Kinder. Also, daß sie sagte, wir hätten keine Bücher und keine Musik, es könnte sein, daß wir am Anfang in gewisser Hinsicht zurücklagen, vielleicht sogar weit, aber wir haben aufgeholt – wir alle! Keiner von uns ist auch nur im geringsten ein dummes Huhn vom Lande geblieben, kein bißchen.

Ich weiß noch, wie sie die Wiedergutmachungszahlungen erhielten und das Haus bauten. Zuerst wollte mein Vater das Wiedergutmachungsgeld nicht nehmen, und auch meine Mutter war sofort seiner Ansicht. Sie sagte – ich weiß das noch, weil ich nicht mehr ganz jung damals war –, sie sagte: »Nachdem sie meine ganze Familie ruiniert, ermordet und erledigt haben, will ich von denen nichts mehr.« Aber schließlich nahm sie [es] doch an. Sie baute unser Haus und kaufte einen Plattenspieler, und von da ab gab es viele Parties. Im Haus herrschte Freude. Das ist bis heute so geblieben, wenn jemand Geburtstag hat, kommen alle – alle.

Es ist nicht ganz leicht, Dinas Gedankengang zu folgen: Sie kommt von den Ängsten ihrer Mutter um ihre Kinder – die sich nach Dina als unbegründet herausgestellt haben – über Olgas Weigerung, die Wiedergutmachung anzunehmen, auf den Plattenspieler zu sprechen, der vom Wiedergutmachungsgeld gekauft wurde, und das Glück, das seitdem im Haus herrscht.

Aber es gab immer eine Diskrepanz zwischen dem, wie meine Mutter ihre Situation sah, und wie andere sie sahen. Wir hatten zum Beispiel mal einen Freund, der war Lastwagenfahrer, und einmal kam er und war sehr hungrig, aber meine Mutter hatte nur Rettiche, Brot und Butter zu Hause. Sie fand es entsetzlich, daß sie ihm nichts anderes zu essen geben konnte. Aber noch Jahre später erinnerte er sie: »Wie gut dein Essen damals geschmeckt hat! Ich hab schon lange nichts so Gutes mehr gegessen wie den Rettich mit Brot und Butter!« Er hatte einfach einen Bärenhunger, und das Essen schmeckte ihm hervorragend. Aber auch in anderer Hinsicht. Sie arbeitete immer sehr schwer auf dem Feld, sie ist nicht groß, aber sehr stark und muskulös, und ihre Freundinnen aus Tel Aviv kamen immer »fein gemacht«, vornehme Damen in Stöckelschuhen, und sie spürte immer den Unterschied, daß sie ihnen nichts anzubieten hatte.

»Haben die Freundinnen sich über das, was sie durchgemacht hatten, unterhalten?«

Im Holocaust? Hm, als sie jung waren, haben sie sich nicht darüber unterhalten. Ich glaube, uns haben sie überhaupt nichts gesagt, nichts. Aber als ich älter war, sprachen sie darüber, neu anzufangen, die Vergangenheit war fürchterlich. Da, also wir haben keine Onkel, keine Familie, aber sie wollten nicht, daß man sie für unglücklich hält oder sie bemitleidet! Als das Fernsehen eine Rolle zu spielen begann, haben sie uns allmählich einiges erzählt, aber nie richtig schlimme, schwierige Geschichten. Das haben sie erst gemacht, als wir schon viel älter waren, viel älter, vielleicht achtzehn oder so. Vielleicht war inzwischen genügend Zeit vergangen, vielleicht haben wir auch angefangen, direkte Fragen zu stellen. Ich kann mich aber wirklich nicht an ihre Geschichten erinnern, also, daß die Geschichten bei mir Folgen gehabt hätten. Sogar als sie richtig schlimme Geschichten erzählte, also die Geschichten, die meine Mutter mir erzählte – mein Vater hat uns nie irgend etwas erzählt, das war auch erst, nachdem ich schon zu arbeiten angefangen hatte. Vorher hatte ich etwas gehört, gelesen, verstanden, aber das alles war anderen geschehen, nicht meinen Eltern. So hab ich mir das zurechtgelegt.

»Ich kann mich aber wirklich nicht an ihre Geschichten erinnern, also, daß die Geschichten bei mir Folgen gehabt hätten.« Ich frage mich, wie Eltern ihre Geschichten wohl so erzählen können.

Ich wußte immer, daß ich keine Großmutter und keinen Großvater habe. Das war also nie etwas Überraschendes, ich wuchs damit heran, ich wußte, daß mein Großvater im Holocaust gestorben war und daß ich keinen hatte – daß wir keine Familie mehr mütterlicherseits hatten. Keinen einzigen Verwandten, weil alle umgebracht worden waren, im Holocaust grausam ermordet wurden. Aber das waren irgendwie nur Worte, es war nicht traumatisch für mich, und ich sah meine Mutter auch nicht darunter leiden. Das Alltagsleben war irgendwie stärker. Sehen Sie, meine Kinder wachsen heute mit Großeltern auf! Das ist wie ein Fest, mit allem, was dazu gehört, die kleinen Spiele, die sie spielen, und wie ihre Großeltern sie lieben. Ich hab das alles nicht gehabt! So bin ich aufgewachsen, es kam mir normal vor, ich dachte, mir fehlt nichts, so war das!

Dina ist aufgeregt, sogar wütend: Später, als ich begriff und fragte: »Olga ...« Ich nenne meine Mutter Olga, aber das heißt nicht, also, sie hatten eine Freundin, die, als sie in die Moschaw kamen, das ist die, deren Sohn einschlief und vom Wagen fiel, sie sagten zu ihr: »Du paßt auf die Kinder auf, und wir gehen zur Polizei arbeiten.« Das funktionierte eine Zeitlang. Und ihr Sohn, der drei Jahre älter ist als ich, der nannte seine Mutter »Mutter« und meine Mutter »Olga«, und so kam es, daß ich auch begann, sie Olga zu nennen. Wenn ich sie heute »Mutter« nenen würde, würde sie sich nicht angesprochen fühlen. Olga ist Olga – also, meine Mutter. Das heißt nicht, daß wir uns fern stehen, sie heißt einfach so.

Ich höre ihre Erklärung und frage mich, warum sie bisher immer »meine Mutter« gesagt hat, wenn sie über Olga sprach.

Also, als Olga mir diese schrecklichen Dinge erzählte, die sie durchgemacht hatte, wurde es sehr wichtig, daß sie ihren Bruder traf. Hat sie Ihnen davon erzählt? *(Sie prüft mich und entnimmt meiner Reaktion, daß Olga uns von Yadek erzählt hat.)* Also, plötzlich hatte ich einen Großvater! Das war vielleicht komisch! Da hat sie mir also erzählt, es war sehr schwer für sie, sie hat mir genau erzählt, und ich, also, nichts hat mich überrascht, nichts. Aber damals sah ich plötzlich die Verbindung zwischen allem. Vorher war es so gewesen, wir hatten unser Leben hier, ihr Leben und alles, was hier mit ihnen geschehen war, das war alles stark genug, voller Anregungen und Erfahrungen, daß ich mich mit ihrer Vergangenheit nicht beschäftigt habe.

Und das kam wie ein Schlag. Der Brief von Yadek, ich weiß nicht, was sie damals fühlte, aber wir haben es so empfunden. Ein paar Tage, nachdem sie den Brief bekommen hatte, das war eigentlich ziemlich lange *(aufgeregt)*. Das war sogar noch wichtiger, weil mein Vater noch nicht lange tot war. Das war eine sehr schwierige Zeit für uns, eine sehr schwierige Zeit, und dann kam plötzlich ein Brief von Yadek, in dem ungefähr stand: »Wenn Du noch lebst, noch unter dieser Adresse zu erreichen bist – und so weiter, wie geht es Dir?« Sie begannen, sich Briefe zu schreiben, und er kam dann hierher, und das war's. Väterlicherseits haben wir ein paar Verwandte, aber von der Familie meiner Mutter keinen, niemanden. Und ganz plötzlich hatte ich einen Onkel!

Das war großartig! Und er kam aus Polen, aus einem Land hinter dem Eisernen Vorhang.

Also, als er ankam – da hat sie uns viele Geschichten erzählt. Sie erzählte uns damals, das hat mich sehr beeindruckt, wie ihre Großmutter Selbstmord beging, weil sie den Deutschen nicht in die Hände fallen wollte. Sie wollte das nicht, und sie wußte, daß sie sterben würden. Also nahm sie sich lieber selbst das Leben, sie spritzte sich Kerosin, und sie [Olga] erzählte uns, daß sie und ihre Mutter und eine Schwester noch im Ghetto waren. Sie erzählte uns von der Schwester, aber kaum von ihrem Bruder, und erst jetzt verstehe ich, warum. Die Erklärung war, daß ihre Mutter und ihr Vater geschieden waren und er, der Sohn, beim Vater lebte und die beiden Mädchen bei der Mutter. Und dort, erzählte sie uns, ich weiß nicht wann und wo, dort haben sie sie umgebracht, Genaueres hat sie uns nicht gesagt.

Also, als Yadek uns besuchte, erzählte sie uns, wie sie überlebte. Ich glaube, diese Geschichte war für mich sehr wichtig, weil – wenn ich unsere Literatur lese, mir die Politik des Erziehungsministeriums betrachte, Jad Vashem sehe, wie jeder, auch ich selbst vor der Klasse, wie ich den Holocaust als Auferstehung unterrichtet habe. Ja, also, es geht nicht um den Holocaust als »Oy, gevalt, sie haben uns umgebracht … wir sind so hilflos und unglücklich«. Nein. Es geht vom Holocaust zur Wiedergeburt! Schaut, was sie uns angetan haben und wo wir heute stehen! Wir leben weiter, und niemand wird uns jemals wieder so etwas antun. Und die Geschichten davon, wie sie überlebt hat, ich glaube, die haben auch dazu geführt, daß ich meine Ansicht dazu verändert habe.

Dina ist sehr aufgeregt, aber sie erzählt nicht genauer, wie die Erzählungen ihrer Mutter ihre den Normen entsprechenden Ansichten vom Holocaust verändert haben.

Sie erzählte uns, wie sie versuchte, im Ghetto zu leben, alles war kaputt, zerbombt, verbrannt, sie hatte nichts zu essen und zu trinken, sie irrte in der Stadt herum … und dann hat sie mir von der Geschichte mit ihrem Vater erzählt – die hat mich wirklich schockiert! Da ging es nicht um den Holocaust, sondern darum, was für ein Mensch er war! Er – nein, er war kein Deutscher *(mit Nachdruck)*, Arier *(weniger bestimmt)*, ich weiß nicht, jedenfalls war er kein Jude. Sie irrte herum, und die Polizei griff sie auf der Straße auf und brachte sie auf die Polizeistation. Und dann fragten sie sie: »Wer bist du?« Und sie sagte, sie sei Olga Orlowska. »Wer ist das?« Sie sagte, ihr Vater sei von Orlowski, der Arzt. Also riefen sie ihn an, und er sagte: »Ja, das ist meine Tochter.« Und als sie aus der Polizeistation herauskamen, sagte er zu ihr: »Mach, daß du wegkommst, und laß dich bloß nicht wieder hier blikken!« Also, diese Geschichte hat sie mir erzählt, und bis auf den heutigen Tag sticht mir das ins Herz: Wie kann ein Vater so etwas zu seiner Tochter sagen? Und dann ging sie in einen Kibbuz und emigrierte nach Israel. Bestimmt war das alles nicht so leicht, aber diese Geschichte hat mich ungeheuer beeindruckt.

Ich verstehe jetzt, warum Olga von der Feigheit ihres Vaters gesprochen hat.

Also, als ihr Bruder kam – das war ein wunderbares Ereignis! Man sah sofort die Ähnlichkeit zwischen ihnen! Sie hatten einander vierzig Jahre lang nicht gesehen, aber man sah sofort, daß sie Geschwister waren, auch wenn man es nicht gewußt hätte, man sah ihnen das sofort an! An ihren Gesichtern und an ihren Bewegungen, wie sie sprachen, was sie betonten – das war wirklich erstaunlich zu sehen, richtig erstaunlich! Ich hatte im Laufe der Jahre mein Polnisch vergessen, weil ich es nie benutzte. Aber, komisch, es kam wieder. Also, wenn in meiner Umgebung polnisch gesprochen wird, dann brauche ich ein paar Stunden, und dann kann ich es plötzlich wieder verstehen! Zuhören und ein bißchen sprechen – mir fällt der »Zischlaut« schwer. Ich kann es besser verstehen als sprechen. Er verstand auch ein bißchen Englisch, also kamen wir zurecht – er lernte ein bißchen Hebräisch – es entstand eine ganz gute Beziehung zwischen uns beiden. Wir erfuhren, daß mein Großvater noch am Leben war, sogar Yadek erzählte, was für ein fürchterlicher Charakter er war, sogar er sagte, er sei ein abstoßender Mensch.

Olga hatte uns erzählt, daß ihre Mutter eine gebildete Frau gewesen war, auch ihr Vater, und daß ihre Großmutter Ärztin war. Das war für sie sehr wichtig! Das hatte sie uns also erzählt, wenn auch nicht sofort sehr offenherzig, dann mit Bedauern darüber, ganz nebenbei, daß sie nicht gebildet war. Sie hatte nicht studiert! Ich meine, am Anfang arbeitete sie in der Moschaw, sie half meinem Vater. Er war in einem Konzentrationslager gewesen, hatte Tuberkulose gehabt, die nie behandelt wurde, die dann zu einer Bronchitis wurde, dann zu Asthma, und am Ende hatte er Lungenkrebs, woran er starb. Er machte damals schwierige Zeiten durch, der Staub und der Sand, er war nicht für schwere Arbeit geschaffen, er konnte die Landarbeit kaum bewältigen. Und ab einer bestimmten Zeit mußte sie die ganze Landarbeit alleine machen. Sie machte alles, und das war sehr schwer! Aber sie ist eine intelligente Frau, und es macht ihr heute noch etwas aus, daß sie nichts gelernt hat, keine ordentliche Schulbildung hat. Bald ist sie im Rentenalter, und schon jetzt plant sie, was sie dann studieren wird. Sie wird lernen, bis sie umfällt, denn es fehlt ihr etwas auf diesem Gebiet, und sie wird immer versuchen, das aufzuholen.

Aber verstehen Sie mich nicht falsch. Sie macht ihre Arbeit wirklich gut, die anderen schätzen sie sehr. Das ist übrigens etwas, wovor sie sich fürchtet, sie tut viel, um nicht alleine zu sein, und das gelingt ihr auch. Aber jetzt spricht sie viel darüber, daß sie müde ist und das – macht mir angst. Sie hat genügend gesundheitliche Gründe für ihre Müdigkeit, und das macht mir angst – die Vorstellung, daß ihr etwas zustoßen könnte, jagt mir Angst ein. Ich wäre schrecklich traurig, im wahrsten Sinne des Wortes.

»Und was wissen Sie über Ihren Vater?«

(verschluckt sich) Er hat uns nicht viel erzählt. Er war ein glücklicher Mann – es fällt mir sehr schwer, über ihn in der Vergangenheitsform zu sprechen –, aber so war er, ein glücklicher Mensch, und alle mochten ihn sehr. Einen Monat nach seinem Tod saßen wir zusammen und unterhielten uns darüber, was ihm alles passiert war, was er durchgemacht hatte. Und dann erzählten seine Freunde, was sie alles im Konzentrationslager durchgemacht hatten, wie er und alle anderen sich damals an die Umstände angepaßt hatten. Das waren keine Heldengeschichten über irgend etwas, was jemand getan hatte. Was er gemacht hat, haben auch andere getan. Sie haben zum Beispiel in einer Ecke für ein bißchen Aufruhr gesorgt, damit Leute in einer anderen Ecke fliehen konnten und solche Sachen. Nein, keine Horrorgeschichten. Sie unterhielten sich, ohne jemals etwas zu verbergen. Ich kann mich nicht

erinnern, jemals gehört zu haben: »Nein! Nein das werden wir dir nicht erzählen, das ist nicht richtig.« Ich weiß aber, daß sie ganz klar sagten: »Es war grauenhaft traurig, es war schrecklich.« Aber beide waren sehr jung, meine Mutter war achtzehn, als sie nach Israel kam, und mein Vater gerade mal fünf Jahre älter, und sie kamen hierher und ließen sich hier nieder. Hier lebten sie in der Gegenwart, das war stärker, das haben sie mir vermittelt.

Für meinen Vater war es wichtig, am Jom Kippur in die Synagoge zu gehen. Das tut mir zum Beispiel leid, weil es für meinen Vater wichtig war. Seine Familie war sehr traditionell, und er schon weniger. Ein paar Jahre lang ging er nur anfang des Jahres an den Feiertagen in die Synagoge. Später wurde er der »Nichtjude« der Moschaw und fuhr mit dem Wagen den Rabbi holen, weil alle anderen religiös waren. Die Feiertage waren ihm wichtig. Ich kann mich dunkel daran erinnern, wie er zu meiner Mutter sagte: »Schon wieder sind meine Kleider für den Feiertag nicht fertig« oder »Wir haben das Haus immer noch nicht fertig, das Essen noch nicht fertig, und der Feiertag hat schon angefangen.«

Vielleicht bringe ich hier etwas durcheinander, das weiß ich nicht genau. Aber schon sehr bald hat sich niemand mehr von uns, also meine Eltern nicht, mehr darum gekümmert. Keine Kerzen, nichts. Wir haben nur die Rituale der Feiertage begangen. Also, zum Beispiel haben wir zu Chanukka immer die Kerzen angezündet. Jetzt erinnere ich mich, daß ein Vater uns erzählt hat, sein Vater hätte eine Kerze angezündet, sie gesegnet und ihnen Geschichten aus seiner Kindheit erzählt. Aber bei uns zu Hause haben wir uns an Rosch Ha-Schana immer zusammengesetzt, wir waren immer zusammen, und wir hatten immer ein Festessen und viel Spaß. An Chanukka gab es Fettgebäck, zu Purim Pfannkuchen, und wir haben immer getanzt und gelacht.

Aber das waren keine religiösen Feiern, nicht traditionell, überhaupt nicht. Ich weiß sogar noch, daß man uns gesagt hat, also nicht gemein oder so, aber man hat uns gesagt: »Wenn ihr traditionelle Feiern wollt, macht das ruhig, wenn ihr glauben wollt und die Mizwot [A. d. Ü.: wörtl.: »Gebote«] einhalten wollt, macht das ruhig, wir mischen uns da nicht ein.« Ich weiß, daß meine Mutter so etwa gesagt hat, nicht mein Vater. Wie konnte so etwas passieren, man kann über den Holocaust und Gott nicht in einem Atemzug sprechen. Das geht nicht zusammen. Und so – es gibt Menschen, es gibt böse Völker, es gibt verschiedene Kulturen, und das ist immer schon so gewesen. Das ist eben hier passiert, und es ist schlimm, daß es passiert ist. So etwas höre ich heute von Olga in wesentlich subtilerer Form. Sie macht sich Gedanken über den Sinn der Geschichte, aber sie hat keine religiösen Überzeugungen.

Dina vermittelt die verschiedenen religiösen Einstellungen ihrer Eltern in verschiedenen Abstufungen. Ich frage sie danach, was ihre Lösung ist.

Als meine Kinder auf die Welt kamen, dachte ich – ich glaube, alle Mütter machen das irgendwie durch: Sollen wir am Sabbat die Kerzen anzünden? Aber aus irgendeinem Grunde habe ich es nie geschafft, freitags rechtzeitig mit der Arbeit fertigzuwerden. Immer mußte ich am Sabbat noch putzen – wann habe ich in der Woche schon mal Zeit zu putzen? Ich hatte wirklich nie Zeit. Das Haus war nicht gerade verkommen, das nicht, aber die Wäsche türmte sich auf, und wenn ich einen ganzen Tag frei habe, soll ich da vielleicht einfach untätig herumsitzen? *(lacht)* Nein! Ich lese und schreibe, ich hänge Wäsche auf, koche, mache, was gemacht werden muß. Es gab Zeiten, wo ich, ich dachte, daß es für einen Menschen möglich ist, sich daran zu gewöhnen, bestimmte Dinge zu tun.

»Und wie wollten Sie es gerne haben? Hatten Sie davon bestimmte Vorstellungen?«

Ja, wie Bilder in Büchern es zeigen. In Kinderbüchern, wo die Mutter einen Tuch um den Kopf gewickelt hat und mit erhobenen Händen die Kerze segnet. Nein, das habe ich nie geschafft. Es kam nicht von mir, es ging nicht, es paßte nicht zu mir. Es war ein schönes Bild, wo die Kinder brav und diszipliniert am Tisch sitzen, und der Vater segnet … Irgendwie haben wir es nie so hingekriegt. Die Kinder saßen nie so brav und diszipliniert am Tisch, und ich habe es nie geschafft, ein Sabbatmahl zu kochen, ich weiß auch nicht warum, aber es hat nie funktioniert. Als sie klein waren, hat mir das leid getan, heute ist das kein Thema mehr. Ich habe andere Sachen. Es muß ja nicht unbedingt so sein – es ist eine Religion ohne Religion.

Dina spricht in einem Ton der Enttäuschung und Rechtfertigung.

Wir haben aber eine Art Tradition geschaffen. Wirklich. Bei unseren

Familientreffen wird an jeden Geburtstag gedacht. Ein Geburtstag ist ein Geburtstag für uns. Wir laden Leute ein oder machen das jedenfalls bekannt, und alle kommen auf ein Fest. Sie bringen Geschenke mit, und das Ganze hat eine Eigendynamik. Ein Geschenk muß sein, egal was, das ist jedem indirekt klar. Ich weiß noch, daß wir als Kinder den Hochzeitstag unserer Eltern vorbereiten wollten, wir hatten kein Taschengeld oder so was. Was sollten wir also tun? Ich weiß, daß ich in einer Zeitschrift für Kinder, ich war damals vielleicht zehn oder elf, gelesen hatte, wie man einen Storch aus Holz basteln kann. Ich konnte mich nicht ganz genau an die Anleitung erinnern, aber die Idee war mir noch in Erinnerung. Als meine Eltern dann irgendwo zu Besuch waren, sagte ich zu meiner Schwester: »Komm, wir basteln ihnen ein Geschenk.« Und es wurde nichts, das war schrecklich enttäuschend für mich! Klar, als sie nach Hause kamen und sahen, daß wir traurig waren, fragten sie, was denn los sei. »Wir wollten euch ein Geschenk basteln, aber es ist nichts geworden.« Sie sagten: »Aber das macht doch nichts, es war eine gute Idee.« Das ist es, was übrigbleibt, bleibt übrig, sonst nichts.

»Und wie ist Ihre Beziehung zu Ihrem Bruder und Ihrer Schwester?«

Heute verstehen wir uns sehr gut. Aber früher, wie soll ich sagen, wir haben uns immer ganz gut verstanden. Wir waren nie richtig wütend aufeinander oder haben nicht mehr miteinander gesprochen oder so etwas, aber heute haben wir eine engere Beziehung als früher. Wir finden es schade, daß wir über eine Stunde Autofahrt auseinander wohnen. Meine Schwester lebt in einer Moschaw im Süden. Wir sind sehr gerne zusammen, wir genießen es, wenn wir zusammen sind. Wir lieben uns sehr, wir helfen uns gegenseitig, gefühlsmäßig, nicht finanziell, meine ich, weil wir das nicht können *(lacht)*. Ich bin die Älteste, und sie verlassen sich auf mich. Ich trage die Verantwortung. Viele Jahre lang arbeitete Olga bis fünf Uhr, und das hieß, daß ich einkaufen gehen, auf die Kinder aufpassen und sie versorgen mußte. Mein Bruder ist sechs Jahre jünger als ich.

»Gibt es Gegenstände oder Traditionen, die Sie von Ihren Eltern oder Vorfahren übernommen haben?«

Das ist eine interessante Frage. Früher, vielleicht gibt es das sogar noch, hat Olga ein rotes schlichtes Tuch aufbewahrt. Mit schlicht meine ich, daß nichts Besonderes dran war, es war weder bestickt noch hatte es besondere Muster, es war einfach ein roter Schal. Ich weiß, daß sie darauf aufgepaßt hat und sagte, Vater habe es im Konzentrationslager benutzt. Das ist es auch schon, andere Gegenstände gab es nicht. Ich habe den Eindruck, daß sie die Vergangenheit total ausgeschlossen haben. Über die Jahre haben sie einige Bilder gekauft, nicht sehr viele. Meine Mutter hat irgendwann ihren Cousin wiedergefunden, er war schon alt, er war auch nach Israel immigriert. Er ist inzwischen gestorben. Er war wirklich der einzige. Er hatte einige Fotos und Briefe, die sie geschrieben hatte. Sie hat nie sehr viel gezeigt, sie zeigt uns nicht viel. Man könnte sagen, daß sie ein bißchen zeigt und viel verbirgt. Warum ich das sage? Weil mein Neffe vor kurzem seine Bar-Mizwa hatte und dafür seine »Familienwurzeln« erkundete. Und plötzlich höre ich meine Mutter sagen *(aufgeregt)*: »Schau mal, schau mal! Diesen Brief habe ich meinem Onkel Chaim geschrieben, als ich etwa acht Jahre alt war.« »Aber Mutter, davon hast du mir nie etwas erzählt.« »Genug, in diesem Schrank sind viele Sachen. Auch ein Foto von meiner Mutter und einigen anderen.«

Dan und Orit kommen ins Zimmer, und Dina, die sich offensichtlich gestört fühlt, dreht sich zu ihnen um. Ihr habt aber viel geredet! Sie *(zeigt auf Noga)* fragt mich nach meinen Kindheitserinnerungen, und ich könnte ununterbrochen bis übermorgen weiterreden *(wendet sich wieder an Noga).* Ich bin mit sechzehn von zu Hause weggegangen. Ich habe Ende Oktober Geburtstag, also war ich immer ein Jahr früher dran. Es gab damals schon pädagogische Vorbereitungskurse, und Olga fand es sehr wichtig, mich zum Studium zu schicken, »weil es sehr wichtig ist, etwas zu lernen«. So ging ich von zu Hause weg. Sie dürfen nicht vergessen, daß ich zu einer Zeit wegging, wo man sich normalerweise streitet. Da ich nicht zu Hause war, habe ich auch die Kämpfe der Pubertät nicht durchgemacht *(lacht über sich selbst).* Bis ich sechzehn war, war ich immer die Älteste, und danach wohnte ich nicht mehr zu Hause. Meine Schwester war zu Hause, sie war das typische »Sandwich«-Kind, also die Mittlere. Erst vor ein paar Jahren sagte sie mir noch: »Du warst immer diejenige, auf die man sich verlassen hat. Wenn du mit Olga zusammen bist, existiert niemand anderes mehr. Ihr beiden sitzt euch gegenüber, und ich fühle mich vollkommen ausgeschlossen.« Wir haben dieses Problem ganz gut gelöst, aber viele Jahre lang hatte ihr das was ausgemacht. Sie versuchte alles mögliche, sie hat uns alle auf die Probe gestellt, als sie in die Pubertät kam. Sie hat bei ihren Lehrern für so viel Aufruhr gesorgt, daß Olga sie untersuchen ließ, ob sie eine Lernstörung hätte. Sie sagten ihr: »Ihre Tochter ist begabt.« Aber das ist wahrscheinlich bei hundert Millionen anderen Familien auch so, nicht?

Dina sieht müde aus. Vielleicht fällt es ihr schwerer, in einer größeren Gruppe weiterzureden. Wie es in dieser Familie üblich ist, bietet man uns noch etwas zu trinken an. Auf unserem Rückweg nach Beer Sheva klingt Dinas letzte Bemerkung noch in mir nach: »Aber das ist wahrscheinlich bei hundert Millionen anderen Familien auch so, nicht?«

Wie Tzipke und Hannah erzählt auch Dina ihre Lebensgeschichte so, daß sie im Vergleich zu der ihrer Eltern unbedeutend erscheint. »Meine Eltern gehörten zu den ersten Siedlern hier – sie waren Pioniere – Pioniere in den fünfziger Jahren – und die Pioniere damals waren nicht so wie die in den Achtzigern.« Wie Olga ihre Kriegserfahrungen herunterspielt, so trivialisiert Dina ihre eigenen Handlungen im Vergleich zu denen ihrer Eltern und betont die Kontinuität dessen, was ihre Eltern erreicht haben, seitdem sie in Israel leben. Sie erinnert uns an Olga, als sie sagt: »Ich weiß nicht, ob das für Sie überhaupt interessant ist.« Dina scheint sich damit auch selbst zu fragen: Ist diese Geschichte überhaupt für jemanden interessant? Das kommt auch in ihrem letzten Satz zum Ausdruck: »Das ist bei hundert Millionen anderen Familien auch so, nicht?«

Allerdings enthält Dinas erlebte Lebensgeschichte auch eigene Pionierleistungen. Sie war eine der ersten Lehrerinnen an einer Schule in der Neubausiedlung Lehavim in der Wüste. Diese Epoche ruft in ihr Kindheitserinnerungen wach. Sie erinnert sich an die Schilderungen ihrer Eltern, wie sie in die Moschaw »am Rande der Wüste« kamen, wo sie geboren wurde. Bereits in der ersten Klasse übernimmt Dina eine wichtige Aufgabe, denn sie ist das einzige Kind, das sowohl den hebräisch sprechenden Lehrer verstehen kann als auch die anderen Kindern, die rumänisch oder polnisch sprechen und für die sie dolmetscht. Vielleicht war das bereits eine Motivation für sie, später Lehrerin zu werden? Jedenfalls denkt sie an den Pioniergeist in ihrer Kindheit, als sie später in Lehavim mit anderen eine Schule von Grund auf aufbaute. Wiederholt taucht im Interview der Begriff »Pionier« auf. Auch Wörter wie »stark« und »schaffen« kommen in verschiedenen Zusammenhängen als Ausdruck der Tatkraft, Hoffnung und des Neuen vor. Mit dieser Form des Diskurses sind andere Ausdrucksweisen vermischt, die Vergänglichkeit, Gefahr und Angst ausdrücken. In der Moschaw »saßen die Leute auf gepackten Koffern«, sie waren arm und zurückgeblieben. In der Nähe des Elternhauses fanden Überfälle von Saboteuren statt, die Kühe stahlen und Menschen ermordeten. Als Dina nach ihren eigenen Erinnerungen gefragt wird, antwortet sie: »Als Kind war ich so ängstlich, ich habe wahrscheinlich die Ängste um mich herum gespürt, ich hatte Angst vor der Dunkelheit ...« Ob sich Dinas Angst auch auf Dinge bezieht, die nicht unmittelbar mit dem Leben in der Moschaw in Beziehung stehen, ist eine naheliegende Frage, auch wenn Dina selbst sie sich nicht stellt.

In Dinas frühen Erinnerungen vermischen sich Lachen und Freude mit Angst, so zum Beispiel, als sie davon erzählt, wie die Kinder vom Heuwagen herunterfallen. Obwohl das wahrscheinlich auch eine erschreckende Erfahrung war, beschreibt Dina sie als »ein großes Fest«. Auch die Geschichte vom Sohn der Nachbarin, der einschlief und auf dem Heimweg vom Wagen in den Sand fiel, beschreibt sie so, als sei es eine lustige Episode, obwohl die Mutter »fast einen Schlaganfall bekam, als ihr Sohn plötzlich verschwunden war«. Das britische Militärlager mit dem Loch ist zwar eine Quelle von Geheimnissen und Angst, aber Dina schildert die Umgebung so, als handele es sich um ein buntes Blumenplakat des Naturschutzbundes.

Dinas Rekonstruktion ihrer Biographie nimmt durch ihre anschauliche und lebendige Schilderung der Ereignisse eine besondere Form an: Ihre Identität als Pionierin half Dina, die Vergangenheit ihrer Eltern zu ignorieren. Sie wußte zwar davon, denn sie sagt etwa: »Ich wußte immer, daß ich keine Großmutter und keinen Großvater habe. Das war also nie etwas Überraschendes, ich wuchs damit heran.« Erst als der

Bruder ihrer Mutter auftaucht (zu diesem Zeitpunkt ist Dina bereits selbst Mutter), passiert etwas Überraschendes und Neues: »Damit kam endlich eine Verbindung zustande … vorher … wir hatten unser Leben hier … alles hier war stark genug, voller Anregungen und Erfahrungen, daß ich mich mit der Vergangenheit nicht beschäftigt habe.« Wenn Yadek nicht gekommen wäre, würde sich Dina immer noch ausschließlich mit der Gegenwart beschäftigen.

Auch Olgas Ambivalenz taucht in Dinas Erzählung wieder auf. Für ihre Eltern war es nicht leicht, in der Moschaw zu leben; zwar existierte einerseits der Pioniermythos, zu dem die Gastfreundschaft und die Abenteuer der Landarbeit und der Natur gehörten, womit Dina sich sehr gut identifizieren kann, als »etwas enorm Starkes«. Andererseits aber hatte ihr Vater große körperliche Beschwerden (»er war nicht für schwere Arbeit geschaffen«), und ihre Mutter fühlte sich ihren Freundinnen aus der Stadt gegenüber minderwertig, weil sie nicht genug Bücher hatten oder ins Konzert gingen. Dina spricht in sarkastischem Tonfall über die »vornehmen Damen in Stöckelschuhen«, die keine Ahnung hatten, was es bedeutete, schwere körperliche Arbeit in der freien Natur zu leisten. Man spürt auch einen Hauch von Neid über deren kulturelle Überlegenheit. Dina ist diejenige, die die Geschichte erzählt, aber ob diese Gefühle ihre eigenen oder die ihrer Mutter sind, ist nicht ganz klar.

Was bedeuteten diese Gefühle der Ambivalenz, der Angst und Hoffnung für Dina? Im Interview versucht sie vorwiegend, deren Bedeutung zu verkleinern. Sie betont, weder sie selbst noch ihre Geschwister hätten sich den Stadtkindern gegenüber im Nachteil gefühlt, die auf Besuch kamen. »Keiner von uns ist auch nur im geringsten ein dummes Huhn vom Lande geblieben, kein bißchen.« Weil Olga selbst unter einem Bildungsdefizit leidet, motiviert sie ihre Kinder, zu studieren und einen Beruf zu erlernen. Erst seit kurzem macht es Dina Spaß, an der Universität zu studieren, »einfach nur so«, was für ihr Lehramtsstudium nicht zutraf. Und sie gesteht, daß es ihr schwerfiel, wieder als Grundschullehrerin zu arbeiten, »nachdem sich eine ganz neue Welt eröffnet hatte«.

Um nachdenken zu können, braucht man Ruhe und Zeit. Dina fehlte es an beidem, da sie ständig in Bewegung war. Dafür dient schon ihr gescheiterter Vorsatz als Beispiel, den Sabbat einzuhalten. Dina identifiziert sich in dieser Beziehung mit ihrem Vater, der diesen Wunsch selbst nicht hatte durchsetzen können, und versucht, den Sabbat bei sich zu Hause einzuhalten. Sie hat eine Idealvorstellung davon, daß sie die Kerzen segnet und ihre Kinder ruhig und feierlich am Tisch sitzen. Allerdings ist es ihr nie gelungen, dieses Ideal auch zu verwirklichen. Weil ihre Kinder nicht mitmachten? Oder weil sie zu viel im Haushalt zu tun hatte? »Wann hab ich schon mitten in der Woche Zeit zu putzen?« Dina sagt dann halb entschuldigend und halb ihr Scheitern eingestehend: »Es ist eine Religion ohne Religion.« Sie geht der Möglichkeit aus dem Weg, darüber nachzudenken. Sie folgt ihrer Mutter und zweifelt religiöse Zeremonien sowie die Existenz Gottes nach dem Holocaust an.

Dinas Kompromiß sind Familienfeiern wie Geburtstage, die für die ganze Familie wichtig und keine religiösen Feiertage sind. Sie werden mit religiösem Eifer begangen, was eine Reaktion auf die vom Holocaust verursachte Leere ist. Sie stehen für eine Kontinuität in der Familie, die auch Olga sehr wichtig war. Der Plattenspieler, den sie vom Geld der Wiedergutmachungszahlungen kaufte, wurde zu einem Symbol für »Freude und Tänze«. Die Realität wird von Dina – wie von ihrer Mutter – eher erschaffen als erlebt. Es ist beinahe so, als sei sie an einem latenten Streit darüber beteiligt, ob das Leben ihrer Familie in Israel erfolgreich ist. Während jedoch ihr jüngerer Bruder seine derzeitigen Ängste offen ausspricht und innerlich mit dem Spiegelbild seiner Eltern kämpft, zeigt Dina keinerlei Anzeichen ähnlicher Gefühle oder Gedanken.

Das wird deutlich, als Dina über den Holocaust spricht. Zunächst scheint für sie ein Unterschied zwischen »Auferstehung und Überleben« zu bestehen. Sie wuchs mit der Idee, »vom Holocaust zur Wiedergeburt« auf, wobei der Holocaust als eine Form des israelischen Heroismus betrachtet wurde. Dieser israelischen Norm der fünfziger und sechziger Jahre entsprechend wurde sie erzogen, und so unterrichtete sie auch ihre Schüler (Segev, 1991). Zu Hause wurde zwar viel über die schwierigen Zeiten in der Moschaw gesprochen, aber nicht über die

Schrecken des Holocaust. Als einen Monat nach dem Tod ihres Vaters sein alter Freund zu Besuch kommt und über die gemeinsamen Erfahrungen im Konzentrationslager spricht, sagt Dina, es sei nicht »um Heldengeschichten« gegangen, sondern um ganz normale Dinge, die geschehen seien. Obwohl sie wußte, daß ihre Großeltern im Holocaust ermordet worden waren, waren es für sie »irgendwie nur Worte, es war nicht traumatisch für mich ... es kam mir normal vor, ich dachte, mir fehlt nichts.«

Daher kommt Dinas Antwort auf die Frage nach den Gegenständen aus ihrem Elternhaus überraschend. Sie erinnert sich an ein rotes Tuch, das ihre Mutter aufbewahrte und das die einzige Erinnerung an die Zeit ihres Vaters im Konzentrationslager war. Vielleicht ist das ein Hinweis darauf, daß sie den Holocaust gefühlsmäßig eher mit ihrem Vater als mit ihrer Mutter in Verbindung bringt. Dina berichtet, ihr Vater sei nicht sehr redselig gewesen, und es falle ihr schwer, über ihren Vater »in Vergangenheitsform« zu sprechen.

Als Olgas Bruder zu Besuch kommt, beginnt diese, über das Haus ihres Vaters zu sprechen, was für Dina überraschend ist. Sie entdeckt plötzlich, daß sie in Polen noch einen Großvater (Olgas Vater) hat. In für sie charakteristischer Weise spricht sie darüber mit sehr widersprüchlichen Gefühlen: »Plötzlich hatte ich einen Großvater! Das war vielleicht komisch!«, aber auch mit deutlich spürbarer Wut und Scham. An dieser Stelle des Interviews geht Dina dazu über, ihre Mutter nicht mehr »Mutter«, sondern »Olga« zu nennen. Sie versucht, das zu erklären: »Das heißt nicht, daß wir uns fern stehen.« Doch es dürfte sich wohl kaum um einen Zufall handeln, daß sie genau von da an ihre Mutter beim Vornamen nennt.

Es ist schließlich das erste Anzeichen für eine Abgrenzung zwischen Mutter und Tochter, worauf vorher nichts hindeutete. Daß Dina ihre Mutter beim Vornamen nennt, könnte zwar auch als Gradmesser der Intimität zwischen beiden gedeutet werden, weil Dina das bereits als Kind tat. Es könnte aber auch als Ausdruck unvermeidlicher Wut über eine Mutter gelten, die ihre Vergangenheit verborgen hält, oder auch als Zorn darüber, daß Dina es so wenig verstanden hat, sich von ihrer Mutter abzugrenzen. Olga hatte ihrer ältesten Tochter Dina, die sich der

Mutter sehr nahe fühlte (ihre jüngere Schwester sagt: »Wenn du mit Olga zusammen bist, existiert niemand anderes mehr«), nichts von ihrem nichtjüdischen Vater gesagt, und als dieser Aspekt ihres Lebens plötzlich bekannt wird, erweist sich Dinas Gefühl der besonderen Nähe zu ihrer Mutter und der Eindruck, die Vergangenheit sei »erledigt«, als Irrtum.

Erst da jedenfalls erzählt Olga ihrer Tochter, wie sie nach dem Krieg im Ghetto überlebt hat. Dina sagt dazu: »Und die Geschichten davon, wie sie überlebt hat, ich glaube, die haben auch dazu geführt, daß ich meine Ansicht dazu verändert habe.« Sie erklärt das nicht näher, aber wir können vermuten, daß der Holocaust für Dina nicht nur Wiedergeburt bedeutet, sondern auch Stolz auf die nackte Tatsache des Überlebens. Im israelischen Kontext überschreitet sie damit eine sehr feine, doch deutliche Trennlinie zwischen denen, die sich mit »hier«, und denen, die sich mit »dort« verbunden fühlen. Dina sagt, »nichts hat mich überrascht, nichts. Aber damals sah ich plötzlich die Verbindung zwischen allem.« Wieder können wir nur vermuten, daß sie damit meint, sie habe vorher die Auswirkungen der Vergangenheit auf die Gegenwart nicht begriffen, und jetzt habe sich ihr ein neues Verständnis für menschliches Leiden und Überleben erschlossen.

Zur selben Zeit ergaben sich aber auch noch andere wichtige Veränderungen: Dina begann »nur so« noch einmal zu studieren, und sie und ihre Schwester sprachen über Spannungen, die zwischen ihnen geherrscht hatten (»sie war das typische ›Sandwich‹-Kind, also die Mittlere«). Als die ältere und verantwortungsbewußtere Schwester begreift Dina, daß sie auf ihre jüngere Schwester eifersüchtig war, weil sie als »begabteres« Kind galt, selbst als sie in der Schule schwierig war. Dina dagegen sieht sich selbst als jemanden, der den Erwartungen der Eltern zu entsprechen versuchte und »durchschnittlich« begabt war. Später beschreibt sie auch ihre Tochter Orit ähnlich.

Dennoch identifiziert Dina sich immer noch mit ihrer Mutter, die sie weiterhin liebt. Sie lehnt ihren Großvater ebenso stark ab wie Olga, und in ihrer Vorstellung verwandelt er sich sogar vorübergehend in einen »Deutschen«, als sie über den Vorfall auf der Polizeistation spricht, den Olga selbst nur andeutungsweise geschildert hatte: »Wenn sie uns zusammen erwischen, dann untersteh dich bloß nicht zu sagen, daß ich dein Vater bin!« Aber während Olga erwähnt, ihr Vater habe Angst gehabt, betont Dina lediglich seine Zurückweisung und Ablehnung: »Hau ab, damit ich dich bloß nicht wiedersehen muß!« und sagt: »Bis auf den heutigen Tag sticht mir das ins Herz: Wie kann ein Vater so etwas zu seiner Tochter sagen?«

Dina weiß offenbar nicht, daß Olgas Stiefvater kein Interesse zeigte, nach dem Krieg Kontakt zu ihr aufzunehmen. Olga wollte ihr offensichtlich schwer verständliche und schmerzhafte Einzelheiten ersparen, und Dina »kooperiert« bereitwillig, denn sie sagt sogar, daß ihre Mutter »ein bißchen zeigt und viel verbirgt«. Sie spürt, daß sie noch nicht alle Begebenheiten aus der Lebensgeschichte ihrer Mutter kennt, und fragt trotzdem nicht nach. Olga ihrerseits zeigt Briefe und Fotos von früher nicht ihrer Tochter, sondern ihrem Enkel, der in der Schule an einem Projekt über die Familie arbeitet. Abgesehen von den Gefühlen der Angst, Gefahr und Vergänglichkeit gibt es nur einen Hinweis darauf, wie Dina sich in ihrer Kindheit die Vergangenheit vorstellte: »Wie spannend dieser Hügel war!« Als Kind fühlte Dina sich vom geheimnisvollen britischen Armeecamp fasziniert, wo sie mit anderen Kindern »Ich-schmeiß-dich-in-die-Grube« spielte und dabei nah an einem tiefen Loch stand. Sie fanden Gegenstände wie Gabeln und Taschenmesser, die die Soldaten zurückgelassen hatten, und die Familie war »arm, wirklich ziemlich arm«. Einen Kontrast dazu bilden die bunten Blumen, die auf dem Hügel wachsen. Wir überlegten, ob dieser Hügel für Olga möglicherweise unbewußt die Vergangenheit repräsentiert. Könnte er etwa für »Vaters Konzentrationslager« oder »Mutters Ghetto« oder »einen Friedhof für Liebende, die nicht begraben wurden« stehen? Konnten die Kinder dort gefährliche Spiele betreiben, die den »Spielen« ihrer Eltern unter den Nazis glichen? Wenn überhaupt, dann finden Dinas Spiele allenfalls unbewußt statt, sie kämpft, anders als die Figur Momie in David Grossmans Roman *»Stichwort: Liebe«* (Grossman, 1991), nicht im Keller des Elternhauses offen gegen die Nazibestie.

Zunächst hatte es den Anschein, als hätte Dina nach dem erklärten Leitsatz ihrer Mutter, »das Leben wieder aufbauen«, eine konfliktfreie Biographie rekonstruiert. Wir fragten uns, ob Dina die verborgenen und widersprüchlichen Identitäten ihrer Mutter einfach ignorieren konnte, indem sie die Kontinuität ihres eigenen Lebens mit dem ihrer Eltern betonte? Dinas bewußtes und unbewußtes Angst- und Vergänglichkeitsgefühl jedoch deutet darauf hin, daß sie die ungelösten Probleme der Vergangenheit nicht bewältigt, sondern zum Schweigen gebracht und verdrängt hat. In dieser Hinsicht erfahren wir, daß sie einen langen Lernprozeß zurückgelegt hat und nicht mehr nur Wiedergeburt und Heroismus, sondern das Überleben ihrer Mutter anerkennt und respektiert. Sie hat außerdem durch die Beziehung zu ihrem Onkel Yadek den polnischen Anteil ihrer Identität integriert. Sind das bereits Anzeichen eines Prozesses des »Durcharbeitens«? Nicht unbedingt, denn ihr Bewußtseinswandel kann auch aus ihrem durch das Studium und ihre Beförderung zur Konrektorin der Schule gewachsenen Selbstbewußtsein erklärt werden, vielleicht sogar durch die Veränderungen in der israelischen Gesellschft insgesamt. Wie auch immer, Dina befindet sich in jedem Fall erst in einer Anfangsphase dieses Prozesses. Ihre unausgesprochene Frage lautet immer noch: Inwiefern sind meine Ängste und Hoffnungen auf das bezogen, was meine Eltern im Holocaust erlitten haben?

Was mag wohl Orit, Dinas Tochter und Olgas Enkelin, von den Geschichten ihrer Mutter und Großmutter aufgenommen haben? Orit muß sich als Angehörige der zweiten in Israel geborenen Generation nicht zwangsläufig mit den komplizierten Themen der Vergangenheit auseinandersetzen. Von den Ereignissen, die das Leben ihrer Großmutter – und bis zu einem gewissen Grad auch dasjenige ihrer Mutter – bestimmten, trennen sie fünfzig Jahre. Sie ist in einen ganz anderen Familienzusammenhang hineingeboren, zu dem Großmütter und Großväter gehören, und wächst in der komplizierten Realität einer modernen Gesellschaft auf, in der ein Spannungsverhältnis zwischen Arabern und Juden, verschiedenen ethnischen Gruppen, religiösen und säkularen Tendenzen besteht sowie eine wirtschaftlich problematische Situation herrscht, in der die Vergangenheit nur noch durch die Geschichten und Erzählungen der älteren Generation vorkommt. Sie ist außerdem mit sechzehn Jahren in einem Alter, in dem sie wahrscheinlich damit beschäftigt ist, ihre eigene Identität zu finden.

Orit
Vom Überleben und der Wiederherstellung zur Entscheidung für die Zukunft

Orit ist ein großes, molliges Mädchen mit welligem, langem, rotem Haar. Mit braunen Augen mustert sie mich aufmerksam, doch freundlich, als ihre Mutter sie ruft, um mich zu begrüßen. Wir sitzen eine Weile alle zusammen im Wohnzimmer, trinken etwas und essen Obst. Orit sitzt barfuß im Schneidersitz auf dem Sofa. Sie beteiligt sich nicht am Gespräch. Ich schlage deshalb kurz darauf vor, daß wir uns zum Gespräch zurückziehen, und sie weist auf ihr Zimmer: »Allerdings habe ich nur einen Stuhl«, sagt sie lächelnd, »ich setze mich aufs Bett, und Sie können den Schreibtischstuhl nehmen.« Das Zimmer ist schlicht und im Stil der hiesigen High School-Schlafsäle möbliert. Während ich den Kassettenrecorder aufstelle, bitte ich Orit, die Tür zu schließen, weil man die Unterhaltungen aus dem Wohnzimmer noch hören kann. Sie kommt meiner Bitte nach, und ich stelle die übliche Eingangsfrage: »Erzähl mir bitte deine Lebensgeschichte, alles, was du für wichtig hältst.« Orit lächelt scheu und antwortet etwas beschämt:

Wo soll ich anfangen? Ich wurde in Yerucham geboren und wohnte dort acht Jahre lang. Es war sehr schön dort, ich gehörte zu einer kleinen und sehr engen Gruppe. Ich hatte Freunde, und es war sehr schön. Ich wohnte dort, bis ich acht war. Dann sind wir nach Omer gezogen. Also, wir wollten damals schon hierher, nach Lehavim, ziehen, aber weil das Haus noch nicht fertig war und wir das in Yerucham noch nicht verkauft hatten, sind wir nach Omer gezogen, in das Haus meiner Großeltern, die damals in Frankreich lebten.

»Welche Großeltern?«

Die Eltern meines Vaters. Ich wohnte da und ging da zur Schule. Für mich war es nicht besonders gut, dieser Umzug, weil ich wirklich gerne in Yerucham gewesen war. Ich war in der zweiten Gruppe, die in die Schule im Ort ging. Ich mußte neue Freunde finden *(lacht)*. Ich hab nicht so eine großartige Geschichte wie manche andere, ich bin ein ganz normales Mädchen … Zwei Jahre später sind wir hierher gezogen, und jetzt bin ich schon seit sechs Jahren hier.

Orit hält ein und überlegt, ob sie noch mehr erzählen soll. Ich frage mich, warum ihre Beschreibung so kurz ist, noch kürzer als Yoavs Geschichte. »Vielleicht könntest du einige frühe Kindheitserinnerungen beschreiben?«

(Überlegt einen Moment mit Blick auf den Boden) Als ich mit den Kindern aus der Nachbarschaft gespielt habe, sind wir immer ins Kaufhaus bei uns in der Nähe gegangen und haben die Verkäufer geärgert, wir haben Kaugummis geklaut.

»Wer ist ›wir‹?«

Meine Freundinnen und ich, vor allem zwei. Die kamen aus der Nachbarschaft, also, sie waren nicht richtige Nachbarinnen, das heißt, eine war eine Nachbarin, die andere wohnte weiter weg, aber wir haben uns immer verabredet und zusammen auf dem Spielplatz gespielt, und von da sind wir ins Kaufhaus gegangen *(lächelt).* Ich hab mich immer versteckt. Zuerst hab ich den Verkäufer begrüßt, und dann hab ich mich irgendwo versteckt. Ich hab nichts gestohlen *(lacht).* Das war, glaub ich, als ich im Kindergarten war, oder vielleicht in der ersten Klasse. An später erinnere ich mich … ich habe Hunde und Katzen sehr geliebt. Also, eines Tages spielte ich mit meinem Bruder im Kaufhaus mit Kisten, die dort herumstanden. Gideon war, glaube ich, erst ein Jahr alt und hat dort mit mir gespielt. Da kam jemand von den Behörden vorbei und fragte: »Wo wohnen die Shamirs?« Und ich hab sofort geantwortet: »Wir sind die Shamirs.« Dann fragte er: »Habt ihr einen Hund?«, und wir sagten, ja. Dann fragte er: »Wo sind denn eure Eltern?«, und ich brachte ihn zu uns nach Hause und hörte, wie er meiner Mutter sagte, daß unser Hund gestorben sei *(still).* Sie haben ihn tot aufgefunden und vom Halsband abgelesen, daß er uns gehörte. Er war krank, man hatte ihn vergiftet oder so etwas, und sie haben ihn tot gefunden. Das war sehr traurig *(zum ersten Mal schaut sie mich ernsthaft an).*

»Kannst du dich daran erinnern, was deine Mutter oder dein Vater gesagt haben? Hast du geweint?«

Nein, geweint hab ich nicht, aber ich war traurig *(fünf Sekunden*

Schweigen). Aber wissen Sie, Sie sind ja nicht hier, um meine Kindheitserinnerungen zu hören. Ich habe ganz andere Fragen erwartet *(Lachen).* ... Schließlich interessieren Sie sich doch für die Geschichten meiner Großmutter und für die Erinnerungen an den Holocaust.

Oras Direktheit erstaunt mich. Ich denke noch über ihre Erfahrungen in der Kindheit nach und überlege, inwiefern sie den Erfahrungen ihrer Mutter zugleich ähneln und sich von ihnen unterscheiden. Ich warte einen Augenblick lang. »Wenn das für dich wichtig ist, dann sprich darüber. Welche Verbindung hast du denn zu ihren Geschichten und Erinnerungen? Was hat sie dir erzählt, und wann hat sie das getan?«

Ich mußte es regelrecht aus ihr herausquetschen. Letztes Jahr war ich drei Wochen lang mit ihr in Polen. Wir waren in Warschau und haben dort die Orte aufgesucht, wo sie gewohnt hat. Sie hat mich eingeladen, es war so eine Art »kleiner Racheakt« *(sie betont das und lächelt)* an Gideon. Er sollte in dem Jahr eigentlich ins Ausland reisen, und meine Großmutter sagte: »Die Älteste sollte zuerst gehen.« Als sie eines Tages mit ihrem Freund Shimon darüber sprach, nach Polen zu reisen, habe ich aus Spaß gesagt: »Ich komme mit.« Und sie sagte tatsächlich: »Gut, dann kommst du mit.«

Meine Mutter wollte auch mitkommen, aber das konnten wir uns finanziell nicht leisten. Und in diesen drei Wochen auf unserer Reise habe ich versucht, möglichst viel von ihr zu erfahren, schließlich haben wir uns ja an Orten aufgehalten, wo sie gelebt hatte. Als ich sie eines Tages indirekt nach etwas gefragt habe, sagte sie: »Es fällt mir schwer, darüber zu sprechen, aber wenn du mich direkt nach etwas fragst, werde ich dir eine offene Antwort geben.« Dann fuhren wir nach Warschau, und ich sah, wie alles in ihr wieder aufstieg, weil sie mal da gewohnt hatte und es irgendwie in der Luft lag. Da hat sie mir von ihrem Vater und ihrer Großmutter erzählt.

Orit hat lange an einem Stück gesprochen, sie holt jetzt erst einmal Luft. Ich bin sehr erstaunt, daß mir weder Olga noch Dina etwas von dieser Reise erzählt haben.

Sie erzählte mir, wie ihre Großmutter mit ihr öfter im Wald spazierenging, irgendwo in einem Wald bei Warschau, und daß sie dort immer zu einem bestimmten Baum gingen, wo sie spielte. In der Nähe des Waldes gab es auch einen See, wo sie auch immer hingingen. Sie liebte ihre Großmutter sehr, und ich konnte mir richtig vorstellen, wie sie zusammen waren, spazierengingen und spielten … *(sie schweigt).* Sie erzählte mir, daß sie ihren Vater nicht oft sah, weil er ein Nichtjude war. Und als ihre Mutter sie retten wollte, als im Ghetto die Situation immer auswegloser wurde, hat sie sie zu ihrem Vater geschickt *(sehr leise, fast flüsternd).* Da ist es ihr nicht gut gegangen. Also, er war schließlich ihr Vater, und es ist klar, daß sie ihn liebte, aber es ging ihr da nicht gut. Sie war da drei Jahre lang. So lange behielt er sie bei sich, und dann schickte er sie zu einer alten Tante. Als sie das erzählte, konnte ich mir das lebhaft vorstellen, es lag da in der Luft …

Es klopft an der Tür. Gideon (ihr Bruder) kommt ins Zimmer: »Ich wollte dir nur meinen neuen Haarschnitt zeigen. Hast du kurz Zeit?«

Nicht jetzt, später. *Gideon geht wieder. Schade, daß das Gespräch gerade in diesem Moment unterbrochen wurde. Die Atmosphäre wird sich nicht leicht wiederherstellen lassen.*

Es war aufregend. Ich konnte mir vorstellen, wie sie genau dort mit ihrer Großmutter herumspaziert war *(Schweigen).*

»Und habt ihr gemeinsam darunter gelitten? Hat einer von euch beiden geweint?«

Weiß ich nicht. Großmutter zeigt ihre Gefühle eigentlich nie richtig. Es ist nicht leicht, in ihrer Gegenwart emotional zu sein. Klar, als wir ungefähr da standen, wo früher ihr Elternhaus gewesen war – denn die Polen haben ja Warschau nicht wieder so aufgebaut, wie es vor dem Krieg war –, da konnte man ihre Aufregung spüren: »Hier ist es, hier war ich zu Hause.« Aber davon abgesehen, konnte man kaum wissen, was genau sie gefühlt hat. Sie hat mir erzählt, was damals passierte. Ich weiß nicht genau, ob das dieselbe Großmutter war, also die Mutter ihrer Mutter oder die Mutter ihres Vaters, aber als sie im Ghetto waren und die ersten auf Zügen abtransportiert wurden, da hat sie nicht mehr weitermachen wollen, sie hatte keine Kraft mehr, also hat sie sich, sie war Ärztin, und sie hat sich selbst Beruhigungsmittel gespritzt, also, sie hat Selbstmord begangen *(Orit denkt nach und schweigt einige Sekunden).*

(Vorsichtig) »Hat sie dir noch mehr erzählt?«

Nein *(Schweigen).*

»Als ihr von Warschau zurückkamt, hast du da deinen Freundinnen, deiner Mutter und deinem Vater davon erzählt?«

Ja, ich hab ihnen mehr oder weniger gesagt, was passiert war *(sie ist jetzt ziemlich uninteressiert und mundfaul).*

»Kennt deine Mutter die Geschichten deiner Großmutter?«

(Lacht) Ich glaube schon, sie ist genauso neugierig wie ich *(lacht).*

»Bis jetzt hast du mir von dir selbst und von deiner Reise nach Polen mit deiner Großmutter erzählt. Aber über deine Eltern hast du kaum etwas gesagt. Welche Erinnerungen hast du an sie?«

(Überrascht) Erinnerungen? Das weiß ich nicht genau. Wir sind früher gerne spazierengegangen, sehr oft. Am Sabbat sind wir morgens oft wandern gegangen, um aus dem Alltag, von der Arbeit und der Schulroutine auszubrechen. Vor allem in Jerucham, aber auch in Omer. Vor allem, wenn die Anemonen blühten, da war ein Feld voller Anemonen. Aber in Lehavim ging das nicht mehr, wegen ihrer Arbeit. Mutters Arbeit in der Schule (als Konrektorin) und auch die Arbeit meines Vaters – er ist für die Sicherheitsvorkehrungen in den Potash-Werken zuständig. Er überprüft die Schutzhelme, ob Chlor ausläuft, ob Menschen verletzt sind, er muß herausfinden, wie etwas passiert ist.

»Aus welchem Hintergrund und welcher ethnischen Gruppe stammt dein Vater?«

Halb und halb. Er ist halber Algerier und halber Pole. Meine polnische Großmutter väterlicherseits spricht nur darüber, wie sie nach Israel gekommen ist, sie hat fast nichts über ihre Familie in Polen erzählt *(lacht).* Sie selbst hat mir ihre Familiengeschichte nie erzählt, ich kenne sie nur durch eine ihrer Verwandten. Ich weiß nicht genau, wie sie miteinander verwandt sind, aber sie erzählte mir, daß sie in einem kleinen Dorf in der Nähe von Warschau wohnten. Es war eine sehr große Familie, alle sind in den Lagern vernichtet worden, in den Öfen verbrannt. Sie ist mit einem Bruder und einer Schwester übriggeblieben. Ich weiß nicht, wo. Also, vielleicht wußte ich das, aber ich habe es vergessen. Sie kam kurz nach Gründung des Staates nach Israel, mit einem berühmten Schiff, der Name fällt mir gerade nicht ein, doch ja, *Exodus 1948*, wenn ich mich nicht irre. Meine Großmutter kann sich nicht an sehr viel erinnern, weil sie noch ein sehr kleines Kind im Holocaust war, und auch, weil sie irgendwann nach Frankreich emigrierten. Sie erlebten das nicht richtig in Polen. Deswegen erinnert sie sich nicht so an die Ereignisse in Polen wie an ihre Ankunft in Israel.

»Hast du den Eindruck, daß deine Mutter oder dein Vater von diesem Hintergrund beeinflußt sind?«

(Denkt nach) Ich glaube ... keiner von ihnen ... also, beide Großmütter sagen, wenn man sie direkt fragt: »Was war, war – wir wollen es vergessen. Wichtig ist, was sein wird.« Und deswegen interessieren sich meine Eltern nicht so sehr für die Vergangenheit und beschäftigen sich nicht intensiv damit, ich meine, sie erzählen nicht dauernd Geschichten oder so etwas. Sie sprechen über die Zukunft – was wir morgen machen. Was damals passiert ist, ist nicht so wichtig.

»Was wünschst du dir denn für morgen? Was sind deine Zukunftspläne?«

Ich habe große Träume ... alle möglichen Richtungen, in die ich gehen möchte. Ich weiß auch, daß ich bleiben werde, wo auch immer ich lande, und ich werde alles benutzen, was ich kann!

»Aber was wünschst du dir?«

Ich möchte Volkswirtschaft studieren ... oder in die Armee gehen, in die Spionageabwehr. Aus meiner Familie habe ich schon Erfahrungen im Spionieren *(lacht)* und, egal, ich will jedenfalls etwas für mein Land tun, nicht nur mein Leben hier verbringen. Deswegen lerne ich Arabisch, damit sie mich aufnehmen, wenn es soweit ist *(Schweigen).*

»Stehen die Namen in deiner Familie irgendwie in Zusammenhang mit der Vergangenheit?«

Ja, mein jüngerer Bruder Amnon *(der acht Jahre alt ist)* heißt mit zweitem Vornamen Piecke nach meinem Großvater, der wenige Monate vor der Geburt des Kindes starb. Meine Mutter hat auch einen zweiten Vornamen, sie heißt Gita, nach ihren beiden Großmüttern. Mein Name und Gideons stehen nicht in Zusammenhang mit der Vergangenheit. Meine Eltern haben uns bewußt keine Namen gegeben, die an die Vergangenheit anknüpfen, weil unser Motto lautet: »Denke nicht an das Vergangene.« Sie wollten, das sagen sie jedenfalls, nur Großvater gedenken *(Schweigen).*

»Gibt es irgendwelche Gegenstände, die in der Familie von Generation zu Generation weitergegeben wurden?«

(Lachen) Unsere Stühle. Sie haben früher Großmutters Bruder Yadek gehört. Der tauchte eines Tages plötzlich auf und wohnte eine Zeitlang im Einwanderungszentrum. Später zog er dann irgendwann nach Deutschland. Er konnte sich hier nicht einleben und hat uns seine Stühle überlassen. Ich mochte ihn auf den ersten Blick. Irgendwie hat er mir auch leid getan. Am Anfang zum Beispiel hat er meine Mutter immer gefragt, wenn er mit ihr in den Supermarkt gegangen ist: »Kann ich das wirklich alles kaufen?« Er hatte noch nie gesehen, daß man so viel kaufen kann. Wir sprachen meistens in Zeichensprache miteinander, weil ich kein Polnisch kann und er nicht hebräisch sprach. Mutter hat mir ein paar Sätze auf polnisch beigebracht, also konnte ich gerade ein paar Wörter sagen. Meine Mutter spricht viele Sprachen, ein paar Brocken aus jeder Sprache … ich fand, daß er und meine Großmutter sich ähnlich waren, beide sind ruhig und kultiviert … wenn sie sprechen *(lacht)*. Sie fluchen nie, sie würden höchstens einmal sagen »Teufel noch mal …«. Besonders meine Großmutter spricht immer sehr ruhig, aber trifft immer den Nagel auf den Kopf.

»Wie begeht ihr die Feiertage?«

Nicht sehr religiös. An Pessach lesen wir nicht die ganze Haggadah, sondern nur, was wir wollen. Aber die ganze Familie kommt zusammen. Dazu gehören Großmutter und Großvater mütterlicherseits, manchmal aber auch väterlicherseits, mein Onkel, der in der Nähe von ihnen wohnt *(das ist der Sohn, der die Farm weiterhin bearbeitet)*, und dessen Familie. Die meisten Familienangehörigen wohnen in der Landesmitte, nur die Schwester meiner Mutter nicht, die in der Nähe von Eilat wohnt. Dann gibt es noch eine Tante, die meine Großmutter adoptiert hat, oder die bei ihr gelebt hat, ihr Sohn wuchs mit ihren Kindern zusammen auf, und dann alle, die im Laufe der Zeit zur Familie hinzugekommen sind *(lächelt)*. Und dann gibt es Großmutters Borschtsch und das »Aroma«. Für meine Großmutter bedeutet »Aroma« etwas Verbranntes, denn sie läßt jedesmal das Essen anbrennen, weil sie immer zehn Dinge gleichzeitig tut, und dann sagt sie: »Das Essen schmeckt nicht verbrannt, das ist das spezielle Aroma von diesem Essen.« Am Anfang war mein Vater noch nicht daran gewöhnt: »Warum ißt du gerne angebranntes Essen?« fragte er sie. Aber allmählich hat er sich daran gewöhnt *(sie hängt ihren eigenen Gedanken nach und lächelt).*

Wir erzählen keine Geschichten nach dem Motto »Es war einmal ...«. Fotos ja, Fotos zeigen wir. Einmal habe ich Großmutters Schrank geputzt und habe dabei Bilder von ihr als Kind mit ihrer Mutter, von Onkel und Tanten entdeckt. Aber ich habe ihr nicht gesagt, daß ich ihre Sachen angeguckt habe, daher weiß ich auch nicht genau, wer wer war. Unser Leitsatz ist, daß man sein Leben leben, daß man jeden Augenblick so gut wie möglich nutzen muß. Durch meine Polenreise hat sich in den letzten zwei Jahren meine Denkweise geändert. Man muß leben. Man sollte planen, was man tun will, und wenn etwas anderes passiert, dann ist es auch gut. Das werde ich, glaube ich, auch meinen Kindern beibringen. Ich werde nicht zu viele »Omageschichten« erzählen. Ich werde nicht sehr viel über das reden, was gewesen ist. Wozu sollte das gut sein?

Mit dieser Willensbekundung, die vielleicht dem, was sie von ihrer Mutter und Großmutter gehört hat, sehr nahe kommt, beendet Orit unser Gespräch. Sie füllt noch unseren Fragebogen aus, und dann gehen wir ins Wohnzimmer, wo Dina und Noga noch miteinander sprechen. Dina wundert sich darüber, daß unser Interview so lange gedauert hat: »Ich hätte nie gedacht, daß Sie es schaffen würden, Orit so lange zum Sprechen zu bringen. Sie gehört nicht zu den Plappermäulern der Familie.« Ich versuche, das Ende des Interviews nicht zu stören. Später bietet sie uns noch etwas zu trinken und Obst an. Dann verabschieden wir uns und treten hinaus in die Abendluft. Die ersten Abendschatten des Sommers liegen auf den Hügeln des Lahavgebirges.

Auf unserem Heimweg gehe ich noch einmal Orits Fragebogen durch und stelle fest, daß sie auf die Frage nach den Gefühlen über den Holocaust »Stolz« mit der höchsten Punktzahl (3) bewertet hat (»Schließlich ist es uns gelungen, nach Israel zu kommen«). »Wut« rangiert bei ihr ebenso hoch (»Wie dumm die Leute waren, so etwas geschehen zu lassen«). »Scham« bekommt bei ihr die mittlere Punktzahl (2) (»Wir haben sie erst besiegt, als schon sechs Millionen umgekommen waren«), und genauso bewertet sie »Lähmung« (wozu sie in Klammern anmerkt: »Wenn es ihnen passiert ist, kann es dann nicht auch uns passieren?«).

Nach einem kurzen Versuch, Anweisungen zu folgen und ihre Lebensgeschichte zu erzählen, wendet sich Orit genau wie ihre Großmutter und Mutter an den Fragenden und sagt: »Aber wissen Sie, Sie sind ja nicht hier, um meine Kindheitserinnerungen zu hören.« Sie hat vorgefaßte Meinungen über das Interview und glaubt, daß sich Dan Bar-On für sie nicht als Person, sondern als Olgas Enkelin interessiert. Nachdem sie zwei kurze Geschichten aus ihrer Kindheit in Jerucham erzählt hat (vom Klauen und dem Tod ihres Hundes, an dem sie sehr hing), sagt Orit; »Ich hab nicht so eine großartige Geschichte wie manche andere.« Das ist in einem Interview mit einer Sechzehnjährigen nicht weiter überraschend, denn ihre Mutter hatte ja schon im vorhinein gesagt, Orit gehöre »nicht zu den Plappermäulern der Familie«. Allerdings erinnert uns Orits nächste Formulierung, »Ich bin ein ganz normales Mädchen«, an das Bild, das Dina und auch Olga von sich selber geben.

Für uns ergibt sich aber während des Interviews eine Überraschung, denn von einer Warschaureise hatten weder Olga noch Dina etwas erwähnt. Für Orit war die Warschaureise ein Schlüsselerlebnis: »Durch meine Polenreise hat sich in den letzten zwei Jahren meine Denkweise geändert.« Leider sagt Orit nicht, inwiefern sich ihre Lebenseinstellung geändert hat. Sie reist mit ihrer Großmutter in deren Heimat und versucht sie, indirekt über den Holocaust auszufragen, aber Olga antwortet ihr entsprechend dem, was sie ihren Kindern auch sagte: »Es fällt mir schwer, darüber zu sprechen«, aber sie würde bereitwillig über alles Auskunft geben, wonach Orit fragt. Orit stellte also Fragen, und Olga erzählt ihr, warum ihre Mutter sie zu ihrem Vater schickte, als »die Situation im Ghetto aussichtslos wurde«, und von den Problemen, die sie mit ihm hatte. Sie erfährt auch vom Selbstmord der Großmutter ihrer Großmutter.

Orit begreift die Gefühle, die Olga für ihren Vater hegte: »Also, er war schließlich ihr Vater, und es ist klar, daß sie ihn liebte, aber es ging ihr da nicht gut.« Sagt sie das, weil sie mit sechzehn Jahren noch zu naiv ist, um sich vorzustellen, daß man auch einen Vater haben kann, den man nicht liebt? Oder hat sie möglicherweise die komplizierte Beziehung zwischen Olga und ihrem Vater begriffen? Auf jeden Fall unterscheidet sich ihre Aussage grundsätzlich von Dinas (und Olgas) Formulierungen. Dina hatte erst gar nicht in Erwägung gezogen, daß Olga ihren Vater geliebt haben könnte, ohne auf Gegenliebe zu stoßen, und sprach nur davon, daß ihre Mutter von ihm abgelehnt wurde.

Im Verlaufe des Interviews erweist sich Orits außergewöhnliches Talent, die Gefühle anderer Menschen zu erkennen. Sie definiert sie sehr knapp und präzise, ohne sich auf die Motive näher einzulassen. So sagt sie etwa, als sie über Olgas Besuch in Warschau spricht: »Großmutter zeigt ihre Gefühle eigentlich nie richtig. Es ist nicht leicht, in ihrer Gegenwart emotional zu sein.« Sie beschreibt Dina als »neugierig wie ich selbst«, und ihren Onkel Yadek vergleicht sie mit ihrer Großmutter: »... beide sind ruhig und kultiviert ... wenn sie sprechen. Sie fluchen nie.« Über ihre Großmutter sagt sie außerdem: »Meine Großmutter spricht immer sehr ruhig, aber trifft immer den Nagel auf den Kopf.« Sie erklärt, warum sich die Vergangenheit auf ihre Eltern nicht besonders nachhaltig ausgewirkt hat: Beide Großmütter haben deutlich bekundet, daß die Gegenwart und die Zukunft, nicht aber die Vergangenheit wichtig sind. Bei all ihren Äußerungen läßt Orit jedoch weder Wut noch Angst noch Bewertungen durchblicken. Sie denkt überhaupt nicht in »Schwarzweiß«, was von einem Mädchen ihres Alters durchaus zu erwarten wäre.

Orit selbst bat ihre Großmutter darum, mit nach Warschau fahren zu dürfen. War der Anlaß dazu auch zunächst Neid auf ihren Bruder, der in die Staaten reisen durfte, zeigt sich später doch, daß Orit die Reise wesentlich ernster nimmt. Sie interessiert sich erstaunlich stark für die Vergangenheit ihrer Familie. Sie versteht es, die Geschichten ihrer Großmutter »zwischen den Zeilen« zu lesen: »... da konnte man ihre Aufregung spüren: ›Hier ist es, hier war ich zu Hause‹«, und sie akzeptiert, daß sie ihre Geschichte nur erzählen kann, wenn sie nicht allzu viele Gefühle dabei äußert und zeigt. Doch ihre Neugier ist nach der Warschaureise und den Erzählungen ihrer Großmutter keineswegs befriedigt. Orit spricht davon, daß sie der Spionageabwehr beitreten möchte, um »etwas für mein Land zu tun«, und lächelt daraufhin ironisch: »Aus meiner Familie habe ich schon Erfahrungen im Spionieren.« Im Unterschied zu ihrer Großmutter mußte sie nicht studieren, um »das wettzumachen, was sie während dieser Zeit verpaßt hatte«, und sie mußte auch nicht wie ihre Mutter beweisen, daß sie nichts verpaßt hatte, weil sie in einem kleinen Dorf aufgewachsen war.

In alldem treten Orits eigene Denkmuster hervor, sie setzt nicht nur das Denken ihrer Mutter und Großmutter fort. Sie erforschte die Vergangenheit, und selbst wenn sie ihren Worten nach die Familiennorm akzeptiert – »Was war, war – wir wollen es vergessen. Wichtig ist, was sein wird« –, versucht sie doch, Dinge in der Vergangenheit herauszufinden und zu verstehen, über die in der Familie nicht gesprochen wird. In einigen schlichten Äußerungen über Olga zeigt Orit, daß sie etwas begriffen hat, das weder ihre Großmutter selbst noch Dina in ihren erzählten Lebensgeschichten geklärt hatten. Die Frage, warum weder Olga noch Dina uns etwas über die Warschaureise erzählt hatten, bleibt ungeklärt. Schließlich war sie ein wichtiges Ereignis für Orit, das »ihre Denkweise« verändert hat. Haben Dina und Olga das vielleicht nicht bemerkt?

Keine der beiden erwähnt in ihrem Interview überhaupt Orits besonderes Interesse und ihre Sensibilität, die im Gespräch mit ihr deutlich hervortreten. Beide reden über sie nur ganz im allgemeinen: »Orit ist ein normales Kind«, sagt Dina, als sie über die Begabung ihrer Tochter spricht.

Es ist nicht ausgeschlossen, daß die beiden die Warschaureise nicht erwähnt haben, weil das Interview sie bereits in eine bestimmte Richtung lenkte. Orit kannte unser Forschungsthema: »Sie sind ja nicht hier, um meine Kindheitserinnerungen zu hören … Schließlich interessieren Sie sich doch für die Geschichten meiner Großmutter und für die Erinnerungen an den Holocaust.« Auch Dina wußte über unser Forschungsprojekt Bescheid, und möglicherweise auch ihre Mutter. Vielleicht gingen sie davon aus, daß wir uns nicht besonders für ihre Beziehung zu ihrer Tochter und ihren Enkelkindern interessierten. Allerdings beschreibt Dina an anderer Stelle in ihrem Interview den Umzug nach Lehavim, ihre ersten Unterrichtserfahrungen und die Zeit, als sie ihren Sohn Gideon unterrichtete. Es stellt sich also die Frage, warum Orit bei ihr kaum Erwähnung findet (und Genia Tzipke kaum erwähnt hat)? Und warum hat sie nichts über die Warschaureise ihrer Mutter und Tochter gesagt?

Noch schwieriger ist es anzunehmen, die Reise sei für Olga nicht wichtig gewesen, denn man kann Orits Schilderung entnehmen, welche Gefühle und Erinnerungen sie in Olga wachgerufen hat. Immerhin ging der Besuch in ihrer Heimatstadt auf Olgas Initiative zurück, und doch erwähnt sie selbst diese Reise nicht. Wir wissen allerdings aus ihren eigenen Worten und denen ihrer Enkelin, daß Olga nur das erzählt, wonach man sie fragt. Wäre ihr Sohn Benny nicht zufällig vorbeigekommen, hätten wir möglicherweise auch nichts über den Besuch ihres Bruders in Israel und über die Auswirkungen seines Besuchs auf die Familie erfahren.

Wir können davon ausgehen, daß die Reise nicht zufällig, sondern absichtlich verschwiegen wird. Warum übergeht Dina die Reise nach Warschau? Nach Orits Worten wollte Olga, daß Dina mitkommt, aber das war finanziell nicht möglich. Gab es vielleicht noch andere Gründe? Orit identifiziert sich mit Olgas Verhältnis zu ihrem Vater und ihren Gefühlen in Warschau auf ganz andere Weise als ihre Mutter. Sie versteht es, sich in Olga einzufühlen, statt nur auf ihre Worte zu hören. Vielleicht hat Dina uns nichts über die Warschaureise erzählt, weil sie nicht dasselbe Maß an Verständnis aufbringt wie ihre Tochter.

Schwieriger fällt die Erklärung dafür, warum Olga »vergessen« hat, uns von der Reise zu erzählen, denn schließlich hat sie Orits Interesse an der Vergangenheit gefördert, indem sie ihr Geschichten und Gefühle anvertraut hat. Sie hatte allen Grund, stolz auf sich zu sein, warum also zeigte sie uns davon nichts? Für sie muß es sehr schwierig gewesen sein, sich »dort« zu Hause zu fühlen, nachdem sie sich so stark darum bemüht hatte, sich »hier« einzuleben. Vielleicht hat die Warschaureise für Olga so viel bedeutet, daß sie überfordert war, darüber und zugleich über die Vergangenheit zu sprechen. Diese Kluft zwischen Worten und Taten scheint für sie charakteristisch zu sein.

Olga vermochte nicht das über ihren Vater zu sagen, was Orit in ganz einfachen Worten ausdrückte: »Er war schließlich ihr Vater, und es ist klar, daß sie ihn liebte, aber es ging ihr da nicht gut.« Yadeks Besuch in Israel eröffnete neue Möglichkeiten, diese Beziehung zu klären. Olga erzählte ihrer Familie von ihrer gemischten Herkunft und von den ambivalenten Gefühlen zu ihrer Familie sowie von den Problemen, die sie bewältigen mußte, um physisch und psychisch zu überleben. Doch wenn der Besuch ihres Bruders einerseits neue Möglichkeiten eröffnete, ihre Wut gegen den Vater durchzuarbeiten, so wurden diese Möglichkeiten zunichte, als der Vater noch während der Zeit verstarb, als Yadek sich in Israel aufhielt. Damit wurden ihre unterdrückten Gefühle, über die sie nie zuvor gesprochen hatten, unwiederbringlich verschärft. Der Tod ihres Vaters besiegelte möglicherweise Olgas Beziehung zur Vergangenheit – die durch die Reise nach Warschau wieder aufgebrochen wurde –, aber nicht ihre Version der Vergangenheit.

Die Vergangenheit durcharbeiten: Von der physischen Rettung zur psychologischen Sicherheit

Olga überlebte viele erschütternde Erfahrungen, und alle waren von einem Identitätskonflikt begleitet (Jüdin, Christin, Polin, religiös – areligiös, gebildet – nichtgebildet). In Israel war sie Pionierin und Farmerin, womit sie sich von allen anderen Aspekten ihrer Identität abschnitt und deswegen auch keine Möglichkeit hatte, diese durchzuarbeiten. Dina führte mit ihren eigenen Kindheitserinnerungen an Gefahr und Unsicherheit diese Strategie ihrer Mutter fort und schützte sich auf diese Weise vor den ungelösten Konflikten ihrer Mutter. Orit, die eine andere Kindheit mit mehr Entscheidungsmöglichkeiten hatte, konnte ihre eigene Beziehung zur Gegenwart und Vergangenheit aufbauen. Sie mußte im Unterschied zu ihrer Mutter keine Entwicklung von Wiedergeburt zum Überleben durchmachen, und weil sie sich auch nicht mit Olga identifizieren mußte, bestand für sie auch nicht unmittelbar die Notwendigkeit, sich von ihrer Großmutter zu distanzieren.

Orits verhältnismäßig große Freiheit hat sie wahrscheinlich in vieler Hinsicht Olga und Dina zu verdanken. Olga hat ihre ganze Energie darauf verwendet, ihr Leben unter harten physischen und emotionalen Bedingungen wieder aufzubauen. Mit ihrem Mann legt sie gemeinsam die Grundlagen für die *physische Unversehrtheit* der neu gegründeten Familie, da ihre erste Familie im Holocaust vernichtet wurde. Für Olga symbolisiert diese physische Unnversehrtheit trotz aller Belastungen und Verluste die *Kontinuität und Kohärenz* ihrer erzählten Lebensgeschichte. Dina kann sich noch aus ihrer Kindheit an ein Gefühl der physischen Unsicherheit und Bedrohung erinnern und hat sich im physischen Sinn ähnlich wie ihre Mutter abgesichert: Sie gründete eine Familie, ergriff einen Beruf und beteiligte sich am Aufbau einer Schule an einem neuen Ort. Unwillkürlich übernahm Dina jedoch die ungelösten Probleme aus Olgas Vergangenheit. Sie hatte die schwierige Aufgabe, die manifesten Erwartungen ihrer Mutter zu erfüllen (»Die Zukunft ist das Wichtigste«), und hatte daher kaum die Möglichkeit, sich ausgiebig mit den verschwiegenen Geschichten zu beschäftigen oder Olgas komplizierte Gefühle der Vergangenheit gegenüber herauszufinden. Dina mußte außerdem mit einer komplizierteren sozialen Realität zurechtkommen, in der neue Werte – Freude und Selbstverwirklichung – entstanden waren, die sich von der Pionierzeit ihrer Eltern sehr unterschieden.

Orit war wahrscheinlich der relativen physischen Bedrohtheit, dem Wertewandel und den direkten Nachwirkungen der Vergangenheit weniger ausgesetzt. Für sie existieren neue Möglichkeiten, die ungelösten psychischen Aspekte im Leben ihrer Großmutter zu erkunden, und sie hat diese Möglichkeiten auch genützt. Orit hat Fragen gestellt und nach Antworten gesucht und auf diese Weise die Beziehung zwischen Olga und deren Vater, deren Heimatgefühle in Warschau und Yadeks Auftauchen als natürliche Ereignisse in ihrem Leben verstanden. Das hat möglicherweise dazu beigetragen, daß sie ein neues Gefühl der psychischen Sicherheit entwickeln konnte, das über die physische Unversehrtheit ihrer Eltern und Großeltern hinausgeht. Aber da sie noch sehr jung ist, läßt sich noch nichts Endgültiges über ihre Strategie sagen. Wir können lediglich die ersten Anzeichen eines Richtungswechsels erkennen.

Die Familie Segal

Aus dem asiatischen Teil Rußlands

Mit Bosmat Dvir-Malka

Anja ist von den Interviewpartnern aus der ersten Generation die älteste. Sie flüchtete nach Kriegsausbruch mit ihrem Mann aus den von den Deutschen besetzten Gebieten in russisch besetztes Territorium. Sie war Kommunistin und entkam dem Schicksal der Juden, die in den von Deutschen besetzten Ländern geblieben waren. Wie Genia, Ze'ev und Olga hat Anja fast ihre ganze Familie im Holocaust verloren, und in den Jahren in Rußland starben ihr Baby und ihr Ehemann, der aus dem Militärdienst bei der russischen Armee nicht mehr heimkehrte. Anja und ihr zweiter Ehemann, Schmuel, gelten den Kategorien der offiziellen Holocaust-Geschichtsschreibung nach als »Asiaten«, weil sie die Kriegsjahre beide in Asien überlebten und erst nach dem Krieg wieder zurückkehrten.

Bis jetzt hatten alle Familien der Überlebenden mehrere Kinder, Anja hingegen hat nur eine Tochter, Tamar. Sie trägt zwar einerseits die Geschichte beider Eltern alleine, andererseits aber hat man ihr während der ersten schwierigen Zeit in Israel alle Aufmerksamkeit widmen können. Welchen Einfluß das auf Tamars Lebensgeschichte und die ihrer Töchter hat, werden wir sehen. Aus Platzgründen drucken wir zwar Anjas Interview in ganzer Länge, das mit Tamar, Dafna und Idit jedoch nur in Auszügen.

Chronik der Familie Segal

1905	Schmuel wird geboren. Er ist gut in der Schule. Im Krieg gelingt ihm die Flucht nach Rußland. Beinahe seine ganze Familie kommt im Holocaust ums Leben.
1907	Yitzhak wird geboren. Er ist Schneider und überlebt den Krieg, indem er untertaucht. Sein Vater und sein Bruder werden umgebracht.
1915	Anja wird geboren. Sie flieht nach Rußland, wo sie ihren Ehemann und ihr Baby verliert.
1917	Esther wird geboren. Im Krieg flieht sie mit ihrer Schwester nach Rußland. Die meisten Familienangehörigen werden umgebracht.
1947	Anja und Schmuel kommen gleichzeitig nach Zypern, ohne sich zu kennen.
1948	Anja und Schmuel wandern nach Israel aus. Sie lernen sich über Familienangehörige kennen.
1949	Anja und Schmuel heiraten. Esther und Yitzhak emigrieren nach Israel. Sie haben in Polen geheiratet und dort einen Sohn bekommen.
1950	Jakob, der zweite Sohn von Esther und Yitzhak, wird geboren.
1951	Tamar, die Tochter von Anja und Schmuel, kommt auf die Welt.
1950–60	Tamar und Jakob wachsen im selben Stadtteil von Tel Aviv heran. In der elften Klasse befreunden sie sich miteinander. Jakob wird aus gesundheitlichen Gründen vom Militärdienst befreit und beginnt mit seinem Ingenieurstudium an der Technischen Hochschule. Tamar studiert vor ihrem Militärdienst Psychologie.
1970	Tamar und Jakob heiraten und ziehen in die Nähe ihrer Eltern.
1971	Sie bekommen eine Tochter, Dafna.
1972	Ihr zweites Kind, Idit, kommt auf die Welt.
1973	Schmuel, Tamars Vater, stirbt. Tamar und Jakob ziehen nach Arad.

1978 Aus beruflichen Gründen Umzug nach Dimona.
1980 Tamar und Jakob bekommen eine zweite Tochter, Mor.
1984 Sie bauen ein Haus und ziehen nach Beer Sheva.
1989 Bosmat Dvir-Malka und Dan Bar-On interviewen Anja, Tamar und Jakob, Dafna und Idit.

Anja

»Man muß nicht über etwas sprechen, das nicht mehr existiert.«

Bosmat führte das Interview mit Anja in Tel Aviv einen Tag vor dem Holocaust-Gedenktag:

Am Eingang des kleinen Appartements treffe ich eine Frau mit kurzem, weißem Haar, die sehr schlicht gekleidet ist. Sie bittet mich sofort einzutreten und bietet mir eine Tasse Tee an, die man unmöglich ablehnen könnte. Als sie sich schließlich mir gegenüber hinsetzt, wirkt sie angespannt, als bereite sie sich auf einen Kampf vor. Sie erinnert mich an meine eigene Großmutter! Ihren ersten Sätzen entnehme ich, daß es wahrscheinlich besser wäre, wenn ein Nicht-Israeli dieses Interview durchführen würde, weil er vielleicht unvoreingenommener wäre. Ihr Hebräisch ist fehlerhaft, und sie spricht mit starkem polnischen Akzent.

Ich kam in einem kleinen Dorf namens K. auf die Welt. Ich werde Ihnen gleich ein Buch zeigen, von 1915, das können Sie sich angucken. Von meiner Kindheit kann ich Ihnen nur erzählen – ich war fünf, als ich Bücher bekam. Mein Vater war ein gebildeter Mann, und er unterrichtete uns selbst. Ich bin genau wie Tamar eine ewige Studentin. Ich lese immerzu, Lesen ist mein Hobby. So sind wir also erzogen worden. Also, nach dem Krieg [gemeint ist der Erste Weltkrieg] war ich sieben und ging in die zweite Klasse, damals hat man mit sieben das Lesen gelernt. Aber mein Bruder war zehn Jahre älter als ich, also haben sie ihn nicht in die Schule aufgenommen. Der Lehrer in der Schule, zehn Jahre Altersunterschied waren zwischen uns, also, ich saß immer am Tischrand und lernte, was sie da machten, und konnte alles. Ich war erst sieben, dann bin ich bis zur siebten Klasse in die Schule gegangen. Als ich fertig war, wußte ich nicht, was ich tun sollte. Meine Freundinnen lernten Schneiderin, das konnte ich nicht besonders gut. Ich war von Kindheit an anders. Zwei Jahre lang habe ich mal dies, mal das gemacht, dann hat ein Freund meines Bruders eine Druckerei aufgemacht, wo ich lieber arbeitete. Meine zehn Finger haben mir das Leben gerettet, nicht irgendwelche Nachbarn oder Freunde. Nicht mein Mann, niemand. Nur weil ich sticken konnte und stricken und nähen. Ich bin keine große Schneiderin – was ich anhab, habe ich selbst genäht. Aber meine Hände – mit jeder Maschine, die sie mir in Rußland vorgesetzt haben, habe ich umgehen gelernt. Ich war ein Muselmann, ich wog nur noch vierunddreißig Kilo, aber ich konnte Fallschirme nähen, andere konnten das nicht. Und das ist das einzige, was mich gerettet hat.

Anja spricht energisch und zügig. Ich gewöhne mich schnell an ihre sprachlichen Fehler und höre ihrer Geschichte bereits gespannt zu, die sich schnell von ihrer Kindheit zum Fallschirmnähen bewegt hat. Ich bemerke bereits jetzt, daß ich beim Transkribieren selbst Sätze werde bilden müssen, weil bei Anja ein Satz in den anderen übergeht.

Ich war sehr dünn, ich war zu Hause die Kleinste. Wir waren gläubige Juden, mit nicht gerade viel Geld. Wir hatten das Nötigste, wir mußten nicht betteln gehen, aber reich waren wir auch nicht. Vater saß immer vor seinen Büchern, und Mutter sorgte für den Lebensunterhalt. Später ließ Vater alles bleiben. Er war ein *Buchhalder,* wissen Sie, was das ist? *(schaut mich fragend an)* Sie wissen nicht, was ein *Buchhalder* ist? Das ist jemand, wie soll ich Ihnen das erklären, mein Mann war auch ein *Buchhalder,* mit Büchern. Einen Moment, wie heißt das noch mal auf Hebräisch? Er arbeitete mit Rechnungen, er war ein Buchhalter. Später merkte er, daß man davon kaum noch leben konnte, und da hat er sich wieder mit seinen Büchern beschäftigt, das war sein Leben.

So war das damals, und ich war dann fertig. Ich war Kommunistin und schäme mich auch nicht dafür. Wie das kam? Ich hatte nichts zum Leben, ich wollte studieren, auf dem Dorf wollte ich nicht mehr bleiben, ich wollte weg. Ich habe das Dorf zwar sehr geliebt, aber ich wollte an Bücher kommen, ich wollte ein Mensch werden. Ich belegte viele Kurse, insgesamt habe ich einen Abschluß, der höher ist als der High-School-Abschluß, aber das habe ich nicht systematisch gemacht. Bis Kriegsausbruch habe ich in Warschau gearbeitet, und die Sommer habe ich zu Hause verbracht. Ich bin jedes Jahr gereist und habe in der Drukkerei gearbeitet. Sogar im Ausland muß man zur Arbeit reisen. Im Sommer bin ich immer zurückgekommen. Meinen Eltern habe ich, glaube ich wenigstens, nichts davon gesagt, daß ich einen Freund hatte. Ich wollte heiraten, aber er gefiel meinen Eltern nicht, er war kein orthodoxer Jude. Mir blieb nichts anderes übrig. Ich packte heimlich einen Koffer, um wegzurennen. Aber das habe ich nicht mehr geschafft, denn der Krieg brach aus.

Ich sitze völlig gebannt da und höre Anja zu. Sie spricht eine sehr emotionale Sprache. »Sie ist nicht nur ›dort‹, sondern auch ›hier‹«, sage ich zu mir selbst. Das erkenne ich an ihrem Blick, der mich ab und an trifft, und daran, wie sie spricht.

Der Krieg brach aus, ich hatte keinen Freund mehr, alles weg. Er kam, und ich konnte nicht mit ihm gehen. Meine Mutter war krank, und ich wußte nicht, was sie hatte. Wir dachten, nach den Ferien würden wir nach Warschau gehen und sie untersuchen lassen. Ach, hier [in Israel] habe ich begriffen, daß das schon Augenkrebs war. Hier habe ich es begriffen, aber wer hat so etwas damals schon gewußt? Außerdem war ich erst dreiundzwanzig. Und was weiß ein junges Mädchen vom Lande schon? Es gab Bücher um Bücher, aber die sind ja nicht das Leben! *(aufgeregt)* Wir haben es nicht geschafft, dorthin zu kommen. Mein Bruder hatte eine Frau und zwei Töchter. Meine Schwester hatte einen Mann und zwei kleine Kinder. Ich war die Jüngste, und ich konnte sie nicht alleine lassen. Ich war mit den Deutschen da, also, als die Deutschen kamen. Was möchten Sie denn wissen? Wenn es Tiere auf der Welt gibt, wenn es das Böse gibt, dann … innerhalb von acht Tagen, der Krieg dauerte erst acht Tage, und schon herrschte Sodom. Also begannen alle zu fliehen, alle jungen Leute waren auf der Straße, und ich bin in dieser Nacht zurückgegangen, am 7. September 1939 ging ich nach Hause. Ich hatte ein Kleid, nicht dieses *(zeigt auf das Kleid, das sie gerade trägt)*, ich hatte genügend Kleider. Ein schwarzes Kleid, ich weiß nicht mehr, warum wir Schwarz trugen. Heute verstehen wir nicht mehr, was wir damals taten. Und ich stand da, Haare bis hier *(zeigt auf ihre Taille)*. Ich zeige Ihnen gleich die Fotos.

Anja dreht sich zu mir: »Trinken Sie schon«, sagt sie. Ich sehe, wie sehr sie sich aufregt.

Und plötzlich begannen die Bombardierungen. Alle Bomben gleich groß, ich sah sie auf die jüdischen Häuser fallen, auf jedes. Also hab ich was aus dem Haus geschmissen, Gras, Feuer, alles war wie in der Hölle. Ich kann nicht verstehen, wie es so einen Ort geben kann. Bis heute versteh ich das nicht. Ich rannte zu meiner Schwester, wir schnappten uns die Kinder und rannten zur Synagoge, die war ziemlich nah. Sie war vielleicht fünf- oder sechshundert [Jahre alt]. Wir, die Kommunisten, sagten, daß wir sie beizeiten zu einem Museum machen würden. Es gab da drei Synagogen. Ich habe Fotos davon, die ich Ihnen zeigen werde. Sie war aus Holz, ich kann Ihnen schlecht beschreiben, wie das war, was da war. Das Holz brannte, jemand kam rein und verjagte uns. Wir sahen überall Tote. Wir rannten über den Friedhof, nicht den jüdischen Friedhof, sondern den christlichen. Da waren über die Hälfte, jedenfalls sehr viele, Juden des Dorfes. Da saßen wir, mein Vater und ich, meine Schwester mit ihren Kindern und mein Schwager, als plötzlich jemand vorbeikam und sagte: »Vater, wo ist dein Sohn?« Wo war sein Sohn mit seiner Familie? Was sollten wir tun? Aufstehn? Wenn ich aufstehn würde, dann würden sie uns alle mit ihren Bomben töten. Aber ich bin nicht aufgestanden, ich bin auf allen vieren gekrochen und habe meinen Bruder gefunden, er war ganz woanders. Und ich habe ihn gefragt: »Wo sind Rachel und die Kinder?« Er sagte, sie seien am Morgen ins Dorf gegangen. Also ging ich ins Dorf, wo ich meine Tante fand, die krank war. Sie hatte eine große Tüte mit Nahrungsmitteln. Ich sagte: »Gib mir deine Tüte und komm mit mir.« Und zu meinem Vater sagte ich: »Schau mal, ich hab dir noch jemanden aus deiner Familie gebracht.« Er sagte: »Gut.« So saßen wir da bis zum Abend. Wenn sie ein Feuer machen, weil sie Holz im Wald verbrennen, dann ist das kein Feuer. Weil es dann schwarze und rote Flammen gibt, aber damals war alles rot. Das Feuer brannte unentwegt, endlos. Wir fingen an zu gehen, und wir warteten. Aus dem Dorf kam ein Nichtjude zu uns, wir hatten mehr Geld. Wir hatten Geld vom Handel in den Unterkünften. Weil wir wußten, daß es Krieg geben würde. Wir handelten mit Leder für die Schuhherstellung. *(Sie versucht, die Schuhe zu beschreiben, die hergestellt wurden.)* Wissen Sie, nicht innen, sondern nur das Oberleder. Dieses Geschäft gehörte uns allen zusammen, meinem Bruder und meinem

Schwager. Ich hatte Geld in meinem Gürtel, wir gaben ihm 15 Zloty, was damals sehr viel Geld war. Davon konnte eine Familie zwei ganze Wochen leben. Ich gab sie ihm, wir gingen herein, meine Tante, meine Mutter mit den Kindern und meinem Vater, wer noch? Nur die Kinder gingen zu Fuß, vier Kinder, meine Tante, meine Schwester und meine andere Tante und meine Mutter fuhren in einem polnischen Wagen, der voll war. Wir reisten, es war dunkel, aber wir sahen alles, was um uns herum passierte. Licht, Feuer, wir saßen da. Als die Bomben fielen, sagte Vater, anstatt eine Tasse Wasser zu nehmen oder so etwas, ging er rein, nahm seine Tallit [A. d. Ü.: Gewand] und sein Tefillin [A. d. Ü.: Gebetsriemen] und schloß die Tür ab. Er behielt die Schlüssel, und so sind wir entkommen. Aber es war schlimm, das kleinste Kind war erst eineinhalb Jahre alt. Der Junge brauchte Wasser, er hatte Angst. Vater ging zurück ins Dorf und sagte uns, auf dem Rückweg habe er überall verbrannte Soldaten gesehen, mehr als er zählen konnte, verbrannte Polen und Juden aus dem Dorf.

Anja durchlebt noch einmal ihre Kriegserinnerungen. Sie ist aufgeregt und erinnert sich sogar an Einzelheiten. Ihren Gedankengängen kann ich nicht mehr folgen, anscheinend wägt sie noch einmal genau ab, wer auf dem Wagen gefahren und zu Fuß gegangen ist, wie sie an Geld gekommen waren und warum sie keine Tasse hatten, als das Baby Wasser trinken mußte.

Und dann sind wir ins Dorf gefahren. Abends kamen wir da an. Wir begannen mit einer – wie nennt man das auf hebräisch? – einer Reise. Ein Goi kam heraus und sagte: »Treten Sie ein!« Wir zahlten. Ohne Geld ging es nicht. Das war Freitag abend. Fisch, Mutter wollte Fisch kochen. Der Fisch blieb auf dem Tisch, das war nicht wichtig. Das Leben war wichtig. Und Freitag abend waren wir alle sehr müde. Die Kinder haben auf dem Stroh geschlafen. Und ich saß vor meinem Vater und fragte ihn: Wie wird unser Ende sein? Vater sagte: »Mach dir keine Sorgen, wir kennen die Deutschen, alles wird wieder gut. Wer weiß, was sein wird?« Okay, und am nächsten Morgen gingen wir weiter. Wir hatten nichts zu essen. Ich ging ins Haus zu einer Nichtjüdin und fragte sie: »Verkaufen Sie mir ein paar Kartoffeln und Brot?« Sie verkaufte mir Brot, Challah. Aber wir mußten etwas essen. Ich sagte: »Ich möchte Kartoffeln.« Sie sagte: »Die können Sie sich selber holen.« Ich holte draußen einige aus der Erde und brachte sie zu ihr rüber. Sie hatte sehr viele Kartoffeln, sie gab mir eine Schüssel, und ich ging. Es waren große Kartoffeln *(zeigt mit der Hand etwa die Größe einer Melone).*

Ich brachte die Kartoffeln und kochte sie. Meine Mutter [sagte]: »Vater, wirst du Kartoffeln essen?« Er hatte keine andere Wahl, er hatte Hunger, er war ein Mann. So haben wir den Tag verbracht, Samstag, Sonntag, den neunten September, mit der Nichtjüdin. Am ersten Freitagmorgen ging ich wieder zu dem Haus, sie sagte, sie würden warmes Brot verkaufen. Ein anderer Goi hatte begriffen, daß er damit Geld machen konnte. Und er fing an, Brot zu verkaufen. Ich stand in der Schlange. Er sagte: »Ach, ich kenne Sie doch, Sie sind … von hier.« Ich sagte »Ja«. Ich bekam zwei Brote, die so groß waren. Nicht wie das Brot hier. Ich ging raus und nahm Milch von der Goi, und das war unser Mittagessen an diesem Sonntag.

Vater sagte: »Mach dir keine Sorgen, wir kennen die Deutschen. Alles wird wieder gut.« Ich begreife allmählich mit Entsetzen, daß Anja in ihrem Kopf genau Tagebuch darüber führt, was in jeder einzelnen Stunde der letzten Tage mit ihrer Familie geschah.

Später am Morgen sagte mein Vater: »Laßt uns mal schauen, was übriggeblieben ist.« Wir gingen ins Dorf, das waren vielleicht zwölf oder fünfzehn Kilometer. Ich hatte Stöckelschuhe aus Warschau an. Die hab ich weggeschmissen, mir blieb ja nichts anderes übrig. Wir trafen auf polnische Soldaten, die kamen und fragten uns: »Nu, wie ist der Krieg?« Später haben wir begriffen, daß sie auch Juden waren, die waren auf unserer Seite. Wir gingen ins Dorf, wir sahen es aus einiger Entfernung. Zuerst konnten wir gar nichts sehen, nur große und kleine Häuser, die eng beieinander standen. Die Juden lebten dort wie hier auch, sie bauten die Häuser eng nebeneinander. Mein Bruder stand da, wo unser Haus gestanden hatte, und er durchsuchte die Holzreste. Wir fanden noch einen Topf. Wir fanden noch etwas, wir waren glücklich. Mein Bruder hatte keine Schuhe. Ich sagte meinem Vater: »Gib ihm etwas Geld, damit er sich Schuhe kaufen kann.« Aber wir hatten kein Geld mehr, man hatte uns bestohlen. Wer? Ist auch egal, jedenfalls war alles weg.

Die Frage kam nicht von mir, Anja stellt sie sich selbst.

Aber in diesem Moment sagte meine Tante, deren Mann aus einem anderen Dorf kam: »Komm mit zu mir.« Ich hatte keine Kinder, ich war frei. Wir gingen zu ihr ins Dorf, um nachzuschauen, sie hatte ihren Mann, ihre Kinder, ihre Schwester, alles verlassen. Wir gingen in [ihr] Dorf. Es war das erste Mal in meinem Leben – ich habe viel vergessen, aber was ich da sah, das werde ich nie vergessen. Ein paar Deutsche waren gekommen, die einen Juden mit einem weißen Bart hielten. Er war ein gut aussehender Mann. Sein Schwiegersohn hielt ihn an der einen Seite, sein Sohn an der anderen, und die Deutschen umringten sie. Alle Leute aus dem Dorf, die Juden und die Nichtjuden, kamen angerannt, um zuzuschauen. Ich hatte noch nie so einen Mann gesehen. Er stand aufrecht, er beugte sich nicht, er war aufrecht! Und er schaute den Deutschen gerade in die Augen! Ich fragte mich, warum sie ihn gefangen hatten. Man sagte mir, daß er Tiere nach dem jüdischen Gesetz schlachtete, er war ein Schächter, also hatten sie ihn gefangen und hierher gebracht, um ihn zu töten. Ich habe die Hinrichtung nicht gesehen, aber sein Gesicht … und wie er war! Ich habe viel vergessen, aber nicht, was ich da sah.

Meine Tante, die zehn Jahre älter war als ich, nahm mich und sagte: »Komm schon!« Wir gingen zu ihrem Haus. Es fing an zu regnen, wir waren bis auf die Knochen durchnäßt. Plötzlich kamen Deutsche aus einiger Entfernung. Ich hatte eine Bluse von einer Freundin an, die Christin war, ich war mit einer Christin befreundet gewesen. Später werde ich Ihnen die Fotos zeigen. Also, eine Bluse von ihr und einen Schal umgewickelt. Ich war etwa dreiundzwanzig, aber ich sah im Gesicht älter aus. Sie [die Deutschen] standen vor uns und sagten: »Kommt her.« Mir blieb nichts anderes übrig. Wir stiegen in ihren Lastwagen, und sie fragten uns: »Sprecht ihr jiddisch?« *(Sie schüttelt den Kopf)* »Deutsch?« *(schüttelt wieder den Kopf)* Ich konnte Deutsch, ich hatte es ja in der Schule gelernt. Ich gehe zum Haus meiner Tante *(sie zeigt auf ihre Füße).* Sind Sie verheiratet? Ja. Wo ist Ihr Mann? In der Armee. Haben Sie Kinder? Ja, vier. Wie alt sind Sie? Fünfunddreißig. Sie schauten mich an und konnten das nicht verstehen, sie glaubten nicht einmal, daß ich so jung sein sollte. Wo sind sie, was ist passiert? Ich sagte: »Sehen Sie, alles ist abgebrannt.« Wo haben Sie gewohnt?

Hier. Das stimmte nicht ganz. Dann nahm der alte Mann eine Packung Kekse und ein Stück Zucker: »Das ist für Ihre Kinder.« Meine Tante schaute, sie war vor Angst gelähmt, wenn sie mich umbringen, wer ist dann noch übrig? Dann fragten uns die Deutschen, wo wir abgesetzt werden wollten. Auf der Strecke stand die Figur eines christlichen Schutzheiligen. Also sagte ich: »Hier, denn hier wohne ich jetzt.« Sie ließen uns raus, und wir gingen zu Fuß weiter. Wir gingen dahin, wo meine Eltern waren. Ich weiß nicht, wie ich aussah, aber mein Vater und meine Mutter standen wie angewurzelt da. Ich sagte: »Habt keine Angst.« Die Kinder nahmen die Kekse wie in einem Traum *(seufzt)*.

Wir gingen nach Hause und hörten, daß sie unsern Unterschlupf ausgeräumt hatten. Ich ging mit meinem Bruder und meinem Vater nachts dahin. Ich wußte, wer das getan hatte. Wir kamen ganz in die Nähe, und dann begannen die Bombardierungen. Wie soll ich das sagen? Ich war die erste in der Reihe und ließ mich fallen, ich ließ sie vorrennen. Aber gegen meinen Onkel kamen sie nicht an, er weigerte sich, er sagte ihnen, sie sollten mich in Ruhe lassen. Er nahm meine Hand. Wo waren mein Bruder und mein Schwager hingerannt? Keine Ahnung. Ich fand sie später wieder. Also, mein Onkel nahm meine Hand, und ich fing an zu rennen. Wir rannten in einen Unterschlupf, ich wußte instinktiv, daß wir dahin rennen sollten. Er griff meine Hand und sagte: »Setz dich hierhin.« Und wir standen da, die Deutschen kamen mit ihren Gewehren. Und alle, die drinnen waren, wurden erschossen. Was konnten wir tun? Ich wartete irgendwo auf der Straße bis zum nächsten Morgen. Ich rannte zum Haus und fand meinen Bruder. Er war weiß wie Schnee. Und mein Haar, ich weiß nicht, meine Zöpfe waren irgendwie aufgegangen, er nahm, er kämmte mein Haar. Wir waren glücklich, wir umarmten uns und gingen dann weg.

Mir gefällt das Bild, das Anja von sich und ihrem Bruder zeichnet. Ein Moment der Wärme und Intimität inmitten der Kriegsgreuel.

Später ging ich dann von Dorf zu Dorf, um Essen zu besorgen. Vater konnte nicht gehen, mein Schwager auch nicht. Ich ging von Dorf zu Dorf. Ich ging und erfuhr alle Neuigkeiten von den Leuten, die ich meiner Familie erzählte, und meine Mutter erkannte, daß das mein Ende sein würde. Und sie [sagte]: »Renn weg, lauf davon! Für dich gibt es hier nichts mehr zu tun. Ich weiß, daß ich krank bin, aber ich habe einen Sohn, eine Tochter, ich werde nicht alleine sein.« Ich nahm außer meinen Stöckelschuhen nichts mit. Ich war ein Idiot, ich hätte viel mehr mitnehmen können. Ich ging zu einer Freundin, die wie eine kleine Schwester für mich war, und sagte: »Komm mit.« Aber sie wollte nicht. Sie starb, sie starb wie alle anderen auch *(weint)*. Ich sagte ihr: »Ich weiß, daß du nicht gerne arbeitest, ich werde das für dich tun, du brauchst nichts zu tun.« Aber nichts hat geholfen, sie war vielleicht eine Person. Sie sagte nein, nein, und dabei blieb es *(wütend)*.

Ich ging zu Fuß, wir kamen an die Grenze nach Rußland, ich und neun andere Jungen und Mädchen. Wir kamen nicht über den Boek [Fluß]. Der ist nicht besonders breit, aber man muß ihn halt überqueren. Also, mitten in der Nacht gingen wir zu einem Goi, der sagte, daß er Leute rüberschmuggelt, und uns auch rüberschmuggeln würde, er kennt die Stunden. Wir warten da ein paar Tage lang, und er brachte uns auf die andere Seite, mich und meine Freunde aus Warschau. Bis heute habe ich noch zu einigen Kontakt. Wir gingen nachts, wir warteten die russischen Wachen ab. Sie erwischten uns, und wir gingen rein und sagten: »Wir sind junge Kommunisten.« Es war ja egal, ob das stimmte, es kam ja nur darauf an, daß sie uns gebracht hatten. Sie haben uns nach Kovno geschickt. Nein, nicht Kovno, was sage ich, nicht nach Kovno. Von da, oy *(seufzt)*, überlegten wir, wie wir leben könnten. Wir waren da und beschlossen, eine Kommune zu gründen. Sie schickten uns irgendwohin, wo Huren wohnten, reiche Leute, Gojim, die schmuggelten. Dort haben wir eine Kommune gegründet. Wir waren fünfunddreißig Leute. In dem Heimatort von [Chaim] Weizman, einem sehr, sehr kleinen Dorf. Aber da wohnten Juden. Anfang Januar 1940 fingen sie mit den Schiffsverschickungen nach Rußland an. Wir waren die ersten, wir hatten uns in eine Liste eintragen lassen, sie nahmen unsere Papiere, unsere Dokumente, alles, was sie konnten, sogar unsere Ausweise. Wir reisten im Januar, Februar, und am achten März kamen wir im Wald an. Man sagte uns, daß wir zu einer Fabrik im Wald kämen. Man brachte uns also in einen riesigen Wald. So einen Wald gibt es nur in Rußland. Sie haben uns in Hütten, in große Häuser gesteckt. Man hat uns Wohnungen gegeben, und wir haben dort gearbeitet. Zu uns gehörte eine jüdische Künstlerin aus Warschau. Sie hatte in einem kleinen französischen Theater in Warschau gearbeitet, sie war Jüdin. Der Schnee war höher als ich, und ich war schon groß. Wir mußten Holz sägen, und sie sang uns vor. Wir hatten keine andere Möglichkeit, wir gingen zwar zu einem, also hier würden wir sagen, einem Zentrum, um zu sagen: Ich habe studiert, ich habe vorher in einer Druckerei gearbeitet. Hier war die zweite eine Psychologin, sie war Laborassistentin. Wir konnten etwas Nützliches tun, aber was sollten wir uns beim Holzsägen nützlich machen? Dann sagte der Mann, sie brauchten das Holz, um gegen die Deutschen zu kämpfen. Wir hatten keine Wahl, also planten wir unsere Flucht.

Ich bekam Angst. Niemand durfte etwas sagen, weil die Russen uns auch deportieren konnten. Alle flohen, drei blieben zurück, ich, zwei Schwestern und noch ein Mädchen. Ich fragte sie: »Warum wollt ihr bei mir bleiben?« Ich sagte: »Hört mal, ich muß hierbleiben, ich habe meinen Eltern geschrieben, und ich will wissen, was mit ihnen los ist. Man kann doch seine Eltern nicht einfach wegschmeißen. Also, wenn ihr [gehen] wollt, nehmt keine Rücksicht, ich kann auch alleine bleiben.« »Nein«, sagten sie, »wir warten auf dich.« Eines Tages begann ich zu sticken. Die Russen mögen Stickerei, ihre Rubeschkot, das wußte ich. Und ich habe immer, ich habe für sie gearbeitet, ich habe Brot nach Haus gebracht, alles, was ich konnte. So kamen wir allmählich über die Runden, wir wollten bis zu den Ferien im Oktober warten, um dann zu fliehen. Plötzlich kamen meine Freundinnen mit einem Brief von meiner Mutter. Ich bekam einen Brief – meine Mutter schrieb: »Wir leben noch immer in K. Wir haben deine Kleider von deiner Freundin geholt und sie verkauft [ich hatte einen gepackten Koffer mit Kleidung dort zurückgelassen]. Und ich wohne jetzt bei meiner Tante, bei deiner Tante, und wir schreiben dir. Mach dir keine Sorgen. Hast du Brot? Wie geht es dir?« Es ist ganz egal *(aufgeregt).* Ich sagte: »Jetzt kann ich weggehen.« Ich schrieb ihnen, ich konnte ihnen ja nicht schreiben, daß ich in einem Wald lebte. [Ich schrieb], daß ich schon an der Universität studierte und alles gut wäre. Sie sollten sich um die Kinder kümmern. Und dann machten wir uns Richtung Osten auf den Weg.

Ich versuche, die Zeit hier und jetzt im Auge zu behalten und zugleich mit Anja im russischen Wald zu sein. Sie wartet auf ein Zeichen von zu Hause und versucht, ihre Eltern davon zu überzeugen, daß sie an der Universität studiert. »Kümmert euch um die Kinder«, sagt sie ihnen und zieht dann Richtung Osten. Ich frage mich, woher sie die Kraft genommen hat. Wo war ihr Mann? Hatte sie damals schon ein Kind? Anja hat das mit keinem Wort erwähnt.

Wir bekamen Wodka, jeder bekam eine Flasche Wodka. Wir öffneten nur eine Flasche, ich gab ihm etwas zu trinken und sagte [was nicht der Wahrheit entsprach], daß man uns von der Arbeit im Wald freigestellt hätte und daß wir jetzt in die Stadt wollten, nach Karpowitz. Wenn du uns hilfst, dann geben wir dir Geld. Wir hatten alles mögliche, weil sie uns jede Menge gegeben hatten für die Ferien *(zeigt bis zum Hals)*. Er trank ein Glas und sagte: »Gut, das Wasser, das Lischsenka heißt, ist größer als … unser Fluß hier.« Es war schon Oktober, da war schon Winter. Er sagte: »Ich werde euch auf die andere Seite bringen, wenn es eine Straße gibt. Ihr könnt in diese Richtung gehen.« Unsere Reise begann, hier war der Weg verschlossen, dort war es unmöglich. Er sagte, man würde ihn umbringen, und ließ uns allein. Wir gingen weiter. Ich hatte Koffer, meine Freundinnen trugen Rucksäcke. Wir gingen in eine Richtung, bis wir an eine Stelle kamen, wo man fahren konnte. Wir stiegen ein, und ich sagte zum Schaffner: »Man hat uns freigestellt von der Arbeit.« Das stimmte nicht, aber was sollten wir sonst tun? Wir mußten nach Karpowitz kommen. Er sagte: »Es gibt keine Schiffe mehr. Nur eines für die Soldaten, wenn die euch mitnehmen. Aber kommt doch zuerst hierhin, hier ins Haus, ihr könnt etwas essen.« Wir gingen mit ihm, zu einer Goi, die nichts hatte, ich gab ihr Bohnen oder etwas ähnliches, und sie kochte uns etwas zu Mittag. Dann kam ein kleines Boot an, es war nicht mal ein Boot, ich weiß nicht, wie man das beschreiben soll. Ich sagte: »Wir haben Wodka.« Er sagte: »Dann trinken wir doch erst einmal.« Wir tranken etwas, und wir erzählten ihm, daß wir von der Arbeit freigestellt waren, daß wir nach Karpowitz wollten, eine sehr alte große Stadt.

»Das stimmte nicht, aber was hätten wir tun sollen?« Anja fühlt sich immer noch schuldig, daß sie lügen mußte, um zu überleben.

Wir gingen und gingen, und ganz plötzlich sahen wir ein Hotel. Wir gingen rein, aber sie wollten uns da nicht übernachten lassen. Also, wieder Wodka, nur der Wodka hat uns das Leben gerettet. Wir gingen in ein Zimmer, nahmen ein Bad und ruhten uns aus. Plötzlich, mitten in der Nacht, klopfte es an der Tür. »Kommt mit uns, Mädels.« Da begriffen wir, daß wir in einem Bordell gelandet waren. Wir gingen also weg, und die Frau sagte: »Ich weiß nicht, was und wer ihr seid.« Mitten in der Nacht beschlossen wir zu gehen. Wir hatten Adressen. Ich hatte die Adresse von meinem Freund und seinen Schwestern. Wir wußten also, wo wir hingehen konnten. Wir ruhten uns ein bißchen aus am Morgen des zweiten Tages, was sollten wir tun? Wir gingen also. Wir sagten, daß sie Arbeiter in den Zügen brauchten. Wir arbeiteten als Anstreicherinnen, wir waren weiß wie Schnee. Das war 1941, wir haben nicht mal die Farbe von Milch gesehen, und hier bekam jeder eine ganze Flasche Milch. Wir tranken sie nicht ganz auf, weil wir auch etwas mit nach Hause bringen mußten *[für das Baby? frage ich mich].* Nachts ließen sie uns arbeiten, und wir begannen, uns Unterkünfte zu besorgen. Die Freundin, von der ich eben sprach, wohnte nicht sehr weit entfernt, aber sie beschloß, woanders hinzugehen, aber ich wollte bleiben, weil ich beschlossen hatte, in einer Druckerei zu arbeiten und Stickereien zu machen. Ich dachte, ich würde bleiben. Sie kamen und nahmen uns gefangen und steckten uns ins Gefängnis. Warum? Was? Wir wußten nur von einem Gesetz gegen Leute, die unerlaubt ihre Arbeit verlassen hatten. Dafür standen vier Monate bis zu zehn Jahren Gefängnisstrafe. Das wußten wir. Sie steckten uns ins Gefängnis. Ich sprach mit dem Offizier und sagte: »Hören Sie, Kamerad« (meine Freundin durfte nicht sprechen), ich sagte: »Was bin ich? Eine Diebin?« Aber er schwieg. Ich sagte: »Gestern habe ich für Sie eine Stickerei fertig gemacht, eine Rubaschka. Und jetzt wollen Sie mich ins Gefängnis stecken?« Aber das half auch nichts. Wir schrien! Es war nicht auszuhalten. Sie brachten uns in eine Extraabteilung, wie heißt die noch mal? In Einzelhaft, mich, meine Freundin und die andere. In Einzelhaft. Als wir schließlich gingen, sahen wir komisch aus, niemand hatte solche Gesichter wie wir. Aber wir haben viel gelacht. Wir waren da nicht ganz vier Monate. Wir hatten Glück, man fragte uns nach gar nichts. Unter ihnen war auch ein

Jude aus Moskau, und der sagte uns: »Wenn ihr hier rauskommt, geht nach Karpowitz zur Polizeistation, da könnt ihr eure Ausweise wieder bekommen, die braucht ihr.« Er sagte uns das und rannte dann weg, damit sie ihn nicht sahen. Wir begriffen, daß er uns gerettet hatte.

Diese Leidensgeschichte ist endlos, es reihen sich Leiden, Tatkraft und Glück aneinander. Wie hätte ich das ertragen? Und wie hätte ich es als Anjas Tochter ertragen, diese Geschichte Tag für Tag zu hören?

Wir kamen aus dem Gefängnis, und ich sagte: »Ich habe genug von Rußland, ich geh in die Ukraine.« Eine Freundin und ich, wir bekamen unsere Ausweise und bestiegen einen Zug. Wir setzten uns, wir hatten Hunger, was ist Hunger, es ist … es macht nichts, sie sagte: »Weißt du was, Anja, in Russisch habe ich einen anderen Namen, weißt du – ich werde uns was zu essen besorgen.« Sie war anders als ich, ich bin ruhig, ich vertraue niemandem, also hör ich nicht darauf, was sie sagen. Ich bin auch eine Psychologin, wie meine Tochter *(lächelt).* Ich traf zwei russische Soldaten, die mich irgendwohin mitnehmen wollten, sie würden mir dann Brot geben. Ich gab ihr das Geld, was wir hatten, drei-, vierhundert Rubel. Das war viel Geld. Ich gab es ihr, und sie ging mit ihnen. Eine Stunde, zwei, drei, es war schon Abend und immer noch kein Zeichen von ihr. Ich begann mir Sorgen zu machen, nicht um das Geld. Dann kam sie plötzlich weinend wieder, und ich sagte: »Was ist passiert, Fania?« Sie hatten gelogen, sie hatten das Geld genommen und waren weggerannt. Ich stand da und sagte: »Gut, daß du wieder gekommen bist, ruhig jetzt.« Ich nahm das bißchen Geld, was uns noch übrig war, und ging zum Schalter, wo man Karten verkaufte. Ich kaufte zwei Zugkarten, aber nicht dahin, wohin wir wollten, sondern nur bis Moskau, wo wir umsteigen mußten. Wir gingen ins Abteil, es ging uns gut. Man konnte zumindest schon mal etwas kaufen. Wir gingen und kauften, wir aßen, wir kamen nach Moskau.

Wir waren zwei Tage in Moskau, nicht unbedingt freiwillig, aber es gab keine andere Möglichkeit. Wir mußten unsere Fahrkarten umtauschen, und da geht man nicht einfach hin und tauscht sie um. In jeder Stadt, ich weiß nicht, ob wir zwei Taxen gesehen haben. Leer – die Straßen waren sauber und schön, es war wie ein Traum. Die Metro – ein Traum. Moskau war damals eine sehr schöne Stadt. Ich weiß nicht, wie es da heute ist. Sie tauschten unsere Fahrkarten um, und wir bekamen Tickets für eine Kleinstadt in der Nähe von Krakau. Wir begannen also wieder, Lebenspläne zu machen, ich ging in eine Druckerei, aber sie sagten nein, weil ich nicht ukrainisch sprach. Also ging ich in einen Laden, der Stickerei verkaufte. Die nahmen mich. So fing ich an zu arbeiten, und meine Freundin fand Arbeit in einem Kiosk. Und plötzlich, am 22. Juni, [brach der] Krieg [aus], wenige Wochen später begannen die Evakuierungen. Wissen Sie, was eine Evakuierung ist? Sie nahmen uns auch mit. Wir kamen bis Taschkent, nein, Saryatu. In Saryatu war auch eine Druckerei. Ich ging dahin und sah ganz überraschend jemanden, der auch aus Polen kam, wie heißt der, der alles für die Polen arrangierte? Gut, ich stand in der Schlange, ich öffnete die Tür, da saß ein Mann *(atmet tief ein)*: Oy, Oy, du bist ja die und die, die Schwester von Soundso! Ich sagte ihm auf russisch, daß ich Biazanca heiße, ich bin die und die, und so weiter, und so weiter. Er schreibt zweitausend hin, nein, zweihundert Rubel und ein Lebensmittelpaket. Das hätte ich mir nie träumen lassen. Ich sagte: »Fania, du brauchst nicht zu gehen.« [Aber] sie ging auch und bekam etwas.

Alle paar Sätze bedeutet Anja mit einer Handbewegung: »Egal, das ist nicht wichtig«, als würde die Geste ihr ersparen, für diejenigen, die dabei waren, und die anderen ins Detail zu gehen. Man hat den Eindruck, daß eine dritte, nicht sichtbare Person im Raum ist, mit der sie andauernd argumentiert.

Fania und ich, wir waren uns sehr ähnlich. Wir verkauften Sachen, wir kauften Schuhe und beschlossen, nach Taschkent zu gehen. Wir kamen in Taschkent an, allmächtiger Gott. Ich habe nie – da waren Juden von überall her, die geflohen waren. Ich hatte eine Wohnung, die eigentlich keine Wohnung mehr war. Ich hatte nichts zu essen. Ich habe nicht immer Arbeit gefunden. Ich hatte keine Kraft mehr, bis ich zum Verteidigungsministerium ging (mit einem Zettel von einem Freund, der Soldat war) und einen Job in einer Fabrik bekam. Ich begann zu arbeiten und machte aus kleinen Holzstücken Streichhölzer. Sie haben Schwefel reingetan, und wir mußten sie anzünden, an jeder Schachtel, das ist Rußland. Aber ich bezahlte dafür und bekam Malaria. Da verlor ich allmählich die Kraft, aber ich wußte, daß ich unbedingt meine Arbeit behalten mußte, um registriert zu bleiben.

Von da aus kam ich ins Krankenhaus, ich wog noch vierunddreißig Kilo. Es gab in Rußland nichts zu essen. Ich weiß nicht, wie das heute ist, aber damals gab es nichts zu essen. Du lebst hier, du baust Steine an, du ißt Steine. Wo man Brot anpflanzt, ißt man Brot. Aber dort [in Rußland] tauscht man keine Steine gegen Brot, so etwas gab es da nicht. Davon ganz abgesehen, es war Krieg, und dort sagt man, daß ein Dieb auf einem Dieb sitzt mit einer Peitsche in der Hand. Und da, eines Nachts im Krankenhaus, kam ein Kommissar. Wissen Sie, was ein Kommissar ist? [Er sagte:] »Ich habe gehört, daß Ihnen der Arzt gesagt hat, Sie sollten sich das Haar schneiden.« Seitdem habe ich nie wieder langes Haar gehabt. »Und ich habe außerdem gehört, daß Sie morgen nicht mehr leben werden.« Ich öffnete die Augen und sagte: »Hören Sie«, ich weiß noch heute, wie er hieß, er war Jude und Professor, »ich komme auf jeden Fall zurück, ich werde es schaffen, nach Hause zu gehen und meine Eltern wiederzusehen, sonst nichts.«

»Ich werde es schaffen, nach Hause zu gehen und meine Eltern wiederzusehen, sonst nichts«, hallt es in mir nach. Schließlich lebten ihre Eltern zu diesem Zeitpunkt höchstwahrscheinlich schon nicht mehr. Der Gedanke hielt sie jedoch mit ihren vierunddreißig Kilo am Leben. Ihr Sohn war wahrscheinlich auch schon seit längerem tot (auch wenn Anja ihn noch kein einziges Mal erwähnt hat).

Er sagte: »Gott helfe Ihnen.« In dieser Nacht stand ich auf. Ich sah eine stickende Krankenschwester und wartete, bis sie wegging. Als sie wegging, nahm ich mir die Bluse vor und begann zu sticken. Sie kam herein und schaute nach ihrer Bluse. Wo war die verschwunden? Da sah sie mich plötzlich und fragte: »Warum haben Sie das getan?« Ich erzählte ihr, daß ich Expertin für diese Arbeit sei. Und sie fragte: »Wissen Sie, wie man so etwas macht?« Ich sagte ja. »Na gut«, sagte sie, »machen Sie die Bluse für mich fertig.« Ich machte sie zu Ende und bekam dann Arbeit von den Ärzten, Direktoren, Soldaten, Generälen. Ich arbeitete nur gegen Essen, für Brot, nicht für Geld. Geld gaben sie mir nur, um Stickgarn aus Wilna zu kaufen. In den Geschäften konnte man kein Garn kaufen, dafür mußte man auf den Schwarzmarkt gehen, und das tat ich. Ich lernte Leute kennen, die mich mit nach Hause nahmen, wo ich gut schlafen und wohnen konnte.

Und dann, ganz plötzlich, an einem Sonntag – ich hatte inzwischen schon ein Kleid und Schuhe, die nur noch Fetzen waren, aber nicht ganz zerrissen. Ich war für die Heimreise schon angemeldet. Damals hat man die Polen, die wieder zurück nach Polen reisen wollten, in Listen zusammengestellt. Hinter mir stand ein großer, gut gekleideter Mann. Ich drehte mich um und sagte: »Hören Sie mal, ich bin nicht interessiert.« Er antwortete: »Ich will ja auch gar nichts, aber ich kenne Sie irgendwoher.« Er begann eine Unterhaltung und fragte mich, woher ich käme. Ich schaute ihn kaum an, aus Angst, daß er mir mein Brot wegnehmen könnte. Er sagte: »Ich komme aus Yosful.« Das ist nicht sehr weit von unserem Ort, es liegt auch an der Vistula, dem größten polnischen Fluß. Yosful, da wohnten auch Familienangehörige von mir. Dann sagte ich, daß ich aus K. käme. Wer ist deine Frau? Miriam. Ich griff seine Hand: »Wo ist Miriam?« Diese Miriam, ihre Mutter und meine Tante waren nämlich Schwestern, und sie lebten in Amerika. Dann sagte er: »Oy, du bist Anja. Wie du aussiehst! Du warst so schön.« Ich gab ihm keine Antwort, und er sagte: »Ich weiß, daß du aus einer orthodoxen Familie kommst, aus der größten Familie in K. *(Sie schaut mich an: Können Sie das noch hören? Fällt es ihnen schwer? Ist Ihnen kalt? Möchten Sie …)* Unterschreib hier, ich nehme das mit, ich gehe zurück, ich werde dein Land verkaufen, denn ich weiß, daß die Häuser alle nicht mehr stehen, das Geld werde ich für dich aufbewahren.« Ich blickte ihn an: »Wer bist du, daß du unser Land verkaufen willst? Wo sind sie alle? Wo ist alles?« Er sagte kein Wort und ging weg. Als er wiederkam, fragte ich ihn, wo Miriam ist. Er erzählte mir, daß sie im neunten Monat schwanger war und einen vierjährigen Sohn hatte. Und die Deutschen waren in den Ort gekommen, sie hatten gesagt, sie würden die Frauen in Ruhe lassen, und in der Nacht waren sie mit kleinen Lastwagen gekommen, die auf russisch Gaschgupka heißen, da haben sie die Frauen aufgeladen, und sie starben alle. Ich blickte ihn an und sagte: »Weißt du, Abraham, wenn du die Kraft hattest, Miriam alleine zu lassen, als sie schwanger war, dann bist du nicht der richtige Mann für mich. Ich brauche dich nicht.« Ich hab ihn nie wieder gesehen.

»Wo sind sie alle? Wo ist alles?« So hört Anja das erste Mal über die Vernichtung. Sie ist wütend auf Abraham, weil er seine Frau und sein Kind

alleine ließ, vielleicht weil sie es sich selbst übelnimmt, daß sie ihre Eltern, ihre Brüder und ihre Cousine zurückgelassen hat, die wie eine kleine Schwester für sie war. Anja beschreibt dann in allen Einzelheiten, was noch in Taschkent geschah. Sie erzählt von einem anderen Mann, den sie dort kennenlernte, und andere Dinge. Als sie erzählt, wie sie 1945 allmählich Briefe aus dem Ausland erhält, höre ich wieder genauer zu.

Ich bekam aus der ganzen Welt Briefe, wo meine Freunde halt lebten. Diese zwei Briefe hier bekam ich aus Amerika. Zwei Briefe von zwei Onkeln. Ein Onkel schrieb mir, daß er fast erstickt wäre, als er einen Brief bekam, den ich aus dem Wald geschrieben hatte, an meine Großmutter. Das war im Haus meines Onkels in Haifa, von da haben sie den Brief genommen. Im zweiten Brief schrieben sie: »Geh zu deinem Onkel in Haifa«, und sie hatten mir seinen Namen aufgeschrieben, »wir werden uns da alle treffen.« Ich verstand das. Ich schrieb ihnen, daß ich über Polen reisen müßte, es war unmöglich, von hier [Taschkent] nach Haifa zu reisen. Okay, sie schrieben: »Wenn du nach Polen kommst, werden wir da Geld für dich hinterlegen.« Das stimmte, gut. Zwei Wochen vergingen. Jemand von der Jewish Agency kam vorbei: »Anja Sie haben zwei Onkel in Amerika. Ihr Onkel Aaron hat Ihnen einhundert Dollar geschickt. Nehmen Sie die und kaufen Sie sich etwas davon.« Ich sagte: »Hören Sie mal, hundert Rubel sind schon ein ganzes Brot, soviel kostet Brot, ich nehme doch keine hundert Dollar an. Geben Sie mir die in Warschau oder Lublin.« Ich wußte nicht, wohin ich gehen würde. »Ach, Sie sind wohl ganz schlau, Sie brauchen wohl keine Hilfe? Ich werde jemandem vom Joint [Distribution Committee] schicken.« »Entschuldigen Sie, bitte schicken Sie niemanden. Ich nehme nichts an. Ich gehe weg und weiß nicht, wohin.« Er kam noch einmal, aber ich schickte ihn fort und nahm nichts an. Ich ging nach Hause, ich ging dorthin. Ich ging nach Polen und in mein Dorf, und ich hörte von ... was ich im Dorf sah *(sehr aufgeregt)*, das Land, wieder diese Gojim. Ich werde Ihnen nachher alle Fotos zeigen. Ich fand niemanden, meinen Bruder nicht, keinen Freund, keine Freundin, keine Cousine, niemanden. Ein Stück Land. Ich ging, inzwischen hatte ich unser Land verkauft und mir eine Uhr davon gekauft. Tamar hat sie kaputtgemacht mit ihren kleinen Händen. Das war meine ganze Erbschaft.

Ich schrieb nach Amerika. Meine Onkel schrieben, daß mich jemand in Amerika empfangen würde. Ich kam nach Frankreich, und wir kamen in … wie heißt es? Es ist am Meer, weil wir mit einem Schiff ankamen. Und von meinen Onkeln bekam ich, sie wollten mir Geld geben. Ich wußte, daß ich es nicht annehmen sollte. In jedem Brief, den ich in Polen bekommen hatte, waren fünf Dollar gewesen, ich hatte genug Geld. Ich nahm nichts an. In Frankreich angekommen, ging ich nach Paris, und [sie sagten] sofort, du kommst mit uns nach Amerika. Ich sagte: »Nein, nicht jetzt und auch nicht später.« Als ich im Dorf gewesen war, hatte ich jemanden getroffen, den ich von früher kannte und der kein Jude war, der hatte mir gesagt: »Das ist das Testament deines Vaters, er sagt, er habe einen Bruder in Tel Aviv.« Er sagte nicht Tel Aviv, sondern: »In Palästina hast du einen Onkel, wenn du überlebst, geh dahin.« Also sagte ich zu ihm: »Ich gehe nicht mit euch nach Amerika, ich gehe nach Tel Aviv, nach Israel. Ich habe einen Platz auf dem Schiff ›Theodor Herzl‹.« Was das für eine Reise war! Mittendrin brach der Krieg mit den Engländern aus. Wir waren viele, wir fuhren an Pessach los.

Damit ist ihre Beschreibung der Kriegszeit zu Ende. Anja ist müde und schweigt eine Weile. Ich beschließe, ihr eine Frage zu stellen: »Wie alt waren Sie?«

Ich war achtundzwanzig, vielleicht etwas älter.

»Waren Sie ledig?

Ich war verheiratet, aber darüber möchte ich nicht sprechen. Er starb, er lebt nicht mehr. Man muß nicht über etwas sprechen, das nicht mehr existiert. Wir kamen im Hafen von Haifa an, zwei Tote an Bord. Jemand sagte zu mir: »Steigen Sie aus [in Haifa].« Ich war die ganze Fahrt über krank. Ich wollte nicht aussteigen. Wir fuhren nach Zypern. Und da wurde ich entlaust und kam in das, wie heißt das? *[Ich: »Ins Lager.«]* Ins Lager. Ich war im Lager, bis der Staat Israel gegründet wurde. Ich kam mit dem Schiff nach Haifa. Ein junger Mann kam und sagte, daß jemand auf mich warten würde. Ich wußte, es war der Onkel, mit dem ich Kontakt aufgenommen hatte. Ich brauchte niemanden. Also, ihr Sohn ging und rief: »Großvater, Großvater! Das Schiff ist angekommen!« Es war mir peinlich, die ganze Straße kam raus, um mich zu sehen, ich war schmutzig von der Schiffahrt. Sie fingen an [zu weinen]. Ich sagte: »Tante und Onkel, hört auf zu weinen. Ich werde bei euch sitzen.« Ich wollte mich öffnen und sagen, was mir weh tat. Aber sie wollten mir nicht zuhören. Ich habe ihnen nichts erzählt. Bis heute sitzt es hier *(zeigt auf ihre Kehle).* Warum wollten sie sich meine Schmerzen nicht anhören? Warum wollten sie nicht verstehen, daß ich eine kranke Mutter zurückgelassen hatte, einen gläubigen Vater, einen sanften Bruder? Sie wollten davon nichts hören. Ich sprach nicht darüber. Ich hielt es in meinem Herzen [verschlossen]. Dann lernte ich meinen Mann kennen, und wir gingen gemeinsam nach Tel Aviv.

»Sie wollten mir nicht zuhören … bis heute sitzt es hier.« Anja wartete lange auf Verständnis und Unterstützung, aber in Haifa konnte ihr das niemand geben. Und seitdem?

Wir lebten in Haifa, er war Soldat. In der Armee wurde er krank. Herzprobleme. Hier ist er *(zeigt auf ein Bild an der Wand),* er war siebzehn Jahre lang krank. Ich verlor, Tamar ist nicht das erste, ich verlor einen Sohn mit ihm, und nach Tamar habe ich noch zwei Kinder verloren. Die Ärzte sagten zu mir, entweder er oder Kinder. Aber ich hatte die Kraft weiterzumachen. Ich sagte ihm, daß ich wollte, daß jemand uns überlebt. Er hatte die Ordination zum Rabbi, aber ich wollte nicht die Frau eines Rabbi sein. Vorher war ich Kommunistin gewesen. Ich war damit nicht einverstanden, nicht vom Herzen. Nachts habe ich ihn so gehalten *(an ihren Busen gepreßt),* bis wir von da wegzogen. Meine Freundin kam aus Amerika. Sie kam zu uns und sagte: »Hier wohnt ihr? Schämt ihr euch nicht?« Ich sagte ihr: »Wie soll ich denn sonst wohnen? Ich habe kein Geld.« Und eines Tages sitzen wir zusammen, da kommt jemand und sagt, hier sind zweitausend Dollar, kauft euch eine Wohnung. Mein Mann war keine gute Seele, er war schlecht. Warum? Weil er dachte, ich würde ihn verlassen. Er war krank, und kranke Menschen sind nicht gut, aber ich will nicht über Privates sprechen.

Wir kauften eine Wohnung und fingen an, sie sauberzumachen. Tamar war zweieinhalb oder vielleicht etwas jünger. Ich war schwanger und hab das Kind abgetrieben. Ich sagte, das war's, wir sind fertig, wir kriegen keine Kinder mehr. So haben wir 1955 angefangen, wir hatten nichts. Ein anderer Onkel kam und hat uns einen Kühlschrank gekauft und einen Gasherd. Und noch später hat mir wieder ein anderer Onkel eine Waschmaschine gekauft und auch das hier [Bücherregale].

Mein Onkel war hier, als mein Mann seinen ersten Herzinfarkt hatte. Sie liebten mich, ich war, ich konnte nicht verstehen, daß sie alles für mich machten. Es macht nichts, wir sprechen über tote Dinge. Tamar fehlt nichts, was wir hatten, habe ich ihr gegeben. Ich lebe nicht für mich, ich hatte Krieg mit meiner Familie, auch mit Tamar. Warum bringst du ihr das bei, warum? Laß mich das machen, ich hab nichts erreicht, Tamar wird etwas erreichen. Beide Familien hatten mit mir Krach. Dann wuchs Tamar heran, und sie sagte selbst, daß sie einen kranken Vater hatte. Was ich machen konnte, ich hatte kein Kleid, ich hatte kein Leben, ich wollte nur ein Buch haben. Und er starb, er hatte seinen letzten Herzinfarkt *(weint)*. Was soll ich Ihnen sagen, ich vermisse ihn. Zuerst stand ich unter Schock, ich war krank. Sie brachten mich ins Krankenhaus, mit Verdacht auf Krebs. Einen Monat lang war ich im Belinson Krankenhaus, man konnte nichts finden, dann hatte ich genug davon. Ich sagte ihnen: »Das ist ja, als wäre man ohne jeden Grund im Gefängnis. Lassen Sie mich nach Hause, egal was es ist, ich werde im Frieden damit leben.« Dann begann ich nachzudenken. Sie [Tamar und Jakob] arbeiteten damals noch nicht, sie hatten nichts. Sie hatten eine Wohnung, die hatten wir zusammen mit seinen Eltern gekauft. Ich ging arbeiten, bis der Jom-Kippur-Krieg ausbrach. Und dann wurde ich wieder krank. Also arbeitete ich von Jom Kippur bis Pessach nicht. Ich ging irgendwohin und sagte, ich könnte sticken, ich könnte gut flicken und daß ich sehr geschickt bin. Da habe ich fünf Jahre lang gearbeitet. Ich hab alles für sie gemacht, und bis an mein Lebensende werde ich alles für sie tun. Ich habe keine Freunde. Als mein Mann krank wurde, fing es mit der Eifersucht an. Ich durfte nirgends hingehen, und er schmiß alle Leute raus, die uns besuchen kamen. Und abgesehen davon, in Israel gibt es keine Gefühle. Vielleicht im Kibbuz, was weiß ich. Sogar Tamar hat keine Gefühle, obwohl sie eine sehr gute Tochter ist. Ich weiß nicht, warum, so, und ich blieb alleine. Heute denke ich nicht einmal daran, mit ihr zusammenzuwohnen. Denken Sie, ich sollte in ein Altersheim gehen? Was denken Sie? Seien Sie ehrlich! *[Anja hatte sich die Hüfte gebrochen]*.

Bosmat: »Mein Großvater wohnt im Altersheim und fühlt sich da sehr wohl.«

Wie alt ist er?

»Über achtzig.«

Ah, ich bin siebzig. Und außerdem, ist er so klar im Kopf wie ich? Normal? Ich lese Bücher.

»Sie sprachen davon, daß morgen der Gedenktag Ihrer Eltern ist. Warum am Holocaust-Gedenktag?«

Am letzten Tag von Pessach haben sie sie aus ihren Häusern geholt und nach Sobibor gebracht.

»Wie haben Sie das herausgefunden?«

Ich war da, ich bin dahingegangen, ich war in Sobibor. Man hat sie 1942 dahingebracht. In einer Aktion haben sie alle Juden aus dem Dorf nach Sobibor gebracht. Nach dem Krieg bin ich nach Hause gegangen und war auch in Lodz. Ich verkaufte unser Stück Land, wo unser Haus gestanden hatte, und ging mit der Goi nach Sobibor. Und die Gojim haben uns da den genauen Tag, die exakte Stunde genannt. Und außerdem habe ich eine Cousine, die in K. blieb. Sie hat mir das auch erzählt.

»Wie lange standen Sie noch in Kontakt mit Ihren Eltern?«

Bis 41, als der Krieg mit Rußland ausbrach. Ich stand das erste Jahr über mit ihnen noch in Verbindung. Danach brach der Kontakt ab, dann kam ich zurück und fand das Land, das ich verlassen hatte. Ich habe niemanden in der Welt.

Anja fährt mit ihrem Monolog fort und erzählt von ihrem letzten Sturz, wie sie unter der angeheirateten Familie ihrer Tochter leidet und daß sie sich vor dem Altersheim fürchtet.

»Erinnern Sie sich an die Feiertage in Ihrem Elternhaus? Erzählen Sie mir doch von einem Feiertag.«

Ob ich mich erinnere? *(Anja regt sich auf, sie weint und atmet schwer)* Kind, an Chanukka machten wir Schmaltz für Pessach. Weißt du, was Schmaltz ist? Das ist Hühnerfett, nein, nicht von Hühnern, von der Gans. Wir haben vom Speicher aus zugeguckt, der war bis Pessach geschlossen. Wir machten aus Trauben Wein, aber so, daß um Gottes willen die Gojim davon nichts merkten. Denn sonst war der für Pessach nicht koscher. Mazzen haben wir nie gekauft, die wurden selbst gebacken. Den Teig haben wir nicht gewendet, man dreht ihn nicht auf beide Seiten, nur auf eine, auf ganz sauberen Brettern. Die Orthodoxen essen nichts an den letzten Tagen und tagsüber, nur ganz früh am Tag. Wir aßen ganz früh morgens und taten die Mazzen in ein großes Tuch, das kam in die Mitte, und zwar geschlossen, weil wir kein Mazzenessen hatten. In einem koscheren Haushalt wie bei uns wurden kein Reis und keine Erbsen gegessen, was sonst noch? Wir haben nicht mal Käse gegessen, nur Milch. Alles war anders, am Pessachabend war alles jüdisch. Bei uns zu Hause wurde alles am Pessachabend herausgenommen, wir holten einen Mann, der das ganze Haus putzte und aufräumte. Alle Betten waren ganz sauber, er putzte die Bretter, die Laken, wir lüfteten die Strohmatratzen, alles war ganz sauber. Später am Tisch, ich, mein Vater, meine Schwester, mein Bruder. Nein, keine Fremden, nur die enge Familie. Wir saßen um den Tisch, jeder hatte eine Haggada. Wir sangen nicht, wir lasen nur die Haggada. Die vier Fragen, mein Bruder stellte vier Fragen. Er war der einzige Sohn, und Pessach war der heiligste Tag, das war Pessach.

Ich kann nicht zu einem Seder gehen, wo sie *(klatscht in die Hände)*, das ist kein Pessachfest für mich. Und Sabbat war Sabbat, nicht wie hier. Mein Vater las, er saß da und las, und wir machten Spaziergänge. Damals waren wir freier, aber am Sabbat [hatten wir] Zöpfe. Freitags banden wir uns Kopftücher um und putzten das Haus. Ich habe mich dagegen gewehrt, ich mochte das nicht. Ich war einundzwanzig und fing deswegen Streit an: Warum muß ich mir ein Kopftuch umbinden? Kann ich nicht mit Haar wie ein normaler Mensch putzen? Ich hatte langes Haar, na und? Aber am Jom Kippur war unser ganzes Dorf dunkel, niemand machte Licht an, nur Kerzen. Kleine Kinder blieben zu Hause. Alle Frauen fasteten, auch wenn sie krank waren. Die Synagoge war voll, total voll. Männer mit Schuhen und weißen Socken saßen und beteten die ganze Nacht. Das war ein Feiertag in K.

Hier mag ich das überhaupt nicht. Die Tochter einer Freundin, die möchte nicht, daß ich an einem Feiertag alleine bin. Ich habe es versucht, ich kam, ich wollte, aber das ist kein Seder. Sie redeten und quatschten und aßen, das ist nicht das, was ich unter einem Seder verstehe. Ich sagte: »Fania, laß es uns bleiben, lad mich nicht mehr ein.«

An diesem Seder habe ich zu Hause geweint. Ich werde nie in ein Altersheim gehen, mir bleibt nichts übrig, ich leide. Aber wenn sie nur ein bißchen, wenn sie [Tamar] mich nur liebte. Ich kann nicht sagen, daß es, alle Mütter heutzutage sagen dasselbe. Mir wäre es nie eingefallen, meine Mutter alleine zu lassen und zum Bruder meines Mannes zu gehen. Nie, niemals. Mein Mann war krank und ging jedes Jahr in ein Sanatorium. Er hatte Schmerzen, er kam mittendrin zurück, aber ich hätte Tamar nie alleine gelassen. Aber sie hat keine Gefühle, sie hat keine Gefühle. Diese jungen Leute, das kann ich Ihnen sagen, die brauchen uns nicht mehr, wenn wir Alten uns nicht mehr vom Platz bewegen können. Außer Tamar habe ich nichts mehr im Leben. Nichts mehr.

»Und Ihre Enkelinnen?«

Ich liebe meine Enkelinnen sehr, ich bin verrückt nach ihnen. Dafna macht mir große Sorgen. Sie ist zu zerbrechlich, um sie mache ich mir große Sorgen. Sie ist klug und sanft. Sie litt, das hat mir Jakob erzählt. Also habe ich sie gefragt, und sie sagte: »Großmutter, darüber müssen wir nicht sprechen.« Idit ist ganz anders.

Anja kommt schnell wieder auf sich selbst zu sprechen, auf ihre Nachbarn, und beschwert sich, wie schwierig es ist, die Treppe zu putzen. Ich versuche es noch einmal: »Möchten sie vielleicht etwas über Ihren ersten Ehemann sagen?«

Nur ganz kurz. Ich war dreizehn, als ein Freund meines Bruders uns bei meiner Großmutter besuchen kam, wo ich schlief. Meine Großmutter ging nach Amerika, und meine Eltern reisten mit ihr bis Warschau. Ich schlief, sie kamen um zwölf, und ich merkte, daß jemand ins Zimmer kam. Beide waren ins Zimmer gekommen, und der Junge sagte: »Die werde ich heiraten.« Mein Bruder sagte: »Was? Sie ist doch erst dreizehn?« »Ich hab Zeit, ich kann warten.« Er war dreiundzwanzig, zehn Jahre lagen zwischen uns. So war das. Er hat auf mich gewartet, er war Kommunist, und seine Eltern waren gegen mich, weil ich nicht reich war. Und meine Eltern waren gegen ihn, weil er wie ein Goi war. Wir waren nicht sehr lange zusammen, weil der Krieg dann ausbrach. In Rußland haben wir uns wiedergetroffen, wir waren noch etwas länger [zusammen], aber nicht sehr lange. Ich hatte einen Sohn, und der Sohn starb mir weg … später starb er im Krieg. Ich bekam die Papiere von der Roten Armee, das ist alles. Ich habe nach ihm gesucht, auf ihn gewartet, ich war neun Monate in Lodz, wo man Nachrichten an die Wände hängte. Überall, ich dachte, als wir uns das letzte Mal gesehen hatten, sagten wir … wir müssen uns wiedertreffen, auch wenn wir uns nicht verstehen, das ist auch egal, Hauptsache, wir wissen, daß wir am Leben sind. Er überlebte nicht. Wenn er am Leben geblieben wäre, hätte er gewußt, wo ich zu finden bin. Er starb – ich habe das aus meinem Leben ausradiert. Ich habe ihn nicht aus Liebe geheiratet, ich wollte Kinder haben. Ich habe geheiratet, weil ich Kinder wollte. So, trinken Sie [Ihren Tee] aus, dann zeige ich Ihnen das Buch und die Fotos *(flüstert),* aber das ist ein Geheimnis. Ich will nicht, daß irgend jemand weiß, daß ich schon einmal verheiratet war. Die Fotos sind bei meinem Onkel in Amerika. Hier, in Israel, hat Tamar viel darüber gehört, zwischen uns gab es keine Geheimnisse. Ich bin nicht wie andere Eltern, ich hatte keine Geheimnisse *(spricht, während sie die Bilder anschaut).* Haben Sie mich da mit den Zöpfen gesehen? Man hat sie mir hier abgeschnitten, sie wuchsen, und jetzt habe ich sie nicht mehr. Ich möchte nichts darüber hören, ich möchte es mir nicht einmal anschauen, es ist vorbei. Warum sollte ich das tun? Aber ich habe viel mehr Fotos, noch viel mehr.

Der Mann in Taschkent hatte recht: Anja war eine sehr schöne junge Frau. Sie bringt mich in die Realität zurück, als sie fragt, ob ich Hunger hätte und ob ich mit dem Auto hier bin. Sie begleitet mich zur Bushaltestelle, obwohl sie nur hinken kann, und bleibt bei mir, bis der Bus kommt. Der Busfahrer kennt sie, begrüßt sie herzlich und hält mich für ihre Enkelin. Wir beide stellen das nicht richtig, aber schauen uns verlegen an. Ich verabschiede mich herzlich von ihr und habe schon nach wenigen Sekunden ihre gekrümmte Gestalt aus den Augen verloren.

Im Bus höre ich die Nachrichten im israelischen Radio: Der Index ist um zwei zehntel Prozent gestiegen. Die Likud-Minister machen die Arbeitspartei für die wirtschaftlichen Probleme verantwortlich, während die Arbeitspartei … Ich denke plötzlich, daß wir diesen Unsinn nur brauchen, um uns nicht mit Anjas Erzählungen auseinanderzusetzen: »Warum wollten sie sich meine Schmerzen nicht anhören?« Einen Moment lang wünsche ich mir, ich könnte zu Anja zurückgehen und sie so umarmen, daß alle Verluste und

Schmerzen, die sie zu ertragen hatte, wiedergutgemacht werden. Würde es ihr helfen, wenn ich ihr noch hundert Stunden zuhörte? Ist das nicht alles, was sie verlangt?

Das Interview mit Anja fällt aus verschiedenen Gründen aus dem Rahmen. Sie beschreibt zunächst einmal im Unterschied zu den anderen Angehörigen der ersten Generation sehr detailliert drei Zeitabschnitte (vor, während und nach dem Holocaust). Die meisten Überlebenden hatten sich auf die Epoche konzentriert, die für sie am wichtigsten war, sei es vor, während oder nach dem Holocaust (Rosenthal, 1993). Wir haben jedoch gesehen, daß die Ausführlichkeit, mit der die Überlebenden einen bestimmten Zeitabschnitt beschreiben, nicht immer mit der Bedeutung gleichzusetzen ist, die er hat. Genia und Ze'ev beschreiben die Zeit vor und nach dem Holocaust aus der Perspektive des Holocaust. Olga hingegen spricht zwar ausführlich über den Krieg, für sie ist aber die Zeit des Wiederaufbaus in Israel wichtiger. Anja beschreibt alle drei Epochen ausführlich. Was sagt das über ihre rekonstruierte Lebensgeschichte?

Auffällig ist Anjas Interview auch dadurch, daß sie sehr detailliert über Kleinigkeiten spricht, weswegen gelegentlich die großen Themen aus dem Blick geraten. Erstaunlicherweise erinnert sich Anja etwa an die Farbe des Kleides, das sie bei Kriegsausbruch trägt, oder an die Bluse und den Rock, die sie am 9. September 1939 anhatte, als sie mit ihrer Tante zu ihrem Haus geht. Diese Details lenken jedoch die Erzählende als auch die Zuhörerin von den traumatischen Ereignissen und den damit verbundenen Gefühlen ab. Mehr als einmal fühlt die Zuhörerin sich überflutet oder erstickt, möchte die Geschichte nicht weiterhören. Haben die Details möglicherweise die Funktion, daß Anja die »Dinge, über die man nicht reden muß«, auslassen kann? Kann sie dadurch mit der Vergangenheit emotional brechen?

Obwohl Anja über unbedeutende Details spricht, drückt sie doch sehr viele Gefühle aus. An mehreren Stellen des Interviews wird sie sehr emotional, sowohl, wenn sie über etwas Vergangenes spricht und nachdenkt, als auch, wenn sie versucht, es zu verdrängen oder zu verleugnen. Damit hält sie den Zuhörer paradoxerweise jedoch auf Distanz, denn sie bleibt oft unverständlich. Deutlich wird diese Tatsache auch durch ihre direkten »Befehle« und Fragen an Bosmat (»Trinken Sie schon«, »Sind Sie müde? Ist Ihnen kalt?«): Einerseits signalisiert das Interesse und Nähe, andererseits nimmt sie damit die unpersönliche Rolle der »guten Gastgeberin« an.

Die meisten Geschichten, die Anja erzählt, sind nicht narrativ. Es handelt sich genauer gesagt um Auseinandersetzungen und Argumente mit einem unsichtbaren Gegenüber: Wer aus der Familie saß auf dem Wagen und wer ging zu Fuß? Haben Deutsche oder andere Juden ihnen das Geld gestohlen? Wie hieß die Stadt in der Ukraine? Außerdem gestikuliert sie gelegentlich: »Das ist egal.« Wem ist es egal? Diese Auseinandersetzungen kann man auf verschiedene Weise verstehen: Sie gehören zu einem inneren Dialog und halten vielleicht etwas lebendig, das sie zu vergessen fürchtet, denn gegen Ende des Interviews sagt sie: »Das sind alles tote Dinge.« Möglicherweise hat sie aber auch schon so oft darüber gesprochen, daß sie selbst nicht mehr ganz genau weiß, was passiert ist. Ihre Geschichten gehören aber andererseits auch zu einem externen Monolog und sind ein *Rechtfertigungsversuch gegenüber den Eltern,* denen sie Rechenschaft darüber abzulegen versucht, warum sie sich jeweils so verhalten hat, vor allem, nachdem sie von ihnen wegging (und sie, zumindest in ihren eigenen Augen, verlassen hat). Als sie Polen verließ und ihrem Freund (wie ihren eigenen Überzeugungen) nach Rußland folgte, zerbrach sie das Familienband, das nie wieder hergestellt wurde. Zu Anjas scharfem Selbsturteil tritt aber auch noch ihre Beurteilung aus dem Blickwinkel der israelischen Gesellschaft, die nach Rechtfertigungen und Erklärungen der Lebenden gegenüber den Toten verlangt. Ihr Diskurs – alle Details, Argumente und Gefühle ihrer Lebensgeschichte – macht sie sehr einsam, denn niemand kann sie von den Vorwürfen befreien, die sie sich macht. »Ich habe niemanden auf der Welt«, sagt sie und meint das auch.

In ihrer Geschichte betrachtet Anja sich wie durch ein Vergrößerungsglas. Was hat sie damals begriffen? Was versteht sie heute? Was war die Wahrheit? »Heute verstehen wir nicht mehr, was wir damals taten« oder: »Bis heute versteh ich das nicht«. Als sie von ihrer Flucht aus Rußland berichtet, sagt sie dreimal: »Wir wurden von unserer

Arbeit im Wald freigestellt«, und fügt hinzu: »Das stimmte nicht, aber was sollten wir sonst tun?« Noch Jahre später also entschuldigt sie sich für eine Lüge. Einerseits sagt sie: »Ich kann nicht beschreiben, wie es war«, als sie die brennende Synagoge und die Morde beschreibt, andererseits sagt sie: »Ich habe viel vergessen, aber nicht [was] ich gesehen hab«, als sie über den stolzen Schächter spricht, der von den Deutschen ermordet wird.

Anjas selbst auferlegtes Gebot, genau zu beschreiben, was vor, während und nach dem Holocaust geschah, geht teilweise auf das Verlangen zurück, »Beweise« für das anzuführen, was sie erzählt. Gleich zu Beginn des Interviews sagt sie: »Es gibt ein Buch [von Holocaust-Überlebenden aus ihrem Dorf], das werde ich Ihnen gleich bringen.« Sie erwähnt auch immer wieder ihre Briefe und Fotos. Wenn sie Fotos erwähnt, dann bezieht sich das immer auf Erinnerungen an ihre Familie, auf Familienangehörige, die im Holocaust ermordet wurden, auf das schöne Haar, das sie als Kind hatte, auf die Synagoge, den Rock der Goi, sogar auf die Stelle, die jetzt dem Erdboden gleichgemacht ist und auf der früher ihr Elternhaus stand. Braucht sie diese Indizien, um uns wie sich selbst zu versichern, daß sie sich das nicht nur ausdenkt und alles genau so war, wie sie es darstellt?

Bosmat hatte bereits auf Anjas detaillierte Erinnerungen an ihre Familie hingewiesen, vor allem an die Genauigkeit ihrer Schilderung von den ersten Kriegstagen an bis zu ihrer Flucht nach Rußland. Diese Beschreibung ist einerseits ein Hinweis auf Anjas Bedürfnis, die Familie, die für immer verloren ist, im Gedächtnis zu bewahren, andererseits auch auf ihre Selbstzentriertheit. Sie macht sich selbst für alles verantwortlich, was um sie herum vorging (und ähnelt darin im übrigen Genia). Anjas Selbstzentriertheit besteht aus einer ungewöhnlichen Mischung von Hilflosigkeit und Kreativität, wohl auch Ausdruck von Hoffnung und Angst. So hält Anja die beiden Facetten ihrer Persönlichkeit aufrecht, die auch nach ihrer Flucht vorherrschend waren: daß ihre eigenen »zehn Finger« ihr das Leben retteten und die Tatsache, daß sie auf der ganzen Welt »niemanden mehr hat«. Wenn aber Initiative und Kontrolle so ausschlaggebend gewesen wären, wie ließe sich dann nach diesem Erklärungsmodell der Tod der restlichen Familie erklären?

Und wenn Hilflosigkeit ausschlaggebend gewesen wäre, wie könnte Anja sich dann erklären, daß sie zahllose gefährliche Situationen überlebte? Beide Gefühle stehen im Konflikt zueinander und bringen Anja um ihre innere Ruhe. Dieser Konflikt ist um so schwieriger, als Anja außerdem das Gefühl hat, ihre Leiden seien – noch immer – im Vergleich zu dem, was andere Personen nach dem Krieg durchlitten hätten, nicht berechtigt. (Dieser Aspekt kommt im folgenden Interview mit Anjas Tochter Tamar zur Sprache.)

Vor Kriegsausbruch war Anjas Mutter die Verdienerin, ihr Vater beschäftigte sich mit dem Studium der Tora. Irgendwann versuchte ihr Vater, Buchhalter zu werden (wie später in Israel ihr Mann), aber »Tora« war »sein Leben«. Anja lernt Schneidern, Sticken, sie arbeitet in einer Druckerei und nimmt alle Arbeiten an, die sich ergeben. Bei Kriegsbeginn scheint sie eine selbstbewußte und durchsetzungsfähige Person zu sein. Bei einem Bombenangriff geht sie auf allen vieren nach ihrem Bruder suchen. Sie organisiert Kartoffeln (»richtig große«) und Brot (»zwei große Brote«). Sie entkommt den Deutschen, indem sie ihnen erzählt, sie sei fünfunddreißig und hätte vier Kinder, und stellt die Christen zur Rede, als sie zurück in ihr Dorf kommt. Anja geht zwischen den Dörfern hin und her und besorgt Nahrung für die ganze Familie. Sie ist jünger, unverheiratet und kinderlos und daher beweglicher als die anderen Familienangehörigen. Sogar nach ihrer Flucht nach Rußland helfen ihre alten Kleider noch der Familie, sie wurden verkauft, und »jetzt hatten sie Brot«.

In anderen Szenen jedoch erscheint Anja hilflos und sanft. In den Kriegswirren kommt es zu einer besonders ergreifenden Situation: »Freitag abends waren wir alle müde. Die Kinder schliefen im Stroh. Ich saß vor Vater und fragte: ›Wie wird unser Ende aussehen?‹ Vater sagte: ›Mach dir keine Sorgen, wir kennen die Deutschen, alles wird wieder gut.‹« Dieselbe Sanftheit tritt in einer Begegnung mit ihrem Bruder nach einer Nacht des Mordens zutage: Er kämmt ihr das Haar und sie nehmen einander in den Arm. Im Kontrast zu den Beschreibungen ihres Vaters und ihres Bruders stellt Anja ihre kranke Mutter als realistisch Denkende dar: »... und meine Mutter erkannte, daß das mein Ende sein würde. Und sie [sagte]: ›Renn weg, lauf davon! Für dich gibt es hier nichts mehr zu tun.‹« Über Nacht wird Anja von der »Kleinen« zur »Großen« und nimmt ihr Überleben selbst in die Hand.

Oberflächlich betrachtet ist Anjas Familie ihr Lebensmittelpunkt, heute wie früher, was auch bei Olga der Fall war. »Man kann doch seine Eltern nicht einfach wegschmeißen«, sagt sie, als sie nicht nach Ostrußland weiter ziehen will, bevor sie nicht von ihnen gehört hat. Allerdings erwähnt Anja nicht, daß sie sich schuldig fühlt, sie verlassen zu haben. Wir erfahren das nur indirekt durch ihre Beschreibung von Tamar – die auch Projektion sein könnte. »Mir wäre es nie eingefallen, meine Mutter alleine zu lassen und [zum Seder] zum Bruder meines Mannes zu gehen. Sie hat kein Gefühl.« In der Stunde der Not nimmt Anja nur Hilfe von ihrer Familie an, alle anderen, die ihr in Israel und anderswo Hilfe anbieten, weist sie ab. Nur von ihrer Familie nimmt sie dann das Geld für eine Wohnung, einen Kühlschrank und eine Waschmaschine an. Aber sie schaut auch direkt auf ihre Familie, als sie sagt, es gebe »Böses unter dem Guten«. Sie sagt über ihren kranken Mann, er sei »schlecht« gewesen.

Anjas Einstellung zu ihrer Familie führt aber anders als bei Olga nicht dazu, daß sie ihr und sich selbst gegenüber positive Gefühle aufrechterhalten kann. Die Familie kann ihre Schmerzen und Belastung nicht lindern. Ein frühes Zeichen dieser Schuld ist ihr versuchtes Weglaufen mit ihrem Freund, an dem nur die Krankheit ihrer Mutter und der Kriegsausbruch sie hinderte. Ihre Eltern hatten den Mann abgelehnt, weil er »wie ein Goi war« – das heißt nichtgläubig –, und seine Eltern hatten sie abgelehnt, weil sie »nicht reich« war. Aber das Gefühl der Verlassenheit und Einsamkeit erreicht erst in Haifa seinen Höhepunkt, als Anja ihren Onkel am Ende einer langen Irrfahrt wiedertrifft. Erst da ist sie wirklich verzweifelt: »Warum wollten sie sich meine Schmerzen nicht anhören? Warum wollten sie nicht verstehen, daß ich eine kranke Mutter zurückgelassen hatte, einen gläubigen Vater, einen sanften Bruder? Sie wollten davon nichts hören. Ich sprach nicht darüber. Ich hielt es in meinem Herzen [verschlossen].« Vielleicht begann ihre Einsamkeit mit dem Moment der Erkenntnis, daß sie niemanden mehr hatte, der ihr emotional, in ihren Schmerzen und ihrem Schuldgefühl beistehen konnte.

Anjas Geschichten verdecken – wie das auch bei Olga der Fall war – andere Geschichten, die verschwiegen werden. Sie hat den Tod ihres ersten Kindes weit in die hinterste Ecke ihres Bewußtseins geschoben. An einer Stelle ist nicht einmal klar, ob es überhaupt ein Baby war, das starb, oder ob es sich um eine Fehlgeburt handelte. Sie erwähnt das auch in Zusammenhang mit der Abtreibung, die sie nach Tamars Geburt hatte, ein anderes Mal, als sie sagte: »Ich hatte einen Sohn, und der Sohn starb mir weg«, als sie den Tod ihres ersten Mannes in Rußland erwähnt. Sie sagt aber nicht, woran das Baby starb, als frage sie: Bin ich normal? Wie konnte ich nach dem Tode meines Baby weiterleben, und nachdem ich meine Eltern und Geschwister verlassen habe? Eine Antwort auf diese Frage hallt in Anjas Reaktion auf Bosmats Großvater, der im Altersheim lebt, nach: »Und außerdem: Ist er so klar im Kopf wie ich? Normal? Ich lese Bücher.« Sie sagt auch: »Ich hatte kein Kleid, ich hatte kein Leben, ich wollte nur ein Buch lesen.« Mit anderen Worten: Solange sie eine gebildete Person (wie ihr Vater) ist, ist das ein Beweis für ihre geistige Gesundheit, nur dann kann sie einen Sinn in ihrer eigenständigen Existenz finden.

Tamar
»Ich glaube, sie kann nicht akzeptieren, daß ich erwachsen bin und selbständig.«

Ich (Dan) kenne Tamar seit sieben Jahren, nachdem ich den Kibbuz verlassen habe. Wir lernten uns beruflich kennen und entdeckten danach, daß wir Nachbarn waren, mal wieder ein Beispiel dafür, daß man jahrelang nebeneinander leben kann, ohne die Lebensgeschichte des anderen zu kennen. Während unserer beruflichen Zusammenarbeit erhielt ich den Eindruck, daß Tamar bestimmte Seiten hatte, eine Weiblichkeit und künstlerische Sensibilität, die sie verleugnete. Allerdings behauptet meine Frau – und hat damit auch teilweise recht –, daß das mein eigenes Problem ist: Ich finde nämlich in jeder Frau etwas Wertvolles, das sie selbst noch nicht erkannt hat. Obwohl ich also Tamar schon kannte, fühlten Bosmat und ich eine gewisse Zurückhaltung, sie zu treffen, nachdem Anja gesagt hatte: »Sie hat kein Gefühl.« Wir versuchten uns vorzustellen, wie Tamar als Einzelkind mit den Geschichten ihrer Mutter zurechtzukommen versucht. (»Ich bin nicht wie andere Eltern, ich mache kein Geheimnis daraus.«) Ob sie wohl wie Tzipke gegen ihre Mutter rebellierte? Oder ob sie ihre eigene Lebensgeschichte wie Hannah unterbewertete? Oder sich wie Dina auf ihre israelische Identität konzentrierte? Als wir uns zum Interview treffen, sind wir beide verlegen – wir kennen uns und kennen uns doch nicht. Meine Verlegenheit äußert sich darin, daß ich sofort etwas essen muß, Tamars, indem sie sich mit ihrem Hund beschäftigt: Soll sie ihn hereinlassen oder draußen lassen? Sollte sich eine ihrer Töchter um ihn kümmern? Diese Fragen tauchen während des gesamten Interviews immer wieder auf. Tamar beginnt zu sprechen, als hätte sie eine Vorlesung vorbereitet.

Ich glaube, es ist so: Ich wurde 1951 in Tel Aviv geboren. Meine Mutter, meine Eltern sind beide Holocaustüberlebende. Darüber werde ich jetzt sprechen, weil meine Mutter 1915 geboren wurde und mein Vater sieben Jahre früher. Sie kommt aus einer Stadt in Polen und kam nach

Israel, nachdem sie gerettet wurde und nach Rußland entkommen konnte. Ich weiß nicht ganz genau, wo und wie sie überall war, ich bin mir über die Einzelheiten nicht ganz sicher. Sie war jedenfalls auf dem Einwanderungsschiff ›Theodor Herzl‹, das geentert wurde. Sie war in Zypern, als der Staat »ausbrach«. Sie kam nach Israel, denn sie hatte hier relativ viele Familienangehörige, Onkels und Cousins, aber von ihrer Familie in Polen ist sie die einzige Überlebende, von der ganzen Familie da *(seufzt)*. Meine Mutter war damals schon Witwe und … sie hatte in Rußland ein Baby verloren.

Mein Vater hatte eine ganz ähnliche Geschichte. Er war ein alter Junggeselle, seine Eltern waren schon in Israel, auch seine Brüder und der Sohn seiner Schwester. Er stand kurz vor der Emigration, als der Krieg ausbrach. Er wartete kurz vor der Grenze auf ein Papier, und irgendwie hat er es ganz knapp nicht geschafft rauszukommen. Er war Soldat in der polnischen Armee. Bei Kriegsbeginn war er noch in irgend etwas verwickelt, es war chaotisch, Polen wurde in zwei Tagen erobert, und er hatte Angst, weil er polnischer Soldat war. Es war nicht ganz klar, was passieren würde, also floh er nach Rußland und kam da von Anfang an sehr gut zurecht. Ich glaube, er arbeitete als Müller. Ich weiß nicht genau, was er durchgemacht hat, aber ich habe keine schlimmen Leidensgeschichten über Hunger und Entbehrungen oder so etwas [von ihm] gehört. Anders als bei meiner Mutter. Er bestieg auch ein Einwanderungsschiff, ich weiß nicht mehr welches, das wurde von den Briten gefangen, und er kam auch nach Zypern. Ich habe Fotos von meiner Mutter auf Zypern und welche von ihm, aber sie kannten sich da nicht. Sie lernten sich erst hier in Israel kennen, in Tel Aviv, durch seinen Bruder, dessen Frau aus demselben Ort stammt wie meine Mutter. Sie heirateten. Sie heirateten relativ spät, und als ich geboren wurde, hatte meine Mutter schon einige Fehlgeburten hinter sich, ein oder zwei und auch danach … wegen ihrem Alter, aber nicht nur deswegen, auch wegen ihrer Gesundheit und wegen allem, was sie durchgemacht hatte. Das ist die Geschichte, ganz einfach: Ich war das einzige Kind aus all diesen Schwangerschaften.

Tamar spricht fast, als trage sie einen Bericht vor, sie scheint emotional unbeteiligt. Ihr monotoner Redefluß ist hin und wieder von ironischen

Bemerkungen durchsetzt: Der Staat »brach aus«, ihr Vater machte keine »schlimmen« Erfahrungen durch wie ihre Mutter.

Als ich auf die Welt kam, wohnten wir in der Eilat-Straße. Kennen Sie die? Wir hatten auf dem Dach eine Art Hütte, dort haben wir gewohnt. Ich kann mich an ein paar Bilder vom Dach erinnern: Darunter waren alle möglichen Zimmermannswerkstätten und Handwerker. Ich weiß nicht genau, was meine eigene Erinnerung ist und was ich nur weiß, weil meine Mutter es mir erzählt hat. Mein Vater hatte ein Gemüsegeschäft in Jaffa *(lacht),* und nach dem, was meine Mutter sagt – und was ich mir, so wie ich meinen Vater kenne, auch gut vorstellen kann –, hatte er einen Partner, der ihn unablässig übers Ohr haute, deswegen blieb er sehr arm. Also gab er es schließlich auf und arbeitete bei einem Gemüsegroßhändler als Kassenverwalter. Als Kassenverwalter und Buchhalter, darin war er Experte. Er verschwendete seine Talente, er war ein Jeschiwa-Student gewesen, und als er nach Israel kam, konnte er sehr gut Hebräisch, auch schreiben, aber er war *(ironisches Lachen),* ich glaube, er war ein Mensch, der überhaupt nie die Regeln hier lernen konnte und mit der Realität nicht zurechtkam. Jahrelang hatte er den Traum, als Angestellter in der Stadtverwaltung von Tel Aviv zu arbeiten. Er hat mir einmal gesagt, daß er diese Chance vertan hat.

Als ich drei war, zogen sie in ein kleines Viertel, irgendwo zwischen Givatayim und Jad Eliyahu, eine kleine Nachbarschaft, winzig, wir hatten eine Zweizimmerwohnung, eine von diesen winzigen Wohnungen, die damals gebaut wurden, als viele Einwanderer ankamen und man sie irgendwo unterbringen mußte. Am Anfang war diese Gegend ganz gut, weil viele Österreicher, Ungarn und Polen da wohnten. Sogar Ephraim Kishon wohnte da, auch viele Leute von der Liberalen Partei. Aber nach ein paar Jahren ging es einigen gut genug, daß sie woanders hinziehen konnten. Also, anfangs war die Gegend auf einem sehr hohen Niveau, und dann wurde sie allmählich zu einem kleinen Randgebiet. In gewisser Hinsicht hat es Spaß gemacht, da zu wohnen, weil ich ganz in der Nähe des Stadtzentrums von Tel Aviv aufwuchs. Bis heute fühle ich mich eher so, als sei ich in Tel Aviv aufgewachsen, nicht in Beer Sheva. Und da bin ich auch zur Schule gegangen, ich hatte acht Jahre lang ein sehr strukturiertes und geregeltes Leben, immer mit denselben Kindern und Freunden zusammen. Und sogar davor hatte ich schon drei Jahre dieselbe Vorschule mit denselben Kindern besucht *(wendet sich an Bosmat).*

Ich weiß nicht, aus welcher Generation Sie kommen, wo ich mich einzuordnen habe, aber ach – das war eine Zeit, meiner Ansicht nach war das eine der wichtigsten Abschnitte in meinem Leben. Wie kann ich Ihnen das erklären. Das hatte auch damit zu tun, daß es damals gute High Schools gab, das war noch vor der Einführung der Comprehensives [A. d. Ü.: eine Art Gesamtschule], und die Kinder [die nicht gut genug waren] wurden rausgeschmissen. Also, unsere High School war sehr streng, und das war für mich sehr gut … es gab Sachen in meiner Jugend, die für mich schwierig waren wie … ach, aber ich habe auch gerne gelernt, ich hatte gute Freunde, und schließlich habe ich da auch meinen späteren Mann kennengelernt. Ich habe aus dieser Zeit immer noch Freunde.

Obwohl Tamar wie Anja ohne Unterbrechung weiterredet, wird der Redefluß immer öfter durch Füllwörter wie »ach«, »ah« und so weiter unterbrochen, als würde sie gleichzeitig etwas sagen und nicht sagen wollen. Ich habe den Eindruck, daß sie sich Gedanken darüber macht, wie wir ihre Worte aufnehmen und welchen Eindruck sie, vor allem auf Bosmat, macht.

Also, in den letzten drei Jahren machte ich Biologie zu meinem Hauptfach, und das war's. Ahh, zu Hause war ich, glaube ich, immer ein sehr braves Kind, und erst als Teenager habe ich, ich habe meine Mutter umgebracht, ich habe ihr fürchterlichen Kummer bereitet, vor allem …

»Was denn zum Beispiel?« (Tamar lacht)

Also gut. Ich habe sie angeschrien und sie gehaßt und wollte nirgends mit ihr hingehen und … Ich glaube, daß wir über die Straße gingen und es mir sehr peinlich war, daß sie bei mir war, daß sie mich repräsentiert, daß sie meine Mutter war. Ich konnte es nicht ertragen, daß sie stolz auf mich war, daß ich ihre Tochter war. Solche Sachen.

»Und haben Sie das irgendwann überwunden?«

Nein, das ist, glaube ich, immer noch nicht vorbei. Also, ich habe große Schwierigkeiten mit ihr *(seufzt beim Sprechen),* ich weiß auch nicht, ob es an ihr oder an mir liegt, sie ist einfach ein schwieriger Mensch. Sie ist eine sehr harte Frau. Ich glaube, wenn ich das aus einiger Distanz sehe, dann hat sie eine emotionale Krise durchlebt, wegen der Dinge, die sie dort erlebt und durchgemacht hat. Wahrscheinlich war sie von Anfang an kein leichter Mensch, und was sie dort durchgestanden hat, hat sie noch schwieriger werden lassen.

»Können Sie mir ein konkretes Beispiel nennen?« Tamar zögert einen Moment und wählt ihre Worte mit Bedacht.

Ich glaube, sie neigt dazu, ein Vielfraß zu sein. Mir fällt dazu jetzt nicht *die* eine große Geschichte ein, aber ich denke an die Rolle, die bis heute, also, die Bedeutung des Essens für Kinder ist wichtig, Essen war regelrecht heilig – »sie müssen essen«. Noch heute passiert es, daß sie mir ganz unerwartet sagt, wir telefonieren, und plötzlich sagt sie, obwohl sie schon hundert Mal hiergewesen ist und weiß, daß … ich nie … meine Familie beschwert sich darüber, wie ich den Kühlschrank vollstopfe. Mein Tiefkühlfach quillt immer über mit gekochtem und rohem Essen. Als ich zum Beispiel im September drei Wochen lang weg war, habe ich den Haushalt so geplant, daß ich auch ein halbes Jahr hätte wegsein können, und immer noch hätten alle jeden Tag ein warmes Mittagessen gehabt. In dieser Hinsicht kommt meine Mutter nicht an mich ran, aber bis heute ruft sie mich an und fragt, ob die Kinder was zu essen hatten, als wenn sie hier nichts zu essen bekämen. Ich glaube, sie kann nicht akzeptieren *(aufgeregt)*, daß … daß ich erwachsen und selbständig bin.

Als wir jung verheiratet waren, haben uns meine Eltern ab und zu mal finanziell unter die Arme gegriffen, wie das bei den meisten Leuten ist. Aber das ist lange vorbei. Können Sie sich vorstellen, daß meine Eltern mir geholfen haben, dieses Haus zu bauen? *(Schaut uns an, um zu sehen, ob wir begreifen, wie absurd das ist)* Und bis heute ist sie in der Lage, meinen Töchtern zu erzählen, daß wir das, was wir haben, nur hätten, weil sie uns Geld gegeben hätte. Und damit nicht genug, früher hat sie das sogar den Nachbarn erzählt! *(wütend)* Was soll so ein Benehmen? Mir standen die Haare zu Berge! Abgesehen davon, daß es einfach übertrieben ist, das ist genau die Sorte von Bemerkungen, die mir das Gefühl geben, ich sei absolut wertlos. Bis heute hat sie den Eindruck, ich sei abhängig von ihr und käme selbst nicht zurecht. Immerhin ist es doch wohl klar, daß das nicht stimmt, daß das einfach erfunden ist. So was ärgert mich *(seufzt).*

»Ich fühle mich wertlos.« Tamar ärgert sich zum ersten Mal, und ich frage mich, wieviel Macht Anja noch immer über ihre Tochter hat und inwiefern Tamar daran beteiligt ist, diese »magische« Macht zustandekommen zu lassen.

Ich muß immer in Habachtstellung sein, wenn wir uns eine Weile lang gut verstehen, dann nützt sie das aus und sagt: »Es war sehr schön, komm doch rüber und ich werde dich verschlingen, ich werde dir sagen, was du zu tun hast.« Zuerst macht sie das noch relativ schwach, weil wir uns immer noch gut verstehen, aber nach einer Weile fängt sie wieder an, mir zu sagen, was ich zu tun habe und was sie von mir hält. Sie fängt an, mich herumzukommandieren und die Kinder zu übernehmen. Ich kann mich an die ersten Jahre meiner Ehe erinnern, Jakob sagte, wenn ihm etwas zustieße, dann würde meine Mutter kommen und auf mich und die Kinder aufpassen. Allein die Vorstellung machte mich schon rasend. Natürlich würde ich das niemals zulassen – nie. Sie kann aggressiv werden und fürchterliche Dinge tun. Sie ist nicht dumm, und wenn man sie in der richtigen Stimmung erwischt, läßt sie auch mit sich reden. Sie verdrängt nicht übermäßig viel. Sie kann darüber reden, über den Tod, den Holocaust, sehr direkt und genau, und es einem begreiflich machen.

Tamar versucht, das harte Bild, das sie von ihrer Mutter gezeichnet hat, abzuschwächen.

Ich versuche, mich an alles mögliche zu erinnern, was ich an ihr kaum ertragen kann. Ich werde Ihnen nichts darüber erzählen, daß sie mich emotional erpreßt. In den Büchern wird die typische polnische Mutter stets gleich beschrieben: »Ruhe werde ich erst im Grab finden« und so was. Die Leute machen sich immer darüber lustig, aber mit ihr erlebt man das wirklich, und zwar immer. Als wir über die Festtage da waren, sagte sie zu mir: »Wenn ich nächstes Jahr noch lebe, tue ich das und das; wenn ich nächstes Jahr noch lebe, mache ich dieses und jenes.« Schließlich sagte ich zu ihr: »Hör mal, das mußt du nicht immer betonen, es ist ja wohl klar, daß du das nur tun kannst, wenn du nicht tot bist.«

Heute kann ich darüber lachen, aber es ist schrecklich, und so geht das schon seit Jahren. Es gab Zeiten, wo ich das genossen habe. Bei meiner Mutter hatte ich zum Beispiel immer das Gefühl, daß sie immer da sein würde, wenn ich sie brauche, tags und nachts. Also, sagen wir, ich wollte mitten in der Nacht eine Tasse Kakao oder einen Teller Suppe, dann stand sie auf und machte mir das. Also, das Kind richtig zu ernähren oder sich bei Krankheit um das Kind zu kümmern, daß es warm liegt, das ist das Allerwichtigste. Jahrelang wurde bei uns zu Hause die Legende verbreitet, daß sie nicht schläft. Sie brauchte nicht zu schlafen, nicht zu essen, oder sie ernährte sich angeblich nur von Äpfeln … mein Vater arbeitete für einen Gemüsegroßhandel, und er brachte Obst und Gemüse kostenlos mit nach Hause, also …

Allmählich begreife ich, wieviel Energien Tamar in die Beziehung zu ihrer Mutter steckt. Ich versuche, auf ein anderes Thema zu sprechen zu kommen: »Sie haben über Ihre Mutter gesprochen, aber Ihren Vater kaum erwähnt.«

Okay *(Traurigkeit)*. Mein Vater war sehr ruhig und introvertiert. Er sprach nicht viel und war ganz in sich versunken. Ich glaube, die beiden waren nicht sehr eng vertraut miteinander. Es war nicht die große Liebe, sie haben sich auch viel gestritten. Meistens habe ich meiner Mutter die Schuld daran gegeben. Er war bestimmt kein leichter Mensch oder ein Heiliger – sie paßten einfach überhaupt nicht zueinander. Äußerlich wirkte er sehr umgänglich, er war nicht der Typ, von dem man Streit erwartet hätte, nicht dogmatisch. Meine Mutter war immer diejenige, die Wutausbrüche hatte … und ihm Vorwürfe machte. Vielleicht – ich weiß auch nicht, ob ich mit so einem Menschen zusammenleben könnte. Von ihm bekam man nicht viel Hilfe, er war kein Mann zum Anlehnen. Aber ich glaube, zu einem großen Teil war meine Mutter mit ihrer ständigen Unzufriedenheit daran schuld.

Schließlich bestand sein Leben daraus, von der Arbeit zurückzukommen und die Zeitung zu lesen. Er ging morgens sehr früh zur Arbeit, weil der Markt sehr früh anfängt und schließt. Er hatte viele Bücher über die Bibel. Komisch, weil er kein religiöses Leben führte, auch wenn er seine Jeschiwa-Studien abgeschlossen hatte, aber er liebte das Lesen. Er hatte auch ein paar Freunde, die er ab und zu traf, um sich mit ihnen zusammen die jüdischen Sendungen im Radio anzuhören. Mit meinem Vater hatte ich keine tiefen Gespräche. Er verwöhnte mich und war nett zu mir, aber die Erziehung hat meine Mutter größtenteils alleine übernommen … ich glaube nicht, daß er mir als Baby die Windeln wechselte oder so etwas. Meine Mutter hat mich aufgezogen, ich und das Haus standen unter ihrer alleinigen Beaufsichtigung. Sie ließ ihn nicht einmal eine Tasse auswaschen. Sie sagte, er mache das nicht richtig. Da meine Mutter Tassen selbst aufs Fürchterlichste spült, hatte das wirklich nichts mit dem Grad der Sauberkeit zu tun *(lacht)*.

Ich glaube, die ganze Geschichte mit dem Krieg hatte ihn »reduziert«. Ich kann mich an ein paar Sachen erinnern, wie Leute, die ihn von vor dem Krieg kannten, mit ihm umgingen, er muß ein Mann mit sehr viel Humor gewesen sein, der viel offener war und viel mehr Freunde hatte als jetzt. Mein Onkel erzählte mir etwas über ihn als Kind, daß mein Vater das Lieblingskind seiner Mutter war, die massenhaft Kinder hatte. Er war schüchtern und introvertiert, und ich glaube, bis zu einem gewissen Grad hat er das nie abgelegt. Er hat auch erst sehr spät geheiratet. Die Mutter meines Vaters ist in Israel gestorben, er war in Rußland oder Zypern und … eine der komischen Sachen ist, daß sein Vater starb, als ich ein Jahr alt war. Immer, wenn ich daran denke, wundere ich mich. Das ist doch nicht … *(aufgeregt)* und er wollte unbedingt seine Mutter wiedersehen, als er nach Israel kam, aber sie war schon tot. Ich weiß nicht. Andererseits hat er vielleicht nur deswegen heiraten können.

Der Krieg »reduzierte« ihn – ein merkwürdiger Ausdruck. Tamar spricht über ihren Vater ganz anders als über ihre Mutter. Auch wenn es immer noch Anzeichen für einen anhaltenden inneren Dialog gibt, ist Tamar jetzt wesentlich emotionaler.

Meine Eltern hatten gute Freunde in ihrem Alter, die in Haifa lebten und keine Kinder hatten. Der Mann war so alt wie mein Vater und kam aus derselben Kleinstadt wie er, er hieß Jakob, seine Frau war älter. Sie war Rumänin, sie hatten sich in Rußland kennengelernt. Sie standen sich sehr nahe und tauschten alle möglichen Erinnerungen aus. Frühere Erlebnisse meiner Mutter, alle möglichen Erinnerungen – Taschkent – alle möglichen abgelegenen Gegenden in Rußland. Jetzt sehe ich ja manchmal im Fernsehen die Berichte aus all diesen Provinzen, die sich von Rußland trennen wollen, meine Eltern waren da, in Usbekistan, ich kann mich nicht an all diese komischen Namen erinnern, aber da sind sie untergetaucht. Solche Geschichten habe ich von ihren Freunden erfahren.

Mein Vater hatte zwei Brüder in Israel *(sie wendet sich plötzlich uns zu)* – interessiert Sie das überhaupt? Sein jüngerer Bruder war einige Jahre zuvor eingewandert, er galt als der Schöne und Dumme. Er war Polizist, ein sehr einfacher Mann, und ich glaube, sehr oberflächlich, also, als sei er Israeli. Ich glaube nicht, daß er sehr viel Tiefgang hatte, von ihm bekam man nichts Kluges zu hören. Der ältere Bruder war sieben Jahre älter als mein Vater. Er wurde auch Rabbi, er war ein sehr gebildeter Mann. Er und seine Frau hatten keine Kinder, weil sie das falsche Blut [Rh-negativ] hatte. Sie war neunmal schwanger, und alle Embryos sind gestorben. Eine fürchterliche Tragödie. Er war wie mein Vater. Sie sprachen eine Sprache, hatten eine ähnliche Bildung und einen gemeinsamen Hintergrund. Er hatte auch wirtschaftlich gesehen keinen Erfolg, genau wie mein Vater. Er hatte ein Geschäft, und es gelang ihm nie, auch nur ein einziges Paar Schuhe zu verkaufen, ganz erstaunlich. Er starb, als ich fünfzehn war.

Der jüngere »schöne und dumme« Bruder wanderte als erster nach Israel ein, »Israeli« wird mit »oberflächlich« gleichgesetzt. Sind das Tamars Werturteile oder die ihres Vaters? »Können Sie sich daran erinnern, was mit Ihrem Vater unternommen zu haben?«

(Seufzt) Ob ich mich daran erinnere? Ich weiß, daß sie mich samstags morgens immer verwöhnt haben, vor allem mein Vater. Sie brachten mir einen Pfannkuchen ans Bett und fragten mich, ob ich etwas Besonderes zum Frühstück haben wollte. Das war toll.

Tamar kann über ihren Vater kaum im Singular sprechen, selbst wenn es darum geht, wie er sie verwöhnt hat. »Hat Ihr Vater den Sabbat befolgt?«

Also, meine Eltern sind am Sabbat nicht Auto gefahren, weil sie kein Auto hatten. Sie haben den Sabbat nicht streng befolgt, aber mein Vater ist an den Feiertagen in die Synagoge gegangen, und in unserer Küche wurden Milch und Fleisch getrennt, weil die Familie aus Haifa sehr streng religiös war. Es ist interessant, was Mutter Ihnen erzählt hat *(sie schaut Bosmat an).* Ich glaube, ihre Geschichten verändern sich gelegentlich, aber ich weiß nie genau, wohin. Egal, jedenfalls weiß ich aus ihren Erzählungen, daß sie aktive Kommunistin und vierundzwanzig war, als der Krieg ausbrach. Ihr Freund war schon in Rußland, der war sehr schnell aus dem Land gekommen, und sie sollte nachkommen. Sie hat mir mal erzählt, daß sie ihre Aussteuer selbst gestickt hatte und im Koffer gepackt hielt. Meine Mutter ist sehr talentiert mit ihren Händen, sie stickt und strickt, und sie kann so etwas alles sehr gut. Aber sie näht ganz entsetzlich, und meine ganze Kindheit über nähte sie mir Kleider in diesem grauenhaften polnischen Stil. Aber Stricken und Sticken kann sie sehr gut.

Ich erinnere mich, als ich noch sehr klein war, fuhren wir einmal nach Haifa, und sie erzählte mir über jedes einzelne Kleid, das sie da gelassen hatte, auch später, als sie floh, die dann zurückblieben, und ihre Familie konnte von den Kleidern leben. Also, sie wollte ihn [ihren Freund] da treffen, und sie heirateten, und als sie nach Israel kam … in Israel war sie nicht mehr Kommunistin. Übrigens weiß ich bis heute nicht, wie meine Eltern wählen. Es wurde über alles mögliche, über die fürchterlichsten Dinge bei uns zu Hause gesprochen, aber nie darüber, wie man wählt und wen. Das ist doch komisch, oder?

Tamar spricht, ohne das zu merken, wieder über ihre Mutter. Ich (Bosmat) denke mir, daß Anja nicht nur Kleider zurückgelassen hat.

Ich glaube, ihr Mann war in der Roten Armee, und er kam um. Viele Menschen wurden getötet und … sie blieb mit einem Baby zurück. Als der Junge zwei war, starb er. Vor kurzem hat sie das den Mädchen erzählt, und ich hab gelauscht. Sie gingen in irgendeine Kolchose, irgendwelche Leute, und haben dort Landwirtschaft betrieben. Die Männer wurden eingezogen, und nur die Frauen blieben zurück, aber in der Geschichte kam ihr Baby auch nicht vor. Also weiß ich nicht, ob das vorher oder nachher war.

»Hat Ihnen Ihre Mutter immer solche Geschichten erzählt?«

Ja, immer! Wenn Sie mich fragen, sie hat es übertrieben. Bei manchen Leuten wird gar nicht darüber gesprochen. Ich kannte Leute zu den verschiedensten Zeiten, und die haben alle gesagt: »Wir wußten nichts darüber, was unsere Eltern erlitten haben.« Heute denke ich, sie war zwanghaft, sie hat das zu sehr durchgesetzt, sie hat uns nicht unsere eigene Meinung entwickeln lassen. Alles stand im Schatten dieser Ereignisse.

»Hat Ihr Vater auch darüber gesprochen?«

(Seufzt) Mein Vater hat mir sehr wenig erzählt, aber er war ganz im allgemeinen kein redseliger Mensch. Er war weniger emotional und kümmerte sich weniger und … ich glaube, daß er gesünder war, psychisch gesünder und besser organisiert. Ich glaube, er hat auch weniger Angehörige aus der engen Familie verloren. Er hat keine Frau und kein Kind verloren. Also, er hat einige Brüder und deren Familie verloren, aber das ist schon ein Unterschied, finde ich. Meine Mutter stand ihren Eltern sehr nah, und bis heute sieht sie nicht … wenn man erwachsen wird, sollte man sich entwickeln und seine Eltern realistischer betrachten lernen. Ich glaube, diese Entwicklungsstufe hat sie nie durchlebt, weil ihre Eltern bis heute irgendwie als Vorbild, als Ideal [gelten].

Tamar seufzt sehr tief. Ihr Vater ist gesünder, weil er weniger nahe Angehörige verlor, und ihre Mutter ist unrealistischer, weil sie den Menschen, die umkamen, sehr nahe stand. Zum ersten Mal sagt Tamar beinahe, daß sie die Schmerzen ihrer Mutter nicht in sich aufnehmen kann.

Also, wenn wir noch mal auf den Sabbat zurückkommen, damals war Sabbat anders als heute. Es gab kein Fernsehen, und viel mehr Leute gingen in die Synagoge, Autos gab es auch noch nicht. Das gehörte einfach zum Alltagsleben. Aber bei uns kann ich mich gar nicht an glückliche Festtage erinnern. Wir waren am Pessach zwar nie alleine, wir gingen immer zu anderen Leuten aus der Familie. Mein Vater hatte zwei Cousins, die aus einer Kleinstadt bei ihm in der Nähe kamen. Mit denen verstanden wir uns sehr gut, sie lebten ganz in der Nähe. Einer von ihnen war tiefgläubig, die hielten wundervolle Seders ab, sehr religiös und schön. Manchmal luden meine Eltern auch selbst Leute ein, und wir lasen die ganze Haggada, so wie es sein sollte. Aber irgendwie erinnere ich mich nicht an ein Glücksgefühl, ich kann mich nicht an richtige Freude erinnern. Bis heute sind Feiertage mein schwacher Punkt. Mit den Jahren habe ich zwar öfter schon einmal ein Festtagsessen organisiert, und wir machen auch alle Rituale mit, aber irgendwie bin ich nicht ganz zufrieden. Ich kann mich an viele Pessachabende erinnern, die wir mit einer großen Gruppe verbrachten, als Randfamilie. Damit meine ich, daß wir selbst nie stark waren, sondern immer nur mit anderen. Ich hatte den Eindruck, daß wir eine sehr kleine Familie waren, und innerhalb des größeren Familienkreises standen wir immer am Rand. Andere Leute standen sich viel näher. Manchmal sieht man Brüder, die wirklich wie Brüder sind, so waren die Cousins meines Vaters. Die hatten Auschwitz und alles zusammen überstanden und waren sich sehr nahe.

Wir blieben irgendwie unter uns. Das ist komisch, weil ich eine sehr große Familie habe, nicht nur väterlicherseits. Meine Mutter hat Cousinen und Cousins, die viele Kinder in Amerika und in Israel haben. Als ich ein Kind war, waren wir sogar oft zusammen. Aber ich habe keinen Kontakt mehr zu ihnen, es ist Jahre her, seit ich das letzte Mal auf einer ihrer Hochzeiten und Feste war. Sie sind sehr nett und erfolgreich. Ich kann nicht sagen: »Ich habe eine schreckliche Familie, ich will nichts mit ihnen zu tun haben!« Nein, sie sind nett, kultiviert, intelligent. Vielleicht habe ich das Gefühl, daß ich nicht wirklich zu ihnen gehöre … und vielleicht auch, daß meine Mutter immer irgendwo im Hintergrund ist, wenn ich mit ihnen zusammenkomme.

Wenn ich das heute aus den Augen einer Erwachsenen betrachte, dann habe ich den Eindruck, daß wir irgendwie benachteiligt waren. Ich meine, sie waren schon israelische Staatsbürger und hatten im Unabhängigkeitskrieg gekämpft und sich im Land eingelebt. Ein bißchen so wie in dem Film mit Gila Almagor, ›Avia's Summer‹. Gut, meine Mutter war nicht völlig verrückt, aber irgendwie war sie eine Figur aus der Diaspora, sie hat hier nicht hingepaßt, ich glaube, ihre Geschichten gingen in die Richtung. Also, in Polen war sie noch jung, und man hielt sie für ein sehr talentiertes Mädchen, sehr gutaussehend und erfolgreich, und als sie aus Rußland heimkehrte, war sie nur noch eine halbe Person *(seufzt und blickt Bosmat an).* Sie ist auch sehr schnell gealtert. Es gibt Bilder, wo ich noch ein Baby bin, da sieht sie noch ganz gut aus, aber dann hat sie sehr schnell graue Haare bekommen, sie bekam viele Falten und hat nicht mehr auf ihr Äußeres geachtet. Sie wurde zu jemandem, der sich keine Mühe mehr mit sich selbst gibt, sie hat nie irgendwelche Cremes benutzt oder sich schön angezogen. Von ihr konnte man nicht lernen, was es heißt, eine Frau zu sein. Also, das Haus mußte sauber sein, und die Kleider, die man trug, mußten ansehnlich sein, das Bettzeug war immer weiß, aber … einmal gingen wir zum Karmel-Markt, wo ein Ladenbesitzer sie kannte. Er war mit ihr auf Zypern gewesen und erzählte mir: »Wie gut du aussiehst … du solltest mal wissen, wie deine Mutter in deinem Alter aussah, sie war so eine schöne Frau, sehr sehr schön.« Die Leute konnten nicht fassen, was aus ihr geworden war, sie hat irgendeine Metamorphose durchlaufen.

»Wir waren selbst nicht stark« und »Man konnte von ihr nicht lernen, was es heißt, eine Frau zu sein«. Mit diesen starken Äußerungen drückt Tamar ihre Einsamkeit aus. »Hatten Sie irgendwelche Gegenstände aus Polen bei sich zu Hause?«

Nichts, nichts war erhalten geblieben. Meine Mutter sagte, daß das Haus völlig zerstört war, als sie zurückkam. Sie hatten die Häuser zerstört und alles dem Erdboden gleichgemacht. Allerdings waren viele Fotos erhalten geblieben, weil sie die an die Onkel in Israel und Amerika geschickt hatten. Meine Mutter hat sich die besorgt und sie abfotografieren lassen. Aber Gegenstände sind keine mehr dagewesen. Ihre Großmutter, also die Großmutter meiner Mutter, die mit vierundachtzig Jahren in Israel gestorben ist, als meine Mutter auf Zypern war, die hatte ein paar Kinder. Einige von denen waren in Polen geblieben, darunter auch die Mutter meiner Mutter. Von denen und ihren Kindern hat keiner überlebt. Dann waren einige Söhne, also Onkel, nach Amerika ausgewandert, die hatten mehr oder weniger Erfolg, dann ist ein Onkel nach Israel ausgewandert, ein einziger Onkel, das ist der, für den sie eine Schiwa gemacht haben, als er in Israel ankam.[1] Er lernte den Zimmermannsberuf, was als ganz fürchterlich galt. Er war Zimmermann, und ich hatte jahrelang einen Schrank, den er selbst gebaut hatte.

Also, bei Kriegsausbruch war Großmutter bereits Witwe, so ging sie alle Söhne besuchen, und damals war sie also in Israel. Sie war also hier, und meine Mutter schrieb ihr später aus Zypern. Sie liebte ihre Großmutter sehr. Da waren alle sehr groß und hatten rotes Haar, und einige von ihren Kindern sehen auch so aus. Moment mal, wie kam ich jetzt auf Großmutter? *(Ich hatte sie nach Gegenständen gefragt.)* Also, als sie starb, vererbte sie Diamantohrringe und solche Sachen. Der Onkel aus

Amerika, als der kurz, nachdem meine Mutter eingewandert war, hierher kam, waren sie sehr aufgeregt … jemand hatte überlebt, jedenfalls, er bot meiner Mutter die Ohrringe an. Also, das erzählt sie wenigstens, und man kann nicht alles glauben, aber nach dem, was sie sagt, bot er ihr die Ohrringe an. Sie aber sagte, sie hätte im Krieg alles verloren, was sie jemals hatte, und für Diamanten keine Verwendung. Sie hat sich wirklich die ganzen Jahre über nicht einmal schick gemacht.

»Hat Sie noch versucht, nach Ihnen andere Kinder zu bekommen?«

Sie war mindestens noch zweimal schwanger. Ich kann mich mindestens an einmal erinnern, ich hab eine ganz verschwommene Erinnerung daran, daß ich in einem Krankenhaus war, wo sie wohl nach einer Fehlgeburt lag. Damals erzählte man irgendwie, ich weiß es nicht genau, daß sie schwanger gewesen war. Ich war etwa ein Jahr alt, und sie war hinter mir hergelaufen und dabei gefallen, und deswegen hat sie das Kind verloren. Sie hat das sehr dramatisch beschrieben, und sie hatte offensichtlich das Bedürfnis, mir das schon bis in die kleinste Kleinigkeit hinein zu erzählen, als ich noch sehr klein war. Eigentlich komisch, daß ich mich nicht schuldig fühle, denn nach ihrer Darstellung habe ich meinen Bruder umgebracht, darauf läuft das ja mehr oder weniger hinaus. Ihre Beschreibung war sehr dramatisch, denn es stellte sich heraus, daß es ein Junge gewesen wäre. Das muß für sie etwas Besonderes gewesen sein – daß es ein Junge war. Ich habe mich nie, also das Thema hat mich nie richtig beschäftigt, und sie, sie sagte wirklich, daß sie sich hatte umbringen wollen, daß sie damals fast aus dem Fenster gesprungen wäre *(erregt).* Okay, ich spreche sehr kühl darüber, aber ich bin noch immer ziemlich wütend auf sie. Ich finde nicht, daß das die richtige Methode ist, Kinder zu erziehen, mit solchen Vorwürfen. Wahrscheinlich war das damals eine Zeit, wo die Leute einfach alles zu ihren Kindern sagten, was ihnen gerade so durch den Kopf ging, zu jeder Zeit und in allen Situationen. Man sagte mir: »Es muß für dich sehr schwer sein, ein Einzelkind zu sein«, als könnte ich daran irgend etwas ändern. Tatsächlich habe ich es sehr genossen, Einzelkind zu sein. Mir war klar, daß ihre Kräfte begrenzt waren [der Eltern] und daß es für mich sehr unbequem wäre, sie noch mit jemand anderem zu teilen. Ich war sehr egoistisch und pragmatisch. Später wurde es etwas schwieriger. Als mein Vater starb, wurde meine Mutter zur Last, und wenn es noch jemanden außer mir gegeben hätte, wäre das schon eine Entlastung gewesen *(seufzt).*

Insgesamt gesehen hat meine Mutter ein Monopol, a) auf den Holocaust und b) auf den Tod, den Tod ihrer gesamten Familie. Seit dem Tod meines Vaters hat sie auch noch ein Monopol auf seinen Tod. Sie hat natürlich auch ein Monopol auf ihren eigenen Tod, und das bringt mich in gewisser Hinsicht in die Situation, entweder gehorsam zu sein und mich wie ein Lamm zur Schlachtbank führen zu lassen oder ungehorsam und distanziert und schrecklich zu sein. Manchmal gelingt es mir, mit ihr zusammenzusein, aber ich glaube, ich bin nur ein- oder zweimal am Todestag meines Vaters mit ihr gemeinsam zum Friedhof gegangen. Das ist eine ganze Welt, mit der sie sich beschäftigt, und ich gehöre nicht dazu.

Ich versuche mir vorzustellen, wie es sich wohl anfühlt, mit einer Mutter aufzuwachsen, die »ein Monopol auf den Tod hat«. »Wir sprachen über Gegenstände. Gab es denn irgendwelche Sachen, die bei Ihrem Vater erhalten blieben?«

(Aufgeregt) Ja, das ist eine Geschichte, das macht mich wahnsinnig, weil ich es erst beim letzten Mal herausbekommen habe, als wir meine Mutter besuchen waren. Es hat immer ein Bild der Eltern meiner Mutter an der Wand gehangen und genauso eins von den Eltern meines Vaters. Als ich sie das letzte Mal mit meinen Töchtern besuchen ging, hing das Bild nicht mehr da, und es stellte sich heraus, daß sie es meiner Cousine gegeben hatte. Ich schrie sie an, ich wurde sehr wütend: »Das war ein Bild von den Eltern meines Vaters! Wie kannst du es wagen, mir die Sachen wegzunehmen, die mein Vater mir hinterlassen hat!« Und sie sagte: »Wofür brauchst du denn das Bild?« *(sehr wütend)* Wer gibt ihr das Recht dazu? *(wendet sich an Bosmat)* Sehen Sie, das ist ein Beispiel dafür, daß jemand seine Grenzen nicht kennt, leicht zu durchschauen ist. Wie konnte sie so etwas tun? *(sehr erregt)*

Die Verwandten meines Vaters starben und hinterließen ein paar Sachen, die meine Tante bekam. Darunter waren auch zwei silberne Kerzenleuchter, die ungefähr so groß waren *(zeigt eine Höhe von ca. einem halben Meter),* mit sehr schönen filigranen Verzierungen wie in den Büchern, sehr schön. Ich hätte sie sehr gerne, aber eigentlich habe ich gar keinen Anspruch auf sie, weil ich meine Tante kaum kannte. Also, ich habe auch nichts von diesen Familiengegenständen bekommen. Ich glaube, mein Vater hat sich nicht darum bemüht, es war für ihn nicht so wichtig, und er forderte nichts, und für meine Mutter waren sie auch von Bedeutung. Daß ich etwas davon haben wollte, ist ihnen gar nicht in den Sinn gekommen *(wütend)*, und daß sie das Bild weggegeben hat, bringt mich um. Es war das einzige vorhandene Bild.

»Wenn Sie Ihre Geschichte mit Jakobs vergleichen, wie sehen Sie das?«

Jakobs Mutter hat nicht sehr viel geredet, ich glaube, er wußte gar nicht so richtig über seinen Hintergrund Bescheid. Also, er wußte vielleicht ein bißchen Bescheid, wie seine Mutter überlebt hatte und daß sie in einer Kolchose in Rußland lebte. Sein Vater hingegen sprach darüber, aber Jakob verstand das nicht, weil es nicht zu seinem Bild [von ihm] paßte *(seufzt)*. Aber ich glaube nicht, daß meine Eltern immer mit mir darüber gesprochen haben. Wenn Leute mich etwas fragen, sage ich es ihnen, aber es ist kein Thema, über das ich mit den Kindern oder Jakob spreche. Es ist bekannt, es ist vorhanden. Ich glaube, einer der Vorteile für die zweite Generation ist, daß man nicht mehr darüber sprechen muß, meine Freunde sind jedenfalls auch so, wir wußten ziemlich genau, was das alles bedeutete. Man hat Codes … man hat ein gemeinsames Schicksal. Meine Kindheitsfreunde und ich, wir hatten alle eine Geschichte, die wir alle kannten. Unter uns wohnten zum Beispiel eine Frau und ein Mann, die keine Kinder hatten, und man erzählte sich, daß sie eine von denen war, an denen Mengele seine Experimente durchgeführt hatte, und deswegen konnte sie keine Kinder bekommen. Ich kannte als Kind viele Menschen, die die Nummer auf dem Arm hatten. Als wir erwachsen waren, begannen wir darüber zu sprechen. Vor kurzem habe ich zum Beispiel eine sehr gute Freundin aus der High School getroffen. Da hat sie mir genau erzählt, wie ihre Mutter überlebt hat, daß Gojim sie versteckt hielten und daß sie später bei Gojim Arbeit gefunden hat. Sie hat sie zu den »Gerechten« gemacht und sie nach Israel gebracht. Sie hat faszinierende Dinge erzählt. Ich glaube, alle meine Freunde wußten genau, aus welchem Ort ihre Eltern kamen, und sie kannten die Straßennamen dieser Orte, auch wenn sie selbst nie da gewesen waren. Ich hingegen kenne den Straßennamen nicht, ich kenne die Städte, denn sie waren so klein, daß sie eigentlich nur eine Hauptstraße hatten. Tatsächlich denke ich schon seit einiger Zeit darüber nach, nach Polen zu reisen, und inzwischen ist es sogar nahe gerückt, aber ob ich es tatsächlich tun werde, das steht noch immer nicht fest, aus verschiedenen Gründen.

»Wollen Sie denn alleine verreisen?«

(Seufzt) Ich würde ganz gerne mit einer Freundin dorthin fahren, aber das hängt von vielen Dingen ab, ich weiß nicht genau, ob wir das tatsächlich machen. Es gab an der Universität eine Gruppe, da hab ich mir alle Details angeguckt, aber das war nicht das Richtige für mich, die Leute waren alle zu jung, und es waren mir auch zu viele. Ich wollte nicht mitfahren, ich weiß auch nicht.

»Wie reagieren denn Ihre Töchter auf die Großmutter und ihre Geschichten?«

Sie sind interessiert und reagieren mit Interesse und Einfühlung. Es ist ihnen nicht das Wichtigste, sie sind zwar bereit zuzuhören, aber ich weiß auch nicht. Ich habe bestimmt schon Kinder kennengelernt, die sich mehr dafür interessieren. Idit war zum Beispiel schon mal in Polen, und bevor sie dorthin fuhr, gab es viele Workshops und alle möglichen Vorbereitungen. Die Reise war sehr emotional und etwas ganz Besonderes, und sie hat viele wichtige Erfahrungen gemacht. Aber ich habe nicht den Eindruck, daß es für sie und ihre Freunde genauso wichtig ist wie für mich und meine Freundinnen. Und die anderen Jugendlichen unterscheiden sich nicht grundsätzlich von ihnen. Ich spreche mit meinen Töchtern nicht darüber, über vieles spreche ich nicht mit ihnen. Ich bin wahrscheinlich eine ziemlich verschlossene Mutter, wenn es um persönliche Dinge geht. Und außerdem habe ich es in den letzten Jahren auch in eine andere Perspektive gerückt, ich denke, es ist nicht mehr ganz so wichtig wie früher. Das hoffe ich zumindest.

Tamar lächelt hoffnungsvoll. Bosmat sagt herzlich: »Dieses Interview war sehr interessant.«

Mir kommt es sehr kurz vor, sogar ein bißchen oberflächlich. Wir haben mehr über Fakten gesprochen und darüber, wie man im Alltag damit lebt, aber nicht über die Vorstellungen, die man darüber entwikkelt, die Träume, alles, was mit dem Innenleben zu tun hat. Ich habe von mir aus nicht davon angefangen, ich habe nicht darüber gesprochen, weil es in diesem Rahmen schwierig ist, darüber zu sprechen. Aber das Interview war … eigentlich ziemlich bruchstückhaft.

Bosmat und ich treten hinaus in die frische Sommerluft in der Wüste. Es ist schon dunkel geworden, und die Lichter in den kleinen Nachbarhäusern sind an. Zwei Kinder spielen mit einem Ball, und ein Hund läuft herum. Wir gehen schweigend nebeneinander her. Wir haben beide das Bedürfnis, nach so vielen Worten die Stille um uns herum zu spüren und unseren Gefühlen nachzuspüren. Was kann man nach einem solchen Interview auch sagen? Wir waren mit Vorbehalten zu Tamar gekommen und spüren, jetzt lastet etwas auf uns. Ich bringe Bosmat zum Bus, und wir verabschieden uns mit einer Umarmung. »Es wächst schon«, sage ich mir und muß lächeln, »ob Bosmats Baby wohl gehört hat, was seine Mutter in diesem Interview erfahren hat?«

Tamar hat beinahe keine eigene »Geschichte«, wenn wir unter »Geschichte« eine Erzählung verstehen, die eine Handlung mit Anfang, Mitte und Ende hat. Sie befindet sich in einer Art Dialog, einem inneren Kampf ohne Anfang und Ende, sie spricht in einem anhaltenden Redefluß. Während des gesamten Interviews ist ein »unsichtbares Gegenüber« spürbar, wie das auch bei Anja der Fall war. Und obwohl Tamar sehr intelligent und gebildet ist, spricht sie in sehr einfacher Form. Sie sagt oft »äh« und »also« und läßt ihre Sätze unvollendet, was wir nicht immer mit aufgeschrieben haben. Spricht sie so »als ob«, um damit zu sagen »Ich bin wertlos«? Imitiert sie vielleicht das schlechte Hebräisch ihrer Mutter? Tamar benutzt außerdem Wörter, die voller Ironie stecken und gelegentlich aggressiv von ihr benutzt werden: Der Staat »brach aus«, ihr Vater »verpaßte«, vor dem Krieg zu emigrieren. Diese Ausdrücke lassen an Jugendliche denken, die um Selbständigkeit und Unabhängigkeit kämpfen, so als imitiere Tamar den Stil ihrer Töchter.

Der offenkundige Teil ihrer Geschichte muß kaum weiter erläutert werden: Bei Tamar geht es um einen immer noch anhaltenden Kampf um die Loslösung von ihrer Mutter und Wut über eine Mutter, die sie

»verschluckt« und ihr das Gefühl gibt, »wertlos« zu sein. Ist es aber die Mutter, die Tamar nicht als »getrennte und eigenständige Person« sehen kann, oder ist es Tamars Mangel an Selbstwertgefühl, also der Kampf eines Kindes, das keine festen Grenzen zwischen sich und der überfürsorglichen Mutter spürt? Als Jugendliche war es Tamar peinlich, mit ihrer Mutter über die Straße zu gehen, weil sie »irrelevant« war: Sie sprach nicht hebräisch, sie sagte anderen Leuten unangenehme Dinge ins Gesicht, sie machte Ärger. Anja warf ihrer Tochter sogar vor, sie hätte ihren Bruder im Mutterleib umgebracht, weil sie dafür verantwortlich sei, daß ihre Mutter hinfiel und eine Fehlgeburt hatte. In gewisser Hinsicht erinnert Tamars Kampf an Tzipke, allerdings ist Tamar weniger reflektiert. Ihre Erzählung basiert auf dem Scheitern ihrer Bemühung um Unabhängigkeit, nicht auf dem Erfolg.

Der Konflikt, den Tamar noch nicht durchgearbeitet hat, ist weiterhin virulent. Anja nervt sie am Telefon noch mit Fragen, ob für die Kinder, »die nicht richtig ernährt werden«, genügend zu essen im Kühlschrank ist. Die Mutter bringt sie in peinliche Situationen, weil sie den Nachbarn erzählt, sie habe Tamar und Jakob das Geld fürs Haus gegeben. Anja gibt Tamars Cousine das einzig verbleibende Foto der Großeltern väterlicherseits. Tamar listet diesen mehrfachen Verrat ihrer Mutter auf und warnt damit vor ihr, die dem Anschein nach eine nette Person ist, dann aber ganz überraschend zuschlägt. Tamar spricht Anja beinahe übernatürliche Kräfte zu: Sie braucht keinen Schlaf und kein Essen (»Sie ernährt sich nur von Äpfeln«). Und als wäre das nicht genug, fügt Jakob noch eine eigene Phantasievorstellung hinzu: Wenn ihm etwas zustieße, würde ihre Mutter kommen »und auf mich und die Kinder aufpassen«.

Man kann die magische Kraft, die Anja in Tamars Augen eigen ist, nur verstehen, wenn man Tamars Bewunderung für ihre Mutter spürt, die neben Wut und Enttäuschung hindurchscheint: Daß Anja in Rußland nicht verhungert ist, den Tod ihres Ehemannes und Babys verkraftete, ihre Eltern und Geschwister verlor, sich mit eigener Hände Arbeit rettete und später mit ihrem zweiten Mann (Tamars Vater), der »keinen Erfolg hatte«, seiner Krankheit und seinem Tod umging und seit kurzem mit ihrer gebrochenen Hüfte zurechtkommt. Außerdem »war sie, als ich klein war, immer für mich da«. »Sie hat mich großgezogen«, nicht ihr Vater, der Tamar zwar verwöhnte, aber nicht mal eine Tasse zu Hause spülte.

Der manifeste Bestandteil von Tamars Geschichte, ihr innerer Konflikt also, durchzieht das gesamte Interview und jedes Thema. Auch wenn sie sich des Problems durchaus bewußt ist, steht sie doch, selbst als über Vierzigjährige, noch vollständig unter seinem Bann. Die Frage stellt sich, warum sie nicht wie Tzipke oder Hannah den Weg zu einem eigenständigen Leben finden konnte. Diese Frage führt uns zu einem weniger offenkundigen Aspekt ihrer Erzählung: Tamar fühlt sich minderwertig und unwichtig, und diese Gefühle scheint sie zumindest teilweise in Zusammenhang mit ihrer Mutter internalisiert zu haben.

Das wollen wir etwas näher betrachten: Tamar beginnt das Interview mit dem Satz: »Ich glaube, es ist so«, und beschreibt dann das Viertel, in dem sie in der Nähe von Tel Aviv aufgewachsen ist. Menschen wie Ephraim Kishon, der dort auch anfangs wohnte, zogen schon früh weg. In einem Teil des Interviews, das wir hier nicht abgedruckt haben, sagt Tamar, als sie beschreibt, wie sie herauszufinden versuchte, was ihre Talente waren, daß sie versuchte, »viele Dinge zu lernen, aber nicht so tiefe und ernste wie Medizin und Malerei, bei denen man Tiefe und persönlichen Ausdruck braucht«. Der Umzug nach Arad war für sie eine willkommene Veränderung, denn sie und Jakob konnten sich so von den Eltern entfernen. Sie fühlten sich frei und reisten viel. Und dennoch fühlte sie sich wie eine »junge, frustrierte Mutter«. Bei ihrer Arbeit in der Armee war sie Schwierigkeiten und Zwängen ausgesetzt, konnte sich aber nicht vorstellen, »daß es eine Alternative für mich gibt«. Am Ende des Interviews sagt sie, daß sie etwas ausgelassen hat: »Es war … ein bißchen oberflächlich … wir haben nicht über die Vorstellungen gesprochen, die man darüber entwickelt, die Träume, alles, was mit dem Innenleben zu tun hat … weil es … schwierig ist, darüber zu sprechen.« Unserer Ansicht nach sind das genau die Dinge, die Tamar sich nicht zu empfinden und auszudrücken erlaubt, und zwar auch außerhalb des Rahmens des Interviews.

Tamars Gefühl, unwichtig zu sein, beginnt schon in ihrer Familie. Ihre Eltern heiraten »nicht aus Liebe«, sondern weil sie verkuppelt wurden. Beide waren, bevor der Krieg alles zerstörte, erfolgreich und schön. Ihr Vater war ein intelligenter Student, der Rabbi geworden wäre, in Israel aber wurde er ein erfolgloser Buchhalter. Ihre Mutter war eine schöne und aktive Frau gewesen, die in Israel schnell ihr gutes Aussehen verlor und nicht mehr auf sich achtete, als sei sie in einem immerwährenden Trauerprozeß. Tamar sagt: »Sie hat ein Monopol auf den Holocaust und auf den Tod.« Tamars Mutter verzichtet in einem symbolischen Akt auf die Diamantohrringe, die das einzige Erbstück der von ihr sehr geliebten Großmutter waren, weil sie »alles im Krieg verloren« hatte und »für Diamantohrringe keine Verwendung hat«. Wenn man den weitreichenden Einfluß des Holocaust überhaupt an einem bestimmten Punkt festmachen kann, dann bestimmt an dem Gefühl der Wertlosigkeit, das Tamar durch die Beziehung ihrer Eltern nach dem Krieg, den Verlust ihrer nächsten Familienangehörigen und ihre Einwanderung nach Israel internalisiert hat.

Dieses Muster zeigt sich auch im weiteren Familienkreis, in dem, wie Tamar sagt, »wir eine Randfamilie waren. Damit meine ich, daß wir selbst nie stark waren, sondern immer nur mit anderen.« Sie und ihre Eltern waren weder mit den »realen« Erfahrungen »dort« oder »hier« verbunden, die andere Familienmitglieder enger aneinanderwachsen ließen. Nur wer »wirkliches« Leiden wie Auschwitz durchgemacht hatte, »wirkliches Heldentum« wie im Unabhängigkeitskrieg errungen und »wirkliche Freude und Glauben« erlebt hat wie ihre orthodoxen Angehörigen, war sozial anerkannt und legitimiert. Tamar kann auf dieser »Leidensskala« nicht mithalten. Wir erfahren, daß ihre Eltern den anderen Familienangehörigen nicht »wirklich nahestanden«, daß sie sich von den Cousins unterscheiden, die »gemeinsam Auschwitz überstanden hatten«. Ihre Eltern fühlten sich im Unterschied zu den früher ausgewanderten Angehörigen, die am Unabhängigkeitskrieg teilgenommen hatten, nicht als »Israelis«. Sie hatten auch nicht die richtige »Freude an Feiertagen« wie die religiösen Angehörigen, bei denen »wundervolle Seders stattfanden«. Ihre Eltern als säkular gesinnte »Asiaten« saßen zwischen allen Stühlen in der Familie (Auschwitz, Israeli, Orthodoxie), und Tamar befindet sich mit ihnen in derselben Situation, weil sie sich nicht von der »Leidensskala« lösen kann.

Tamar bringt gewissermaßen ihre eigene Entfremdung in Israel zum Ausdruck. Sie spiegelt das wider, was sie über die Familie ihrer Mutter sagt, die sich in Amerika niederließ und »dort ganz gut zurechtkam«, im Unterschied zu dem Onkel ihrer Mutter, der vor dem Krieg nach Israel kam und es nur zum Zimmermann brachte. Der »junge und gutaussehende« Bruder ihres Vaters emigrierte als erster nach Israel. In ihrer Familie denkt man, typisch für die Diaspora, schlecht über das Leben in Israel. Vielleicht sehnt sich Tamar noch, ohne es zu wissen, nach einer anderen Zeit und einem anderen Ort.

In dieser Hinsicht ist es auch interessant, Tamars Interview mit dem von Dina zu vergleichen. Sie leben in zwei sehr verschiedenen Welten, wenn sie auch denselben Hintergrund haben – beide kamen in Israel als Kinder polnischer Eltern zur Welt – und gleichaltrig sind. Dina fühlt sich wie Olga durch und durch als Israelin. Sie baut sich ihre Realität durch Handlungen auf und akzeptiert die herrschenden Verhaltensnormen und bezieht daraus ein Selbstwert- und Sicherheitsgefühl. Tamar, die objektiv gesehen keineswegs weniger im Leben geleistet und erreicht hat, fühlt sich von der israelischen Realität entfremdet. Sie fühlt sich nur Töchtern von anderen Holocaustüberlebenden eng verbunden, mit denen sie als Kind aufwuchs und die sie noch heute trifft, um sich emotional auszutauschen.

Wir vereinbarten ein Treffen mit Jakobs und Tamars Töchtern, Dafna und Idit. Dafna leistet gerade ihren Militärdienst ab – und zwar kam sie am selben Tag in dieselbe Einheit wie meine Tochter –, und Idit besucht die letzte Klasse der High School. Ich bin gespannt, wie gut Dafna und Idit es geschafft haben, sich ihre eigene Lebensgeschichte zu bilden, wie sehr sie sich als Frauen, als Israelis fühlen und inwiefern sie überhaupt ein Zugehörigkeitsgefühl entwickelt haben. Mußten sie, um es zu erreichen, ihre Großmutter ablehnen und sich auf Tamars Seite schlagen, die sich für eine »verschlossene Mutter« hält? Oder ist es ihnen gelungen, ihre Großmutter und Mutter jeweils so zu akzeptieren, wie sie sind?

Dafna

»Ich möchte etwas alleine machen können und mir meine eigene Meinung darüber bilden«

Ich (Dan) kenne Dafna schon eine Weile, sie war nämlich unsere Babysitterin, als wir noch in Beer Sheva wohnten. Ihre braunen, immer etwas traurig wirkenden Augen leuchteten immer auf, wenn sie unsere Kinder sah. Mein Sohn Haran mochte sie sehr und war überglücklich, wenn wir ihm mitteilten, daß Dafna auf ihn aufpassen würde. Wenn ich sie dann nach Hause brachte, unterhielt sie sich zwar immer mit mir, aber nie über sich selbst oder über ihre Ansichten zum Leben.

Als wir uns zum Interview zusammensetzen, teilt Dafna mir mit, daß sie eine Therapie gemacht hat, und erkundigt sich nach den Unterschieden zwischen einer Therapiesitzung und unserem Interview. Die Frage stimmt mich bedenklich, denn ich fürchte, daß Dafna mich mit ihrem Therapeuten identifizieren könnte. Ich erläutere ihr die Unterschiede, die meiner Meinung nach bestehen, und sage, daß ich ihr nur zuhören werde und meine Rolle nicht darin sehe, einzugreifen oder ihr bei der Lösung ihrer Probleme behilflich zu sein. Als ich den Kassettenrecorder anschalte, lächelt sie und beginnt zu sprechen, als wären wir »im Radio«.

Es ist so, als wäre ich geboren, ich weiß nicht, was passierte, bis Idit auf die Welt kam, da war ich etwa ein Jahr alt *(lacht).* Es war schön, eine Schwester und Freundin zu haben, denn das war sie immer, aber ich empfand auch, daß sie mir meinen Platz weggenommen hat. Sie hat sich sehr viel Mühe mit meinen Eltern und allem gegeben, und ich war das genaue Gegenteil. Oder, Mutter hat viele Jahre lang viel in mich investiert, aber später habe ich mehr in sie als umgekehrt investiert. Aber Idit war meistens mit Dad zusammen. Sie war die bravere von uns beiden, die hilfsbereitere, und ich war diejenige, die schnell ungeduldig und wütend wurde. Bis zur zweiten Klasse wohnten wir in Arad, aber daran kann ich mich kaum erinnern, danach sind wir nach Dimona umgezogen. Ich hatte gute Freundinnen da, wo wir wohnten, und in der Schule war ich auch beliebt *(fünf Sekunden Pause).* Als wir nach Beer Sheva zogen, fiel es mir viel schwerer, mich einzugewöhnen. Es ist mir eigentlich leichter gefallen, von Dimona wegzuziehen als von Arad. Aber egal, von der ganzen Familie war ich diejenige, der der Umzug am meisten ausgemacht hat. Ich sah alle anderen Kinder, die akzeptiert wurden, und ich fühlte mich minderwertig. Idit hat sich sehr schnell in der Gegend eingelebt. Ich entwickelte Minderwertigkeitsgefühle und wußte nicht, wie ich sie kontrollieren sollte. Es klingt, als würde ich Idit für meine Probleme verantwortlich machen, aber so ist es auch nicht genau. Ich bin für meine Probleme schon selbst verantwortlich.

In der zehnten Klasse hatte ich Freundinnen, aber ich mochte die nicht richtig. Es gab diesen riesigen Wunsch nach Erfolg, und damit kam ich nicht gut zurecht. Ende der zehnten Klasse hatte ich ein paar Monate lang einen Freund, und als das zu Ende ging, hat mich das sehr getroffen. Ich wußte nicht, was ich tun sollte, ich ging fast gar nicht mehr aus und habe mich dann mit Vater unterhalten. Ich machte eine Krise durch, ich wollte niemanden mehr sehen. Er hat mir geholfen, mit seiner Unterstützung konnte ich mich zusammennehmen. Meine Mutter hatte nicht die Geduld für meine Probleme. Sie wollte mir vielleicht sogar helfen, aber sie wollte auch, daß ich mich um mich selbst kümmere und so weiter. Also, damals habe ich dann eine Therapie angefangen. Insgesamt glaube ich, daß mich diese Krise meiner Familie nähergebracht hat.

Es fällt Dafna nicht leicht, über ihre Krise zu sprechen, trotzdem fährt sie fort, sie im Detail zu schildern. Sie scheint kaum von selbst in der Lage, über etwas anderes zu sprechen. Nach einer Weile versuche ich, ein etwas »neutrales« Thema zu finden: »Hast du deiner Großmutter und deinem Großvater nahe gestanden?«

Ich glaube, Idit hat unsere Großeltern mehr akzeptiert, ich weiß nicht, ob sie sie mehr liebt als ich, aber jedenfalls hat sie viel mehr die Rolle ihrer Enkelin angenommen als ich. Sie mag zum Beispiel Großmutters Küche, also polnisches Essen. Ich mag das meiste nicht, was sie kocht.

»Sprichst du jetzt über Anja?«

Ja, die kann man leichter mögen als Vaters Mutter. Vielleicht ist es schwer, mit ihr zusammenzuleben, aber ich mußte ja nie mit ihr zusammenwohnen. Es fällt nicht schwer, sie zu mögen, weil sie einen in den Arm nimmt und küßt und einem das Gefühl gibt, daß sie einen liebt. Sie ist auch sehr großzügig, sie verschenkt gerne Dinge. Vielleicht steht sie in leichter Konkurrenz zur Mutter meines Vaters, weil sie die nicht leiden kann. Ich habe heute auch keine Angst mehr, mich mit ihr zu streiten. Sie ist früher mit uns zum Spielplatz gegangen und hat uns Süßigkeiten gegeben. Sie gaben uns auch etwas zu essen, und ich ging sie mit Idit zusammen besuchen. Sie spricht immer noch über meinen Großvater und weint darüber, daß er tot ist. Heute spricht sie eher über ihn als früher. Ich weiß noch, daß sie uns einmal erzählt hat, daß sie im Krieg schon einmal verheiratet war, daß sie ein Baby hatte und ihre Nichte erzogen hat, die für sie wie eine Tochter war. Ihre Mutter sagte ihr, sie solle von zu Hause fliehen, weil Oma Kommunistin war. Sie war diejenige, die rausging und Essen besorgte, aber am Ende reichte es nur noch für einen Tag. Sie weiß nicht, wer sich nach ihrer Flucht darum kümmerte. Ich weiß im großen und ganzen, was los war, aber manchmal höre ich wieder Sachen, von denen ich noch gar nichts wußte, meistens aus der Zeit vor Rußland.

»Sie liebt andere« – zum ersten Mal höre ich von Anjas Warmherzigkeit und sehe sie in diesem Licht.

»Wie hast du diese Geschichten als Kind verarbeitet?«

Als Kind haben die mir, glaube ich, nicht viel zu schaffen gemacht. Ich habe immer nur Bruchstücke zu hören bekommen, die bereits gut gefiltert waren. Nur an ein einziges Mal kann ich mich erinnern, wo Oma vier oder fünf Stunden lang gesprochen hat, und das war zuviel. Ich wollte gehen, aber ich tat es dann doch nicht. Und ich erinnere mich, daß ich nachher sehr lange geweint habe *(zehn Sekunden Pause).*

»Und welches Verhältnis hast du zu den Großeltern väterlicherseits?«

Wenn die Familie sie besuchen fährt, dann bin ich gerne da, wo sie wohnen, denn ich verbinde damit viele Erinnerungen. Aber zu Anja gehe ich auch von mir aus, ich habe nicht so ein enges Verhältnis zur Mutter meines Vaters. Sie lebt einigermaßen so, wie sie will, ich weiß eigentlich nicht sehr viel über sie. Ich weiß nur, daß sie und ihre Schwestern eine Zeitlang in Rußland oder in der Ukraine lebten, dann flüchteten sie, irrten in Rußland herum, vielleicht hatten sie Hunger und waren sehr arm, es muß traumatisch für sie gewesen sein. Großvater hat uns manchmal etwas erzählt, aber ich habe nicht alles verstanden. Aber ich gebe mir auch nicht gerade Mühe nachzufragen – ich habe nicht das Bedürfnis, zu ihm zu gehen. Er will immer, daß es noch genauso ist wie damals, als ich klein war. Vielleicht habe ich aber auch ein bißchen Angst, daß ich sehr traurig werde und wieder weinen muß. Er erzählte mir, wie er gegen die Deutschen kämpfte und ihnen Sand in die Augen streute und andere Geschichten. Großmutter unterbrach ihn meistens mittendrin. Ich besuche die beiden nicht oft, ich fühle mich bei ihnen nicht gut aufgehoben *(zögert)*.

Aiw [die Mutter ihres Vaters] ist ganz auf sich selbst konzentriert, und sie zerstört alles um sich herum. Sie ist nicht gerade die aktivste Person der Welt, sie strengt sich nicht im geringsten an, etwas mit sich selbst anzufangen. Also, ich bleibe auf Distanz. Ich glaube, Mor ist davon nicht so beeinflußt worden, bei ihr haben sie das nicht gewagt. Idit und ich, wir haben mehr abbekommen. Das ist zum Teil auch Mutters Schuld, sie hat uns nur selten ermutigt, etwas selbständig zu machen, und uns genauso bewacht, wie ihre Mutter das mit ihr getan hat. Als wir klein waren, war mir das vielleicht noch nicht so wichtig, aber als Jugendliche hat es mich sehr geärgert. Ich möchte etwas alleine machen können und mir meine eigene Meinung darüber bilden, was und wie ich etwas mache. In dieser Hinsicht hat mein Vater sich viel Zeit mit uns genommen, darin unterscheidet er sich von den meisten anderen Vätern. Vielleicht weil seine Eltern sich mit ihm wenig Zeit genommen haben? Er versteht es auch, uns klarzumachen, wie er sich fühlt. Meine Mutter kann das überhaupt nicht, sie ist viel verschlossener. Und im Unterschied zu meinem Vater ist mein Onkel [sein Bruder] auch relativ verschlossen, auch wenn sie sich mit ihren Kindern ebenfalls viel Mühe gegeben haben. Sie hatten zu Hause viele Spiele, aber bei ihnen ist es anders als bei uns, ich weiß nicht, wie ich das erklären soll.

Dafna macht eine Pause, als hätte sie mich durch ihren Keller geführt und wolle jetzt wieder nach oben gehen. »Was macht ihr an den Feiertagen?«

Am Pessach gehen wir zu unserem Onkel. Ziemlich langweiliger Feiertag. Das heißt, es macht Spaß, in Tel Aviv zu sein und unsere Cousinen zu treffen, aber der Feiertag selbst wird nur begangen, weil wir ihn begehen müssen, damit sind keine besonderen Erlebnisse verbunden. Die Verwandten meiner Tante feiern auch mit uns, aber die Mutter meiner Mutter ist nie zum Seder dorthin gekommen. Sie lag mit ihnen irgendwie im Streit. Mir liegt nichts daran, mit ihnen zu feiern, ich geh da auch nur aus Pflichtgefühl hin. Ich verbringe die Feiertage lieber ohne Planung. Bei Dudu, meinem Freund, da sind die Feiertage wirklich schön. Die Familie seines Vaters kommt aus Marokko, wo wirklich gefeiert wird. Auch bei meiner Freundin, wo der Vater aus Rumänien kommt, sind sie fröhlicher. Bei ihnen sind auch viel mehr Leute zusammen.

»Kannst du dich an irgendwelche Märchen oder Geschichten aus deiner Familie erinnern?«

Ja, Märchen auf jiddisch, die meine Mutter und mein Vater uns vor dem Schlafengehen vorlasen und übersetzten und die sie von meiner Großmutter hatten. Ich erinnere mich an eine Geschichte von einem Ungeheuer mit einem Zopf. Und eine von Großmutters Geschichten über einen Jungen, der unablässig kaute. Alle möglichen Geschichten, als wir klein waren, hat Mutter uns eine Geschichte von Chinesen erzählt, schöne Geschichten. Als Kind hatte ich zwei Märchenbücher, die ich sehr liebte. Ich mochte die Geschichten sehr gerne, in denen den Kindern irgend etwas passierte, ohne daß sie etwas dazu getan hätte, also ohne jede Anstrengung auf ihrer Seite. Heute interessiere ich mich für Psychologie. Vor einiger Zeit habe ich ein Buch über Zen oder die Kunst, ein Motorrad zu warten, gelesen, das mich darauf gebracht hat, ich könnte lernen, wie man ein Motorrad wartet, das gäbe mir etwas zu tun. Ich lese auch Bücher über den Holocaust, viele, als ich etwa vierzehn war. Ich habe eine Vorstellung von den ›Muselmanen‹, ein fürchterliches Bild. Ich träume oft denselben Traum, in dem die Nazis kommen und mich holen, ich flehe um Erbarmen, das ist eine Art Tagtraum. Ich versuche zu kämpfen und mich zu retten. Ich kann mich nicht entscheiden, ob ich wegrennen oder gegen sie kämpfen und meine Schwestern schützen soll. Das hat bestimmt etwas mit den Filmen zu tun, die ich gesehen habe. Es ist eine Art Wiederholungstraum, den ich immer wieder träume, und ich weiß, daß er etwas mit dem Holocaust zu tun hat.

Dafna rutscht verlegen auf dem Stuhl herum. Ich frage sie, ob sie noch weitersprechen will, und sie lächelt erleichtert und sagt ganz schlicht: »Nein.« Vielleicht fällt es ihr schwer, mehr zu sagen, weil wir uns bereits aus anderen Zusammenhängen kennen oder weil sie in mir den Therapeuten sieht und über andere Dinge sprechen will als diejenigen, an denen ich interessiert bin.

Idit

»Ich selbst bin mir am wichtigsten.«

Als Idit zu mir nach Hause zum Interview kommt, spüre ich sofort den Unterschied zwischen ihr und ihrer älteren Schwester. Idit hat einen athletischen Körper und drückt mir zur Begrüßung fest die Hand. Obwohl wir uns vorher noch nie gesehen haben, herrscht keine Schüchternheit, wie das sonst bei ersten Treffen üblich ist. Idit spricht sehr selbstbewußt und ohne Unterbrechung, sie ist kaum zu stoppen. »Ich kann stundenlang über mich reden«, sagt sie mir gleich zu Anfang. Sie erzählt eine lange Geschichte über Bindungen, über ihren Freund, ihre Freundinnen, ihre Eltern und ihre ältere Schwester. Sie äußert ihren Wunsch, von allen gemocht zu werden und Beziehungen zu haben, die sich aus Haß und Liebe zusammensetzen. Ihre Familie steht am Anfang und am Ende ihrer Darstellung.

»Wenn du an deine Familie denkst, wer zählt dann dazu?«

Vater, Mutter, Dafna, Mor und ich.

»Nicht deine Großeltern?«

Nein, natürlich nicht. Mein Vater hat ja noch mehr Familienangehörige, die Familie seines Bruders, die ich überhaupt nicht kenne. Sie haben ein paar Jahre in Amerika gelebt, und meiner Ansicht nach hätten sie da auch bleiben sollen. Sie sind derartig polnisch in ihrem Benehmen, sie sagen das Rechte zur rechten Zeit, sie sind immer richtig angezogen, sie haben die Haare immer ordentlich *(imitiert jemanden):* »Wie gut, daß du zugenommen hast« und »Du siehst jetzt so weiblich aus«. Es ist schrecklich, ich hasse sie. Mit denen habe ich nichts zu tun. Mein Vater sagt, er akzeptiert nicht, daß ich so reagiere, auch wenn ich sage, es hat mit ihm nichts zu tun. Es ist immerhin sein Bruder, seine Familie. Aber er weiß genau, daß es nicht geht. Familie – na und? Für ihn ist es wichtig, wir haben darüber gesprochen, als wir zum Pessachfest bei ihnen waren. Ich kann sie immer weniger ausstehen. Dann hat er mir recht gegeben und sagte, vielleicht würden wir, wenn wir älter werden, weniger auf andere Aspekte der Wirklichkeit achten und mehr auf Beziehungen.

Als ich aus Polen zurückkam, habe ich gedacht, vielleicht werde ich in der Nähe meiner Eltern wohnen, wenn ich erwachsen bin. Ich möchte nicht so viel reisen. Ich hätte lieber, daß alle nah beieinander wohnen und daß wir die Festtage gemeinsam feiern und vielleicht sogar noch mehr.

»Wie feiert ihr denn heute in eurer Familie die Festtage?«

Sehr unjüdisch und untraditionell, es wird von Jahr zu Jahr weniger traditionell, wir sind nicht praktizierend. Also, ich weiß, daß die Tradition nicht notwendigerweise etwas mit dem Zionismus zu tun hat, aber bei uns stimmt etwas nicht, es ist wie »Abendbrot bei Kerzenschein«. Mein Großvater, Anjas Mann, war religiös. Ich glaube, wir sind sehr von meinem Vater beeinflußt. Aber meine Mutter hat auch nicht mit religiösen Menschen gelebt, sie hat einen kommunistischen Hintergrund, sie hat nicht ernsthaft versucht ... aber wir haben eine andere Tradition beim Feiern, uns nahezukommen und unsere Zusammengehörigkeit zu empfinden. Feiertage bedeuten Urlaub, schönes Essen und eine Fahrt nach Tel Aviv. Einmal waren Dafna und ich krank, und wir fuhren nicht mit nach Tel Aviv, wir gingen nur in der Stadt aus, essen, und das war auch sehr schön. Aber insgesamt, tut mir leid – vielleicht werde ich mal mit jemandem verheiratet sein, der die Tradition befolgt, aber ... vielleicht halte ich dann den Sabbat ein – zünde Kerzen an und esse abends Fleisch. Uns fehlen solche Dinge, wir haben keine festen Grundlagen, die uns halten. Das ist schade, weil wir keinen Halt haben werden, wenn wir ihn mal irgendwann brauchen sollten. Sagen wir, wenn einer von uns mal ins Ausland ziehen wird, dann ist es doch schade, wenn wir uns nicht durch etwas Starken, wie diese Riten verbunden fühlen könnten.

»Du hast eben deine Polenreise erwähnt. Vielleicht magst du mir darüber noch etwas mehr erzählen.«

Ich werde ein bißchen über den Holocaust sprechen, weil der für mich mit der Polenreise zu tun hat. Das Thema macht mir angst, Todesangst. Ich weiß nicht genau, ob das etwas mit meiner Familie zu tun hat. Wenn meine Großmutter in meinen Armen weint, dann fürchte ich mich zu Tode. Ich glaube, als ich klein war, habe ich sie sehr geliebt. Aber heute ist meine Beziehung zu Anja – ich habe keine Beziehung mehr zu ihr. Aus den Augen, aus dem Sinn. So ist das auch mit meinen Großeltern väterlicherseits. Ich bin eine sehr schlechte Enkelin, aus Faulheit wahrscheinlich. Sie ist allein, sie wohnt alleine. Ich denke manchmal, ich sollte etwas dagegen tun, aber dann ziehe ich es doch vor, Schuldgefühle zu haben und meinen Alltag zu verleben, ohne die ganze Zeit an sie zu denken. Einmal in der Woche rufe ich sie an und frage sie, wie es ihr geht, und wenn sie zu Besuch kommt, gebe ich ihr einen Kuß. Mehr nicht.

Was den Holocaust betrifft, das ist schrecklich, schrecklich furchterregend, das Thema verfolgt mich. Es jagt mir mehr Angst ein als alles andere – Geister, Teufel, schwarze Magie. Ich weiß nicht, ob es überhaupt existiert, aber ich habe Angst. Der Holocaust gehört zu meinen Ängsten. An den Gedenktagen zeigen sie das ja im Fernsehen, die Leichenberge und all das. Einerseits finde ich diese Horrorfilme faszinierend. Aber einmal habe ich einen gesehen, wonach ich zwei Wochen nicht mehr schlafen konnte. Als ich das festgestellt habe, habe ich aufgehört, mir diese Filme anzuschauen, es tut mir nicht gut. Ich habe einfach damit aufgehört. Ich schaue mir nichts mehr an, ich denke nicht mehr darüber nach und lese auch keine Bücher mehr über das Thema, weil es mir fürchterliche, schreckliche Angst macht. Ehrlich, wenn ich Bücher darüber gelesen habe, war ich völlig verstört. Ich kann einfach nicht mehr. Es ist sehr unangenehm, darüber nachzudenken, also tue ich es auch nicht mehr. Ich empfinde zwar eine ideologische Pflicht, aber ich bin mir selbst das Wichtigste, also, was ich fühle und ob es mir gut oder schlecht geht, ob andere Menschen mich mögen, so etwas. Die ideologische Sache ist nicht stark genug, um mich damit zurechtkommen zu lassen. Ich kann nicht … es fällt mir sehr schwer, an den Zeremonien am Gedenktag teilzunehmen.

»Weißt du, was deine Verwandten im Holocaust durchgemacht haben?«

Ja, ich weiß sehr viel über den Holocaust. Allein historisch schon – von den Vorbereitungen für die Polenreise, ich weiß wirklich sehr gut darüber Bescheid. Aber auch emotional gesehen, ich habe viel begriffen.

»Hast du das begriffen, weil deine Großmütter und Großväter es dir erzählt haben?«

Nein, weniger.

»Wie dann?«

Ich habe oft gefragt, bei bestimmten Gelegenheiten. Und irgendwann habe ich dann aufgehört. Ich habe meine Großmutter einmal gefragt, als ich für die Schule an meinem »Wurzel«-Projekt gearbeitet habe. Das Projekt ist nie fertig geworden, es hat mich genervt, weil alles nur mit dem Holocaust zu tun hatte. Ja, ich weiß auch nicht, es gab Zeiten, wo ich mich gefragt habe, nicht emotional, aber im Kopf – warum bin ich gar nicht neugierig? Natürlich interessiere ich mich dafür: Also fragte ich nach. Dann hörte ich wieder auf zu fragen, weil es mich plötzlich nicht mehr interessierte. Mittendrin. Es ist mir immer neblig geblieben, ich verstehe ihre Geschichten nie richtig. Immer hier ein bißchen, da ein bißchen, immer mit riesigen Lücken dazwischen … Was in der Familie väterlicherseits geschah, darüber weiß ich nicht allzu viel. Mein Vater hat mir irgendwann mal etwas über seinen Vater erzählt, und ich hatte den Eindruck, daß da etwas sehr Dunkles im Hintergrund war. Aber er hat nie richtig über sich selbst gesprochen. Ich weiß nur, daß mein Großvater den Holocaust überlebt hat, daß er in einem Versteck gelebt hat und miterleben mußte, wie sein Vater und sein Bruder umgebracht wurden. Aber Anja ist die typische »Holocaustüberlebende« für mich. Sie haben sie ja kennengelernt, wissen Sie, was ich meine? Sie ist schon ein Charakter! Ich kann das nicht richtig erklären, es kommt durch ihr »Polnisch-Sein« hindurch und durch ihr »Überlebende-Sein« *(nervöses Lachen).* Es drückt sich in ihrem Mißtrauen aus und in vielem anderen. Es macht mir angst, weil ich Angst habe, auch einmal so zu werden, wenn ich alt bin. So auszusehen, mit gebeugten Schultern. Ich will so nicht werden, vielleicht denke ich deswegen daran, in einem Kibbuz alt zu werden. Da herrscht eine israelische Atmosphäre, Blumen und Fürsorge.

Ich erinnere mich daran, daß Anja auch eine so positive Bemerkung über den Kibbuz gemacht hat.

Also, das ist es, es ist ein Thema, über das ich nicht nachdenke und über das ich nur sehr selten spreche. Es gibt alle möglichen Gedichte und Lieder am Holocaust-Gedenktag, die mir haften bleiben. Aber wenn ich versuche, sie genau in Erinnerung zu behalten, dann vergesse ich sie. Es sind schöne Lieder, also sie sind poetisch. Und ich renne vor ihnen hysterisch davon. Wenn ich jetzt darüber nachdenke, dann, weil ich Angst habe. An einem Holocaust-Gedenktag konnte ich nach der Zeremonie nicht alleine oben [im Haus] bleiben, ganz allein im Dunkeln, ich mußte nach unten ins Wohnzimmer gehen, wo die ganze Familie saß. Ich hatte wirklich Angst, alleine oben zu bleiben, wo sie mich hätten fangen können.

»Aber wenn ich versuche, sie genau in Erinnerung zu behalten, vergesse ich sie.« Diesen Ausdruck finde ich sehr passend.

Das hat natürlich alles nicht so richtig mit der Polenreise zu tun. Es gehört nur zu einer Art Leere in mir, an die ich nicht rühre. Ich habe wirklich nicht darüber nachgedacht. Die Polenreise war viel realistischer. Es gab diese Reise und eine Art Wettbewerb in der Schule. Und wenn es einen Wettbewerb gibt, dann muß ich daran teilnehmen, so hat das angefangen. Ich bin da rein logisch rangegangen: Das ist etwas sehr Interessantes, und es wäre schade, eine Reise ins Ausland nicht mitzumachen. Meine Eltern werden es mir auch erlauben, weil es sehr wichtig ist. Es wäre schade, es nicht wahrzunehmen, die Neugier und alles. Also habe ich mich darum bemüht und hab es in die Delegation geschafft. Das war eine praktische Angelegenheit, meine Freundin wurde auch gewählt. Ein Höhepunkt war auch, daß man eine Woche lang mit anderen zusammen war, und teilweise wollte ich es auch machen, weil es ins Ausland ging, das war eine Erfahrung. Ich liebe Abenteuer – wenn sich die Möglichkeit ergibt und das sogar für mich organisiert wird.

Wir fuhren … und es war wirklich traurig. Ich war aber auch die ganze Zeit sehr verschlossen. Ich hatte sehr aufgewühlte Gefühle wegen der Gruppe, mit der ich reiste. Vielleicht stand ich auch unter dem Einfluß von dem, was ich sah, aber das war mir nicht bewußt. Ich habe da, glaube ich, nichts verdrängt. Wissen Sie, vielleicht war es gar nicht gut, daß ich gefahren bin. Es ist schon gut, daß ich gefahren bin, aber vielleicht auch nicht, weil ich vielleicht nicht das daraus gemacht habe, was ich hätte machen können. Weil vieles andere zu dieser Zeit auch gerade passierte, vielleicht muß ich noch einmal dahinfahren, wenn ich offen für tiefergehende Erfahrungen bin. Also, unter anderem war ich in Polen, aber ich habe nichts für mich definiert und habe nicht darüber nachgedacht. Es hat mich sehr erstaunt, daß ich während der ganzen Woche nicht einmal geweint habe. Wir haben sehr viel gesehen, Auschwitz, Treblinka und Majdanek. Ich erinnere mich nicht … wir hatten sogar einen freien Tag in Krakau, wir gingen einkaufen. Ich teilte mir ein Zimmer mit einer sehr engen Freundin. Wir hatten viel Spaß, wir spielten und alberten rum und haben alles genossen, was man im Ausland so genießen kann. Das lag zum Teil daran, daß andere uns von einem Ort zum anderen brachten, es war also für uns wirklich gut. Aber es war auch nicht beleidigend von uns, wir waren schon noch respektvoll. Aber ich glaube, daß ich nicht das aus der Reise gemacht habe, was möglich gewesen wäre, es war eine Erfahrung: Ich kam zurück – und sagte, es hätte Spaß gemacht. Was den Holocaust angeht, glaube ich nicht, daß ich das Thema erschöpfend auf einer einwöchigen Reise behandeln könnte; vielleicht ist es möglich. Ja, man kann sich diese entsetzlichen Orte anschauen, das ist schon möglich. Vielleicht hätte ich in die Orte fahren sollen, wo meine Großeltern lebten, und mir einen Eindruck davon machen sollen, wie ihr Leben war.

»Wußten sie, daß du dorthin fährst? Und was haben sie dazu gesagt?«

Ja, meine Großmutter wollte mit mir darüber sprechen, aber wir kamen nicht dazu. Vielleicht bin ich dem Gespräch aus dem Weg gegangen, ich weiß auch nicht.

»Großmutter Anja?«

Ja. Das hat sich alles meiner Ansicht nach verlaufen. Wenn ich eines Tages den Mut habe, darüber nachzudenken, dann werde ich an diese Orte fahren. Es war sehr schockierend, und ich konnte nicht weinen. Ich glaube, ich hätte gerne geweint, aber ich war so erschöpft und müde. Ich konnte mich nicht einmal dazu bringen, fast zu weinen. Ich hatte damit große Schwierigkeiten, weil ich mich so sehr anstrengte, aber innerlich habe ich mich dazu gedrängt. Als wir in Auschwitz waren, habe ich Kinderkleider hinter Glas gesehen. Ich mußte mich wirklich zurückhalten, ich hätte fast geweint, erst da, weil ich mir vorstellte, daß diese Kleider Mor passen könnten, daß meine kleine Schwester hätte da sein können, und da war es sehr schwer für mich. Das war das einzige, was mich wirklich bewegt hat. Es gab da Leute, denen es schlechter ging als mir, die die ganze Zeit über betroffen waren. Vielleicht hätte ich emotional hundert Mal mehr aus der Reise ziehen können, aber ich bin mir nicht so sicher, daß ich das wollte. Ich denke jetzt wirklich das erste Mal darüber nach, vielleicht rannte ich vor diesen Gefühlen weg. Es ist eine Art schwarze Magie, verstehen Sie das?

Ich glaube schon, aber ich fühle auch eine große Wut über die Organisatoren dieser Jugendreisen, die versuchen, Gefühle zu nationalisieren. Hilft den Jugendlichen eine Reise nach Polen, die Vergangenheit durchzuarbeiten, oder hat sie nicht vielmehr die Konsequenz, im Teufelskreis der Vergangenheit steckenzubleiben? Und warum sollte Idit mit einer Delegation reisen statt mit ihrer Familie? Ich bin so mit meinen eigenen Gedankengängen beschäftigt, daß ich gar nicht bemerke, wie Idit versucht, das Interview zu beenden.

Dafna und Idit sind sehr verschieden: Dafna ist eine zerbrechliche Person, die ihre Worte sorgsam und mit Bedacht auswählt und sie sehr genau definiert. Sie ist sich ihrer Probleme und ihrer emotionalen Krise deutlich bewußt und sagt: »Ich mochte die Geschichten sehr gerne, in denen den Kindern irgend etwas passierte, ohne daß sie etwas dazu getan hätten, also ohne jede Anstrengung auf ihrer Seite.« Vielleicht charakterisiert sie sich damit auch selbst. Idit hingegen ist energisch und kämpft um ihren Platz in der Gesellschaft. Sie benutzt große Worte und definiert alles in einem unverhohlen kritischen Ton. Als sie zum Beispiel über Jakobs Familie redet, sagt sie: »Sie sind derartig polnisch … es ist schrecklich, ich hasse sie.«

Abgesehen von diesen Unterschieden gibt es aber in ihren Erzählungen Überschneidungspunkte. In beiden Interviews kommt explizit oder unausgesprochen Angst zum Ausdruck, die beide Schwestern auch daran hindert, ihre Geschichte zu erzählen. Wie Anja und Tamar neigen auch sie dazu, Streit zu benutzen, um ihre offenen oder verborgenen Ängste zu bewältigen. Bei beiden kommt ein Bedürfnis nach Familienerfolg zum Ausdruck, um vielleicht einen äußeren Beweis dafür zu haben, daß die noch vorhandenen Schatten der Vergangenheit überwunden wurden. Für Dafna hat das Erfolgsstreben zur Folge, daß sie sich unterlegen und alleine fühlt, Idit spornt es zu Konkurrenzverhalten und Konfliktbereitschaft an.

Beide Schwestern empfinden ihren Vater als beruhigend, als denjenigen, der ihnen zugehört hat, als sie noch in einem Alter waren, in dem die meisten Mädchen Schwierigkeiten haben, sich von ihren Müttern zu lösen. Sie beschreiben Jakob als »anders als andere Väter«, »Er versteht es auch, uns klarzumachen, wie er sich fühlt« – im Unterschied zu Tamar, die sie als verschlossen und distanziert empfinden. Wir wissen nicht, ob das tatsächlich so ist oder sich nur aus ihrem Blickwinkel als heranwachsende Töchter so darstellt. Beide Schwestern erwähnen, daß sie ihrer Mutter früher nahestanden und sie ihnen große Zuneigung schenkte (chinesische Märchen, Hand halten), aber wir bemerken auch eine zunehmende Distanz, die mit der Zeit und dem wachsenden Alter zu tun hat. Dafna denkt über die Schwierigkeiten ihrer Mutter nach, ihr dabei zu helfen, einen eigenen Weg zu finden. Sie sagt sehr deutlich: »Das ist zum Teil auch Mutters Schuld, sie hat uns nur selten ermutigt, etwas selbständig zu machen, und uns genauso bewacht, wie sie von ihrer Mutter bewacht wurde.«

Besondere Aufmerksamkeit verdient die Beziehung der Schwestern zu ihrer Großmutter. Dafna findet, daß man Anja leichter gerne haben kann als die Mutter ihres Vaters. »Es fällt nicht schwer, sie zu mögen, weil sie einen in den Arm nimmt und küßt und einem das Gefühl gibt, daß sie einen liebt.« Dafna schränkt zwar ein, daß »es vielleicht schwer ist, mit ihr zusammenzuleben, aber ich mußte ja nie mit ihr zusammen, wohnen«, aber sie hat eine gewisse Unabhängigkeit gewonnen: »Ich habe heute auch keine Angst mehr, mich mit ihr zu streiten.« Idit hingegen fürchtet sich vor Großmutter Anja, »wenn sie in meinen Armen weint«. Idit geht lieber auf gewisse Distanz zu ihrer Großmutter und nimmt auch ein schlechtes Gewissen dafür in Kauf, eine »schlechte Enkelin« zu sein, damit sie ungestört ihren Alltag leben kann. Wenn sie Anja näherkäme, würde ihre Lebendigkeit eingeschränkt? Wir können das nicht mit Sicherheit sagen, aber Idit drückt zumindest diese Befürchtung aus, wenn sie sagt: »Es macht mir angst, weil ich Angst habe, auch einmal so zu werden, wenn ich alt bin.«

Was Idit als abstoßend und beängstigend empfindet, ist für Dafna Ausdruck der Liebe. Möglicherweise ist Dafnas Liebe zu ihrer Großmutter der Grund dafür, warum sie Anjas Geschichte und Schmerzen internalisiert hat. Sie kann uns Details über Anja mitteilen, wo Idit von »nebligen« Geschichten spricht. Von Dafna wissen wir zum Beispiel, daß Anja während des Krieges verheiratet war, ein Baby hatte und sich um eine Nichte kümmerte, die »für sie wie eine Tochter« war, und daß ihre Mutter ihr befohlen hatte, vor den Deutschen zu fliehen. Sie erzählt uns, daß Anja für die Familie Nahrung besorgte, daß es am Ende »aber nur noch für einen Tag reichte«. Auch wenn Dafna das nicht ausdrücklich sagt, ist ihre Betroffenheit durch diese Geschichten doch deutlich spürbar. Dafna bemerkt, daß sie diese Geschichten immer »gut gefiltert« und »in kleinen Stücken« zu hören bekam und daß sie einmal am liebsten gegangen wäre, »aber ich tat es dann doch nicht. Und ich erinnere mich, daß ich nachher sehr lange geweint habe.« Vielleicht fürchtet sich Idit vor der Klarheit und Offenheit in Dafnas Beziehung zu ihrer Großmutter und zieht es deswegen vor, »nicht darüber nachzudenken«.

Dafna und Idit haben genau entgegengesetzte Gefühle zu ihren Großmüttern. Interessanterweise benutzt Dafna beinahe die exakten Worte zur Beschreibung der Großmutter väterlicherseits, mit denen Idit Anja beschreibt: »Sie ist ganz auf sich selbst konzentriert, und sie zerstört alles um sich herum. Sie ist nicht gerade die aktivste Person der Welt, sie strengt sich nicht im geringsten an, etwas mit sich selbst anzufangen. Also, ich bleibe auf Distanz.«

Idit beschränkt ihre Familie auf »Vater, Mutter, Dafna, Mor und mich«. Für beide Schwestern ist die Familie ein sicherer Anker: Dafna wendet sich an die Familie, als sie eine Krise durchmacht, Idit, als sie am Holocausttag Angst bekommt. Beide spüren aber auch, daß diese Sicherheit ihre Grenzen hat und es bestimmte fragile Bereiche gibt. Die verborgene Traurigkeit aus der Vergangenheit kommt vor allem an Familienfeiern und Feiertagen wieder zum Vorschein. Dafna und Idit sehnen sich beide nach Feiern, die »nicht nur aus Pflichtgefühl begangen werden« und die »glücklich sind«, wie in der Familie von Idits Freund, die aus Marokko kommt, oder der rumänischen Familie ihrer

Freundin. Das wird besonders an Dafnas Widerwillen, am Seder teilzunehmen, deutlich. Sie sagt, ähnlich wie Tamar: »Mir liegt nichts daran, mit ihnen zu feiern, ich geh da auch nur aus Pflichtgefühl hin«, bis hin zu »Ich verbringe die Feiertage lieber ohne Planung«. Idit betont, wie wichtig Traditionen sind, und daß ihr das Traditionelle in ihrer Familie fehlt. »Uns fehlen solche Dinge, wir haben keine festen Grundlagen, die uns halten. Das ist schade, weil wir keinen Halt haben werden, wenn wir ihn mal irgendwann brauchen sollten.«

Dafna und Idit fürchten sich beide vor dem Holocaust. Dafna beschreibt dieses Gefühl allerdings im Vergleich zu ihrer Schwester nur mit sehr wenigen Worten. Sie hat einen immer wiederkehrenden Traum, in dem die Nazis sie holen kommen und sie sich nicht entscheiden kann, ob sie wegrennen oder kämpfen und ihre Schwestern beschützen soll: »Ich weiß, daß es etwas mit dem Holocaust zu tun hat.« Dafna weiß sehr genau, daß es eine sehr zerbrechliche Grenze zwischen dem »Damals« und dem »Jetzt«, zwischen »dort« und »hier« gibt. Sie stand am Rande einer Krise, aus der sie gestärkt und mit dem Bedürfnis zurückkam, »sich eine eigene Meinung zu bilden«. Es könnte sein, daß Idit sich als Reaktion auf Dafnas Zerbrechlichkeit einen Schutzschild zugelegt hat, um stark und durchsetzungsfähig zu scheinen. Man kann nur schlecht entscheiden, ob Dafna in ihrer offenen Sensibilität und Zerbrechlichkeit oder Idit mit ihrer starken Repression die stärkere der beiden Schwestern ist. Beide haben ihre eigene Methode entwikkelt, mit den Schwierigkeiten zurechtzukommen. Wie das sehr häufig bei Schwestern der Fall ist, die beinahe gleich alt sind und dieselben Familienbelastungen zu tragen haben, ist der Weg der jüngeren Schwester ein Spiegelbild des Verhaltens der älteren.

Sind Dafnas und Idits biographische Rekonstruktionen ein Ergebnis der Belastungen der Vergangenheit, die Anja und Tamar nicht durchgearbeitet haben? Haben sie beide auf die Vergangenheit reagiert, die ihnen in Form von Angst – fast ohne Hoffnung – in die Gegenwart hinein übertragen wurde? Darauf fällt eine Antwort schwer. Die Schwestern haben jeweils eine andere Großmutter als Inbegriff ihrer Angst »adoptiert«. Beide Großmütter verkörpern einen Aspekt der Vergangenheit, von dem Dafna und Idit fürchten, er könnte auf sie übertragen werden. Dieses intergenerationelle Dilemma wird von Tamar noch verstärkt, der es nicht gelungen ist, zwischen ihrer Mutter und ihren Töchtern zu vermitteln. Nach Dafna »bewacht sie uns genauso, wie ihre Mutter sie bewacht hat«. Idit spricht über das »Polnisch-Sein« ihrer Mutter und über ihre »Verschlossenheit«. Beide Schwestern haben das Gefühl internalisiert, »nirgends dazuzugehören«, von dem Anja und Tamar ebenfalls sprachen.

Am Ende dieses Kapitels müssen wir noch darauf eingehen, wie verschieden Orit Anisewitschs und Idit Segals Verhältnis zu ihrer Großmutter ist und ob möglicherweise ein Zusammenhang mit der Polenreise der Mädchen herzustellen ist, die beide ebenfalls grundsätzlich anders beschreiben. Die Mädchen trennen beinahe so unterschiedliche Vorstellungen wie die amerikanische märchenhafte Vorstellung vom Alter (derzufolge die weisen Familienältesten mitten im Dorf auf einem Schaukelstuhl sitzen und die Jungen zu ihnen kommen und sie um Rat bitten) und die Altersvorstellung der Eskimos (derzufolge die Alten der Gemeinschaft zur Last fallen und alleine im Schnee sterben): »Aus den Augen, aus dem Sinn«, sagt Idit. Orit hingegen fuhr mit ihrer Großmutter gemeinsam nach Warschau und nahm durch sie das Geschehene auf, weswegen sie dann untersuchen konnte, inwiefern es ihre eigene Perspektive auf ihre Familie beeinflußt. Idit fuhr als Mitglied einer Delegation nach Polen, weil sie sich in einem Wettbewerb hatte durchsetzen können, und entdeckte dabei, daß sie gar nicht darauf vorbereitet war, sich mit der polnischen Vergangenheit ihrer Familie und der Verbindung zur Gegenwart auseinanderzusetzen.

Orit Anisewitsch steht für die Menschen der dritten Generation, die nicht mehr unter der Last der Angst stehen. Sie können die Vergangenheit aus persönlicher Neugierde erforschen und eine psychische Sicherheit entwickeln, die über die rein körperliche Sicherheit hinausgeht, die die älteren Generationen erreicht haben. Dafna und Idit hingegen bringen unverarbeitete Angst und Unsicherheit zum Ausdruck, in der die traumatische Vergangenheit die Zukunft bestimmt und die Angst Kontrolle über die Hoffnung hat.

Anja hat durch den Holocaust alles verloren, ihren Ehemann, ihr Kind, ihre Eltern, einen Bruder, eine Schwester, ein orthodox-jüdisches Zuhause, ihre Muttersprache, ihren Glauben an den Kommunismus, ein Heimatgefühl, Hoffnung und Sicherheit. Im Unterschied zu Olga, die trotz des Erlittenen versucht, Hoffnung und Sicherheit zu gewinnen, indem sie alles aufgibt und zu vergessen sucht, was vor dem Krieg war, bleibt Anja mit der Vergangenheit eng verbunden, die der Holocaust ihr entrissen hat. Etwas scheint sie geradezu magnetisch an die Vergangenheit zu binden, wie an ein Land auf einer Landkarte, das es nicht mehr gibt. Anja hat sich noch nicht gefragt, was dieses »etwas« ist, sondern nur darauf reagiert. Man kann wahrscheinlich nur annähernd klären, warum das Verlorene eine anhaltende Macht über Anjas Leben hat, wenn man bedenkt, daß sie vor Kriegsausbruch im Begriff stand, ihre Familie für ihren neuen Freund und den gemeinsamen Glauben an den Kommunismus zu verlassen, weil diese Überzeugung in direktem Gegensatz zu den Werten und der Tradition stand, die in ihrem Elternhaus galten. Anja saß symbolisch bereits auf einem gepackten Koffer, um wegzurennen, als sie erfuhr, daß ihre Mutter krank war. Zu allem Überfluß brach dann auch noch der Krieg aus, woraufhin ihr heimlicher Plan sich gegen sie stellte: Sie war nun wegen ihrer kommunistischen Überzeugung gezwungen, ihre Familie zu verlassen und zu flüchten.

Während des Krieges befand sich Anja in einem Konflikt darüber, wohin sie gehörte. Sie entfernte sich nicht allmählich von ihrem jüdisch-religiösen Elternhaus hin zum Kommunismus, sondern war gezwungen, zuerst die Familientradition aufzugeben und dann die neue Ideologie. Die Krankheit ihrer Mutter war Anlaß zum ursprünglichen Dilemma, ob sie bleiben oder gehen sollte. Wäre der Krieg nicht ausgebrochen, hätte sie vielleicht trauern und sich allmählich von ihrem Familienhintergrund lösen können, von dem sie sich ohnehin hatte trennen wollen. Der Holocaust und der Tod ihres Freundes jedoch verschmolz zwei verschiedene Trennungsprozesse – einen erwünschten und einen erzwungenen – zu einer einzigen, unwiderruflichen und endgültigen Tragödie. Bei Kriegsende stand Anja ganz alleine da, und bis heute leidet sie noch unter dem Gefühl, nirgends hinzugehören.

Brüche mit der Vergangenheit lassen immer die Frage offen, wohin man eigentlich gehört. In gewisser Weise brachte der Verlust ihrer Familie Anja zurück auf ihre Erinnerungen an die Urfamilie, wenn auch nicht auf ihre religiösen Überzeugungen. Das könnte man als einen Kompromiß nach dem Motto: »Ich bin den Menschen treu geblieben, wenn auch nicht ihrem Glauben« betrachten. Im Interview gibt Anja allerdings nicht den geringsten Hinweis auf Kompromisse mit oder die Hinnahme der Vergangenheit, ganz im Gegenteil: Sie rechtfertigt sich ununterbrochen. Vielleicht ist das ihre Art, auszudrücken, daß sie sich selbst nicht akzeptiert. Ihr erzwungener Aufenthalt in Rußland, der Tod ihres Mannes und ihres gemeinsamen Sohnes und der Verlust alles dessen, was sie zurückgelassen hatte, liefen ihrer ursprünglichen Zugehörigkeit zum Kommunismus entgegen. Tamar sagt, daß ihre Mutter nicht mehr Kommunistin war, als sie aus Rußland nach Israel einwanderte, und Anja sagt: »Ich habe es aus meinem Leben ausgelöscht«, womit sie auf den Tod ihres ersten Mannes und ihre gemeinsamen Überzeugungen anspielt.

Es ist so, als reagiere Anja gleichzeitig auf zwei Magnete. Dem sichtbaren Kompaß nach bewegt sie sich vorwärts: Sie heiratet ein zweites Mal, sie bekommt ein Kind, Tamar, sie versucht sich in Israel einzugewöhnen und in einer neuen Umgebung aktiv zu werden. Aber dem verborgenen Kompaß nach bleibt sie an der Vergangenheit haften. Über die Jahre hat Anja die Vergangenheit »geschönt« (wie Tamar sagt: »Wenn man erwachsen wird, sollte man sich entwickeln und seine Eltern realistischer betrachten lernen. Ich glaube, diese Entwicklungsstufe hat sie nie durchlebt«).

Auf einer praktischen Ebene hat Anja sehr viel Energien in den Aufbau eines neuen Lebens in Israel gesteckt. Sie hat sich um ihre Tochter, um ihren kranken Mann und ihr Haus gekümmert. Für Ze'ev und Olga waren dies Aspekte, die ihnen Hoffnung und Kraft gaben, die schmerzliche Vergangenheit zu überwinden. Bei Anja hat ihre derzeitige Realität nicht die Intensität des verborgenen Kompasses neutralisieren können, der auf »dort« und »damals« geeicht ist. Anjas Vergangenheit ist so übermächtig, daß sie eine Schattenexistenz hinter ihrer aktuellen Gegenwart darstellt und als »verschwiegene Geschichte« wirkt. Olga, die auch eine »verschwiegene Geschichte« hatte, konnte wieder Hoffnung schöpfen und ein neues Zugehörigkeitsgefühl aufbauen, indem sie ihrem Vater gegenüber offen Aggressionen zum Ausdruck brachte. Aber Anja ist nicht wütend auf ihre Eltern, sie fühlt sich bloß schuldig und sehnt sich noch immer sehr nach der verlorengegangenen Unterstützung und ihrer Liebe.

Genau wie Dina die Macht von Olgas Betonung des »Hier« und »Jetzt« internalisierte, so hat auch Tamar den noch immer aktuellen Kampf ihrer Mutter zwischen zwei Polen internalisiert. Dina ist Tamar gegenüber jedoch im Vorteil, denn ihre Internalisierung ist für die Akklimatisierung an die Normen der israelischen Gesellschaft wesentlich funktioneller. Tamars Internalisierung hat neue Probleme der sozialen Akklimatisierung geschaffen. Sie fühlt sich minderwertig, weil sie sich als eine Randexistenz empfindet und nirgends dazugehört: nicht zu den orthodoxen Juden, nicht zu den Auschwitz-Überlebenden und nicht zu den Helden des Unabhängigkeitskrieges. Sie hat die grausame »Leidensskala« übernommen, die unter den Überlebenden des Holocaust und in den fünfziger und sechziger Jahren in der israelischen Gesellschaft insgesamt vorherrschte. Tamar wollte zwar nicht die Entfremdung ihrer Mutter von der israelischen Gesellschaft fortführen, aber der Konflikt zwischen Bewunderung für ihre Mutter und Wut über sie hat sie dieser Entfremdung eher näher gebracht als daß sie sich davon entfernt hätte. Anja hat so ihre eigene Entfremdung auf die Tochter übertragen, und Tamar hat wiederum das Gefühl, zu keinem sozialen oder Familienrahmen zu gehören, der ihr Halt geben könnte.

Dafna und Idit waren den Konflikten ihrer Mutter wie denen ihrer Großeltern ausgesetzt. Obwohl sich die Zeiten, die ökonomische Situation der Familie und die gesellschaftlichen Normen geändert haben, leiden die Segals (anders als Orit) noch unter einem starken Gefühl, im Vergleich zu anderen jungen Menschen ihres Alters marginal zu sein. Dafna spricht explizit über dieses Gefühl, bei Idit drückt es sich in ihrem Bemühen um Anerkennung von anderen aus. Die Frage ihres Sozialstatus verpflichtet sie bereits in sehr jungem Alter, alle Energien aufzubringen, um ihre unterlegene Stellung zu überwinden. Sie machen das zwar mit unterschiedlichen Mitteln, Dafna, indem sie gehorsam wie Ganit ist und sich sogar in sich selbst verschließt, Idit, indem sie sich wehrt. Aber in den Interviews mit den Segal-Schwestern finden wir keine Anzeichen davon, daß wie bei Orit und Yoav die täglichen Erfahrungen eine neue Realität bilden, die Freude bereitet und neue Fragen über die unverarbeitete Vergangenheit entstehen läßt.

Die Frauen aus drei Generationen in den Familien Anisewitsch und Segal dienen zur Klärung verschiedener Themenbereiche. Sie zeigen zunächst, wie schwierig es war, in solchen Familien zur Frau und Mutter heranzuwachsen und Tochter zu sein. Das könnte auch so sein, wenn Emigration, Immigration und die Schwierigkeiten, sich in einer neuen Gesellschaft einzuleben, ohne den Holocaust stattgefunden hätten, aber der Holocaust hat diese Probleme auf jeden Fall noch verschärft. Das wird in den Interviews mit Dafna und Idit besonders deutlich: Sie haben noch immer das Gefühl, stark und durchsetzungsfähig sein zu müssen, und halten sowohl in ihren eigenen Augen als auch in denen der Gesellschaft empfindsames Verhalten für Schwäche.

Zweitens könnte man vermuten, daß die Weitergabe von Erfahrungen von einer Generation auf die andere Möglichkeiten bietet, die Wunden der Vergangenheit durchzuarbeiten. Aber das ist durchaus nicht immer der Fall. Bei der Familie Anisewitsch beginnt der intergenerationelle Prozeß des Durcharbeitens erst mit der Reise der Enkelin Orit nach Polen und ihren dort gewonnenen neuen Eindrücken und Einsichten. In der Familie Segal sind noch in der dritten Generation Anzeichen einer unverarbeiteten Angst deutlich zu erkennen. Obwohl man niemals mit Sicherheit sagen kann, daß das »am Holocaust« liegt, sind wir doch der Überzeugung, daß dadurch die in den Familien und zwischen den Frauen ohnehin vorhandenen Schwierigkeiten noch endgültiger und unlösbarer erscheinen.

Drittens haben wir bisher den Anteil nicht behandelt, den Großväter und Väter – also Angehörige der zweiten und ersten Generation – möglicherweise bei der Fähigkeit der Enkel und Kinder haben, den Holocaust durchzuarbeiten. Sie können durch die Unterstützung, die sie ihren Ehepartnerinnen, und Alternativen, die sie ihren Kindern anbieten (wie das bei Jakob zum Beispiel der Fall ist), neue Wege eröffnen, mit der Vergangenheit zu leben. Die Väter können andererseits aber auch dann mögliche Wege erst versperren, wenn sie etwa die Schwierigkeiten ihrer Frau ignorieren, wie bei Tzipke, oder keine neuen Möglichkeiten eröffnen, sich auf Gegenwart und Vergangenheit zu beziehen.

Schließlich ist es sehr wichtig, daß ein Interview immer nur einen Schnappschuß einer Situation darstellt, die an Zeit und Ort gebunden ist. Es ist möglich, daß die dort angesprochenen Prozesse weitergehen und sich ihr Rhythmus ändern wird. Die Enkelinnen werden selbst erwachsen und Mütter werden und sich dann möglicherweise mit Fragen auseinandersetzen, die sie als Jugendliche nicht lösen konnten. Von Tzipke Belinsky und Hannah Lerman konnten wir erfahren, daß Familien sich im Laufe der Zeit ändern können. Dina und Orit, Tamar, Dafna und Idit können sich in zehn Jahren sehr wohl in ganz anderen Positionen befinden.

Die Familie Guetta

Unter der Besatzung in Libyen

Mit Noga Gil'ad

Laura gehört derselben Generation wie Genia, Ze'ev, Olga und Anja an. Ihr genaues Geburtsdatum ist nicht bekannt, aber unseren Schätzungen nach dürfte sie um 1915 in Tripolis, Libyen, geboren worden sein, das damals zu Italien gehörte. Der Aufstieg der faschistischen Partei unter der Schirmherrschaft der libyschen Regierung ging nicht allgemein mit der Verfolgung der Juden einher, deren Situation sich erst 1940 verschlimmerte, als der Politiker Italo Balbo bei einem Flugzeugabsturz ums Leben kam. Die Juden von Tripolis hatten mehr unter den arabischen Aufständen gegen die britische Herrschaft zu leiden als unter den faschistischen italienischen und deutschen Regierungen (Gutman, 1990).

Wie wird die Außenwelt in Lauras Geschichte widergespiegelt, wenn man sie mit den anderen Angehörigen der ersten Generation vergleicht, die den Holocaust unmittelbarer erlebt haben? Laura erzählt ihre Geschichte heute aus der Perspektive ihres Lebens in Israel. Führt das dazu, daß sie den Kontext des Lebens in Israel stärker betont als ihr Leben in Libyen vor, im und nach dem Krieg?

Laura hat viel Leid durchgemacht. Ihr Vater starb an einem Herzinfarkt, als sie neun Jahre alt war, und ihr jüngerer Bruder, den sie sehr liebte, starb im Krieg an Typhus. Nach ihrer Einwanderung nach Israel starb ihre Tochter Miriam noch als kleines Kind, und wenige Jahre darauf starb ihr Mann ebenfalls an einem Herzinfarkt. Dennoch wurde der Familienrahmen nicht vollständig zerstört, jedenfalls nicht, wenn man das mit den europäischen Juden vergleicht. Welchen Effekt wird die Kombination persönlicher Verluste mit einem intakten Familienrahmen auf ihre erzählte Lebensgeschichte haben? Wie wird sich das in den Geschichten ihres Sohnes und der Enkelin äußern?

Chronik der Familie Guetta

1915? Laura wird in Tripolis als ältestes Kind einer Familie geboren. Sie hat zwei jüngere Schwestern und drei Brüder. [Laura teilt Zeit nach ihrem Alter ein, nicht nach dem Kalender.]

1924 Als Laura neun Jahre alt ist, stirbt ihr Vater an einem Herzinfarkt, als er des Diebstahls beschuldigt wird.

1925? Laura zieht als Zehnjährige zu ihrer Tante.

1927 Mit zwölf Jahren beendet sie die Schule und verlobt sich sechs Monate später mit ihrem Cousin Chalfo.

1931? Mit sechzehn heiratet sie Chalfo. Reuven, ihr erster Sohn, wird geboren.

1940 Krieg: Bombenangriffe auf Tripolis. Laura flieht in die Berge, nach Gharyan. Ihr zweiter Sohn, Vittorio-David, kommt dort zur Welt. Sie ist fünfundzwanzig.

1944 Gegen Ende des Krieges bekommt Laura eine Tochter, Miriam. Sie kehrt zurück und wohnt bei ihrer Schwiegermutter. Ihr jüngster Bruder stirbt im Haus ihrer Mutter an Typhus.

1945 Die Araber greifen die Juden an, die Briten intervenieren. Reuven emigriert nach Israel.

1948 Die Familie verläßt Tripolis und geht nach Italien, von wo aus sie nach Israel emigriert. Dort lebt sie in einer Ma'abara, einer provisorischen Barackensiedlung. Miriam stürzt und stirbt später im Krankenhaus. Die Familie zieht in ein Haus.

1956 Vittorio verläßt mit vierzehn Jahren die Schule und arbeitet im Baugewerbe.

1960 Chalfo stirbt an einem Herzinfarkt. Vittorio verschiebt seinen Militärdienst deswegen und wird erst ein Jahr später Soldat. Kurz nach dem Ende seines Militärdienstes heiratet er, läßt sich aber schon ein Jahr darauf wieder scheiden. Einige Zeit später heiratet er Paula. Zwei Jahre nach der Heirat hat Paula eine Fehlgeburt.

1972 Vittorio und Paula bekommen eine Tochter, Liat. Vittorio beginnt nach einigen Jahren Arbeitsunfähigkeit wegen schwerer Krankheit wieder zu arbeiten.

1973 David kommt auf die Welt. Vittorio und Paula ziehen nach Aschdod. Die Rezession schädigt Vittorios Geschäft.

1984 Laura reist nach Italien und trifft einen Verwandten, der den Holocaust überlebt hat. Vittorio und Paula ziehen in ihr selbstgebautes Haus nach Savyon. Vittorio wird Bauunternehmer.

1987 Die Rezession trifft das Baugewerbe, Vittorio wird Fleischverkäufer.

1989 Amalia, eine Studentin von Dan Bar-On, interviewt Laura, Vittorio, Paula und Liat.

Laura
»Mein Leben war vorher total anders.«

Laura öffnet die Tür weit und bittet mich [Amalia] herein. Ich bin überrascht, weil sie sehr groß ist und sehr gepflegt aussieht. Ihr Alter erkennt man nur an den feinen Falten im Gesicht und höchstens noch an den Schlappen, die sie trägt. Sie hat eine sehr jugendliche Sprechweise, sehr lebendige Augen und spricht mit melodischer Intonation. Sie schenkt mir den Pfefferminztee in beinahe aristokratischer Weise ein. Das Geschirr ist einheitlich und paßt perfekt dazu. Ich muß Laura kein Stichwort geben, um das Gespräch zu eröffnen, sie spricht flüssig und von ganz alleine.

Also, mein Leben war vorher total anders, heute ist das Leben ganz anders. So verschieden wie Tag und Nacht. Sechs Kinder waren wir, und mein Vater war herzkrank. Als ich sieben war, bekam er einen Schlaganfall. Einmal hat er einen geklauten Läufer gekauft, er wußte nicht, daß das Diebesgut war. Er war ein religiöser Mann, sehr respektiert, und eines Tages, an Rosch Ha-Schana, kam die Polizei in die Synagoge und verhaftete ihn plötzlich. Er bekam einen Herzinfarkt, und dann ging das weiter. Ich war sieben oder acht, und die Nächte waren sehr schlimm im Haus meiner Mutter. Und als ich neun war, wurde ich Halbwaise. Ich hatte einen Bruder, der erst sechs Monate alt war. Ich ging von Haus zu Haus – und suchte jemanden, der ihn versorgen konnte. Wir wuchsen ohne Vater auf, und meine Mutter suchte jemanden in der jüdischen Gemeinde, der sich um sein hinterlassenes Eigentum und um die Kinder kümmern konnte. Jemanden, der sie ernähren konnte, damit sie zurechtkam und sich um Männer für ihre Töchter umsehen konnte. Wir fanden einen guten und loyalen Mann. Er kam jeden Abend bei uns vorbei und sprach mit meiner Mutter. Mein Vater hatte vier Wohnungen hinterlassen, die wir vermieteten. Und meine Mutter sagte: »Wir behalten sie für die Mädchen, wenn sie heiraten.«

So war das. Jungen gingen nicht mit Mädchen aus, die keine Wohnungen hatten. Das ist die Ehre der Mädchen. Meine Mutter sprach mit mir über ihre Probleme, daß sie sehr traurig über ihren Mann war. Sie war erst vierunddreißig Jahre alt. Und ich hing sehr an ihr und mochte sie sehr. Sie fing an, mir eine Geschichte zu erzählen, und ich fing an zu weinen, hielt sie am Bein fest und schlief ein.

Also, der Mann, der immer zu ihr kam, sagte dann zu mir, als er mich in diesem Zustand antraf: »Steh auf.« Ein Tag, zwei Tage, eine Nacht, zwei Nächte schaut er sich das mit an, und dann sagt er: »Du bleibst nicht mehr bei deiner Mutter. Alle gehen aus und amüsieren sich, sie gehen aus und spielen auf der Straße und laufen herum. Und du hängst an deiner Mutter und weinst. Komm jetzt mit mir.« Er nahm mich mit zu sich nach Hause, er hatte eine Tochter ungefähr in meinem Alter, und dort konnte ich die Sorgen meiner Mutter ein bißchen vergessen. Ich fing wieder an zu lachen, herumzuspringen, und ging mit ihrer Tochter Victoria von der Schule nach Hause. Die Mutter hatte zwei Kinder, die Röteln bekamen. Eines Tages lag Fleisch im Waschbecken, und die Frau bewegt sich überhaupt nicht, sie hat keine Lust. Ich sage zu ihr: »Wir kommen aus der Schule. Wir haben nichts zu essen.« »Kannst du mir nicht einen Gefallen tun? Mach den Kindern was zu essen. Das Fleisch steht im Waschbecken.« »Aber ich komme nicht an den Wasserhahn.« Sie sagte: »Dann nimm einen Stuhl, schau, da steht ein kleiner Stuhl.« Ich stieg also auf den Stuhl, wusch, tat, hielt koscher, alles was sie mir sagte, ich hörte auf sie. Ich ging rauf und runter, ich war wie ein Teufel. Als mein Vater noch lebte, schickte meine Mutter mich immer zum Einkaufen auf den Markt. Ich ging fünf Minuten zu Fuß dorthin und kam fünf Minuten wieder zurück. Ich war wie ein Teufel. Ich kämpfte ums Leben.

»Ich war wie ein Teufel. Ich kämpfte ums Leben.« Laura versetzt sich vollkommen in die schwierige Zeit nach dem Tod ihres Vaters zurück. Sie befindet sich noch immer irgendwo zwischen der Traurigkeit ihrer Mutter und ihrer eigenen Zufriedenheit und vermischt sogar beim Sprechen verschiedene Zeitstufen.

Eines Tages sagte unser Beschützer: »Nehmt sie für euren Sohn.« Ich hörte das und fragte mich: Die wollen mich für ihren Sohn nehmen?

Was bilden die sich ein, und ich sage: »Ich möchte nicht heiraten.« Sie sitzen alle herum und unterhalten sich. Sie sitzen auf dem Boden, auf Kissen, die aus *Jelod,* Schafsfell, gemacht werden. Wir sitzen alle im Wohnzimmer, und er sagt ihr, damals war ich zwölf, vielleicht ein halbes Jahr älter: »Nehmt sie für euren Sohn.« Und meine Schwägerin sagt: »Du gehst nicht aus unserem Hause weg. Wir werden dich nicht verlassen. Du gehörst zu uns, wir lassen dich nicht allein.« Sie war so nett, sie war schnell, nett und klug. Das Ganze dauerte dreieinhalb Jahre *(seufzt).* Früher hatten Ehen nicht unbedingt etwas mit Liebe zu tun, sie wurden ausgehandelt. Heute kann man anbringen, wen man will, und hört doch: »Nein, ich heirate den Mann, den ich liebe.« Früher war das anders ... und ich wollte nicht [heiraten]. Ich weinte und haderte nächtelang mit meinem Leben. Und mein Junge [sagte]: »Du willst nicht.« Und ich sagte: »Nein.« Er sagte: »Laura, du wirst sehen, du wirst ein schönes Zuhause haben, ein gutes Haus, reiche Leute, alle werden dich respektieren.« Das überzeugte mich.

Aber trotzdem kam es Tag und Nacht zu Tränen. Sie trennten mich von meinen Eltern, meinem Unterricht und von der Schule. In der Nacht vor der Hochzeit weinte ich bis morgens früh. Ich wollte zu meiner Mutter. Ich konnte ohne meine Mutter nicht leben. Ich war vierzehn und ein halb! Er war trotzdem ein guter Mann, aber ich kam in eine komische Familie. Jeden Sabbat ging ich meine Mutter besuchen, den ganzen Tag über. Heute sind Ehen etwas ganz anderes, heute gründen sie auf Liebe, man lernt sich kennen. Früher hat man einen einfach zu einem Jungen gebracht. Nimm ihn und sei still. So war das. Das Mädchen stand immer unter dem Befehl und dem Druck der Mutter. »Erweise den Eltern deines Mannes Respekt, damit sie dir keinen Ärger machen. Du hast keinen Vater mehr. Ich will nichts über irgendwelche Probleme hören. Sag bloß ja, egal was sie dir sagen.«

Wir hatten ein gutes Leben, wir gewöhnten uns aneinander. Wir litten nicht, wir gaben einfach eine Menge auf. Aber dann gewöhnten wir uns daran, und es ging uns gut. Es war gut. Und so war das eben früher. Heute ist das anders. Es gibt einen Sozialstaat, man lebt alleine, man entwickelt sich, man hat Freunde, heutzutage haben alle Freunde. Früher waren die Kinder alleine mit den Eltern, und die haben sie eben so gelenkt, wie sie es für richtig hielten. Für uns war das nicht so schlimm, weil wir ganz gut erzogen wurden.

Laura bewegt sich zwischen früher und heute, zwischen »heute ist alles anders« und »wir gaben viel auf, aber wir gewöhnten uns daran, und … es war gut«.

Meine Mutter war religiös. Am Sabbat kniete ich mich nieder und hob ein Stück Papier auf, ich war damals noch klein, und mein Vater sagte: »Leg es zurück, man darf sich nicht knien.« Ich schmiß es wieder hin. Wenn man nicht religiös war, war man auch nicht Jude. Hier habe ich erst von freien und von religiösen Juden gehört, daß es diese Unterscheidung überhaupt gab. Damals gab es nur religiöse Juden. Es gab überhaupt nichts anderes. Wer nicht religiös war, war auch kein Jude. Alle [gingen] in die Synagoge, von drei Jahren an, alle, die Väter und die Söhne. Die Frauen waren gute Hausfrauen und kümmerten sich um den Haushalt. Eine Frau blieb zu Hause, ein Mann ging nach draußen. Heute ist das Leben ganz anders. Heutzutage arbeiten auch die Frauen draußen. Sie erfahren alles und entwickeln sich *(seufzt).*

Und so wurde ich eben erzogen. ich lebte zehn Jahre lang bei meiner Schwiegermutter. Ich bekam meinen ersten Sohn, dann brach der Krieg aus. Wir flohen in die Berge, und zehn Jahre später kam mein zweites Kind. Gott sei Dank bekam ich erst zwei Söhne und dann eine Tochter. Aber meine Ehe, ich weiß eigentlich überhaupt nicht, was eine Ehe ist, ich weiß das wirklich nicht. Sagen Sie einem Baby, was eine Ehe ist, und was wird es ihnen antworten?! So war das auch bei mir, ich wurde da reingeschmissen und mußte wenig später alleine gebären. Heute wissen die Mädchen schon mit zehn oder zwölf, was los ist. Man kann das im Fernsehen sehen und alles ist offen und bekannt. Aber früher war das nicht so, alles war ein Geheimnis. Man lernte für die Schule, man stickte, man nähte. Alles, was mit Sex zu tun hatte, war ein Geheimnis – alles wurde verheimlicht. Niemand wußte etwas. Heute wissen die Frauen Bescheid, wenn sie heiraten.

Heute weiß ich, was meine Mutter durchmachte. Als ich Witwe wurde … ich fühlte und sah, was sie damals fühlte, Sachen, die niemand sonst macht. Sie weinte jeden Tag, sie hörte nicht auf. Das Haus war geschlossen, niemand kam an die Tür. Gott sei Dank, daß jetzt wenigstens ein Ehemann da ist, ich habe Söhne, und die haben ein gutes Leben. Aber, das ist wichtig, daß ich die Schmerzen meiner Mutter durchmachte, nachdem ich selbst Witwe wurde. Sehen Sie, wieviel ein Mensch leidet: keine Arbeit, kein Geld, Verzweiflung zu Hause. Wir litten, wir haben jede Arbeit angenommen, die es gerade gab. Morgens um vier sind wir schon zur Arbeit gegangen. Ich arbeitete im Kulturzentrum, dort putzte ich einen riesigen Hörsaal, die Bänke wurden hin- und hergeschoben. Es war nicht schön, so eine Drecksarbeit zu machen. Ich ging morgens um sieben schon wieder zurück nach Hause, damit mich niemand sah. Um ein Gehalt nach Hause zu bringen und meinen Sohn Vittorio zu erziehen und … um überleben zu können, war ich zugleich eine Frau und ein Mann. Und ich machte Sachen, von denen ich nie geglaubt hätte, daß ich sie jemals tun würde. Wir haben das getan, damit wir niemanden um etwas bitten mußten. Auf niemanden angewiesen zu sein und mit Anstand leben zu können. Wir gingen raus und trugen Handschuhe und schöne Schuhe, und so gingen wir zur Arbeit, damit niemand etwas merkte und niemand etwas sagen würde.

Ich weiß nicht immer ganz genau, worüber Laura gerade spricht, ob es um ihre schwierige Kindheit in Libyen geht oder bereits um ihre Zeit in Israel. Vielleicht kennt sie keine zeitlichen und räumlichen Grenzen, wenn es darum geht, daß »wir niemanden um etwas bitten mußten … um mit Anstand zu leben«.

Hier, in Israel ist es keine Schande, aber dort starben Frauen eher an Hunger, als daß sie Drecksarbeit machten. Aber hier, in unserem Land, tun wir das. Ich sehe in Israel viele Frauen, deren Männer Ärzte sind und die trotzdem jede Arbeit annehmen. Warum? »Mein Mann tut nicht genug, er ist Assistenzarzt, er lernt noch.« Die machen alles mögliche, um ihre Häuser abzubezahlen. Dort hatte ich ein Dienstmädchen, ich öffnete niemals selber die Tür. Wenn jemand klopfte, sagte mein Mann: »Du bleibst sitzen, sie öffnet hier die Tür. Du brauchst die Tür nicht zu öffnen.« Ich lebe jetzt mit meinem zweiten Mann, der viele Kinder hat. Ich kümmere mich um sie, sie kommen am Sabbat, und ich empfange sie sehr nett. Sie können mir eine Frau bringen, die hundert ist, und ich passe zu ihr. Oder ein Mädchen von vierzehn, und mit dem kann ich auch zusammenwohnen. Ich komme mit jedem Alter zurecht, ich kann mich anpassen. So bin ich auf die Welt gekommen. Nein …

nicht als irgend etwas, als eine Person, die schlau ist und weiß, wie sie zurechtkommt, die mit jedem zurechtkommt. Ich bin nicht listig, ich bin kein verschlagener Mensch. Ich bin offen und ehrlich. Aber in meinem Kopf … ich habe schon ein Gehirn.

Laura schaut mich an, und wir lachen beide laut los. Nach der Schilderung vieler Entbehrungen und der Unterschiede zwischen »dort und hier« ist dies ein Ausbruch von Freude.

Ich hatte in der King George Straße [eine Straße in Tel Aviv] einen sehr netten Arzt. Ich ging ein paarmal zu ihm, er war Frauenarzt und sagte mir: »Laura, wie schade, daß Sie zu mir hereingekommen sind. Ich habe sie lachen hören, als sie draußen im Wartezimmer waren. Wenn sie weggehen, werden die Frauen anfangen zu streiten. Ich habe dann keinen mehr, der sie unterhält.« Man muß nicht aus allem so ein Drama machen. Auch bei guten und schlechteren Familien muß man ja nicht die schlechteren nehmen. *(Schaut mich an)* Es gibt immer Gutes und Schlechtes, und man sollte sich an das Gute erinnern. Man kann sie anrufen, fragen, besuchen, irgend etwas tun, damit die Familie weiß, daß man existiert und daß sie zusammenleben. Ich möchte nicht so sein wie meine Schwester, die sich von allen anderen abgrenzt. Ich rufe auch nach Italien an, auch die Moschaw.

In der Nacht, als meine Mutter ein Kind bekam, sagten sie ihr: »Herzlichen Glückwunsch!« Mein Vater wollte ein gutes Omen, »ein Kind ist ein gutes Omen«. Ein Junge ist ein gutes Zeichen, ein Sohn. Aber eine Tochter: »Viel Glück!« Ich konnte kein Hebräisch, von der Nacht an sagte ich: »Aha, jetzt weiß ich, wie man einem Glück wünscht, was ein gutes Zeichen ist.« Ich war vier Jahre alt. Wirklich, ich kann mich daran erinnern, wie meine Mutter meine Schwester bekam und daß mein Vater das gar nicht gut fand, die dritte Tochter! Er war religiös, und er las die Bibel, er konnte Hebräisch, wußte, was ein gutes Omen war, und ich wußte das nicht. Meine Mutter badet jeden Sonntag und Dienstag abend alle, wäscht ihnen die Haare, wäscht sie und bringt sie ins Bett. Ich half meiner Mutter viel. Ich kam von der Schule nach Hause und sage ihr: »Mammi, ich will was essen.« Sie sagt: »Warum? Wer kommt von der Schule, um zu essen? Wenn du Hunger hast, dann warte noch ein bißchen.«

Wenn meine Kinder Hunger hatten, stand ich auf … ich habe meine Kinder anders behandelt, nicht so, wie meine Mutter uns erzogen hat. Meine Mutter war eine starke Frau, die in ihrem Leben sehr viel gelitten hat. Sie hatte einen starken Charakter, daß sie all diese Leiden durchstehen konnte. Sie ging aus, kaufte ein, schleppte alles nach Hause, zündete den Ofen an, kochte, buk und machte und tat. Meine Mutter war nicht glücklich, sie war schon sehr früh Witwe, schon mit vierunddreißig. Und ich war die Älteste, ich übernahm dann die ganze Arbeit, die meine Mutter machte, ich kochte, ich bereitete alles vor, ich spülte ab. Ach, ich lernte, ich lernte bis tief in die Nacht hinein. Und ganz plötzlich merke ich, wie der Strom ausfällt, es gibt keinen Strom mehr. »Möchtest du Rechtsanwältin oder Professorin werden? Was soll das? Geh schlafen, du bist ja nur noch ein Strich in der Landschaft. Du hast genug gelernt, ab ins Bett mit dir!« »Ich bin noch nicht fertig, ich stecke mitten in den Hausaufgaben.« Warum? Weil ich tagsüber meiner Mutter im Haushalt half. Heute stellt man einfach den Strom wieder an, aber bei ihr lief so etwas nicht. »Geh jetzt schlafen.« Morgens konnte ich dann am Fenster sehen, wenn es ein bißchen hell wurde, fünf Uhr morgens, dann machte ich meine Hausaufgaben zu Ende. Ich habe Angst vor der Lehrerin, daß ich die Schlechteste in der Klasse bin. Ich will die Beste sein. Ich wollte immer als erste den Finger heben können. Und ich habe alle Fächer wiederholt, wenn ich zur Schule gehe, dann ist alles perfekt vorbereitet. Ich stehe sehr früh auf, ich mache alles fertig. Als die Lehrerin mich in die nächste Klasse versetzte, tat sie das mit der Bemerkung für die andere Lehrerin: »Passen Sie gut auf sie auf. Sie geht den anderen mit gutem Beispiel voran. Sie ist ihnen ein Vorbild. Da haben Sie etwas zu unterrichten.«

Laura ist stolz auf sich. Ihr Stimmfall und ihre Intonation sind ein Hinweis darauf, daß sie sich wieder in ihren Erinnerungen befindet.

Und ich habe mein anstrengendes Leben mit Freude bestanden, ohne verwöhnt zu sein. Heute werden die Kinder verwöhnt, aber mich hat niemand verwöhnt. Nur mein Mann, meine Mutter nie. Meiner Mutter ging es schlecht, sie hatte immer viele Probleme. Wie hätte sie mich denn verwöhnen können? Heute verwöhnen die Mütter sogar ihre Kinder, wenn sie Probleme haben, oder? Bei uns war das anders. Wenn sie mir etwas erzählte, mußte ich zuhören, mußte ihr helfen, mich in alles hineinversetzen. Auch beim Lernen. Wenn es dunkel war, brachte sie uns zu einer Schneiderin, damit wir das Nähen lernten und nicht auf der Straße herumhingen. Damit jemand auf uns aufpaßte. Das ist es, wir hatten eine schwere Kindheit.

Laura seufzt und bietet mir noch eine Tasse Tee an. Ich frage sie: »Waren sie nur drei Schwestern?«

Nein, natürlich nicht. Nach den Mädchen hatte meine Mutter noch drei Jungen. Einmal, als ich aus der Schule kam, sah ich, daß meiner Mutter schlecht war. Sie hatte sich im Bett übergeben, im ganzen Zimmer lag Erbrochenes. Ich fragte sie, als Älteste. Sie sagte mir, sie hätte etwas genommen, damit sie keine Töchter mehr bekommen würde und nur noch Söhne. »Ich habe ein tödliches Medikament genommen. Entweder Söhne oder Sterben.« Ich habe Angst, daß sie sterben wird und daß sie sich wieder übergibt, also versorge ich sie Tag und Nacht. Es ging ihr besser, sie stand auf und hörte auf, sich zu übergeben. Danach hat sie drei Söhne geboren. Nach diesem Medikament, das sie fast das Leben gekostet hätte. Und … mein Vater starb, als der Jüngste erst sechs Monate alt war. Was er für ein schönes Pflänzchen war, er war hell und hatte blaue Augen. Ich hatte ihn von morgens bis abends und ging mit ihm spazieren: »Wo ist eine Frau, die ihm Milch geben kann?« fragte ich überall und weinte. Er war schwer, und ich war sehr dünn, ich konnte ihn kaum hochheben. Alle sagten: »Dieses arme Mädchen, wie sie mit dem kleinen Kind herumlaufen muß.« Heute müssen die Mütter die Kinder ja nicht mehr stillen, wenn sie schreien. Man gibt ihnen das Fläschchen, es gibt Milch in Flaschen. Man muß die Milch nur noch warm machen und den Kindern einen Schnuller geben. Damals aber nicht, ich ging tagelang herum, um ihn zu retten, damit er keinen Hunger hatte, damit ihm nichts zustieß. Und wir retteten ihn, bis er zwanzig war, da bekam er Typhus und starb. Er war ein guter Junge, ein wirklich guter Junge.

Laura weint, und ich empfinde ebenfalls Schmerz über den Tod ihres jüngeren Bruders, für den sie die Mutterrolle übernommen hatte.

Bis da waren wir drei Schwestern gewesen. Es war eine Freude bei uns zu Hause, das können Sie mir glauben, zu sehen, wie unsere Mutter uns wusch und anzog. Ich sag Ihnen, eine wahre Freude, Mädchen großzuziehen. Ich schwöre Ihnen, Mädchen sind interessanter als Jungen. Das schwöre ich Ihnen. Viel interessanter. In allem. Was die Kleidung betrifft. Außerdem überraschen Mädchen einen manchmal mit etwas, man hat mehr Freude an ihnen. Mädchen bewundern einen mehr, sie stehen ihrer Mutter näher. Wenn ich meine Tochter streichele und ihr einen Kuß gebe, dann nimmt sie mich gleich in den Arm. Sie ist treu und anhänglich. Wir waren drei Mädchen, es war eine Freude. Alle Jungen studierten die Tora. Der Kleine, das war einer, er war wie eine Blume. Er war schön und klug. Meine Mutter lobte ihn und hatte auch allen Anlaß dazu. Er war die Sonne der ganzen Familie. Er war ein guter Mensch. Nicht nur, daß er ein sehr umgängliches Wesen hatte, er war auch gut, klug, gebildet, gut aussehend, alles. Er war wirklich etwas Besonderes. Ich paßte jeden Tag auf ihn auf, um nach ihm zu sehen, ob er aß oder nicht. »Eine Frau wird geboren, um im Haushalt zu arbeiten«, sagte meine Mutter immer. »Er kam zur Welt, um die Tora zu studieren.« Heute ist das anders. Heute gehen auch die Mädchen zur Schule, damals nicht. Getrennt hieß wirklich noch getrennt.

Morgens kaufte ich mir Trainingshosen, ich hatte etwas Geld gespart, das meine Onkel mir gegeben hatten. Und ich ging jeden Morgen zur Schule und machte Gymnastik, früh morgens. Meine Mutter sah mich manchmal und einmal: »Was machst du in der Schule?« »Ich treibe Sport.« »Nein, Mädchen machen das nicht. Das ist verboten. Wer hat dir gesagt, du könntest Sport machen? Wir machen keinen Sport!« »Laß mich, ich möchte ausgelassen sein, in meinem Körper brennt ein Feuer. Ich renne rum und springe, das macht mir Freude.« Sie sagt mir: »Nein! Du nicht!« Ich zog also die Hosen nicht mehr an, meine Mutter will das nicht, sie will das nicht.

Und wir hatten eine große Kirche. Sie brachten alle wichtigen Toten dorthin, nach unten. Alles war sauber und glänzte, es gab bunte Glasfenster. Einmal im Monat gingen wir mit der Schule dorthin. Man ging dorthin und sah einen Autor oder einen Gebildeten. Die Italiener machten Libyen zu einem christlichen Land, ich hatte auch christliche Freundinnen. Ich ging sie besuchen, und sie kamen mich besuchen. Also, wenn ich von der Schule nach Hause kam, hatte ich ein bißchen

Freiheit von meiner Mutter, zwei Stunden am Tag. Sie gab mir anderthalb Stunden, um zu spielen, dann mußte ich nach Hause kommen und ihr helfen. Wir hatten in der Nähe einen Hügel, der mit Gras und Laub bewachsen war und ganz grün war. Ich rollte von oben nach unten. Es gab eine Art Weg an der Seite, an dem man sich festhalten konnte. Einmal habe ich den nicht zu greifen gekriegt und bin die ganze Strecke heruntergerutscht. Ich holte mir solche Beulen am Kopf und am ganzen Körper, und ich hatte Angst, das meiner Mutter zu zeigen. Wir würden noch mehr zu hören bekommen: »Warum bist du so wild? Wer hat dir erlaubt, dich so aufzuführen?«

Man kommt schon so auf die Welt, wenn man schnell ist, das hat Gott einem gegeben. Ich habe das schon in die Wiege gelegt bekommen, daß ich Menschen liebe, ich liebe die Menschen. Ich bin gerne in Gesellschaft, ich mag es, wenn jemand zu Besuch kommt, ich mag es nicht, wenn es ruhig im Haus ist. Jeder kommt mit einer eigenen Natur auf die Welt, aber ob man im Leben viel leidet oder nicht, das ist Glückssache oder Schicksal. Wir hatten bessere und schlechtere Tage. Was soll ich Ihnen sagen? Wir waren sechs Kinder bei uns zu Hause, und meine Mutter war Witwe, und sie hielt uns immer sauber, sie versorgte uns immer gut. Wir waren immer so, wie man sein sollte. Adrett. Sie war alleine, aber wir kümmerten uns alle auch um uns selbst. Und vor allem ich als die Älteste. Die Älteste hat die Pflicht, sich um dic anderen zu kümmern. Meine Mutter hat uns sehr gut versorgt, sie war eine wunderbare Frau, eine sehr gute Hausfrau. Sie zog sechs Kinder ohne Vater groß, und jedes Kind wurde noch besser versorgt als das davor. Sie hat uns gut verheiratet, das war für sie sehr anstrengend. Auch wenn sie sehr streng war, sie hatte recht, ich verteidige sie. Mit sechs Kindern ohne Vater kann man nicht jedem geben, was er will. Es war schließlich für uns gut, daß wir so streng erzogen wurden, es war alles zu unserem eigenen Besten. Wenn man jung ist, denkt man, daß man das Paradies haben möchte. Nein, das Paradies ist eine kleine Welt, in der eigene Überzeugungen gelten und Mutters Umarmungen. Mit Familienliebe. Wenn alle nett zueinander sind. Wir sind alle zusammen, ein Bett neben dem anderen, nachts haben wir uns ein bißchen geprügelt, wir haben miteinander gespielt. Wenn ich Kinder sehe, muß ich immer denken, wie schön, wie ich damals war. Daran erinnere ich mich dann.

Laura spricht mit den Händen und füllt den Raum mit ihren Gesten. Sie hat eine zutreffende Unterscheidung zwischen der »Natur, mit der man auf die Welt kommt« und die man nicht ändern kann, und dem Maß an Leiden getroffen, dem man im Leben begegnet und das wir einem wechselnden Schicksal verdanken. »Können Sie mir vielleicht noch etwas darüber erzählen, wie es war, als Sie verheiratet wurden?«

Ich lebte unter ständiger Kontrolle. Wenn ich am Sabbat meine Mutter und meine Schwestern sehen wollte, dann hieß es, was will die Frau?! Mit ihrer Mutter und ihren Schwestern zusammensein? Meine Schwiegermutter sagte: »Nein, deine Schwägerin kommt heute zu Besuch, und es ist nicht sehr höflich, wegzugehen.« Ich war schon angezogen, im Mantel, und hab es alles hingeschmissen, ich setze mich hin. Meine Mutter sagt: »Mach mir bloß keine Probleme. Lebe in Frieden, ich möchte dich glücklich sehen. Gib ein bißchen nach. Lebe in Frieden, und dein Mann wird dich respektieren.« Aber mein Mann war sogar dafür, daß wir gehen. Ich sagte zu ihm: »Nein. Ich will, daß du dich mit deinen Eltern verstehst. Deine Schwester kommt, dann ist es nicht nett von mir, auszugehen.« Ich habe zehn Jahre mit meiner Schwiegermutter zusammengelebt, und wir haben uns nie gestritten. Was sie wollte ... ich nenne sie von ganzem Herzen »Mutter«, wie eine richtige Mutter. Ich liebe sie, ich bin mit ihr groß geworden. Sie hat mir das Kochen beigebracht und, ja, ich konnte es schon, aber sie hat mir doch weitergeholfen. Ich bin besser geworden durch sie. Und mein Mann war auch gut. Ich kann nichts sagen, ein Mann aus Gold, und ich habe zehn Jahre mit ihnen zusammengelebt. Als wir auseinandergingen, wollte ich nicht sehr weit weg von ihnen. Im Krieg 1940 [Zweiter Weltkrieg] flüchteten wir vor den Bombenangriffen. Als wir wiederkamen, sage ich: »Aber nur in die Nähe meiner Schwiegermutter, da, wo sie wohnt, ich will in ihre Nähe.« Ich hatte mich an sie gewöhnt, und sie waren gute Menschen. Sehen Sie, so bin ich eben. Wo auch immer Sie mich hinsetzen, ich liebe. Ich gehe gerne aus und mache etwas. Jeden Abend kommen meine Schwager mich besuchen, bevor sie ihre Mutter sehen. Sie kommen zu mir, in mein Haus.

Ich war die erste Schwiegertochter, und ich blieb auch immer die erste. In den Ferien waren da sechs Söhne und sechs Schwiegertöchter, und jede brachte noch ihr Hausmädchen mit. Es waren Riesenferien. Der Vater meines Mannes brachte Essen auf Waggons an, ganze Waggonladungen mit Gemüse. Und wir waren … die Ferien waren unbeschwert, ein großes Haus voller guter Sachen. Wir waren sechs Schwiegertöchter, und wir stritten uns nie. Wir waren nie wütend aufeinander, wir wußten überhaupt nicht, was das war, Wut. Dort, in Tripolis, gab es nie Streit. Ich habe nie irgend jemanden mit einem anderen Streit bekommen sehen. Hier schon. Hier sehe ich so etwas und finde es kein bißchen interessant. Es gibt nichts Besseres als ein ruhiges Leben, wo jeder den anderen respektiert. Das ist Glück, wenn einer den anderen respektiert.

»Was haben Sie im Krieg 1940 getan?«

Wir flohen von zu Hause.

»Und konnten Sie fliehen?«

Mein Mann hatte ein Geschäft, das machte er zu. Er mußte Stoff in Ponti verkaufen, und wir flüchteten nach Gharyan. Das ist ungefähr so weit wie von hier nach Eilat. Von Tripolis nach Gharyan – wie von hier nach Eilat. Und Chalfo, mein Mann, mußte verkaufen, aber er verbrachte den Sabbat mit mir gemeinsam. Ich hatte zwei Kinder, Reuven war zehn, und Vittorio war noch ein Baby, ein Baby wurde geboren, und Chalfo kam und verbrachte den Sabbat mit mir. Montags nahm er ein Taxi in die Stadt in sein Geschäft, blieb drei Tage in der Stadt und übernachtete bei seiner Mutter. Aber ich machte mir Sorgen um ihn. Warum? Weil sie die Stadt bombardierten. Wo ich wohnte, fielen keine Bomben. Die ganze italienische Armee war in Gharyan, eine italienische Stadt, in der nur Christen wohnten. Die ganze Armee war da, und überall standen Villen. Und die Villen hatten sie mit Grünzeug bedeckt, damit die Armee sie nicht sehen konnte. Und dort haben wir gelebt. Mein Mann war damals sehr reich, er verdiente sehr gut. Ich hatte da auch eine Haushälterin, wir hatten ein Haus gemietet. Dort habe ich Vittorio drei Jahre lang großgezogen, meinen zweiten Sohn, den ich zehn Jahre nach dem ersten bekam. Wir hatten ein gutes Leben in Gharyan. Das ist eine Kleinstadt, die oben auf einem großen Berg liegt.

Wenn es ein Gewitter gibt, schaut man hoch in den Himmel und sieht die elektrischen Fäden in der Luft. Wir wohnten hoch oben und sahen alles. Man sieht, wie der Himmel aufleuchtet. Dort haben wir drei gute Jahre erlebt.

Manchmal öffne ich morgens meine Haustür und möchte ausgehen – und es geht nicht, weil alles vereist ist. Dann rufe ich den Nachbarn: »Sago, bitte kommen Sie.« Dann kommt er mit der Schippe und schaufelt mir einen Fußweg, damit ich sicher gehen kann. Wenn man den Wasserhahn aufdreht, kommt kein Wasser, weil alles gefroren ist. Man nimmt das Eis, steckt es in einen Eimer, den stellt man auf den Herd, damit man sich das Gesicht waschen kann. Vittorio war noch ein Baby, er wurde da geboren. Als er zwei, drei Monate war, kam ich dort neu hin. Und man schmolz das Eis, damit man sich das Gesicht waschen konnte oder um etwas zu kochen. Der Herd brennt, und das Baby ist in meiner Nähe, ich bin froh, ich hatte nach zehn Jahren noch ein Kind, das machte mich sehr froh. Und die Bomben, was gingen die mich an? Ich war glücklich mit dem, was ich hatte.

Lauras Gesicht leuchtet heute noch vor Freude über die Geburt ihres zweiten Sohnes zehn Jahre nach dem ersten. Man kann sich nur schwer vorstellen, was in Europa zur selben Zeit vorging, als Laura ihr Leben in Gharyan genoß.

Ich blieb drei Jahre lang da. Im Sommer war da viel los. Wirklich, das war schon etwas Besonderes. Man ging spazieren, man ging in ein Café, man ging mit dem Baby im Sportwagen spazieren. Nur in den drei Tagen, wo mein Mann nicht bei uns war, waren wir nicht so glücklich, da hatten wir keine so gute Laune. Es ist für eine Mutter sehr schwer, alleine mit zwei Kindern zu sein. Im Krieg und … In der Stadt hatten wir keinen Krieg, wir hörten die Bomben nur, aber sie kamen nicht zu uns. Einmal war ich in Colina Varda. Da hört man sie mehr. Dann merkten wir, daß ich bald ein Kind bekommen würde, wir hatten Angst. Ich hatte oft Angst. Er brachte mich weiter weg, nach Gharyan. In Gharyan lebten alle reichen Leute, die auf ihre Gesundheit achteten und auf ihren Seelenfrieden, in Gharyan.

Ich stand auf, versorgte Vittorio und … schaltete den Strom an, kein Strom. Das war während eines Bombenangriffs auf Tripolis, sie schalteten uns den Strom ab. Man hatte Angst, daß sie die Soldaten treffen würden, und ich fing an, mir Sorgen zu machen, bis zum nächsten Morgen. Um fünf Uhr morgens gab es wieder Licht auf den Straßen, und ich ging raus, um zu fragen, was am Tag davor geschehen war. Kein Telefon, nichts. Man sagt mir: »Ja, es war eine ungewöhnliche Nacht, es gab sehr viele Tote da!« Und ich warte. »Ich wünschte, Mutter würde kommen, schau mal, wie schön, hier merkt man überhaupt nichts davon.«

Und so lebten wir drei Jahre lang. Wenn man kein Geld hatte und nicht ausgehen konnte, dann litt man, man blieb zu Hause. Hier zum Beispiel, Gott sei davor, aber angenommen, es käme zum Krieg, dann säßen wir hier alle im selben Boot. Es ginge nicht, daß die Reichen weggingen und die Armen dableiben müßten. Wir bleiben alle zu Hause, alle. Die Reichen sind wie die Armen. Aber da war es anders. Alle, die Geld hatten, konnten irgendwohin rennen. Wir machten uns um andere Sorgen, wir hatten keine Ruhe. Warum? Weil ein Mensch sich um andere Sorgen machen muß, nicht nur an sich selbst denken kann. Wir machten uns um andere Sorgen und ... einige wurden verletzt. So ist das. Es gibt Schmerzen, es gibt Freude, Lachen und Unterhaltung, manchmal ist es ruhig. So ist das Leben für einen Menschen bis zum Tag seines Todes.

Als der Krieg zu Ende war, ging ich zurück. Mein Bruder starb an Typhus, ich konnte es nicht mehr aushalten. Mutter ging es sehr schlecht, und ich sagte: »Ich muß bei meiner Mutter sein.« Der Krieg war vorbei, und wir gingen zurück in die Stadt. Mein Haus ist verschlossen, alle Möbel stehen darin. Wir gingen zurück. Alle, die weggewesen waren, kamen zurück.

»Wie überlebten Ihre Mutter, Ihre Schwestern und Brüder den Krieg?«

Ganz gut. Im Krieg sind alle geflohen. Nicht so weit wie ich nach Gharyan, sie sind in die Vorstädte gezogen. Dort hatten sich die Reichen kleine Villen gebaut, und alle flohen dahin. Fünfzehn oder zwanzig Meilen entfernt. Meine Mutter floh mit ihnen. Ich mietete für meine Mutter ein Haus. Ich blieb eine Weile da, bis ich sagte, ich möchte weg, nach zehn Jahren noch einmal schwanger zu sein, da habe ich Angst, daß mir etwas zustößt. Es war nicht sehr gefährlich, nur ein kleines bißchen. Ich ließ meine Mutter in der Wohnung, die ich für sie gemietet hatte, und ging selbst nach Gharyan.

Laura wirkt jetzt sehr angespannt, und ich frage mich, ob sie noch mit ihren Ängsten wegen der Schwangerschaft kämpft oder ob sie das Gefühl hat, ihre Mutter in der Gefahr allein gelassen zu haben.

»Wer war bei Ihrer Mutter?«

Am Anfang wohnte meine Schwester Julianna bei meiner Mutter. Dann besorgte ihr ihr Mann einen anderen Platz, und meine Mutter blieb bei meinem Bruder Daniel, nur bei Daniel. Meine Mutter hatte sehr viel Energie. Jeden Tag ging sie schauen, ob eine Bombe auf ihr Haus gefallen war, sie ging in die Stadt und schaute nach ihrem Haus. Die Leute sagten: »Du bist furchtlos.« Sie sagte: »Nein, nachts schlafe ich hier, aber am Tag will ich in der Nähe meines Hauses sein.« Später starb der Junge ihr weg. Der Krieg brachte ihn um. Er bekam Typhus, damals gab es diese Krankheit noch. Er war erst zwanzig, wie der Sohn meines Bruders, der ist im selben Alter gestorben. Nicht an derselben Krankheit, aber im selben Alter. Sie starb Leidens, sie hat das Leben nicht mehr genossen *(weint).*

Ich habe auch Gutes gesehen. Wir haben gelitten, aber das Leben ist auch gut gewesen. Meine Tochter starb hier in Israel, mein Mann starb hier in Israel. Ich habe viel gelitten. Ich führte ein bescheidenes Leben, aber im Ausland hatte ich ein gutes Leben. Und als mein Bruder starb, litt meine Mutter sehr. Sie litt sehr viel im Krieg von 1940. Sie war alleine. Als der Krieg vorbei war, gingen wir zurück in die Stadt.

»Haben die Italiener die Juden nicht verhaftet? Die Deutschen, die Italiener?«

Die Deutschen kamen und taten uns nichts. Bevor der Krieg ausbrach, lebte ich mitten im Stadtzentrum, wie hier in Tel Aviv das Dizengoff-Zentrum. Ich saß auf der Veranda, unsere Veranda war ungefähr achtzehn Meter lang, unser Haus war sehr schön, sehr luxuriös. Auf der Veranda hörte ich, daß die Deutschen da waren. Ich beugte mich vor, ich sah einige Männer vor meiner Veranda, gutaussehende Männer. Einer schöner als der andere, ein richtiger Lichtblick. Sie sprechen Deutsch. Und mein Mann sagt zu mir: »Ich hoffe, sie werden uns hier nichts tun.« Und ich sage: »Warum?« Er darauf: »Na, was sie in

Deutschland getan haben und in Italien. Jetzt sind sie zu uns hier gekommen, aber hier sprechen sie überhaupt nicht über die schlimmen Dinge. Sie sind nur hier, um Geschäfte zu machen.« Wir haben Geld an ihnen verdient, sie benahmen sich gut, mit uns haben sie nichts angefangen. Der Nazismus – nein, nein, damit haben sie nicht angefangen. Als sie zu uns kamen, hatten sie ihre Show da drüben schon beendet. Als das Morden vorbei war und die anderen Sachen. Sie haben uns nichts getan, sie machten nur Geschäfte. Von meiner Veranda aus konnte ich sie jeden Abend Deutsch sprechen hören.

Sie entdeckten dort Öl, mein Mann und ich tranken jeden Samstag abend Kaffee da. Ein schöner Platz, sehr interessant, alle waren dort Deutsche. Tische über Tische. Es gab Kaffee, ein Stück Kuchen, man sprach Deutsch. Ich sage zu meinem Mann: »Ich habe Angst.« Er sagt mir: »Du brauchst keine Angst zu haben. Weißt du, wie gut die zu uns sind? Wir werden schon aufpassen, wir haben schon was von ihnen.« Sie kamen ja nur aus Geschäftsgründen. In Italien haben sie [schlimme Dinge] angerichtet, in Deutschland. Mit uns – nichts.

Laura rutscht verlegen auf ihrem Stuhl hin und her. Sie weiß, wie ihre »Show« in Europa war (und es war keineswegs vorbei, als die Deutschen nach Tripolis kamen). Fällt es ihr schwer, das mit den gutaussehenden Männern in Verbindung zu bringen, die nach Tripolis kamen, um Geschäfte zu machen?

Wir lebten unter britischer Herrschaft … ich will Ihnen die Wahrheit sagen, da haben wir wirklich gelitten. Zweimal gab es Aufstände. 45 und 47 kam es zu Aufständen. Das war schrecklich. Sie ließen die Araber frei. Die kamen aus den Dörfern, »um die Juden zu töten«. Und sie klopften bei den Juden an die Haustüren. In den Ghettos war es ihnen nicht gelungen, irgend jemanden umzubringen. Warum? Weil die Juden Helden waren und sie nicht reingelassen hatten. Sie ließen sie nicht über die Grenze und gingen weg. Und die Leute oben gossen heißes Wasser, kochendes Wasser auf sie, die ließen die Araber nicht in das jüdische Ghetto. In unserer Nachbarschaft [außerhalb des Ghettos], wir wohnten in einem Haus mit neun Wohnungen, davon waren vier Familien jüdisch und fünf christlich. Die Christen zeigten ihnen, wo die Juden wohnten. Es gab auch Christen, die uns versteckten. Es gab gute Christen und schlechte Christen.

Am Anfang, als die Briten kamen, waren wir sehr glücklich. Warum? Weil Mussolini und Hitler zusammenarbeiteten, wir hatten Angst, daß sie uns in Tripolis dasselbe antun würden wie in Italien, Deutschland, Bulgarien. Wie überall. Als Mussolini an der Macht war, hatten wir viel zu leiden. Am Ende. Am Anfang hatten wir es ganz gut. Er brachte uns in der Schule bei, wie man mit zwei Gabeln ißt, wie man zum Lido geht, wie man modern ist. Cafés, Luxus, Wohlstand, Bildung, Disziplin. Wir lernten alles von den Italienern. Und später, als er sich mit Hitler zusammentat, da bekamen wir Angst, daß er uns etwas antun könnte.

Als die Engländer kamen, war ich nicht in der Stadt. Plötzlich, eines Samstags sitze ich da und höre Englisch. Kann es nicht fassen, sind die Engländer etwa angekommen? Natürlich wußte ich, daß sie kommen würden. Schon seit drei Tagen hatten die Italiener alle Armeeläden aufgemacht und verkauften Kleider und Lebensmittel und Unterwäsche und Bettücher und Unterhemden und schöne Hemden, alles war offen. Und wir sahen buchstäblich Kisten auf die Straße fallen. Sie hatten Angst vor arabischen Aufständen gegen die Juden. Die italienische Regierung öffnete ihnen ihre Warenlager. »Da, beschäftigt euch damit, aber laßt die Juden und die Christen in Ruhe.«

Die Italiener gingen, und die Engländer waren noch nicht angekommen. Was sollte werden? Wir hatten Todesangst. Wir hatten Angst vor den Aufständen. Vielleicht wird man die Araber auf uns hetzen. Die Angst vor den Arabern war schlimmer als alles andere. Und wir hatten nicht … wir wußten nicht, was das Ende bringen würde. Ich stand auf der Straße und sah … die Araber zogen Kisten. Volle Wagen, ich sah eine derartige Anarchie … niemand war da. Keine Regierung – es herrschte Anarchie. Das war an einem Mittwoch, Donnerstag, Freitag. Am Samstag saßen wir herum. Ich stehe samstags gerne früh auf, ich stehe immer früh auf, da ist die Luft besser. Unter meinem Fenster höre ich Englisch. Ich öffne das Fenster und sehe englische Soldaten. Sie fingen an zu tanzen und zu singen. Mein Mann: »Komm her, alles ist vorbei … die Engländer sind hier.« Ich ließ sie in mein Haus, wir boten ihnen etwas zu trinken an, wir gaben ihnen zu essen. Wir verstanden ihre Sprache nicht, also sprachen wir mit Händen und Füßen. Wir sprachen Italienisch, sie Englisch, es war ein schöner Tag. Wir waren befreit, wir hatten keine Angst mehr. Jetzt gab es einen Staat.

Eines Tages sitze ich herum … nein, nicht tagsüber, es war abends. Es war acht Uhr abends, und jemand kam vom Küchenfenster und klopfte ans Fenster. Ich sagte: »Wer ist da?« und sehe einen Schwarzen. »Was wollen Sie?« fragte ich ihn auf italienisch. Er sagt zu mir: »Sind hier Frauen?« Leute klopften an die Tür. Das Hausmädchen, die gerade spülte, rannte weg. Sie hatte Angst. Ich sehe einen schwarzen Mann da stehen, der sich nicht bewegen will. Wir sagten: »Nein. Hier sind keine Frauen.« Wir hatten einen großen Hund, der unentwegt bellte. Ich sage: »Bell, da ist jemand.« Ich sah, daß der ganze Garten, wir hatten einen riesigen Garten, voller Soldaten war. Der Hund bellte sie an. Wir sagten: »Nein, hier sind keine Frauen.« Er rannte weg. Ich schlief nicht ruhig. Ich sagte: »Ich habe Angst, daß sie wiederkommen und eine Gruppe mitbringen.«

Um sechs Uhr morgens hörte ich Schüsse. Und ich sage zu meinem Mann: »Hast du das gehört? Schüsse. Sind sie stark?« Er sagte: »Schlaf weiter. Nichts passiert. Die stehen nur früh auf, um sich ein paar Vögel zu schießen. Schlaf weiter.« Um zehn Uhr ist das Haus verschlossen, und die Nachbarin klopft an die Tür. Ich will nicht aufmachen. Ich habe Angst. Sie sagt: »Bitte, öffnen Sie, haben Sie keine Angst, ich bin's nur, die Nachbarin.« Ich öffnete die Tür, und sie hatte am ganze Körper blaue Flecken, ihre Kleider waren zerrissen. Sie fragte mich: »Haben Sie das nicht gesehen, gestern abend?« »Was ist passiert?« Sie sagte: »Die Villa gegenüber, die Neger kamen, sie tranken, wir gaben ihnen etwas zu essen. Wir sagen, daß die Engländer gut sind, wir luden sie ein. Nachdem wir ihnen etwas zu essen gegeben hatten, wollten sie Frauen. Aber die Frauen wollten auf gar keinen Fall mit ihnen ins Bett gehen. Sie zwangen sie, sie zerrissen ihre Kleider und zwangen sie ins Bett. Und die Männer sahen zu und schrien und wurden geschlagen. Einige gingen mit den Frauen, und einige blieben zurück, um die Männer zu schlagen. Was für eine Nacht. Wußten Sie das nicht?«

Noch am selben Tag sagte ich zu meinem Mann: »Ich geh heute zurück in die Stadt. Der Krieg ist vorbei, die Engländer sind gekommen. Jetzt sind die Teufel auf uns losgelassen, in Villen, die weit weg von der Stadt stehen. Sie sind freigelassen worden. Sie werden jetzt jeden Tag an unsere Tür klopfen kommen. Soldaten wollen Frauen, sie haben keine Frauen. Wir gehen noch heute nach Hause!« Mein Haus, ich habe ja ein Haus da, ein Haus mitten in der Stadt. Wir holten das Auto und bepackten es, und ich sagte zu meinem Mann: »Laß uns abhauen, vielleicht kommen sie schon heute nacht.« Ich war jung, und ich wollte nicht da bleiben. Wir verließen die Villa. Wir verkauften sie nicht … wir nahmen überhaupt nichts mit. Wir bauten sie ganz in der Nähe meiner Mutter, nachdem wir aus Gharyan zurückgekommen waren, und dann ließen wir sie zurück. Bis heute wissen wir nicht, wer sie genommen hat, zwei Acker Land, wir ließen alles zurück. Die Briten waren also letztendlich nicht gut für uns. Sie ließen die Aufstände zu. Sie folterten uns 45 und 47. Wir versuchten, nach Israel zu kommen. Wir wollten Ruhe, wir wollten keine Angst mehr haben müssen. Nicht vor den Briten, nicht vor den Arabern, wir wollten einen eigenen Staat.

»Hatten nur die Juden unter den Briten zu leiden?«

Es war nur gegen die Juden gerichtet. Sie klopften an die Tür. Wenn eine Christin die Tür öffnete, fragten sie: »Sind Sie Jüdin?« »Nein, Christin.« Dann gingen sie weg. »Eine Jüdin?« Dann kamen sie rein, stahlen Gold und schlachten ihre Kinder, schlachten sie. Nur gegen die Juden, alle Schwierigkeiten waren gegen die Juden gerichtet. Wo wir auch hingehen, sie sind hinter uns her. Die Araber sind Schweine. Wir hatten dort vor ihnen Angst, und hier haben wir auch Angst vor ihnen. Ihnen ist nicht zu trauen. Als wir hierher kamen, vergaßen wir unsere Angst, und jetzt ist sie wieder da. Wir wissen nicht, wie das Ende aussieht … ich hoffe, es wird ein gutes Ende sein. Und sie wollten immer, sie haben uns immer verfolgt. Immer. Die Engländer haben sie auf die Juden losgelassen.

»Wann sind Sie nach Israel ausgewandert?«

Wir kamen 49 hierhin. Am Anfang … mein Sohn Reuven floh über Italien. Er ging dorthin, um zu studieren. Dann brachten sie ihn von Italien nach Israel. Und ich kann ohne Reuven nicht leben. Ich saß drei Monate ohne Reuven da. Ich drehte durch. Sobald sie Pässe nahmen und die Sache etwas leichter wurde, gehörten wir zu den ersten, die abhauten. Wir kamen hierher. Wir dachten, hier [wäre es] anders. Keine Arbeit, kein Haus, wir hatten alles zurückgelassen, unseren ganzen Wohlstand. Kaum waren wir hier angekommen, sagten sie: »Was macht Ihr Mann?« Ich sage: »Mein Mann ist Kaufmann.« »Nein, hier kann er nicht als Kaufmann arbeiten.« Wir verkauften einige Stoffballen aus dem Ausland, Seide aus seinem Lager. Mein Sohn Reuven ging dann zu Dizengoff, um reine Seide zu verkaufen. Er verkaufte sie für einen Appel und ein Ei. Wir hatten keine Ahnung, wir wußten nicht, wo wir etwas verkaufen sollten und wie wir leben sollten.

Ich ließ meinen Mann in Italien. Warum? Er hatte irgendein Problem mit der Nase und sollte operiert werden, er hatte was mit der Haut, und man hatte mir gesagt, sie würden dort besser für ihn sorgen als hier. Ich sollte vorgehen. Ich wollte ihn nicht alleine lassen, aber ich ging wegen Reuven. Ich sagte: »Mein Mann wird hier ein oder zwei Monate warten. Ich möchte Reuven sehen.« Und als wir ankamen, gab es keine Arbeit und kein Haus, man steckte uns in Zelte. Wir litten. Eines Abends wehte der Wind das Zelt einfach davon. Wir standen unter freiem Himmel, es regnete und war windig. Wir hatten kein Badezimmer. Man ging mit seinen Stiefeln durch den Schlamm und kam ohne Stiefel zurück. Ach, wie wir lebten, um Himmels willen.

Wissen Sie, wie ein Mensch ohne Haus ist? Oder ohne Arbeit? Verloren. Wir wußten nicht, was wir tun sollten, wohin wir uns wenden sollten. Wir konnten die Sprache nicht ... Sogar, wenn man eine Wohnung mieten wollte, nahmen sie einen nicht. Sie schmissen einen aus dem Büro, und man wußte nicht einmal, wo man eigentlich war. Wenn heutzutage die Einwanderer kommen, dann gibt man ihnen eine Wohnung und Geld ... aber damals gab man uns nicht einen einzigen Penny. Ich hatte nicht einmal Geld, um Milch für meine Tochter zu kaufen. Meine Tochter starb an den Leiden, an den Qualen, an Unterernährung, weil sie kein Dach über dem Kopf hatte *(weint)*. Sie war erst ein Jahr alt. Und wir wußten nicht, an wen wir uns wenden konnten. Selbst wenn man jemanden um Hilfe bat, dann redeten sie, aber sie gaben einem keine Antwort, sie achteten gar nicht darauf, was man sagte *(schluchzt)*.

Damals herrschte regelrechte Anarchie. Ich war am Ende, ich nahm sehr ab, niemand nahm das wahr. Wenn man starb, dann starb man eben. Wenn man lebte, dann lebte man. Das Kind … sie litt sehr viel. Es gab nichts zu essen, wir hatten kein Haus. Nichts. Mein armes Kind starb an Mangel. Und meinem Mann gab man so schwere Arbeit, auf dem Berg. Zwei Wochen alle zwei oder drei Monate, und er bekam fast überhaupt keinen Lohn dafür. Und ich mußte mit diesem geringen Lohn irgendwie zurechtkommen, bis mehr Arbeit kommen würde. Und … er bekam ein schwaches Herz. Was soll ich Ihnen sagen? Das Leben war sehr hart. Die Einwanderer wurden sehr schlecht aufgenommen, es war ganz anders als heute. Wenn ich sehe, was sie ihnen heute geben, wie sie sich um sie kümmern und ihnen alles vorbereiten und ihnen Geld in die Hände geben … sie bekommen ein Zimmer in der Mezkaz Klita [Aufnahmezentrum]. Und wir lebten unter dem Sternenhimmel und hatten kein Bad und gar nichts. Wenn ich in das Badezimmer wollte – ich kann Ihnen gar nicht schildern, welche Schreckensbilder ich da gesehen habe. Ich konnte nicht hineingehen. Täglich mußte ich mich übergeben. Leiden, Leiden, Leiden. Wir haben eine gute Tat getan, als wir kamen, wir sündigten, ich weiß auch nicht.

»Wir haben eine gute Tat getan, als wir kamen, wir sündigten, ich weiß auch nicht.« Die gute Tat und die Sünden bringt Laura zusammen, wenn sie daran denkt, wie sie ihren Sohn Reuven vermißt und sich für Miriams Tod schuldig fühlt.

Später gab man uns eine Wohnung, und allmählich veränderten sich die Verhältnisse ein bißchen. Nach dem Tode meines Mannes gab man mir Arbeit in der Bücherei, im Hörsaal, eine große Halle, in der Ruhe herrschen mußte und auf die ich aufpaßte. Und allmählich veränderten sich die Verhältnisse ein bißchen. Meine Schwester Julianna ging es nicht so schlecht, weil alle, die ein paar Monate eher eingewandert waren, Häuser von Arabern bekamen. Ihr Mann ist ein bißchen cleverer als andere, meiner ist naiver. Mein Schwager begann sofort, mit seiner Frau und seinen Kindern nach etwas zu suchen. Sie fanden eine leerstehende Wohnung mit einem Garten, sie zogen da einfach ein, und niemand hat sie je wieder vor die Tür gesetzt.

Er schreibt uns Briefe, kommt und sucht euch eine Wohnung. Wir kamen – und fanden überhaupt nichts. Wir suchten überall – nichts. Nur das Zelt, das man uns in Beer Tuviya gab. Das Zelt dort und dieses Leben! Unter einem Zelt, das war das, was die Regierung einem gab. Aber Juliannas Mann lebte ganz gut, ihm ging es nicht schlecht. Er hatte einen Garten und pflanzte dort Gemüse an. Er war schlau, er wußte, wie er arbeiten konnte. Er beschaffte sich eine Ziege für Milch, er machte alles mögliche, wir aber waren weiterhin auf staatliche Versorgung angewiesen. Wir hatten nur, was man uns gab. Wir wußten nicht, was eine Moschaw war. Später habe ich das sehr bereut, ich sagte, wenn wir in eine Moschaw gegangen wären, hätten wir ein besseres Leben gehabt. Man sagte mir: »Wollen Sie in eine Moschaw, oder wollen Sie in eine Wohnung?« Ich sagte: »Nein. Ich warte auf eine Wohnung.« Zwei Jahre später bekam ich eine Wohnung. Aber wer in die Moschaw ging, bekam sofort ein Haus. Man gab uns eine Wohnung, aber immer noch keine Arbeit. Für eine Wohnung muß man jeden Monat die Miete zahlen. Warum? Weil wir kein Geld mitbrachten, wir hatten ja alles zurückgelassen. Bis heute ist unser gesamtes Eigentum dort. Alles, was wir aufgebaut und getan haben, das alles ist für Ghaddafi da geblieben. Hätten wir es mitgebracht, dann hätten wir ein gutes Leben führen können. Wir wollten Israel sehen, für uns war Israel etwas ganz Großes. Wir wollten hierher kommen, und wir kamen, Gott sei Dank.

»Was hat Reuven in Israel getan?«

Als ich Reuven sah, bat ich ihn sofort, einen Beruf zu lernen, damit er eine Zukunft hatte. Wir erkundigten uns überall, und man sagte uns: »Schick ihn doch zu der Buchbinderei Soundso, damit er das Gewerbe erlernt.« Ich ließ ihn lernen, er machte das ein paar Wochen lang, und dann kam er und sagte: »Mutter, die Arbeit ist langweilig, ich will da nicht mehr arbeiten. Das ist nichts für mich, ich will das nicht machen.« »Okay«, sagte ich, »weißt du, was du lernen könntest? Du könntest Klempner werden und dann, nach einer Zeit, Unternehmer.« Und das ist auch eingetroffen. Wir hatten einen Nachbarn aus Tripolis, der war Klempner und Bauunternehmer. Ich sah sein Haus, wie reich er war, wie seine Frau und seine Kinder gekleidet waren, ich sage: »Ich will, daß du so wirst wie er.«

Wir erkundigten uns, wo man Klempner lernen könnte, und man gab uns eine Adresse von jemandem, einem guten Mann. Er lernte Klempner, und zwar fast umsonst. Als er fertig war und wußte, daß er einen Job hatte, gab er mir sein Gehalt. Wir zogen in eine Wohnung, und er half uns zu Hause. Er verdiente das Brot. Sein Vater war arbeitslos, und wie ich vorausgesagt hatte, schon einige Zeit später wurde er Unternehmer, und Vittorio arbeitete für ihn. Er stellte seinen Bruder ein, um ihm zu helfen. Und er kümmerte sich Gott sei Dank auch darum, daß es ihnen gut ging, denn in diesem Land wurde viel gebaut, und er tat sich mit einem Partner zusammen, und sie machten sich selbständig. Zum Glück hatten sie ein gutes Leben. Die Situation veränderte sich, und den Kindern ging es gut, und wir dachten nicht mehr an die schlechten Zeiten und nur noch an die guten.

Das erleichtert mich. Was ich im Ausland entschieden hatte, sah ich hier. Sogar wenn ich im Ausland war, schrieb er mir jeden Tag einen Brief, und ich sagte: »Reuven, sei vorsichtig, ich will nur, daß du Klempner bist.« Ich wollte, daß er selbständiger Unternehmer werden konnte. Und er schrieb mir Briefe, ich mußte weinen, wenn ich sie las. Es war schlimm für mich, daß er so weit weg war. Zehn Jahre trennten ihn von seinem Bruder, und ich bekam ihn, als ich noch sehr jung war, und ich liebte ihn sehr. Wir stehen uns sehr nahe. Ich sage ihm: »Ich will dich nur Unternehmer sehen werden, paß auf dich auf!« Und am Ende verdiente er gut Geld, er hatte Erfolg, er verheiratete seine Kinder und hatte alles, was er wollte. Er war ein viel besserer Unternehmer als die Rasco Company. Und die beiden Brüder arbeiteten zusammen. So ist Israel, man braucht ein bißchen Geduld, und dann hat man später Erfolg. Am Anfang geht es einem schlecht, und dann vergehen die Schmerzen, und alles geht gut *(schaut mich stolz an)*.

In der italienischen Schule hießen sie »Colo Reuven und Schimon Vittorio«. Und es gab christliche Kinder, die rausgingen. Wir lebten mit den Christen. Wenn die Kinder zum Spielen nach draußen gehen, dann brauchen sie Namen, die akzeptabel sind und nicht als jüdische oder christliche Namen zu identifizieren sind. Jeder hat seine Kultur, alle gehen zur Schule, alle sind gut angezogen und es gab keine Unterschiede zwischen ihnen. Alle Kinder gehörten zum Staat. Alle sind schön, gut angezogen, sie lernen gemeinsam. Also, der Vater meines Mannes kam manchmal vorbei und sagte: »Warum schickst du ihn in den Kindergarten? Ich bin da vorbeigekommen, und ich hab durchs Fenster gesehen, wie er mit den Christen zusammen zur Mutter Gottes und zu Jesus betete.« Ich sagte: »Wirklich? Also gut, ich werde mit der Lehrerin sprechen.« Also ging ich zu ihr und fragte sie, ob alle Kinder im Kindergarten Christen wären. Sie sagte: »Nein, natürlich nicht. Juden, Christen, wir leben alle zusammen in derselben Gegend.« Ich sagte: »Wissen Sie, mein Schwiegervater hat im Vorbeigehen gesehen, daß mein Sohn hier wie die Christen betete. Wir haben andere Gebete. Wir glauben nicht an die Mutter Gottes. Wir beten nur zu Gott.« »Was sollen wir denn mit ihm tun?« Ich fragte sie: »Wie viele jüdische Kindern haben Sie denn hier?« Ich konnte das an den … sie trugen weiße Tücher mit Stickereien [der Name des Kindes war darauf gestickt]. Ich las einige der Namen und sah, daß es jüdische Namen waren. Ich weiß, welche Namen jüdische Namen sind. Ich sagte ihr: »Lassen Sie die doch alle in einem Raum. Lassen Sie die Christen zu ihrem Jesus beten, aber nicht meine. Mein Schwiegervater ist religiös, wir haben nichts mit anderen Religionen am Hut.« Sie sagt zu mir: »Warum nicht? Ich möchte keine Sünde begehen. Ich darf das auch nicht tun, ich bin auch gläubig.«

Sie waren gute Menschen, gute Menschen. Ich kann nichts anderes sagen. Wir haben von ihnen nichts Schlechtes gesehen, nur Gutes. Wissen Sie, als die Aufstände losgingen, ging meine Schwiegermutter zum Haus unserer Nachbarin und flüchtete über deren Dach. Sie gaben ihr eine Leiter, sie stieg hoch und runter. Sie war eine Woche lang dort. Wenn jemand an die Tür klopfte und fragte: »Sind Juden hier?« »Was glauben Sie denn? Natürlich nicht! Ich bin Christin, ich verstecke doch keine Juden!!!« Und sie kamen, nicht bloß sechs oder sieben, sondern es kamen sechzig oder siebzig aus den Dörfern, um die Juden umzubringen. Sie sagte ihnen: »Nein, hier sind keine Juden. Kommen Sie doch herein und sehen Sie selbst.« Sie gab ihnen das Gefühl vollkommener Sicherheit, sie bat sie herein. Sie kamen dann aber gar nicht herein. Und gingen weg. Wir flüchteten vor den Arabern. Ihr Sohn ist böse. Er ging zu den Aufständen, klaute, tötete und kam zurück. Und seine Mutter mochte mich sehr. Sie sagte: »Nur du bist meine Tochter.« Es gab kultivierte Araber, die an der Universität studiert hatten. Aber ihr Sohn war antijüdisch eingestellt, gegen Israel, er haßte die Juden. Der Sohn, nicht die Mutter. Wir hatten ein gutes Verhältnis. Wenn ich Kuchen buk – schickte ich ihnen immer eine Platte. Sie riefen mich vom Dach aus, und ich ging dann rüber und trank mit ihnen eine Tasse Tee. Sie sagte mir: »Du bist unsere Tochter. Du sitzt mit uns auf dem Boden. Du bist nicht hochnäsig, du bist unsere Tochter.«

Als Vittorio noch klein war, vielleicht viereinhalb oder fünf, da machte das Hausmädchen sonntags Kaffee, sie brachte die volle Kanne an den Tisch, es war vielleicht ein Liter oder anderthalb Liter, und gießt den Kindern ein, und es läuft auf den Fuß. Vittorio fing an zu schreien, er hatte Wollsocken an, es war im Winter. Ich zog die Socke aus und sah, daß die Haut verbrannt war. »Laura, Laura! Was ist passiert?« Ich sagte ihr: »Komm schnell, schau dir das an, ich fahr ins Krankenhaus.« Aber sie sagte: »Nein, ich komme, fahr nicht ins Krankenhaus, warte einen Moment.« Sie kam und sah sich das an und sagte: »Bring mir Eier, koch sie und wirf das Eiweiß weg.« Sie tat das Eigelb in eine Bratpfanne und zermatschte es solange, bis es zu Öl geworden war, ein Stück schwarzes Gummi blieb übrig. Sie nahm ein Stück Baumwolle und ein Streichholz. Sie steckte das ineinander und legte ihm das auf sein Bein. Er trug schon nach vier Tagen wieder Schuhe. Sie machte ihm die Haut wie neu. »Na, was ist besser, das Krankenhaus oder ich?« Nach vier Tagen hatte er neue Haut. Ich sag Ihnen, es gibt keine bessere Medizin als die Naturheilkunde. Wenn ich mit ihm ins Krankenhaus gefahren wäre, hätte es bestimmt einen Monat gedauert oder noch länger. Sie war wie eine Mutter, sie war eine schöne Frau. Sie trug wunderschöne Kleider und hatte ein kultiviertes Haus.

Und als die Aufstände anfingen, da rief sie mich. Ich ging mit meinen Kindern nach unten zu ihr. Wir versteckten uns in einem verschlossenen Zimmer, und ich hatte Angst vor ihrem Sohn, weil er ein Mörder war. Und ich sage zu ihr: »Was kann ich machen, ich habe Angst vor Achmed.« Sie: »Ich laß das nicht zu, er wird euch nichts tun und auch niemanden hierherbringen. Steck die Kinder in den Kleiderschrank. Du bist meine Tochter, ich würde es nie zulassen, daß er dich berührt!« Nach drei oder vier Tagen war es vorbei. Man hatte Zettel aufgehängt, auf denen stand, daß es verboten war, Hand an die Juden zu legen. Aber der Sohn sah uns und wollte uns umbringen. Er konnte aber nichts tun, weil er vor seinen Eltern Respekt hatte. Seine Mutter und sein Vater waren gut zu uns und wir zu ihnen. Sehen Sie, wie gut es ist, gut zu sein. In der Stunde der Not findet man sofort das Gute im Menschen. »Achmed, sie ist unsere Tochter, mach ihr keine Angst.« Er erzählt mir Geschichten und erschreckt mich: »Ihr Juden, ihr könnt doch nichts anderes tun, als ständig von eurem Palästina reden.« Sie sagt ihm: »Achmed, mach ihr keine Angst. Laß sie in Ruhe, sie hat nie gesagt, daß sie nach Palästina will, sie will hier bleiben, sie gehört nach Tripolis. Sie geht nirgends hin.« Er sagt: »Ihr Juden, wenn wir sagen, daß wir euch abschlachten, dann bekommt ihr Angst. Aber wenn ich dich nicht berühre, dann willst du nach Palästina gehen.« Nur ein Wunder rettete uns. Und später, als ich nach Israel einwandern wollte, sprach ich nicht darüber, ich sagte kein Wort. Ich verschloß die Tür und nahm mir ein Taxi zum Flughafen. Ich hatte Angst, weil sie mir immer vertrauten, und ich sie liebte. Ich liebte ihre Stadt. Wer nach Palästina auswanderte, der war gegen sie. Sie sind gegen uns, wie heute.

»Hatten Sie in Tripolis davon gehört, was in Europa während des Krieges vor sich ging?«

Ja, natürlich. Wir fasteten. Mein Mann geht morgens zum Gebet, er geht zur Synagoge, wir gingen nur in die Synagoge beten, jeden Morgen. Und er kommt zurück und sagt (damals war ich mit Vittorio schwanger): »Tu mir einen Gefallen und zünde heute Kerzen für die Juden an.« Ich frage ihn: »Warum?« Er antwortete: »Die europäischen Juden, ein Schlachten und ein Morden. Kinder und Erwachsene, heute ist ein Fastentag, faste.« Wenn wir fasteten, dann bedeutete das etwas. Wenn man heute fastet, dann bedeutet das nichts mehr. Aber in Tripolis fasteten alle. Wenn sie sagten, es sei ein Fastentag, dann habe ich gefastet. »Ich werde fasten und du auch.« Ich faste. Und ich zünde Kerzen an. »Was ist passiert?« »In Europa herrscht die Hölle. Sie stecken Kinder in Züge und verbrennen sie in Öfen.« Und außerdem lebte mein Cousin mit seiner englischen Frau in der Nähe meiner Mutter. Ich ging vor dem Krieg zum Haus meiner Mutter, sie wollten ihr zur Flucht verhelfen, sie sollte nicht da bleiben. Wir wußten, daß es Krieg geben würde, und wir hatten Angst. Die Engländer sollten nicht bleiben, man half ihnen zur Flucht. Wohin haben sie sie geschickt? Nach Deutschland, wo das Morden herrschte. Sie nahmen vielleicht dreihundert Leute aus Tripolis mit englischen Pässen. Sie brachten sie nach Deutschland, von morgens bis abends konnte man den Geruch von brennendem Menschenfleisch riechen. Sie sagt: »Von morgens bis abends riecht man es brennen. Sie gaben uns bessere Portionen, wir aßen mehr oder weniger Brot, je nach Paß.« Sie sagt: »Die anderen waren, wie soll ich sagen, niemand sollte so etwas überhaupt sehen.«

Jeden Tag kauften wir eine Zeitung und brachten sie nach Hause. Da stand genau drin, was in Deutschland passierte, wir lasen das in der Zeitung. Wir hörten auch in den Gottesdiensten davon. Wo wir lebten, das war ein zivilisiertes Land, es war nicht primitiv. Es war ein zivilisiertes Land, es gab Zeitungen, Badeanzüge, Lidos, Cafés, Mode, Luxus, Mode, Mini, Maxi, alles. Wie hier.

»Sprachen die Italiener auch von der Ermordung der Juden?«

Ja. Als die Italiener an der Regierung waren, lasen wir darüber. Wir bekamen die Zeitung ins Haus gebracht.

»Und Sie – was taten die Juden?«

Es ging uns sehr zu Herzen, wir fasteten und zündeten Kerzen an. Sie beteten auch jeden Tag in der Synagoge, es gab kein Haus, in dem man nicht die Kerzen angezündet hätte und wo man nicht zu Gott gebetet hätte. Es gab Predigten in der Synagoge. »Fastet, große Verfügungen werden in Deutschland erlassen. Sie nehmen Müttern ihre Kinder weg und schneiden sie und verbrennen sie.«

Ich habe mal einen Film von einer Mutter und zwei Kindern gesehen. Ein deutscher Offizier kam und fragte die Frau: »Sind das Ihre Kinder? Die Kleine ist aber süß.« Er schnappte sich die Kleine, und sie sagte: »Lassen Sie sie in Ruhe.« Er sagte: »Nein, die ist für mich.« Das Kind weinte. Dann nahm er ihr die große Tochter weg und trat sie und schlug sie nieder. Er nahm die beiden Töchter und ging weg. Zwei Töchter von einer Mutter. Das hab ich im Fernsehen gesehen. Sie haben sehr viel gelitten. Aus diesen Leiden hat Gott uns unser eigenes Land gegeben. Und warum haben sie so gelitten? Warum? Das weiß keiner. Ihr Leiden war sehr groß, bis heute erinnert man sich daran, wissen Sie, mit diesem Gedenktag … Holocausttag. Warum hat Gott die Juden so leiden lassen? Das weiß ich nicht, bis heute weiß ich das nicht.

»Haben Sie in Israel Menschen getroffen, die den Holocaust erlebt haben?«

Ja, natürlich. Meine Cousine war im Holocaust. Sie war jung. Ihre Mutter erzählt mir das. Ich habe sie vor sechs Jahren in Italien getroffen. Sie lebt heute in Italien. Und ich ging zu ihnen, und sie ... fingen zu reden an. Ich sagte ihr: »Was passierte, als die Deutschen da waren?« Sie erzählte mir: »Ja, wie wir gelitten haben. Aber auch wenn wir viel zu leiden hatten, wir haben immer noch nicht so viel gelitten wie die anderen. Wir hörten Krach, wir haben etwas gerochen. Wir sahen Menschen rennen, die aussahen, als ob sie litten, als wenn sie gefoltert würden. Wir waren im Lager eingesperrt. Man brachte uns etwas zu essen, Frauen und Männer getrennt. Wir litten, aber sie dachten nicht daran, uns zu töten. Einer von dreihundert starb an einer Lebensmittelvergiftung. Wir hätten nie gedacht, daß wir überleben würden und noch mal nach Hause, zu uns zurückkehren würden, wieder mit unseren Familien und einem Mann zusammenleben würden. Wir hätten das nie gedacht. Und wir kehrten zurück, aber wir haben dort Schreckliches erlitten.« Drei Jahre Folter, sie verschleppten sie aus Tripolis und steckten sie in Lager. Sie sagt: »Alles war so furchterregend. Hütten, Stacheldraht, alles war abgesperrt. Das Militär bewachte uns. Jeden Tag war es heiß wie in der Hölle. Entweder kalt oder heiß, und sie folterten uns. Aber wir hatten kein so großes Pech, noch schlimmer traf es die, die sie umbrachten und in den Öfen verbrannten.« Man hatte Angst, sie zu töten, weil sie englische Flüchtlinge waren. Man behandelte sie etwas vorsichtiger.

Hier waren wir mit Überlebenden zusammen in einem Zelt. Später brachten sie uns zusammen nach Amidar. Und bis heute grüßen mich die aus Amidar, die wegziehen: »Hallo, Mrs. Guetta.« Wir lebten zusammen in Zelten, in den Hütten. Die meisten Leute kamen aus Bulgarien. Wirklich, es gibt ein bulgarisches Viertel. Uns trennt nur eine Straße von zehn Metern. Und ich war ihre Freundin, sie kamen mich besuchen, und ich ging sie besuchen. Einer hatte einen Gemüsestand, der andere ein Lebensmittelgeschäft. Sie kamen ja alle ohne Arbeit, jeder nahm eine Kiste, eine Waage und fing an. Einer verkaufte

Gemüse, ein anderer hatte ein Lebensmittelgeschäft, ein paar Plätzchen. Sie kamen damit über die Runden. Sie kamen abends, wir wuschen alle ab, saßen im Garten, zogen uns schön an, hatten Spaß und lachten. Sie kamen mich besuchen. Ich hatte ihnen nicht viel zu geben, schwarze Sonnenblumenkerne und eine Orange. Mehr hatten wir nicht, ich hatte nichts Besseres anzubieten. Wir hatten kein Geld. Selbst wenn man etwas hätte kaufen wollen – es gab ja nichts. Aber wir waren glücklich, jeden Abend stand unsere Tür offen. Man konnte seine Tür offen lassen, ohne daß jemand hereinkam, es gab keine Diebe, kein Haschisch, keine Mörder, nicht diesen Kulturverfall. Alles war billiger und schöner. Heute haben alle mehr Geld und weniger Spaß.

Laura endet mit einer Moralpredigt, wie sie schon mehrere gehalten hat. Sogar, als ich den Kassettenrecorder schon abgeschaltet habe, beschreibt sie noch mehr Details aus ihrem Leben, spricht über ihre Leiden, über das, was sie gerne hat, und die Lektionen, die das Leben sie lehrte. Sie läßt mich nicht aus dem Haus gehen, ohne mir ein großes Paket mit Lebensmitteln zu geben und mir einige persönliche Fragen zu stellen: Ob ich einen Freund habe und ob sie mir nicht irgendwie behilflich sein könnte, einen zu finden?

[Dan Bar-On und Noga Gil'ad]: Laura erzählt ihre Lebensgeschichte ausführlich. Äußere Ereignisse beeinflussen ihr Leben erst nach dem Krieg, als die Briten an die Macht kommen und die arabischen Krawalle gegen die Juden beginnen. Die Kontinuität des Familienrahmens gehört ganz zentral zu ihrer biographischen Rekonstruktion. Laura hatte kein einfaches Leben, vor allem die Einwanderung nach Israel war sehr schwierig, und sie litt unter dem Tod ihres Vaters, des jüngeren Bruders, ihrer Tochter und ihres Mannes. Die zentrale und kontinuierliche Rolle, die die Familie in Lauras erzählter Lebensgeschichte spielt, wird durch diese Verluste jedoch nicht beeinträchtigt, sowenig wie Lauras Fähigkeit, Hoffnung und Freude zu empfinden.

Laura spricht in einer reichen und bildlichen Sprache, sehr oft im Präsens, was einem das Gefühl des »Hier und Jetzt« vermittelt. Schon ihr erster Satz enthält im Kern ihre gesamte Lebensgeschichte: Das Leben »vorher« und »heute« ist grundsätzlich verschieden. Damit spielt Laura keineswegs nur auf den Wechsel von Libyen nach Israel an. Als

Wendepunkt in ihrem Leben begreift sie den Tod ihres Vaters, als sie neun Jahre alt war. Weil sie das älteste Kind der Familie war, endete damit ihre Kindheit, und ein Leben voller Schwierigkeiten begann. Das erinnert an den Wendepunkt in Genias Leben (den Tod ihrer Mutter), wenn auch die Rekonstruktion des jeweiligen Ereignisses in den erzählten Lebensgeschichten bei beiden sehr unterschiedlich ist. Für Genia bedeutete der Verlust ihrer Mutter den Beginn des Familienzerfalls und das Ende der positiven Besetzung der Mutterrolle. Für Laura bedeutet der Todesfall den Beginn eines neuen Lebens als Frau und Mutter.

Laura lernt schon sehr früh, daß Männer sterben und Frauen die Last weitertragen. Als ihr Vater erkrankt, hilft sie ihrer Mutter bei der Erziehung der Geschwister und im Haushalt (»Ich war wie ein Teufel«). Nach dem Tod ihres Vaters sucht sie nach einer Frau, die ihren erst sechs Monate alten Bruder stillen kann. Sie steht ihrer Mutter bei und beschreibt, wie sie weinend zu Füßen ihrer Mutter einschläft. Ihr Vormund greift ein und bringt sie in das Haus ihres Onkels. Es wird nicht ganz klar, ob ihre Heirat bereits zu diesem Zeitpunkt geplant war, oder ob sich die Idee erst nach ihrem Einzug ergab. Laura beschreibt den Umzug mit gemischten Gefühlen: Einerseits konnte sie jetzt wieder lachen, ausgehen, wieder ein Kind sein und von ihrer Schwiegermutter, die sie wie eine Mutter liebte, lernen, was es heißt, eine Frau zu sein. Andererseits wollte Laura aber nicht von ihrer Mutter getrennt werden und hatte vielleicht sogar ein schlechtes Gewissen, sie und ihre Geschwister verlassen zu haben. Das sagt sie zwar nicht explizit, aber man hört es zwischen den Zeilen heraus. Als sie später heiratet und ihren Sohn in Gharyan erzieht, wird dieses Gefühl akut, denn ihr jüngerer Bruder, der noch bei der Mutter lebt, stirbt an Typhus.

Über weite Strecken ihrer biographischen Erzählung redet Laura von den Schwierigkeiten, sich als Frau zu fühlen. Als kleines Mädchen – sie ist vier – erfährt sie, daß ihr Vater Söhne lieber mag als Töchter (»ein gutes Zeichen«). Später sieht sie, wie ihre Mutter sich mit einem Medikament, das die Empfängnis von Jungen angeblich erleichtert, beinahe das Leben nimmt. Welcher grundsätzliche Unterschied zwischen Jungen und Mädchen besteht, erfährt sie spätestens, als ihre Mutter ihr verbietet, in der Schule Sport zu treiben. Laura spricht von ihrem körperlichen Bedürfnis nach Aktivität, weil »man schon so auf die Welt kommt, wenn man schnell ist«. Das hilft jedoch nicht, ihre Mutter verbietet es ihr, und sie muß damit aufhören.

Zu dieser Zeit lebt Laura bereits im Haus ihrer Tante. Es wird nicht deutlich, ob dieser Streit mit ihrer leiblichen Mutter oder ihrer Tante/Schwiegermutter stattgefunden hat, die sie wie eine eigene Mutter liebt und von der sie, seitdem sie zehn Jahre alt ist, erzogen wird. Später beschreibt Laura noch einen Streit mit ihrer Mutter (Tante?), bei dem es um das Recht geht, nachts zu lernen. Ihre Mutter hält nichts davon, daß sie lernt, weil eine Frau in die Küche gehört, zu ihrem Ehemann. Für Laura jedoch ist es wichtig, in der Schule die Beste zu sein und ausgezeichnete Ergebnisse zu bringen. Schon mit zwölf ist ihre Schullaufbahn beendet, Laura heiratet und gebiert ihren Sohn Reuven.

In der Rekonstruktion dieser Ereignisse wird Lauras Ambivalenz über ihre Unabhängigkeit als Frau deutlich. Sie fragt sich: Sind die Methoden von früher gut oder schlecht? Einerseits sagt sie: »Aber meine Ehe, ich weiß eigentlich überhaupt nicht, was eine Ehe ist, ich weiß das wirklich nicht. Sagen Sie einem Baby, was eine Ehe ist, und was wird es ihnen antworten?! So war das auch bei mir. Heute wissen die Mädchen schon mit zehn oder zwölf, was los ist.« Andererseits bewundert sie die Vergangenheit: Ihre Mutter sorgte für jeden, und ihrer Schwiegermutter/Tante hatte sie alles zu verdanken, was sie gelernt hat, sie war ihre Lieblingsschwiegertochter. Als Laura über die Unterschiede zwischen hier und dort spricht, zwischen Vergangenheit und Gegenwart, drückt sie diese Ambivalenz aus: »Hier, in Israel, ist [Drecksarbeit] keine Schande ... wir machen das.« Mit anderen Worten heißt das, heute sind Frauen zwar unabhängiger, aber sie büßen an Selbstachtung ein. Laura hat dafür eine Lösung gefunden, sie kommt mit allen gut zurecht. Ihr Frauenarzt hat ihr gesagt: »Ich habe Sie lachen hören, als Sie draußen im Wartezimmer waren.« Auf diese Weise hat Laura sowohl Selbständigkeit und eine zentrale Rolle in ihrer Familie erreicht, sie ist im Unterschied zu ihrer Schwester nicht distanziert und entfremdet.

In gewisser Hinsicht erinnert Laura an Olga. Wie diese hat sie gelernt, »nach vorne zu blicken« und sich ein neues Leben aufzubauen, ohne dem Leiden nachzugeben. Nach dem Tode ihres Vaters zog sie aus dem Haus der Mutter weg zu ihrer Tante, dann von Tripolis nach Gharyan, als sie während des Krieges ihr zweites Kind austrug, und dann wieder nach Tripolis, als die Aufstände begangen. Danach folgte sie ihrem älteren Sohn über Italien nach Israel. Bei jedem Schritt erwähnt sie auch die Belastungen und Ängste, die sie durchlitten hat, aber sie hält die Hoffnung auf ein besseres Leben aufrecht. Eine ihrer Hoffnungen erfüllt sich, als ihre Söhne Bauunternehmer werden, was sie sich bereits von Tripolis aus ersehnt hatte.

Im Unterschied zu Olga jedoch hat Laura ihre Familie oder doch die meisten Familienangehörigen nicht im Holocaust verloren. Möglicherweise kann sie sich deswegen ohne Angst und vor allem ohne Wut öffnen und mitteilen. Sie akzeptierte die religiöse Identität ihrer Eltern (»wer nicht religiös war, war auch kein Jude«) wie die ihrer christlichen Nachbarn und der italienischen Faschisten (sie lehrten uns, wie man »mit zwei Gabeln ißt«), die den Juden ein Gefühl relativer Sicherheit gaben. Sie hatte ein gutes Verhältnis zu ihrer arabischen Nachbarin, die ihr half, als sie in Gefahr war. Sogar die Deutschen, mit denen sie »Geschäfte machten«, sieht sie in einem positiven Licht. Nur »die Engländer« rufen Wut in ihr hervor, weil sie ihr nicht nur angst machten, sondern ihre Erwartungen enttäuschten, weil sie die »Araber freiließen« und gegen ihr Volk kämpfen ließen.

Laura erwähnt erst Daten, nachdem der Krieg ausgebrochen ist, ihr Alter taucht nur in Zusammenhang mit verschiedenen Familienereignissen und dem Lebenszyklus auf. Aus diesem Grunde – und wie wir finden, keineswegs zufällig – kennen wir auch ihr Geburtsdatum nicht. Es ist beinahe so, als würde Laura sagen: »Bis 1940 haben äußere Ereignisse keinen Einfluß auf meine Lebensgeschichte gehabt.« Aber ab 1940 drängten sich politische Ereignisse im allgemeinen und besonders die in Tripolis regelrecht auf, und ab diesem Moment sind wichtige Daten ihres persönlichen Lebens mit speziellen äußeren Ereignissen verbunden. Aber selbst dann noch empfindet Laura die Außenwelt als eine dünne Schicht um ihre persönliche Geschichte und Familiengeschichte.

Laura suchte nach Ruhe, um ihren zweiten Sohn weit weg von den Bombenangriffen zur Welt zu bringen. Sie wandert nach Israel ein, weil sie sich nach ihrem ersten Sohn, Reuven, sehnte, weniger aus zionistischer Überzeugung. Sogar als sie auf Amalias Frage antwortet, was sie über den Holocaust weiß, bleibt sie distanziert, fast unbeteiligt, und zeigt eine vielleicht nicht ganz ausdrückliche Furcht: Wir fasteten, zündeten Kerzen an, lasen Zeitung – das gilt für sie als Beweis, daß sie in einem zivilisierten Land lebten, wo man wußte, was vor sich ging. Später lebte sie in Israel in einem Viertel, in dem auch Überlebende des Holocaust wohnten. Von einer Cousine, die Bergen-Belsen überlebte, hörte sie vor sechs Jahren – und das zum ersten Mal – über die Leiden im Lager.

Intensiver wird der Eindruck äußerer Ereignisse auf Lauras Leben erst, als sie bis in alle Einzelheiten hinein die Leiden und Demütigungen beschreibt, die sie durchzumachen hatte, als sie nach Israel einwanderte. An dieser Stelle dringt die Wirklichkeit in ihre eigene Geschichte ein, und ihr Leiden ist nicht nur persönlich oder individuell, nicht nur mit ihrer Familie verbunden, sondern kollektiv. Andererseits fällt auf, daß ihre Erfahrungen in Israel in keiner Weise auf ihre Ansichten über das Leben in Libyen abgefärbt haben. Wenn wir erwarten, daß israelische Werte ihre Ansichten über die italienischen Faschisten und die Deutschen, vielleicht sogar die Christen und die Araber »färben« würden, dann widerlegt Lauras Geschichte diese Erwartungen. Eine nachträgliche »Einfärbung« ihrer Geschichte ist höchstens in ihrer Schilderung der aufständischen Araber spürbar: »Als wir hierher kamen, vergaßen wir unsere Angst, und jetzt ist sie wieder da.« Wir fragen uns, ob wir dieses Denken in offenerer Form bei Vittorio und Liat wiederfinden werden.

Vittorio
»Als ich nach Israel kam, paßte ich zu den Sabras.«

Ich treffe Vittorio vor seinem Haus in Savyon, einem der vornehmeren Vororte von Tel Aviv, in der Hängematte liegend. Als er aufsteht, bemerke ich, daß er wie seine Mutter sehr sorgfältig und elegant gekleidet ist. Seine großen Augen und sein warmes Lächeln erinnern mich ebenfalls an sie. Er begleitet mich ins Haus und erzählt mir währenddessen haarklein, welcher Handwerker welchen Schrank und welches Buntglasfenster gemacht hat und wie sie eingebaut wurden. Das Haus ist sehr schön und perfekt eingerichtet. Als er in die Küche geht, bemerke ich, daß er den Ansatz zu einer Glatze entwickelt und die ersten grauen Haare hat, ein winziges Detail, das Vittorios Alter – er ist nach Berechnung seiner Mutter vierundvierzig – erkennen läßt. Paula, seine Frau, sitzt die ersten paar Minuten bei uns, und Vittorio beginnt – wie seine Mutter –, ohne überhaupt aufgefordert werden zu müssen, mit seiner Erzählung.

Okay, ich erinnere mich gut an meine Kindheit in Libyen. Interessiert Sie das? Ich weiß noch, wie ich sechs oder sieben war, ich glaube, daß ich ein Jahr lang in Libyen zur Schule ging, daß ich dort eine Klasse abgeschlossen habe. Mein Vater arbeitete, er verkaufte Stoffe, er war wohlhabend. Wir hatten ein Hausmädchen, das mich jeden Morgen zur Schule brachte, und ich wollte nie, daß sie mich bei der Hand nahm. Es war dann so, daß sie ganz außen am Straßenrand ging und ich an den Geschäften entlang die Straße hinunterging bis zur Schule. So ging das jeden Tag – morgens brachte sie mich zur Schule, und am Nachmittag holte sie mich wieder ab. Und ... wir wohnten in der Innenstadt. Wir konnten uns kaum bewegen, man konnte fast nicht auf der Straße spielen.

Vittorio hält einen Augenblick inne, und Paula beginnt zu reden.

Wir waren auch schon von frühem Alter an Hauskinder. Man ging nicht zum Spielen auf die Straße. Nur einfachere Leute erlaubten ihren

Kindern, draußen zu spielen, wir kamen aus guten Familien und bekamen das verboten. Wir waren sehr verwöhnt. Wir hatten zu Hause immer einen Haushälter. Wir kamen immer von der Schule nach Hause, und alles war fertig. Ich gab ihm meine Schultasche und schickte ihn vor, damit er nicht mit mir zusammen ging. Es war mir peinlich. Der Unglückliche, er ging einen Kilometer lang hinter mir her und trug meine Tasche. Wir gingen in eine italienische christliche Schule. Ich war vom Kindergarten an in dieser Schule. Also, natürlich hatte ich deswegen nicht nur jüdische Freunde. In so einer Gesellschaft, mit Christen und … aber nein … wir fühlten uns nicht als Außenseiter.

Mit den Arabern hatten wir gar nichts zu tun. In meiner Schule waren keine Araber. Die hatten ihre eigene Schule. Unsere Schule war eine staatliche italienische Schule. Von der ersten Klasse an bis zur High School hatten wir keine Angst vor den Arabern. Ich kam erst nach den großen Krawallen von 45 und 48 zur Welt, nachdem der Staat [Israel] gegründet worden war. Also zu dieser Zeit … wir hatten wirklich keine Angst, nicht einmal beim Sechstagekrieg, als wir drei Wochen lang im Haus eingeschlossen waren. Wir hätten sofort rausgekonnt und nach Israel ausreisen können, das wäre kein Problem gewesen. Aber da meine Onkel nicht ausreisen konnten, wollte meine Mutter auch nicht gehen. Sie wollte uns vorausschicken und selbst hinterherkommen, aber wer würde so etwas mitmachen? Als meine Onkel dann ausreisten, folgten wir ihnen ein paar Tage später. Meine zwei Onkel und meine Großmutter verließen das Land. Sobald wir bei der Botschaft angerufen hatten, kamen sie, holten uns, und weg waren wir!

Paula geht in die Küche, und Vittorio erzählt seine Geschichte weiter.

Als wir nach Israel kamen, schickte man uns sofort in Übergangslager, in Zelte. In dieser Zeit wurden wir zu Straßenkindern. Wir gingen in die Schule, wir lernten nichts, wir taten nichts. Zuerst gingen wir in die Aguad Yisrael [eine aschkenasische oder orthodoxe] Schule und trugen einen kleinen Tallit [Betschal für Männer]. Dann steckten unsere Eltern uns in Religionsschulen, sie wollten Religion. Die Hälfte einer Unterrichtsstunde wurde gebetet, insgesamt beteten wir zwei Stunden. Man ging nach Hause, machte seine Hausaufgaben, dann hinaus auf die Straße und mit einem Reifen, einem Topf und einem Deckel gespielt. Das sollte ein … Lenkrad sein.

So haben wir im Übergangslager gelebt. Ich kann mich auch noch an die Zeit erinnern, als meine Schwester krank wurde. Ich weiß nicht, ob meine Mutter mit Ihnen darüber gesprochen hat, meine Schwester war damals vier oder fünf. Ich kann mich noch genau an den Tag erinnern, als sie stürzte, von einer Veranda, die so ähnlich war wie unsere hier, vielleicht vierundzwanzig Zentimeter hohe Stufen. Sie fiel und brach sich das Rückgrat. Sie lag sehr lange krank zu Hause, aber niemand konnte sie richtig pflegen, es gab zwar schon das Krankenhaus in Tel Hashomer, aber da wollte man sie nicht aufnehmen. Und als sie sie dann aufnahmen, war es schon zu spät. Ich brachte sie ins Krankenhaus, ich war das. Sie lag da drei Tage, und dann starb sie. Und so wuchsen wir im Übergangslager auf *(seufzt)*.

Langsam, ganz langsam zogen wir in … eine dauernde Unterkunft, da gab es zwar auch keinen Strom und kein Abwassersystem, da herrschten auch sehr schwierige Bedingungen. Unsere Nachbarn, die waren Holocaustüberlebende. Für die war das der reine Luxus. Nach dem, was wir darüber wissen, was sie durchgemacht haben, war das für sie regelrecht leicht. Ich meine, was sie im Konzentrationslager durchgemacht hatten. Wir hockten da ohne Strom und ohne Kanalisation, aber das machte denen überhaupt nichts aus. Das waren Notzeiten, wir hatten nie Fleisch, Fisch oder Obst. Alles war rationiert, man bekam Rationen für einen Monat. Auch Kleidung konnte man nur gegen Coupons kaufen, die man uns gab.

»Für die war das der reine Luxus.« So hatte ich noch nie über die Übergangslager, die Holocaustüberlebenden und die Immigranten aus Nordafrika gedacht.

So habe ich die Zeit in der Grundschule verbracht, ich war nie ein guter Schüler, ich war immer derjenige, der Ärger mit anderen anfing, bis ich dreizehn oder vierzehn war. Da habe ich die Schule noch vor Ende eines Schuljahres verlassen, um im Baugewerbe zu arbeiten, um einen Beruf zu erlernen. Ich wurde Klempner. Später habe ich in der Abendschule die zwei fehlenden Schuljahre nachgeholt. Ich war nicht der einzige, es gab viele Jugendliche, die das taten. Nicht so wie heute.

Der Rest hat es … hat es nicht geschafft. Wir machten die Schule zu Ende und erlernten einen Beruf, Schweißer, Baugewerbe, Automechaniker, nicht so wie heute. Für den kleinsten Job muß man heute schon zehn oder zwölf Jahre zur Schule gegangen sein.

Ich hab also auf dem Bau gearbeitet und zu Hause Geld abgegeben. Mein Vater arbeitete schwer, er war krank und hatte immer Schmerzen, er konnte kaum über die Runden kommen. Die Partei [die damals regierende Arbeitspartei] half ihm und vermittelte ihm eine Arbeit für zwei Tage die Woche. Zwei Tage in der Woche arbeitete er im Rathaus. Und dann bekam er eines Tages eine Thrombose im Gehirn. Sie brachten ihn ins Krankenhaus, als er sehr krank war. Danach konnte man ihn kaum anschauen, er war drei Wochen lang durch eine Art Vorhang abgeschirmt, und sein Aussehen war dadurch total verzerrt.

Man kann Vittorios Gesicht die Schmerzen ablesen, die ihm die Erinnerung an seinen Vater bereitet, aber seine Stimme ist, während er über diese schwierigen Themen – die Krankheit und den Tod seiner Schwester und seines Vaters – spricht, weich und sanft, als wolle er das alles beschönigen.

Ich blieb alleine bei meiner Mutter wohnen, weil mein Bruder inzwischen verheiratet war. Und ich mußte ein Jahr weniger Militärdienst leisten, weil mein Vater gestorben war. Aber als ich zur Armee mußte, mußte ich meine Mutter alleine lassen. Alle meine Eingaben, in der Nähe bleiben zu dürfen, wurden abgelehnt. Als sie mich dann versetzen wollten, lohnte es sich gar nicht mehr, weil sowieso nur noch ein paar Monate übrigblieben. Meine Mutter kam ganz gut zurecht, sie vermietete Zimmer an Studenten. Die Studenten wechselten, meine Mutter vermietete die Zimmer und saß mit ihnen zusammen und machte ihnen Essen. Und in den Ferien kam ich dann und freundete mich mit diesen Studenten an. Und so begann ich dann, mit einer Studentin zusammen zu sein.

Wir gingen eine Weile zusammen, und ich wollte Schluß machen, auch ihre Eltern waren gegen die Beziehung, wir paßten nicht zueinander. Sie hatte schon ihren Magisterabschluß gemacht, und ich hatte kaum die Schule abgeschlossen. Ich dachte daran, Schluß zu machen, aber sie war dagegen. Und ich, aus Respekt, es war mir peinlich, äh, sie wegzuschicken. Weil ich dachte, und bis heute auch dieser Ansicht bin, daß sie etwas Besseres als mich verdient hat. Jemanden, der auf ihrem Niveau ist, der ihren Bildungshintergrund teilt. Mal abgesehen vom täglichen Verhalten, ich war ihr einfach nicht gewachsen, ich konnte ihr in anderen Dingen nicht das Wasser reichen. Ich versuchte, ihr das zu erklären, ich sprach sehr sanft mit ihr wie mit einer Schwester. Aber es half nichts. Eines Tages beschloß sie dann, aus Israel wegzugehen, und ich war sehr froh und hoffte, daß es ihr gut tun würde. Bis heute wünsche ich ihr nur das Beste. Sie tat mir leid, weil sie nichts Böses getan hatte. Dann verließ sie Israel, und ich war sehr froh, ich dachte, im Ausland würde sie sehr gut zurechtkommen, es ist Schluß zwischen uns, und alles wird ein gutes Ende nehmen. Und dann bekam ich, ich glaube, so nach zwei oder drei Wochen, Briefe von ihr. Sie schrieb, daß sie zurückkommen wollte und weiter mit mir zusammensein wollte. Das versetzte mich natürlich nicht gerade in eine gute Stimmung. Und dann, kurze Zeit später, vielleicht nach anderthalb Monaten, kam sie nach Israel zurück.

Ich fuhr nicht einmal zum Flughafen, um sie abzuholen. Ich wollte den Kontakt abbrechen, vielleicht wäre sie dann beleidigt, und dann wäre es einfach, die Sache zu beenden. Ich ging nicht zum Flughafen. Meine Mutter wollte natürlich, daß ich sie abhole. Sie sagte: »Ich habe keine Tochter – meine Tochter ist gestorben – sie ist meine Tochter.« Sie hatten eine wunderbare Beziehung zueinander. Ich mag sie auch noch bis heute. Natürlich ging meine Mutter sie besuchen. Ich hörte also Geschichten darüber, wie enttäuscht sie darüber war, daß ich nicht gekommen war. Das war nicht gut für mich, ich besuchte sie also, und das war das Ende. Ich versuchte, ihr das zu erklären, aber es war sinnlos.

Und dann kam eines Tages mein Onkel (sein Name sei gesegnet), vor dem ich großen Respekt hatte. Ich bewundere diesen Mann noch heute. Er war besonders weise. Und er und meine Mutter drängten mich zu dem Schritt, ich sollte sie heiraten. Ich wußte genau, daß daraus nichts werden würde, daß es unmöglich war. Man kann so eine Person nicht heiraten. Aber es blieb mir ja nichts anderes übrig. Ich wollte sie nicht beleidigen und ihr sagen, sie solle mich in Ruhe lassen, und auch weil der Druck von zu Hause sehr stark war – wir heirateten also. Und natürlich sah sie nach der Hochzeit sofort, daß es nicht ging. Sie ging dann sofort weg, und innerhalb eines Jahres waren wir schon geschieden. Ich machte damals eine sehr schwierige Zeit durch, ich hatte keine Arbeit, es war während der Rezession. Sie unterstützte mich finanziell. Sie hatte immer Arbeit, sie war Lehrerin, und damals wirkte sich die Rezession nicht auf die Lehrer aus. Sie arbeitete in der Schule und gab auch noch Privatstunden, für sie war es gut. Das war alles.

Ich erinnere mich daran, daß Laura auch gegen ihren Willen hatte heiraten müssen. Vittorios Offenheit erstaunt mich – daß er mir sofort über das Scheitern seiner ersten Ehe erzählt, die seine Mutter wollte, weil »ich keine Tochter habe – sie ist meine Tochter«.

Eines Tages ging meine Mutter zum Flughafen, um eine Studentin abzuholen, die lange im Ausland gewesen war, eine andere Studentin. Die Studentinnen waren wie ihre eigenen Töchter. Sie holte sie immer vom Flughafen ab. Sie kam zurück und sagte mir: »Stell dir vor, wer aus dem Ausland zurückkam?« Woher soll ich das wissen? »Rate mal!« »Keine Ahnung.« Sie sagte: »Deine Cousine Paula.« Ich konnte mich an ihre Mutter noch von meiner Kindheit im Ausland erinnern, aber ich wußte nicht, wie ihre Tochter aussah. Auch an ihren Vater konnte ich mich erinnern. Aber ich war froh, daß meine Cousine nach Israel kam. Ich sah sie, und sie sah sehr beeindruckend aus. Sie rückte mich allmählich wieder zurecht, und ich begann mich für sie zu interessieren. Schließlich war die andere Geschichte vorbei, das war ja nichts gewesen. Ich glaube, ich war damals sogar schon geschieden.

Sie kam also als Neueingewanderte in Israel an, und heute ist sie meine Frau. Nach einer Weile traf ich sie im Haus meines Bruders, und wir lernten uns kennen. Wir begannen, miteinander auszugehen, das hatte mir gefehlt, wissen Sie? Alles war das Gegenteil von dem, was gewesen war. Ich liebte sie sehr. So ist das auch noch heute, nichts hat sich verändert. Ich mochte auch die Familie meines Onkels und ihre Mutter sehr. Sie empfangen jeden sehr nett, und ich zog schon zu ihnen, bevor wir heirateten. Natürlich nicht wie die Leute heute zusammenleben, jeder von uns hatte ein eigenes Zimmer. Leute leben einfach so zusammen, viele versuchen, zusammenzuleben. Und so lebten wir zusammen. Ich lebte in ihrem Elternhaus, und wir heirateten. Alles war schön und gut. Ich arbeitete als Bauunternehmer. Wir hatten eine

Wohnung, wir waren mehr oder weniger eingerichtet. Und dann fingen die Probleme an, ich wurde sehr krank. Ich bekam … Depressionen. Eines Tages kam ich nach Hause und spürte, wie soll ich das erklären, ich spürte, daß irgend etwas nicht stimmte in meinem Kopf. Du weißt nicht mehr, was du tust. Man tut etwas, und dann weiß man nicht mehr, daß man es getan hat. Man geht und schaut, ob man es wirklich dahingestellt hat oder nicht.

Vittorios Stimme wird zittrig, es scheint ihm schwerzufallen, sich an seine Krankheit zu erinnern, obwohl er mit bemerkenswerter Offenheit darüber spricht.

Paula kann sehr gut mit solchen Situationen umgehen, sie fing an, bei Ärzten und Professoren anzurufen. Sie machte mir einen Termin bei einem der Experten in diesem Land, und er entdeckte, daß ich krank war. Ich mußte sofort ins Krankenhaus und kam ins Krankenhaus in Tel Haschomer. Meine Frau, das kann man sich gar nicht vorstellen, was sie damals für mich getan hat. Alle anderen, die mit meiner Krankheit im Krankenhaus waren, alle anderen ließen sich im Laufe der Zeit scheiden. In einer solchen Situation ist es für eine Frau sehr schwierig, ihren Mann zu unterstützen. Die meisten anderen Patienten, alt oder jung, die wurden verlassen. Meine Frau kam jeden Morgen um sieben Uhr. Sie blieb bis zwölf, wenn ich einschlief, und dann ging sie. Die Ärzte schickten sie weg und sagten: »Gehen Sie nach Hause.« Aber nichts half. Meine Mutter und auch ihre Mutter natürlich. Ihre Mutter verließ die Familie und ihre Kinder, sie hatte noch fünf Kinder zu Hause. Um sechs Uhr morgens waren sie schon auf dem Weg nach Tel Haschomer. Jeden Morgen, und das sechs Monate lang, während ich im Krankenhaus war. Es gab Aufs und Abs mit meiner Krankheit.

Die Sache zog sich drei Jahre lang hin. Die Krankheit mit ihren Aufs und Abs und mit sehr schwierigen Problemen zu Hause. Mit alledem hat mich meine Frau sehr unterstützt, solange ich im Krankenhaus war, aber zu Hause war sie genau das Gegenteil. Sie … verstand die Situation überhaupt nicht. Ich glaube, im Krankenhaus hat man ihr das nicht genau erklärt … wie sie mit mir hätte umgehen sollen. Ich war ein kranker Mann und lag noch zweieinhalb Jahre lang zu Hause, ohne zu arbeiten. Zum Glück hatte ich noch Geld, um zu leben. Es waren sehr harte Zeiten für meine Frau und mich. Wir haben uns wegen allem und nichts gestritten. Und solche Angst, drei Jahre lang. Ich glaube, wir ließen uns nur deshalb nicht scheiden, weil sie meine Cousine war und weil wir uns irgendwie schämten. Schließlich war ich ja auch schon einmal geschieden.

Wenn ich über mich nachdenke, dann verstehe ich, was damals passierte. Ich war zum Beispiel nicht in der Lage, aufzustehen und mich zu waschen. Es lag an der Krankheit. Der Mensch wird zu einem Ding. Man kann nichts mehr tun, man funktioniert nicht mehr. Um etwas von hier nach da zu rücken, ich möchte es tun, aber es geht nicht. Mein Gehirn gibt mir nicht mehr den Befehl, es zu tun. Sie hat das nicht verstanden. Damals haben wir uns nur gestritten. »Steh auf und wasch dich. Warum liegst du im Bett mit deinen Schuhen wie eine Leiche?« Ich konnte nicht. Als alles vorbei war und alles wieder so wurde wie vorher, haben wir beide herausgefunden, was es war. Man beriet sie, man hat oft mit ihr gesprochen, aber ich nehme an, in dieser Hinsicht hatte man sie unterrichtet. Es war eine sehr schwierige Zeit.

Ich frage mich, ob Paula wirklich etwas nicht verstanden hatte oder ob sie nicht vielleicht auf ihre Art versuchte, ihm Mut zu machen. Mich würde interessieren, ob der Krankenbericht vermerkt, daß sein Großvater, sein Vater, seine Schwester und sein Onkel in sehr jungen Jahren an Krankheiten starben und das seine Depression möglicherweise mit verursachte.

Und … na gut, nach drei Jahren konnte ich allmählich wieder anfangen zu arbeiten. Liat wurde geboren. Bevor Liat geboren wurde, hatte meine Frau einen Zusammenbruch, sie hatte eine Fehlgeburt. David kam ein Jahr nach Liat auf die Welt, und das Leben wurde allmählich wieder normal. Ich wollte in eine größere Wohnung ziehen, aber wie sollte das gehen, meine Frau wollte nicht aus Ramat Gan wegziehen. Für eine größere Wohnung in Ramat Gan hatte ich aber nicht genug Geld. Damals hatte ich nicht genug Geld, um eine größere Wohnung zu kaufen. Ich kam und sagte: »Hör zu, ich kaufe eine größere Wohnung in Aschdod, als Geldanlage. Wir sollten unser Geld investieren.« »Aber ich will da nicht leben.« Ich sagte: »Keine Angst, das ist ja nur zur Investition, du mußt da nicht wohnen.« Ich wollte immer schon ein eigenes Haus haben. Also kaufte ich ein Haus in Aschdod, um es irgendwann zu verkaufen und in ein Haus in Ramat Gan zu ziehen. Ich kaufte eine Wohnung, ohne sie auch nur gesehen zu haben, als Geldanlage.

Und eines Tages sagte ich: »Paula, wir müssen nach Aschdod ziehen.« »Warum?« Ich sagte: »Mit meinem Geld habe ich eine Wohnung in Aschdod gekauft und viel Land in Savyon.« Ich mußte meine Wohnung in Ramat Gan verkaufen, um das Geld dazu zu haben. Für Paula war das sehr schlimm, auch für meine Mutter. Sie kam uns jeden Tag besuchen, manchmal sogar zweimal am Tag. Ich werde den Tag, als wir nach Aschdod zogen, nie vergessen, sie hatte Tränen in den Augen. Für sie war Aschdod das Ende der Welt. Danach mußten wir von Aschdod nach Savyon ziehen, und sie weinte da auch wieder, obwohl wir sehr froh über den Umzug waren. Sie hatte die Nachbarn lieb gewonnen, den Ort. Es fiel ihr wieder sehr schwer.

Daß Vittorio als Nordafrikaner so viel Gewicht auf die Gefühle seiner Frau legt, finde ich ungewöhnlich. Es entspricht nicht meinem Stereotyp. Ich begreife jedoch zugleich, wie stark er sich unter Druck gesetzt fühlte, gesellschaftlich zu reüssieren.

Unsere Jahre in Aschdod waren sehr schön, in jeder Hinsicht waren sie gut. In jeder Hinsicht, auch unter ökonomischen Gesichtspunkten, verbrachten wir dort vier wundervolle Jahre. Dann kam die Wirtschaftsreform, Erlichs Amtszeit [Erlich war Finanzminister unter Begin]. Ich verdiente kein Geld mehr bei der Arbeit, sondern machte Verluste, und außerdem steckte ich mittendrin im Hausbau in Savyon. Wir hatten nicht einmal Geld, unseren Sohn in die Vorschule zu schikken. Und meine Frau ist der Typ, der bereit ist, in einem einzigen Zimmer zu wohnen, das aber im richtigen Stil. Ich bin bereit, auf Dinge zu verzichten, um ein eigenes Haus zu haben, sie aber nicht. Sie kommt mit einem Zimmer zurecht, aber nicht damit, daß man ihren Sohn von der Schule nach Hause schickt, weil wir nicht bezahlt haben. Und wieder wurde es schwer, eine schwere Zeit. Schließlich zogen wir hierher, ohne Küche, ohne Zaun, als würden wir hier campen. Mit einem Kind, das erst ein Jahr alt war, Zvi, der kletterte die Treppe herunter, und die hatte kein Geländer. Als die Nachbarn herüberkamen, um uns zu begrüßen, schämte ich mich, ihnen das [unfertige] Haus zu zeigen. Wir wohnten hier anfangs ohne Küche.

Wer zog hierher? Reiche Leute, keine armen Leute, so wie ich. Jeder hier war etabliert, sie hatten neue Autos, fuhren im Urlaub ins Ausland, und alles war bezahlt. Im Laufe der Jahre erreichten wir das auch. Aber im ersten Jahr wohnten wir hier ohne Küche, das war sehr schwierig. Ich veränderte mich beruflich und arbeitete nicht mehr als Klempner, sondern als Bauunternehmer. Nach den Voraussagen sollte das ein erfolgreiches Geschäft werden, man verdiente angeblich gut. Aber tatsächlich war es nicht so. Sehen Sie, im Moment geht es der Bauwirtschaft in diesem Land wieder sehr gut, aber auch das wird nicht so bleiben. Ich ging damals ins Geschäft, als die Zeiten dafür sehr gut waren, aber das war schon gegen Ende. Ich konnte ein halbes Jahr oder ein Jahr lang nicht arbeiten, und da fingen schon die Rückgänge in der Bauwirtschaft an. Das ging so bis vor ein paar Jahren. Ich saß schon zwei Jahre lang in meinem Haus, bis ich die Arbeit fand, die ich jetzt auch noch mache, als Vertreter für Fleischprodukte. Also, bis heute habe ich Ihnen das Wichtigste erzählt. Was noch?

Ich bin überrascht, daß Vittorio so schnell zu einem Ende kommt. »Könnten Sie mir ein bißchen mehr über Ihre Kindheit in Tripolis erzählen?«

Über Tripolis kann ich Ihnen nicht sehr viel erzählen, weil wir in unserem Haus eingeschlossen waren. Da war es nicht so wie hier in Israel, wo wir draußen auf der Straße waren. In Tripolis spielen Kinder nicht auf der Straße, es gibt keine Straßenkinder. So etwas gibt es nicht in Tripolis, Kinder, die einfach draußen herumrennen und spielen. So etwas kam für uns damals nicht in Frage. Ein Kind geht in die Vorschule oder zur Schule, mit seiner Mutter oder Großmutter, vielleicht zu seiner Tante, aber das ist es auch schon. So war das damals. Ich kann mich nicht daran erinnern, daß es noch etwas anderes gegeben hätte. Jedenfalls nicht da, wo wir wohnten, wir wohnten nämlich in der Innenstadt. Das war eine sehr befahrene Straße, überall quetschten sich die Autos entlang, es gab keine Gärten oder Spielplätze oder so etwas. Und auch die Eltern damals gaben sich nicht die Mühe, ihre Kinder mit auf Spielplätze zu nehmen, um sie zu beschäftigen. Aus der Perspektive eines Kindes ist das auch schon alles, was ich Ihnen über Tripolis erzählen kann.

»Können Sie vielleicht Ihr Leben noch etwas genauer beschreiben? Was haben Sie gemacht?«

Mein Vater verließ morgens wie ein König das Haus. Ein Junge ging hinter ihm her, den er mit zum Markt nahm. Der arabische Junge trug eine Art Korb auf dem Rücken, und da tat mein Vater hinein, was er kaufen wollte. Er kaufte jeden Tag frisches Obst, Gemüse, Fleisch und Fisch. Täglich kaufte er frische Lebensmittel, weil wir zu Hause keinen Kühlschrank hatten. Er kaufte Obst und Gemüse, Fleisch und Fisch in großen Mengen, und das jeden Tag. Und dann schickte er den Araber um zehn Uhr morgens wieder nach Hause, und er kümmerte sich dann um das Essen. Das Fleisch wurde in Streifen geschnitten, gesalzen und zum Trocknen in die Sonne gelegt. Mit dem Fisch mußte man vorsichtiger sein, jeden Tag kauften sie frische Lebensmittel. Wenn Vater nach Hause kam, rief Mutter ihm entgegen: »Was hast du denn gekauft? Wer braucht das? Gestern hast du schon einen Fisch von drei Kilo nach Hause gebracht und heute noch einen. Wer soll das alles essen?« Er sagte: »Egal, koch ihn. Wenn es nicht aufgegessen wird, schmeißen wir den Rest weg.« Manchmal verwöhnte er mich, und dann durfte ich mit zum Markt kommen, um eine Taube oder ein Hühnchen zu kaufen. Ich nahm es mit nach Hause und band es an einem Tischbein fest. Meine Mutter machte viel Krach, bis sie das Hähnchen schlachteten.

Das sind meine Erinnerungen an Tripolis. Ab und zu ging ich mit meinem Vater in die Synagoge, das war eine Ehre für mich. Sie setzten mich auf den Schrein. Dort gab es reich geschmückte Synagogen, anders als hier. Die Synagoge hatte er gegründet. Er war der Gabbaj [A. d. Ü.: Vorsteher der Synagoge], ein Amt, das vom Vater auf den Sohn übergeht. Also ging ich mit ihm in die Synagoge, und er setzte mich auf den Schrein. Das war eine Strafe für mich, ich habe es gehaßt, bis heute. Am Jom Kippur gehe ich auch nur für eine halbe Stunde in die Synagoge. Ich bin gläubig, aber ich glaube nicht, daß man den ganzen Tag lang da rumsitzen muß und immer wieder dieselben Gebete aufsagen muß. Einmal, das ist etwas anderes: »Wir haben vor dir gesündigt.« Aber warum muß man das eine Million Mal aufsagen? Ich sage einmal: »Wir haben vor dir gesündigt«, bitte um Vergebung, und das ist es. Ich muß doch nicht stundenlang da sitzen und einen Tag lang immer wieder dasselbe sagen, oder? Verstehen Sie? Meiner Meinung nach würden viel mehr Leute beten, wenn sie das Ganze auf zehn Minuten zusammenstreichen würden. Ich würde jedenfalls dann beten.

Vittorio lächelt verschmitzt wie ein Kind. Er versucht, meine Reaktion zu prüfen. Ich lache.

Ich erinnere mich an das Haus meiner Großmutter. Es war ein sehr reiches Haus. Ein Haus, wo man erst einmal ein paar Treppen hochsteigt, dann kommt man an die Tür, dann kommt das Wohnzimmer, das so groß wie ein Saal ist. Wie ein Tanzsaal, wo Parties stattfinden, wirklich so groß wie ein Tanzsaal. Und in diesem Saal sind viele Zimmer, große Türen und eine sehr hohe Decke, über drei Meter hoch. In der Mitte des Raumes stand ein Safe, wie in einer Bank, wo sie alles aufbewahrten, was aus Gold und Silber war. Sie hatten mehrere Diener und Hausmädchen, arme Dinger, die für ihre Arbeit nur etwas zu essen und ein schönes Kleid für die Ferien bekamen. Sie arbeiteten beinahe für nichts. Und wenn die Mädchen mit zwanzig oder fünfundzwanzig aufhörten, so eine Arbeit zu machen, dann heirateten sie. In diesen Familien gab es immer sechs oder sieben Mädchen, und, ich weiß auch nicht warum, eine Frau bringt ihre Schwester, und so ging das von einer Generation auf die andere über.

Mit Großvater saßen wir an einem Tisch, der mehr als zehn Meter lang war. Natürlich wurden zuerst die Männer geehrt, sie bekamen als erstes etwas zu essen. Die Frauen saßen nicht immer mit am Tisch. Sie saßen manchmal in der Küche und aßen da, verstehen Sie? So war das in einem sehr reichen Haushalt. Man kann es nicht beschreiben, es war ganz, ganz anders als hier. In Israel sieht man so etwas nicht. Ich kann mich noch an das ganze Silbergeschirr erinnern, alles aus Silber. Nicht nur die Teller, alles. Alles war aus Silber. Sehr, sehr teuer. Das war die Familie meines Vaters. Die Familie meiner Mutter hatte ein Haus im Ghetto, ein altes Haus, wie man das auch hier in Jaffa sieht. Wenn man die Treppe hochsteigt, kommt man kaum nach ganz oben. Wenn ich und meine Cousins uns dort trafen, holten wir Wasser in einem Eimer nach oben, wenn Sie wissen, wie das geht. Es gab dort einen Brunnen, der sich im Winter mit Wasser füllte. Und immer, wenn wir da waren, war unser Spiel, den Eimer mit Wasser zu füllen. Wir ließen den Eimer runter und füllten ihn mit Wasser und holten ihn dann zurück. Wir fragten Großmutter immer: »Wo ist der Gisch?« Gisch heißt Abfall, Zeugs. Sie nahm eine riesige Schublade voller Schrauben, kaputter Schlösser und allem möglichen anderen kaputten Zeug, zerbrochenem Metall, das war unser Lego. Wir setzten uns zusammen und versuchten, das zu reparieren, wir spielten damit. Wenn wir fertig waren, sammelten wir weiteren Abfall, jedes Stück Metall im ganzen Haus kam in diese Schublade, die sehr schwer war. Damals war ich drei oder vier. Wir saßen um die Schublade herum und spielten. Und dann kam eine Ziegenherde mit Glocken vorbei, und wir gingen runter und baten um Milch. Er brachte einem die Milch ins Haus. Das war der Klassenunterschied in Libyen zwischen den reichen Leuten, die in der Stadt lebten, und den weniger reichen, die im Ghetto lebten. Im Ghetto waren nur Juden.

Symbolisiert das Haus in Savyon den Reichtum seines Großvaters? Und geht seine Offenheit und Verschmitztheit auf das Glück in der Familie seiner Mutter zurück, in der man Wasser mit einem Eimer aus dem Brunnen holte, wo es eine Schublade mit Zerbrochenem und die Ziegenmilch gab? Vittorio kommt nun von Libyen auf Israel zu sprechen.

Hier in Israel machte ich mehr Ärger als alle anderen. Ich zerstörte die Tür zum Klassenzimmer. Warum? Ich weiß noch, daß ich in der Schule in einer Klasse war, in der man alles tun konnte, weil die Lehrerin die Klasse nicht unter Kontrolle hatte. Jedesmal, wenn sie mich vor die Tür setzte, nahm ich Steine und warf sie – bumm – gegen die Tür. So machte ich die Schultüre irgendwann einmal kaputt. Das Loch war mehr als einen halben Meter breit. Das machte ich andauernd, aber sie haben mich nie drei Tage lang von der Schule verwiesen. Am nächsten Tag ging ich wieder zur Schule, so war damals das System in Israel.

Im Laufe der Jahre besserte ich mich, aber ich weiß noch, daß das eine sehr schwierige Zeit war. Ich weiß noch, daß ich aus den Schuhen herauswuchs und sie vorne ein Loch reinschnitten, damit meine Zehen nicht eingedrückt wurden. So einfach war das. Sogar Leute mit Geld konnten nichts kaufen, weil Schuhe nur gegen Gutschein zu haben waren. Ich spreche jetzt über die fünfziger Jahre, über die Zeit, als Dov Yosef Finanzminister war, die sogenannte Austerität. Wenn ich mir die Kinder heute anschaue, was die alles haben, Levis und so weiter, wer hatte damals denn so etwas? Es gab ja gerade mal was zu essen. Aber meine Mutter fand immer einen Weg, sie hielt im Garten Hühnchen und einen Truthahn. Ich weiß nicht, ob sie Ihnen das erzählt hat, aber davon lebten wir. Sie verkaufte sie, und so kamen wir über die Runden.

Als ich nach Israel kam, paßte ich zu den Sabras [A. d. Ü.: in Israel geborenes Kind der Einwanderer]. Meine Mutter war in ihren Ansichten aus dem alten Land geprägt, sie wollte auf uns aufpassen und die Kinder immer im Haus halten. Jeden Tag rief sie auf die Straße hinaus: »Vittorio«, und ich ging hoch und sagte: »Was ist, Kuza?« Ich hatte damals schon einen Spitznamen, ich wurde Vittorio Kuza genannt. Ich ging morgens früh aus dem Haus und ging nach Ramat Efal. Heute ist das eine sehr teure Gegend mit vornehmen Häusern, zu unserer Zeit war es der Kibbuz Efal, ein Kibbuz, der auseinandergebrochen war. Drumherum stand ein Zaun mit Sabrafrüchten. Man geht um fünf Uhr morgens zu den Sabras, die Dornsträucher sind noch naß, und dann kann man sie pflücken. Es gab da einen sehr schönen Brunnen, und wir gingen immer sofort dahin und wuschen die Sabras ab. Das war eine wundervolle Erfahrung. Und wir verkauften dann die Sabras in der Wohngegend der Reichen und verdienten damit verhältnismäßig viel Geld. Ich ging mit zehn israelischen Pfund nach Hause, und das ist, wissen Sie, ein Bauarbeiter verdiente fünf, und ich als Kind brachte zehn Pfund mit nach Hause. Ich verkaufte Eis, es gab damals noch keine Kühlschränke. Ich brachte das Eis aus den Geschäften in die Häuser. Ich baute mir einen kleinen Wagen, band den an meinen Körper und zog ihn. Es war ein Kinderwagen. Ich tat eine Kiste und ein paar Eisblöcke hinein und nahm drei Pennies für ein Drittel eines Eisblocks. Mit solchen Jobs verdiente ich viel Geld. Und so lernte ich, wie man sich über Wasser hält, und konnte auch zu Hause etwas aushelfen. Heute arbeite ich in der Nähe von Efal, wo sind die Sabras und wo ist der Brunnen? Wissen Sie was? Ich schwöre Ihnen, wenn ich diese Erfahrung noch einmal machen könnte, würde ich das sofort machen. Aber es geht nicht, es ist vorbei.

Vittorio blickt aus dem Fenster und hängt seinen Erinnerungen nach. Wir sitzen einige Minuten lang schweigend beieinander, dann frage ich ihn:

»Können Sie mir vielleicht noch etwas aus der Zeit der Einwanderung nach Israel erzählen?«

Ich kann mich nicht an Daten und bestimmte Zeitangaben erinnern, weil ich noch ein kleines Kind war. Wir waren kurz in Italien, wir mußten einwandern. Wir hätten auch in Italien bleiben können, aber mein Bruder war vor uns eingewandert, und meine Mutter wollte unbedingt zu ihm. Sie wollte ihn unbedingt sehen, und sie drängte Vater, wir sollten auch gehen. Wir kamen in ein Übergangslager in Italien. Man brachte uns dort unter, und wir mußten weiterziehen. Aber dann entdeckten sie, daß mein Vater … so ließen sie ihn nicht nach Israel einwandern. Er mußte dort verpflegt werden. Meine Mutter war nicht bereit, auf Vater zu warten: »Bleib hier, wir gehen.« Es war ein Wunder, daß wir die Schiffahrt nach Eilat überlebten und überhaupt in Israel ankamen. Die ganze Überfahrt über dachten wir, wir würden untergehen. Das ganze Schiff lief voll Wasser, und die Leute kamen raus: »Hey, kommt heraus und betet, fangt an zu fasten, holt eure Tefillin [Gebetsriemen] heraus. Die Leute fingen tatsächlich an zu beten, weil die Wellen über dem Schiff zusammenschlugen. Ich nehme an, es war ein altes Schiff, das für solche Überfahrten nicht geeignet war. Wir wären fast nicht angekommen, und deswegen landeten wir auch in Haifa.

Und dann machten wir diese Erfahrung durch, wo man in einen kleinen Verhau von vielleicht einem Quadratmeter gesteckt wird und entlaust wird. Man besprühte uns mit DDT. Dann fuhren sie uns in Lastwagen in die Lager für Neuankömmlinge, in ein Zeltlager wie beim Militär. Und die erste Nacht verbrachten wir schon in einem Zelt, die Kletten kamen bis ans Bett. Damals hatten wir noch keine Traktoren, um die Gegend zu säubern, und man konnte sie nicht mit den bloßen Händen wegräumen. Und ich weiß noch, daß nachts ein Sturm aufkam und daß das Zelt wegflog, und ich war ein kleines Kind. Ich werde nie vergessen, daß wir eine Zuckerdose aus Aluminium hatten, die einen Deckel mit einem kleinen Griff hatte, die flog im Sturm davon, und ich rannte hinterher, um sie zu fangen, weil sie noch leer war. Das war alles, was wir mitgebracht hatten.

»Was wußten Sie denn vorher von Israel?«

Nichts, was hatten wir schon mit Israel am Hut? Mein Bruder war von der Propaganda beeinflußt, die sie verbreiteten, als der Staat Israel gegründet wurde, deswegen war er ja auch von zu Hause weggegangen und so weiter. Er verließ die Schule und alles andere auch deswegen, und mit ihm viele andere Jugendliche. Sie brachten sich selbst in Gefahr. Ich glaube, er war ein legaler Einwanderer, aber es gab viele illegale Immigranten. Sie stiegen einfach auf ein Schiff und immigrierten. Ich kann mich an die Aufstände in Libyen erinnern, daran erinnere ich mich noch. Es war, glaube ich Schawuot, meine Tante war bei uns zu Besuch, wir wohnten in der Innenstadt, und ganz plötzlich spürten wir die Veränderung. Ich sah nichts, aber mein Bruder, und er hat uns alles erzählt. Er sah eine alte Frau, eine Jüdin, die sie an der Kreuzung gefangennahmen und hinrichteten und ... die Straßenkämpfe begannen. Sie töteten jeden, der ihnen in den Weg kam. Und dann kamen die Briten und mischten sich ein. Eine Stunde nach Ausbruch der Kämpfe kamen die Briten und mischten sich unter sie, das weiß ich noch, als würden sie dort Ordnung machen. Die tauchten nie auf, bevor nicht alles vorbei war, weil sie auch Angst vor den Arabern hatten. Ich glaube, es waren Briten, die auch von Israel nach Libyen versetzt worden waren. Das haben sie uns jedenfalls erzählt. Eines Tages gab es einen großen Aufmarsch und sie kamen an, man hatte sie aus Israel rausgeschmissen.

»Was wußten Sie über den Holocaust?«

Ich habe Ihnen eben ja schon erzählt, daß wir uns darüber beklagten, daß wir keinen Strom und kein fließend Wasser hatten und unter so schlechten Bedingungen leben mußten. Die hatten es gut, die waren glücklich, weil sie direkt aus den Konzentrationslagern kamen. Wir hatten nicht die geringste Vorstellung davon, was sie durchgemacht hatten. Als wir das später in Filmen sahen, was sie durchgemacht hatten, da war uns das klar, jedem, der so etwas durchgemacht hatte, dem mußte ein Zelt schon wie das Paradies vorkommen. Aber für Leute wie uns, die vorher ein gutes Leben hatten, reichte es nicht mal, in einem Haus zu wohnen und keine Arbeit und nichts zu haben. Außerdem bekamen die sofort diese Zahlungen [die sogenannten Wiedergutmachungszahlungen]. Und außerdem bekamen alle Europäer, also ich will nicht sagen, alle Aschkenasim, aber alle Europäer, die dort wohnten, unsere Nachbarn, bekamen alle Geld aus Deutschland, und sie zogen in das Zentrum von Ramat Gan. An ihre Stelle kamen die Jemeniten, die Gegend wurde zu einer jemenitischen Gegend. Mit diesen neuen Nachbarn verstanden wir uns nicht so gut.

»Haben Sie denn etwas darüber erfahren, was sie in Europa durchgemacht hatten?«

Als wir in Israel ankamen, traten mein Bruder und ich der nationalistischen Cherut [später Likud] Partei bei. Er brachte ein Bild von Ze'ev Jabotinsky mit, eine Art Poster, und hängte das in der Hütte an die Wand. Eines Tages kam ein Aschkenasi, ein Nachbar von uns herein. Er war ein großer Mann mit Glatze, er kam herein, sah das Bild und war total schockiert: »Was ist denn in euch gefahren?« »Ach«, sagte er, »wenn wir auf diesen Mann gehört hätten, hätte es nie einen Holocaust gegeben. Er hat uns gewarnt, das werde ich nie vergessen, ich war noch ein kleiner Junge. ›Verlaßt Deutschland und geht nach Israel. Ihr habt doch hier nichts verloren. Wir müssen einen Staat gründen.‹ Wir schickten ihn davon und ließen ihn nicht mehr auf die Bühne. Wir spuckten ihn an und sagten: ›Hau hier ab, wir wollen dein Gerede nicht mehr hören. Du redest Unsinn.‹ Wir lebten dort wie Könige, aber der Mann sah, was kommen würde. Er sah den Holocaust kommen, Jabotinsky, aber nichts half. Wenn wir auf diesen Mann gehört hätten, hätte es keinen Holocaust gegeben. Sechs Millionen Juden wären noch am Leben.« Diese Szene werde ich nie vergessen.

Wir sind mit Beitar [der Jugendgruppe von Cherut] aufgewachsen. Kiat setzt diese Tradition fort. Vor den Wahlen haben wir viel für Beitar gearbeitet, wir gaben ihnen eins von unseren Zimmern. Wir hatten ein Zimmer, und das gaben wir Beitar. Jeden Samstag hatten wir einen Jugendtreff von Beitar, wir hatten vor den Wahlen unsere Zusammenkünfte. Wir machten dort den Klebstoff, nicht künstlicher Klebstoff, wie es den heute gibt, sondern wir stellten den selbst aus Mehl und Wasser her, das wir in unserem Haus kochten. Das war alles ehrenamtlich. Heute gibt es ja bestimmte Wände, an die man Plakate kleben darf, damals hat man einfach andere Plakate überklebt. Wir haben ganze Häuser beklebt. Wir versteckten uns. Damals gab es die Arbeitspartei noch nicht, sie hieß Mapai [A. d. Ü.: Arbeiterpartei]. Die gingen nachts um zwei ihre Plakate kleben, und wir überfielen sie aus dem Hinterhalt. Wir kamen mit Leitern und beklebten ganze zweistöckige Häuser von oben bis unten.

Was Sie in der Intifada gesehen haben – als sie Flaggen auf Stromkabel schmissen –, genau dasselbe haben wir auch gemacht, aber natürlich nicht die palästinensische Fahne, sondern eine Fahne mit dem weißen Buchstaben »H«, die hißten wir über den Stromleitungen (für Cherut, Herut). Die anderen Parteien haben das gleiche getan, so war das System damals. Anders als heute, wo jede Partei eine eigene Plakatfläche hat, eine bestimmte Stelle, an der sie ihre Plakate kleben darf. So haben wir gearbeitet. Wir arbeiteten ehrenamtlich. Niemand hat dafür Geld bekommen.

Zu Hause haben wir wütend über die Leute gesprochen, die sie anzogen, wie die alles übernahmen. Wir waren gebildete, studierte Leute. Klar, wenn solche Leute kamen, bekamen sie Hilfe. Wenn ich Angestellter gewesen wäre und jemand aus meiner ethnischen Gruppe wäre gekommen, vielleicht hätte ich ihm mehr geholfen. Verstehen Sie? Aber die Kinder auf der Straße, in der Klasse oder in unserer Gegend – wir waren befreundet. Es gab keinen Unterschied zwischen einem Aschkenasi, einem Jemeniten und einem Marokkaner. Es kam auf den Menschen an, mehr nicht. Wenn man hört, daß jemand aus Marokko kommt, bekommt man schon Angst. Wenn man aber einen Marokkaner kennenlernt, sieht man, daß er ein Mensch ist. Nicht alle Marokkaner und nicht alle Leute aus Tripolis sind so, und nicht alle Aschkenasim sind so. Solche Leute gibt es in jeder ethnischen Gruppe. Also, zuerst sagen die Leute, daß bestimmte Menschen nicht gut sind, aber dann lernt man sie kennen.

Ich verstehe allmählich Vittorios »gesellschaftliche Landkarte«. Beitar setzt er mit Ze'ev Jabotinsky gleich, der vor dem Holocaust warnte. Die Aschkenasim bekamen Wiedergutmachungszahlungen, sie sind gebildet und haben mit der Hilfe ihrer Partei (der Arbeitspartei) eine bestimmte Werbewirksamkeit. Andererseits kümmern sich Kinder aber nicht um die Zugehörigkeit zu bestimmten ethnischen Gruppen, sondern wie der Mensch an sich ist. Ich frage: »Wo haben Sie Ihren Militärdienst abgeleistet?«

Ich habe bei der Militärpolizei gedient. Ich mußte nachts mit einem

Konvoi reisen, das ist keine Arbeit, die man tagsüber erledigt, wo man schnell mit fünfundvierzig oder fünfzig Meilen pro Stunde fahren kann. Ein Konvoi fährt nur drei Meilen pro Stunde, wenn es bergauf geht, und nicht ganz sieben Meilen, wenn es bergab geht. Ich mußte Konvois Richtung Süden begleiten. Das war eine sehr schwere Zeit. Eines Nachts mußte ich einen Gerätetransport begleiten. Nachts müssen wir alle möglichen militärischen Ausrüstungen heimlich transportieren, aber es ging nicht. Es war sehr kalt auf dem Motorrad, und wir fuhren und fuhren. Die Fahrt nach Beer Sheva dauerte anderthalb Stunden. Da stiegen wir im Hauptstützpunkt im Süden aus, und die Fahrer und ich aßen etwas. Dann weiter, bis man, wie heißt es, Tel Jeruhan erreicht. Ich kann nicht mehr fahren, ich bin am Ende.

Ich sage: »Leute, ich kann nicht mehr fahren.« »Okay, dann kochen wir Kaffee.« In der Zwischenzeit setze ich mich in ihren Laster und schlafe ein. Sie kochten auf einem kleinen Kocher Kaffee. Sie geben mir eine Tasse, und ich kann nicht mal meine Hand öffnen, weil es so kalt ist. Sie müssen die Ausrüstung noch vor Morgengrauen zum Stützpunkt transportieren. Absolut verboten, daß irgend jemand sie tagsüber sieht. Die Fahrten gingen nur sehr langsam voran. Ich sage: »Leute, ich kann nicht mehr, ich kann euch nicht begleiten, fahrt alleine, und ich warte hier.« Also fuhren sie alleine weiter, und ich fing an, da ein bißchen herumzugehen. Angeblich war in der Nähe von Tel Jeruhan ein Stützpunkt. Ich kam da gegen elf Uhr nachts an, aber niemand war da. Ich kam da an und bat den Wachmann darum, mich einzulassen, um mich schlafen zu legen. »Was machen Sie hier?« Ich sagte: »Ich bin steckengeblieben.« Er rief einen Offizier und sagte: »Hier ist jemand, der zum Schlafen hierhergekommen ist.« Er sagte: »Gut, laß ihn rein.« Sie gaben mir ein Bett, es war ein Schlachtkreuzer, die standen da um vier Uhr morgens auf, um ihre Runden zu machen. Das war noch vor dem Sinai [A. d. Ü.: Konflikt], als die Grenze noch hier in Nizzanaj war, im Gazastreifen. Ich stand mit ihnen auf und wollte zurück zu meinem Stützpunkt. Die ersten paar Meilen kam ich kaum voran, so ein Wind, so ein Sturm! Man konnte nicht fahren, ich versuchte den ersten Gang, den zweiten, den dritten, ich konnte nicht fahren. Der Regen kam mir in die Augen. Ich blieb auf der Straße stehen, und alle, die vorbeikamen, dachten, ich stünde da, um Strafzettel zu verteilen. Ich stand da mit meinem Motorrad und wartete darauf, daß jemand vorbeikäme. Aber ich gewöhnte mich dran. Irgendwann verträgt man auch Wasser, man ist sowieso schon total durchnäßt, da macht es auch nichts mehr aus.

Ein Lastwagen kommt vorbei, ich winke ihn an den Rand, halte ihn an. Sie denken wahrscheinlich, ich will sie überprüfen oder so etwas. »Was ist los?« »Ich komme nicht weiter.« Ich sagte: »Mein Motorrad ist kaputt, und ich kann es nicht mehr zum Fahren bringen.« Ich schämte mich, ihnen zu sagen, daß ich damit nicht fahren konnte. »Okay.« Wir stellten es auf den Lastwagen. Kennen Sie die Laster, die morgens die Vorräte bringen? Wir kamen in Beer Sheva an, und sie hielten an einer Tankstelle, um zu tanken, und da sehe ich einen anderen Laster. »Wohin fahren Sie?« »Nach Castina.« Ich sagte: »Bitte, kommen Sie mal her.« Wissen Sie, ich bin ja Polizist, nicht? Er drehte um, und wir schoben das Motorrad von dem einen Laster auf den anderen. In der Zwischenzeit hatten sie bei meinem Stützpunkt nichts von mir gehört, ich war nachts nicht mit dem Konvoi in Kertoiz angekommen und einfach verschwunden. Sie hatten begonnen, nach mir zu suchen. Damals war es noch nicht wie heute, daß Soldaten entführt wurden, aber sie machten sich trotzdem Sorgen, bis ich am nächsten Morgen wieder zum Stützpunkt kam.

Vittorio klingt jetzt wie ein waschechter Israeli, der sich durchwurstelt und alles »managt«.

Es gab noch andere Erfahrungen. Ich habe mit Deserteuren gearbeitet, ich habe sie gefangen. Einmal wir ich in einem Urlaubsort für die Armee. Ich lernte einen Unteroffizier der Militärpolizei kennen, der mich fragte: »Ich habe hier ein Bild von einem Deserteur – kennen Sie den vielleicht? Er heißt Eli.« Ich sagte: »Ja.« Der war nicht nur desertiert, sondern hatte daraufhin im Haus des Unteroffiziers gearbeitet! *(lacht)* Diesen Deserteur fing ich nachts in Aschkelon ein. Ich ging zu ihm nach Hause und fragte nach ihm: »Nein, er ist nicht zu Hause.« Aber ich sah ihnen am Gesicht an, daß er doch da war, in solchen Dingen hatte ich bereits Erfahrung. Ich sagte: »Gut, dann werde ich jetzt eine Hausdurchsuchung machen.« »Bitte.« Also, ich suchte hier und dort, und dann sah ich, daß in der Küche eine Art Vorhang war, der bis an den Boden reichte. Es war eine Nische, ich zog den Vorhang zurück und sah seine Füße. Ich holte ihn hervor, den Bastard, legte ihm Handschellen um und brachte ihn zum Militärstützpunkt.

Am nächsten Tag war Sabbat, und ich fuhr nach Hause, weil ein Gedenkgottesdienst für meinen Vater gehalten wurde. Ich sagte zu dem diensthabenden Offizier, er solle auf ihn aufpassen. Er sagte: »Keine Angst, der wird schon nicht abhauen.« Dann ließen sie ihn mitten am hellichten Tag zur Arbeit in die Küche, und er kam nie wieder. Ich hatte sein Bild immer in meiner Tasche. Ich habe ihn überall gesucht. Alle zwei Wochen fuhr ich einmal in die Werke am Toten Meer, wo es einfacher ist. Ich kam mit den Bildern und den Namen, und sie überprüften ihre Namensliste, damals gab es noch keine Computer. Sie riefen sie über Lautsprecher aus. Jeder Deserteur ging dort zum Arbeiten hin, zu den Werken am Toten Meer und zu anderen Plätzen, die weit entfernt lagen. Dann kamen sie zum Büro: »Man sucht Sie.«

Paula kommt aus der Küche zurück und bringt ein Tablett mit Obst und kalten Getränken. Wir unterhalten uns zu dritt weiter. Vittorio und Paula sprechen über ihre Familien in Libyen, ihre Namen, Ferien und die Beziehung zu ihren Cousins und Cousinen in Israel. Als ich sie an ihrem Hauseingang verlasse, winkt Vittorio mir nach, bis ich am Ende der Straße angekommen bin. Noch einige Stunden später muß ich an seinen herzlichen Blick denken.

[Dan Bar-On und Noga Gil'ad:] Wie Laura beginnt auch Vittorio seine biographische Rekonstruktion mit den wichtigsten Eckdaten seiner Familiengeschichte. Er erzählt seine Geschichte, ohne Daten und äußere Ereignisse zu erwähnen. Die ersten Daten, die er erwähnt, sind die Aufstände in Libyen in den Jahren 1945 und 1948. Er und Paula erzählen zunächst einmal, wie sie als Kinder in einer herzlichen und wohlhabenden Familie abgeschirmt von der Außenwelt aufwuchsen. Am Anfang scheint es so, als würde die Familie, wie auch in Lauras Geschichte, das dominante Thema in Vittorios Lebensgeschichte werden. Wie seine Mutter bricht Vittorio früh seine Schulausbildung ab und geht arbeiten, wie sie verliert er früh seinen Vater.

Nach dem frühen Tod seines Vaters hat Laura entscheidenden Einfluß auf Vittorios Entscheidungen: Er wird Klempner und Bauunternehmer, heiratet eine Studentin, die bei seiner Mutter wohnt und ein Ersatz für ihre sehr jung verstorbene Tochter ist; in zweiter Ehe heiratet er eine Cousine. In nordafrikanischen Familien ist es möglicherweise noch typisch, daß Eltern solche Entscheidungen mit beeinflussen, die in Israel aufgewachsenen Angehörigen derselben Generation stellen jedoch solche traditionellen Autoritätsstrukturen in Frage. Vittorio ist eine gewisse Ängstlichkeit anzumerken, die er in die Abhängigkeit von seiner Mutter übersetzt und die an Tzipkes und Dinas Gefühle ihren Müttern gegenüber erinnert. Es ist allerdings ziemlich ungewöhnlich, daß ein Mann solche Gefühle offen ausspricht, insbesondere, wenn es sich um einen nordafrikanischen Mann handelt.

Während seiner Krankheit und seines Aufenthalts im Krankenhaus (über den wir nichts Genaues wissen: Hatte er eine psychische Krankheit oder eine körperliche Krankheit mit einer medikamentös bedingten Depression?) wird das Familienmuster noch einmal verstärkt, denn seine Frau, seine Mutter und seine Schwiegermutter versammeln sich um ihn, um ihm zu helfen. Der vielleicht etwas idealisierten Darstellung seines Familienlebens entspricht nicht, daß sich Vittorio und seine Frau immer öfter streiten. Paula gerät in eine persönliche Krise, weil sie nicht nur die Krankheit ihre Mannes, sondern auch noch eine Fehlgeburt zu verkraften hat. Vittorio spricht darüber sehr offen und gibt zu, daß »ich glaube, wir ließen uns nur deshalb nicht scheiden, weil sie meine Cousine war und weil wir uns irgendwie schämten. Schließlich war ich ja auch schon einmal geschieden.« Vielleicht begann Vittorio zu dieser Zeit, einige seiner Ängste durchzuarbeiten, sich von der Dominanz seiner Mutter zu befreien und unabhängiger zu handeln. Zur selben Zeit beginnen die Dinge, eine positivere Wendung zu nehmen, Vittorio erholt sich von seiner Krankheit, Liat kommt zur Welt, und ein Jahr später wird David geboren. Vittorio beginnt zu arbeiten, verdient genug Geld und macht sich an die schwierige Aufgabe, ein eigenes Haus zu bauen, womit er sich seinen Lebenstraum erfüllt – der im wesentlichen darauf hinauslief, die gesellschaftliche Stufenleiter zu erklimmen. Er beschreibt, wie es ihm gelingt, Paula davon zu überzeugen, ihre Wohnung in Ramat Gan aufzugeben und nach Aschdod zu ziehen und danach in das noch nicht fertiggestellte Haus in Savyon. Wir erfahren durch Vittorios Beschreibung, daß er ehrgeizig und bereit ist, Risiken einzugehen, selbst wenn er sich dafür seiner Frau gegenüber »manipulativ« verhalten muß. Ausgesprochen deutlich tritt sein Wunsch zutage, sich in die israelische Gesellschaft zu integrieren.

Noch stärker jedoch ist sein Wunsch nach Status in der israelischen Gesellschaft, vor allem sein Wunsch, wie die »Reichen« zu leben. Dieser Ehrgeiz ist nur allzu verständlich, wenn man bedenkt, welche Entbehrungen seine Eltern nach ihrer Emigration aus Libyen durchzumachen hatten. Die Einwanderung nach Israel stellte für Vittorios Eltern in wirtschaftlicher, kultureller und psychologischer Hinsicht eine Krise dar. Vittorio besuchte als Kind wegen des Umzugs nach Israel nicht regelmäßig die Schule: »In dieser Zeit wurden wir zu Straßenkindern.« Und er fügt hinzu: »Ich war nie ein guter Schüler, ich war immer derjenige, der Ärger mit anderen anfing.« Unverstellt kommt sein Minderwertigkeitskomplex zum Ausdruck, als er das Treffen mit seiner ersten Frau beschreibt: »Bis heute bin ich auch dieser Ansicht, daß sie etwas Besseres als mich verdient hat. Jemanden, der auf ihrem Niveau ist, der ihren Bildungshintergrund teilt.« Er erlernt einen Beruf, aber bald schon herrscht in dem Baugewerbe Rezession. In den letzten Jahren ist er Fleischhändler geworden.

Damit endet seine freie Erzählung. Drückt er seinen Erfolg aus, indem er sich von den Träumen und Hoffnungen seiner Mutter entfernt? Während des gesamten Interviews hat Vittorio sie nicht ein einziges Mal kritisiert.

Für seine Ängste wegen seiner mangelnden Bildung und für seine beruflichen Probleme spielen auch äußere Ereignisse eine Rolle: die Einwanderung nach Israel, die Veränderung seines Vaters von einem sehr reichen Mann in Libyen zu einem hart arbeitenden und armen Mann in Israel, der Tod seiner Schwester, die Zeit der Armut und des Mangels im Übergangslager in Israel – das alles steht in krassem Gegensatz zu dem von ihm geschilderten Leben in Libyen, wo er sich sicher und wohlhabend (im Haus seiner Großeltern) und glücklich (im Haus seiner Mutter) fühlte. Sein älterer Bruder reiste nach den von den

Briten recht gleichgültig mit angesehenen arabischen Aufständen nach Israel aus, aber Vittorio zeigte ganz andere Reaktionen. »Was hatten wir schon mit Israel am Hut?« Will er damit vielleicht sagen, daß die Familie vielleicht nur deshalb aus Libyen ausgereist oder zumindest nach Israel gekommen ist, weil sein älterer Bruder Opfer der zionistischen Propaganda wurde und seine Mutter unbedingt in der Nähe ihres ältesten Sohnes sein wollte?

Vittorio könnte ohne weiteres seine beruflichen Mißerfolge wie auch seine anderen Schwierigkeiten auf den ökonomischen »Fall« schieben, der durch die Einwanderung nach Israel verursacht wurde. In seiner Erzählung setzt sich jedoch eine ganz andere Tendenz durch, nämlich daß er sich sehr aktiv um gesellschaftliche Anerkennung bemüht. Vittorio erwähnt etwa, daß er als kleiner Junge öfter als jeder andere in Prügeleien verwickelt war: »Hier in Israel [in der Schule] machte ich mehr Ärger als alle anderen.« Und weiter: »Als ich nach Israel kam, paßte ich zu den Sabras.« Er schildert, daß er schon sehr früh sein Elternhaus verläßt, wodurch er sich von den Sorgen seiner Mutter befreit, Sabras pflückt, verkauft und damit doppelt soviel verdient wie ein Bauarbeiter. »Ich schwöre Ihnen, wenn ich diese Erfahrung noch einmal machen könnte, würde ich das sofort machen. Aber es geht nicht, es ist vorbei«, sagt er betrübt, ohne zu erklären, was genau »vorbei« ist. Vittorios Wunsch, Israeli zu werden, half ihm wahrscheinlich auch dabei, sich von seiner Familie unabhängig zu machen.

Vittorio beteiligt sich an den politischen Kämpfen in Israel, was für nordafrikanische Juden meistens ein Vehikel zur gesellschaftlichen Anerkennung war. »Was Sie in der Intifada gesehen haben – als sie Flaggen auf Stromkabel schmissen –, genau dasselbe haben wir auch gemacht.« Symbolischerweise bereiteten sie zu Hause den Klebstoff, mit dem Angehörige der Beitar-Partei nachts die Plakate gegen die Mapai anbrachten. Es ging bei diesem Konflikt nicht nur darum, wer mehr Macht hatte, sondern auch um einen ethnischen Zusammenstoß, weil nordafrikanisch sephardische Juden versuchten, die Vorherrschaft der europäischen aschkenasischen Juden zu brechen. Von heute aus gesehen waren Vittorios äußere Kämpfe erfolgreich: Der Kampf mit Mapai endete mit dem Sieg von Likud 1977, das heißt einem Wahlsieg über die Aschkenasim, die »gebildeten« Europäer. In Vittorios Augen waren sie es, die finanzielle Unterstützung von der Regierung »abgesahnt«, ihn und seine Familie bei ihrer Ankunft in Israel mit Desinfektionsmitteln abgesprüht hatten, seinen Vater mit härtester körperlicher Arbeit das Rückgrat gebrochen und gedemütigt hatten und wahrscheinlich mit dem Tod seiner Schwester in Verbindung zu bringen sind (die ja, wie Laura berichtete, wegen mangelnder medizinischer Versorgung im Krankenhaus starb).

Selbst daß einige Aschkenasim Überlebende des Holocaust waren, machte in dieser Hinsicht keinen Unterschied: Auch sie trennt die grundlegende Kluft, die sich zwischen nordafrikanischen und europäischen Juden auftut. Vittorio verspottet sie zunächst ironisch: Nach allem, was sie durchgemacht hätten, seien die Bedingungen in den Übergangslagern für sie »de luxe« gewesen. Später, in der Geschichte mit dem Poster von Jabotinsky, wird Vittorios versteckte Kritik an ihnen deutlicher, auch wenn er sie nur durch die Worte eines Nachbarn ausdrückt: »›Wenn wir auf diesen Mann gehört hätten, hätte es keinen Holocaust gegeben. Sechs Millionen Juden wären noch am Leben.‹ Diese Szene werde ich nie vergessen.« Vittorio hat hier unwillkürlich die in den fünfziger und sechziger Jahren vorherrschende Meinung über die Überlebenden des Holocaust übernommen, die lautete, sie hätten sich »wie die Lämmer zur Schlachtbank« führen lassen.

Im Unterschied zu seiner Mutter, die wenigstens aus dem Abstand heraus versuchte, ihr Mitleid und eine gewisse Identifikation auszudrücken, zeigt Vittorio kein Mitgefühl oder überhaupt ein Gefühl zum Schicksal der Holocaustüberlebenden. Man kann seiner Haltung gewissermaßen eine doppelte Botschaft entnehmen: »Was das Leiden betrifft, auch wir haben gelitten, und unser Leid hat nicht weniger Anspruch, ernstgenommen zu werden als ihres. Was die Vernichtung betrifft – der sind wir entgangen, weil wir aus einem zivilisierten Land wie Libyen kamen und die Meinung von Leuten wie Jabotinsky nicht in den Wind schlugen.« In Vittorios Bericht klingt allerdings nie Bitterkeit gegen die Leute durch, die seine Familie verfolgten, er macht also keine Gleichung nach dem Muster auf: Euer Sieg ist meine Niederlage. Das liegt vielleicht daran, daß er es geschafft hat, in Savyon ein

Haus zu bauen, vielleicht am Wahlsieg der Likud oder an seinem unkomplizierten Wesen. Wie auch immer, er kann jedenfalls zu dem Schluß kommen, daß es »auf den einzelnen Menschen ankommt«, nicht auf seine ethnische Zugehörigkeit.

Vittorio baut seine Geschichte langsam und zielsicher als Erfolgsgeschichte auf. Er beginnt bei der Befreiung von seinen Ängsten und den Erwartungen seiner Mutter und bei dem Zeitpunkt, als sein materieller Erfolg ihm half, Hoffnung zu schöpfen. Es dürfte jedoch klar sein, daß sein Leben nicht nur eine Aneinanderreihung von Erfolgen gewesen sein kann. Die Angst und Hilflosigkeit, die in bestimmten Zeiten – nach der Einwanderung, während der Schulzeit, seiner Scheidung und seiner Krankheit – herrschte, ist noch jetzt spürbar. Beide Geschichten aus der Zeit seines Militärdienstes als Militärpolizist bringen diese Kombination zum Ausdruck: Einerseits ist seine Bemerkung, »Leute, ich kann nicht mehr«, als er nachts einen Militärkonvoi begleiten muß, ein Symbol seiner Angst, den eigenen Ansprüchen und den gesellschaftlichen Anforderungen nicht gewachsen zu sein. Und zugleich zeigt sich, daß er sich als Mitglied des gesellschaftlichen Establishments stark fühlt, wenn er von dem Deserteur erzählt, den er faßt: »Ich holte ihn hervor, den Bastard, legte ihm Handschellen um und brachte ihn zum Militärstützpunkt.«

Vittorios Rekonstruktion erinnert an Dina Anisewitsch, denn wie sie verklärt und überhöht er »Israelisch-Sein« durch Symbole und mit einer gewissen Nostalgie. Sein Kampf hat sowohl ein persönliches Element (er muß sich von den Erwartungen seiner Mutter befreien) als auch einen politischen Aspekt (er muß sich von den Urteilen der Europäer über sein Volk befreien). Dinas Rekonstruktion hatten wir den verborgenen Wunsch entnehmen können, sich von der Mutter zu emanzipieren, es sich gutgehen zu lassen und sich von den israelischen Wertmaßstäben über den Holocaust zu befreien (Wiedergeburt versus Überleben). Allerdings herrschen auch große Unterschiede zwischen den beiden, denn Dina ist sowohl gesellschaftlich als auch politisch »in«, das heißt sie gehört zur herrschenden Schicht der europäischen Juden und muß das nicht einmal in ihrem Bericht erwähnen. Vittorio hingegen hat sich seinen Weg zur gesellschaftlichen Anerkennung hart erkämpfen müssen und dokumentiert seinen neu erworbenen Sozialstatus durch den Bau eines Hauses in Savyon. Andererseits fällt es ihm vergleichsweise leicht, sich zwischen der Vergangenheit »dort« und der Gegenwart »hier« hin und her zu bewegen. Er kann sich – wie seine Mutter – auf seine persönlichen Erinnerungen und sein Familienleben in Libyen beziehen, ohne Gefahr zu laufen, sich mit der bedrohlichen Existenz des Holocaust auseinandersetzen zu müssen, die anscheinend Dina, Tzipke, Hannah und Jakob der Freiheit beraubt, sich zu erinnern.

Liat
»Mein Motto war, mich unter Beweis zu stellen.«

Als ich Liats Zimmer betrete, ertappe ich mich bei dem Gedanken: Hier sieht es aus wie in einem Traum – alles rosa. Sie setzt sich mir gegenüber, ihre dunklen Haare fallen ihr auf die Schultern. Ihre großen Augen erinnern an die ihrer Großmutter. Liat ist äußerst zurückhaltend – ob ihr das Interview wohl peinlich ist? Während unserer gesamten Unterhaltung bleiben ihre Hände auf den Schenkeln liegen. Den anderen Mitgliedern der Guetta-Familie habe ich keine Frage stellen müssen, aber Liat fordere ich zum Sprechen auf, indem ich sie bitte: »Kannst du mir etwas über dich erzählen? Wenn du möchtest, kannst du bei deiner Kindheit anfangen.«

Von Anfang an, beim Jahr Null, oder? Ich wurde 1972 geboren und bin die Älteste. Zuerst wohnten wir in Ramat Gan. Anderthalb Jahre später kam mein Bruder auf die Welt. Als ich fünf war, zogen wir nach Aschdod. Da wurde mein anderer Bruder geboren. Als ich sieben war, zogen wir nach Savyon, und seitdem lebe ich hier. Was meinen Sie mit »alles über mich erzählen«?

»Irgend etwas. Was du möchtest.«

Meine Lebensgeschichte? Gut. Als ich fünf Jahre alt war, durchlebte ich eine Krise, weil mein Großvater starb. Ich stand ihm sehr nahe. Als er starb, wurde ich schlagartig erwachsener. Ich kann mich genau daran erinnern, als er starb. Er starb kurz vor meinem Geburtstag. Er starb ganz plötzlich, und ich verstand nicht genau, was man mir sagte, aber ich begriff, daß etwas fehlte. Ich kann mich daran erinnern, als wenn es gestern gewesen wäre. Es war wirklich eine der schwierigsten Zeiten, die ich bisher erlebt habe. Plötzlich war ich erwachsen. Ich glaube, daß ich seitdem reifer geworden bin, weil ich, so sehe nicht nur ich das, auch die anderen, ein paar Jahre meiner Altersgruppe voraus bin. Was ich heute mache, davon erzähle ich Ihnen später. Und darüber, was ich immer gemacht habe, ich war immer anders. Das hat auch Nachteile, aber das macht nichts. Es hat mich wirklich reifer gemacht. Der … Verlust, seitdem habe ich nie wieder so ein Gefühl gehabt. Ich hoffe, daß ich das nie wieder fühlen muß, es war wirklich sehr schlimm.

Die zweite schwierige Zeit in meinem Leben war, als wir nach Savyon umzogen. Bis dahin hatte ich eine sehr schöne Kindheit gehabt. Ich wohnte sehr gerne in Aschdod. Ich war die Anführerin in unserer Clique, und ganz plötzlich zogen wir hierhin, und es war um mein Selbstbewußtsein geschehen, wie man sagt. Ich wurde sehr introvertiert, sehr schwierig, ich kam nicht zurecht, ich kannte mich selbst sehr lange nicht wieder. In der Schule war es auch sehr schwierig, ich kam mit den anderen Kindern nicht zurecht. Es war sehr schwierig für mich. Aber ich fand auch einige Freunde, die … mit denen ich mich verstand. Es war okay. Später bin ich dann mit zwölf in die Junior High School gekommen, und das war eine wundervolle Zeit. Damals habe ich mich sehr gut gefühlt, ich gehörte zu einer Gruppe, ich war eine der Anführerinnen. Da hatte ich wieder das Gefühl, wichtig zu sein.

Am Anfang war ich nicht sehr gut in der Schule, aber dann hatte ich eine Lehrerin, die mich unterstützte, und ich wurde viel besser. Und ich machte immer schnellere Fortschritte, bis ich ganz gute Leistungen erbrachte. Aber im letzten Jahr hatte ich eine Lehrerin, die kein Vertrauen in mich setzte und mich auf eine sehr niedrige Stufe einordnen ließ, als ich zur High School wechselte. Ich habe das zuerst akzeptiert ohne zu widersprechen. Die Empfehlung der Lehrer ist sehr wichtig, weil sie über die Zukunft bestimmt, finde ich. Ich sage das nur, um das deutlich zu machen, aber ich bekam am Ende der neunten Klasse 89 Prozent im Durchschnitt, und trotzdem rieten sie mir, in ein nichtakademisches Programm zu gehen. Wir hatten schon etwa einen Monat Sommerferien, da beschloß ich, zur Vertrauenslehrerin für die High School zu gehen und um die Versetzung in ein anderes Programm zu bitten. Sie steckten mich dann in den humanistischen Zweig, um mich später in den biologischen Zweig zu versetzen, aber so weit wollte ich gar nicht gehen. Okay, die High School, wo ich jetzt gerade meinen Abschluß mache, das waren drei Jahre Spaß. Manchmal war es ein bißchen schwierig, aber mit Ehrgeiz und den richtigen Träumen im

Kopf kommt man durch. Ich habe vor allem das soziale Drumherum sehr genossen. Nicht, daß ich viel Wert auf High School-Freundschaften lege, ich wollte nie besondere Beziehungen zu den Leuten dort herstellen. Vielleicht wollte ich wegen der Umstände keine besonderen Beziehungen zu ihnen haben. Es war mir einfach lieber, Freunde von überallher zu haben, ohne mich aktiv in der High School darum zu kümmern. Ich gehöre nicht zu den Leuten, die zur High School gehen, um dort Freundschaften zu schließen.

Ich glaube, daß dieses Jahr sehr wichtig für mich war. Es ist mein letztes Schuljahr. In diesem Jahr habe ich angefangen zu arbeiten. Ich fand zufällig einen Job und hab ihn behalten. Ich arbeite für die Likud in der Histradut [Gewerkschaftsbewegung]. Angefangen mit dieser Arbeit habe ich im Wahlkampf, aber dann habe ich weitergemacht, weil ich mich mit Leib und Seele in diese Arbeit vertieft hatte, und es war wirklich sehr viel Arbeit. Man kann gleichzeitig arbeiten und die Schule besuchen, aber einfach ist das nicht. Ich hätte nie gedacht, daß ich das Jahr zu Ende bringen würde. Aber ich bin sehr glücklich, denn ich habe da viel gelernt. Die Arbeit bringt einen auf ganz andere Gedanken, und ich kam mit wichtigen und großen Themen in Berührung. Man erweitert seinen Horizont, das ist wirklich unglaublich. Ich entdecke Dinge, die vorher sehr weit entfernt waren, und heute kann ich wohl sagen, daß es zu den wichtigsten Dingen gehört, die ich erlebt habe. Außerdem weckt es neue Bedürfnisse für die Zukunft. Ich gehe seltener aus, um mich ganz der Arbeit widmen zu können. Ich weiß, daß ich in der Schule gut sein muß, [vielleicht aus] Gruppenzwang oder so etwas, aber ich muß gut sein. Und ich arbeite, weil ich es gerne tue. Wenn ich etwas liebe, dann bin ich bereit, sehr hart dafür zu arbeiten. Ich glaube, meine wichtigsten Charaktereigenschaften sind Dickköpfigkeit und Prinzipientreue, ich gebe nicht oft oder bereitwillig nach, ich habe meine Prinzipien. Das ist auch Ehrgeiz. Wenn ich etwas will, dann versuche ich es zu bekommen, auch wenn es mich viel kostet. Auch wenn es mich viel kostet.

Daß eine Achtzehnjährige so klare Ansichten haben und so selbstbewußt sein kann, wundert mich. Ich bemerke, daß Liat wie ihre Großmutter im Präsens spricht.

Okay, meine Eltern sind Cousin und Cousine. Meiner Meinung nach ist das ein Vorteil, weil … wir eine große Familie sind, alle gehören zusammen. Zu Hause fühle ich mich wirklich ganz außergewöhnlich gut. Es geht mir einfach gut. Meine Eltern sind beide sehr nett, das klingt vielleicht etwas zu harmonisch, aber es ist wahr. Zu Hause bekomme ich sehr viel Bewunderung und Aufmerksamkeit … manchmal finde ich, daß sie fast übertreiben, aber man schätzt mich wirklich sehr. Ich mache bei allem mit, was hier vor sich geht … und das gibt mir ein gutes Gefühl über mich selbst. Es ist gut, bei allem dabeizusein, das tut mir sehr gut. Ich mag es, wenn ich alles über jeden weiß. Vielleicht ist das eine negative Eigenschaft, aber für mich ist es gut. Bei uns zu Hause, so wie wir leben, das ist wie in einem Nest. Und ich glaube, daß alle so ein Nest brauchen, eine Familie, die einen beschützt und sich um einen kümmert. Ich glaube, daß … daß hier alle meine Bedürfnisse gestillt werden.

Egal, wie viele Freunde ich habe und wo auch immer ich bin, immer habe ich das Gefühl, daß ich irgendwann im Stich gelassen werde. Aber meine Familie wird immer hier sein, hier kann ich immer Zuflucht suchen. Ich bewundere meine Eltern sehr, beide. Mit anderen Dingen stimme ich vielleicht nicht so sehr überein, und ich liebe sie vielleicht nicht genauso. Ich habe zwei Brüder, mit einem verstehe ich mich sehr gut, mit dem anderen nicht so besonders. Er ist eher ein Rebell und sehr wenig kompromißbereit. Und ich sagte ja schon, daß ich sehr dickköpfig bin, und das verträgt sich vielleicht nicht so gut. Meinem jüngeren Bruder habe ich von seiner Geburt an sehr viel gegeben, ich habe ihn sehr geliebt. Als er geboren wurde, war ich sechs Jahre alt, er war mein ein und alles. Ich habe alles in die Beziehung zu ihm gesteckt, habe alles für ihn getan, und deswegen hatten wir auch eine sehr enge Beziehung. Ich glaube, daß wir uns deswegen auch heute noch sehr nahestehen. Mit ihm lebe ich in großer Harmonie, wir verstehen uns sehr gut.

Ich muß plötzlich daran denken, daß Laura mir berichtete, wie sie nach dem Tod ihres Vaters ihren jüngeren Bruder erzogen hat.

Ich hatte immer Freundinnen, aber ich habe ihnen zuviel vertraut und bin immer verletzt worden. Vielleicht bin ich heute klüger, weil ich es nicht mehr zulasse, daß sich solche Situationen wiederholen, aber früher bin ich oft verletzt worden. Manchmal war ich mir ganz sicher, daß jemand eine sehr gute Freundin war und alles für mich tun würde, und dann stellte sich das genaue Gegenteil heraus. Ich glaube, solche Erfahrungen haben mich nicht nur insgesamt kritischer werden lassen, sondern sogar mißtrauisch. Ich habe immer noch gute Freunde, denen ich vertraue, aber äh ... nicht so wie früher. Ich stecke nicht mehr alles in die Freundschaften, ich gebe mich nicht mehr mit Haut und Haaren. Ich vertraue niemandem mehr hundertprozentig. Freunde sind etwas anderes als die Familie, sie sind eine Funktion dessen, wie sehr sie mich brauchen. Das hat mir zu denken gegeben.

Ich entnehme Liats Stimme, daß sie sehr enttäuscht ist, aber sie gibt mir keinen Hinweis darauf, was passiert ist.

Ich bin ein sehr besitzergreifender Mensch. Ich mag es, wenn Menschen ganz zu mir gehören und ich weiß, wenn sie mir und nur mir gehören. Ich bin auch sehr treu, oder vielmehr, ich bleibe sehr treu. Ich weiß nicht, wie andere darüber denken, aber wenn ich zu jemandem gehöre, dann gebe ich mich wirklich ganz und denke an nichts anderes mehr. Vielleicht verletze ich andere, bestimmt passiert mir das auch, aber bestimmt nicht aus Bösartigkeit, vielleicht aus Naivität, unabsichtlich. Heute bin ich eher – ich denke jetzt vielleicht gerissener, so daß ich, ich würde sagen ... ich denke jetzt nach, wie andere über etwas denken werden, mit Hintergedanken. Vielleicht habe ich das auf meiner Arbeitsstelle gelernt, weil das eine politische Organisation ist und man auf diesem Gebiet alles bedenken muß, seitdem hat sich vielleicht auch mein Denken verändert. Aber eigentlich bin ich immer noch sehr naiv. Ein bißchen wie ein Kind. Ich betrachte die Reinheit, und vielleicht werde ich enttäuscht und verletzt, aber so ist das Schicksal, und wenn ich dem grausamen Schicksal ins Auge geblickt habe, dann werde ich vielleicht daraus lernen, bis ich mich am Ende ändern werde.

Ich frage mich, ob Liat gerade über das Verhältnis von Männern und Frauen spricht, ohne das ausdrücklich zu sagen. Sie scheint meine Gedanken zu erraten.

Meine Erfahrungen mit Freunden und ... Liebe und alledem, davon habe ich nur die Enttäuschung mitbekommen. Es war wirklich schrecklich, natürlich im Vergleich zu anderen Sachen nichts Großes, aber es hat große Auswirkungen auf mich gehabt. Es hat mir sehr viel ausgemacht, ich werde immer verletzt. Ich weiß, daß es mich für zukünftige Enttäuschungen wappnet und klüger macht, aber dann sage ich mir: »Ich will so nicht sein, ich will nicht klüger sein.« Es handelt sich wirklich nur um ganz kleine Erfahrungen, nur ganz wenige Jungen, vielleicht drei oder vier. Aber alle haben dazu geführt, daß ich mir jetzt gründlich überlege, mit ... mit Jungen Beziehungen einzugehen ... Ich sehe das jetzt anders. Meine Freundin sagte, daß ich so bin wie die Katzen, die fallen und sich die Beine brechen und trotzdem wieder aufstehen. Das stimmt, denn auch wenn ich verletzt und bis auf den wundesten Punkt zurechtgestutzt bin, tue ich so, als sei nichts passiert, als hätte mir niemand wehgetan, als ginge es mir gut. Ich lache trotzdem und lächele und tue so, als amüsierte ich mich. Nur ganz tief innen fühle ich mich zerstört und fühle den Schmerz, aber ich benehme mich so, als machte mir nichts etwas aus. Vielleicht ist das gut, vielleicht ist das schlecht. Es gibt wenige Leute, die wissen, wann ich mich gut fühle und wann nicht. Diese Leute kennen und verstehen mich. Sie wissen, wann ich schauspielere und wann ich echt und aufrichtig bin. Aber im wesentlichen bin ich eine Schauspielerin und tue so, als sei alles ganz anders. Manche Leute finden an mir Charaktereigenschaften, mit denen ich nicht einverstanden bin. Manche sagen, ich sei ein Snob, eingebildet, vielleicht weil ich nicht jedem zulächele, den ich auf der Straße treffe. Ich weiß nicht warum. Ich weiß, daß ich, und das ist einer meiner Hauptcharakterzüge, meinen Leuten alles gebe. Ich schaue auch nicht auf die schlechten Seiten von Menschen, ich konzentriere mich lieber auf die positiven Aspekte. In dieser Hinsicht versuche ich wirklich, gerecht zu sein. Ich glaube, daß ich im Schatten lebe.

Ich habe immer versucht ... mein Motto war, mich unter Beweis zu stellen. Wie ich Ihnen schon erzählte, sagte man mir in der Junior High School, man würde mich in den Zweig schicken, der nicht zum Studium führt, und ich habe darauf bestanden, daß man mich auf den humanistischen Zweig schickt. Und tatsächlich habe ich da mit sehr guten Noten abgeschlossen. Und eine Frau, ich weiß auch nicht, ob sie wirklich versucht hat, mich daran zu hindern, ob das absichtlich geschah oder nicht, aber sie traute mir das nicht zu, und ich mußte immer stark sein und mich beweisen. Das war eine Frage des Prinzips. Wenn ich mir das so betrachte, hat es viele Phasen in meinem Leben gegeben, wo ich arbeiten mußte, wo ich viel arbeiten mußte, um unter Beweis zu stellen, daß ich etwas kann … und zu Hause habe ich sehr viel Unterstützung bekommen und Ermutigung. Manchmal habe ich ihnen auch etwas beweisen müssen, sogar als ich von der Junior High School in die High School versetzt wurde. Auch meine Eltern haben gedacht, ich sollte mich lieber in ein leichteres Programm einstufen lassen, weil ich dann weniger arbeiten müßte und bessere Noten bekäme. Ich weiß nicht, wie gut sie einschätzen konnten, was ich leisten kann. Das weckte meinen Ehrgeiz und hat mich motiviert. Man sagt, daß das angeboren ist, es ist eine Frage des Charakters. Und auch, wenn ich nicht schon so auf die Welt kam, dann liegt es eben an den Umständen, daß ich so geworden bin.

Wenn es etwas gibt, das ich an mir selbst achte, dann ist es auf diesem Gebiet. Auch wenn ich gegen den Strom schwimmen muß, und selbst wenn ich am Rande eines … Zusammenbruchs stehe, ich würde alles tun, um Erfolg zu haben. Ich weiß nicht, ob ich anderen etwas beweisen muß oder mir selbst, aber ich muß mich unter Beweis stellen. Als sie mir in der zwölften Klasse alle sagten, ich würde sitzenbleiben … da habe ich mich, wenn ich um sieben Uhr abends von der Arbeit kam, bis ein Uhr nachts hingesetzt und meine Hausaufgaben gemacht. Ich hab das gerne getan und wollte auch den anderen zeigen, daß ich das kann. Ich gehöre zu den Leuten, die gerne Fragen stellen, immer tiefergehende Fragen, bis ich immer weniger Antworten finde. Ich bin neugierig, immer schon sehr neugierig gewesen. Ich habe vielleicht sogar etwas zu viel von dieser Charaktereigenschaft abbekommen. Ich bin, glaube ich, auch sehr gründlich, egal, was ich tun soll, ich gebe mir immer Mühe, es sehr sorgfältig zu erledigen. Die Sache mit meinen negativen Eigenschaften, in dieser Beziehung bin ich sehr empfindlich. Auch wenn ich immer so tue, daß mir nichts etwas ausmacht, ich bin sehr sensibel und leicht verletzbar. Nur Menschen, an denen mir etwas liegt, können mich verletzen, aber an vielen Menschen liegt mir etwas … wenn ich verletzt werde, dann bleibt wirklich eine Narbe zurück.

Und auch wenn einem die Narben irgendwann eine dicke Haut machen, so fühlt man doch den Schmerz immer mehr, bis diese Haut gewachsen ist, und das ist wirklich schlecht. Manche sagen, es sei ein Segen, sensibel zu sein, bis zu einem gewissen Grad. Bei mir geht es aber über diesen Grad hinaus.

»Immer tiefere Fragen, auf die ich immer weniger Antworten finde.« Das ist ein tiefer Gedanke für einen jungen Menschen. Liat glaubt, daß einige Fragen für sie auch sehr schmerzhaft sind. »Du hast deinen Großvater erwähnt und gesagt, er sei sehr wichtig für dich gewesen. Kannst du dich an ihn erinnern?«

Ja, sehr gut. Ich glaube, er war einer der besten Menschen, die ich die Ehre hatte zu kennen. Ja, er starb, als ich erst fünf war, aber ich kann mich sehr gut an ihn erinnern. Er kam mindestens zweimal die Woche von Bat-Jam oder Ramat Gan dorthin, wo wir gerade wohnten, um mich zu sehen. Das war ein sehr wichtiger Teil seines Lebens zu dieser Zeit. Er war ein sehr liebevoller und großzügiger Mensch. Von ihm habe ich gelernt, meinen Namen zu schreiben, das werde ich nie vergessen. Dann war er behindert, er verlor ein Bein. Trotzdem blieb er der Großvater, der er vorher war, und er war sehr aufopferungsvoll. Er konnte nicht mehr so viel wie vorher, aber er gab immer noch sein Bestes. Jeden Tag kam er mit seinen Waffeln und Schokolade und saß zwei- oder dreimal am Nachmittag mit mir zusammen. In dieser Zeit in der Kindheit, glaube ich, lernt ein Kind Vertrauen, und genau da habe ich gelernt, ihm und auch anderen Leuten zu vertrauen, aber bei ihm war das noch etwas anderes *(Pause).*

Vielleicht lag es daran, daß ich seinen Tod so schlecht verkraften konnte. Er wurde vorher krank, und man versuchte, mich auf sein Sterben vorzubereiten, soweit man ein kleines Mädchen auf so etwas vorbereiten kann, aber dann kamen sie ganz plötzlich eines Tages nach Hause und sagten, daß Großvater gestorben war. Wo war er jetzt? Meine Großmutter väterlicherseits erklärte mir, daß er in den Himmel gekommen sei, also bat ich darum, auch in den Himmel zu kommen und so etwas. Sie sahen, daß ich eine richtige Krise hatte. Bis ich ganz allmählich verstand, was geschehen war und daß er nie wiederkommen würde. Er … war ein wunderbarer Mann, ein sehr guter Mann. Noch heute sagen alle, wenn die Rede auf ihn und mich kommt, daß er mich sehr liebte, daß ich sein absoluter Liebling war *(weint)*.

Als ich zum Krankenhaus kam, um ihn zu besuchen, da konnte ich ihn einfach nicht sehen. Das war nicht einfach nur, weil es mir peinlich war, sondern auch … vielleicht auch so etwas wie Angst. Schließlich war ich ja noch ein sehr kleines Kind, vielleicht vier. Ich vermute, also ich weiß das nicht mehr, aber ich vermute, daß ich nicht mochte, was ich im Krankenhaus sah, und daß ich vielleicht noch eine gewisse Zeit danach regelrecht ein bißchen angewidert war von ihm. Möglich, daß ganz plötzlich ein Großvater auf mich zukam, der ein bißchen hinkte. Ein kleines Kind, vielleicht habe ich mich ein bißchen geschämt, ihn so zu sehen. Aber das ging schnell vorbei, daß heißt, ich lernte ihn sehr schnell so zu akzeptieren, wie er war, aber den Krankenhausbesuch werde ich nie vergessen. Ich erinnere mich sogar noch an die Schokolade, die er mir zu essen geben versuchte und die ich nicht nehmen wollte. Genau so war es.

Ich weiß noch, wie er bei mir saß und mir eines Nachmittags beibrachte, meinen Namen zu schreiben. Ich erinnere mich so genau daran, als sei das erst gestern nachmittag gewesen. Und auch nach seiner Operation, jetzt erinnere ich mich genauer an dieses Ereignis. Er ist mit mir Schlitten gefahren, alles mögliche, also er konnte danach wieder alles machen. Wir hatten viel Spaß zusammen. Gerade diese Zeit mit ihm kommt mir oft wieder in den Sinn. Vielleicht weil es dann so überraschend und plötzlich passiert ist. Ich kann mich noch an den Tag erinnern, als unsere Nachbarin kam und sagte, ich soll Mutter aufwecken, und ich sagte: »Mutter sagt, daß sie nicht aufstehen will.« Dann sagte die Nachbarin: »Weck sie auf, es ist etwas passiert.« Und meine Mutter kam runter, und ihre Schwester mit ihrem Freund war da und sagte ihr, daß er gestorben sei. Er war einfach in einen Bus gestiegen und an einem Herzinfarkt gestorben. Diese Dinge weiß ich noch, und ich glaube nicht, daß ich sie je vergessen werde. Das ist die Geschichte meines Großvaters.

»Welche Beziehung hattest du zu deiner Großmutter?«

Immer eine gute, bis heute. Wenn ich sage, daß er der beste Mann auf der Welt war, dann ist sie die beste Frau für mich. Ich glaube wirklich nicht, daß es viele Frauen gibt, die besser als meine Großmutter sind. Egal, was du tust und was passiert, sie betrachtet alles immer aus dem positivsten Blickwinkel, der möglich ist. Wenn ihr jemand etwas geklaut hat, dann sagt sie: »Der arme Mann, der wird es dringend gebraucht haben.« Sie ist eine Frau, die die Welt einfach nicht von einem egozentrischen Standpunkt aus betrachten kann. Und das Wichtigste auf der Welt für sie sind ihre Kinder und Enkel. Für sie tut sie alles, und ich meine wirklich: alles. Sie weiß auch, wieviel ich Opa bedeutet habe. Die beiden hatten immer eine sehr gute Beziehung zueinander.

Ich liebe sie sehr. Sie ist eine Frau, die anderen immer nur das Allerbeste gibt. Und das sage ich nicht, weil sie meine Großmutter ist. Alle sagen das über sie. Jemand hat mal gesagt, ich wäre so wie sie, aber das stimmt nicht, ich kann ihr nicht das Wasser reichen, selbst mit der allergrößten Anstrengung nicht. Sie ist einfach von Natur aus so. Sie betrachtet andere Menschen einfach mit Nachsicht. Vielleicht ist sie naiv oder möglicherweise sogar ein bißchen dumm, aber mit so jemandem kann man sehr friedvoll leben, sie ist der Inbegriff des Vollkommenen. Ich habe noch nicht so viele Leute kennengelernt, daß ich so etwas sagen kann, aber ich nehme mir trotzdem heraus zu behaupten, daß es nicht sehr viele Menschen gibt, die so sind wie sie, und ich sage das nicht, weil sie meine Großmutter ist.

»Haben deine Großeltern dir Geschichten aus ihrer Kindheit erzählt? Und über die Kindheit deiner Mutter?«

Ja. Heute noch erzählt mir meine Großmutter von dem guten Leben, das sie in Libyen hatten, und über die schwere Zeit der Einwanderung nach Israel. Sie verloren ihren Sozialstatus fast vollständig. Was sie für ein gutes Leben dort führten und wie es war, hierherzukommen und die harten Seiten des Lebens kennenzulernen. Sie immigrierten über Italien, ein Teil der Familie blieb da, und sie hätten auch dort bleiben können, aber sie sind hierhergekommen. Mein Großvater war einfach ein gebrochener Mensch. Ob es darum geht, daß seine Tochter am Anfang im Übergangslager hinfiel und als kleines Mädchen starb oder daß er krank wurde und … starb. Irgend jemand hat gesagt, [das wäre nicht passiert], wenn er sein gutes Leben dort weitergeführt hätte, wo er Geldsorgen nicht kannte, und nicht hierhergekommen wäre, wo er lernte, was es heißt, in Armut zu leben. Ganz plötzlich wird man aller guten Dinge beraubt, an die man gewöhnt ist, und das bedeutet wirklich einen schmerzhaften Einschnitt. Die Veränderung war für beide Familien sehr drastisch, denn in vieler Hinsicht war es ihnen in Libyen sehr gut gegangen. Als die Verfolgung und die Pogrome begannen, wurde mein Großvater mütterlicherseits Zionist und kämpfte für seine Überzeugungen, auch wenn er sich damit in Schwierigkeiten brachte. Und die bekam er auch. Aber hauptsächlich erzählen sie mir von dem Einwanderungsprozeß in allen Etappen. Sie hatten es sehr schwer. Man schaute auf die Leute aus Nordafrika herunter. Und diese schmerzhaften Erfahrungen haben sehr tiefe Narben hinterlassen.

Aber meiner Ansicht nach ist es beiden gelungen, ihre Kinder gut zu erziehen und Familien zu haben. Sie zogen sie in Jaffa auf, in einer Gegend, die nicht besonders gut war. Und mit vierzehn und siebzehn ist man ja in einem Alter, wo man Sachen aus der Umgebung übernimmt. Wenn ich mich an etwas erinnere, das Großmutter immer wieder betont hat, dann weniger, wie gut es ihnen in Libyen gegangen ist, sondern vielmehr, wie schwer sie es hier hatten. Sie hat drei verschiedene Arbeitsstellen gehabt, nur damit ihre Kinder alles haben konnten, was sie glaubte, ihnen geben zu müssen. Ich glaube, daß diese Geschichte immer in ihr hochkommt, wenn sie sich von der Familie verletzt fühlt. Dann kommt sie immer darauf zurück und betont das noch einmal. Sie vergißt dann nie, mich daran zu erinnern, wie sehr sie damals gelitten hat, nur um sie zu versorgen.

Ich mußte in der Schule eine Projektarbeit über meine Familie machen und ging zu meiner Großmutter und bat sie, mir alles zu erzählen. Ich erinnere mich, daß ich plötzlich Dinge herausfand, über die ich so gut wie nichts wußte. Erst da erfuhr ich, daß mein Großvater wirklich ein sehr überzeugter Zionist gewesen war. Das hatte ich vorher nicht gewußt. Die Geschichten über ihn interessierten mich sehr, als er mit seinen arabischen Nachbarn Ärger bekam. Ich fand es bewundernswert zu erfahren, was er für ein Patriot war, tiefe und wahre Werte empfand. Es gibt eine Geschichte darüber, daß er sogar bei einem dieser Vorfälle beinahe sein rechtes Auge verloren hätte. Dann gibt es noch die Geschichte von der Marktstraße. Sie haben damals ein paar Postkarten herausgeholt, aber ich erinnere mich nicht so genau daran, wo man beginnt, die richtigen Fragen zu stellen, aber es war wirklich Glück, Antworten zu bekommen.

»Weißt du noch, was dich dazu brachte, zur Vertrauenslehrerin der Schule zu gehen, um in ein anderes Programm aufgenommen zu werden?«

Das ist eine komische Geschichte. Ich war im Indian Head Store einkaufen, und die Verkäuferin sagte zu mir, als wir miteinander ins Gespräch kamen: »Aha, du bist jetzt mit der Junior High School fast fertig und gehst dann auf die High School. Auf welche denn? Drei Jahre Vergnügen.« Das waren die Worte: »Das wird sehr viel Spaß machen.« Ich sagte, ja, okay, gut. Und dann sagte sie: »Auf welchen Zweig? Du gehst auf den Zweig, der nicht zum Hochschulzugang berechtigt? Kannst du nicht in einen anderen Zweig gehen? Was hast du denn für Noten?« Ich sagte: 89 Prozent, das war mein Notendurchschnitt, mit einem »Sehr gut« in Biologie. »Und das läßt du dir gefallen? Möchtest du denn nicht bewundert werden?!« Das war ein Schlag ins Gesicht, und er weckte mich auf. Am nächsten Tag rief ich in der Schule an, die Vertrauenslehrerin war gerade irgendwo im Ausland, aber ich sprach mit ihr. Sie sagte mir, daß sie sich meine Akte noch einmal anschauen würde, und ich sollte dann und dann kommen. Als ich kam, kam sie gerade aus ihrem Zimmer und sagte: »Ja, in Ordnung, du bist auf dem humanistischen Zweig, und wenn du willst, kannst du auch in das Biologieprogramm aufgenommen werden.«

Ich bin ihr bis heute dankbar, daß ich nicht in das nichtakademische Programm gegangen bin, denn wer weiß, was dann aus mir geworden wäre. Ich hätte sehr schnell begriffen, daß es nicht das Richtige für mich ist. Es geht ja nicht nur darum, daß sie mein Talent nicht erkannt hätten, sondern daß ich selbst wahrscheinlich meine Fähigkeiten nicht ausgeschöpft hätte. Das Niveau auf diesem Schulzweig ist tatsächlich ziemlich niedrig. Man lernt dort, wie man Kindergärtnerin oder Krankenschwester wird, und einmal in der Woche geht man in einer Tagesstätte arbeiten. Man hört ja Geschichten, daß manche Schüler ihr Talent wegen solcher Fehlentscheidungen total verlieren. Und das wäre mir beinahe auch passiert. Und das lag alles an einer einzigen Lehrerin, die nicht an mich geglaubt hat.

Ich erinnere mich, zufällig hatten wir letzten Donnerstag eine Abschlußfeier, wo ich ihr wiederbegegnete, und sie fragte mich: »Na, Liat, hast du den Abschluß gemacht?« Sie mochte mich sehr, aber sie glaubte nicht an mich. Ich sagte: »Ja, Regina, und sogar ganz gut.« Das war eine Art süßer Rache, ihr das sagen zu können, denn sie hatte mich sehr verletzt. Später erfuhr ich, daß sie meinen Freundinnen gesagt hatte: »Liat wird kein gutes Abschlußexamen schaffen.« Ich war verblüfft, wie sie zu so einem Urteil kommen konnte. Wie kam sie dazu? Das hat mir bewiesen, daß manchmal die Motivation, die man hat, wichtiger sein kann als die Anlagen. Vor zwei Wochen war ich in einem anderen Kleiderladen einkaufen und sah dort das Mädchen vom Indian Head Store damals. Sie konnte sich nicht an mich erinnern, aber ich habe sie sofort erkannt.

Kein Wunder, daß Liat sich nicht sicher ist, wem sie vertrauen kann, wenn sie es einer Zufallsbekanntschaft zu verdanken hat, auf den richtigen Weg gekommen zu sein, statt ihrer Lehrerin, die sie angeblich mochte. »Du hast eben erzählt, daß du für Likud arbeitest. Könntest du noch etwas mehr darüber sagen?«

Ja, ich war immer schon in der Jugendgruppe der Likud und habe bei Wahlen immer ehrenamtlich mitgearbeitet. Ich engagierte mich gerne dafür, weil ich dran glaubte und etwas tun will. Im vergangenen Sommer sagte unser Direktor, daß wir vor den Wahlen zur Histadrut Vorwahlen hätten und deswegen bezahlte Arbeit annehmen müßten. Wir sollten Geschichten der Wähler filmen und so etwas machen. Also ging ich für sie arbeiten, und das hat sehr viel Spaß gemacht. Eines Tages kam jemand aus der Likud in die Histadrut. Er war verantwortlich, aber wir hatten keinen direkten Kontakt zu ihm, und er sagte: »Uns fehlt heute eine Sekretärin. Schicken Sie mir doch eines von Ihren Mädels.« Und sie schickten mich zu ihm nach unten. Am ersten Tag wußte ich nicht, was ich tun sollte. Ich beantwortete Telefonanrufe an verschiedenen Apparaten, mehr war nicht zu tun. Genau dasselbe am zweiten und am dritten Tag, und dann beschloß einer der Angestellten, daß er mich als Sekretärin brauchte. Das schmeichelte mir enorm, und ich beschloß sofort, für ihn zu arbeiten, und zögerte nicht einen Augenblick. Mit ihm verstand ich mich sehr gut, alle wunderten sich darüber, daß ich so gut mit ihm auskam, weil er ein sehr schwieriger Mensch war. Zuerst begriff ich überhaupt nicht, was die alle hatten, bis ich dann sehr schnell dahinter kam, daß er gar nicht so einfach war, wie ich zuerst gedacht hatte. Aber innerhalb von zwei Tagen hatte ich mich eingearbeitet, und es ging wirklich gut. Abrechnungen, Buchführung und Personalführung. Am Anfang begriff ich vielleicht nicht einmal so ganz genau, was ich arbeitete, aber dann bekam ich sehr schnell mehr Verantwortung und Autorität übertragen, viel mehr, als ich erwartet hatte.

Mit mir zusammen fing noch eine andere Sekretärin an, weil ich noch in die zwölfte Klasse ging und man nicht davon ausging, daß ich beides zusammen schaffen würde. Also stellten sie noch eine Sekretärin an und ich … also, ich hab nicht versucht, sie durcheinander zu bringen, aber ich habe ihr auch nicht gerade geholfen, sich einzuarbeiten und schnell meine Arbeit zu übernehmen. Also, ich habe bestimmt nichts Böses getan, aber ich hatte den Eindruck, daß ich etwas geschafft hatte, und ich wollte es keinem anderen weitergeben. Es dauerte keine zwei Tage, da rief er mich zu sich und sagte: »Hören Sie mal, Liat, so kann es nicht weitergehen. Wir werden mit den Spenden bis vier Uhr nachmittags warten, wenn Sie von der Schule kommen.« In diesem Augenblick wußte ich, daß ich mir meinen Platz in der Welt verdient hatte, und ab diesem Tag fing ich an, wirklich zu schuften, denn vor den Wahlen fällt so viel Arbeit an, daß man es kaum glauben kann. Ich fing nach der Schule um vier Uhr nachmittags mit der Arbeit an und ging um acht oder neun Uhr abends nach Hause. Vor den Wahlen die ganzen Spendengelder zu verwalten, das ist nicht nur eine große Verantwortung, sondern auch sehr viel Arbeit. Es kostet viel Kraft. Und ab einem bestimmten Punkt fing die Frau, die mit ihm zusammenarbeitete, an, für mich Arbeit aufzubewahren … das heißt, die Arbeit, die im Verlauf des Tages angefallen war, blieb liegen, und wenn ich kam, half sie mir nur noch dabei. Damals ist es mir sehr gut gegangen, richtig gut.

Auf einmal fühlte ich mich von meiner ganzen Umgebung anerkannt und akzeptiert. »Schaut mal, wie sie mit sechzehneinhalb, siebzehn Jahren das alles schafft, wie sie alles zusammenhält.« Und plötzlich hatte ich nur noch Freunde, die älter als fünfunddreißig oder vierzig waren, Leute mit eigenen Familien. Ich war sehr jung, kam aber sehr gut mit ihnen aus. Und ich glaube, wenn mir in der letzten Zeit etwas Gutes zugestoßen ist, dann ist es genau das gewesen. Die Zeit verging wie im Fluge. Und auf einmal konnte ich meinen eigenen Standpunkt besser vertreten, ich war dickköpfiger und gab weniger nach. Ich hatte etwas zu lernen und Leute, von denen ich lernen konnte. Und ich glaube, ich erweckte bei anderen Vertrauen, weil die Leute merkten, daß ich allerhand konnte. Die Frau, mit der ich zusammenarbeite, sagt immer: »Auf keiner Universität lernt man so viel wie auf der Arbeit. Das ist eine andere Art von Universität, es ist … das Leben.« Aus dem Leben zu lernen und über reale Situationen – weniger Theorie und mehr Feldforschung. Und manchmal ertappe ich mich dabei, wie ich sage: »Du bist immerhin schon siebzehneinhalb. Schlag dir die Flausen aus dem Kopf und werd realistisch.« Und dann wieder sage ich mir, daß man nur mit Flausen im Kopf erfolgreich sein kann. Darüber denke ich mal so und mal so, aber das ist nicht wirklich wichtig. Ich war auch plötzlich finanziell unabhängig, denn ich verdiente richtig Geld, nicht nur ein bißchen beim Babysitten. Ich machte den Führerschein und bezahlte die Fahrstunden von meinem eigenen Geld, und damit zeigte ich, daß ich selbst zurechtkam. Der Erfolg kommt nie auf ganz direktem Wege, man muß immer ein paar Kurven mitnehmen. Manche haben mehr und manche haben weniger. Ich habe wirklich sehr schwer dafür gearbeitet, sehr hart gearbeitet, weil es mein Job war und ich mir das vorgenommen hatte, und es gab nicht sehr viele Komplikationen. Das ist eine sehr wichtige Sache für mich gewesen.

»Auf keiner Universität lernt man so viel wie auf der Arbeit. Das ist eine andere Art von Universität, es ist … das Leben.« Liat und ich unterhalten uns noch etwas darüber, wie die Feiertage in ihrer Familie begangen werden, und über die jüdische Tradition, aber ich habe den Eindruck, daß sie sich dafür sehr viel weniger interessiert als für ihre Träume und die Wege, die sich vor ihr auftun.

[Dan Bar-On und Noga Gil'ad:] Wie ihr Vater und ihre Großmutter beginnt Liat ihre Lebensgeschichte im Rahmen der Familiengeschichte. Der Tod ihres Großvaters, mit dem ihr Bericht beginnt, war in ihrem Leben ein vielleicht ähnlich kritisches Ereignis wie für Laura und Vittorio der Tod ihrer Väter. Hauptsächlich spricht Liat jedoch über ihre Bemühung, gesellschaftliche Anerkennung in Israel zu finden. Wenn wir bisher der Ansicht waren, Vittorios Entschluß nach Savyon zu ziehen, hätte seiner Tochter den Weg eröffnet, sich etabliert zu fühlen, so erfahren wir jetzt, daß dieser Umzug erst der Beginn ihres Kampfes war. Liat ist ein außergewöhnlich selbstbewußtes Mädchen, das sich einer grundsätzlich anderen gesellschaftlichen Realität gegenübersieht als derjenigen, mit der Laura oder Vittorios Frau Paula als junge Frauen in Tripolis vertraut waren. Liat muß ihren eigenen Weg finden, ohne daß ihr jemand dabei helfen kann.

Liat beginnt ihren Bericht ähnlich wie Dafna und Idit mit kurzen formalen Feststellungen wie »Ich wurde 1972 geboren«, die bei ihrem Vater und bei ihrer Großmutter auffälligerweise fehlten, und beschäftigt sich im folgenden dann hauptsächlich intensiv mit Selbstbetrachtungen. Im Unterschied zu ihrer Großmutter, die mit ihrem Leben und sich selbst zurechtkommt, und zu ihrem Vater, der ganz eigene Schwierigkeiten damit hatte, akzeptiert zu werden, bemüht sich Liat wesentlich intensiver um Anerkennung von außen. Auf die Bitte, etwas aus ihrem eigenen Leben zu erzählen, reagiert sie interessanterweise zunächst mit der Darstellung zweier kritischer Momente ihres Lebens, dem Tod ihres Großvaters und dem Umzug der Familie nach Savyon. (Ganz ähnlich hatte Ganit Belinsky reagiert.) Beide Ereignisse symbolisieren eventuell eine Spannung, die Liats Leben beherrscht und die zwischen Liebe und Ablehnung, Hilflosigkeit und Kontrolle, zwischen dem früheren Wohlstand ihrer Familie und deren schwieriger Situation in der Gegenwart besteht.

Liats Großvater starb, als sie erst fünf Jahre alt war, und damit verliert sie jemanden, der von »dort« kommt und sie bedingungslos liebt. Später stellt sie fest, daß sie das Lieblingskind ihres Großvaters war, worauf die anderen sie ständig aufmerksam machen. Es ist der erste Verlust, den Liat erfährt: »Plötzlich war ich erwachsen.« Ist mit dem Tod ihres Großvaters für sie das Ende ihrer Kindheit erreicht, so wie das für ihre Großmutter der Fall war, als deren Vater starb? Und fing damit ihr Kampf um Anerkennung an? Der Umzug nach Savyon und die dadurch ausgelöste Krise hat mit der Suche nach einem festen Platz in der Gesellschaft zu tun: »Ich war die Anführerin in unserer Clique, und ganz plötzlich zogen wir hierhin, und es war um mein Selbstbewußtsein geschehen, wie man sagt.« Liat gelang es zwar schließlich, in Savyon auch ihren Platz zu finden, sie mußte sich aber sehr anstrengen, bis sie sich zugehörig fühlte, wieder zu den Gruppenführern gehörte und sich wichtig fühlen konnte. Später beschreibt sie, welche Spielregeln dazu gehören: »Ich lache trotzdem und lächele und tue so, als amüsierte ich mich. Nur ganz tief innen fühle ich mich zerstört und fühle den Schmerz.« In Aschdod war sie von ganz allein und ohne besondere Bemühungen eine Anführerin, in Savyon kann sie sich nur mit enormen Anstrengungen und Selbstdisziplin diese Stellung erarbeiten.

Ein weiteres Thema, das sich wie ein roter Faden durch das Interview zieht, ist das Bild einer harmonischen Familie, die Schutz bietet und geschützt wird, und die damit kontrastierende Außenwelt, in der Liat dauernd kämpfen muß. Am Anfang steht der liebende Großvater, der sie besucht und ihr beibringt, ihren Namen zu schreiben. Dann ist ihr Verhältnis kurzzeitig gestört, als sie sich vor seiner Behinderung fürchtet, aber sie überwindet das und hat bis zu seinem Tod dann wieder ein gutes Verhältnis zu ihm. Ihre Großmutter ist »der Inbegriff des Vollkommenen«. Manchmal sagt man Liat, sie sei wie ihre Großmutter, aber sie bestreitet das: »Ich kann ihr nicht das Wasser reichen … Sie ist einfach von Natur aus so.« Und genauso spricht sie über ihren Bruder und ihre Eltern: »Zu Hause fühle ich mich wirklich ganz außergewöhnlich gut. Es geht mir einfach gut.« In starkem Kontrast dazu steht dann ihre Schilderung: »Egal, wie viele Freunde ich habe und wo auch immer ich bin, immer habe ich das Gefühl, daß ich irgendwann im Stich gelassen werde. Aber meine Familie wird immer hier sein, hier kann ich immer Zuflucht suchen.« Und dann: »Freunde sind etwas anderes als die Familie, sie sind eine Funktion dessen, wie sehr sie mich brauchen.«

Ihr Elternhaus ist also ein friedlicher Zufluchtsort. Draußen in der Welt kommt es zu Verrat, Enttäuschung und Freundschaften, in denen man Gefahr läuft, ausgenutzt zu werden. Liat ist sehr sensibel, weshalb sie sich häufig verletzt fühlt. Sie ist naiv, vertraut anderen Menschen, und sogar ihre besten Freunde haben ihr Vertrauen schon mißbraucht.

Es ist ihr zwar durchaus bewußt, daß sie vielleicht auch andere verletzt, fügt aber einschränkend hinzu, »nie aus Böswilligkeit«. Anscheinend sind auch ihre ersten Liebeserfahrungen mit Verletzung und Enttäuschung verbunden, allerdings deutet sie das nur an, ohne Genaueres mitzuteilen. An einer anderen Stelle sagt Liat, daß Motivation »wichtiger sein kann als die Anlagen, die man hat«. Will sie damit sagen, daß sie ständig versucht, etwas auszugleichen und etwas wettzumachen, daß ihr fehlt? Möglicherweise fürchtet sie, nicht begabt genug zu sein, und knüpft damit an die Gefühle ihres Vaters und ihrer Großmutter an, die sich in intellektueller Hinsicht für minderwertig halten.

Diese Angst wird deutlich, als es um die Versetzung von der Junior High School in die High School geht. Ihre Lehrerin, von der Liat sagt, daß sie »mich mochte, aber nicht an mich glaubte«, stufte sie in den Zweig ein, der nicht zur Hochschulberechtigung führt. Liat hatte sich mit dieser Entscheidung bereits so gut wie abgefunden, als sie sich nach einem zufälligen Gespräch mit einer jungen Verkäuferin in einem Geschäft dazu entschließt, dagegen anzugehen und sich in den Zweig versetzen zu lassen, der mit der Hochschulreife endet. Sogar ihre Eltern, von denen sie sonst immer mit Unterstützung rechnen kann, sind in dieser Situation unentschlossen: »Ich weiß nicht, wie gut sie einschätzen konnten, was ich leisten kann.« Liat beweist sich und den anderen, wozu sie in der Lage ist. In der zwölften Klasse bereitet sie sich nicht nur auf ihre Abschlußprüfung vor, sondern arbeitet auch noch für die Likud und übernimmt dort eine verantwortungsvolle Aufgabe. Sie verdient ihr eigenes Geld und erreicht einen guten Notendurchschnitt. Am Ende des Jahres kann sie ihrer Lehrerin sagen: »Ja, Regina, ich habe sogar einen ganz guten« Abschluß gemacht. Das ist für sie »süße Rache«, und Liat läßt ihre Lehrerin nicht wissen, wie sehr sie sich von ihr verletzt fühlt.

Durch ihre Arbeit in der Likud erkennt sie, was sie durch die Berufspraxis lernen kann: »Weniger Theorie und mehr richtige Feldforschung.« »Das ist das Leben.« Sie weiß genau, daß sie weitermachen und vorankommen will, aber noch nicht genau, wie und worin. In ihrem Kampf um Liebe, Macht und einen Platz in der Gesellschaft sehen wir auch eine Fortführung von Lauras und Vittorios Geschichte in der dritten Generation von Einwanderern aus nordafrikanischen Ländern. Liat ist allerdings die erste, die offen darüber spricht, wie sie sich in Israel behandeln lassen mußten: »Sie hatten es sehr schwer. Man schaute auf die Leute aus Nordafrika herunter. Und diese schmerzhaften Erfahrungen haben sehr tiefe Narben hinterlassen.«

Für Liat stellt sich die wundervolle Vergangenheit in Libyen und der schwierige Neubeginn in Israel in einem krasseren Schwarzweißkontrast dar als für ihren Vater und ihre Großmutter. Sie erzählt schöne Geschichten aus Libyen zusammen mit den Ereignissen aus den schweren Zeiten nach der Immigration, Miriams Tod als Kleinkind und dem Verlust des Sozialstatus, der ihren Großvater »zerbrechen« ließ. Durch ihre Projektarbeit in der Schule über die Wurzeln ihrer Familie hat Liat auch neue Kenntnisse zutage gefördert, die wir weder von Vittorio noch von Laura erfahren hatten: »Ich fand heraus, daß mein Großvater überzeugter Zionist gewesen war«, daß er gegen die Araber kämpfte und dabei beinahe sein rechtes Auge verloren hätte. Dabei stellt sich die Frage, ob Liat die Vergangenheit nicht nur idealisiert, sondern sie außerdem so darstellt, daß sie im heutigen Kontext als heroisch gilt.

Vergangenheit, Gegenwart, Zukunft

Die Familie Guetta hat den Krieg und die Immigration nach Israel ebenso durchlebt wie die anderen Familien, deren Stimmen wir in diesem Buch vernommen haben. Im Unterschied zu den anderen Familien jedoch haben die Guettas den Holocaust nicht als eine Katastrophe erlebt, die bis in die letzten Ecken ihres persönlichen Lebens reicht. Die erste Generation, also Laura, lebte in Libyen unter einem faschistischen Regime, das sich mit den Zielen der Nazis ganz klar identifizierte. Man muß jedoch unbedingt darauf hinweisen, daß der italienische Faschismus im Unterschied zum deutschen Nationalsozialismus nicht die totale und systematische Judenvernichtung anstrebte oder durchführte. Laura hatte zwar ihre eigenen persönlichen Schwierigkeiten und Probleme zu durchleiden – den Tod ihres Vaters, ihres Bruders, ihres Mannes und ihrer Tochter –, aber die meisten Familienangehörigen waren während des Krieges einigermaßen in Sicherheit. (Die Araberaufstände fanden erst später, unter britischer Herrschaft, statt.) Die Guettas emigrierten und kamen wie die Familien, die den Holocaust direkt überlebt hatten, nach Israel, wo sie sich einlebten. Wie spiegeln sich diese Ähnlichkeiten und Unterschiede in den Lebensgeschichten von Laura, Vittorio und Liat wider?

Wir haben bereits bemerkt, daß die Familie Guetta keine Kalenderdaten benutzt. Das könnte in der nordafrikanischen Kultur üblich sein, es könnte aber auch symbolisch für die untergeordnete Rolle stehen, die äußere Ereignisse im Innenleben einer libyschen Familie spielen. Erst mit den Aufständen in Libyen und ihrer Einwanderung nach Israel beginnen die Guettas mit einer strukturierten Datierung der Ereignisse. Nur die in Israel aufgewachsene Liat beginnt ihre Geschichte mit ihrem Geburtsdatum. Die Geschichten aus Libyen konzentrieren sich auf das Privatleben der Familie, und die äußere Realität – und damit die Datierung – gewinnt erst mit dem Krieg an Einfluß, tritt während der Araberaufstände 1945 und 1948 in den Vordergrund und bleibt weiterhin wichtig, als die Familie mit dem Kulturschock konfrontiert wird, sich in die israelische Gesellschaft einleben zu müssen.

Laura, Vittorio und Liat wechseln in ihren Berichten relativ leicht von einer Zeitebene (Vergangenheit, Gegenwart, Zukunft) auf die andere. Traumatische Perioden, die entweder verdrängt oder besonders betont werden müssen, haben sich nicht ereignet. Die Geschichten beginnen mit der Kindheit und schreiten dann allmählich bis zur Gegenwart vor. In allen drei Berichten kommt auch Hoffnung zum Ausdruck, die vor allem mit der Gegenwart und der Zukunft verbunden wird. Die Familie Guetta kann über die Vergangenheit nachdenken und sie mit der Gegenwart vergleichen, ohne den stechenden Schmerz der Holocaustüberlebenden zu empfinden. Gewiß idealisiert sie in ihren Erzählungen einige Aspekte der Vergangenheit – aber eben nur einige –, was vor allem bei Lauras Geschichte auffällt. Man könnte erwarten, daß die Vergangenheit immer mehr idealisiert und der israelischen Realität angepaßt wird, aber diese Tendenz ist nur bei Liat spürbar. Dieselbe Beobachtung trifft auch auf die Tradition zu: Religion gehört noch ganz selbstverständlich zu Lauras Leben, während Vittorio sich über die religiösen Praktiken lustig macht, wenn er über den Jom Kippur spricht (»Warum reicht es nicht aus, einmal ›Wir haben gesündigt‹ zu sagen? Man muß das doch nicht ständig wiederholen!«), und Liat erwähnt Religion und religiöse Riten in ihrer Erzählung nicht einmal mehr.

Das heißt allerdings nicht, die Familie Guetta hätte nie Probleme gehabt: Angst, persönliche Leiden, Schmerzen, plötzliche Todesfälle und ähnliche Ereignisse ziehen sich durch die Familiengeschichte und haben ihre Spuren hinterlassen. Laura leidet immer noch unter Schuldgefühlen, weil sie ihre Mutter und Schwestern im Krieg »im Stich gelassen« hat, und Vittorio macht der »Fall« seines Vaters vom »König« in Libyen zum einfachen Arbeiter in Israel noch heute zu schaffen. Er hatte auch mit seinen beruflichen Mißerfolgen und seiner Krankheit zu kämpfen. Liat hat ihre ganz eigenen Sorgen und Ängste und fragt sich, wieviel sie wert ist. Es gibt also eine Spannung zwischen Vergangenheit und Zukunft, Angst und Hoffnung, Erinnerung und Leben, aber sie wird nicht künstlich auf ein Extrem reduziert. Die drei Generationen der Familie Guetta haben versucht, sich in offenem Gespräch mit beiden Polen gleichzeitig auseinanderzusetzen, was bei den übrigen Familien wesentlich schwächer ausgeprägt ist.

Die Familie Guetta kann aufgrund ihrer Ausnahmestellung anders mit dem Holocaust umgehen als die vier anderen Familien. Laura, die den Überlebenden in Alter und Erfahrung am nächsten steht, berichtet, was sie gelesen und was ihre Cousine ihr vor ein paar Jahren über die Zeit im Konzentrationslager erzählt hat. Sie drückt Mitgefühl und Mitleid aus, auch wenn sie diese Erfahrungen nicht selbst geteilt hat. Für Vittorio hingegen gehört der Holocaust zu seinem Kampf um gesellschaftliche Anerkennung in Israel, indem er sich eine oberflächliche Leidensskala angeeignet hat: Die Leiden der Holocaustüberlebenden wurden durch die finanziellen Leistungen der Bundesrepublik »wiedergutgemacht«, während die Leiden seiner Familie völlig unbeachtet blieben. In der Geschichte über das Bild Jabotinskys und seine Nachbarn wird deutlich, daß er Neid und Spott für die Überlebenden empfindet, die er als Kind kennengelernt hat. In Liats Geschichte spielt der Holocaust dann schon überhaupt keine Rolle mehr. Sie erwähnt ihn nicht einmal, was vielleicht daran liegt, daß er für ihre Sozialisation und ihr Heranwachsen kaum noch eine Rolle gespielt haben dürfte. Er mag zwar für ihr nationales und politisches Bewußtsein von Bedeutung sein und in ihrer Arbeit für Likud und ganz sicher in der öffentlichen Diskussion in Israel eine Rolle spielen, aber für ihre Lebens- und Familiengeschichte ist er nicht relevant.

Die Guettas können in unserem Porträt von Familien von Überlebenden des Holocaust als »Kontrollgruppe« fungieren. Unserer Ansicht nach spielen in den Geschichten der Überlebenden Einflüsse aus der Außenwelt eine wesentlich größere Rolle, denn die Außenwelt dringt brutal und urplötzlich in ihre Lebensgeschichten ein. Der Holocaust war eine von Menschen gemachte Katastrophe, die nicht nur unzählige Menschenleben zerstörte, sondern auch in späteren Jahren die freie Erinnerung und Reflexion über die Ereignisse behindert. Die Überlebenden und oft auch ihre Kinder können nur sehr schwer oder gar nicht zwischen der Vergangenheit und der Zukunft, zwischen Erinnern und Vergessen, zwischen Leben und Tod hin und her wechseln. Die Kontinuität der Institution Familie – und damit zugleich auch ihre Schutzfunktion – war in diesen biographischen Rekonstruktionen unterbrochen, die auch von den schmerzlichen Verlusten einiger Familienangehöriger berichten. Wenn auch im Verlaufe der Zeit dieser gewaltsame Bruch immer schwächer werden mag, ist doch in den meisten Geschichten der dritten Generation immer noch eine Angst spürbar, die aus der Vergangenheit rührt.

Epilog

Wir haben hier die biographischen Rekonstruktionen dreier Generationen aus fünf israelischen Familien vorgestellt, um eine neue Perspektive auf eine komplexe und schwierige Frage zu gewinnen: Welche Spätfolgen hat der Holocaust für die Nachkommen der Überlebenden? Bei dieser Frage ergibt sich das Problem, daß sich nur sehr schwer entscheiden läßt, welche Nachwirkungen auf den Holocaust und welche auf andere Faktoren wie Immigration, Familienstrukturen oder individuelle Unterschiede zurückzuführen sind, die manchmal zeitgleich mit dem Holocaust verlaufen. In unserer Untersuchung setzten wir uns das Ziel, diese Unterscheidung zu treffen und herauszufinden, welche Aspekte der Erfahrung von einer Generation auf die andere übertragen und welche Aspekte durchgearbeitet wurden. Von Anfang an war uns klar, daß wir in unserer Studie auf traditionelle Konzepte wie »Identität« und »Persönlichkeit« verzichten wollten, da wir befürchteten, unsere Interviewpartner mit diesen Etikettierungen schnell einzuengen und festzulegen. Statt dessen suchten wir nach »weicheren« Begriffen, die auf der jeweiligen rekonstruierten Lebensgeschichte fußen sollten, statt sich aus der Interpretation des Interviewers oder des Interviewten zu ergeben.

Damit stellten wir uns eine nur sehr schwer zu bewältigende, wenn nicht gar unmögliche Aufgabe: Wir wollten den biographischen Rekonstruktionen der Überlebenden und ihrer Familienangehörigen folgen und sehen, was wir daraus lernen konnten. Unser Ausgangspunkt war, daß biographische Rekonstruktionen nicht rein zufällig verlaufen, sondern daß die Entscheidungen, die Menschen treffen, wenn sie ihre Lebensgeschichte erzählen, unbewußt oder bewußt den Entscheidungen entsprechen, die sie in ihrem Leben treffen. Insbesondere galt unser Interesse der Frage, welche Aspekte der Erfahrungen im Holocaust, die

die erste Generation in ihrer biographischen Rekonstruktion darstellt, auf die zweite und dritte Generation übertragen und welche durchgearbeitet wurden und sich dabei veränderten. Die Untersuchung dieser Frage stellte sich sowohl in methodologischer als auch in inhaltlicher Hinsicht als außerordentlich problematisch dar. Um beiden Problemkreisen gerecht zu werden, unterteilen wir im folgenden die Diskussion unserer Ergebnisse in zwei Abschnitte: Das vorliegende letzte Kapitel beschäftigt sich mit den inhaltlichen Ergebnissen, und im Anhang diskutieren wir die methodologischen Grundsatzentscheidungen, die der Analyse unseres Materials zugrunde liegen.

Ganit, Yoav, Orit, Dafna, Idit und Liat leben in einer Gesellschaft – der israelischen –, die sich von den europäischen oder nordafrikanischen Gesellschaftssystemen, aus denen ihre Großeltern stammen, grundlegend unterscheidet. Der Holocaust ist für sie eher eine Legende oder ein Märchen als eine noch andauernde Realität. In ihrem Leben ereignet sich nur ganz selten etwas, auf das sie sich mit dem Hinweis beziehen können: »Schaut her, hier passiert es wieder.« (Der Golfkrieg im Januar/Februar 1991, als die irakischen Raketen eine nur allzu reale Bedrohung darstellten, dürfte zu diesen seltenen Momenten gezählt haben.) Obwohl das so ist, hat ihre Familiengeschichte die Art und Weise beeinflußt, wie sie die Realität rekonstruieren, und dazu geführt, daß sie einen intensiveren Dialog zwischen Furcht und Hoffnung führen als wir anderen, die wir uns ja auch mit der existentiellen Angst vor dem Ungewissen und der Hoffnung auf eine bessere Zukunft auseinanderzusetzen haben. In den Worten des Jugendlichen gleich zu Beginn unseres Buches könnten wir sagen: »Wir sind wie der Stützpfropfen unserer Familie.«

Die Nachwirkungen des Holocaust, mit denen Genia, Ze'ev, Olga und Anja jahrelang zu kämpfen hatten, sind nicht einfach verschwunden. Sie sind in Form von Mißtrauen (wie im Falle von Genia und Anja) oder verborgenem Schmerz, Zorn und Angst (wie bei Ze'ev und Olga) auf die nächste Generation übertragen worden. Im Vergleich zu Laura, und bis zu einem gewissen Grad auch zu Olga, ist die Kontinuität des Familienrahmens für Genia, Ze'ev und Anja sowohl in der Erinnerung als auch in ihrer Rekonstruktion der Ereignisse als direkte Folge der einschneidenden und zahlreichen Verluste, die sie zu verkraften hatten, unterbrochen worden. Diese Verluste erzeugten ein Gefühl der Diskontinuität und Entfremdung, das über das normalerweise bei Emigration vorhandene Gefühl der Entwurzelung weit hinausgeht (Aroian, 1990) und in unterschiedlich intensiver Form auf ihre Kinder und Kindeskinder übertragen wurde. Bei Dafna und Idit empfanden wir dieses Gefühl der Entfremdung und Diskontinuität noch als besonders stark, bei Ganit, Yoav und Orit wird es nicht ganz so deutlich. Den Dialog zwischen Furcht und Hoffnung, Entwurzelung und dem Gefühl, eine »Pfropfstütze« für die Großeltern zu sein, interpretieren wir so, daß er verschiedenen Stufen des intergenerationellen Durcharbeitensprozeß der Vergangenheit entspricht.

Selbst Liat, die ja strenggenommen nicht aus einer Familie von Holocaustüberlebenden stammt, ist nicht frei von diesem anhaltenden Dialog. Man kann natürlich behaupten, daß jeder Mensch die Last der vorausgegangenen Generationen zu tragen hat und Menschen seit jeher die eine oder andere Form von Gewalttaten zu erleiden hatten, die andere Menschen ihnen zufügten: sei es sexueller Mißbrauch oder Gewalt in der Familie, bei der Arbeit, unter Freunden und Partnern, gesellschaftliche Unterdrückung und Entrechtung; Haß unter verfeindeten Gruppen; Krieg oder Terrorismus. Es ist heute allgemein bekannt, daß viele Eltern, die ihre Kinder mißbrauchen, selbst in ihrer Kindheit Opfer des elterlichen Mißbrauchs waren (Herman, 1992). Während eines Aufenthaltes in den Vereinigten Staaten traf ich vor kurzem Mediziner, die mit Vietnamkriegsveteranen arbeiten, die an Post-Traumatic Stress Disorder (PTSD) leiden. Ihre Patienten kamen aus Familien, in denen PTSD bereits bekannt war; entweder waren ihre Väter aus dem Zweiten Weltkrieg oder ihre Großväter aus dem Ersten Weltkrieg mit solchen Symptomen wiedergekehrt oder sogar die Urgroßväter aus dem Krimkrieg. Zu dieser Zeit hatten die posttraumatischen Spätfolgen natürlich noch nicht diese Bezeichnung, sie gehörten halt »zum Leben«. Erst seit kurzem ist bekannt, daß sie die Folgen einer intergenerationellen psychischen Belastung sind.

Wir, als die erste Generation, die über das Ausmaß dieser traumatischen Nachwirkungen etwas erfährt, befinden uns damit möglicherweise in einer einzigartigen Lage. Aber diese Kenntnis kann auch Angst auslösen, denn wir wissen nicht genug und haben nur sehr wenige Mittel, um die intergenerationellen Auswirkungen zu heilen oder zu verhindern. Um auch nur einem einzigen Menschen zu helfen, ist ein enormer medizinischer Aufwand vonnöten, und in der Zwischenzeit begehen Menschen überall Gewalttaten und verursachen damit weitere spätere Traumata. Im Bosnienkonflikt kann man beispielsweise noch die Nachwirkungen früherer Gewaltkonflikte der beiden ersten Weltkriege erkennen. Mit unserer Untersuchung setzten wir uns das Ziel, die *spontanen* Übertragungs- und Durcharbeitensprozesse innerhalb von Familien herauszufinden und auszuwerten, in denen die erste noch lebende Generation ein schweres und klar erkennbares Trauma – wie es der Holocaust ist – erlitten hat.

In diesem Sinne sind die Familie Anisewitsch und bis zu einem gewissen Grad auch die Familien Belinsky und Lerman eine Quelle der Hoffnung: Ohne formale Bildung und bewußte Absichten haben sie einen intergenerationellen Heilungsprozeß in Gang gesetzt, in dem Beschränkungen und verdrängte Konflikte aus der Vergangenheit offen von einer jüngeren Generation zur Sprache gebracht und in Frage gestellt werden können. Tzipke versucht bewußt, die Erziehung ihrer Kinder zu reflektieren und sich damit auseinanderzusetzen, Hannah hingegen geht damit eher spontan um und bezahlte dafür auch den hohen Preis ihrer eigenen verspäteten Selbständigkeit. Orit ist die erste in ihrer Familie, die durch die Reise mit ihrer Großmutter nach Warschau die verschwiegenen Legenden ihrer Familie noch einmal ans Licht bringt. In allen drei Familien setzten diese Handlungen, Gefühle und Gedanken den unkontrollierten Auswirkungen von Angst, Wut, Schuldgefühlen und Schmerz eine Grenze. Allerdings kann es natürlich keine Garantie dafür geben, daß damit auch die Übertragung dieser Auswirkungen auf die kommenden Generationen verringert wird, auch wenn wir das natürlich hoffen. Neue Traumata und neue Gewalt könnten jederzeit diese Muster wieder beleben und die zerbrechliche Hoffnung zerstören.

In unserem Versuch, die Übertragung des Holocausttraumas und seine Durcharbeitung in den erzählten Lebensgeschichten zu verfolgen, sind wir von bestimmten Prämissen ausgegangen. Erstens ist es klar, daß man eine Lebensgeschichte auf die verschiedenste Weise rekonstruieren kann: Geschichtenerzählen ist ein fortwährender Entscheidungsprozeß und ein Auswahlverfahren. Man muß sich entscheiden, wo man ins Detail geht und wo man sich kurz faßt, was man erzählt und was man ausläßt oder nur andeutet, was man beschreibt und wozu man glaubt, Argumente anführen zu müssen. Wann hat das Nichterwähnen eines biographischen Sachverhalts oder Hintergrunds eine Bedeutung, wann nichts weiter zu besagen? Die Entscheidungen, die der Erzählende zu treffen hat, werden besonders dann in höchstem Maße schwierig, wenn er versucht, radikal verschiedene Phasen wie die Jahre vor, während und nach dem Holocaust in eine zusammenhängende Geschichte zu fassen (Rosenthal, 1993).

An Dvoras Beispiel im Prolog wird deutlich, daß ein Traum auf die unterschiedlichste Weise gedeutet werden kann, von der jede einen Bezug zwischen dem herstellt, was gegenwärtig, und dem, was in der Vergangenheit passiert ist (und es gäbe noch unzählige andere Deutungen). Nur in den seltensten Fällen jedoch kann ein Mensch alle Möglichkeiten erschöpfend in Erwägung ziehen. Aus diesem Grunde haben wir sowohl die Erklärungsmuster analysiert, die die Interviewten selbst wählten, als auch ihre Tendenz, bestimmten Erklärungsmustern zu entsprechen, die sich im Verlaufe der Zeit etabliert haben. In dieser »weichen« und flexiblen Konzeptualisierung sahen wir unsere vordringliche Aufgabe, die uns sehr viel interessanter erschien, als den Erzählenden »harte« Etikettierungen und Identitätsbezeichnungen aufzuzwingen, denn hier wird der Erzählende selbst zum aktiven Teilnehmer im Drama. Sie konstruierten und rekonstruierten ihre Geschichten so, daß widerstreitende Bedürfnisse und neue Lebenserfahrungen hineinpassen und die Lebensgeschichte ihnen selbst – und uns – zusammenhängend erschien. Wir zogen es vor, die aktive Rekonstruktion der von uns Interviewten als dynamischen Prozeß zu begreifen, statt sie terminologisch

»in eine Schublade zu stecken« und sie damit wieder zu Opfern zu machen.

Unsere Interviewpartner hielten sich an ein durchgängiges Muster, wenn sie ihre Lebensgeschichten rekonstruierten, bewegten sich dabei aber zwischen zwei einander entgegengesetzten Polen: Einerseits hatten sie das Bedürfnis, ihre Geschichte angesichts von Ereignissen in ihrem Leben umzugestalten, die sie im Laufe der Zeit anders zu sehen gelernt hatten; andererseits wollten sie ihre Geschichte bewahren und erhalten, sich im Laufe der Zeit nicht widersprechen und auch in veränderten Situationen bei einer Version bleiben.

Die Spannung zwischen diesen beiden Polen verschärft sich noch, wenn die Vergangenheit ein so extremes Ereignis wie den Holocaust mit einschließt. Einerseits will man weitermachen, leben, sich vom Grauen befreien und vergessen, andererseits will man die Familienkontinuität aufrechterhalten und genau herauskristallisieren und erinnern, was geschehen ist. Wenn man bedenkt, wie extrem und willkürlich Gewalt im Holocaust war, ist es fast unmöglich, in einer Person und innerhalb einer Lebensgeschichte beide Vektoren zusammenzuhalten. In der Regel gewann eine Seite die Überhand (Danieli, 1980), die andere wurde unterdrückt. So kommt es, daß in einigen Geschichten die Hoffnung, in anderen die Angst im Vordergrund steht und nur ganz wenige Geschichten einen fortwährenden Dialog zwischen beiden Polen auszudrücken vermögen.

Natürlich war die Tendenz, voranzuschreiten und das Vergangene zu vergessen, funktionaler, insbesondere für die Gruppe, die nach Israel emigrierte und in einen jungen, noch nicht etablierten Staat kam, der um sein Überleben kämpfen mußte. Doch selbst unter den Holocaustüberlebenden, die Pioniere waren, konnten wir noch einen, dem Neuaufbau entgegengesetzten Wunsch und das grundlegende Bedürfnis verspüren, am Verlorengegangenen festzuhalten und es nicht aufzugeben, indem man die psychischen Prozesse der Trennung und des Trauerns durchläuft (Bar-On, 1986). War es im Laufe der Zeit möglich, zu trauern und den Wunsch nach Erinnerung offen mit dem Wunsch nach dem Voranschreiten zu integrieren? Olga hatte diese Fähigkeit offensichtlich, allerdings war das weniger ihrer Geschichte zu entnehmen als der gemeinsam mit ihrer Enkelin Orit durchgeführten Reise nach Warschau. In unserer Diskussion über die intergenerationelle Übertragung von Lebensgeschichten besprachen wir, daß die Kinder von Überlebenden gewisse Rekonstruktionsmöglichkeiten ihrer Lebensgeschichten, die ihnen theoretisch offenstehen, nicht ausnutzen (wie das etwa bei Tamar der Fall ist), weil sie als Kinder von ihren Eltern bestimmte Dinge absorbiert haben. Das zeigte uns, wie intensiv der Konflikt zwischen »damals und heute« wirken kann.

Die nächste Frage, die wir uns stellten, lautete: Was genau wurde in den Familien von Holocaustüberlebenden eigentlich übertragen? Das Bedürfnis nach Aufrechterhaltung der Vergangenheit oder der Wunsch, die Vergangenheit zu vergessen? Bei unseren Überlegungen zum »Durcharbeiten« bei Überlebenden, deren Kindern und Kindeskindern fragten wir uns, ob sich ihnen überhaupt die Möglichkeit wieder eröffnet, ihre Biographie zu rekonstruieren, insbesondere wenn man bedenkt, inwiefern sie in der Lage sind, zwischen dem damals und dort Geschehenen und dem hier und jetzt Stattfindenden hin und her zu wechseln. Wie haben sie mit der Erinnerung an den Tod ihren Frieden schließen können, der eine tiefgreifende und entsetzliche Erfahrung für sie war?

Intergenerationelle Übertragung kann auf verschiedene Weise vor sich gehen: Sie kann sich erstens in der Geschichte selbst manifestieren, also dadurch, daß erzählt wird, was geschehen ist. Auf diese Weise kann die Geschichte einer Generation die Geschichten der folgenden Generation beeinflussen und mitgestalten. Zweitens kann das Benehmen einer Generation dazu führen, daß die jüngere Generation es entweder zu imitieren oder dagegen zu rebellieren versucht. Und drittens können unausgesprochene Gefühle, also die von uns in den vorausgegangenen Kapiteln gelegentlich erwähnte »verschwiegene Geschichte«, übertragen werden.

Gerade die Lücke, die sich zwischen dem verbal und nonverbal Vermittelten auftat, hatte den größten Einfluß auf die nächste Generation, was möglicherweise daran liegt, daß sie keine Möglichkeit zur Wahl oder Entscheidung offenließ. Diese Entscheidungsmöglichkeit ist jedoch notwendig für einen Rekonstruktionsprozeß, in dem ich entscheiden will, welche Elemente der Geschichte der vorangegangenen

Generation ich »übernehmen« will. Durcharbeiten erfordert die Möglichkeit, einen früheren Verlust der Entscheidungsfreiheit aufzudecken und die Verbindung zwischen der Vergangenheit und der Gegenwart neu zu begreifen. Wir wollen diese Aspekte im folgenden nacheinander behandeln.

Die erste Generation: der Konflikt zwischen Bewahren und Erneuern

In diesem Buch sind die Lebensgeschichten von fünf israelischen Familien versammelt. Jede Familie haben wir entsprechend der Geschichte der Überlebenden, also der ersten Generation, charakterisiert: Genia war in den Vernichtungslagern Majdanek und Auschwitz; Ze'ev bei den Partisanen; Olga überlebte den Krieg im Warschauer Ghetto und im Haus ihres nichtjüdischen Vaters im arischen Teil Warschaus; Anja floh kurz nach dem Einmarsch der deutschen Truppen nach Rußland, und Laura lebte unter dem italienischen Faschismus in Libyen. Sie alle hatten vor dem Krieg sehr große Familien, und sie alle – mit Ausnahme von Laura – verloren die meisten Familienangehörigen im Holocaust. Nach dem Krieg emigrierten die fünf Angehörigen der ersten Generation nach Israel und heirateten, bauten sich dort ein neues Zuhause auf und bekamen Kinder, von denen beinahe alle auch in Israel blieben.

Wir versuchten, die biographischen Rekonstruktionen der Interviewten vor dem Hintergrund ihrer sehr verschiedenen Lebenserfahrungen zu betrachten. Wie bereits bemerkt, stellten wir uns damit eine sehr schwierige Aufgabe, weil die Erfahrung des Holocaust mit anderen individuellen und familiären Ereignissen – wie etwa der Einwanderung nach Israel – aufs engste verknüpft ist. Es erwies sich als schwierig, einen einzigen Aspekt zu isolieren und zu entscheiden, welche Auswirkungen ausschließlich auf ihn zurückzuführen sind. Da der Holocaust außerdem bereits lange zurückliegt, war nicht einmal klar, ob es überhaupt möglich ist, den Biographien abzulesen, welche Entscheidungskriterien der Erzählende befolgt hat: Denn möglicherweise wurde die Auswahl dessen, was und wie er es erzählt, nicht erst jetzt, sondern bereits vor Jahren getroffen.

Wir stellen uns die Frage, in welchem Ausmaß die biographischen Rekonstruktionen der interviewten Überlebenden den Konflikt zwischen dem Bedürfnis nach Voranschreiten und dem nach Erhaltung der Vergangenheit reflektieren. Waren die Unterschiede in den fünf Gruppen biographischer Erzählungen das Ergebnis einer Spannung zwischen zwei Polen, von denen der eine die Befragten in das dort und damals Geschehene zurückzog, während der andere sie in die Realität des Hier und Jetzt vorantrieb? Schafften sie es, diesen Konflikt in ihr Leben zu integrieren?

Anja Segals und Genia Belinskys Geschichten repräsentieren unserer Ansicht nach auf verschiedene Weise die Übermacht des ersten Pols, den Sog der Vergangenheit. Demgegenüber repräsentiert Olga Anisewitschs Geschichte das Übergewicht des zweiten Pols, mithin das Bedürfnis, um jeden Preis voranzukommen. In Ze'ev Lermans Geschichte existieren die Vorwärtsbewegung durch seinen aktiven Kampf bei den Partisanen und eine latente Rückwärtsgewandtheit zu unverarbeiteten Angst- und Schwächegefühlen nebeneinander. Nur Laura Guetta kann sich frei zwischen der Erinnerung an die Vergangenheit und der Realität der Gegenwart hin und her bewegen und hat beide erfolgreich integriert.

Genia lebt bewußt und leidvoll in der Vergangenheit (»Unser Herz ist im Lager verbrannt«), die ihre Fähigkeit, Mutter zu sein, bis heute beeinträchtigt (»Wir waren wie Tiere. Die Kinder waren die Opfer«). Zwischen ihrer Fähigkeit, in Extremsituationen zu handeln, und ihrer negativen Beurteilung dieser Handlungen heute herrscht eine deutliche Diskrepanz. Der »Kreislauf des Leidens« beherrscht ihre Geschichte. Liegt das daran, daß sie die Trauer um ihre Mutter und andere Familienangehörige noch nicht abgeschlossen hat und sich immer noch schuldig an deren Tod fühlt? Oder liegt es daran, daß sie dem Tod vor, während und nach ihrer Zeit in den Lagern andauernd bewußt ausgesetzt war? Wir wissen darauf keine Antwort. Anja hingegen behauptet, man »muß nicht über etwas sprechen, das nicht mehr existiert«, während ihre Lebensgeschichte genau das Gegenteil auszudrücken scheint, nämlich ihre Unfähigkeit, sich von bestimmten Aspekten der Vergangenheit zu lösen. Zwischen den Zeilen macht sich in ihrem Bericht immer wieder Schmerz und Trauer bemerkbar. Ihre Tochter Tamar nennt das in sehr harten Worten: »Sie hat ein Monopol auf den Holocaust ... auf den Tod.«

Olga bewegt sich vorwärts, um sich »ein neues Leben aufzubauen«, obwohl neue Ereignisse sie immer wieder auf die Vergangenheit zurückwerfen. Ihre Haltung drückt sich in ihren Pionierzeiten in Israel und in ihrer Bemerkung aus, die Zukunft, nicht die Vergangenheit, sei wichtig. Spätere Ereignisse jedoch, wie der Besuch ihres Bruders in Israel und der Tod ihres Mannes und ihres Vaters, werfen sie auf die Vergangenheit zurück, von der sich zwar losgerissen hat, jedoch ohne sich davon jemals wirklich zu lösen. Daß sie erst kürzlich nach Warschau reiste, ohne das uns gegenüber zu erwähnen, unterstreicht diese Tatsache nur. Ihr Stiefvater, an dem sie sehr hängt, aber zu dem sie heute keinen Kontakt mehr hat, symbolisiert unserer Ansicht nach den Schmerz, den Olga nicht in ihre Erzählung zu integrieren vermochte.

Der Trieb nach Aktivität und Vorwärtsbewegung in Verbindung mit Bruchstücken aus der Vergangenheit, die ihm immer noch zu schaffen machen, fällt auch an Ze'evs Lebensgeschichte auf. Das zeigt sich an seinen bewußten Gedanken – die Rache, die er an den Nichtjuden seines Dorfes beging – wie auch an seinen unbewußten Gedanken – daß er seine Familienangehörigen nicht hat retten können. Im Unterschied zu Anja hat ihm seine heroische Partisanenvergangenheit beim Überlebenskampf in Israel geholfen. Als er jedoch über den Militärdienst seines geliebten Enkels spricht, tritt ein Rest an Angst zutage, der vorher nicht spürbar gewesen war.

Laura verlor nicht nur ihren Vater in sehr frühen Jahren, sondern außerdem noch einen Bruder, ihre Tochter und ihren Mann. Nach dem Krieg erlebte sie die Gewaltmaßnahmen gegen Juden in Libyen. Sie gilt, auch wenn sie den italienischen Faschismus in Libyen überlebte, strenggenommen nicht als Überlebende des Holocaust, weil sie ihre Familienangehörigen nicht in dieser von Menschen gemachten Katastrophe verlor. Vielleicht kann sie deswegen auch in ihrer Geschichte frei von der Vergangenheit in die Gegenwart wechseln und sich auch ansonsten in ihrem Leben zwischen verschiedensten Bereichen hin und her bewegen (zwischen dem Religiösen und Säkularen, zwischen Christen, Arabern und Israelis). Ihren Worten läßt sich sowohl eine Idealisierung der Vergangenheit entnehmen (ihre Kindheit verbrachte sie im »Paradies«), als auch Vorwürfe ihrer Familie gegenüber, die sie »im Stich gelassen« hatte. Bei ihr übt weder die Vergangenheit eine ähnlich starke Anziehungskraft aus wie in Genias oder Anjas Geschichte, noch wird Laura wie Olga und Ze'ev nach vorne getrieben.

Hier liegen uns also »Schnappschüsse« aus den Lebensgeschichten der Überlebenden der ersten Generation vor, die aus einer relativ späten Zeit ihres Lebens stammen. Haben sich ihre Geschichten wohl im Laufe der Jahre verändert? Darauf können wir nicht eindeutig antworten, auch wenn wir aus den Geschichten der zweiten Generation Rückschlüsse ziehen und gewisse Veränderungen feststellen können. Das deutlichste Beispiel hierfür liefert wohl der Besuch von Olgas Bruder, durch den sie sich gezwungen sieht, ihren Kindern erstmals von der Existenz ihres Vaters und ihrer »gemischten« Abstammung zu erzählen. Selbst zu diesem Zeitpunkt jedoch gelingt es Olga noch, alle Dinge für sich zu behalten, mit denen sie selbst noch nicht ins reine gekommen ist, wie die Tatsache, daß ihr Stiefvater in London lebt und sie keinen Kontakt zu ihm hat.

Man könnte vermuten, daß Genia die leidvolle Vergangenheit unter anderem wegen bestimmter Ereignisse der letzten Jahre so schmerzlich bewußt ist, wegen der Scheidung ihrer Tochter und der geographischen Entfernung zu ihrem Sohn. Auf Ze'evs Ängste als Reaktion auf die Einberufung seines Enkels zum Militär hatten wir bereits hingewiesen. Bei diesen drei Beispielen würden wir auf eine »Beschwichtigung« der ursprünglichen Rekonstruktion hinweisen, die eine emotionale Reaktion darstellt, welche zu Beginn des Interviews (und im Leben?) noch unterdrückt war. Demgegenüber ändert sich an Anjas Geschichte nichts, abgesehen davon, daß einige Details hinzugefügt und andere ausgelassen werden – ihre Rekonstruktionen bleiben, wie sie waren. Leider dürften Ze'evs und Genias Kinder die emotionale Beschwichtigung und Entradikalisierung ihrer Eltern kaum wahrnehmen, weil sie eine eigene »Schutzmauer« gegen die ursprünglichen Muster ihrer Eltern errichtet haben und nicht offen sind, auszuprobieren, ob mit steigendem Alter das Bedürfnis nach diesem Schutz nicht schwächer geworden ist.

In den Geschichten der Überlebenden ließen sich viele Beispiele für die Spannung zwischen dem Festhalten an der Vergangenheit und dem Voranschreiten finden, allerdings steht nicht fest, daß dieser Konflikt auf den Holocaust zurückzuführen ist. Wir wissen, daß die Formung einer Lebensgeschichte nicht an einer objektiven Leidensskala zu messen ist – Genias und Anjas, Ze'evs und Olgas Leiden kann man nicht miteinander vergleichen. Wahrscheinlich hingegen ist die Annahme, daß sich Laura deswegen freier zwischen Vergangenheit und Gegenwart hin und her bewegen kann, weil sie dem Holocaust nicht so unmittelbar ausgesetzt war wie die anderen.

Keilson (1992) vertritt die These, Holocaustüberlebende durchliefen drei Stufen der Traumatisierung: Die Trennung von ihren Eltern vor dem Holocaust, ihre Erfahrungen während des Holocaust und ihre Begegnungen mit der Außenwelt nach dem Holocaust. Seiner Ansicht nach ist die dritte Phase entscheidend. Wenn wir seine These auf Anjas Lebensgeschichte beziehen, dann begann ihre Schwierigkeit, sich auf die Zukunft auszurichten, vielleicht schon vor dem Holocaust, als sie zusammen mit ihrem Freund von zu Hause wegrennen wollte, wurde dann durch den Tod ihres Babys und ihres Mannes im Krieg verstärkt und kulminierte schließlich in ihrem Wiedertreffen mit ihrer Familie in Israel nach dem Krieg und ihrer Heirat, die keine Liebesheirat war. Olga ihrerseits könnte die Fähigkeit, zukunftsgerichtet zu sein, schon als Kind entwickelt haben, was durch die Tatsache verstärkt wurde, daß einige (nichtjüdische) Familienangehörige überlebten und ihr zu überleben halfen, auch wenn sie sich in ihrer biographischen Erzählung negativ über sie äußert. Diese Tendenz wurde mit jedem »Schlag ins Gesicht«, den sie während und nach dem Krieg einstecken mußte, nur noch stärker. Aus diesen Beispielen könnten wir die Vermutung ablesen, daß die Form, die eine erzählte Lebensgeschichte annehmen wird, sich bereits in Grundzügen abzeichnet, noch bevor sie tatsächlich erzählt wird. Natürlich können spätere Ereignisse sie noch einmal ändern und – wie wir bei Genia und Ze'ev sehen konnten – »verlorene« Fragmente zu integrieren helfen.

Die Rekonstruktionen der Überlebenden spiegeln jeweils auf ihre Weise den Konflikt zwischen Vergangenheit und Zukunft wider und eine vorherrschende Orientierung auf einen der beiden Pole. Im Verlaufe der Zeit könnte aber jeder einzelne lernen, diese Spannung zu integrieren und mit ihr zu leben, ein Gespräch zwischen den gegensätzlichen Wirklichkeiten zu führen. Aus diesem Grund setzten wir auch nicht einfach Hoffnung mit einer Zukunftsorientierung und Angst oder Furcht mit der Vergangenheitsorientierung gleich. Angst kam bei beiden Verhaltensmustern vor – wenn sie auch in einem Fall nützlicher und handlungsermächtigender zu sein scheint als im anderen. Wenn die Suche nach Hoffnung überwog, eröffnete sich ein Dialog zwischen der Erhaltung und Neuformulierung der beiden legitimen Bedürfnisse in bezug auf das Trauma der Vergangenheit.

Unsere Frage lautet demnach jetzt, welcher Teil des Durcharbeitensprozesses auf die Kinder und Kindeskinder der Überlebenden übertragen wurde. Wie wurden diese Tendenzen weitergegeben, und welchen Einfluß hatten sie auf die biographischen Rekonstruktionen der nachfolgenden Generationen?

Die zweite Generation: Übertragung und Durcharbeiten

Abgesehen von den oben erwähnten Schwierigkeiten, die Verhaltensmuster der Überlebenden direkt mit dem Holocaust in Verbindung bringen zu können, sahen wir uns bei der zweiten Generation noch einem zusätzlichen Problem gegenüber: Wie kann man die erzählten Lebensgeschichten von Menschen vergleichen, die sich in ganz verschiedenen Phasen ihres Lebens befinden? Die Überlebenden selbst befanden sich zur Zeit unseres Interviews in einem optimal für ihre Biographien geeigneten Alter, aber die sieben Angehörigen der zweiten Generation – Tzipke, Hannah, Dina und ihr Bruder Benny, Tamar und ihr Mann, Jakob, und Vittorio – sind alle um die vierzig und befinden sich damit ziemlich genau zwischen ihren alternden Eltern und ihren heranwachsenden Kindern und in einem Alter, das man gewöhnlich als »Midlife Crisis« bezeichnet. Wir wollen untersuchen, wie die Muster in den Lebensrekonstruktionen der Eltern sich auf die Kinder übertragen haben. Dabei sollten wir beachten, daß diese Übertragung sich gewöhnlich erst einige Jahre nach dem Holocaust herauskristallisiert, wenn, wie wir glauben, der Konflikt zwischen Vergangenheit und Zukunft seinen Höhepunkt erreicht. Nicht immer haben beide Elternteile diese Spannung auf gleiche Art und Weise gelöst, und es fragt sich, ob die Kinder in der Konstruktion ihrer eigenen Version sich dadurch verwirrt fühlten oder ob es für sie vielleicht sogar ein Vorteil war, wenn sie verschiedene Muster zur Auswahl hatten und sich das für sie am besten geeignete darunter aussuchen konnten.

Man geht im allgemeinen davon aus, daß die meisten Überlebenden nicht mit ihren Kindern über ihre Erfahrungen sprachen. In der von uns untersuchten Gruppe der Angehörigen der zweiten Generation hingegen erwähnen alle Geschichten, die sie von ihren Eltern gehört haben. Das kann natürlich ganz einfach daran liegen, daß unsere Studie nicht unvoreingenommen war, denn wir suchten uns ja bewußt Familien aus, die willens waren, über sich zu sprechen. Aber wie dem auch sei: Uns interessiert ja vor allem, was erzählt und wie es erzählt wurde. Im allgemeinen sprachen die Überlebenden, die wir nicht im Rahmen unserer Studie interviewten, weniger über den Holocaust als die von uns hier vorgestellten Interviewpartner. Dinas Vater sagte weniger als Olga, Tamars und Tzipkes Väter sowie Hannahs Mutter weniger als ihre jeweiligen Ehepartner. Es stellte sich außerdem die Frage, ob es legitim war, über bestimmte Dinge zu sprechen. Genia erwähnt Ben Gurions Satz, es sei »nicht nötig, mit den Kindern zu sprechen«, aber sie tat es trotzdem. Ihre Kinder wußten in der Schule etwas über die Erfahrungen ihrer Eltern im Holocaust zu sagen. Die Kinder stellten aber auch Fragen, auf die sie eine Antwort erwarteten: Warum hat Großmutter eine tätowierte Nummer auf dem Arm? Warum habe ich keine Großeltern?

Wenn auch zunächst unsere Gesprächspartner zu Auskünften über ihr Leben bereit waren, so stellte sich im Verlaufe der Interviews doch heraus, daß sie bestimmte Informationen willentlich *filterten*, und zwar bewußt und ganz direkt. So beschreibt Ze'ev etwa nicht genau, was im Holocaust passierte und wie er sich rächte. Eine *unbewußte* Filterung wird bei Olga deutlich, die ihren Kindern nur dann etwas sagt, wenn sie sie danach fragen. Ihr Sohn Benny berichtet, daß sie davon ausgegangen wären, zwischen Olga und ihrem Vater »stimme etwas nicht«.

Eine aktive Ausfilterung findet auch in der zweiten Generation statt: Tamar erzählt Anjas Geschichten nicht, weil sie zuviel davon gehört hat: »Ich glaube, ihre Geschichten verändern sich gelegentlich, wie es meiner Mutter gerade am besten paßt.« Dina ärgert sich über ihren Großvater, der ihrer Mutter nicht geholfen hat, als sie ihn brauchte. Dieser aktive Filterungsprozeß bestätigt die Analogie der »doppelten Mauer«, von der wir in der Einleitung sprachen: Jede Seite versucht, sowohl sich selbst als auch das Gegenüber zu schützen. Ze'evs Wortkargheit, wahrscheinlich gut gemeint, ließ Hannah verstummen. Absichtlich oder nicht – er erzählte ihr jedenfalls nie davon, daß er sich hilflos gefühlt oder Angst gehabt hätte, und sie kannte daher nur seine Heldengeschichten und fühlte sich im Vergleich zu ihm unbedeutend und klein. Wenn die Eltern oder die Kinder versuchten, ein Loch in ihre eigene Mauer zu reißen, dann sahen sie sich in der Regel mit der Mauer der anderen Seite konfrontiert. Nur sehr selten, wie in der ungewöhnlichen Unterhaltung zwischen Olga und ihrem Sohn Benny, traf ein »Fenster« in der emotionalen Mauer auf ein anderes.

Übertragung kann verschiedene Formen annehmen – Lähmung etwa oder Bewunderung. Tzipke bewundert Genias Fähigkeit, Leiden ertragen zu können, und sucht nach Leidensformen (Abmagerungskuren, die Krebskrankheit ihrer Freundin), um selbst etwas von dem zu erleben, was ihre Mutter in den Lagern durchmachen mußte. Tamar kritisiert Anja zwar, bewundert sie aber dafür, daß sie sich im Unterschied zu ihrem Vater, der gleichgültig war, sehr um ihr Kind gekümmert und es versorgt hat. Hannah ist der Ansicht, daß sie im Unterschied zu ihrem Vater Ze'ev nichts zu erzählen hat, was von Interesse sein könnte. Dina versucht, den Pioniergeist ihrer Eltern weiterzuleben, beginnt aber mit dem Satz: »Der Pioniergeist der Achtziger ist nicht dasselbe wie der in den Fünfzigern.« Die Geschichte der Eltern hat in allen diesen Fällen dazu geführt, daß die Kinder ihre eigenen Geschichten als völlig unbedeutend empfinden.

Übertragung findet aber auch durch Handlungen der Eltern statt, allerdings hat diese Form der Tradierung die unterschiedlichsten Auswirkungen auf die zweite Generation. Dina ist begeistert von den Pioniertaten ihrer Eltern, ihrer Gastfreundschaft anderen gegenüber und ihrer Bescheidenheit. Tzipke hingegen rebellierte gegen die Anforderungen, die ihre Eltern an sie stellten, und wurde ein schwieriges und aufsässiges Kind. Auch Tamar sagt über sich als Jugendliche, daß sie ihrer »Mutter das Leben schwer machte«. Rebellion ist aber, wie wir wissen, nicht dasselbe wie Durcharbeiten. Tzipke versucht, ihre Kinder frei und mit anderen »Erziehungsmethoden« zu erziehen als ihre Eltern, die sie mit Essen, Kleidung und schulischen Leistungen ständig unter Druck setzten. Als ihr Sohn in die Pubertät kommt, muß sie entdecken, daß er sich in ganz ähnlicher Weise gegen ihre Methoden wehrt, wie sie das als Jugendliche getan hat. Sie beginnt daraufhin, das Muster ihrer Eltern durchzuarbeiten und sich selbst wie ihren Sohn davon zu befreien. Und sie versucht, ihr Bedürfnis nach Nähe zu ihren Kindern mit deren Bedürfnis nach Selbständigkeit zu vereinbaren.

Tamar ist es nicht gelungen, sich von dem Gefühl zu befreien, auf ihre Mutter reagieren zu müssen, und gerät daher ständig mit ihr in Streit, womit sie das Verhaltensmuster ihrer streitsüchtigen Mutter weiterführt. Sie reagiert auf die von Anja erzählte Geschichte, erkennt aber nicht die »verschwiegene Geschichte« dahinter, also nicht Anjas Schwäche und ihre verzweifelte Suche nach Wärme, Hilfe und Nähe. Hannah nimmt die Geschichten ihrer Eltern ebenfalls in sich auf, ohne die Ursache für ihre Trauer zu begreifen, die eine Reaktion auf die »verschwiegenen« Elemente der Geschichte sein könnte. Dina kann sich nur sehr schwer von ihrer Mutter abgrenzen, bis sie von ihrem Onkel erfährt, daß Olga ihr gewisse Teile ihrer Lebensgeschichte verschwiegen hat. Da erst erkennt sie, daß sie ihrer Mutter nicht wirklich »nah« ist. Auch Benny beschreibt, daß er in eine Identitätskrise geriet, als sein Vater starb. Obwohl er bereits länger krank gewesen war, hatte er ihm immer das Gefühl vermittelt, unbesiegbar zu sein. Erst als der Vater stirbt, erkennt Benny, daß sein Vater auch manchmal schwach war.

Haben beide Elternteile durch ihre Geschichten, Handlungen und durch die von ihnen »verschwiegenen« Geschichten einander widersprechende Botschaften vermittelt? Bei Dina manifestiert sich der Versuch, das von ihrem Vater erwünschte Sabbatmahl einzuhalten, aber sie schafft das nicht und lebt dann, wie ihre Mutter Olga, »ohne Religion«. Tamar ist latent zwischen der offenen Wut über Anjas Überwachung und der Bewunderung für die Fürsorge ihrer Mutter hin- und hergerissen. Hat ihr Vater, wenn er auch sehr distanziert war, ihr eine andere Form von fürsorglicher und liebender Beziehung vermittelt? Tamar fragt gegen Ende des Interviews nach den inneren Bildern und Vorstellungen, als hätte sie diese Möglichkeit im Interview – und vielleicht auch in ihrem Leben – nicht verwirklicht. Der Hauptunterschied zwischen den Ebenen der manifesten und latenten Verarbeitung besteht darin, daß erstere neue Integrationsmöglichkeiten erlaubt (wie Dinas und Tzipkes Versuche zeigen), während letztere die bestehende Dualität (wie Tamars und Hannahs Rekonstruktionen belegen) noch verstärkt.

Finden sich in den biographischen Rekonstruktionen der zweiten Generation Veränderungen? Hannah fällt es schwer, ihre Geschichte zu erzählen, aber auf anhaltende Nachfragen des Interviewers stellt sich heraus, daß sie eine eigene Version ihrer Lebensgeschichte entwickelt hat und ihr Leben in die eigenen Hände genommen hat. Sie arbeitet mit Einwanderern und Literaturgruppen. Während des Interviews muß sie wiederholt weinen, weil sie die Belastungen der Vergangenheit noch sehr deutlich spürt, sieht die Zukunft aber optimistisch. Auf Tzipkes Verhaltensänderung, nachdem ihr Sohn Schwierigkeiten bekommt und sie sich um ihn kümmern muß, sind wir weiter oben bereits eingegangen. Als ihre Eltern in ein höheres Alter kommen, gerät sie wieder in die »Symbiose« des Sorgens und der wechselseitigen Abhängigkeit. In diesem Sinne lebt Tzipke immer noch zwischen den alten und den neuen Verhaltensmustern und arbeitet die Abhängigkeit und Gegenabhängigkeit von ihren Eltern immer noch durch.

Die wichtigste Erkenntnis, die wir durch unsere Interviews erlangten, verdanken wir der zweiten Generation. In der Literatur werden die Kinder von Holocaustüberlebenden meist so beschrieben, als würden sie auf ihre Eltern reagieren oder sich gegen sie wehren. Unsere Studie zeigt aber gleich mehrere Fälle, in denen die Kinder aktiv nach einem Weg suchen, der zwischen ihren Eltern und Kindern vermittelt. Sie sind alles andere als nur »Gedenkkerzen«, die nur auf die Geschichten,

Handlungen und »verschwiegenen Geschichten« der Überlebenden reagieren. Tzipke, Hannah und in gewisser Hinsicht auch Dina, Benny, Vittorio und Jakob haben sich mit jeweils eigenen Bedürfnissen und Standpunkten einen Weg zwischen den Generationen gebahnt. Einige haben dabei sehr subtile Strategien entwickelt, sich um die Eltern und ihre Kinder zu kümmern, sie zusammenzubringen und zugleich noch eigene Karrieren zu haben. Sie haben den ganz deutlichen Wunsch, ein eigenes, von den Eltern und dem Holocaust unabhängiges Leben zu führen.

Erst nachdem dieses »Projekt« – wie Hannah es nannte – bereits fast durchgeführt war, hatten sie Zeit, sich um ihr berufliches Fortkommen zu kümmern und ihre eigenen Lebensgeschichten zu konstruieren. Auch Tamar versuchte, beruflich ihren Weg zu finden, es gelingt ihr aber schlechter, sich eine von der Mutter unabhängige Lebensgeschichte zu konstruieren und ihren Töchtern emotionale Unterstützung zu geben. Jakob begann eine berufliche Karriere, aber als seine Töchter älter wurden und seine emotionale Hilfe benötigten, nahm er sich für sie Zeit und suchte Hilfe bei einem Psychologen, um den Einfluß der Vergangenheit seiner Eltern auf ihn und Tamar durchzuarbeiten. Benny begann, sich nach dem Tod seines Vaters und dem Besuch seines Onkels zu fragen, welchen Einfluß die Vergangenheit wohl auf ihn selbst hatte. In Vittorios Geschichte wird nicht deutlich, ob er die Erwartungen seiner Mutter in bezug auf Erfolg in der Ehe und bei der Arbeit zu hinterfragen begann, als er sich nicht dagegen zur Wehr setzen konnte.

Die zweite Generation ausschließlich in bezug auf ihre Eltern und den Holocaust zu betrachten, hat zu fundamentalen Mißverständnissen und Fehldeutungen darüber geführt, wie gut es ihr gelungen ist, mit dem belastenden Erbe ihrer Eltern umzugehen. In unseren Interviews lernen wir ihre Vertreter und Vertreterinnen so kennen, wie sie selbst sich sehen, über sich reden und neue Wege finden, zwischen den Bedürfnissen ihrer Kinder und den damit in Konflikt stehenden Anforderungen ihrer Eltern zu vermitteln. Sie verhelfen uns damit zu einem besseren Verständnis und verleihen unserer Arbeit eine wichtige zusätzliche Dimension.

Die dritte Generation: Die Legenden der Indianer und der Eskimos

Von den Interviews mit den Enkelkindern hatten wir uns nicht sehr viel versprochen, haben sie doch in Theorie und Praxis mit der Konstruktion ihrer Lebensgeschichte gerade erst begonnen. Die Interviews mit Ganit, Yoav und Dafna fanden kurz vor Beginn oder während ihres Militärdienstes statt, Idit und Liat befragten wir gegen Ende ihrer High School-Zeit und Orit in der zehnten Klasse. Für diese Altersklasse ist es nur natürlich, daß sie sich vorwiegend mit der Gegenwart und Zukunft und weniger mit den Problemen der Vergangenheit beschäftigt (Erikson, 1968). Im Unterschied zu ihren Eltern wuchsen die Jugendlichen der dritten Generation in einer wirtschaftlich, gesellschaftlich und psychologisch gesehen wesentlich sichereren Umgebung auf und sind anderthalb Generationen vom Holocaust entfernt.

Die Möglichkeit, in den Geschichten der dritten Generation intergenerationelle Übertragung und ein Durcharbeiten der familiären Vergangenheit festzustellen, war daher von Anfang an gering. Wir stellten aber vor allem eine Frage: Wie sah die Beziehung zwischen den Holocaustüberlebenden und ihren Enkelkindern aus?

Wir hatten dabei zwei recht gegensätzliche Mythen über das Alter im Sinn, einmal den Mythos der Indianer, die ihre Vorfahren wegen deren reichem Erfahrungsschatz verehren, und einmal den Mythos der Eskimos, in dem die Jüngeren die Alten zum Sterben hinaus in den Schnee schicken, weil sie für den Überlebenskampf nicht mehr nützlich und hilfreich sind.

Die sechs jungen Erwachsenen erzählen aus ihrem Alltag, der durch verschiedene Hintergründe geprägt ist. Yoavs Lebensgeschichte ist mit Abstand die lebendigste und abwechslungsreichste. Er weiß von vielen Erlebnissen und Bemühungen zu berichten und erläutert das mit vernünftigen Überlegungen über sich und andere. Seine Rekonstruktion strahlt Liebe und Glück aus und steht dem Schmerz und der Traurigkeit seiner Mutter gegenüber. Sein Satz: »Das Leben bedeutet nicht nur, daß man am Leben ist, sondern was man daraus macht«, könnte auch von seinem Großvater stammen. Mit einer anderen Bemerkung, »Freunde kommen und gehen, aber die Familie bleibt einem«, drückt er aus, wie geborgen und aufgehoben er sich in seiner Familie fühlt. Yoav ist nicht nur stolz auf den Partisanen Ze'ev, er eifert ihm sogar nach oder sieht sich gar in Konkurrenz zu ihm. Seine Großmutter beschreibt er als »indirekt obsessiv«, wobei Kritik und Zuneigung zugleich durchklingen. Auch wenn seine Mutter Hannah nicht erwähnt, daß sie eine Rolle in Yoavs erlebter und erzählter Lebensgeschichte spielt, sind wir uns sicher, daß so viel Liebe und Wärme nicht von ungefähr kommen können.

Orits Geschichte ist im Vergleich zu Yoavs ziemlich kurz, aber sie strahlt eine ähnlich positive Einstellung zu sich selbst aus – wir sollten dabei auch nicht vergessen, daß sie zwei Jahre jünger als Yoav ist. Ihre Schilderungen sind sehr humorvoll und voller sensibler Beobachtungen über ihre Familienangehörigen. Im Unterschied zu ihrer Mutter, die immer noch damit beschäftigt ist, ihre Realität zu kontrollieren, kann Orit es einfach geschehen lassen. Wie Yoav spricht Orit liebevoll und herzlich über ihre Großmutter. Ihre gemeinsame Warschaureise hat die Beziehung zwischen beiden entschieden vertieft und Orits Gedanken über die Vergangenheit weit über das Maß hinaus erweitert, das man von einem Mädchen ihres Alters erwarten würde und das wir bei den anderen Jugendlichen unserer Studie vorgefunden haben.

Ganit beschreibt ihre augenblickliche Situation bei der Armee in graueren Farben und spricht über die Vergangenheit mit kontrollierter Ironie, worin sie ihrer Großmutter Genia nicht unähnlich ist. Positive Ansichten äußert sie nur über die Zukunft: daß sie eine große Familie haben will, wie sie die Feiertage verbringen will, daß sie Psychologie studieren und mit anderen Menschen zusammenarbeiten möchte. Dennoch gelingt es ihr schon in der Gegenwart, ihre Privatsphäre zu genießen und sich von anderen zu distanzieren, ohne ein schlechtes Gewissen zu haben. Sie kann ihre Gefühle sehr gut ausdrücken, insbesondere die Gefühle zu ihrer Großmutter. Ganit leidet darunter, ihre Großmutter etwa am Holocausttag leiden zu sehen, aber sie »kann das nicht wiedergutmachen, was Großmutter verloren hat«. Ganit zeigt eine außergewöhnliche Reife und versteht es, emotionale Nähe und Distanz zugleich herzustellen. Wenn sie, wie Yoav und Orit übrigens auch, ihre Mutter nicht erwähnt, so ist es doch nur sehr schwer vorstellbar, wie sie eine derartige Beziehung ohne das überlegte und respektvolle Beispiel ihrer Eltern hätte bewerkstelligen können.

Liat kämpft um schulische und gesellschaftliche Anerkennung. Im Vergleich zu Angehörigen der Generation ihrer Eltern kann sie sich ihrer eigenen Leistungen noch nicht sicher sein. Es fällt ihr schwer, ihre Erfolge zu beschreiben – und möglicherweise auch, sie zu genießen. Wenn sie über ihre augenblickliche Arbeit für die Likud und die Schule spricht, geht es ihr vor allem darum, wie sehr andere sie und ihre Handlungen anerkennen. Ihre Schwierigkeit, feste Beziehungen einzugehen, und ihre Versagensangst gehören zu diesem Bild: Sie befindet sich in einem fortwährenden Kampf um einen Platz in der Gesellschaft, bei dem ihre ethnische Herkunft und der ökonomische Hintergrund ihrer Familie eine Rolle spielen. Man kann ihren Kampf um den Platz einer Frau in der Gesellschaft mit dem Kampf ihrer Großmutter in Libyen und später in Israel in Zusammenhang bringen und vergleichen. Von ihrem Vater lernte Liat, ihre Großmutter zu lieben, aber sie versucht zugleich, sich von der traditionellen nordafrikanischen Gesellschaft zu lösen, in der Laura aufwuchs.

Auch Idit geht es darum, sich einen Platz in der Gesellschaft zu erkämpfen, und Dafna äußert ebenfalls das Gefühl, am Rande zu stehen. Ihr Mangel an Selbstvertrauen ist jedoch auf andere Faktoren zurückzuführen als bei Liat. Tamars Geschichte zeugt von einem Entfremdungsgefühl, das von Anja und ihrem Ehemann herrührt und nie durchgearbeitet wurde. Im Vergleich zu »richtigen« Überlebenden, Kämpfern im Unabhängigkeitskrieg und ihren ultra-orthodoxen Verwandten empfindet Tamar sich als Außenseiterin. Vor diesem Hintergrund betrachtet ist die Beziehung Idits zu ihrer Großmutter interessant. Idit sieht in ihr alles das verkörpert, wovor sie Angst hat: einen Buckel, Altwerden, Einsamkeit, ein Lebensgefühl der Diaspora, den »Eskimo-Mythos«. Dafna hat eine herzlichere Beziehung zu Anja und erkennt, daß sie fähig ist zu lieben, sie hat Mitgefühl mit ihr, ihren Schmerzen und Schwierigkeiten. Dafna sieht die Mutter ihres Vaters ähnlich wie ihre Schwester Idit Anja sieht – sie sieht in ihr all das verkörpert, wie sie selbst niemals werden will. »Sie ist ganz auf sich selbst konzentriert, und sie zerstört alles um sich herum. Sie ist nicht gerade die aktivste Person der Welt, sie strengt sich nicht im geringsten an, etwas mit sich selbst anzufangen.«

Wenn die Mitglieder der zweiten Generation nicht vermochten, sich einen Weg zwischen ihren Eltern und ihren Kindern zu bahnen, dann spiegelte sich ihre Schwierigkeit in der Art und Weise, wie ihre Kinder in den Interviews von sich selbst und den Großeltern sprachen. Liats und Idits Interesse daran, einen Platz in der Gesellschaft zu finden, ihr Außenseitergefühl, die Schwierigkeit, die Realität so zu erleben, wie sie ist – das alles ist ein Ausdruck des Scheiterns ihrer Eltern. Dieses Scheitern hat auch Auswirkungen auf Idits und Dafnas Beziehung zum Holocaust. Idit beschreibt ihre Angst als »eine schwarze, gespenstische Leere« und weiß nicht, wie sie mit diesem Teil der Familienvergangenheit umgehen soll. Sie hat den Eindruck, auf ihrer Polenreise viel versäumt zu haben, denn sie konnte das, was sie dort sah, emotional nicht verarbeiten. Dafna erzählt, daß sie immer wieder träumt, die Nazis seien hinter ihr her und sie könne nicht wegrennen und ihre Schwestern beschützen.

Es ist interessant, Idits und Orits Polenreisen im Detail zu vergleichen. Idits Reise geschah eher auf Druck der Umwelt und deren Normen entsprechend, während sich Orit aus eigener Wißbegierde dazu entschloß, wenn auch ganz zu Anfang die Konkurrenz zwischen ihr und ihrem Bruder eine Rolle spielte. Idits Reise wurde »von oben« organisiert, Orits war eine Familienreise, die »von unten« entstand. Idits Reise führte nicht dazu, den Durcharbeitensprozeß in Gang zu setzen, sondern vergrößerte ihre Ängste nur noch, ähnlich wie eine Konfrontation mit diesem sehr schmerzlichen Thema zu einer übersimplifizierten Sicht dessen führen kann, wie relevant die Vergangenheit für die Gegenwart ist (Assa und Degani, 1989). Damit wollen wir natürlich nicht sagen, man solle nicht nach Polen reisen oder an organisierten Studienfahrten teilnehmen. Wichtig scheint uns nur zu sein, jemanden nur so weit damit zu konfrontieren, wie er es auf seiner Entwicklungsstufe und Reife auch verarbeiten kann.

Nicht umsonst berichtet uns Ganit davon, daß Genias Mutter in ihrer Jugend sehr schön war und die Oper besuchte – das steht beinahe in krassem Gegensatz zu dem, was wir von Genia selbst erfahren hatten (»Ich hatte keine Gelegenheit zu wissen, was das Wort ›Mutter‹ bedeutet«). Weil Genia eine neue liebevolle Beziehung zu Ganit aufgebaut hat, konnte sie sich bei ihr an glückliche Situationen aus ihrer Kindheit erinnern, die ihr im Gespräch mit uns oder mit Tzipke nicht einfielen. Orit erzählt uns von ihrer Reise nach Warschau und davon, wie sehr Olga sich dort zu Hause fühlte, und von deren Liebe zu ihrem Vater. Diese Dinge hatte Olga nicht einmal ihrer Tochter gegenüber erwähnen können. Und Dafna kann sich in Anjas Schwächen und in ihr Bedürfnis nach Nähe besser einfühlen als ihre Schwester, ihre Mutter und Anja selbst.

Die Art und Weise, wie die jungen Erwachsenen sich auf ihre Großeltern bezogen (Zuneigung, Intimität, Distanz oder Ablehnung) half uns, die Konzepte der intergenerationellen Übertragung und des Durcharbeitens erneut zu hinterfragen und zu untersuchen. Erstaunlicherweise fanden wir sehr viele Übereinstimmungen: Alle Jugendlichen unserer Studie waren in sehr große Familien gut integriert, in ihren biographischen Rekonstruktionen spielen Verwandte eine große Rolle. Liat und Yoav drücken in ganz ähnlichen Worten das Gefühl aus, daß »Freunde wechseln, man kann sich nicht immer auf sie verlassen, aber die Familie ist sicher und zuverlässig«. Das erneute Vertrauen auf den Familienzusammenhalt könnte als Reaktion auf den Bruch der Familienkontinuität durch den Holocaust und auf die unzusammenhängenden und zerstückelten Lebensgeschichten der Großeltern verstanden werden.

Mit der Erinnerung leben

Der Holocaust stellte zwei verschiedene Anforderungen an die Überlebenden: Die erste lautete ganz explizit, daß sie zu erinnern, zu bewahren und diese schreckliche Erfahrung von einer Generation an die andere weiterzugeben hätten; die zweite lautete, das Geschehene sollte überwunden werden und sie hätten als lebendiger Beweis dafür zu gelten, daß es den Nazis nicht gelungen war, die Juden zu vernichten. Diese Anforderungen wurden in der Regel durch Handlungen erfüllt, man kehrte zu einem »normalen« Leben zurück, heiratete, bekam Kinder und führte aktiv ein Leben wie vor dem Krieg weiter.

Die Überlebenden betrachteten sich selbst als die einzigen Repräsentanten einer gesamten Population, der es nicht gelungen war zu überleben. Sie empfanden es als ihre Pflicht, diese beiden Anforderungen weiterzugeben, so wie ihre Vorfahren die religiösen Traditionen weitergereicht hatten. Mochte man sich auch über den Inhalt der Anforderungen sowie die Art und Weise, wie sie durchzuführen waren, nicht einig sein, so herrschte doch eine Art Konsens über die Aufgabe selbst – in dem Maße, wie man sich in der großen und heterogenen jüdischen Gemeinde über etwas einig sein kann.

So haben etwa einige Überlebende über ihre persönlichen Erlebnisse im Holocaust gesprochen, andere nicht. Einig sind sie sich jedoch alle darüber, daß sie nicht nur ihren eigenen Kindern, sondern auch den Kindern der Menschen, die nicht direkt mit dem Holocaust in Berührung gekommen sind, sogar anderen Völkern, darüber Auskunft geben sollten, um den Revisionisten entgegenzutreten, die bestreiten, es hätte den Holocaust gegeben.

Allerdings hat man sich fast nie mit dem Widerspruch und der fast unlösbaren Spannung zwischen den beiden Anforderungen auseinandergesetzt, gleichzeitig zu erinnern und zu leben, Angst zu spüren und zu hoffen. Es ist im ersten Fall ein Widerspruch, das Leben in Erinnerung zu behalten, wie es vor dem Holocaust war, und die Erinnerung an den Tod, das Grauen und das Böse, die kaltherzige Ermordung von Kindern, Frauen, Männern und älteren Menschen, die von anderen Menschen bewußt geplant und ausgeführt wurde. Es ist fast unmöglich, an das eine ohne das andere zu denken, weil beide mit der Vergangenheit verknüpft sind, die Vergangenheit ja der folgenden Generation vermittelt werden soll.

Die zweite Anforderung – zu leben – betont die Vergangenheit weniger und verlangt eine Bewegung hin auf die Zukunft. Aber sie verlangt auch einen Akt des Vergessens, des Verdrängens der Erinnerung, insbesondere der unmenschlichen Erinnerung, die internalisiert wurde, um die Gegenwart nicht zu beeinflussen und auch um die zweite Anforderung zu erfüllen. Die Handlungen, die bezeugen, daß man lebt, sind eng verwoben mit einer ängstlichen Erwartung einer unbestimmten Zukunft und Gedanken an eine unkontrollierte Vergangenheit, die unerwartet wie dunkle Schatten auftauchen.

Die Beziehung zwischen einer bedrohlichen Vergangenheit und einer bedrohlichen Zukunft (Rosenthal, 1989) beschäftigte die »Herzensgedanken« der Interviewten bewußt oder unbewußt, wenn in ihrer Umgebung nicht ausdrücklich darüber gesprochen wurde. Dazu gehörte eine Frage, die voller Scheu und Angst war: Bin ich nach alldem »normal« geblieben? Oder gibt es in mir etwas Unsichtbares, das gegen meinen Willen von der Unmenschlichkeit, der ich ausgesetzt war, auf mich abgefärbt hat und erst in ein oder zwei Generationen als schreckliches Schandmal sichtbar werden wird? Denn jahrelang war ich Haß, Gewalt, Erniedrigung, Hilflosigkeit, Hunger und Krankheiten ausgesetzt und habe mich oft selbst wie ein Tier benommen. Was ist mir davon geblieben?

Kann man diesen unausgesprochenen Konflikt in einem offenen Dialog thematisieren? Psychologen hängen manchmal der naiven Vorstellung an, man könne Konflikte durcharbeiten, wenn man über sie spricht, und damit ihre Auswirkungen reduzieren. Wenn es in den ersten Jahren nach dem Holocaust wichtig war, sich nach vorne zu bewegen und dabei die Erinnerung zurücktreten zu lassen, so sind in den dann folgenden Jahren ganz neue Situationen entstanden, die vor allem mit der Kindererziehung zu tun haben und eine Überprüfung lange verdrängter Gefühle erforderten. Für viele boten die Kinder und Enkelkinder eine Möglichkeit, um die Toten zu trauern und mit ihrem eigenen Leben weiterzumachen. Durcharbeiten bedeutet die Chance zu einem Dialog und einer Art Gleichgewicht zwischen den Erinnerungen an das Leben und an den Tod, zwischen den Erinnerungen an die Vergangenheit und dem Aufbau eines neuen Leben in der Gegenwart. Ziel des Durcharbeitensprozesses ist nicht, die Erinnerungen loszuwerden, sondern ihre Macht und Kontrolle zu entschärfen, damit in der Gegenwart wieder Freude empfunden werden kann. Angst kann man verringern und Hoffnung schöpfen, wenn man sie als berechtigte Gefühle akzeptiert.

Psychologen setzen in der Regel geplante Durcharbeitensprozesse im Rahmen einer Therapie in Gang, obgleich sie auch einräumen, daß

Durcharbeiten auch gelegentlich spontan erfolgen kann (Danieli, 1983), etwa durch eine veränderte Realität. Positive Erfahrungen in gesellschaftlichen, beruflichen und familiären Bereichen können beispielsweise Zukunftsangst lindern und es dem einzelnen erleichtern, sich mit seinen furchterregenden Erinnerungen an die Vergangenheit zu beschäftigen. Der biologische Prozeß des Übergangs von einer Generation auf die andere eröffnet ähnliche Möglichkeiten, denn die bedrohliche Macht der Vergangenheit kann von einer Generation zur anderen abnehmen, weil sich neue Gelegenheiten ergeben, die Beziehung zwischen Vergangenheit und Gegenwart zu untersuchen. Diese Prozesse können allerdings auch das Gegenteil hervorbringen: Eine Realität, in der sehr viele Belastungen und Todesfälle vorkommen, kann ungelöste Konflikte noch verschlimmern. Biologische und psychosoziale Prozesse können ungelöste Konflikte aus früheren Generationen weiterreichen.

Wir haben in diesem Buch versucht, herauszufinden und auszuwerten, welche Rolle eine veränderte Realität, biologische und psychosoziale Prozesse bei der Rekonstruktion einer individuellen Biographie und der Familienbiographie spielen. Dabei stellte sich heraus, daß alte Lösungen, die auf der Spannung zwischen Angst und Hoffnung gründeten, durch ein offenes Gespräch verändert werden können. Wir fanden heraus, daß sich in jeder Generation neue Möglichkeiten eröffnen, mit der Erinnerung zu leben, und damit auch neue Entscheidungen in der Rekonstruktion der erzählten Lebensgeschichte fallen. Darüber wollen wir natürlich nicht vergessen, welche Ruinen der Holocaust in den Herzen und der Erinnerung der Überlebenden hinterlassen hat (Langer, 1991). Eine der interviewten Überlebenden fragte sich, als sie überlegte, wie schwer dieser Prozeß für sie sei: »Wen sollte ich in Erinnerung behalten? Die Toten oder die Lebenden? Wen soll ich vergessen? Die Toten? Die Lebenden? Was bleibt mir anderes übrig, als zu vergessen und zu erinnern, zu leben und zu sterben, zu fürchten und zu hoffen?«

Anhang

Erzählte Lebensgeschichte als wissenschaftliches Instrument

Mit Gabriele Rosenthal

Das Vorgehen bei der Analyse unserer Interviews haben wir bereits beschrieben. Hier möchten wir nun drei wichtige Problemkreise ansprechen, die in der wissenschaftlichen Literatur in bezug auf den wissenschaftlichen Wert der biographischen Fallrekonstruktion thematisiert werden.

1. Der Diskurs zwischen Interviewten und den Interpreten.
2. Die Beziehung zwischen Realität und erzählter Lebensgeschichte: Was ist eine Tatsache?
3. Die Frage nach der Verallgemeinerungsfähigkeit und Repräsentativität.

Methode: Analyse der biographischen Daten,
Sequenzierung des Textes, Text- und Feinanalyse.

Die von uns in der vorliegenden Studie benutzte Methode übernahmen wir von Dr. Gabriele Rosenthal, die im akademischen Jahr 1988/89 ein Seminar darüber abhielt. Die Methode (Rosenthal 1995) beschränkt sich nicht nur auf die Art und Weise, wie Interviews durchgeführt und transkribiert werden, sondern umfaßt drei aufeinanderfolgende Analyseebenen: die Rekonstruktion der erlebten Lebensgeschichte, die Text- und die Feinanalyse.

Analyse der biographischen Daten

In einem ersten Schritt extrahierten wir aus dem Interviewtext alle biographischen Daten und Ereignisse, mit denen eine neue Phase im Leben des Interviewten beginnt. Was geschah dem Biographen zufolge zu einem bestimmten Zeitpunkt? Diese Daten ordneten wir dann in chronologischer Folge und stellten sie tabellarisch in Form der Familienchronologie jedem Kapitel voran, wobei wir uns bemühten, auch die historischen und politischen Ereignisse zu einem gegebenen Datum am jeweiligen Ort miteinzubeziehen. Wenn Laura beispielsweise davon spricht, daß der Krieg in Libyen sie 1940 zum Umzug nach Gharyan veranlaßte, hielten wir es für nötig nachzuprüfen, was in Tripolis zu dieser Zeit im Krieg passierte. Wie wurden die Juden behandelt? Konnten sich Juden in Tripolis zu dieser Zeit frei bewegen und – etwa – nach Gharyan ziehen? Anhand der biographischen und historischen Details war es möglich, erste Hypothesen zu entwickeln, noch bevor wir uns überhaupt dem Interviewtext selbst zuwendeten. Einige dieser Hypothesen stellten wir in jedem Kapitel dem Interviewtext voran. Wir erwähnten etwa, daß sich Genias und Ze'evs Holocausterfahrungen in gewisser Hinsicht ähneln, in anderer Hinsicht grundsätzlich unterscheiden (Konzentrationslager versus Partisanengruppe), und fragten uns, inwieweit dieser Unterschied – vor dem Hintergrund ihrer ansonsten ähnlich verlaufenden Biographien betrachtet – ihre erzählten Lebensgeschichten färbt.

In diesem Stadium der Analyse entdeckten wir Widersprüchlichkeiten in den Geschichten der einzelnen Familienmitglieder. Laura behauptet etwa, ihre Tochter Miriam sei in einem Lager für Einwanderer in Israel im Alter von einem Jahr umgekommen, Vittorio hingegen erwähnt, seine Schwester sei im Alter von vier oder fünf Jahren gestorben. Nach dem vorher von Laura genannten Geburtsdatum des Kindes wäre Vittorios Alter das wahrscheinlichere. Widersprüche wie diese können rein zufällig auftreten, sind aber manchmal innerhalb der Konstruktion einer Lebensgeschichte signifikant. Warum verändert Laura das Todesalter ihrer Tochter? Hängt das vielleicht mit dem Tod ihres jüngeren Bruders zusammen, für den sie nach dem Tod ihres

Vaters sorgte und der damals noch kein Jahr alt war? Wir werden im Text nicht immer Antworten auf solche Fragen finden können, sie zu stellen, ist nichtsdestotrotz wichtig.

In einem nächsten Schritt folgerten wir anhand der Ausgangshypothesen auf den Verlauf des Interviews. Falls beispielsweise Genias und Ze'evs unterschiedliche Holocausterfahrungen ihre erzählten Lebensgeschichten färben, so würden wir erwarten, daß sich bei Genia Spuren von Hilflosigkeit und Angst aus der Zeit in den Konzentrationslagern erhalten haben und daß Ze'ev vor allem über den Heroismus der Partisanen redet. Wenn Laura in ihrem Bericht vor 1940 kein einziges Datum nennt, dann fragen wir uns, ob äußere Ereignisse für sie erst anfingen, eine Rolle zu spielen, als historische und politische Ereignisse in ihr Privatleben eindrangen.

Sequenzierung des Textes

Unser nächster Schritt bestand darin, jedes Interview thematisch in Sequenzen zu untergliedern. Wir gaben jeder Sequenz eine stichwortartige Überschrift, um uns besser klarzumachen, was der/die Interviewte uns gesagt hatte. Manchmal fiel diese Einteilung leicht und ergab sich fast von alleine, weil die Erzählenden ihre Geschichte bereits selbst gewissermaßen strukturiert hatten, manchmal war sie aber auch kompliziert und erst nach eingehender Diskussion möglich. Daraufhin bestimmten wir die Textsorte jeder Sequenz: Wann erzählt der/die Interviewte eine Geschichte mit Anfang, Mittelteil und Ende (in zeitlicher wie örtlicher Abfolge), und wann berichtet, beschreibt oder argumentiert er/sie?

Erst danach konnten wir Fragen anderer Art stellen: Wann, was und warum erzählen, berichten, beschreiben und worüber argumentieren die Interviewten? Diese Interpretationsmethode geht davon aus, daß der Biograph in einen Erzählfluß kommt, bei ihm ein Erinnerungsfluß freigesetzt wird, und er sich immer weniger am Gegenüber orientiert. Beschreibungen und Berichte dagegen, die nicht eigentlich zur Geschichte gehören, sind neutraler und können darauf hinweisen, daß der Sprechende Schwierigkeiten hat, seine Gefühle über das Thema oder den Vorgang des Interviews selbst auszudrücken oder/und darauf, daß er sie kontrollieren will.

In den Interviews mit Laura und Vittorio war die Redeform beispielsweise hauptsächlich narrativ, bei Liat vor allem argumentativ. Wir hatten den Eindruck, daß Anja etwa vor allem Argumente benutzte, um (ihren ums Leben gekommenen Angehörigen gegenüber?) ihre Flucht aus Polen (und warum sie ihnen nicht zu überleben geholfen hat) zu rechtfertigen. Wir hatten ebenfalls den Eindruck, daß Ze'ev Schwierigkeiten hatte, von Momenten der Schwäche bei seiner Flucht zu erzählen, denn er berichtete entweder darüber oder beschrieb sie nur sehr kurz. Was er erzählt, nämlich wie er die Familie seiner zukünftigen Frau im Wald traf (die Geschichte mit dem Eimer) und seine nächtlichen »Ausflüge«, erweckt den Eindruck, er habe die Kontrolle behalten und sei sehr mutig gewesen.

Text- und Feinanalyse

Mit diesem Schritt beginnt der wichtigste Teil der Analyse, der auch die meiste Arbeit macht. Wir lasen jedes Interview abschnittsweise, in der von uns zuvor vorbereiteten Abfolge, durch, wobei wir uns fragten, inwiefern sich die Hypothesen bestätigen, die wir in den ersten Schritten der Analyse (der Sequenzierung und der Textanalyse) formuliert hatten oder die sich aus den ersten Textabschnitten ergaben. Die ersten Sätze jedes Interviews erwiesen sich als zentral. Daß Hannah ihr Gespräch mit den Sätzen »Ich bin nicht/Ich … nicht« begann und endete, war sehr wichtig für uns, als wir verstehen wollten, wie sie über sich selbst denkt. Wir fragten uns daraufhin: Womit stehen diese Sätze sonst noch in Zusammenhang? Warum denkt sie so über sich?

Genias erster Satz lautete: »Um Ihnen zu sagen, daß ich nicht die Gelegenheit hatte zu wissen, was das Wort ›Mutter‹ bedeutet.« Was bringt sie dazu, mit dieser Aussage anzufangen – die ja rein faktisch nicht einmal stimmt? War das Wort Mutter für sie zu schwierig (vielleicht, weil sie mit ihrer eigenen Mutterrolle Schwierigkeiten hatte)?

Waren die Erinnerungen an ihre Mutter für sie zu schmerzhaft, weil ihre Mutter noch vor dem Holocaust starb? Wir suchten nach Belegen für die verschiedensten Hypothesen. Das Interview breitete sich wie ein Labyrinth mit zahllosen Eingängen und Ausgängen vor uns aus, und wir suchten nach einem roten Faden.

Oft wählten wir einen besonders problematischen Abschnitt aus, der uns für das Verständnis des Interviews zentral erschien. Wir untersuchten den Abschnitt quasi durch eine Lupe sehr gründlich: Was bedeutete jedes einzelne Wort, jeder Satz? Warum wurde etwas so und nicht anders gesagt? Wo wurde geschwiegen, und welchen nonverbalen Ausdruck konnte man bei bestimmten Aussagen oder auch beim Schweigen entnehmen? Unsere Feinanalyse der ersten fünf Sätze aus Dinas Interview ermöglichte es uns, Hypothesen zu erstellen, die sich in späteren Abschnitten bestätigten.

Dem Anfänger kann diese Art von Arbeit langweilig und nachgerade endlos erscheinen. Immerhin ist es jederzeit möglich, neue Hypothesen zu entwickeln und alte aufzugeben, ohne jemals alle denkbaren Bedeutungen zu entdecken. Tatsächlich aber stellt sich meistens heraus, daß die anfänglichen Hypothesen sich in der Regel zu kleineren Gruppen zusammenfinden, die sich in verschiedenen Abschnitten des Interviews wiederholen. Im letzten Schritt unserer Analyse versuchten wir zu entscheiden, welche Strategie die Interviewpartner benutzten, um ihre Lebensgeschichte zu konstruieren. Die Strategie bezeichneten wir als »Entscheidungsmuster«. Dann blieb uns immer noch zu untersuchen, welchen Zweck dieses Muster hatte, in welcher Phase des Lebens es entstanden war und ob es sich im Laufe der Zeit verändert hatte, insbesondere unter veränderten Anforderungen von außen.

Die Text- und Feinanalyse setzten wir in Zweiergruppen fort, manchmal auch im Rahmen der Seminargruppe. Die Diskussionen in der Gruppe und Unsicherheiten darüber, wie bestimmte Ausdrücke zu verstehen und bestimmte Hypothesen zu definieren seien, wurden in der Gruppenarbeit geklärt, indem wir den Text wieder und wieder lasen. Manchmal geschah es, daß beim wiederholten Lesen des Textes oder beim Lesen des Textes eines anderen Familienangehörigen Fragen zentral wurden, die vorher lediglich im Hintergrund gestanden oder sich gar nicht ergeben hatten. So erhebt sich etwa in Orits Interview die Frage, warum weder Dina noch Olga die gemeinsame Warschaureise von Großmutter und Enkelin erwähnt hatten. Daraufhin beschäftigten wir uns noch einmal mit ihren Interviews, um eine Antwort auf diese Frage zu finden, die sich vorher noch nicht gestellt hatte.

Man könnte natürlich auch die interne Reliabilität jedes Interpreten und die externe Reliabilität zwischen verschiedenen Interpreten anzweifeln. Werden verschiedene Interpreten bei einem Interview dieselben Hypothesen entwickeln und sie in ähnlicher Weise zu bestätigen suchen? Wäre das der Fall, so könnte unsere Methode nach den Kriterien der quantitativen Analyse wissenschaftliche Gültigkeit für sich in Anspruch nehmen. Eine Antwort auf die Frage fällt jedoch nicht leicht, und tatsächlich ist es nicht einmal immer möglich zu erwarten, daß überhaupt eine Antwort gefunden wird. Die Frage führt uns zu einem weiteren Aspekt unserer Methode.

Denken und Diskurs: Der Interviewer, der Erzählende und der Interpret

Das Interview und der Interpretationsvorgang gehen eine komplexe Verbindung ein, denn mag es auch zunächst den Anschein haben, als analysierten wir die sprachlichen Äußerungen eines anderen Menschen (des Interviewten), so ergeben sich doch tatsächlich seine/ihre verbalen Äußerungen aus der reziproken Wirkung dreier Gedanken- und Sprachstrukturen: der des Interviewten, der des Interviewenden und der des Interpreten.

Nehmen wir an, der Interviewer beginnt mit der Frage: »Erzählen Sie mir bitte, was Sie während des Holocaust erlebten.« Mit dieser Frage hat der Fragesteller, ob er das nun beabsichtigt oder nicht, den Rahmen für die Antwort des Interviewten abgesteckt. Der Erzählende weiß damit, was der Fragende wissen will, und kann jetzt antworten (um ein »guter« Gesprächspartner zu sein) oder auch nicht antworten (wissentlich oder unwissentlich). In diesen Fällen gestaltet die Denkstruktur des Interviewers die Antworten des Befragten in einem Maße mit, das auch dem Interpreten eine gewisse Verantwortung überträgt. Der Gesprächsinterpret kann nämlich nicht wissen, ob die befragte Person sich nur durch die Fragestellung lenken ließ, über ihre Erfahrungen im Holocaust zu sprechen, oder ob sie das tut, weil sie darin einen Schwerpunkt ihrer Lebensgeschichte sieht.

Unsere Interviewpartner hatten alle die Freiheit, selbst zu entscheiden, worüber und wie sie sprechen wollten. Diese Freiheit nähme man ihnen mit einem strukturierten Fragebogen im Multiple-Choice-Verfahren oder mit Fragen, auf die sie nur »Ja« oder »Nein« antworten könnten. Wir versuchten bewußt, den Einfluß von Fragen, die den Interviewten lenken könnten, zu minimieren, indem wir alle Befragten zunächst nur baten, uns »ihre Lebensgeschichten« zu erzählen. Auf diese Weise verringerten wir die Möglichkeit, daß der Erzählende a priori wußte, wonach der Fragesteller suchte. Allerdings war das für den Befragten und den Fragesteller nicht immer ganz so einfach. Hannah beispielsweise bat Bosmat darum (beziehungsweise verlangte regelrecht von ihr), dem Interview eine feste Form zu geben und ihr Fragen zu stellen. Vielleicht fiel es ihr – auch sich selbst gegenüber – schwer, einzugestehen, daß sie eine eigene Lebensgeschichte hat. Auf Bosmats Drängen hin fing Hannah dann mit ihrer Geschichte an, was aber wahrscheinlich nicht geschehen wäre, wenn Bosmat nicht darauf bestanden hätte, Hannahs Forderung nach lenkenden Fragen nicht nachzugeben.

Es war uns bewußt, daß der Fragesteller auch nonverbal die Struktur der erzählten Lebensgeschichte eines Interviewenden beeinflussen kann. Mimik, das Maß an Aufmerksamkeit, Überreaktion oder das Ausbleiben von Reaktionen beeinflussen in hohem Maße, was der Erzählende zu erzählen entscheidet und wie er es erzählt. Alle diese Faktoren sind nur sehr schwer zu lenken und vorauszubestimmen und betreffen die »Chemie« zwischen Fragesteller und Erzählendem. Tova wollte im Interview mit Genia natürlich nicht weinen, aber sie konnte ihre Gefühle nicht beherrschen, als Genia ihr bestimmte Dinge erzählte und damit Assoziationen an ihr eigenes Leben weckte. Allerdings glauben wir nicht, daß ihre Tränen das Interview störten, denn sie waren ein authentischer Gefühlsausdruck.

In dieser Hinsicht sind die Interviews mit den Überlebenden des Holocaust natürlich besonders schwierig. Selbst nach all den Jahren können Worte die Gefühle und Erfahrungen nur sehr unangemessen wiedergeben (Kripke, 1982). Wenn es damals schwer war, zu verstehen, was vor sich ging, ist es heute nicht weniger schwierig. Vielleicht erklärt das, warum die Überlebenden in den Jahren unmittelbar nach dem Holocaust keine Worte finden konnten, um auszudrücken, was ihnen zugestoßen war, und ihre innere Verwirrung nicht ordnen konnten.

Diese Fragilität der Sprache war einer der Gründe für die Errichtung einer »doppelten Mauer« zwischen Eltern und Kindern. Als die Kinder begannen, sich emotional selbst auszudrücken, konnten ihnen die Eltern dabei nicht beistehen – wo sonst konnten die Kinder es aber lernen? Psychologen, die versuchen, ihren eigenen Diskurs dafür anzubieten, schaffen hingegen oft das entgegengesetzte Problem: Mit ihrer Bedeutungsstruktur beherrschen und zerbrechen sie die fragile Struktur derjenigen unter ihren Patienten, die Überlebende sind (Keilson, 1992).

Im Verlaufe eines Interviews wurde aus einem zunächst endlos scheinenden Labyrinth allmählich ein Tunnel, dessen Ausgang abzusehen war. Die Worte, die bisher gewählt wurden, die Geschichten, die bereits erzählt worden waren – und auch die nichterzählten –, bildeten eine Struktur, die einige Möglichkeiten ausließ und andere offenließ. Diese Möglichkeiten erweckten den falschen Eindruck, die Geschichte sei beendet. In diesem Stadium bestand die schwere Aufgabe des Interviewenden darin, die Geschichte der befragten Person weiterhin als offene Struktur zu betrachten, deren weiterer Verlauf ganz überraschende Wendungen nehmen könnte. So spricht Anja beispielsweise selbst auf Bosmats Nachfragen nicht über ihren ersten Mann und ihre kleine Tochter, die in Rußland starben, und erweckt den Eindruck, diese Struktur sei geschlossen. Gegen Ende des Interviews jedoch beginnt Anja plötzlich über die beiden zu sprechen, und die Geschichte könnte sich fast zu einem neuen Interview weiterentwickeln.

Dasselbe ereignet sich mit Tamar, als sie in ihrem letzten Satz die »Phantasievorstellungen«, »das andere« anspricht, die sie in ihrem Interview (und in ihrem Leben?) ausgelassen hat. Damit fordert sie im Grunde zu einer neuen Fragerunde auf. Es wäre ähnlich interessant zu untersuchen, inwiefern die Enkelkinder neue Möglichkeiten eröffneten, die die Überlebenden weder ihren Kindern noch uns gegenüber erwähnt hatten. Ganit wußte von und über ihre Großmutter Dinge, die Genia weder uns noch Tzipke erzählt hatte.

Bis jetzt haben wir uns auf die Wechselbeziehungen zwischen den Strukturen des Interviewenden und des Erzählenden konzentriert. Welche Beziehungen existieren zwischen diesen Strukturen und den Gedanken- und Sprachstrukturen des Interpreten? In einigen Situationen sind diese Strukturen identisch: In einer Psychotherapie etwa ist der Therapeut zugleich Fragesteller und Interpret: Er hört zu *und* analysiert die Worte des Sprechenden. Die Struktur des Analytikers bestimmt den Rahmen des Therapiegesprächs, der Bedeutungen der Worte und des Schweigens. Das trifft auch auf Polizeiverhöre und Rechtsprozesse zu. Im Unterschied zu einer Therapie ist es im letztgenannten Fall jedoch möglich, daß ein Verteidiger, Juror oder der Richter die Analyse und das Urteil anficht. In quantitativen Studien hingegen entscheidet der Interpret a priori, in welchem Rahmen und System er die Antworten des Befragten analysiert, und verwirft damit die Bewußtseins- und Sprachstrukturen des Befragten als unwichtig.

Wir hingegen betonen die Bewußtseins- und Sprachstrukturen der Befragten als integralen Bestandteil der biographischen Fallrekonstruktion. Je nach Kontext des Fragestellers ist es möglich, die erzählten Lebensgeschichten der Befragten auf verschiedene Weise zu verstehen. Wir hätten uns auch für psychische Krankheitsverläufe interessieren, die psychischen Vorgänge einer Freudschen Analyse unterziehen oder uns nach Minuchin für intrafamiliäre Prozesse interessieren können. Die Struktur des Interpreten würde in jedem dieser Fälle zu einer bestimmten Reduktion in der Struktur führen, die der Interviewer herstellt. Im nachhinein betrachtet läßt sich ein gewisser Reduktionismus in keinem Interview und keiner Analyse ganz vermeiden.

Problematisch wird dieser Reduktionismus jedoch erst dann, wenn sowohl der Interviewer als auch der Interpret emotional zu sehr oder zu wenig in die Geschichte des Sprechenden verwickelt sind. Es ist bekannt, daß viele Psychotherapeuten unfähig waren, sich auf die Schwierigkeiten ihrer Patienten einzulassen, die den Holocaust (als

Täter oder Opfer) erlebt hatten, weil sie ihre eigene emotionale Erregtheit in bezug auf den Holocaust – Angst, Schuldgefühle, Abwehr und Wut – nicht bewältigen konnten (Danieli, 1980). In der psychologischen Literatur über den Holocaust finden sich deutliche Anzeichen einer sprachlichen und begrifflichen Schranke zwischen den Überlebenden und den Forschern. Wenn die Interpreten sich davor fürchten, daß die Gefühle für sie selbst bedeutend werden könnten (oder sich deswegen schuldig fühlen beziehungsweise wütend darüber sind), dann ist das für die Analyse einer erzählten Lebensgeschichte problematisch.

Selbst dann aber, wenn die gefühlsmäßige Involviertheit geklärt ist, kann dennoch die Frage ungelöst bleiben, in welchem Maße die Struktur des Interpreten und die des Befragten übereinstimmen. Bringen die beiden Strukturen eine Wechselwirkung hervor? In unserem Fall vermittelte uns die Hypothesenerstellung und die Suche nach Belegen für unsere Hypothesen manchmal diesen Eindruck, auch wenn wir selbst sicherlich nicht in der Position sind, zu entscheiden, ob wir diese Übereinstimmung herzustellen vermochten. Wir halten diesen Prozeß weder für abgeschlossen noch für abschließbar, er ist der Entstehung eines biblischen Textes vergleichbar, dem jede Generation viele neue Interpretationen hinzugefügt hat, die der Sprach- und Denkstruktur ihrer jeweiligen Epoche entsprechen. Man darf nicht vergessen, daß unsere Interpretation der Übertragung und des Durcharbeitens zwischen den Generationen von unserer eigenen Perspektive als Angehörige der zweiten oder dritten Generation geprägt war. Das hat sehr wahrscheinlich unsere Erwartungen und das sprachliche Instrumentarium beeinflußt, das uns zur Zeit der Analyse zur Verfügung stand.

Bis zu einem gewissen Grad entstanden zusätzliche und ganz andere Probleme noch dadurch, daß wir »Furcht und Hoffnung« in Buchform veröffentlichen wollten. Wieviel konnten wir unseren Lesern und Leserinnen zumuten? Sollten wir die Geschichten der Überlebenden und ihrer Kinder oder auch unsere Geschichten als Forscher veröffentlichen oder vielleicht beides? Wieviel sollte von den Interviews und wieviel aus der Interpretation selbst abgedruckt werden? Wir mußten alle vorher genannten Elemente in einem letzten Arbeitsgang zu einer Geschichte mit einem Anfang und einem Ende zusammenfügen, die lesbar sein sollte – und diese Kriterien beeinflußten unsere Auswahl. Das Puzzle wollten wir aber andererseits nicht vollständig zusammensetzen, damit die Leser entsprechend ihren eigenen Sprach- und Denkstrukturen ihre eigenen Schlußfolgerungen ziehen können.

Wirklichkeit versus erzählende Lebensgeschichte: Was ist eine Tatsache?

Der Wert von biographischen Fallrekonstruktionen wird häufig grundsätzlich angezweifelt. Man behauptet, die Leute würden erzählen, was ihnen gerade in den Sinn käme, sie würden ihre Geschichte jedesmal ändern und der jeweiligen Situation anpassen, also je nach Fragendem und Stil des Interviews unterschiedliche Dinge berichten. Wenn das stimmt, dann stellt sich allerdings die Frage, warum wir überhaupt dem Gesagten und der Art und Weise, *wie* es gesagt wird, irgendeinen Wert zuerkennen sollten. Wenn auch grundsätzlich in dieser Hinsicht Skepsis angebracht sein mag, so fragt sich doch, ob wir überhaupt eine Alternative haben? Kann man Menschen erforschen, ohne ein gewisses Maß an Ambiguität und Zufälligkeit als Teil der wissenschaftlichen Struktur in Kauf nehmen zu müssen? Schließlich geht es ja im vorliegenden Fall nicht nur um die Auswertung von Fakten, die wir bereits kennen, sondern um die Beziehung zwischen Bekanntem und Unbekanntem.

Spence (1980) fragt: Was ist das Ziel einer Psychotherapie? Soll sie die »historische Wahrheit« offenlegen, wie wir das versuchen, wenn wir eine antike Vase aus den Bruchstücken zusammensetzen, die wir bei einer archäologischen Ausgrabung gefunden haben? Wenn eine derartige Wahrheit nicht erreichbar ist, geht es dann nicht eher darum, eine teilnehmende Untersuchung verschiedener »narrativer Wahrheiten« zu erstellen? Nach Spence versuchte Freud anhand freier Assoziationen und Versprecher die historische Wahrheit wiederherzustellen und zu klären, was eigentlich geschehen, als traumatisch erlebt und verdrängt worden war.

Freud versuchte, das Verdrängte allmählich und vorsichtig bewußt zu machen und setzte damit einen Durcharbeitensprozeß in Gang, bei dem der Patient von der unbewußten Kontrolle des Erlebten befreit werden sollte. Nach Spence lassen sich immer nur mehrere Wahrheiten, nicht *die* eine Wahrheit rekonstruieren. Bereits im Bewußtsein des Patienten existiert eine Vielheit verschiedener Zuschreibungsmöglichkeiten, zu denen immer neue treten, je mehr Erfahrungen der Patient im Laufe seines Lebens macht. Hinzu kommt dann noch das komplexe Aufeinandertreffen der verschiedenen Diskurse und emotionalen Strukturen von Patient und Therapeut oder Analytiker.

Spence untersucht allerdings nicht, was unter diesen Umständen zu einer Tatsache wird (Bar-On, in Vorbereitung). Welche Verbindung besteht zwischen dem, was tatsächlich stattgefunden hat, und dem, was bloß gedacht oder gesagt wurde? Wenn es nur eine »narrative Wahrheit« gibt, heißt das, daß die Fakten unwichtig werden? Wenn hingegen wichtig ist, was geschieht, wie wirken sich dann das Geschehene und die narrative Wahrheit aufeinander aus? Könnte man behaupten, daß die erzählten Lebensgeschichten von Ze'ev, Genia, Olga und Anja gar nicht ihre jeweilige erlebte Lebensgeschichte behandelten, also das, was sie tatsächlich im Holocaust erlebten? Spiegelte ihre biographische Rekonstruktion nicht eine emotionale Komplexität wider, die in den grausamen und plötzlichen Toden ihrer Anverwandten ihren Ursprung hat? Haben sie es nicht geschafft, dem Vakuum zu entfliehen, das Geschehene zu verstehen und ihm eine Bedeutung zu verleihen?

Wir akzeptierten Spences Theorie in bezug auf die Kinder und Enkel der Überlebenden, denn sie hatten die bedeutenden traumatischen Erfahrungen nicht selbst erlitten, sie waren ihnen tatsächlich schon als »narrative Wahrheiten« vermittelt und auf sie übertragen worden. Im Falle der Überlebenden selbst hingegen interessierten wir uns für die Beziehung zwischen den Fakten und dem, was in den folgenden Jahren geschah. In diesem Sinne betrachteten wir ihren Diskurs als eine Reflexion innerer Fakten und Gefühle, die ein Versuch waren, die erlebten Tatsachen zu bezeichnen. Daß man diese inneren Tatsachen nicht sehen kann, beeinträchtigt nicht ihre Auswirkung auf und ihren Wert für die Diskussion dieser erzählten Lebensgeschichten.

Im Falle des Holocaust könnte die Problematik der biographischen Fallrekonstruktion sogar genau umgekehrt lauten. Es ist sehr schwierig, innere und äußere Grauen in einer konstanten verbalen Sequenz zu äußern, die dem Erzählenden und dem Zuhörer zugleich logisch erscheinen. Kein Diskurs kann gleichzeitig den emotionalen Aufruhr des Schmerzes über, der Erinnerung an und der Sehnsucht nach der Vergangenheit ausdrücken. Andererseits half aber die Normalisierung des Diskurses auch, das Chaotische in logisch kohärente Sequenzen zu überführen. Das Leben ging schließlich weiter und wartete nicht auf eine neue Sprache, mit der die Grausamkeiten angemessen hätten ausgedrückt werden können. Wären die Opfer hingegen verrückt (und damit der Erfahrung im täglichen Diskurs gerecht) geworden, hätte ihnen dies andererseits nur das Gefühl vermittelt, das Ziel der Aggressoren erfüllt zu haben. Sie hatten also gar keine andere Wahl, als den normalisierenden Diskurs zu übernehmen.

Genauso unmöglich war es etwa zu erwarten, daß Olga fünfmal über ihre Flucht aus dem Ghetto reden würde, und zwar jedesmal aus einer anderen Perspektive: einmal aus der des Kindes, als Erwachsene in Israel heute und aus den Blickwinkeln ihrer Mutter, ihres Bruders und ihres Vaters. Solche Möglichkeiten hat sonst nur der Analytiker, der Zuschauer im Film ›Rashomon‹ oder manche Figuren in den Erzählungen Edgar Allan Poes (Lacan, 1966). Dvora ist in dieser Beziehung wirklich eine Ausnahme, sie konnte ihren Traum dreimal verschieden interpretieren und am Ende sagen: »Es war ganz anders«, womit der Prozeß wieder von vorne anfängt. Wir erwarten eigentlich von Kindern oder Enkelkindern, daß sie mit neuen Versionen alter Geschichten ankommen und damit Erklärungsmöglichkeiten eröffnen, die die Überlebenden selbst nicht bieten konnten. Orit konnte etwa im Unterschied zu Olga und Dina verbal auf Olgas problematische Vaterbeziehung und auf deren Gefühl eingehen, sich in Warschau »zu Hause« zu fühlen.

Gewiß, manchmal können Worte die Ambiguitäten zwischen externen und internen Tatsachen, zwischen vergangenen und gegenwärtigen Ereignissen klären – sie können diese Ambiguitäten aber auch erst schaffen. Deswegen wurde unser Bemühen, durch die erzählten Lebensgeschichten herauszufinden, was geschehen war, und die erzählte sowie die verschwiegene Geschichte zu verstehen, ein zeitaufwendiger, sich stets vor und zurück bewegender Prozeß, dem wir nachgingen, bis wir mit dem Ergebnis zufrieden waren und das, was wir uns vorgestellt hatten, so gut wie möglich erklären konnten. Unserer Ansicht nach gibt es nicht die *eine* Methode, die Bedeutungen zu entschlüsseln, wie es im positivistischen Paradigma gefordert wird.

Um zu klären, was die Tatsachen in einer erzählten Lebensgeschichte sind, müssen wir uns einige Fragen gleichzeitig stellen: Wie lautet die »Wahrheit«? Wie hätte die Wahrheit lauten sollen und wem zufolge hätte sie so sein sollen? Welche Lebensgeschichten »funktionierten« eigentlich (in dem Sinn, daß sie Geschichten erzählten, mit denen man leben konnte, und die Möglichkeiten der Problemlösung für die Gegenwart eröffneten)? Welche nichterzählten bzw. verschwiegenen Geschichten beeinflussen die erzählte Geschichte?

Eine Möglichkeit haben wir hier nicht näher besprochen, nämlich die Möglichkeit, durch den Diskurs eine *neue* Realität schaffen zu können. Dina schuf eine andere Realität als Tamar, und zwar nicht, weil sie israelischer als diese war, sondern weil sie sich als eine Pionierin der Achtziger betrachtete und ihre Realität und Geschichte entsprechend aufbaute, wenn auch die Grenzen, innerhalb derer sie das tat, sich ständig änderten. Im Unterschied zu Dina und Tamar behauptete Hannah, keine Lebensgeschichte zu haben, obwohl sie in ihrem Denken und in der Realität längst damit beschäftigt war, sich eine aufzubauen. Sie empfand es aber als zu bedrohlich, sich durch ihren eigenen Diskurs auf diese Geschichte festzulegen. In ihrem Gespräch mit Bosmat fand sie keine Sprache, um über ihre Mutterrolle zu sprechen, obwohl wir nach dem Gespräch mit Yoav nicht den geringsten Zweifel daran haben, daß sie ihre Mutterrolle erfolgreich ausfüllte: Sie spielte im Leben ihrer Kinder eine wichtige Rolle und umgekehrt wahrscheinlich auch.

Die Frage nach der Verallgemeinerungsfähigkeit oder: Was ist repräsentativ?

Manche werden sich sagen, nun gut, das sind fünf Familiengeschichten, und wir sind sogar mit ihrer Interpretation einverstanden, aber was, bitte schön, bedeuten sie für Tausende anderer Familien mit ähnlichen erlebten und erzählten Lebensgeschichten? Inwiefern sollen diese fünf repräsentativ für alle anderen sein? Kann man aus fünf Beispielen Verallgemeinerungen ableiten? Diese Einwände muß man ernst nehmen, und natürlich kann man Verallgemeinerbarkeit und Repräsentativität in dem Sinne, wie die Sozialwissenschaft diese Begriffe verwendet, in diesem Falle nicht für sich in Anspruch nehmen. Aber zunächst einmal sollten wir uns fragen, was uns hier über wen vorliegt und wofür es repräsentativ ist? Kann man behaupten, die im vorliegenden Buch zu Wort gekommenen fünf Familien seien repräsentativ für die enorme Zahl all derer, die mit intergenerationeller Übertragung und Durcharbeitung in Familien von Holocaustüberlebenden zu tun haben?

Man kann sich zur Frage der Repräsentativität auf zweierlei Standpunkte stellen. Nach der einen Auffassung gilt der repräsentative Wert einer Stichprobe oder einer Population, die normal verteilt ist, als Durchschnitt (Hays, 1981). In diesem Fall wird jeder Unterschied davon als Abweichung von der Norm betrachtet, welche standardisiert und berechnet werden kann. Zweifelsohne sind der Mittelwert und die Abweichung von der Norm feste Werte, die leicht verwendbar sind, und man sollte sie benutzen, wann immer es geht. Das geht jedoch nur, wenn die Gruppe, aus der man den Durchschnitt berechnet, groß genug und nach dem Prinzip des Zufalls ausgewählt ist, erst dann kann man behaupten, sie sei für die Bevölkerung repräsentativ und daher der aus ihr gewonnene Mittelwert auch das Mittel der Bevölkerung insgesamt.

Unter gewissen Umständen läßt sich allerdings diese Bedingung nicht erfüllen. Als ich mit Kindern von Nazi-Tätern in Deutschland sprach, um herauszufinden, welchen Einfluß die Taten ihrer Väter auf sie hatten (Bar-On, 1989), versuchte ich, aus allen möglichen sozialen, ökonomischen, religiösen und geographischen Bereichen Beispiele zu finden. Dennoch konnte ich nicht in Anspruch nehmen, die von mir befragten Personen bildeten eine repräsentative Stichprobe, da keine Daten über die Population der Täter vorliegen. Im Falle der Holocaustüberlebenden gibt es einige Informationen dieser Art, aber auch unzählige Variablen, die die Diversität der Population bestimmen. Wo war die betreffende Person während des Holocaust, in welcher Zeit, wie alt war er/sie zu dieser Zeit? Kam der/die Überlebende alleine oder mit seiner/ihrer Familie ins Lager? Konnte der/die Überlebende alleine entkommen oder mit der Hilfe anderer Personen? Was passierte vor dem Holocaust in der Familie und im Leben der betreffenden Person, und was geschah als Folge davon? Wie erklärte sich der/die Überlebende das, was mit ihm oder ihr in jeder einzelnen Phase zustieß? Wie bereits im Vorwort dargelegt, ist es unmöglich, ganz genau zu bestimmen, was bei jedem einzelnen die Folgen des Holocaust sind, weil sie sich aus vielen Faktoren zusammensetzen wie Immigration, Assimilation und Familiendynamik bzw. Eigendynamik der betreffenden Person.

Jeder Versuch, in diesem Fall eine Zufallsstichprobe zu ziehen, erweist sich als höchst problematisch. Man ist also, anders gesagt, gezwungen, die strenge Definition von Repräsentativität aufzugeben und sich statt dessen mit einem einfachen Stichprobenverfahren zu begnügen und dennoch zu versuchen, die grundsätzlichen Variablen der betreffenden Thematik in ihrer Variationsbreite abzubilden. In unserem Fall hieß das, daß wir Familien aussuchten, die für verschiedene erlebte Lebensgeschichten aus der Zeit des Holocaust standen. Wir gaben uns nicht der Illusion hin, diese Familien seien repräsentativ, und sei es auch nur für diesen begrenzten Aspekt – ganz abgesehen von allen anderen Aspekten. Wir behaupten nicht, die Familie Belinsky repräsentiere Familien, die in den Konzentrationslagern gewesen waren, und die Familie Lerman stehe für die Partisanenfamilien. Wenn sie sich auch voneinander unterschieden, so schließt das nicht aus, daß auch ganz andere erlebte Lebensgeschichten möglich sind. Wir interessieren uns in unseren Diskussionen vor allem für die Differenz zwischen den Familien und innerhalb der Familie. Die Frage nach der Beziehung zwischen diesen Unterschieden und einem repräsentativen Querschnitt muß diskutiert werden und kann nicht von vornherein als gelöst gelten.

Probleme der Verallgemeinerbarkeit und Repräsentativität gibt es aber auch noch, wenn man von der Frage nach den Stichproben absieht und darüber hinaus. Wir wollten die Lebensgeschichten dreier Generationen qualitativ analysieren und uns ein Bild davon machen, wieviel Tradierung von einer auf die andere Generation stattgefunden hatte. Zu diesem Thema lag keine systematische gültige Information vor. Wir entschieden uns, mit einer kleinen Zahl zu beginnen, um das Phänomen zunächst zu identifizieren und so eine Diskussion einzuleiten. Bei der Untersuchung der erzählten Lebensgeschichte hatten Konzepte und statistische Verfahren wie Mittelwert oder Medianwert keinen Platz. Einerseits suchten wir nach Einzigartigkeit und Einzelschicksalen, andererseits waren wir, auch wenn wir uns mit Besonderheiten beschäftigten, an deren Beziehung zum großen Ganzen interessiert. Die Rolle der Konzeptbildung bei dieser Art der Analyse besteht darin, daß sie Themen aufwirft, die es uns zu einem späteren Zeitpunkt ermöglichen, die Frage der Verallgemeinerungsfähigkeit zu behandeln.

Unsere These lautete etwa, daß beispielsweise das zentrale Thema für die Familie Anisewitsch ihre Entwicklung von der physischen Sicherheit hin zu einem psychischen Sicherheitsgefühl war. Wenn wir die innere Validität dieser These nachweisen (war das ein Problem innerhalb der Familie?), dann konnten wir möglicherweise auch wagen, ihre äußere Gültigkeit zu überprüfen: Existiert dieses Problem nur für die Familie Anisewitsch oder auch in vielen anderen israelischen Familien mit oder ohne Holocausthintergrund? Dasselbe gilt für andere Themen, die wir in unseren Beispielen herausfanden – das Thema von Schwäche und Stärke (in der Familie Lerman), von Verlust und Zugehörigkeitsgefühl (in der Familie Segal), von Erinnern und Vergessen (in der Familie Belinsky) oder vom Eindringen kollektiver Ereignisse in die individuellen Lebensgeschichten (die Familie Guetta).

Unsere Auswertung legt nahe, daß die von uns herausgefundenen Problemkreise in unserer kleinen Stichprobe durchaus typische Probleme der intergenerationellen Übertragung und Durcharbeitung in der israelischen Gesellschaft sein können, wenn wir auch nicht behaupten, sie seien repräsentativ. Das könnte erst eine zukünftige quantitative Untersuchung feststellen. Wir hingegen sahen unsere Rolle darin, in diesem frühen Stadium das Thema in einer sowohl kohärenten als auch validen Form darzustellen. Wir hoffen, diese Aufgabe in verständlicher und zuverlässiger Weise gelöst zu haben und damit zukünftigen Studien zu dienen, die sich mit Themen wie Verallgemeinerungsfähigkeit und Repräsentativität beschäftigen.

Bibliographie

Abelson, R. P. 1976. Script processing in attitude formation and decision making. In: J. S. Carrol and J. W. Payne (Hrsg.), *Cognition and Social Behavior.*

Aroian, K. J. 1990. A model of psychological adaptation to migration and resettlement. In: *Nursing Research*, 39, S. 1.

Assa, T. und E. Degani. 1989. Voluntary visits to Poland: Refusal and collaboration. In: D. Bar-On and O. Selah (Hrsg.), *Psychosocial After-effects of the Holocaust on Second and Third Generations: Readings*, S. 131–177, Ben-Gurion University, Beer Sheva (Hebräisch).

Bar-On, D. 1986. *The Pantomine's Stick.* Tel Aviv (Hebräisch).

Ders. 1993. *Die Last des Schweigens: Begegnungen mit Kindern von Nazi-Tätern.* Frankfurt a. M.

Ders. 1990. Children of perpetrators of the Holocaust: Working through one's own »moral self«. In: *Psychiatry*, 53, S. 229–245.

Ders. und I. Charny. 1992. The logic of moral argumentation of children of the Nazi era in Germany. In: *International Journal of Group Tensions*, 22, S. 3–20.

Ders. und O. Selah. 1991. The »vicious circle« between current social and political attitudes and attitudes towards the Holocaust among Israeli youngsters. In: *Psychologia*, 2, S. 126–138 (Hebräisch).

Ders. und P. Hare, M. Brusten und F. Beiner. 1993. »Working through« the Holocaust? Comparing questionnaire results of German and Israeli students. In: *Holocaust and Genocide Studies*, 7, S. 230–246.

Bar-Semech, M. 1990. Partnership and complementary in the Kibbutz family. In: *Igeret Lachinuch*, 88, S. 47–51 (Hebräisch).

Bastiaans, J. 1988. Vom Menschen im KZ und vom KZ im Menschen. In: D. Bar-On, R. Beiner und M. Brusten (Hrsg.), *Der Holocaust.* Wuppertal (Universität Wuppertal).

Bergmann, M. S. und M. E. Jacuvy. 1982. *Generations of the Holocaust.* New York.

Berlazki, I. 1991. Aspects of interviews with Holocaust survivors. In: K. Brendler and G. Rexilius (Hrsg.), *Drei Generationen im Schatten der NS-Vergangenheit.* Wuppertal, Universität Wuppertal, Nr. 4., S. 15–24.

Browning, C. R. 1992. *Ordinary Men.* New York.

Carter, B. und M. McGoldrick. 1988. *Changing Family Life-Cycle: Framework for Family Therapy*. New York.
Chang, J. 1991. *Wilde Schwäne. Die Geschichte einer Familie. Drei Frauen in China von der Kaiserzeit bis heute*. München.
Cohler, B.J. und H.U. Grunnebaum. 1981. *Mothers, Grandmothers and Daughters: Personality and Child Care in Three-Generation Families*. New York.
Danieli, Y. 1980. Countertransference in the treatment and study of Nazi Holocaust survivors and their children. In: *Victimology*, 5, S. 3–4.
Ders. 1983. Families of survivors of the Nazi Holocaust: Some long- and shortterm effects. In: N. Milgram (Hrsg.), *Psychological Stress and Adjustment in Time of War and Peace*. Washington.
Davidson, S. 1980. The clinical effect of massive psychic trauma in families of Holocaust survivors. In: *Journal of Marital and Family Therapy*, 1, S. 11–21.
Dvir-Malka, B. und N. Gil'ad. 1989. The characteristics of European immigration to Palestine between 1933–39 of those who lost their family in the Holocaust. In: D. Bar-On und O. Selah (Hrsg.) *Psychosocial After-effects of the Holocaust on the Second and Third Generations: Readings*, S. 61–95. Ben-Gurion University, Beer Sheva (Hebräisch).
Erikson, E.H. 1974. *Jugend und Krise: Die Psychodynamik im sozialen Wandel*. Stuttgart (2. Aufl.).
Felman, S. und D. Laub. 1992. *Testimony*. New Haven.
Fischer-Rosenthal, W.: *From identity to biography: On the social construction of biography and the question of social order in modern times*. (In Vorbereitung).
Freud, S. 1914. Erinnern, Wiederholen und Durcharbeiten. In: Freud, A. (Hrsg.), *Gesammelte Werke*, Bd. 10, Frankfurt a.M. 1987, S. 126–136.
Friedländer, S. 1979. *Wenn die Erinnerung kommt*. Stuttgart.
Grossman, D. 1991. *Stichwort: Liebe*. München.
Gutman, I. 1990. *The Encyclopedia of the Holocaust*. Tel Aviv (Hebräisch). (Deutsche Ausgabe: Jäckel, E., P. Longerich, J.H. Schoeps (Hrsg.), *Enzyklopädie des Holocaust*. 3 Bde., Berlin 1993.)
Habermas, J. 1991. *Erkenntnis und Interesse*. Frankfurt a.M. (10. Aufl.).
Hays, W.L. 1981. *Statistics*. New York.
Herman, J. 1992. *Trauma and Recovery*. New York.
Janoff, Bulman, R. 1992. *Shattered Assumptions*. New York.
Keilson, H. 1971. *Sequentielle Traumatisierung bei Kindern*. Stuttgart.
Kestenberg, J.S. 1974. Kinder von Überlebenden der Naziverfolgung. In: *Psyche*, 28, S. 249–265.
Kripke, S.A. 1987. *Wittgenstein über Regeln und Privatsprache. Eine elementare Darstellung*. Frankfurt a.M.
Krystal, H. (Hrsg.) 1968. *Massive Psychic Trauma*. New York.
Lacan, J. 1966. *Ecrits*. Paris.

Langer, L. 1991. *Holocaust Testimonies: Ruins of Memory*. New Haven.

Lehman, D.R., C.B. Wortman und A.F. Williams. 1987. Long-term effects of losing a spouse or a child in a motor vehicle crash. In: *Journal of Personality and Social Psychology*, 52, S. 218–231.

Levi, P. 1990. *Die Untergegangenen und die Geretteten*. München.

Mandela, I. und M. Frankel. 1990. *Testimonies of survivors of the Kastner train and their children*. Ben-Gurion University, Beer Sheva.

McGuire, W.J. 1973. The yin and yang of progress in social psychology: Seven Koah. In: *Journal of Personality and Social Psychology*, 26, S. 446–456.

Monk, R. 1994. *Wittgenstein, Das Handwerk des Genies*. Stuttgart (Originalausgabe: Ludwig Wittgenstein. *The Duty of Genius*, London 1990).

Novey, S. 1962. The principle of »working through« in psychoanalysis. In: *Journal of the American Psychoanalytical Association*, 10, S. 658–676.

Porath, D. 1986. *Entrapped Leadership*. Tel Aviv (Hebräisch).

Reick, M. und L. Eitinger. 1983. Controlled psychodiagnostic studies of survivors of the Holocaust and their children. In: *Israeli Journal of Psychiatry*, 20, S. 312–324.

Rosenthal, G. 1987. *»Wenn alles in Scherben fällt …«: Von Leben und Sinnwelt der Kriegsgeneration*. Opladen.

Dies. 1989. Leben mit der NS-Vergangenheit heute: Zur Reparatur einer fragwürdigen Vergangenheit im bundesrepublikanischen Alltag. In: *Vorgänge: Zeitschrift für Bürgerrechte und Gesellschaftspolitik*, 3, S. 87–101.

Dies. 1993. Reconstruction of life stories: Principles of selection in generating stories for narrative biographical interviews. In: *The Narrative Study of Lives*, 1, S. 59–91.

Dies. 1995. *Erlebte und erzählte Lebensgeschichte*. Frankfurt a.M.

Rosenthal, G. und D. Bar-On. 1992. A biographical case study of a victimizer's daughter repair strategy: The identification with the victim of the Holocaust. In: *Journal of Narrative Life and History*, 2, S. 105–127.

Rothstein, A. 1986. *The Reconstruction of Trauma: Its Significance in Clinical Work*. New York.

Schmidt, C. und B. Heimannsberg. 1994. *The Collective Silence*. San Francisco.

Schon, D. 1983. *The Reflective Practitioner*. New York.

Segev, T. 1995. *Die siebte Million*. Reinbek bei Hamburg.

Solomon, Z. 1989. A three-year prospective study of post-traumatic stress disorder in Israeli combat veterans. In: *Journal of Traumatic Stress*, 2, S. 59–74.

Spence, D.P. 1980. *Historical Truth and Narrative Truth*. New York.

Vardi, D. 1990. *The Memorial Candles: Dialogues with Children of Holocaust Survivors*. Jerusalem (Hebräisch).

Wax, S. und R. Belah. 1989. Emotional responses to the Holocaust among youngsters in Israel. In: D. Bar-On und O. Selah (Hrsg.), *Psychosocial After-effects of the Holocaust on Second and Third Generations: Readings*, S. 90–130. Ben-Gurion University, Beer Sheva.

Wittgenstein, L. 1993. *Philosophische Untersuchungen*. In: Werkausgabe, Bd. 1, Frankfurt a. M. (9. Aufl.)
Yablonka, Ch. 1990. *The problems of absorption of Holocaust survivors in the emerging Israeli society*. Diss. Hebrew University, Jerusalem.
Zuckerman, I. 1990. *Those Seven Years*. Tel Aviv (Hebräisch).

Register